CATALOGUE

DES

MANUSCRITS ET XYLOGRAPHES

ORIENTAUX

DE LA

BIBLIOTHÈQUE IMPÉRIALE PUBLIQUE

DE

ST. PÉTERSBOURG.

ST. PÉTERSBOURG,
IMPRIMERIE DE L'ACADÉMIE IMPÉRIALE DES SCIENCES.
1852.

PERMIS D'IMPRIMER,

A la charge de déposer au Comité de Censure les exemplaires requis par la loi.
St. Pétersbourg, le 6. Janvier 1852.

A. FREIGANG, *Censeur.*

PRÉFACE.

La bibliothèque Impériale publique de St.-Pétersbourg doit la principale et la plus précieuse partie de ses trésors aux brillants exploits de nos armes. Monument, comme les autres grandes bibliothèques, du développement de l'intelligence humaine dans toutes ses phases, elle est donc, en même temps, un trophée de nos gloires militaires. Mais en accueillant dans sa paisible enceinte les dons de la victoire, la bibliothèque Impériale, loin de récéler dans le mystère le dépôt qui lui est confié, a en même temps pour mission de le mettre au service de la civilisation et au profit de la science. Et tandis que les noms illustres de Souvoroff et de Paskévitch se rattachaient à la fondation et à l'accroissement de cette vaste institution, c'était au Feldmaréchal Prince Volkhonsky, actuellement Ministre de la maison Impériale, qu'était réservée l'oeuvre de l'organisation définitive de ce dépôt pour le but préposé par la munificence et les vues bienfaisantes de nos Souverains.

Ce que nous venons de dire quant à l'accroissement de la bibliothèque Impériale en général, se rapporte, plus spécialement encore, à sa collection de manuscrits orientaux. Ainsi, en publiant ce catalogue, l'administration de la bibliothèque croit tout autant répondre au voeu depuis longtemps manifesté par tous ceux qui s'intéressent à cette partie, que satisfaire à une juste ambition nationale. Depuis la double acquisition faite à Ardébil et Akhaltsik, la bibliothèque publique s'est placée au rang de celles qui, à juste titre, peuvent s'enorgueillir de leurs manuscrits orientaux et il y avait tout lieu de s'attendre que cette nouvelle source d'instruction stimulerait encore d'avantage l'étude de la littérature de l'orient, déjà si avancée en Russie. Mais une grande lacune continuait encore à entraver l'exploitation de ces richesses, ainsi que des autres, accumulées dans nos différents dépôts. Cette lacune consistait dans le manque de catalogues. Nous possédons, à la vérité, beaucoup de notices détachées, ou de catalogues partiels, dûs aux travaux de Müller [1]), Rosochine et Léontieff [2]), Kamensky et Lipovzoff [3]), Fraehn [4]), Charmoy [5]),

---

[1]) De scriptis Tanguticis in Sibiria repertis commentatio; voy. *Commentaria Acad. Imp. Petr.* T. X. Petrop. 1747, p. 420.

[2]) Ueber die bei der hiesigen akademischen Bibliothek angesammelten Bücher in sinesischer, mandschuischer, mongolischer und japanischer Sprache; voy. *Busse's Journal für Russland*, T. II, p. 128—134. 216—221. 277—280.

[3]) Каталогъ Китайскимъ и Японскимъ книгамъ въ библіотекѣ И. Академіи Наукъ хранящимся. (1818).

[4]) Vorläufiger Bericht über eine bedeutende Bereicherung an Arabischen, Persischen und Türkischen Handschriften, die das Asiatische Museum der Kais. Akademie der Wissenschaften in diesem Jahre erhalten hat, etc. St. Petersb. 1819. — Vorläufiger Bericht über eine neue bedeutende Bereicherung des Orientalischen Manuscripten-Apparats der Kaiserl. Akad. d. W. voy. *St. Petersb. Zeit.* No. VI. Beil. 1826. — Ueber die wichtigsten oriental. Handschriften des Rumänzowschen Museums; voy. *Bulletin scientifique de l'Académie.* T. III. 1838. p. 60. — Voy. encore *Bullet. scientif.* T. III, p. 159. T. IV, p. 186—192. T. VII, p. 367. *Bullet. historico-philol.* p. 91 et pp. XII, XIII et XIV de cette préface.

[5]) Voy. ibid. p. XIII, 1).

IV

Erdmann [1]), Lenz [2]), Petroff [3]), Schmidt [4]), Brosset [5]), Sjö-

---

[1]) Ueber die in öffentlichen und Privatbibliotheken vorhandenen Sammlungen asiatischer Handschriften in Russland; voy. *Dorpater Jahrbücher*, Bd. III. p. 244—254.

[2]) Bericht über eine im Asiat. Museum der Kaiserl. Akademie der Wissenschaften zu St. Petersburg deponirte Sammlung Sanskrit-Manuscripte; voy. *St. Petersb. Zeit.* 1833. No. 219 — 223.

[3]) Nachtrag zu dem Verzeichniss der Sanskrit-Manuscripte des Asiatischen Museums der Kais. Akademie zu St. Petersburg; voy. *St. Petersb. Zeitung*, 1836, No. 249. — Traduction russe: Прибавленіе къ Каталогу Санскритскихъ рукописей etc. Voy. С. П. Вѣдом. 1836. No. 248. — Обозрѣніе арабскихъ, персидскихъ и турецкихъ рукописей, находящихся въ библіотекѣ Имп. Московскаго Университета; voy. Журналъ Минист. Народ. Просв. 1837 г. Мартъ No. 111.

[4]) Anzeige einer von der Regierung neu erworbenen Sammlung Orientalischer Werke; voy. *St. Petersb. Zeit.* 1830, No. 88, et *Das Asiatische Museum*, p. 469. — Neueste Beschreibung der Tibetisch-Mongolischen Abtheilung des Asiat. Museums der Kaiserl. Akad. der Wissenschaften; voy. *Bulletin historico-philologique* T. I. p. 46. — Verzeichniss der Tibetischen Handschriften und Holzdrucke im Asiatischen Museum d. K. A. d. W. von Schmidt u. Böhtlingk, *ibid.* T. IV, p. 82.

[5]) Rapport à l'académie Impér. des sciences sur la bibliothèque chinoise du musée asiatique; voy. *Bullet. scientif.* T. VIII. p. 225. *Das Asiat. Museum*, p. 603. — Catalogue des manuscrits géorgiens conservés dans le musée asiatique, etc. *ibid.* p. 736. — Catalogue des manuscrits arméniens, etc. *ibid.* p. 742. — Notice des manuscrits arméniens appartenant à la bibliothèque de l'institut asiatique établi près le ministère des affaires étrangères; voy. *Bullet. scientif.* T. III. No. 3. — Catalogue de la bibliothèque d'Edchmiadzin. St.-Pétersbourg,

gren¹), Dorn²), Böhtlingk³), Desmaisons⁴), Bérésine⁵),

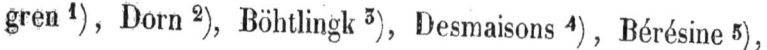

1840, etc. Voy. encore *Bullet. sc.* III, p. 317. IV, pp. 63 et 184. V, q. 26 — 32. et p. 320. VIII, p. 305 *Bullet. historico-philolog.* I, p. 227. VI, p. 380.

¹) Manuscrit géorgien offert en don au musée asiatique; voy. *Bulletin scient.* T. III, p. 335.

²) Ueber einige dem arabischen Institute des Ministeriums der auswärtigen Angelegenheiten zugehörige Aethiopische Handschriften; voy. *Bulletin scient.* T. II. p. 302. — Ueber die Aethiopischen Handschriften der öffentlichen Kaiserlichen Bibliothek zu St. Petersburg. *ibid.* T. III. No. 10. etc. Voy. encore *Bullet. historico-philol.* T. I. p. 49, III. 220 — 223, IV. 237 — 9, V. p. 103 — 106, VI. p. 129 — 140.

³) Ueber einige Sanskrit-Werke in der Bibliothek des Asiatischen Departements; voy. *Bull. hist.-phil.* T. II. p. 339—349. — Ueber eine Pâli-Handschrift im Asiat. Museum der Kais. Ak. der Wissenschaften; *ibid.* I. p. 342—347. — Ueber eine Tibetische Uebersetzung des Amara-Kosha im Asiat. Museum der Kais. Ak. der Wissensch.; *ibid.* III. p. 209 — 220. — Verzeichniss der auf Indien bezüglichen Handschriften und Holzdrucke im Asiat. Museum der Kaiserl. Ak. d. Wissenschaften; voy. *Das Asiatische Museum*, p. 720.

⁴) Manuscrit de l'arbre généalogique des Turks, par Aboul-Ghazi, envoyé à l'académie par M. Dahl; voy. *Bullet. scient.* T. IV, p. 229.

⁵) Описаніе Турецко-Татарскихъ рукописей, хранящихся въ Библіотекахъ С.Петербурга; voy. *Журн. Мин. Нар. Просв.* 1846, No. 5. 1847, No. 5. 1848, ч. LIX, et 1850, Дек. Отд. III. p. 14. Cf. Путешествіе по Дагестану и Закавказью. Казань, 1849, Приложеніе VIII. (catalogue des manuscrits orientaux de feu Abbas Couli Aga.)

Bansaroff[1]), Schiefner[2]), etc.[3]); mais aucune de nos riches collections, soit à St.-Pétersbourg, soit à Casan, n'a encore été décrite dans toute son étendue. L'administration de la bibliothèque Impériale publique, en se chargeant de cette tâche en ce qui la concerne, s'estime heureuse de pouvoir offrir aux amateurs ce premier essai d'un travail, qui, elle aime à l'espérer, pourra faciliter un genre d'études, par sa nature même si essentiellement important pour la Russie.

Avant d'en venir au mécanisme et à l'économie de notre ouvrage, nous croyons nécessaire d'indiquer som-

---

[1]) Каталогъ книгамъ и рукописямъ на Манджурскомъ языкѣ, находящимся въ Азіатскомъ Музеѣ Импер. Академіи Наукъ; voy. *Bulletin historico-philol.* T. V, p. 84 — 92.

[2]) Nachträge zu den von O. Böhtlingk und I. J. Schmidt verfassten Verzeichnissen der auf Indien und Tibet bezüglichen Handschriften und Holzdrucke; voy. *Bullet. historico-philol.* Bd. V, pp. 15—159. 173 — 176. — Bericht über die neueste Büchersammlung aus Peking; *ibid.* To. IX. No. 1 — 2.

[3]) Каталогъ книгамъ, рукописямъ и картамъ, на Китайскомъ, Манджурскомъ, Монгольскомъ, Тибетскомъ и Санскритскомъ языкахъ, находящимся въ библіотекѣ Азіатскаго Департамента. С. Петербургъ, 1843. — Каталогъ Санскритскимъ, Монгольскимъ, Тибетскимъ, Манджурскимъ и Китайскимъ книгамъ и рукописямъ, въ библіотекѣ Императорскаго Казанскаго Университета хранящимся. Казань, 1834.

mairement les sources dont provient la collection orientale de la bibliothèque, autant pour l'intelligence des abréviations dont nous nous sommes servis en signalant l'origine de chaque pièce [1]), que pour obéir à un sentiment de reconnaissance envers les donateurs qui ont contribué à enrichir notre dépôt par leurs pieuses offrandes.

Le premier fond de cette collection doit son origine à la célèbre bibliothèque Zaluski, transportée sur les bords de la Néva en 1795, après la prise de Varsovie par nos troupes. A défaut de registres et d'autres documents contemporains, il suffit, pour le prouver, des inscriptions et des notes de la main même du Comte Jean Zaluski, que l'on trouve sur les manuscrits venant de cette source.

Bientôt une autre collection beaucoup plus importante vint grossir ce premier noyau. C'était celle du conseiller

---

[1]) La liste indiquant la concordance de ces abréviations se trouve à la fin de notre préface. Si plusieurs des manuscrits sont restés sans une pareille indication, ce n'est que faute d'avoir pu réussir à préciser leur provenance, qui date, en partie, déjà de fort loin.

VIII

de collège Doubrovsky, ancien employé aux affaires étrangères, qui avait profité d'un séjour de plus de vingt cinq ans auprès de nos missions dans différents états de l'Europe et surtout des troubles surgis en France à la fin du siècle dernier, pour recueillir une masse de documents précieux de tous les âges et dans toutes les langues. L'Espagne, l'Angleterre, l'Allemagne et la Hollande, mais principalement l'état d'abandon et la désorganisation des plus belles bibliothèques de la France à cette époque, fournirent une riche moisson aux recherches de cet amateur passionné, et plus tard, revenu dans sa patrie, il s'empressa de déposer son butin scientifique aux pieds de l'Empereur Alexandre, qui, en 1805, ordonna de le réunir à la bibliothèque publique. Cette collection, qui renfermait aussi des manuscrits orientaux, donna lieu à plusieurs articles intéressants de feu M. Adelung [1], et l'académicien Dorn de son côté publia une notice détaillée sur les manuscrits éthiopiens qui en font partie [2].

---

[1] Dans le journal: *Russland unter Alexander dem Ersten*, von H. Storch. St. Petersburg u. Leipzig 1805, Bd. VI, VII (p. 183) u. VIII.

[2] *Bulletin scientifique* de l'académie des sciences de St.-Pétersbourg. T. III, No. 10. Outre les manuscrits éthiopiens du fond Doubrovsky, cette notice renferme aussi tous ceux écrits dans le même idiome que la bibliothèque acquit plus tard.

Depuis, jusqu'en 1813, notre dépôt ne reçut que de rares augmentations, dues aux offrandes de M. le Comte Ouvaroff (ensuite ministre de l'instruction publique et président de l'académie des sciences), et de MM. Nicolas Khitroff, Froloff et Etter. Le compte-rendu de cette même année (1813) présente l'énumération suivante des manuscrits orientaux qui se trouvaient alors à la bibliothèque :

Hébraïques	6	Thibétains	2
Chaldéens	3	Sanscrits	2
Arabes	42	Mongols	1
Persans	29	Coromandéliens	5
Turcs	17	Camboyens	1
Géorgiens	1	Malabariens	13
Arméniens	2	Egyptiens	3
Chinois	32	Coptes	7
Cochinchinois	1	Ethiopiens	4
Japonais	4	Abyssiniens	2
Mandjoux	4	Madécasses	1
Tanguts	1		

Cette liste, quoique évidemment sujette à quelques erreurs quant à la langue des manuscrits (p. ex. tangut et thibétain signifient la même chose, comme aussi éthiopien et abyssinien etc.), démontre que leur totalité à cette époque ne montait qu'à 183.

Mais, lorsque les portes de la bibliothèque furent ouvertes au public (au commencement de 1814), l'intérêt général pour cet établissement commençant à s'accroître en proportion de son utilité, chaque année pour ainsi dire fut signalée par de nouvelles acquisitions dans ses différentes branches, comme aussi dans celle dont nous nous occupons. Nous citerons parmi les donateurs de manuscrits orientaux: pour 1814, MM. Bogdanoff-Araratsky et Bouldakoff, feu le directeur de la bibliothèque Olénine et le général Tormasoff; pour 1815, le prêtre Laskine et Sokoloff; pour 1816, l'arménien Khodjens; pour 1818 et 1819, MM. Karloff, Mirza Djafar Toptchibacheff, Lazareff, Hohanesian, Rafaïloff, et l'archimandrite Pierre Kamensky; pour 1821, le célèbre voyageur Ker Porter et le général Yermoloff; pour 1824, le général Comte Araktchejeff. De plus, la bibliothèque reçut de la munificence Impériale, pendant la même année 1824, une collection de costumes chinois, présentée par le père Hyacinthe, et, en 1827, deux papyrus égyptiens, offerts par M. Drovetti, consul de France en Egypte [1]). Il fut aussi fait quelques

---

[1]) Ces papyrus, ainsi qu'un troisième, donné en 1850 par M. de

achats des propres fonds de la bibliothèque, principalement chez MM. Froloff, Spassky (en 1817), Sipakoff (en 1822) et Wängg (en 1823). Enfin, en 1823, elle obtint un envoi de livres chinois, dont l'acquisition avait été faite à Pékin par l'entremise de l'archimandrite Pierre Kamensky, alors chef de notre mission en Chine.

Tels étaient les accroissements de notre dépôt oriental, quand tout à coup les années 1828—1830 vinrent lui amener successivement cinq collections, différentes quant au degré d'importance, mais toutes plus ou moins remarquables. Nous allons les énumérer séparément:

A. Depuis longtemps la bibliothèque d'Ardébil jouissait d'un grand renom en Perse. Formée, en majeure partie, des donations, à titre de legs pieux, du grand Abbas (1585—1627) à la mosquée d'Ardébil, où se trouve le mausolée du cheïkh Sséfy, un des ancêtres les plus illustres de la dynastie des Sséfys, cette collection, dont avaient déjà parlé les voyageurs Oléarius et Morier, n'était pas non plus inconnue en Europe. Enlevée aux Per-

---

Noroff, adjoint du ministre de l'instruction publique, auraient, à la rigueur, pû être rangés parmi les manucrits coptes; mais comme leur contenu attend encore un déchiffreur, nous avons préféré ne pas en faire mention dans le corps du catalogue.

sans par l'aide-de-camp général Comte Paul Suchtelen, elle fut envoyée, en 1828, à St.-Pétersbourg, et S. M. l'Empereur ordonna de la déposer, comme trophée de la guerre, à la bibliothèque Impériale publique. Elle formait un total de 166 volumes, contenant, les doubles défalqués, jusqu'à 96 ouvrages divers [1]).

B. Après la bibliothèque d'Ardébil, conquise sur la Perse, il nous en arriva une autre, gagnée par nos victoires sur le croissant. Fruit des triomphes du Feldmaréchal Prince Paskévitch, elle fut prise à l'école de la mosquée Ahmed à Akhaltsik, et, en 1829, également réunie à la bibliothèque publique. Moins importante que celle d'Ardébil, elle a cependant aussi son mérite particulier, car, tandis que la première offre une multitude d'ouvrages historiques et poétiques, presque exclusivement persans, les manuscrits d'Akhaltsik, au nombre de 148 volumes, pour la plupart arabes et turcs, traitent de phi-

---

[1]) Un aperçu général de cette collection a été donné par feu M. Fraehn dans la gazette allemande de St.-Pétersbourg de 1829, No. 44, et réimprimé, par M. Dorn, dans le recueil intitulé : *Das Asiatische Museum der Kaiserl. Akademie der Wissenschaften.* St. Petersburg 1846, p. 346 — 352. Cf. aussi la gazette russe de Tiflis, de 1828, No. 2.

lologie arabe, d'exégèse, de philosophie, de mathématique etc.¹).

C. La fin de la même année 1829 vit incorporer à la bibliothèque publique encore 42 manuscrits orientaux, dont une partie avait aussi été prise aux Turcs et l'autre achetée sur les lieux par leur illustre vainqueur. Renfermant de même quelques ouvrages très importants, ces manuscrits provenaient de l'école de la cathédrale de Bayazid, de la ville d'Erzeroum et du Daghistan ²).

D. La quatrième collection fut présentée à S. M. l'Empereur, en automne 1829, par le Prince persan Khosraou-Mirza, arrivé à St.-Pétersbourg en mission extraordinaire de la part de son grand-père, Feth Ali Chah. Dans ces manuscrits, tirés tous de la bibliothèque personelle du Chah, au nombre de 18, l'art des calligraphes

---

¹) Une notice préalable sur cette collection fut insérée dans la gazette de Tiflis, de 1829, No. 4, ainsi que dans le journal (français) de St.-Pétersbourg, No. 80 et 81 (par M. Charmoy); mais cette dernière était basée sur une liste inexacte, rectifiée seulement plus tard. Voyez aussi un article de M. Fraehn dans la gazette allemande de St-Pétersbourg, de 1829, No. 139 et 140, et la gazette russe de St.-Pétersbourg de 1830, No. 20.

²) Voyez la notice de M. Fraehn dans la gazette allemande de St.-Pétersbourg, de 1830, No. 47 et 48, reproduite dans le Musée asiatique (*Das Asiat. Museum*). p. 378. Cf. la gazette de Tiflis, de 1829. No. 46 et le journal de St.-Pétersbourg de la même année No. 56.

les plus renommés avait rivalisé avec celui du peintre, de l'ornementiste et même du relieur, pour reproduire dignement les chefs-d'oeuvre des premiers poètes et de quelques historiens persans. Leur don était d'autant plus précieux, que plusieurs de ces ouvrages manquaient entièrement aux différentes bibliothèques de notre capitale [1]).

E. La cinquième collection enfin, encore un trophée de nos victoires, se composait de 66 volumes, pris à l'arsénal d'Eskiseraï à Andrinople. Quoique ces volumes ne renferment que des copies du coran, de date moderne, plusieurs brillent par leur beauté. Ils furent déposés à la bibliothèque en 1830.

Les guerres avec la Perse et la Porte Ottomane apportèrent ainsi à la Russie le nombre considérable de 420 numéros, pour l'appréciation desquels, sous le rapport tant intrinsèque qu'ornemental, nous renvoyons les lecteurs à notre catalogue.

Cependant les acquisitions de la bibliothèque ne se

---

[1]) Voyez la notice à ce sujet de M. Fraehn dans la gazette allemande de St.-Pétersbourg de 1830, No. 16, répétée dans le Musée asiatique, p. 373. Cf. la gazette russe de St.-Pétersbourg de la même année, No. 24.

bornèrent pas à celles qui viennent d'être énumérées. Outre quelques manuscrits arméniens et d'autres sur feuilles de palmier, qui lui furent remis en 1831, l'année suivante elle s'enrichit par trois voies différentes : 1) l'archimandrite Pierre Kamensky, de retour de Pékin, présenta 48 volumes chinois, mandjoux et mongols ; 2) 9 manuscrits orientaux arrivèrent, par ordre suprême, des biens confisqués du Comte Wenzeslas Rzewuski, et 3) 2 manuscrits furent apportés en don par M. Léontievsky. Plus tard il fut remis d'autres pièces encore de la part de notre ancien ministre en Perse, le Comte Simonitch (en 1838), de la bibliothèque du conseiller privé actuel de la première classe Prince Alexandre Galitzyne (en 1843), et des doubles de l'académie des sciences de St.-Pétersbourg (en 1848). En outre, S. M. l'Empereur fit passer à la bibliothèque publique (en 1833) plusieurs manuscrits orientaux de la ci-devant université et de la société des sciences de Varsovie, et la bibliothèque elle-même acheta quelques pièces chez M. Hyren, ancien employé russe à Constantinople (en 1845) et chez le moulla Abd Allah Kemal-Eddin (en 1846). Tout récemment encore (en 1851), elle fit avec M. de Noroff l'échange de quelques ouvrages imprimés contre un beau manuscrit tamul.

XVI

Après cet aperçu rapide de la marche progressive de nos acquisitions, il nous reste à rendre compte de l'idée générale du présent ouvrage et des moyens que nous avons employés pour la mettre à exécution.

En procédant à la confection du catalogue, il fallait, avant tout, résoudre quatre questions préalables.

La *première* de ces questions se rapportait à l'étendue ou aux limites matérielles du travail. Fallait-il, à l'exemple de quelques autres grands catalogues, borner le nôtre uniquement aux manuscrits mahométans, ou bien l'étendre aussi aux autres langues orientales, et y insérer, conjointement avec les pièces hébraïques, syriaques, éthiopiennes, coptes, arméniennes et géorgiennes, tout ce que nous possédons en mandjou, chinois, mongol, calmouc, thibétain (tangut), japonais, sanscrit et même dans les différents idiomes indiens? Ayant en vue de donner à notre catalogue le plus d'universalité et, par là, le plus d'utilité possible, nous avons opté pour le dernier de ces modes [1]).

---

[1]) Il est presque inutile d'ajouter que, quant aux livres chinois, mandjoux etc., on a suivi la méthode généralement adoptée, c'est à dire de ranger ces productions xylographiques de front avec les manuscrits.

XVII

La *seconde* question concernait la substance même du catalogue. Fallait-il rester dans les bornes d'une simple nomenclature des ouvrages, ou donner au travail à faire le caractère d'un catalogue raisonné et détaillé? Ici, le même but d'utilité publique admettant encore moins d'indécision, nous n'avons pas balancé à préférer le système d'une description raisonnée.

La *troisième* question se rapportait au plan du catalogue. Nous l'avons arrêté sur deux règles principales: 1) Les manuscrits seront rangés par ordre de langues, mais, lorsque le même volume renferme des pièces en différentes langues (comme cela arrive assez fréquemment), on l'indiquera par des initiales placées devant chaque partie du volume: A. (arabe), P. (persan), T. (turc). 2) Dans l'ordre de la distribution intérieure des ouvrages en chaque langue, on évitera d'admettre trop de subdivisions, en se bornant à des catégories générales.

La *quatrième* question enfin se rapportait à la langue du catalogue. Dans la supposition que l'idiome français ne pouvait être étranger à aucun de ceux qui s'occupent des études de cette nature, nous l'avons préféré au latin, pour rendre le catalogue plus populaire, et au russe, pour ne pas restreindre son usage exclusivement à la Russie.

Ces premières questions décidées, nous avons passé à la revue des matériaux déjà existants, qui pouvaient nous seconder dans la rédaction du catalogue. Il se trouva que, outre les notices partielles, disséminées dans différentes feuilles périodiques etc., dont nous avons déjà fait mention, la bibliothèque pouvait se servir encore dans cette circonstance: 1) des catalogues inédits sur les collections d'Ardébil et d'Akhaltsik, rédigés en 1829, avec autant de soin que de savoir, par MM. Fraehn, Charmoy et Mirza Djafar Toptchibacheff; 2) des notices sur les manuscrits: a) de Bayazid et d'Erzeroum [1]; b) sur ceux présentés par le prince Khosraou Mirza [2]; c) sur les corans d'Andrinople et d) sur les manuscrits Rzewuski [3], toutes dressées par M. Fraehn; 3) des catalogues également inédits de l'académicien Brosset sur les manuscrits arméniens et géorgiens et de M. Léontievsky sur les li-

---

[1] Le catalogue descriptif (raisonné) de cette collection, préparé par M. Fraehn pour l'impression, ne s'est plus retrouvé. Voy. p. XIII; 2). de la préface.

[2] Voy. *ibid.*

[3] Ces deux dernières ont été communiquées à notre rédacteur par l'auteur même.

vres chinois, mandjoux, etc.; 4) de quelques inventaires sur les manuscrits hébraïques, syriaques, arabes, persans, coptes, etc. qui nous étaient restés de notre ci-devant bibliothécaire, actuellement professeur à Casan, M. Gottwaldt; enfin 5) de plusieurs notices, données sur les manuscrits turc-tatars dans l'ouvrage susmentionné d'un autre professeur de Casan, M. Bérésine¹). Après tout cela, il restait donc: 1) à dépouiller et à décrire ceux de nos manuscrits — et ils formaient encore au moins la moitié de toute la collection — qui jusque là n'avaient pas été suffisamment explorés ou définis, et ensuite à opérer la fusion et la rédaction générale de tous ces travaux épars; 2) à décrire de même les manuscrits indiens, qui n'avaient pas encore été même simplement déchiffrés. La première partie de cette tâche pouvait être élaborée au sein même de la bibliothèque; mais la seconde présentait une difficulté particulière. L'étude des langues indiennes, excepté le sanscrit, n'ayant pas encore acquis droit de cité en Russie, il ne se trouva personne parmi nos orientalistes qui voulût prendre sur lui de déchiffrer ces feuilles de palmier problématiques. Il restait

---

¹) Описаніе etc. voy. plus haut p. V.

donc à choisir entre deux alternatives : celle de se borner dans le catalogue à une simple indication de leur nombre, ou bien de recourir aux savants d'un pays, dont les rapports journaliers avec une partie des Indes offraient plus de facilité pour découvrir la clef de ces énigmes. Sur le rapport de l'administration de la bibliothèque, S. M. l'Empereur daigna préférer ce dernier moyen, et tandis que la tâche laborieuse concernant la première et l'incomparablement plus vaste partie du catalogue était confiée à l'un de nos bibliothécaires, l'académicien et conseiller d'état Dorn, déjà si avantageusement connu dans la littérature orientale, un autre de nos fonctionnaires, le conseiller de cour Kossovitch, allait porter les manuscrits indiens à Londres. Nous allons jeter un coup d'oeil rapide sur la marche observée dans chacune de ces opérations.

I.

En chargeant M. Dorn de la partie susdite de l'ouvrage et après avoir consulté ses propres lumières à ce sujet, l'administration de la bibliothèque lui enjoignit d'insérer dans son catalogue, en tant que la chose serait possible, et avec les modifications nécessitées par la marche du temps, les catalogues rédigés pour les collections d'Ardébil et d'Akhaltsik par MM. Fraehn, Charmoy et Toptchibacheff, et tout en les prenant pour modèle dans le travail sur les manuscrits non encore décrits, de s'attacher, à leur exemple :

1) A découvrir le véritable titre de chaque ouvrage, le nom de son auteur, l'époque où il a vécu et même, autant que faire se pourrait, celle où il a écrit; et d'accompagner ces données d'un exposé succint de la teneur de chaque manuscrit, de l'indication du degré de son importance, et de renvois aux ouvrages antérieurement publiés en Europe, qui renferment déjà des notices plus ou moins détaillées sur l'une ou l'autre de ces pièces. [1]

2) A déterminer l'âge des manuscrits, les caractères employés par les calligraphes et les noms de ceux-ci, s'ils ont joui d'une certaine réputation, ainsi qu'à annoter spécialement ceux des volumes qui sont autographes et qui, par conséquent, offrent un double intérêt.

3) A fixer aussi l'attention sur les ornements extérieurs

---

[1] Ces détails, de même que les suivants, se rapportent et devaient se rapporter principalement aux manuscrits mahométans, hébraïques, syriaques et éthiopiens; quant aux manuscrits géorgiens, arméniens, mandjoux, chinois, etc., l'avis des experts et l'exemple d'autres catalogues nous ont fait omettre de plus amples recherches à leur égard, les limites dans lesquelles se sont tenus MM. Brosset et Léontievsky ayant été reconnues suffisantes pour les amateurs, et d'autant plus pour les véritables connaisseurs de ces langues.

et en général sur la partie matérielle des manuscrits, et à faire connaître le nombre des feuillets, en spécifiant, où cela serait possible sans une trop grande perte de temps, la quantité de vers dans les différents poèmes, de même que les lacunes et les défectuosités, sans négliger les particularités relatives aux précédents possesseurs de ces pièces.

4) A insérer dans le catalogue, où cela paraîtrait nécessaire, le commencement de chaque pièce, en y ajoutant, pour les manuscrits défectueux, les mots par lesquels ils se terminent.

«Ce n'est pas sans crainte — dit M. Dorn dans son compte-rendu à l'administration de la bibliothèque — que j'ai accepté cette honorable mission, qui m'imposait, à moi seul, la tâche de continuer le travail d'aussi illustres devanciers et, malgré mon vif désir de laisser les catalogues d'Ardébil et d'Akhaltsik entièrement intacts, d'y faire des modifications que, dans l'état actuel de la science, non seulement ils n'auraient pas balancé eux-mêmes à admettre, mais auxquelles l'un d'eux, M. Fraehn, m'avait de son propre gré engagé à plusieurs reprises. D'un coté ces changements, que du reste je ne me suis jamais permis sans l'autorisation spéciale du même savant [1]),

---

[1]) Le monde littéraire n'ignore pas que M. Fraehn a terminé sa

XXIII

étaient impérieusement exigés par les progrès survenus pendant les dernières vingt années dans l'étude des langues orientales et même par la différence du point de vue actuel quant à l'estimation du plus ou moins de rareté de plusieurs manuscrits. D'un autre côté, la section n'étant pas encore rangée d'après un ordre strictement systématique, les différents exemplaires du même ouvrage se trouvaient quelquefois séparés par de grands intervalles, ce qui nécessitait des recherches minutieuses pour découvrir et signaler cette identicité [1]). Enfin, en m'appliquant à obvier, aussi consciencieusement que possible, à toute es-

---

belle et noble carrière le 16 (28) août 1851, quand la rédaction de notre catalogue touchait déjà à sa fin. Après avoir cité si souvent son nom, nous ne pouvons nous empêcher de répéter ici le premier cri de douleur, échappé, à la nouvelle de sa mort, à l'illustre président de notre académie des sciences, celui qui pendant plus de trente ans avait été le protecteur du célèbre orientaliste. «Depuis la mort de Sylvestre de Sacy — écrivait le Comte Ouvaroff au secrétaire de l'académie qui lui annonçait cette perte — la littérature orientale n'a pas eu à pleurer un plus grand nom que celui de Fraehn; c'est un de ces flambeaux de haute science, un de ces érudits consommés dont la race est épuisée; et c'était, en outre, un homme excellent, plein de bons principes et de bonnes et sages habitudes!»

[1]) Un effet de ce mode de dislocation s'est manifesté dans notre catalogue pour les No. CCLIV et CDLXXXIV qui, comme nous ne nous en sommes aperçu que trop tard, contiennent le même ouvrage.

pèce d'erreurs et d'omissions, j'ai cru de mon devoir de collationner encore une fois tous les manuscrits, même ceux décrits déjà antérieurement, d'ajouter les noms des calligraphes où l'on n'en avait pas fait mention, etc., et, en cas de doute de ma part, de consulter nos autres orientalistes, parmi lesquels je ne puis refuser mon tribut de reconnaissance non seulement à M. Fraehn, mais aussi au cheïkh Tantavy, au professeur de l'université de St.-Pétersbourg Kazembeg, au moulla Houseïn Feïzoglou et à MM. Ilminsky, Chwolsohn et Schiefner.

«Je n'ai plus — continue M. Dorn — qu'à dire un mot sur l'ordre bibliographique et sur quelques détails secondaires de ce catalogue. Suivant l'exemple de mes prédécesseurs et les instructions qui m'avaient été données, j'ai taché d'éviter toute subdivision trop fastidieuse. Voilà pourquoi, dans les manuscrits persans, la théologie et le droit ne forment pas deux rubriques séparées et quoique l'ouvrage No. CCLIII p. ex., appartienne, à la rigueur, au droit, je me suis cru autorisé, autant par la teneur du commentaire, que parceque l'auteur Ibn Babouyeh [1]) pa-

---

[1]) M. le conseiller-d'état actuel Tornauw, auquel nous devons un ouvrage estimable sur les éléments de la jurisprudence musulmane (Начала Мусульманскаго правовѣдѣнія. С.Пбгъ 1851), nomme cet au-

raît s'être arrêté au livre de la purification طهارت, à le ranger parmi les ouvrages de théologie. Pour les manuscrits arabes, j'ai suivi la prononciation arabe, et pour les persans et les turcs celle qui est adoptée dans ces deux dernières langues : ainsi on trouvera dans le catalogue différemment : cadhi et cazi, Fadhil et Fazil, Daoulet et Devlet, etc. D'ailleurs, si je n'ai pu réussir à suivre partout une orthographe uniforme, et si l'on voit, p. ex., Djaghataï et Tchaghatai (جغتای, جغتای), c'était d'après le manuscrit que j'avais momentanément sous les yeux ; et les orientalistes savent bien que l'orthographe ne varie que trop souvent, même dans les différentes copies d'un seul ouvrage, sans que l'on puisse préciser laquelle doit prévaloir. Pour citer un autre exemple, le nom de Gabriel, généralement épelé جبرائل, se rencontre dans le manuscrit No. IV sous la forme جبریل et c'est ainsi qu'il a été tracé dans le catalogue. Enfin j'avais d'abord penché pour une énumération de tous les exemplaires de nos manuscrits, qui se trouvent encore autre part ; mais une nomenclature de

---

teur Ibn Bobeweïh (Бобевей), et il est en droit de le faire (v. la remarque au No. CLXI, p. 152); mais j'ai trouvé ce nom épelé dans plusieurs endroits « Ibn Babouyeh ابن بابویه. » (Note de M. Dorn.)

d

cette nature devant trop retarder notre publication et en grossir le volume, et M. Flügel, éditeur de Hadji Khalfa, ayant d'ailleurs annoncé déjà un catalogue général des manuscrits arabes, persans et turcs, contenus dans les différentes bibliothèques de l'Europe, j'ai préféré n'admettre de mon coté de pareilles citations que dans des cas spéciaux, où cela pouvait paraître particulièrement désirable».

M. Dorn termine son rapport par trois listes : l'une, des catalogues et autres ouvrages qu'il a le plus souvent cités, la seconde, des sources dont s'est composée la collection, avec l'explication des abréviations dont il s'est servi, et la troisième des rubriques sous lesquelles il a rangé tous les manuscrits de la collection. Cette dernière liste fait voir que leur nombre monte actuellement en tout à DCCCCI, sans compter séparément les pièces différentes, réunies souvent dans un seul volume. Nous renvoyons toutes ces trois listes à la fin de notre préface, en y ajoutant encore, à la fin de l'ouvrage même, des registres alphabétiques pour les manuscrits arabes, persans, turcs et tatars, le nombre des autres n'étant pas assez considérable pour exiger une pareille indication.

II.

Ce n'est qu'après de longues recherches et mainte tentative infructueuse que le délégué de notre bibliothèque à Londres parvint à découvrir des mains assez habiles et assez expérimentées pour la tâche qu'il s'agissait d'accomplir. Un allemand, natif du duché d'Altenbourg, jeune encore, mais déjà honorablement connu, tant dans sa patrie, qu'en Angleterre, avait consacré toute son existence à l'étude approfondie des idiomes indiens, et tout en remplissant les modestes fonctions de précepteur à une académie de Canterbury, il continuait passionnément ses occupations favorites. Déjà on l'avait employé, avec un succès remarquable, à l'exploration des manuscrits indiens du musée britannique, et ce fut finalement sur lui, à la recommandation unanime de plusieurs célèbres orientalistes et de la société asiatique de Londres, que se fixa le choix de notre envoyé. M. le docteur Reinhold Rost, mû uniquement par l'amour de la science, se prêta avec un zèle infini et un rare désintéressement au service que lui demandait la bibliothèque Impériale publique de St.-Pétersbourg, et grâce à son érudition et à une étude constante de plusieurs mois qu'il a consacrée à nos manuscrits, nous pouvons compléter notre catalogue par un beau travail sur des documents, écrits dans des langues encore si peu cultivées en Europe.

Cette partie du catalogue, où nous avons laissé l'oeuvre de M. Rost presque entièrement intacte, en nous bornant à la traduire en français, forme les sections XVI—XXIV du corps de l'ouvrage [1]), et, vû le nombre peu considérable des pièces, elle n'y apparait qu'avec la division par langues ou idiomes.

En livrant ce catalogue au public, l'administration de la bibliothèque de St.-Pétersbourg, malgré ses efforts pour éviter autant que possible les erreurs graves qui se glisssent si facilement dans un livre tout hérissé de noms propres et de dates comme l'est celui-ci, n'ose guère se flatter qu'il soit entièrement exempt de fautes, presque inévitables dans un travail d'aussi longue haleine et confectionné originairement par tant de collaborateurs différents ; mais elle espère que, tel qu'il est, il suffira pour donner une juste idée des trésors en tout genre contenus dans sa collection, du mérite intrinsèque des pièces qui la com-

---

[1]) Ajoutons que le manuscrit sanscrit No. DCCCLXXIII, écrit en caractères devanagari, a été expliqué et décrit par un des fonction-

posent, du nombre considérable d'auteurs classiques qui y figurent, de ceux surtout qu'on ne rencontre guère dans les autres bibliothèques de l'Europe. Ce catalogue prouvera, en outre, que notre dépôt est digne, non seulement de fixer l'attention des connaisseurs de la littérature orientale, mais aussi de piquer la curiosité de l'amateur des arts, par le luxe et le soin avec lequel plusieurs de nos volumes ont été confectionnés, tant sous le rapport calligraphique, que sous celui des peintures et autres ornements. Il démontrera enfin, nous aimons à le croire, qu'il était temps de tirer ces chefs-d'oeuvre littéraires et souvent artistiques de l'oubli, où plus d'un précieux document littéraire était enseveli au fond de l'Asie, et de leur donner une destination plus utile que celle de tomber en poussière sur le mausolée du cheïkh Sséfy ou dans la mosquée d'Ahmed-pacha !

---

naires de la bibliothèque, M. Kossovitch, le même qui avait eu la mission de porter les autres à Londres.

I.
TABLE

DES LIVRES ET DES CATALOGUES LE PLUS SOUVENT MENTIONNÉS DANS CET OUVRAGE, OU QUI Y SONT CITÉS AVEC ABRÉVIATION DES TITRES.

Assemani (Sim.) Catalogo de' Codici manoscritti orientali della Biblioteca Naniana. Padova 1787. 4.
— (Steph. Evod.) Catalogus Codd. Mss. Orr. Bibliothecae Mediceae Laurentianae et Palatinae. Florentiae 1742. fol.
Aurivillius (C.) Recensio codd. msc. ab H. Benzelio Archiepiscopo Upsaliensi in Oriente collectorum. Upsaliae 1802. 8.
Bérésine Опиcаniе, voy. préface p. V, 5).
Bibliothèque de M. le Baron Silvestre de Sacy, T. III. Manuscrits. Par M. G. De Lagrange. Paris 1842. 8.
Bohlen (Pet. a) Catalogus Codicum Mstorum orientalium in Bibliotheca Hamburgensi publ. adservatorum curate secundum excerpta A. A. H. Lichtensteinii atque ex ipsis codicibus elaboratus. MDCCCXX. Msc.
[Breslau] Libri manuscripti etc. c.-à-d. notice sur les manuscrits qui se trouvent dans la bibliothèque de l'église de Ste Marie-Madelaine à Breslau. — Cette notice est due à la complaisance de M. Chwolsohn. Msc.
Casiri (Mich.) Bibliotheca Arabico-Hispana Escurialensis etc. Matriti 1760—70. 2 vol. fol.
Catalogus codicum orientalium, qui in collectione Richiana Bagdadi existunt. Voy: *Mines de l'Orient*, T. III, p. 328. T. IV, pp. 111. 288. 455.

XXXIII

Catalogus librorum tam impressorum quam manuscriptorum Bibliothecae Publicae Universitatis Lugduno-Batavae. Lugd. Bat. 1716 fol.
— Codicum manuscriptorum Bibliothecae Regiae. Tomus I. Parisiis 1789. fol. — Quoique cette bibliothèque aye depuis changé de titre, et se nomme actuellement bibliothèque *nationale*, nous avons préféré, pour la facilité des renvois, lui conserver le nom sous lequel elle était désignée dans son catalogue imprimé, c.-à-d. celui de bibliothèque *royale* ou *du roi*.
— codicum manuscriptorum orientalium qui in Museo Britannico asservantur. P. I. Codices Syriacos et Carshunicos complectens, (auct. Rosen) Londini 1838. P. II. Codices Arabicos complectens, (ed. Cureton.) 1846. P. III. Codices Aethiopicos amplectens, (ed. Dillmann) 1847. 3 vol. fol.

Catalogue de la bibliothèque de feu moulla Seïf-eddin ben Abi Bekr à Ssaba (gouvernement Cazan). Msc. de M. Fraehn.
— des manuscrits déposés dans différentes mosquées de Constantinople. Copie du catalogue des dites bibliothèques, fait par M. le Baron Guckin de Slane. Cf. *Journal asiatique*, IV sér. 1846, T. VII, p. 100 suiv.
— des manuscrits de la bibliothèque de l'hôtel de la compagnie des Indes Orientales à Londres (East-India House). Copie faite par le rédacteur du présent catalogue en 1828—9. Msc.

Cureton; vide Catalogus codd. orr. Mus. Brit.

Dillmann (A.); v. *ibid*.

Fleischer (H. O.) Catalogus Codicum manuscriptorum orientalium bibliothecae regiae Dresdensis. Lipsiae 1831. 4.
— Catalogus librorum manuscriptorum qui in bibliotheca senatoria civitatis Lipsiensis asservantur. Grimae 1838. 4. (p. 33). *Codices arabici, persici, turcici*.

Flügel (Gust.) Katalog der arabischen, persischen, türkischen etc. Handschriften der k. Bibliothek zu München. Voy. *Jahrbücher der Literatur*, Wien 1829. Bd. 47. Anzeigebl. p. 1—16.
— Andeutungen über die von der kön. Bibliothek zu Paris an arabischen, persischen und türkischen Handschriften in der neuesten Zeit gemachten Erwerbungen. *Ibid*. 1840. Bd. 90—91. Anzeigebl.
— Zuschrift. An S. Exc. den Grafen Moritz Dietrichstein (contenant une

notice sur les nouvelles acquisitions des manuscrits orientaux de la bibliothèque Impériale à Vienne.) Voy. *Jahrbücher der Literatur*, 1842, Bd. 97. Anzeigebl. p. 1—31 et Bd. 100. Anzeigebl. p. 1—31.

Fraehn, voy. pp. III, XII—XIV. et XVIII. de la préface.

Frank (Oth.) Bemerkungen über die morgenländischen Handschriften der k. Bibliothek zu München. München 1815. 8.

Fraser (Jam.) A catalogue of manuscripts in the Persic, Arabic and Sanskerrit languages, collected in the East; voy. The history of Nadir Chah. London 1742. 8.

Hamaker (Henr.) Specimen catalogi codicum mss. orr. bibliothecae academiae Lugduno-Batavae. Lugd. Batav. 1840. 4.

Hammer-Purgstall (Jos. de) Catalogus codicum arabicorum persicorum turcicorum bibliothecae Caesareae Regiae Vindobonensis. Voy. *Mines de l'Orient*, T. II. p. 286 et 403.

— Lettere sui manoscritti orientali et particolarmente arabi che si trovano nelle diverse biblioteche d'Italia. *Biblioteca Italiana*. T. 42, 45, 46, 47, 50, etc.

— Morgenländische Handschriften. *Jahrb. der Lit.* 1833. Bd. 61. et suiv. Anzeigebl.

Lee, voy. Oriental manuscripts etc.

Moeller (J. H.) Catalogus librorum tam manuscriptorum quam impressorum qui etc. in bibliotheca Gothana asservantur. Gothae 1826. 4.

Molh et P. Lacroix Catalogue de livres et manuscrits orientaux provenant de la bibliothèque de feu M. John Staples Harriot. Paris 1843. 8.

Nicoll (Alex.) Bibliothecae Bodleianae codicum msc. orientalium catalogi partis secundae volum. primum arabicos complectens. Oxonii 1821. fol.

Oriental manuscripts purchased in Turkey (appartenants au Dr. J. Lee). London 1831. 4.

Ouseley (Will.) Catalogue of several hundred manuscript works in various oriental languages, etc. London 1799. 4.

Petroff, voy. préface p. IV.

Pusey (C. B.) Bibliothecae Bodleianae codicum manuscriptorum orr. catalogi partis secundae volumen secundum. Oxonii 1835. fol.

Rasmussen, Designatio praestantissimorum etc. bibliothecae Regiae Havniensis codicum, Persice et Arabice manuscriptorum. Voy. *Mines de l'Orient.* T. IV. p. 325.

Rosen; v. Catal. codd. orr. Musei Britannici.

Seetzen (U. J.) Verzeichniss der für die orientalische Sammlung in Gotha zu Damask, Jerusalem etc. angekauften orientalischen Manuscripte. Leipzig 1810. fol.

Stewart (Charl.) A descriptive catalogue of the oriental library of the late Tippoo Sultan of Mysore. Cambridge 1809. 4.

Tornberg (C. J.) Codices Arabici, Persici et Turcici Bibliothecae Regiae Universitatis Upsaliensis. 1849. 4.

Ury (Jo.) Bibliothecae Bodleyanae Codicum mss. orientalium catalogus. Oxonii 1787. fol.

Weijers (Henr. Eng.) Commentarii de Codicibus msctis orientalibus Bibliothecae Leidensis. Voy. *Orientalia* edd. T. G. J. Juynboll, T. Roorda, H. E. Weijers. Amstelodami 1840. Pars I. p, 296—501. 8.

Westergaard (N. L.) Codices indici bibliothecae regiae Havniensis. Havniae 1846. 4.

Wilson (H. H.) Mackenzie Collection. A descriptive catalogue of the oriental manuscripts, etc. collected by the late Lieut. Colon. Colin Mackenzie. Calcutta 1838. 2 vol. 8.

Burnouf (E.) et Lassen (Chr.) Essai sur le Pali. Paris 1826. 8.

Dorn (Bernh.) Das Asiatische Museum der Kaiserl. Akademie der Wissenschaften zu St. Petersburg. St. Petersburg 1846. 8.

Eichhorn (G.) Geschichte der Litteratur. 3ter Band. 3te Abth. Göttingen 1807, 8. (renfermant l'histoire de la littérature des Ottomans, composée par M. de Hammer).

Elliot (H. M.) Biographical Index to the historians of Muhammedan India. Calcutta 1849. I vol. 8.

Gildemeister (Jo.) Bibliothecae Sanscritae etc. specimen. Bonnae 1847. 8.

Hammer-Purgstall Geschichte der schönen Redekünste Persiens. Wien 1818. 4.

— Geschichte der Osmanischen Dichtkunst. Pesth 1836-8. 4 vol. 8.

D'Herbelot Bibliothèque Orientale.

Notices et Extraits des manuscrits de la Bibliothèque du Roi. Paris 1687—1853. 4.

Ouseley (G.) Biographical notices of Persian poets with critical and explanatory remarks. London 1846. 8.

Schnurrer (Chr. Fr.) Bibliotheca Arabica, Halae 1811. 8.

Toderini Litteratur der Türken. Aus dem Italiänischen etc. von Ph. Wilh. Gottl. Hausleutner. Königsberg 1790. 2 vol. 8.

Zenker (J. Th.) Bibliotheca Orientalis. Manuel de bibliographie orientale. Leipzig 1846. 8.

Aboulfeda Annales Muslemici arabice et latine, ed. Reiske. Hafniae 1789—1794. 5 vol. 4.

Aïny عقد الجمان Collier des perles. Voy. Bullet. scient. T. IV, p. 186—190. Das Asiat. Museum, p. 744. Makrizi, Histoire des Sultans mamlouks, ed. Quatremère. T. I, p. II, p. 271.

Aly ben Baly (بالى) ben Muhammed كتاب العقد المنظوم فى افاضل الروم Le livre du collier arrangé, traitant des hommes distingués de Roum, servant de continuation à l'ouvrage de Thachkeuprizadéh (voy. ci-après). Msc. Mus. Asiat. no. 555.

Baber — Memoirs of Zehir-ed-din Muhammed Baber, ed. Erskine, London 1826. 4.

A critical Essay on various manuscript works, arabic and persian etc. translated by J. C. London 1832. 8.

Hadji Khalfa Lexicon bibliographicum et encyclopaedicum etc. ed. Flügel. T. I—V (pars II) Leipzig et London 1835—1850. 6 vol. 4. et deux copies manuscrites, l'une appartenant au musée Roumänzoff, l'autre à l'Institut oriental de St.-Pétersbourg.

—— تقويم التواريخ Tables chronologiques. Constantinople 1146 (1733). 1 vol. fol.

Ibn Challikani Vitae illustrium virorum ed. Wüstenfeld. Götting. 1835 et suiv.

Khondemir حبيب السير L'ami des biographies. Msc. Mus. Asiat. nos 572 — 572ᵃ.

Louthf Aly Bey آتشكده Pyrée (Biographies des poètes persans). Msc.

Acad. no. 174 Cf. Bland, *The Astesh Kedah*, or *Fire Temple*. London 1844. 8. et Charmoy, *Expédition d'Alexandre le Grand*, p. 60.

Moustekimzadéh دوحةُ مشايخ كبار *Verger des grands Cheïkhs* par Saadeddin Souleïman *Moustekimzadéh*. Voy. *Bullet. historico-philologique*, T. IV. No. 9. et *Mélanges Asiatiques* tirés du Bulletin historico-philologique, T. I. 1re livr. 1849, p. 1.

Soyouthy طبقات النحاة الصغرى *Abrégé des classes des grammairiens*. Msc. Mus. Asiat. no. 549—550. Cf. Flügel, *Jahrbücher der Literatur* 1832. Bd. 66, Anzeigebl. p. 10, No. 329.

Thachkeuprizadéh الشقايق النعمانية *Anemones*. Voy. Nos. LXVII—III. du présent catalogue, et Mus. Asiat. nos. 553 et 553.

II.

TABLE

DES DIFFÉRENTES SOURCES DONT S'EST FORMÉE LA COLLECTION, ET DES ABRÉVIATIONS QUI Y CORRESPONDENT DANS LE CATALOGUE.

Acad. des Sc.   Académie des Sciences. Voy. *Bullet. historico-philolog.* 1848. T. VI. p. 31.
Akh.   Akhaltsikh.
Andr.   Andrinople.
Araktch.   Araktchéjeff.
Ard.   Ardébil; (Ard. ع)

La plupart des ouvrages provenant de la bibliothèque d'Ardébil, porte l'inscription suivante: وقف كرد اين كتاب را كلب آستانهٔ على بن ابى طالب عليه السلام عباس الصّفوى بر آستانهٔ منورهٔ شاه صفى عليه الرحمة كه هركه خواهد بخواند مشروط بر اينكه از آن آستانه بيرون نبرد وهركه بيرون برد شريك خون امام حسين عليه التحيه والسلام بوده باشد

Manuscrit légué au tombeau illuminé du chah Sséfy, que la paix repose sur lui! par (le chah) Abbas de la dynastie des Sséfys, le chien de garde du seuil de Aly fils d'Abou Thalib, que Dieu lui fasse paix et miséricorde! Quiconque voudra lire [cet ouvrage], pourra le faire à condition

XXXVIII

qu'il ne l'emportera pas de ce mausolée, et tout homme qui l'enlevera se rendra coupable du meurtre de l'imam Houseïn, que Dieu lui accorde le salut éternel!

Une grande partie des inscriptions porte l'année 1017 de l'hégire = 1608-9 de J.-C. Ces volumes, ainsi que tous les autres, sont en outre revêtus d'un sceau dont l'inscription est conçue en ces termes:

آستانهٔ متبرکهٔ صفیهٔ صفویّه *Legs pieux fait au tombeau béni et pur de Sséfy.*

Ce sont les manuscrits légués au mausolée du cheïkh Sséfy par Abbas II, qui ont été marqués de la lettre ع, placée après Ard.

(Ard. ع).

(Bay. م) Bayazid.

Les manuscrits provenant de cette source portent sur une des premières feuilles une inscription constatant un legs conçue en ces termes: قد وقف

وسبل ابتغاءً لوجه الله تعالى وطلباً لمرضاته محمود پاشا ابن اسحق لأجل خیرات ابویه هذا کتاب . على المدرسة المتصلة بالجامعة الشریفة التین بناهما اسحق پاشا تقبل الله عنهم وغفر لهم ورحمهم وقفاً صحیحاً شرعاً بشرط ان لا یباع ولا یوهب ولا یؤجر ولا یخرج منها الا لمصلحة مهمة فمن بدّله بعد ما سمعه فانما اثمه على الذین یبدّلونه انّ الله سمیع علیم

Mahmoud-Pacha fils d'Ishac, désirant voir le visage du Dieu très-haut, et cherchant à s'attirer sa faveur, a consacré ce livre (suit le titre) *à usage pieux, comme offrande pour ses père et mère, et l'a légué à l'école attachée à la sainte cathédrale, fondées toutes les deux par Ishac-Pacha, que Dieu les agrée, qu'il leur pardonne et leur fasse miséricorde!, comme un legs loyal et légal, sous condition qu'il ne soit ni vendu, ni donné en cadeau, ni prêté, ni porté au dehors, à moins d'urgence ou d'utilité; «celui donc qui altèrera cette* (disposition) *après en avoir pris connaissance, le crime en sera sur ceux qui l'auront altérée; car Dieu entend tout et sait tout.»* [voy. Coran II, 177].

XXXIX

La bibliothèque de la ci-devant université de Varsovie, No. CCXLV. *)
— — de la société des sciences dans la même ville, No. LXXX. DX.
— — du collège des Jésuites à Plock. No. DCXLIV. DCCCXXII.

Artémiy Bogdanoff Araratsky. — Ce nom est indiqué dans les archives de la bibliothèque; suivant l'inscription arménienne dans le manuscrit même (No. DCXXXI), le donateur s'appellerait Haront Hionn de Valarchabat.

Bould. Bouldakoff.
M. Djaaf. Mirza Djaafar Toptchibacheff.
Doubr. Doubrowsky. No. DXLIII, p. 495. no. 44). DLVII. DXCII.
Erz. Erzeroum.
Etter.
Frol. Froloff.
Le prince Galitzyne. No. DXCV.
Jos. Hohanésian. No. DCXLI.
Hyacinthe.
Hyr. Hyren.
P. Kam. Pierre Kamensky.
Karl. Karloff.
Abdoullah Kemal-eddin. No. CCXIII.
Khitroff.
Khodjens.
Khosr. M. Khosraou Mirza.
Lask. Laskine.
Lazareff. No. DCXXXV.
Léont. Léontievsky.
M. de Noroff.
Olen. M. d'Olénine.
Ouv. M. le comte Ouvaroff.

---

*) Les numéros ajoutés dans cette liste indiquent, qu'on n'a découvert la provenance des manuscrits auxquels ils se rapportent, qu'après l'impression de leur description.

Rafaïl. Mehdi Rafaïlovitch Rafaïloff, de Mechhed dans le Khorasan.
Rzew. Rzewusky.
Le comte Simonitch
Sipak. Sipakoff.
Sokol. Sokoloff.
Spassk. Spassky.
Sucht. Le comte de Suchtelen, ancien ambassadeur de Russie en Suède, dont la bibliothèque fut, en partie, incorporée à notre établissement en 1836.
Torm. Tormasoff.
Wänng.
Yerm. Yermoloff.
Zal. Zalusky.

III.
TABLE
DES MANUSCRITS RANGÉS PAR LANGUES ET DANS CELLES-CI PAR ORDRE DE MATIÈRES.

I. Manuscrits arabes.

A. Théologie chrétienne, No. I—V. p. 1—6.
B.   — musulmane, No. VI—LXXV. p. 6—38.
C. Droit, No. LXXVI—LXXXIV. p. 39—57.
D. Philosophie chrétienne, No. LXXXV. p. 57—59.
E   — musulmane, No. LXXXVI—CX. p. 59—92.
F Alchimie, No. CXI. p. 92.
G. Histoire chrétienne, No. CXII—III. p. 93—96.
H.   — musulmane, No. CXIV—IX. p 96—102.
I. Médecine, No. CXX—CXXV. p. 102—108.
K. Mathématiques, No. CXXVI—CXXXIII. p. 108—120.
L. Poésie, No. CXXXIV—CXL. p. 120—137.
L^a. Nouvelles et Contes, No. CXL—II. p. 137—139.
M. Eloquence, No. CXLIII—V. p. 139—141.
N. Epistolographie, No. CXLVI. p. 141 –
O. Calligraphie, No. CXLVII—LII. p. 142—146.
P. Philologie, No. CLIII—CCXXVII. p. 146—204.
Q. Recueils et Polygraphie, No. CCXXVIII—CCXLVII. p. 204 — 240.

II. Manuscrits persans.

A. Théologie chrétienne, No. CCXLVIII—IX. p. 241—6.
B.   — musulmane (et Droit, No. CCLIII) No CCL—CCLIX. p. 246—255.
C. Philosophie, No. CCLX—CCLXII. p. 255—258.
D. Histoire, No. CCLXIII—CCCXIII. p. 258—302.
E. Médecine, No CCCXIV. p. 302—303.
F. Mathématiques, No. CCCXV—CCCXVIII. p. 303—307
G. Poésie, No. CCCXIX—CCCCLXXVI. p. 307—404.

H. Contes, No. CCCCLXXVII—CCCCLXXXIV. p. 404—416.
I. Epistolographie, No. CCCCLXXXV—VII. p. 416—418.
K. Calligraphie et Peinture, No. CCCCLXXXVIII—IX. p. 418—425.
L. Philologie, No. CCCCLXXXX—VII. p. 425—435.
M. Recueils et Mélanges. No. CCCCLXXXXVIII—DII. p. 436—454.

III. Manuscrits turcs et tatares.

A. Théologie chrétienne, No. DIII—DVI. p. 455—458.
B. — musulmane, No. DVII—DXVI. p. 458—463.
C. Philosophie, No. DXVII—XIII. p. 464.
D. Histoire, No. DXIX—DXXLIII. p. 465—497.
E. Médecine, No. DXLIV—VI. p. 498—499.
F. Mathématiques, No. DXLVII—LII. p. 500—503.
G. Poésie, No. DLIII—DLXXVI. p. 503—520.
H. Romans, No. DLXXVII—DLXXXII. p. 521—527.
I Contes moraux etc., No. DLXXXIII—IV. p. 527—529
K. Epistolographie, No. DLXXXV—DLXXXXI. p. 529—530.
L Calligraphie, No. DXCII. p. 531.
M. Philologie, No. DXCIII—V. p. 531—533.
N. Recueils et Mélanges, No. DCXVI—DCII. p. 533—540.

IV. Manuscrits hébraïques.

No. DCIII—DCVIII. p. 541—548.

V. Manuscrits éthiopiens.

No. DCIX—DCXVII. p. 549—558.

VI. Manuscrits syriaques.

No. DCXVIII—DCXXI. p. 559—564.

VII. Manuscrits coptes.

No DCXXIII—DCXXX. p. 565—587.

VIII. Manuscrits arméniens.

A Théologie, No. DLXXXI—DCXXXVIII. p. 568—570.
B. Histoire, No. DCXXXIX. p. 571.
C. Poligraphie, No. DCXL—I. p. 571—572.

IX. Manuscrits géorgiens.

A. Théologie, No. DCXLII—DCXLVIII. p. 573—575.
B. Philosophie, No. DCXLIX. p. 575.
C. Histoire, No. DCL—I. p. 576—577.
D. Mathématiques, No. DCLII. p. 577.
E. Poésie, No. DCLIII—IV. p. 577—578.
F. Éloquence, No. DCLV—VI. p. 578.

X. Livres et manuscrits mandjoux.

A. Théologie, No. DCLVII—DCLXI. p. 579—580.
B. Droit, No. DCLXII—DCLXXI. p. 581—584.
C. Philosophie, No. DCLXXII—DCLXXIV. p. 585—586.
D. Histoire, No. DCLXXV—DCLXXXIII. p. 586—590.
E. Mathématiques, No. DCLXXXIV. p. 590.
F. Linguistique, No. DCLXXXV—DCXCI. p. 591—592.

XI. Livres et manuscrits chinois.

A. Théologie, No. DCXCII—DCCXXI. p. 593—597.
B. Droit, No. DCCXXII—DCCXXVII. p. 598—599.
C. Philosophie, No. DCCXXVIII—DCCXLII. p. 599—601.
D. Histoire, No. DCCXLIII—DCCLXXXIV. p. 601—608.
E. Histoire naturelle, No DCCLXXXV—DCCLXXXIX. p. 608—609.
F. Médecine, No. DCCXC. p. 609.
G. Mathématiques, No. DCCXCI. p. 609—610.
H. Sciences méchaniques, No. DCCXCII—DCCXCVI. p. 610—611.
I. Beaux arts, No. DCCXCVII—DCCCIX. p. 611—613.
K. Poésie, No. DCCCX—DCCCXVII. p. 613—614.
L. Polygraphie, No. DCCCXVIII—DCCCXXVII. p. 614—615.
M. Histoire littéraire, No. DCCCXXVIII—DCCCXXXI. p. 616.
N. Linguistique, No. DCCCXXXII—DCCCXLII. p. 617—619.

XII. Livres et manuscrits mongols.

A. Théologie, No. DCCCXLIII—IV. p. 619.
B. Linguistique, No. DCCCXLV. p. 620.
C. Polygraphie, No. DCCCXLVI—VII. p. 620.

XLIV

XIII. Livre calmouc.
No. DCCCXLVIII—IX. p. 621.

XIV. Livres et manuscrits tibétains (tanguts).
A. Théologie, No. DCCCL—DCCCLVIII, p. 621—624 et DCCCI, p. 657.

XV. Livres et manuscrits japonais.
A. Théologie, No. DCCCLIX. p. 625.
B. Jurisprudence, No. DCCCLX—I. p. 625.
C. Histoire, No. DCCCLXII—III. p. 626.
D. Arts méchaniques, No. DCCCLXIV. p. 626.
E. Arts libres, No. DCCCLXV—VII. p. 626.
F. Belles lettres, No. DCCCLXVIII—IX. p. 627.
G. Linguistique, No. DCCCLXX. p. 627.
H. Polygraphie, DCCCLXXI—II. p. 627.

XVI. Manuscrits sanscrits.
No. DCCCLXXIII—DCCCLXXX. p. 628—34.

XVII. Manuscrits pâli.
No. DCCCLXXXI—IV. p. 634—648.

XVIII. Manuscrit gouzerate.
No. DCCCLXXXV. p. 648.

XIX. Manuscrit hindoui.
No. DCCCLXXXVI. p. 649.

XX. Lettre bengale.
No. DCCCLXXXVII. p. 649.

XXI. Manuscrit malayálma.
No. DCCCLXXXVIII. p. 649—50.

XXII. Manuscrits tamouls.
No. DCCCLXXXIX—DCCCXCVIII. p. 650—655.

XXIII. Manuscrit siamois.
No. DCCCXCIX. p. 656.

XXIV. Manuscrit javanais.
No. DCCCC. p. 656.

XIV. Manuscrit tibétain.
No. DCCCCI. p. 657 (DCCCLVIII^a). v. No. DCCCL—VIII. p. 621—624.

I. MANUSCRITS ARABES.

A. Théologie chrétienne.

1.

كتاب الانجيل *Évangéliaire*, sur vélin, ayant les rubriques et les points d'arrêt en encre rose, et outre cela pourvu de trois peintures qui représentent notre Seigneur Jésus-Christ, St.-Matthieu et St.-Luc. Les quatre premières feuilles de l'Évangile de St.-Marc sont écrites d'une autre main et sur du papier de coton, pour remplacer sans doute les feuilles anciennes qui doivent s'être perdues. Écrit par el-Hasan ben Masoud el-Nafrany el-Orthodoxy الحسن بن مسعود النصراني الارثذكسي c.-à-d. le chrétien du rite orthodoxe, en l'année 1348 de l'ère d'Alexandre-le-Grand, ou grecque $=$ 1036 de J.-C. 220 f. in-4°.

II.

كتاب الانجيل *Les quatre Évangiles.* Les cinq premières feuilles contiennent une introduction مقدمة en langue arabe sur le but, l'utilité, l'autorité ou valeur, la dénomination, les auteurs, la destination ou la tendance اسناد ou قصد et la division de ces saintes écritures. A la fin se trouve un registre des sections de l'Évangile, ou des péricopes qui se lisent aux différentes occasions, pendant l'année, d'après l'indication des saints pères. Le manuscrit, dont la seconde feuille manque, contient quelques peintures assez médiocres et n'a pas de date, mais paraît remonter au moins au 13e siècle de J.-C. La traduction qu'il renferme s'accorde, comme l'a déjà remarqué Mr. Fraehn, voy. *das Asiatische Museum,* p. 384, presque entièrement avec la traduction arabe du N.-Testament, publiée par Erpénius, en 1616. 194 f. in-4°. *(Erz.)*

III.

كتاب المبارك *Le livre béni.* Ce manuscrit renferme 1) *Le Livre de la Sagesse* كتاب الحكمة, p. 1-16; 2) *Les Proverbes* كتاب الامثال, p. 17—45; 3) *L'Ecclésiaste* كتاب الجامعة, خطب جامع الحكمة, قوهلث, p. 46—59; 4) *Le Cantique des Cantiques* التّسابيح (تَسْبِحة) سبْح, p. 60—64; 5) *L'Ecclésiastique, de Jésus fils de Sirakh* كتاب يشوع بن شيراخ, p. 65—91; 6) *Le Livre des Trésors,* ἡ βίβλος τῶν Θησαυρῶν, (l. الكنوز) كتاب الكنور, par Cyrille d'Alexandrie, divisé en huit chapitres (فصول) qui traitent des passages bibliques suivants : 1°. *Il n'y a nul bon, sinon Dieu seul* ليس صالح (صالحا) الاّ الله وحده, St.-Luc XVIII, 19, 2°. *Le Père est plus grand que moi* ابى اعظم منى, St.-Jean XIV, 28, 3°. *Et maintenant toi, Père, glorifie moi envers toi-même, de la gloire que j'ai eue avec toi avant que le monde fût fait* يا ابى مجّدنى بالمجد الذى كان لى عندك [من] قبل انشا العالم, ibid. XVII, 5, 4°. *Dieu l'a fait Seigneur et Christ* ان الله جعله مسيحًا وربًا, Actes des Apôtres II, 36, 5°. *Lequel nous a été fait de par Dieu sapience, et justice, et sanctification, et rédemption* ان هذا كان لنا حكمةً من عند الله وبرًا وطهارة وخلاصا, 1 Corinth. I, 30, 6°. *Alors aussi le Fils même sera sujet à celui qui lui a assujetti toutes choses* حينئذ الابن يخضع للذى جعل الكل خضع له, 1 Corinth. XV, 28, 7°. *Lequel est l'image de Dieu invisible, premier-né de toute créature* ان هذا هو صورة الله الغير مرى بكرولادة كل الخليقة. Coloss. I, 15, 8°. *Le Seigneur m'a créé dès le commencement* ان الرب خلقنى بدءَ اعماله, Proverb. VIII, 23, p. 92-166 ; 7) *Le Testament* الدياتيقى (διαθήκη), ou les dernières instructions que donna Jésus-Christ à ses disciples. Ce traité commence par les mots : ووضع لهم وصايا الحياة الخ, p. 167—181 ; 8) *Les Didascalia* , ou *les Constitutions des Apôtres*. Ce manuscrit date de l'année 1517 de l'ère grecque = 1205 de J.-C. 278 f. gr. in-8°.

IV.

ديوان جبريل *Le Divan ou Recueil des poésies de Gabriel (Ferhat)*, moine maronite du mont Liban الراهب اللبنانى. Ce divan, qui est rangé en ordre alphabétique d'après la rime finale قافية, contient des poésies ascétiques, hymnes et odes sur le Christ, la Ste. Vierge, les Saints etc., au nombre d'environ 267, des années 1694, 1695, 1696, 1699 etc. jusqu'à 1730. Ces poèmes sont généralement pourvus d'une suscription en encre rouge, indiquant, après le nom de l'auteur, qui emploie toujours le verbe قال, l'année et l'endroit où ils ont été composés, de même que le but ou la cause de la composition, le mètre et le nombre des vers. Ils sont en outre précédés d'une brève introduction prosodique sur la *doctrine des rimes* فى فن القوافى par l'auteur du divan lui-même, mais il paraît que cette introduction est défectueuse du commencement, car les premiers mots en sont القافية ساكنة تسمى مقيدة. Le manuscrit est incomplet aussi à la fin, mais il n'en peut pas manquer beaucoup, car il y a déjà plusieurs poèmes avec les rimes قافية لياءٍ, ى qui probablement étaient les dernières, et il finit par les mots زمانه مستقبل كن عالما. 132 f. in-4°. *(Frol.)* Voyez encore sur l'auteur de ce divan, Nicoll T. II, p. 47, no. XLV, et p. 680, où il est nommé *Presbyter Halebensis, princeps generalis Monachorum M. Libani*, et Cureton, p. 50 no. XXXV, où il est fait mention d'un choix de poésies de ce divan, intitulé

Memorial, cf. Tornberg, p. 313. Gabriel est aussi auteur d'une *Grammaire arabe* imprimée à l'île de Malte en 1834, voy. Cureton l. c., et dont une copie manuscrite se trouve au Musée asiatique de l'Académie Impériale des Sciences no. 428.

V.

كتاب مختصر التقنيد للمجمع العنيد *Abrégé du livre* intitulé: *Accusation de fausseté (et d'erreur) contre l'assemblée des mécréants.* Ce traité est destiné à réfuter ceux qui nient quelques-uns des articles fondamentaux de la foi de l'église latine ou romaine. L'auteur ne se nomme nulle part, mais il résulte de son ouvrage qu'il appartenait à l'église latine. Il dit dans la préface فاتحة qui, après la formule بسم الاب الخ, commence par les mots نحمدك اللهم يا من انرتنا qu'il a fait cet extrait ou abrégé d'un traité plus grand composé par lui, sous le même titre, parce qu'il sait que tous ne sont pas en état d'acquérir des livres considérables. Dans cet ouvrage il avait réfuté, suivant son opinion, plus longuement les points de dispute contenus dans cet abrégé, qui, comme il l'ajoute, fut envoyé à l'éparchie الابرشية d'Antioche de la part de l'assemblée des évêques réunis dans ces temps-là à Constantinople. Le manuscrit est divisé en six chapîtres اقسام, dans lesquels l'auteur tâche de réfuter: 1) ceux qui ne reconnaissent pas la suprématie de St.-Pierre et de ses successeurs, 2) qui nient que le St.-Esprit procède aussi du Fils, 3) qui prétendent qu'il n'est pas permis d'employer du pain azyme dans la célébration du saint sacrifice, 4) qui n'admettent pas l'existence d'un lieu où les âmes des morts doivent subir un temps de purification, 5) qui nient que les saints entrent immédiatement après la mort dans la félicité éternelle. Le 6me et dernier chapître, qui cependant n'est pas complet et finit par les mots بغير ميرون بل يمسحونهم, est consacré à réfuter encore d'autres accusations contre l'église romaine. 89 f. in-8°. *(Frol.)*

B. Théologie musulmane.

Coran, Exégèse, Dogmes etc.

VI.

La 29me trentième du *Coran*, c.-à-d. surate 68—77, en grands caractères koufiques. Manuscrit très ancien, sur vélin. 58 f. in-8°. obl. *(Doubr.)*

VII.

Fragment du *Coran*, d'un seul feuillet de vélin, en caractères koufiques plus petits que les précédents, contenant sur. 50, v. 41, jusqu'à la surate 51, v. 25. Les premiers mots sont: ذَلِكَ يَوْمُ ٱلْخُرُوجِ, les derniers: قَالَ سَلَامٌ قَوْمٌ مُنْكَرُونَ. *(Doubr.)*

VIII.

Coran, en beaux caractères neskhy, orné de filets d'or et de vignettes marginales. Exemplaire de luxe, écrit à Cara-hifar-charky, dans le pachalic d'Erzeroum, par le calligraphe Séyid Mouhammed, en 1076 = 1665,6. La reliure, assez bien conservée, porte sur le devant l'inscription suivante, qui forme les versets 78 et 79 de la 56me surate du Coran: لَا يَمَسُّهُ اِلَّا الْمُطَهَّرُونَ تَنْزِيلٌ مِنْ رَبِّ الْعَالَمِينَ „*Ce livre ne doit être touché que par des hommes purs;* (car) *il a été révélé par le maître des mondes.*" — Ce Coran a été légué en 1166 = 1753 de J.-C. par le vézir el-Hadji Ahmed-Pacha, fondateur de la mosquée cathédrale d'Akhaltsikh (اخسيه), nommé el-Ahmediyé. Au-dessus de cette notice, tracée au revers du frontispice, on voit le sceau du même Ahmed-Pacha, qui porte l'inscription suivante: احمد الله على ما انعم „*Je loue* (Ahmed) *Dieu de ses bienfaits,*" 1115 = 1703. 331 f. petit in-fol. *(Akh.)*

IX.

Autre bel exemplaire du *Coran*, sans date et sans indication du lieu où il a été écrit. Au verso du frontispice on trouve une inscription, qui nous apprend que ce Coran a été légué en 1197 = 1783 de J.-C. par le vézir Souleïman-Pacha, à la mosquée cathédrale de la ville d'Akhaltsikh (صخليس?), fondée par lui et nommée el-Souleïmany. 371 f. in-fol. *(Akh.)*

X.

Manuscrit superbe, en caractères yacouty, de la 23me trentième du *Coran*, comme cela est aussi indiqué par les huit mots écrits en lettres d'or aux huit coins des deux premières pages: اول الجزء الثالث والعشرون من تجزية الاجزا الثلثين *C'est la 23me partie des 30 sections usuelles.* Le frontispice est exécuté en or et autres couleurs brillantes, les titres des surates sont écrits en encre blanche, comme le sont aussi les versets du Coran (sur. 56, 76—79), en caractères koufiques, et placés entre les mots arabes cités plus haut: انه القران كريم* فى كتاب مكنون* لايمسه الآ المطهرون (Je jure) *que le Coran est excellent, (déposé) dans le livre caché et bien gardé; il ne doit être touché que par des hommes purs;* les versets sont indiqués par des ronds dorés et coloriés, ayant au milieu le mot *verset*, et placés sur le dernier mot du verset précédent, tandis que les *dixièmes* عشر, *portions* جزب etc., se font remarquer par une espèce de grandes étoiles parfois prolongées en haut et en bas en un rayon assez étendu, richement embellies d'or et d'autres couleurs, et ayant au milieu le mot عشر *dixième,* جزب *portion* etc. en lettres d'or. Il y manque cependant deux demi-feuilles, savoir, dans la surate 36, les versets 75—82 — وهم لهم جند [محضرون], انها أمره] et dans la surate 37, les versets 133—166, c.-à-d. — Le — .وان لوطا لمن المرسلين* اذ [نجيناه — السبحون الخ

manuscrit commence par le 27me verset de la 36me surate وما أَنزَلْنا
اِذْ عُرِضَ عَلَيْهِ بِالعَشِيِّ الصَّافِناتُ et finit par les mots: على قومه من بعده
الْجِيادُ (sur. 38, v. 30). Il n'y a aucun doute que ce manuscrit
n'ait appartenu à quelque illustre personnage. 23 f. gr. in-fol.
(Doubr.)

XI.

Coran. Belle écriture neskhy, légué par Djaafar-Agha, à l'école des Bostandjis du Séraï d'Andrinople, en 1108 = 1696. Les cadres pour les titres des surates sont restés en blanc, mais le frontispice est richement orné d'or, d'azur et d'autres couleurs: aussi le filet et les points d'arrêt sont-ils d'or. 354 f. in-fol. *(Andr.)*

XII.

Coran. Belle écriture reïhany. Les titres des surates de même que les points d'arrêt sont en or, et on voit partout encore d'autres embellissements. Les premières vingt-cinq feuilles paraissent dater d'un temps plus moderne. Les surates 78, 79, 80, 81, 82, 83, 84, 85, 112 et 113 portent une traduction interlinéaire persane. Ce manuscrit a été légué par le sultan Mouhammed IV à la mosquée cathédrale des Bostandjis de Khifzrlic-Seraï, en 1102=1691. 332 f. in-fol. *(Andr.)*

XIII.

Coran. Belle écriture neskhy. Cet exemplaire à filets rouges, et dont les points d'arrêt et les dixièmes عشر sont marquées de la même couleur, a été légué à l'école de Bostandji-Seraï à Andrinople. 489 f. in-fol. *(Andr.)*

XIV.

Coran. Belle écriture sulusy. Ce manuscrit à filets rouges, autrefois au dervich Souleïman ben Melikchah Moultany (du Moultan), avait été acheté, à Bagdad, au prix de cinq قبرصى *pièces de Chypre* (?). 376 f. gr. in-4°. *(Andr.)*

XV.

Coran. Aussi belle écriture sulusy. La première surate et le commencement de la seconde ont été ajoutés par une autre main. 370 f. gr. in-4°. *(Andr.)*

XVI.

Coran. Écriture neskhy. 263 f. petit in-fol. *(Andr.)*

XVII.

Coran. Neskhy. 404 f. in-4°. *(Andr.)*

XVIII.

Coran. Manuscrit à filets rouges, et en caractères neskhy. 303 f. petit in-4°. *(Andr.)*

XIX.

Coran. Manuscrit à filets rouges; le frontispice colorié, écriture neskhy. Legs d'Abd Allah Tchaous, à l'école des casernes des Bostandjis, en 1219 = 1804. 364 f. in-8°. *(Andr.)*

XX.

Coran. Écriture neskhy. Legs d'Aïcha, fille de Fathima, à l'école des casernes des Bostandjis, en 1207 = 1792, 3. 335 f. petit in-4°. *(Andr.)*

XXI.

Coran. Belle écriture neskhy, à filets rouges, mais le frontispice à filets d'or. Legs d'Aïcha, fille d'Aïcha-Khatoun, à la même école, en 1229 = 1814. 380 f. in-8°, ou petit in-4°. *(Andr.)*

XXII.

Coran. Écriture neskhy. Les filets et les suscriptions de couleur rouge, le frontispice de différentes couleurs. Legs d'Aïcha-Khatoun, fille de Mouftafa, à la même école. 364 f. in-12°. *(Andr.)*

XXIII.

Coran. Cet exemplaire, exécuté en neskhy d'une beauté remarquable et pourvu d'autres ornements, est divisé et relié en trente parties usuellement appelées *sections,* dont la liste se peut voir dans l'édition du Coran par M. Fluegel. Elles se lisent par une chaque jour, pendant le mois de ramadhan, dans les mosquées. On emploie aussi des manuscrits ainsi partagés pour réciter, aux funérailles, le Coran entier, trente moullas lisant chacun une partie et achevant de cette manière leur charge en peu de temps. Ce manuscrit, dont la dernière partie manque, est un legs

de el-Hadj Mouhammed Nedjibzadèh Mouftafa-Agha, en 1200=
1785, 6. 625 f., 29 voll. petit in-4°. *(Andr.)*

XXIV.

Coran, en belle écriture neskhy, partagé en ses trentièmes;
il y manque cependant les trentièmes 1, 2, 14, 26, 28, 29, 30. —
471 f. en 23 voll. in-4°. *(Andr.)*

XXV.

La 22me trentième du *Coran,* en beau neskhy, contenant
surate 33, v. 31 وَمَنْ يَقْنُتْ, jusqu'à sur. 36, v. 26 وَجَعَلَنِي مِنَ
ٱلْمُكْرَمِينَ 20 f. in-8°. *(Andr.)*

XXVI.

La 28me trentième du *Coran,* comprenant la surate 58 jusqu'à surate 66. 20 f. petit in-fol. *(Andr.)*

XXVII.

Coran. 335 f. in-4°. *(Zal.)*

XXVIII.

Coran. Cet exemplaire est incomplet; il finit par la surate 33, v. 6.
ذَلِكَ فِى ٱلْكِتَابِ مَسْطُورًا. 182 f. in-4°. *(Zal.)*

XXIX.

La 6me trentième du Coran. Le commencement en est sur. 4,
v. 147 لَا يُحِبُّ ٱللَّهُ ٱلْجَهْرَ الخ. Sur la première feuille nous lisons:
وقف مرحوم حسين (حسين .l) سربلوك وعايشه خاتون فى جامع كبير بپشته,
*Legs de feu Houseïn Serboulouk et d'Aïcha-Khatoun, dans la grande
mosquée de Pesth.* 10 f. in-8°.

XXX.

Coran. Exemplaire incomplet au commencement et à la fin. Il commence au milieu du verset 81, sur. 2, avec les mots اَسْتَكْبَرْتُمْ فَفَرِيقًا, et finit au milieu du verset 21, surate 58 : كتب الله لَأَغْلِبَنَّ. 260 f. in-4°.

XXXI.

Coran. Manuscrit d'une belle écriture neskhy, à filets rouges et frontispice de diverses couleurs. La reliure porte sur le devant l'inscription suivante : لا يَمسّه الّا المطهّرون *Ce livre ne doit être touché que par des hommes purs.* Voy. no. VIII et X. Cette copie a été finie un vendredi, vers la fin du mois de ramadhan 1088 = 1677. 489 f. in-12°. *(Zal.)*

XXXII.

Coran. Exemplaire à filets d'or, et embelli encore d'autre manière. 302 f. in-12°.

XXXIII.

Coran. Cette copie à filets rouges, avec un frontispice à filets d'or et d'autres couleurs, a été faite par Ibrahim ben Mouhammed, en 1087 = 1676. A la fin il y a quelques prières arabes. 485 f. in-12°.

XXXIV.

Coran. Bel exemplaire en lettres minuscules, dont le frontispice est orné d'or et d'autres couleurs, avec des notes marginales, écrites en encre rouge. 301 f. in-16°. *(Doubr.)*

XXXV.

Coran. Très joli exemplaire, de forme hexagone, le frontispice richement orné d'or et d'autres couleurs, relié en satin vert et enveloppé d'un étui en velours. 254 f. *(Doubr.)*

XXXVI.

Coran, dans une boîte octogone d'argent, les feuillets ronds, de la grandeur d'un demi-rouble en argent. 387 f. *(Tormas.)*

XXXVII.

Coran, en forme de talisman, sur une bande de papier longue de neuf pieds. Cette bande roulée est placée dans un étui d'or, ouvrage européen et moderne, sur lequel est gravé un thoughra, ou chiffre d'un sultan turc, qu'on aurait peine à déchiffrer, et au-dessous les mots suivants: *Alcoran. The Gift of the right honorable Lord Camelford. (Doubr.)*

XXXVIII.

Coran, avec une traduction interlinéaire turque. 322 f. in-fol. *(Rzew.)*

XXXIX.

Coran, avec une traduction interlinéaire turque, écrite en rouge. Le manuscrit est à filets d'or, et le frontispice en est doré et embelli d'autres couleurs. 542 f. in-fol.

XL.

Fragment de la 16me surate du *Coran.* 17 f. in-4°. *(Doubr.)*

XLI.

Fragments du *Coran*, en caractères africains, couleur d'argent, sur papier de pourpre. Les titres des surates sont en lettres dorées, ainsi que les marques de division en couleur d'or. Manuscrit magnifique, supposé appartenir au Xe siècle. *(Doubr.)*

XLII.

Fragment du *Coran*, renfermant les surates 84—113. Au commencement on lit: Часть Алкорана писана учеником для протверждения: *Morceau de l'Alcoran, écrit par un élève pour la répétition.* 14 f. in-12°.

XLIII.

Le dernier quart du *Coran*, c.-à-d. depuis la surate 36 jusqu'à la fin, où l'on a ajouté la première surate. 194 f. in-12°. *(Doubr.)*

XLIV.

الكشّاف عن حقايق التنزيل *Révélateur des vérités du livre descendu des cieux*, nommé vulgairement, d'un seul mot, الكشّاف *el-Keschaf*. C'est un commentaire du Coran, qui jouit de la plus grande célébrité en Orient. Il a pour auteur l'illustre Zamakhchary (originaire de Zamakhchar, village du Khârezm) qui se nommait proprement Abou'l-Casim Mahmoud ben Omar, et qui est souvent cité sous le titre de جار الله Djar-Allah (voisin de Dieu), parce qu'il avait passé plusieurs années à la Mecque, pour s'y adonner à la dévotion. On lui connaît encore le surnom de ou *Gloire du Khârezm,* qu'il reçut par suite de ses vastes connaissances et de ses nombreux ouvrages. Il naquit en 467 = 1075, et mourut en 538 = 1144. C'est à la Mecque qu'il termina le présent ouvrage, en 528 = 1133, dix ans avant sa mort. V. Hadji Khalfa, T. V, p. 179. Hamaker, *Specimen* etc.; p. 113. Nous le connaissons surtout par les nombreuses citations qu'en fait Maracci dans son commentaire sur le Coran. Notre exemplaire se compose de deux volumes, provenant chacun d'une copie différente, dont le premier renferme le commentaire du Coran depuis la 1re jusqu'à la 18me surate, et le second depuis la 25me surate jusqu'à la fin. La copie de la première partie, qui contient 639 f. in-4°, date de l'année 999 = 1590, et a été léguée à la mosquée Ahmediyé, en 1167 = 1753,4; l'autre, qui est sans date, l'a été en 1170 = 1756,7. Celle-ci est composée de 263 f. in-fol. La première commence par les mots الحمد لله الذى انزل القران *louange soit au Dieu qui a fait descendre le Coran,* dont l'histoire fait mention (voyez Hamaker, l. c. p. 116 et 126, et Abou'l-Feda, *Annales muslemici,* T. III, p. 488), et la seconde finit par les mots وحسبنا الله تعالى ونعم الوكيل. *(Akh.)*

XLV.

انوار التنزيل واسرار التأويل *Lumières du livre révélé et mystère de l'exégèse,* commentaire du Coran, en 2 volumes, assez fréquemment cité par Sale, et nouvellement publié par M. Fleischer, à Leipzig. Ce commentaire, occupant un des premiers rangs parmi les ouvrages de ce genre en Orient, a pour auteur le cadhi Beïdhavy, qui se nommait proprement Abd Allah ben Omar Nâfir-eddin Abou Saaïd (suivant d'autres Abou'l-Kheïr). Son nom de Beïdhavy lui a été donné parce qu'il était originaire de Beïdha بيضا, dans le Farsistan. Cet auteur, qui jouissait d'une égale réputation comme théologien et comme historien, mourut, d'après les meilleures autorités, à Tébriz, en 685 = 1286,7, et suivant d'autres, en 691, 692 ou 699. V. Hadji Khalfa, T. I, p. 469, et *Notices et Extraits*, T. IV, p. 672 et suiv. — Le second de ces volumes qui, comme le premier, est enrichi, surtout au commencement, de notes marginales et interlinéaires, date de l'année وسبع = 1066; le premier est sans date. Ce commentaire a été légué, en 1167 = 1753,4, à la mosquée Ahmediyé. 293 et 380 ff. in-fol. *(Akh.)*

XLVI.

Commentaire sans titre, sans nom d'auteur, sans commencement et sans fin; mais on voit par le contenu que c'est un fragment de commentaire sur le Coran, ou plutôt des gloses sur le commentaire de Beïdhavy dont nous avons parlé au numéro précédent. Il n'en reste plus que les surates 18 à 33 inclusivement. Les mots سعدى جلبى Saady Tchelebi, qu'on lit sur la tranche du volume, rendent aussi probable que c'est un fragment des gloses sur Beïdhavy, composées par Saady Efendi (mort en 945 = 1538). V. Hadji Khalfa, T. I, p. 477. Cette copie date de l'année 941 = 1534,5; les premiers mots sont: غالب ظنّهم les derniers: سورة سبإ. 277 f. in-4°. *(Akh.)*

XLVII.

Seconde partie d'un commentaire intitulé كتاب ابراز المعاني من حرز الأماني *Relevé des pensées profondes, renfermées dans l'ouvrage intitulé Amulette contre les préjugés.*

Ce dernier, un poème très renommé sur les sept diverses leçons (ou éditions) du Coran, renferme tout ce qui se trouve dans l'ouvrage intitulé كتاب التيسير *Livre de l'allégement d'Abou Amr Othman el-Dany* (الدانی). Le poète qui l'a mis en vers est el-Cāsim ben Ferro القاسم بن فيرّه, surnommé Abou'l-Casim ou Abou Mouhammed el-Roueïny الرعيني descendant de Dzou Roueïn (ذورعين) el-Chathiby الشاطبی (de Xativa en Espagne) el-Moucri (المقری, le lecteur du Coran). Il naquit en 538 = 1143,4, et mourut en 590 = 1194, suivant Soyouthy.

Quant au commentateur de ce poème, plus connu sous le nom de الشاطبيّة el-Chatibiyé, il est nommé au verso du premier feuillet Abd el-Rahman ben Ismaïl ben Ibrahim el-Chafiy, et le dictionnaire de Hadji Khalfa (T. III, p. 44) fait voir qu'il était de Damas, né en cette ville, en 665 = 1266,7, et connu sous le nom de ابو شامه Abou Chamah. Suivant Soyouthy, qui a écrit la biographie de cet auteur (f. 230), son

titre honorifique était Chihab-eddin, et son prénom Abou Mouhammed. Quant à son surnom, suivant d'autres écrivains, il avait
celui de المقدس el-Moucaddesy (de Jérusalem), et le nom
d'Abou Chamah, sous lequel il est plus généralement connu, lui
vient d'une tache qu'il avait à la paupière gauche. Il a composé,
entr'autres, la célèbre histoire de Nour-eddin et de Ssalah-eddin
(Saladin).

Voy. relativement à Chatiby, Ibn Khallikan, no. 548, Soyouthy,
f. 296, et la notice de Silv. de Sacy, dans les *Notices et Extraits*,
T. VIII, p. 334 et suiv. Par rapport à Abou Chamah, consultez
Soyouthy, f. 230; cf. *Bibliographie de croisades*, par Michaud, T. II,
p. 568, et Wüstenfeld, *Die Academien der Araber etc.*, no. 131.

Ce second volume, après la formule ordinaire, commence par
la surate آل عمران, suivie des mots واضجاعك التوراة ما رد حسنه.
383 f. in-8°. *(Akh.)*

XLVIII.

Gloses sur le traité عقايد النسفيّة *Dogmes fondamentaux de la
religion musulmane*, par Nesefy, mort en 537 = 1142,3, suivant les tables chronologiques de Hadji Khalfa. Les noms
propres de Nesefy, d'après le même bibliographe, sont Nedjm-
eddin Abou Haff Omar ben Mouhammed. Le nom de
Nesefy lui vient de son lieu de naissance نسف Nesef ou نخشب

Nekhcheb, ville de la Transoxane, à gauche de la route qui conduit de Samarcand à Boukhara. Cet écrivain est un des théologiens les plus célèbres du rite hanéfite, auteur très fécond, dont l'ouvrage susmentionné est le plus estimé. — Quant au commentateur, qui a dédié ses gloses au vézir Mahmoud-Pacha, il ne s'est pas nommé dans ses scholies; mais on lit sur la tranche du volume le nom de خيالى *Khialy*, et cela s'accorde avec les données fournies par Hadji Khalfa, T. IV, p. 220, qui cite, en qualité de commentateur de l'ouvrage susmentionné, Ahmed ben Mousa, vulgairement connu sous le surnom de Khialyzadéh (الشهير بخيالى زاده) ou plutôt Khialy († 860 = 1455). Ce qui prouve encore mieux la vérité de cette assertion, c'est que les premiers mots cités par Hadji Khalfa s'accordent entièrement avec ceux de notre manuscrit, commençant par les paroles: اما بعد الحمد لمستأهله.

Les noms propres de Khialy, suivant Thachkeuprizadéh, étaient Chems-eddin Ahmed ben Mousa: il florissait sous le règne du sultan Mouhammed II (1451—1481), et, destiné à occuper le poste de مدرّس *lecteur*, à ازنيق ou *Nicée*, il mourut à l'âge de 33 ans, après avoir encore composé des gloses sur d'autres ouvrages que les susmentionnés. Voyez, relativement à Nesefy, l'article de M. de Sacy dans la *Biographie universelle*, T. XXXII, p. 7. *Les Dogmes fondamentaux*, ou عقايد, ont été publiés par M. Cureton, à Londres, 1843. Quant à Khialy, consultez Thachkeuprizadéh, f. 66.

Cette copie, enrichie de nombreuses gloses marginales et interlinéaires, date de 1083 = 1672,3. 152 f. in-4°. *(Akh.)*

XLIX.

Manuscrit contenant deux traités différents, savoir :

1) Gloses anonymes sur le commentaire de Khialy (voy. no. XLVIII), joint à l'ouvrage dogmatique de Nesefy, intitulé العقايد النسفيّة. Sur la première page on lit cependant حاشية حلمى على الخيالى *Gloses de Hilmy sur Khialy*. L'initiale est قال عامله الله بلطف الخير Cette copie date de l'année 963 = 1555,6. f. 1—123.

2) Gloses sur un autre commentaire du même ouvrage. Le nom du scholiaste n'est pas indiqué dans le texte, mais on lit au revers du premier feuillet les mots حاشية سينابى لشرح العقايد *Gloses de Sinaby sur le commentaire des dogmes*. Le glossateur débute par les mots : قال المتوحد بجلال ذاته. 125 f. in-4°. *(Akh.)*

L.

Manuscrit composé des deux traités suivants :

1) رسالة الاغرب من العجالة الاعجب لمن نظر فيه وتعجّب وتجنب عن الغرض والتعصّب *Traité de ce qu'il y a de plus merveilleux dans le présent des choses admirables, offert à la hâte à celui qui les contemple sans partialité et sans prévention*, commentaire d'un auteur anonyme, sur la préface du poème mystique intitulé عنقاء المغرب وشمس المغرب

Gryphon d'occident et soleil du couchant, ayant pour auteur le fameux ابن العربى Ibn el-Araby, dont le nom entier était **Mouhy-eddin Abou Abd Allah** (suivant d'autres : **Abou Bekr**) **Mouhammed ben Aly el-Thâiy el-Hatimy el-Andalousy**, d'Espagne, الطائى الحاتمى الاندلسى. Cet écrivain, regardé comme le coryphée des docteurs mystiques arabes, naquit à Séville et mourut en 638 = 1240,1, dans la ville de Damas, près de laquelle on voit encore son tombeau, à صلاحيه *Ssalahiyé.* C'est dans les bibliothèques de Bodley, du Vatican et d'Upsal, que l'on trouve peut-être le plus de productions de cet écrivain mystique; il y en a également une intitulée فصوص الحكم, dans la ci-devant collection d'Ardebil (v. no. LIII). Celle dont il est question ici, est aussi déposée à la bibliothèque du Vatican (Hammer, *Lettera,* 3ᵃ, no. 171), et comme il paraît, à celle de Leyde, no. 904. Le commentateur a débuté par les mots : اعلم ان الملك المنّان.

2) Un autre petit traité mystique, de 7 feuillets et sans titre, qui paraît avoir le même auteur. L'initiale est قال الشيخ الاكبر قدس سره الطاهر فى كتابه المسمى بوراء الكونين. 39 f. in-8°. *(Akh.)*

LII.

Manuscrit où se trouvent :

1) Une traduction des 150 *Psaumes de David,* qui se distingue par la pureté du style, étant l'oeuvre d'un musulman bien versé dans sa langue maternelle. Ce qu'il y a de plus singulier

dans cette traduction, c'est que chacun des psaumes y est intitulé سورة *surate*, comme les chapitres du Coran. C'est ce que portent les anciens registres. Mais l'ouvrage en question, loin d'être une traduction du Psautier, n'en garde presque rien que la forme. Pour d'autres détails, voy. Fraehn, dans l'ouvrage: *Das Asiat. Museum*, p. 365*). Cf. Nicoll, p. 79, no. L, et Uri, p. 69, no. CLXII. Commencement: ومستحقه الحمد ولى الحمد لله ; fin: وانا الغفور الرحيم. La copie date de l'année 1018 = 1609, 10. f. 1-72.

2) ذكر طبقات هذه الامة *Énumération des différentes classes de la nation musulmane*, ou notices sur les personnages les plus marquants de l'islamisme dans les différents siècles de l'hégire. Ce petit traité de trois pages commence par les mots: اخبرنا اسمعيل, et finit par: الحسن بن مسلم الفارسى. f. 81-84.

3) Réflexions du cheïkh مصلح الدين Mouflih-eddin, vulgairement connu sous le nom de Ibn Nour-eddin, sur la présente ascension (معراج) de Mahomet. Elles ont pour initiale: الحمد لله الذى اسرى. 97 f. in-8°. (*Akh.*)

LIII.

العقد الحسينى *Le Collier de Houseïn*, par Houseïn ben Abd el-Ssamed el-Djoubbây el-Harithy حسين بن عبد الصمد الجباعى الحارثى. Cet opuscule, composé par ordre suprême (probablement de Chah Ssefy I, (1628—1641), traite de la purification et souillure spirituelles et des insinuations du mauvais esprit (الوسواس). Cette copie faite à Ispahan, en 1052 = 1642, par Mouhammed b. Aly b. Ahmed el-Harfouchy el-Amily, commence par les mots: الحمد لله الذى انزل من السما ماء طهورا. 8 f. in-4°.

LII.

1) مطلع خصوص الكلم فى معانى فصوص الحكم *Origine des propriétés des mots*, ou *Commentaire* destiné à servir d'explication *aux pensées profondes*, énoncées dans l'ouvrage intitulé: Foufouf el-Hikem, ou les *Chatons des maximes*. Ce traité de théologie mystique a été écrit par le cheïkh Mouhammed ben Aly, c.-à-d. *Ibn el-Araby*, v. no. L. Pour donner plus de relief à son ouvrage, l'auteur prétendit qu'il l'avait reçu de Mahomet lui-même, en 627 = 1229. Le traité est divisé en 27 chapitres, intitulés حكم, ou *maximes*, dont chacune est attribuée à un des anciens patriarches, tels que Adam, Méthusalem, Noé, Énoch, Abraham etc. Le 27me chapitre, suivant l'auteur, doit avoir été révélé à Mahomet par l'archange Gabriel. Les docteurs musulmans sont partagés dans leurs opinions sur le mérite de cet ouvrage, les uns l'admettant comme une vraie révélation, tandis que les autres le rejettent et le condamnent. Le commentaire en question, très célèbre en Orient, a été rédigé par Davoud ben Mahmoud, né à Césarée, dans l'Asie-Mineure, domicilié à Sava en Perse, الرومى القيصرى الساوى , et mort vers l'année 800 = 1397,8; suivant Hadji Khalfa T. V, p. 603, en 751 = 1350. Voy. *Wiener Jahrb.* Bd. 82. Anzbl. p. 57, no. 298, et suiv.

2) A la suite de ce commentaire il se trouve un petit traité anonyme de *Théologie* et de *Métaphysique*.

Ce manuscrit est très dégradé, et les caractères taalic en sont fort négligés. 330 f. in-4°. *(Ard.)*

LIV.

Ce manuscrit, aussi très endommagé et manquant de commencement et de fin, renferme trois ouvrages distincts, savoir:

1) الفصول فى الاصول *Chapitres sur les principes fondamentaux* de la religion musulmane, par le célèbre Nafîr-eddin Thousy, mort en 672 = 1274, dont il sera parlé plus longuement ailleurs. On ne trouve, à la vérité, ni le titre ni le nom de l'auteur dans le corps du manuscrit, qui, comme on l'a dit, est incomplet au commencement, et dont les premiers mots غاب ولذلك العجمى شمسها appartiennent encore à l'introduction; mais l'ouvrage cité ci-dessous no. 2), qui en est un commentaire, donne l'un et l'autre. Ce traité est divisé en une introduction et quatre chapitres فصول : 1° *De l'unité de Dieu* فى التوحيد, 2° *De la justice divine* فى العدل, 3° *De la prophétie et de l'imamat*, ou de la succession (lieutenance) فى النبوة والامامة, 4° *De l'état futur après la mort*, ou de la résurrection فى المعاد. Il était écrit en langue persane, mais pour le rendre plus accessible aux gens de lettres et autres, il fut traduit en arabe par Mouhammed ben Aly el-Djourdjany

el-Asterabady, c.-à-d. originaire de Djourdjan, mais né et élévé à Asterabad. La copie date de l'année 1077 = 1666. Un autre ouvrage, du même titre, par le cheïkh Abou Abd Allah Mouhammed ben Khafif de Chiraz, qui mourut en 371 = 981, est cité dans le Chiraznameh, de Mouïn Chirazy; v. Manuscr. persans, Histoire; f. 1 — 13.

2) الأنوار الجلالية للفصول النصيرية *Lumières djelaliennes sur les chapitres nafiriens*, — commentaire du livre précédent. L'auteur de ce commentaire, resté anonyme, a donné à son ouvrage le titre de *Lumières djelaliennes*, parce qu'il l'avait offert à deux séyids, surnommés Djelal-eddin, savoir Abou'l-Meali Aly et Abou'l-Fadhl Mourtedha Aly. Ce commentaire, de même que l'ouvrage original, paraît avoir été inconnu à Hadji Khalfa. La copie, qui commence par les mots سبحانك اللّهم واجب الوجود, date de l'année 1078 = 1667. f. 13 — 126.

3) الرسالة الجزرية *Le traité de Djezery*, ou, suivant Hadji Khalfa: مقدمة الجزرية فى التجويد *Introduction de Djezery sur l'art de bien lire le Coran*, traité en vers, composé par Abou'l Kheïr (suivant d'autres: Abou'l Houseïn) Chems-eddin Mouhammed, mort en 833 = 1429. Il n'en reste dans notre manuscrit, qui commence par les mots: قال الشيخ الامام الفاضل العلامة ابو الخير شمس الدين الجزرى يقول راجى الخ , que 16 pages. Voyez, par rapport à l'auteur, Thachkeuprizadéh, p. 17, et, en outre, les catalogues de Nicoll, p. 190,

LV.

جواهر القرآن *Les Bijoux du Coran.* Cet ouvrage, très estimé par les mahométans, et dont la seconde partie, intitulée كتاب الاربعين فى اصول الدين *Les quarante traditions sur les lois fondamentales de la religion mahométane,* constitue aussi un ouvrage séparé, a pour auteur le célèbre Houddjet el-Islam (*Argument de l'islamisme*) Abou Hâmid (dans le manuscrit on lit faussement Abou'l Mehamid ابو المحامد) Mouhammed ben Mouhammed, plus connu sous le surnom de el-Ghazzaly الغزالى (mort en 505 = 1112), v. Hadji Khalfa, T. II, p. 646, et Wüstenfeld, *Die Academien der Araber,* p. 13, no. 9, et p. 16-17, nos. 8 et 23. L'ouvrage qui forme le sujet de cette notice est très rare. Écrit en bons caractères neskhy, il date de l'année 1101 = 1689. Il commence par les mots: قال الامام حجة الاسلام ابو المحامد محمد بن محمد. 99 f. in-4°. (*Rzew.*)

LVI.

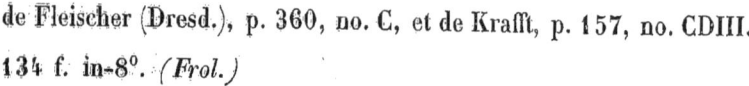 *Les cent noms glorieux,* que les Mahométans donnent à Dieu, avec la traduction en persan. Ce manuscrit de sept feuilles peut être regardé comme le *nec-plus-ultra* de la calligraphie et du luxe oriental, sous le rapport autant de la beauté des caractères, tracés en encres de différentes couleurs,

que des marges, ornées d'arabesques en or, des cadres, différemment coloriés et enrichis d'arabesques, enfin de la reliure.

Le nom de l'auteur d'un pareil chef-d'oeuvre de calligraphie orientale mérite bien d'être cité, d'autant plus que nous lui devons plusieurs des manuscrits de notre collection : il était connu sous le nom de Soulthan Aly Mechhedy (de Mechhed). 7 f. in-fol. (Ard. ع)

LVII.

حاشية على شرح القراباغى على بدء الامالى *Gloses sur le commentaire du Carabaghy sur le poème intitulé* Bedu'l-Amali, *ou Commencement des dictées.* C'est le titre qui se trouve, non dans le corps du manuscrit, mais sur le premier feuillet. L'ouvrage original, connu communément sous le titre de امالى Amali, ou *Dictées,* est de Siradj-eddin Abou'l-Hasan Aly ben Othman el-Ouchy el-Ferghany الاوشى الفرغانى, de Ouch, village de Ferghana; la leçon الاويسى el-Ouveïsi qu'on trouve quelquefois, n'est probablement qu'une corruption de el-Ouchy. Hadji Khalfa qui, T. IV, p. 559, cite ce poème à l'article قصيدة يقول العبد *Ode,* commençant par les mots : *le serviteur dit,* n'a pas connu l'année de la mort de Siradj-eddin, puisqu'il met l'achèvement du poème en l'année 569 = 1173,4, d'où l'on voit que l'auteur vivait au milieu du XIIe siècle de notre ère. Voyez encore Cureton, p. 96, no. XI, et p. 105, no. CLXVI. Ce poème a été publié par feu M. Bohlen, à Königsberg, en 1825, et à Casan, avec une paraphrase tatare, en 1849. Quant au commentateur Carabaghy, on n'en trouve pas chez Hadji Khalfa, parmi une foule d'autres qu'il mentionne, un qui ait porté ce surnom; mais il se pourrait que ce fût Mouhy-eddin Mouhammed el-Carabaghy, mort, suivant Thachkeuprizadéh (f. 218), en 942 = 1536, et qui était connu comme auteur sous le nom de Carabaghy; voy. Hadji Khalfa, T. II, p. 498. Le commentaire doit avoir commencé par les mots: — الحمد لله والصلوة على رسوله الاوشى — اعتراف الخ. L'auteur des gloses est Mouſtafa ben Yousouf el-Mouſtary الموستارى. Il paraît que c'est un autographe de l'auteur, car nous lisons à la fin les mots suivants: تم بعون الله وتوفيقه على يد جامع هذه الحروف مصطفى بن يوسف الموستارى عفا عنهما البارى فى اواسط شهر ربيع الاول ثلث وماـئة والفي "Achevé, avec l'assistance et l'aide de Dieu, par la main de celui qui a composé ces lignes, Mouſtafa ben Yousouf el-Mouſtary, que le Créateur pardonne à tous les deux! (c.-à-d. à Mouſtafa et à son père) — au milieu du mois de Rebi I, en l'année 1103"; et encore sur le premier feuillet: هذا بخط مولفه اخينا مصطفى افندى الموستارى حفظه ربه بالعمر السرمدى " C'est l'écriture de son auteur, de notre confrère Mouſtafa Efendi el-Mouſtary, que son Maître le conserve pour la vie éternelle!" Cet exemplaire date donc de l'année 1691 de notre ère. On voit par l'introduction que ces gloses ont été écrites au temps du moufti

Abou Saaïdzadéh Feïfz (ou Feïdh) Allah, et même offertes à lui par le glossateur, ce qui s'accorde parfaitement avec l'année 1689. D'après une note marginale du manuscrit, écrite en encre rouge, Feïdh Allah était connu parmi les cheïkhs de l'islam sous le nom de Abi Saaïdzadéh, et il serait enterré dans le voisinage de Abi Éyoub el-Ansary, en 1110 = 1698; mais on voit dans la biographie des cheïkhs-el-islam, ou des mouftis, par Moustekim-zadéh مستقیم‌زاده (f. 32), qu'il ne mourut qu'en 1115 = 1703. Voy. aussi Eichhorn *Geschichte der Literatur*, Bd. III. p. 1242. La copie porte au commencement les mots: نحمدك يا من تحير فى كبرياء ذاته العقول. 44 f. in-8°. *(Hyr.)*

Nous croyons que le manuscrit de la bibliothèque de Leyde, cité p. 417, no. 215, sous le titre de شرح ديوان(؟) لامى فى توحيد الله لكلالى *Comment. in Calalaei poema Lamicum de unitate Dei*, ne renferme autre chose qu'un commentaire sur ce poème de Siradj-eddin, et que Calalaei n'est pas le nom de l'auteur, mais le dernier mot du premier hémistiche du dit poème كاللآلى *kalaali*, ou *semblable aux perles*.

LVIII.

Ce manuscrit, à filets rouges et d'une écriture fort nette, qui porte sur la tranche les mots: تحرير فصوص *Rédaction des chatons*, contient deux traités, savoir:

1) رسالة التهجي في حروف التهجي *Traité qui a pour but de fixer la valeur mystique des lettres de l'alphabet*, par le cheïkh Ismaïl Hacqy حقي. Il commence par les mots: الحمد للمبدأ. Hadji Khalfa qui, T. III, p. 52—55, cite une multitude vraiment prodigieuse d'ouvrages, traitant de la valeur (mystique) des lettres et des noms, ne fait pas mention de notre traité, au moins pas sous ce titre. f. 1—9.

2) Commentaire sur *Les Chatons des maximes* فصوص الحكم (v. no. LIII); mais on n'y trouve ni le titre ni l'auteur. Ce dernier dit dans la préface qu'il s'est proposé d'expliquer les *sciences* علوم, traitées dans l'original, séparément et distinctement (فرادا فرادا); et comme à la fin nous lisons: تم الكتاب هو مفرد الفصوص *est fini le livre qui traite distinctement sur les chatons*, on pourrait supposer que le titre de ce commentaire était كتاب مفرد الفصوص; mais on ne trouve chez Hadji Khalfa, qui, T. IV, p. 424, cite une foule de commentateurs des *Chatons*, aucun commentaire sous ce titre supposé. Le commentaire, qui est précédé d'une table de matières, commence, après la formule الحمد لله رب العالمين الخ, par: اللّهم اغفر لي ولوالدي ولاستادي ولسائر المسلمين امّا بعد ان الشيخ الأكبر. f. 11—120. 124 f. in-8°. *(Hyr.)*

Pour d'autres indications sur Ibn el-Araby voyez Nicoll, *Catal. Index auctorum*, p. 697. Une apologie des doctrines émises par lui dans les *Chatons des maximes*, par Djelal-eddin Soyouthy, se

LIX.

Fragment d'un livre de tradition, à ce qu'il semble, qui commence par les mots : قال ما ظنّكم, et finit par ربّنا ولا تحمل علينا اصرا. بهؤلاءِ الحرى ليس هذا من مجالس. 9 f. in-4°. *(Doubr.)*

LX.

اسناد مناجات مخمّس Prière en vers arabes, accompagnée d'une traduction persane et divisée en strophes de cinq hémistiches, dont quatre finissent par la même rime, suivant l'ordre alphabétique, tandis que la rime du cinquième, qui se termine en م, est commune à tous les cinquièmes hémistiches des différentes strophes.

Cette prière, suivant la tradition de l'imam Aly ben Mousa Rifza, est attribuée à Aly, gendre de Mahomet.

Ce joli manuscrit, à filets d'or et d'azur, se distingue par la netteté des caractères nestalic. Il a été copié par Mahmoud ben Nizam. 7 f. in-8°. *(Ard.)*

LXI.

دلائل الخيرات وشوارق الانوار فى ذكر الصلوة على النبى المختار *In-dices de bien et rayons de lumières sur l'emploi des prières sur le prophète choisi.* Ce manuscrit, à filets d'or et orné d'une vignette d'or et de différentes couleurs, traite de la formule de prière dont on se sert ordinairement après le nom de Mahomet. Hadji Khalfa,

T. III, p. 235, cite cet ouvrage avec le même titre et le même contenu, composé par Abou Abd Allah Mouhammed ben Souleïman ben Abou Bekr el-Djezouly (suivant d'autres : Djouzouly) el-Simlaly الجزولي السلالي, de Djezoula, pays berbère, et de la tribu berbère de Simlala, mort en 870 = 1465 (voyez Nicoll, p. 510), qui est justement nommé aussi dans notre manuscrit, après quoi vient le commencement donné par Hadji Khalfa الحمد لله الذى هدانا للإيمان. La copie date de l'année 1192 = 1778. Il ne sera pas hors de propos d'ajouter ici que nous avons une assez jolie édition lithographiée de cet ouvrage, très estimé par les Mahométans, publiée en l'année 1845, à St.-Pétersbourg, par le moulla Kemal-eddin. Cette édition, dans le goût oriental, est précédée d'une notice biographique de Djezouly, tirée du livre intitulé مطالع المسرّات بجلاء دلائل الخيرات *Levers des jouissances, pour éclaircir les indices du bien,* par Mouhammed el-Mehdy ben Ahmed ben Aly ben Yousouf el-Fasy, de Fes, ce qui est un commentaire sur l'ouvrage en question. 115 f. in-8°.

LXII.

Manuscrit divisé en deux parties, dont la première est dépourvue de titre ; mais, d'après l'inscription constatant le legs, elle doit être intitulée صحيفة كاملة, ou *Livre parfait.* Ce volume contient des prières pour toutes les circonstances de la vie, prières regardées par les Chiites comme les plus efficaces, et comme celles qui sont le plus souvent exaucées. Ils prétendent que l'imam Aly, fils de Houseïn, avait coutume de les réciter après le martyre de son père, de même que Djaafar, surnommé Ssadic (le Véridique), les prononçait habituellement, comme un préservatif très efficace contre la malveillance des Oumaïyades. Cette partie du manuscrit est pourvue de points voyelles, pour déterminer la manière dont les prières doivent être lues ou prononcées. f. 1—18.

La seconde partie est formée d'un traité de *métaphysique* ou de théologie scholastique علم الكلام, intitulé طوالع الانوار ومطالع الانظار *Le Lever des astres et le point de départ des observations*, dont l'auteur est le cadhi Abd Allah ben Omar el-Beïdhavy, v. no. XLV.

Ce manuscrit, en caractères neskhy et à filets rouges, est assez lisible et date de l'année 744 = 1343,4. 29 f. in-fol. *(Ard.)*

LXIII.

Livre de prières, à filets d'or, points d'arrêt en or, à frontispice richement orné d'or et d'autres couleurs, commençant par la première surate du Coran. Sur les feuilles 81—84 on voit sept cercles صورة d'or, dont le premier est vide (on voit des cercles semblables dans le manuscrit no. LXXI), ayant été destiné à contenir les attributs de Dieu. Le 2d et le 3me contiennent les qualités corporelles de Mahomet, le 4me celles d'Abou Bekr, le 5me celles d'Omar, le 6me celles d'Othman, le 7me celles d'Aly

— qualités qui, en haut et en bas de ces cercles, sont répétées en vers turcs. Suit alors une tradition du khalife Aly sur les passages du Coran, où se trouvent des mots dérivés du verbe حفظ (حافظون) etc. 101 f. in-12°.

LXIV.

دور اعلى *Le cercle supérieur,* prière mystique attribuée à Mouhy-eddin (Ibn) el-Araby (v. no. L). Voyez Cureton, p. 78, no. CIII. Une remarque sur le dernier feuillet, faite par le cheïkh Mouhammed el-Koutahy, de Koutahia, vulgairement nommé Ssalahy صلاحى, nous apprend que ce dernier avait permis et autorisé l'enseignement (اجاز) de ce *Cercle supérieur* à Ismaïl, connu sous le nom de Hacqy-bacha. Lui-même l'avait appris, avec la même permission, de son cheïkh, le cheïkh des cheïkhs, Mourtedha el-Yemâny, qui le devait à Mouhy-eddin el-Araby. Joli manuscrit, sur papier jaune, qui, après la suscription : هذا اعتصام دور اعلى, commence par les mots : اللّهم انّى اسئلك. 13 f. petit in-8°.

LXV.

Livre de différentes prières, orné de vignettes, écrit en caractères africains. 93 f. in-16°. *(Doubr.)*

LXVI.

Livre de prières, en arabe, f. 1—58. Le reste contient des instructions en langue turque sur les prières qu'il faut employer en différentes occasions, des effets de certaines prières, etc. Voyez de semblables livres de prières dans le catalogue des manuscrits de la bibliothèque royale de Paris, p. 135, no. CCCXX — CCCXXXIV, et dans celui de la bibliothèque de l'université de Leyde, p. 426, no. 443, 446 etc. 168 f. in-32°. *(Doubr.)*

LXVII.

Autre livre de prières arabes et turques, renfermant, entre autres, les prières appelées دعاءالنور *Prière de la lumière,* دعاء محمد مصطفى *Prière de Mahomet Mouftafa,* دعاء مستجاب *La prière exaucée,* et encore diverses remarques sur la prière en général, en langue turque. A la fin se trouve *Le sceau de la prophétie* مهر نبوّت. 132 f. in-32°. *(Doubr.)*

LXVIII.

De même. Ce livre, à filets rouges, avait jadis appartenu à un prêtre turc, et fut pris, en 1716, dans la bataille de Péterwardein, comme le dit une remarque en langue allemande, sur le dernier feuillet: " *Dieses Türckische gebett-Buch hat ein türck. pfaff auf der Brust in d. action geführet von* (sic) *d. schlacht bey Peter-wardein unter dem 5. August; 1716.*" 74 f. petit in-8°.

LXIX.

Livre de prières, ayant pour suscription en lettres d'or les mots: هذا شرايط انعام, contenant des surates du Coran etc., écrites sur du papier de différentes couleurs; suivent différentes remarques sur la prière, en langue turque, sur deux pages. Voy. no. LXVII. 109 f. in-16°. *(Zal.)*

LXX.

Livre de prières. A la fin se trouvent plusieurs petites poésies persanes détachées. Il paraît que ce livre n'est pas achevé, car il finit par les mots : ويقول الكفر ; mais on voit qu'il vient de la Turquie, les suscriptions aux différentes prières étant conçues en ces termes : هنا — بودر . 69 f. in-8°. *(Frol.)*

LXXI.

Livre de prières arabes et turques. Manuscrit à filets d'or, et où l'on trouve aussi les sept cercles مهر, mentionnés au no. LXIII, mais moins ornés. 74 f. in-16°.

LXXII.

Livre de prières, avec un frontispice orné d'une assez jolie vignette, filets d'or, points d'arrêt en or. 88 f. in-32°.

LXXIII.

كتاب السبع المنجيات *Livre* contenant *les sept (prières) qui sauvent.* Ce titre se trouve non dans le corps du manuscrit, mais sur le premier feuillet. Le manuscrit commence par la surate 6, après quoi viennent les surates 36, 44, 48, 55, 67, 78, 102, 103, 104, 105, 106, 107 jusqu'à la dernière 114. Suivent : دعاء اسم اعظم *Prière du grand nom* (v. Cureton, p. 80, no. CIX, 4 ; p. 82, no. CX et CXVII, 4); دعاء العظيم مستجاب *La grande prière exaucée* (voy. ib. no. CXIX, 1), et دعای سفرده *Prière durant l'expédition militaire*, p. 106. Après cela nous trouvons l'alphabet arabe, avec les noms et la prononciation des lettres, le tout écrit d'une main européenne, p. 107—108; le reste, p. 109—110, contient des sentences turques, relatives à la conduite à observer vis-à-vis de l'ennemi. — Quant au nombre *sept,* qui est regardé chez les mahométans comme le plus accompli, on peut consulter l'extrait de l'historien persan Vaffaf *sur la qualité prééminente du nombre sept,* dans le livre de Hammer-Purgstall, intitulé *Geschichte der Ilchane,* T. II, p. 366—371; Cureton qui, p. 80, no. CXXIII, 1, cite des formules talismaniques, intitulées *Les sept temples,* et le catalogue susmentionné de la bibliothèque de Leyde, p. 426, no. 446, où l'on rencontre un livre de prières intitulé *Les sept châteaux forts.* Voyez encore *Wiener Jahrbücher,* T. 83, *Anzbl.* p. 11, où nous trouvons un livre intitulé كتاب السبعيات *Livre des septenaires,* par Abou Nafr Mouhammed ben Abd el-Rahman el-Hamadany, qui traite du nombre sept, relatif aux passages du Coran et des traditions. Cf. Uri, p. 110, no. CCCCXX. 110 f. in-16°. *(Zal.)*

LXXIV.

Prières écrites en forme de talisman, sur une bande de papier longue de cinq archines et neuf verchoks (à peu près 4 mètres).

LXXV.

Amulette contre la fièvre, sur une bande de papier, avec la traduction française sur un autre papier, in-4°. *(Doubr.)*

C. Droit.

LXXVI.

ارشاد الاذهان الى احكام الايمان *Direction des intelligences vers les ordonnances de la foi.* L'auteur de cet ouvrage, formant un manuel complet de jurisprudence, n'est nulle part indiqué, mais il dit à la fin qu'il avait composé encore d'autres livres, plus étendus, sur les objets qui y sont traités, savoir: منتهى المطلب, تذكرة الفقها et قواعد الاحكام. Le premier de ces livres, de même que celui qui est à la tête de cette notice, n'est pas mentionné chez Hadji Khalfa; le troisième l'est sans nom d'auteur, mais le second تذكرة الفقها, suivant ce bibliographe, T. II, p. 265-6, serait l'ouvrage de Djemal-eddin Houseïn ben Yousouf ben Mouthahher el-Hilly الحلى, de Hilla, chiite de croyance, mort en 726 = 1325,6, date qui se trouve aussi dans les tables chronologiques de Hadji Khalfa, tandis que deux exemplaires manuscrits du Dictionnaire bibliographique donnent l'année 926 = 1519, ce qui est évidemment une faute du copiste. Toutes les probabilités se réunissent donc à croire que Djemal-eddin était aussi l'auteur de la *Direction,* quoique nous n'en trouvions aucune preuve directe dans le manuscrit, et qu'il soit étonnant que cet ouvrage ait échappé à la connaissance de Hadji Khalfa, qui, T. II, p. 194, cite encore une composition du même écrivain. Quoi qu'il en soit, l'auteur dit qu'il a composé cet ouvrage pour son fils Mouhammed. La copie a été faite dans la ville d'Ispahan, par Ibrahim ben Mouhammed ben Aly ben Ahmed el-Harrfouchy el-Amily (الحرفوشى العاملى), pour lui-même, et finie en 1059 = 1649; elle a été vérifiée sur l'original, et doit donc être correcte, mais il y manque une ou plusieurs pages après le troisième feuillet. Le tout est parsemé de remarques interlinéaires et marginales. Nous trouvons le cachet du copiste Ibrahim deux fois sur le premier feuillet, et encore dans d'autres endroits; il contient les mots : ابراهيم بن محمد الواثق بالملك الصمد عمم. *Ibrahim ben Mouhammed, qui se confie au Roi éternel*, 1044 = 1634. Une inscription sur le même feuillet nous apprend que ce manuscrit a autrefois appartenu à Mouhammed Thahir, fils de Chahvirdi Sultan, ancien gouverneur de la tribu Kellehghir حاكم سابق ايل كلّه گير. Le livre, qui d'ailleurs paraît être assez rare, mais dont un exemplaire se trouve aussi dans la collection des manuscrits de l'université de Casan, débute par les mots : الحمد لله المتفرد بالقدم والدوام. 149 f. in-4°.

LXXVIII.

الجزء الثانى من العناية فى شرح الهداية *Seconde partie du livre el-Inayé, servant de commentaire* à l'ouvrage intitulé *el-Hidayé*. Tous les deux sont assez connus par les éditions qu'on en a faites à Calcutta. Il suffit de dire que la Hidayé a pour auteur Bourhan-eddin Aly ben Abou Bekr el-Marghinany, de

Marghinan, dans la Transoxane, mort, selon Hadji Khalfa, en 596 = 1199, tandis que Cureton, p. 89, nomme l'année 563 (= 1167), et ensuite, p. 116, l'année 593 = 1196. Le commentaire appelé Inayé العناية a été composé par Akmaleddin Mouhammed ben Mahmoud, connu sous le nom de el-Baberty البابرتى (mort en 786 = 1384). Cette seconde partie contient le livre sur *le Mariage* (كتاب النكاح) jusqu'à celui sur *les Legs* (كتاب الوقف) inclusivement. Le manuscrit est très bien écrit. 350 f. in-4°. *(Ouv.)*

Voyez relativement à la *Hidayé*, son auteur et ses commentateurs, Hadji Khalfa, à l'article هداية, et la Préface de M. Hamilton en tête de sa traduction anglaise de cet ouvrage, Londres, 1791, en 4 voll.; cf. Zenker, *Bibliotheca orient.*, no. 1435—1438, et Stewart, *Catalogue*, p. 144, no. I—IV. Le nombre vraiment prodigieux d'exemplaires de cet ouvrage et de ses différents commentaires, qui se trouvent dans les bibliothèques de Constantinople, pourrait, seul, prouver la grande estime dont il jouit parmi les musulmans, dont les jurisconsultes les plus renommés se sont attachés à en composer des élucidations plus ou moins développées, comme on peut le voir chez Hadji Khalfa, et dans plusieurs catalogues des bibliothèques de l'Europe chrétienne, renfermant des manuscrits orientaux. V. Cureton, no. CXCVI-III; *Catal. Paris*, p. 153, no. DXVII; p. 151, no. CDXCIV; *Catal. Bibl. Lugd. Bat.* p. 437, no. 656, et le msc. cité no. LXXXI.

LXXVIII.

كتاب الأشباه والنظائر الفقهية على مذهب الحنفية *Livre qui traite des choses juridiques qui se ressemblent et sont correspondantes entre elles, suivant le rite des Hanéfites.* L'auteur, qui ne se nomme pas, dit qu'il a fini son ouvrage le 27 de Djoumada II, en 969 = 1561, après un travail de six mois, moins le temps de maladie. C'est justement ce que dit Hadji Khalfa, T. I, p. 309, de l'ouvrage qui porte le même titre et qui a pour auteur Zeïn el-Abidin ben Ibrahim, connu sous le nom d'Ibn Nedjim نجيم el-Mifry (de l'Égypte), mort en 970 = 1562. Il n'y a donc qu'une seule circonstance qui, au premier coup-d'oeil, pourrait faire douter de l'identité de ces deux ouvrages. Hadji Khalfa dit que le commencement de celui d'Ibn Nedjim était الحمد لله وسلام على عباده الذين اصطفى, tandis que le nôtre paraît commencer par الحمد لله على ما انعم. Mais ces mots ne sont en effet que les premiers de la table des matières (فهرس, f. 1—6), dont l'auteur a cru bon de faire précéder son ouvrage, qui, du reste, dans le manuscrit en question, commence de la même manière que chez le bibliographe turc. On voit, par les inscriptions sur le premier feuillet, que cet exemplaire a appartenu successivement à un Souleïman ben Ahmed, de Bosnie (البسنوى), à Mouhammed ben Hasan el-Bursevy (de Brousa), et enfin à Mouftafa ben Aly, connu sous le nom de Bekzadéh بكزاده. L'ouvrage même a été publié à Calcutta, en 1826, sous le titre : *Al Ashbaho wa al Nazair, a treatise on Mohammedan law, originally compiled by Zein al Abdin ibne Najim, etc.* Dans le catalogue de Paris, p. 154, no. DXXIX, l'auteur est nommé Zeineddin, et sa mort est placée en l'année 670 de l'hégire, date qui se trouve aussi dans une copie manuscrite de Hadji Khalfa. Dans le catalogue de Leyde, p. 437, no. 670, le même ouvrage est mentionné sans le nom de l'auteur. Voyez sur les commentateurs de ce livre, de même que sur d'autres du même titre, Hadji Khalfa l. c. Il s'en trouve un exemplaire au Musée asiatique, no. 350.

La copie, faite par Mouhammed el-Coudsy (القدسى), date de l'année 1002 = 1592. On ne saurait guère déterminer si ce Mouhammed est le moulla Mouhammed Coudsy, qui, né en 982 = 1574, mourut cadhi'l-asker d'Anatolie. Voy. Eichhorn, p. 1222. 200 f. in-8°. *(Doubr.)*

LXXIX.

Ce manuscrit, dans une élégante reliure de soie, renferme un abrégé anonyme de la jurisprudence musulmane, d'après l'ordre ordinaire des livres de jurisprudence, et, à juger suivant les caractères, doit avoir été écrit dans les pays du Caucase. Il commence par le كتاب الطهارت *Livre de la purification*, et finit par le كتاب الاجارات *Livre des baux*, la copie étant incomplète à la fin. Elle a beaucoup de notes marginales et interlinéaires, et pour commencement : الحمد لله رب العالمين والعاقبة. Les derniers mots sont : الذى يلى الشفيع فلاس. 64 f. in-4°. *(Lask.)*

LXXX.

مفاتيح الجنان ومصابيح الجنان *Clefs du paradis et flambeaux dans la nuit sombre,* par Yacoub ben Séyid Aly. C'est un commentaire sur l'ouvrage شرعة الاسلام *La loi de l'Islam,* dont l'auteur fut l'imam Roukn el-Islam *(Pilier de l'Islamisme)* Mouhammed ben Abou Bekr, plus connu sous le nom d'Imamzadéh (mort en 573 = 1177); v. Hadji Khalfa, T. IV, p. 42, et Nicoll, p. 513. C'est donc à tort qu'on lit sur le premier feuillet كتاب شرعة الاسلام. Le commentateur débute par les mots : 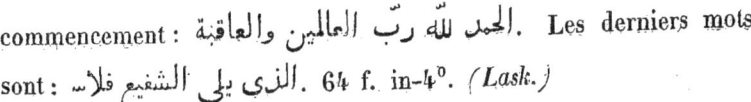الاسلام. Quant à l'année de la mort de ce dernier, elle est omise, dans l'édition imprimée de Hadji Khalfa, comme inconnue; mais dans une copie manuscrite, appartenant au Musée Roumänzov, on trouve l'année 622 = 1225. L'ouvrage paraît être très rare, et on ne saurait guère déterminer, vu la manière insuffisante dont les bibliothécaires de Constantinople ont composé leurs registres, si les commentaires (شرح) de la *Loi de l'Islam,* cités dans le Catalogue de la bibliothèque d'Achir Efendi, sont les mêmes que notre commentaire, ou non. L'ouvrage original, c.-à-d. *La loi de l'Islamisme,* est au Musée asiatique, no. 347, et le commentaire susmentionné se trouvait dans la bibliothèque de feu S. de Sacy (voy. le catalogue de cette bibliothèque, T. III, p. 6, no. 32). La copie date de l'année 1051 = 1642. Une notice qu'on lit à la fin nous apprend qu'après la prise de Bude, en Hongrie, en 1686, ce livre tomba entre les mains de Jacques Briskorn, aumônier de régiment (*cum Buda, urbs Hungariae fortissima a potestate Turcicâ, fortitudine Germanorum vindicaretur, in expugnatione ao. 1686 die 8 Septembr. obtinuit Jacoby Briskorn Past. Castrens.*), qu'ensuite, en 1752, il fut donné par Théodore Boltz, professeur en droit à l'université de Königsberg, au prince Joseph Alexandre Jablonowski, et qu'enfin de là il passa en la possession du prince Alexandre Sapieha, qui le présenta à la Société Royale de Varsovie, en 1810. 256 f. in-4°.

LXXXI.

Recueil de traités sur différents chapitres de la jurisprudence et religion mahométanes, portant sur la tranche l'inscription رسائل في الفقه *Traités sur la jurisprudence*. Ils renferment des remarques, pour la plupart, sur des chapitres ou des passages détachés de la *Hidayé* (voy. no. LXXVII) et de ses commentateurs, écrites en formes de gloses, dans les termes قال *un tel dit*, et اقول ou قلت *moi, je dis*.

1) *Sur le mariage* (فى الوطى). Commencement: قال صاحب الهداية في باب الوطى. Écrit en 998 = 1589. f. 1.

2) *Sur le retardement de la prière de la nuit* (فى تأخير العشاء), traité inachevé. Commencement: قال المصنف ويستحب تأخير. f. 2—6.

3) Commentaire d'un ouvrage sur la *madéfaction* مسح et la *lotion* غسل, mais probablement sur les *purifications* en général, car le vrai commencement paraît manquer, les premiers mots étant: عن الامام الرازى. f. 7—25. Au verso du dernier feuillet il y a encore quelques remarques sur *l'amende en fait de nantissements* الجناية. Celles-ci commencent par les mots: قال فى التوفيق.

4) Traité qui, d'après l'inscription sur le premier feuillet, est intitulé لطائف آثار *Les subtilités agréables à savoir des monuments* (ou des paroles et actions de Mahomet, transmises à la postérité par la tradition), par le célèbre moufti Abou'l-Sououd, dont le nom en entier était Mouhammed Abou'l-Sououd ben Mouhammed ben Mouhy-eddin el-cheikh Mouhammed ben Mouſtafa el-Imady العمادى, connu aussi sous le nom de Khodja Tchelebi, né en 897 = 1491 et mort en 982 = 1574. Ce traité contient des gloses حاشية fort bonnes, d'après l'assertion de Hadji Khalfa, sur l'ouvrage intitulé: الدراية فى منتخب احاديث الهداية *Connaissance des traditions choisies* de l'ouvrage *el-Hidayé*, par Ahmed ben Aly ben el-Houdjr el-Askelany العسقلانى, le traditionnaire, mort en 852 = 1448. Ces gloses furent achevées par l'auteur, d'après le même bibliographe, en 982 = 1574, l'année de sa mort. Il est cependant à remarquer qu'elles commencent, après la formule de prière, tout brusquement par , sans aucune remarque préalable à

qui ce قوله *il dit* se rapporte, et qu'elles contiennent des observations sur des passages de différents ouvrages de jurisprudence, mais particulièrement de la *Hidayé* et de ses commentaires. Ainsi on y traite *de la prière, du pélerinage*, de divers autres chapitres du droit canonique etc. La copie, qui date de l'année 1001 = 1592, commence par les mots: بسم الله الخ وما توفيقى الّا بالله عليه توكلت واليه انيب. f. 26 — 134.

Voyez, par rapport à Abou'l-Sououd, Moustekimzadéh, f. 10, et Hammer, *Geschichte des Osm. Reiches*, T. III, p. 270.

5) رسالة فى المسح *Traité sur la madéfaction des chaussures*, du même auteur, composé sous le règne du sultan Souleïman ben Selim et copié sur l'original, dans la même semaine où l'auteur mourut, ce qui arriva le 5 de Djoumada 1982 = 1574. Ce traité qui, après la préface, est divisé en une *introduction* مقدمة, et deux مسلك *sentiers*, commence par les mots: الحمد لله الذى ارسل رسوله بالهدى. p. 136 — 145.

6) فصل فى الرشوة *Chapitre sur les cadeaux*, tiré du livre أدب القاضى *La morale du juge*, composée par le cadhi Abou Bekr Ahmed ben Amr el-Khaffaf (الخصّاف) le Savetier, mort en 261 = 874,5), v. Hadji Khalfa, T. I, p. 220, et de son commentateur Ssadr el-Cheriat (v. no. LXXXIII), comme il est dit à la fin. Le commencement du traité, dont l'auteur est inconnu, est: واعلم بان الرشوة انواع. f. 146 — 148.

7) Opuscule qui, d'après l'inscription, contient رسالة لمولى ابى السعود العلّامة على اول كتاب سير *Traité du savant maoulla Abou'l-Sououd sur le commencement du livre el-Siyer*, c.-à-d. *la Conduite réglée d'après les actions de Mahomet*. Il traite *de la guerre sainte* الجهاد. Commencement: اللّهم يا ولىّ العصمة. f. 156—161.

8) رسالة فى الجهاد لمولى الموالى محمد جلبى الشهير ببيرم كوسه سى *Traité sur la guerre sacrée*, par Mouhammed Tchelebi, vulgairement connu sous le nom de Mirem Keusehsi ميرم كوسهسى (mort en 957 = 1550). Ce traité a été composé à l'instigation du grand-vézir Ibrahim-Pacha, auquel il fut aussi offert. Commencement: باسمك اعتصمت f. 162—167.

9) رسالة فى الغصب لعلى جلبى الشهير بجنالوزاده *Traité sur le larcin*, par Aly Tchélébi, connu vulgairement sous le nom de Djinalizadéh. Copie faite par le cheikh Mouhammed ben Souleïman. Commencement: قال فى الهداية. f. 167—170.

10) Petite discussion anonyme sur les mots de Mahomet: امرت ان اقاتل الناس حتى يقولوا لا اله الّا الله *J'ai reçu l'ordre de combattre les hommes jusqu'à ce qu'ils disent: il n'y a de Dieu que Dieu* (Allah). Commencement: قال المصنف رح وقد قال عليه السلام الخ. f. 172—174.

11) Petit traité رسالة sur l'usage du *vin* الخمر, par Maoulana Kemalpachazadéh, célèbre polygraphe en trois langues, arabe, persane et turque, et moufti, dont le nom en entier

était Chems-eddin Ahmed ben Souleïman, mort en 940 = 1533. M. Krafft, qui cite une multitude de ses compositions, p. e. pp. 59, 158, 177, etc., donne l'année 941 = 1534 comme celle de sa mort, mais des chronogrammes cités par Moustekimzadéh, f. 8, la fixent incontestablement en l'année 940. Le traité commence: الحمد لولية. f. 174—176.

12) *Traité sur le trafic en compagnie* المضارب, par Maoulla Zakariya Efendi, qui était moufti sous le sultan Mourad III, et mourut en 1001 = 1592. Il est aussi l'auteur d'un commentaire sur la *Hidayé*. Voyez Moustekimzadéh, f. 14. Commencement: الحمد لولى الهداية. f. 176—177.

13) Traité sur le même sujet, par Maoulla Abd el-Raouf Efendi, connu sous le nom de Arabzadéh مولى عبد الرؤف افندى الشهير بعرب زاده. Voyez Eichhorn, p. 1209. Commencement: الهى لك الحمد. f. 178—180.

14) De même, par Abd el-Kerîm Tchelebi Caffabzadéh. Commencement: غرة طرة كل كلام.

15) *Traité sur la déposition des témoins* الشهادة. Commencement: سبحان من عجز العقلا. f. 183—194.

16) Traité sur le *mariage* النكاح et sur *le droit d'hérédité du patron sur ses affranchis* الولا, attribué à Maoulla Ahmed Efendi el-Anfary. Commencement: الحمد لله الذى قرّر. f. 194—205.

17) Des gloses ou des remarques sur un commentaire du fameux livre de jurisprudence, intitulé *Le Phare des lumières* منار الأنوار, et rédigé par Abou'l-Berekat Abd Allah ben Ahmed el-Nesefy, connu sous le nom de Hafiz-eddin, mort en 710 = 1310. Le commentaire, sur lequel ces gloses ont été composées, portait le titre de الأنوار *les Lumières*, ou plus complètement انوار الأفكار *Les lumières des méditations*, et avait pour auteur le cheïkh Isa ben Ismaïl el-Acferany الأقصرانى, voy. Hadji Khalfa, à l'article منار الأنوار. L'auteur des gloses est le moufti Abou'l-Sououd, qui les écrivit en 936 = 1529. Commencement: الحمد لله رب العالمين. f. 206—211.

18) *Chapitre sur la réduction ou abréviation de la prière* (فصل فى قصر العام), par le même Abou'l-Sououd, rédigé en 939 = 1532,3. Ce sont des remarques supplémentaires à l'ouvrage intitulé: التلويح *Éclaircissement etc.*, par Teftazany, qui sert de commentaire à l'ouvrage intitulé: تنقيح الأصول *Extraction de la moelle des principes fondamentaux de la loi*, par Ssadr el-Cheriat; v. no. LXXXIII. Commencement: الحمد لله تعالى منه المبدء. f. 212—215.

19) رسالة فى السير *Traité sur la guerre sainte* جهاد, par Maoulla Chems-eddin Ahmed, connu sous le nom de Samsounyzadéh سامسونى زاده. Commencement: الحمد لوليّه. f. 216—219.

20) رسالة شاه افندى الفنارى على كتاب السير من الهداية *Traité de Chah-Efendi el-Fenary sur le livre de la Conduite*, d'après

l'exemple de Mahomet, mais ici particulièrement sur la *guerre sainte* الجهاد, tiré de l'ouvrage Hidayé. V. no. LXXVII. Commencement : كتاب السير جمع سيرة. f. 219—223.

21) Remarques en 21 lignes sur le même sujet, c.-à-d. sur la *guerre contre les infidèles* الجهاد, par Maoulana Mouhy-eddin el-Fenary. Commencement : كتاب الجهاد.

22) *Petit traité sur la soustraction des gages* (فى علم العوض) *et sur les baux à loyer* الاجارة, par le frère de Beha-eddinzadéh Abd Allah Efendi: Beha-eddinzadéh Aly Tchelebi. Commencement: الحمد لله الذى عجز الافهام. f. 224—225.

23) *Petit traité sur les legs* فى الوقف. Il commence par les mots: ما قولكم رضى الله. f. 226—234.

24) رسالة فى الاشارة الى غزوة روافض الاعجام واستيلاء ملك الروم على مملكة الشام *Traité où l'on signale la guerre contre les Rafeſzys ou hérétiques persans, et la réduction de la Syrie par l'empereur de Roum,* c.-à-d. de la Turquie. C'est un traité, ou plutôt une diatribe de rhéteur, écrite en prose rimée, dans un style ampoulé, sur les événements qui eurent lieu dans les années 918 = 1512 jusqu'à 922 = 1516, relativement à la guerre du Sultan Selim I, fils de Bajazet, contre les Persans, dont le souverain Chah Ismaïl I, qui venait d'établir la religion chiite dans ses états, fut regardé par les Turcs comme un véritable hérétique,

et concernant sa victoire sur les Mamelouks qu'il chassa de la Syrie. Voyez les ouvrages de Malcolm (*Histoire de la Perse*, Paris 1821, T. II, p. 272); de M. d'Ohsson (*Tableau général de l'Empire othoman*, Paris 1788, T. I, p. 124); de M. de Hammer (*Geschichte des Osman. Reiches*, T. II, p. 401 et suivantes). L'auteur de ce traité, muni encore de remarques interlinéaires et marginales, est Yousouf ben Aly ben Mouhammedchah ben Mouhammed, vulgairement nommé Yeghan يكان, sans doute le même dont la biographie se trouve dans l'ouvrage de Thachkeuprizadéh, f. 196, à l'article Sinan-eddin Yousouf ben el-Maoulla Aly el-Yeghany, mort en 945 = 1539, auteur entre autres de beaucoup de *petits traités* رسائل. L'opuscule en question a été écrit le 5 du mois de chevval de l'année 922 = 1516, date que l'auteur a encore cru bon d'indiquer d'une manière assez étrange, pouvant servir d'échantillon du style employé dans cette diatribe. Il dit: قد وقع الفراغ عن التحرير — فى يوم الجمعة بتاريخ العشر الخامس من الثلث الأول من النصف الثانى من السدس الخامس من العشر الثانى من العشر الثالث من العشر العاشر من الهجرة — *La composition a été achevée le jour de vendredi, le cinquième dixième* (c.-à-d. le cinquième jour) *du premier tiers de la seconde moitié du cinquième sixième* (c.-à-d. du mois de chevval, car le sixième de l'année comprend les neuvième et dixième mois, ramadhan et chevval, dont la seconde moitié est le mois de chevval) *du second dixième du troisième dizain de la dixième dizaine de l'hégire.* Le manuscrit débute par les mots : الحمد لمن تنزه سلطان. f. 236—242.

25) رسالة فى باب الاذان *Traité sur l'appel public à la prière,* qui renferme des remarques sur différents passages traitant du même sujet dans les ouvrages وقاية, غاية البيان, النهاية etc. (sur lesquels on peut voir Hadji Khalfa) par Abd el-Baqi ibn el-Maoulla Toursoun عبد الباقى بن المولى طورسون, né en 950 = 1543. V. Eichhorn l. c. p. 1213. L'initiale en est : باب الاذان قال. f. 244—261.

26) *Petit traité sur le temps, pendant lequel le mari doit se retirer de sa femme* الخلوة. Il commence par les mots : قال صدر الشريعة. f. 262—263.

27) Remarques sur une explication de Maoulla el-Nahrir التحرير, d'un passage du Coran, sur. 4, v. 24, sur ce qu'il ne faut pas reprendre un don nuptial. Ces remarques commencent par les mots : قال المولى التحرير فى تفسيره فى سورة النساء. f. 263-264.

28) Fragment d'un traité sur *le mariage* النكاح, dont il n'y a que la dernière page. Commencement : بالنكاح او علمت. — 265 f. in-4°. *(Doubr.)*

LXXXII.

مجموعة قدرى افندى *Recueil de Cadry Efendi.* C'est le titre qui est donné à cet ouvrage sur la tranche du volume et sur le premier feuillet, ainsi que dans les catalogues des bibliothèques de Yeni Djamé et du sultan Bajazet, à Constantinople. Mais la préface prouve que le vrai titre en était واقعات المفتيين *Cas juridiques, qui peuvent se présenter aux juges supérieurs*, titre que l'on trouve en effet parmi ceux donnés dans les catalogues des bibliothèques de Nouri Osmaniyé, de Achir Efendi عاشر افندى. et de la mosquée Laléli (deux fois), sans qu'on puisse douter de l'identité des ouvrages. Ce manuscrit, dont nous avons ici la troisième édition ou rédaction corrigée et revue, est une espèce de concordance juridique, pour la composition de laquelle l'auteur Abd el-Cadir عبد القادر ben Yousouf, ancien cadhi-asker de Roumélie, a mis à profit une foule d'excellents ouvrages juridiques, de collections de fetwas, p. e. celles de Fakhr-eddin Hasan ben Manfour (vulgairement nommé Cadhikhan, mort en 592 = 1195,6), qui jouissent d'une si grande considération parmi les musulmans et ont été imprimées à Calcutta; de Ibn el-Bezzazy, mort en 827 = 1423,4 (voy. Thachkeuprizadéh, f. 14, et Hadji Khalfa, T. II, p. 49), intitulées el-Bezzaziyé; de Alim عالم ben Ala, intitulées تاتارخانية Tatarkhaniyé (voy. le même bibliographe, T. II, p. 90), etc. Ce recueil, dont la présente copie, exécutée par un certain Mouhammed ben Aly, date de l'année 1121 = 1709, commence par les mots : الحمد لله الذى بين الشرايع. 245 f. in-4°. *(Ouv.)*

LXXXIII.

التوضيح فى حل غوامض التنقيح *Illustration pour éclaircir les passages obscurs du livre intitulé Extraction de la moelle des principes fon-*

damentaux de la loi. Cet ouvrage est un des plus estimés parmi les docteurs musulmans; il a pour auteur le savant cadhi Ssadr el-Cheriat (chef de la loi) Oubeïd Allah ben Masoud el-Mahbouby el-Boukhary, de Boukhara, du rite hanefite, très souvent appelé simplement Ssadr el-Cheriat, qui mourut en 747 = 1346. Ayant composé l'ouvrage original intitulé *Extraction de la moelle* des principes fondamentaux de la loi تنقيح الاصول, qui fut prématurément donné au public par un de ses disciples, il s'empressa d'en faire une édition plus correcte et munie d'un commentaire, à laquelle il donna le titre qui se trouve à la tête de cet article. Hadji Khalfa, T. II, p. 444 suiv., offre une longue liste de commentateurs et de glossateurs qui se sont exercés sur l'ouvrage en question. Notre manuscrit, à filets rouges et azur, et écrit très lisiblement, commence par les mots : حامدا لله تعالى اولًا وثانيًا. 256 f. in-8°.

Voyez sur l'auteur la préface de M. Kazembeg, dans son édition d'un de ses ouvrages, كتاب مختصر الوقاية, *Abrégé* du livre intitulé el-Vicayé, Casan 1845, p. LI, et suiv. L'ouvrage original, c.-à-d. *l'Extraction de la moelle etc.*, avec le commentaire de Teftazany, se trouve, entre autre, dans la bibliothèque de Bodley (Uri, p. 77, no. CCXXIII), et notre commentaire dans celle de la mosquée Laléli, à Constantinople. Le catalogue de Paris, p. 151, no. CDLXXXVIII, a pris le titre de l'auteur,

Ssadr el-Cheriat, pour le titre de son livre, en le traduisant *tribunal justitiae.*

LXXXIV.

Manuscrit à filets d'or et d'azur, orné d'une vignette d'or et d'autres couleurs, et nettement écrit, renfermant les trois traités suivants :

1) رسالة فى باب الاشربة *Traité sur le Chapitre des boissons défendues.* L'auteur dit qu'il s'était proposé depuis longtemps d'écrire un traité sur ce sujet, quelques malveillants reprochant à ceux qui suivent la doctrine de Abou Hanifa, des déviations de la loi à cet égard. Le tour d'enseignement étant parvenu jusqu'au livre *sur les boissons,* de la Hidayé, il fut transféré de l'école impériale السلطانية, à Constantinople, à celle de Mouhammed Khan, à Brousa, où, d'après une ancienne coutume, il y avait toujours, au premier jour de l'enseignement, une assemblée de savants, et ce fut alors qu'il se prit à exécuter son dessein, en composant ce traité, qui commence par les mots : الحمد لله الذى حرّم لخبايث. f. 1—50.

2) *Petit appendice au Chapitre sur la procuration en fait de ventes et d'achats, de la Hidayé* (فهذا) تعليق على باب الوكالة بالبيع والشرى من الهداية. Il a pour commencement les mots : نحمد الله سبحانه وتعالى. f. 51—57.

3) De même, *sur le Chapitre du paiement par d'avance, des marchandises qui doivent être fournies plus tard* على باب السلم. Les premiers mots en sont الحمد لله الذى اوجد الاشياء من العدم. f. 58-60.

Ces trois traités, dont les auteurs, ou l'auteur — car il est probable qu'il n'y en a qu'un seul — ont gardé l'anonyme, contiennent donc des remarques sur les chapitres respectifs, de même teneur, de l'ouvrage intitulé Hidayé; v. no. LXXVII. 60 f. in-8°. *(Doubr.)*

D. Philosophie chrétienne.

LXXXV.

Manuscrit qui, d'après l'inscription sur le premier feuillet, tracée cependant d'une autre main que l'ouvrage même, aurait pour titre كتاب حكم ووصايا وامثال ومواعظ *Livre des maximes, instructions, apologues et admonitions*, titre qui au moins donne une idée générale du contenu. Pour analyser ce livre, on fera bien de le partager en trois parties. La première, après la formule de prière: نبتدى بعون, porte la suscription: بسم الله الخالق الحي الناطق القدرة العليا ونكتب بعض امثال مفيدة من حكمة لقمان يستحسنها العاقل ويستقبحها الجاهل *Commençons avec l'aide de la puissance suprême à mettre par écrit quelques paraboles utiles (empruntées) de la sagesse de Locman, lesquelles seront approuvées par les hommes sages, mais reprouvées par les ignorants (ou idiots).* Suivent alors des *sentences ou exhortations* de Locman, en huit مقالة, ou *discours*, dont les sept premières sont adressées à son fils, et la huitième contient les dernières admonitions وصيت de Locman au fils de son frère. Viennent ensuite de semblables admonitions d'un ancien philosophe mourant, à ses enfants. La seconde partie, ouverte par un autre بسم الله الخ *au nom de Dieu,* renferme des extraits ou sentences morales, à peu près dans le genre des Proverbes de Salomon, tirées du *livre Jardin des intelligences et des pensées,* connu aussi sous le nom de *Livre des pierres précieuses et des colliers* كتاب روضة العقول والأفكار ويعرف بكتاب الفرائد والقلائد. Ces sentences sont suivies de la dernière admonition وصيت de Locman à son fils, et des fables ou apologues (امثال ومعاني) qui lui sont attribués. La troisième partie enfin contient le livre intitulé *el-Boustan, Jardin des pénitents (ou des compagnons), et fleurs des entendements et des intelligences* كتاب البستان وروضة الندمان وزهر العقول والاذهان, renfermant *des mots marquants et des sentences* اقاويل ومعاني, des différents philosophes, p. e. Socrate, Pythagore, Galien, Diogène, Platon, Aristote etc. Cette partie finit en reproduisant encore les incriptions qui se trouvaient sur les cachets ou sceaux خواتم des philosophes ci-dessus mentionnés et aussi d'autres hommes sages de l'ancien monde. Quant aux livres qui ont fourni les matériaux pour la seconde et la troisième parties, ils nous sont inconnus, de même que l'auteur de l'ouvrage analysé; Philippe (fils de) George, *le copiste d'Alep* فيلبس جرجي الناسخ الحلبي, l'a transcrit (علقه) au Caire, en 1174 = 1760. L'auteur évite soigneusement de citer la moindre chose des philosophes mahométans, tandis qu'il nomme assez souvent ceux de l'ancienne Grèce. Il a inséré aussi quelques sentences de Jésus-Christ, qu'il nomme السيد المسيح le *Seigneur Messie,* et du roi Salomon. Ce manuscrit, à filets rouges, est très lisiblement écrit. 64 f. in-4°. *(Doubr.)*

E. Philosophie musulmane.

Métaphysique, Logique, Dialectique, Morale etc.

LXXXVI.

Manuscrit renfermant deux parties, savoir :

1) شواكل الحور في شرح هياكل النور *Les taillis des Houris,* ou *Commentaire de l'ouvrage, intitulé :* Les temples de la lumière (ou les amulettes de la lumière), traité de métaphysique et de psychologie, avec un commentaire. L'auteur de l'ouvrage original n'est pas indiqué dans le manuscrit, mais il est fait mention par Casiri, p. 206, no. 703, et dans le dictionnaire de Hadji Khalfa, à l'article هياكل النور, d'un ouvrage du même titre, dont l'auteur est Chihab-eddin Abou'l-Fath Yahya el-Suhrawerdy, auquel Abou'l-Feda attribue également l'ouvrage en question. Cet auteur

mourut, d'après Abou'l-Feda, en 587 = 1191. Cf. *Wiener Jahrbücher*, Bd. 82, Anzbl. p. 57, no. 297. Son traité est un des ouvrages les plus estimés et les plus appréciés parmi les mahométans, ce qui lui a valu un grand nombre de commentaires, entre autres celui-ci, attribué, comme le prouve le premier feuillet, au maoulla Djelal-eddin, dont le nom entier était, d'après Hadji Khalfa, Djelal-eddin Mouhammed ben Asaad el-Devvany (اسعد الدوّاني), un des jurisconsultes les plus célèbres du 9me siècle de l'hégire. L'ouvrage commence par les mots: بسم الله الرحمن الرحيم وبه نستعين يا من نصب رايات الآيات. f. 1 — 109.

2) Ce traité est suivi d'un autre plus concis qui, d'après le premier feuillet du manuscrit, est intitulé رسالة زوراء Risaleï Zaoura (v. Nicoll, T. II, p. 220, c. 1), et qui traite également de la métaphysique. L'auteur en est inconnu. Son manuscrit, très dégradé, et dont les caractères sont un neskhy on ne peut plus négligé, a été copié en 916 = 1510,11, pour le mausolée même du chéïkh Sséfy, par le soufy Chems-eddin ben Izz-eddin de Roustemdar, dans la province du Thabaristan. Il commence par la phrase بسم الله وبه العون. 121 f. petit in-4°. *(Ard.)*

LXXXVII.

كتاب الاشارات والتنبيهات *Livre des préceptes et des admonitions*, ou traité de métaphysique et de logique, avec un commentaire.

On ne trouve, dans le corps du manuscrit, ni le nom de l'auteur, ni celui du commentateur; mais le premier, comme le prouvent la *Bibliotheca Arabico-Hispana* de Casiri, T. I, p. 195, no. 653, et le catalogue de la bibliothèque Bodleyenne, par Uri, p. 118 et 119, no. 461, est le célèbre Avicenne, nommé proprement Abou Aly Houseïn ibn Abd Allah ben Sina, et surnommé Ibn Sina (mort en 428 = 1036,7). D'après le no. 655 de la Bibliotheca Arabico-Hispana, le commentateur du traité est l'illustre Nafîr-eddin Thousy (mort en 672 = 1274), qui s'applique à dissiper tous les doutes que Fakhr-eddin Razy avait émis sur l'exactitude de cet ouvrage d'Avicenne. Ce manuscrit, divisé en plusieurs sections ou نمط (modes), offre très peu de rubriques de chapitres, surtout dans la première partie, qui en est entièrement dépourvue. Il a été écrit de deux mains différentes, les caractères de la 1re partie, qui s'étend jusqu'à la 4me section ou نمط, étant un nestaalic très négligé, tandis que la seconde, terminée en ۱۱۷۳ (1173 = 1759,60), est en caractères neskhy fort lisibles. On voit par le premier feuillet de ce manuscrit, que la première partie a d'abord appartenu à la bibliothèque d'un certain Ibn Emir Mourtefza, qui le légua, en 1130 = 1717,8, à la mosquée d'Ardebil. La copie date de l'année 919 = 1513,4. Le manuscrit commence par les mots: قال الشيخ هذه اشارات الى اصول 213 f. petit in-4°. *(Ard.)*

LXXXVIII.

Même ouvrage. 100 f. petit in-8°. *(Akh.)*

Voyez, par rapport à Avicenne, Eichhorn, *Geschichte d. Lit.* Bd. I, p. 690; *Biogr. univ.*, T. 3, p. 115, Sprengel, *Versuch einer pragm. Gesch. d. Arzneikunde*, 3. Ausg. Bd. II, p. 418-441, Casiri, T. I, p. 268 et suiv.

Suivant Casiri (T. I, no. 51) et Jourdain (*Magasin encyclopédique* de 1809, T. II, p. 93), cet ouvrage devrait être extrêmement rare, mais il n'en est pas ainsi, car il se trouve, avec ou sans commentaire, à la bibliothèque de Bodley (Uri, no. 461 et 469), à celle de l'Escurial (Casiri, no. 653 et 655), à la bibliothèque Ambrosiana à Milan (Hammer, *lettera* 1ª, p. 8), à celle de Leyde (no. 874 à 876), dans plusieurs bibliothèques de Constantinople, etc.

LXXXIX.

Manuscrit composé de deux traités, savoir :

1) حل مشكلات الاشارات *Solution des difficultés* du traité de Logique et de Métaphysique, de Ibn Sina, intitulé *Préceptes*, commentaire d'un auteur anonyme sur l'ouvrage d'Avicenne, mentionné au no. LXXXVII. Ce commentaire commence par les mots: الحمد لله الذى وقفنا لافتتاح المقال. f. 1 — 87.

2) حل مشكلات الاشارات والتنبيهات *Solution des difficultés du Livre des conseils et des préceptes d'Avicenne*, par Nasîr-eddin Thousy. V. no. LXXXVII, où se trouve le même ouvrage. Il commence par les mots : قال الشيخ هذه اشارات الى اصول. Ce manu-

scrit, à filets d'or, enrichi de deux vignettes en azur et or, et dont les caractères neskhy sont des plus élégants et, malgré leur finesse, des plus lisibles, a été copié en 900 = 1494,5. f. 87—310. 310 f. in-8°. *(Akh.)*

XC.

Manuscrit où l'on trouve:

1) Un commentaire de Bourhan-eddin ben Kemal-eddin ben Hamid (حميد) sur le commencement du commentaire de la Chemsiyé الشمسية par el-Razy الرازى. L'ouvrage original est un traité de logique, connu sous le titre de رسالة الشمسيّة فى القواعد المنطقية *Traité intitulé Chemsiyé sur les principes de la logique.* L'auteur en est Nedjm-eddin Aly ben Omar el-Cazviny, vulgairement connu sous le nom de الكاتبى el-Katiby, et mort, suivant Hadji Khalfa, en 693 = 1294. Le titre de l'ouvrage lui vient de ce qu'il a été dédié au Khodja Chems-eddin Mouhammed, de la dynastie des rois Kurt (ملوك كرت), qui mourut en 1277. D'après le catalogue de Nicoll et Pusey, T. II, p. 355 a), ce serait Chems-eddin, le cinquième prince de la dynastie serbedarienne, qui, cependant, n'est mort qu'en 753 = 1352. Le texte du traité se trouve dans le manuscrit no. XCVI, 2). La première phrase du commentaire susmentionné est, après la formule d'usage, وبعد فيقول المحتاج الى رحمة الله الملك القديم. Il serait possible que ce fût le commentaire cité dans le catalogue d'Uri, no. CCCCXCVI, 6. f. 1—4.

2) Un autre commentaire anonyme sur la Chemsiyé. Il commence par les mots وَرَتَّبْتُهُ عَلَى مُقَدِّمَةٍ وَثَلَثِ مَقَالَاتٍ وَخَاتِمَةٍ, qui suivent la formule ordinaire. Le manuscrit est enrichi dans sa première moitié, de gloses marginales et interlinéaires. 139 f. in-8°. *(Akh.)*

XCI.

Manuscrit renfermant cinq traités différents, savoir :

1) Un commentaire anonyme sur la partie de la Chemsiyé de Katiby, intitulée نصديقات *Propositions affirmatives,* dont le texte forme le no. 4 ci-après. Ce commentaire commence par les mots : وَلَمَّا تَوَقَّفَ مَعْرِفَتُهَا عَلَى مَعْرِفَتِ القَضَايَا. f. 1—42.

2) D'après la suscription de cette seconde partie du manuscrit, elle consisterait en un commentaire du maoulla Djamy sur le traité de dialectique, intitulé الرسالة الوضعية. Ce traité, dont nous aurons à faire mention plus bas, aurait pour auteur, suivant Hadji Khalfa, qui l'intitule رسالة الوضع (T. III, p. 453), le célèbre Séyid Djourdjany (voyez le premier manuscrit mis sous la rubrique *Recueils* et *Polygraphie*), tandis que la troisième partie du manuscrit fait voir que l'auteur se nommait عضد الشريعة والدين Adhoud el-Cheriat veddin, dont le nom en entier était Adhoud-eddin Abd el-Rahman ben Ahmed ben Abd el-Ghaffar el-Idjy (الايجي). Ce métaphysicien, généralement connu sous le nom de Adhoud عضد, a reçu le surnom de

Idjy de la ville de ايج Idj, ou ايگ Igh en persan, située dans le district de Darabdjird, faisant partie de la province de Fars. C'est à tort que d'Herbelot orthographie ce mot Aige et Aigi, et c'est avec moins de raison encore que Reiske et Schultens rectifient son orthographe en y substituant الأبجى el-Abdjy. Cet auteur mourut en 756 = 1355. M. de Hammer (dans la *Leipziger Literatur-Zeitung*, année 1826, no. 161) assigne deux fois l'année 509 comme époque de sa mort, et bientôt après celle de 756, qui est la seule date exacte, parce qu'elle s'accorde avec les années de Soyouthy et de Hadji Khalfa, dans les tables chronologiques. Le commentaire susmentionné commence par les mots : هذا المشار اليه بهذه اما تلك العبارات. Voyez relativement à Idjy les biographies des grammairiens, par Soyouthy, f. 229; d'Herbelot, à l'article Aige, ainsi que les notes de Reiske et Schultens; M. de Hammer, l. c., et l'ouvrage de M. Soerensen, *Statio quinta et sexta et appendix Libri Mevakif*, auctore Adhad-ed-din el-Igî. Lipsiae 1848. f. 44 - 51.

3) Le commencement d'un second commentaire sur le même traité, dont la fin manque. Il commence par les mots : سبحان من انطق بذكره اللسان. f. 52—54.

4) Le texte de la seconde section de la Chemsiyé, intitulée تصديقات *Propositions affirmatives*, commençant par les mots : المقالة الثانية في التصديقات واحكامها. f. 55—77.

5) Le texte de la première partie du même traité de logique, intitulé **Chemsiyé**, qui traite *des idées qu'on se forme des objets* تصوّرات. Cette cinquième partie du manuscrit, enrichie de nombreuses gloses marginales et interlinéaires, commence par les mots: ورتبته على مقدّمة وثلث مقالات وخاتمة. f. 78-86. 86 f. in-8°. *(Akh.)*

XCII.

Manuscrit renfermant trois traités différents, savoir:

1) Des gloses servant d'explication à un commentaire anonyme sur le traité de logique, connu sous le titre de **Chemsiyé** (no. XC, 1), dont l'auteur, quoiqu'il ne soit pas nommé dans ces gloses, est Katiby, mentionné au no. XC. Ces gloses ont pour auteur, suivant le verso du premier feuillet du manuscrit, Cara Davoud قره داود, descendant de Davoud ben Kemal el-Codjewy داود بن كمال القوجوى, mort en 860 = 1456, suivant Hadji Khalfa, ou en 893 = 1487, selon M. de Hammer *(Leipziger Literatur-Zeitung* 1828, No. 80). Elles commencent par les mots: قوله ورتبته على مقدمة الخ, et sont incomplètes à la fin. f. 1—82.

2) Autre commentaire sur la logique, intitulé, suivant la suscription du manuscrit, مباحث الالفاظ *Discussions sur les paroles,* sans nom d'auteur. Les premiers mots de ce commentaire sont: قال الشارح رحمه الله لاشغل. f. 84—107.

3) Autres gloses sur le commencement de la **Chemsiyé**, dont l'auteur, suivant le verso du premier feuillet, était surnommé

شاعر اوغلى Chaïr-oglu, ou *fils du poète*. C'est peut-être le même dont parle Hadji Khalfa, qui le cite sous le nom de سنان الدين يوسف الرومى Sinan-eddin Yousouf el-Roumy, nommé vulgairement ابن الشاعر *fils du poète*. Ces gloses, incomplètes à la fin, commencent par les mots : قال المصنف ورتبته على مقدمة وثلث مقالات وخاتمة. f. 108—115. 115 f. in-8°. *(Akh.)*

XCIII.

Gloses d'un auteur anonyme sur un commentaire du traité de logique, intitulé Chemsiyé; v. no. XC. Une main étrangère a tracé sur le premier feuillet les mots : حاشية عماد على التصورات *Gloses de Imâd sur les idées exactes* que l'on se forme des choses, ce qui ferait croire que le commentaire ayant servi de texte à ces gloses traitait de ce genre d'idées. Elles commencent par les mots: احمدك يا من انطق لسان عبده. Le manuscrit date de l'année 958 = 1551. 53 f. in-8°. *(Akh.)*

XCIV.

Manuscrit contenant trois traités différents, savoir :

1) Un commentaire anonyme sur le traité de logique et de métaphysique, intitulé : تهذيب المنطق والكلام *Épuration de la logique et de la métaphysique*. Ce dernier ouvrage, d'après le dictionnaire de Hadji Khalfa, T. II, p. 479, a pour auteur le célèbre Saad-eddin Téftazany, dont les noms et le titre honorifique étaient Saad-eddin Masoud ben Omar ben Abd

Allah el-Teftazany التفتازانى, de Teftazan, né (d'après Ibn Houdjr) en 712 = 1312, et mort, suivant Ibn Arabchah et Soyouthy, en 791 = 1389, ou, d'après Ibn Casim, cité par Casiri, et les tables chronologiques de Hadji Khalfa, en 792 = 1390. Le nom de Teftazany lui vient, au dire de Yacout, de Teftazan, grand village du district de Nesa, dans le Khorasan. Il se trouvait, dans sa jeunesse, à la Horde-d'Or, sous les règnes d'Ouzbek et de Djâni-bek, et plus tard il figura à la cour de Tamerlan, comme un des savants les plus distingués. Ce n'est qu'une erreur si Ibn Arabchah avance qu'il fut un des principaux fauteurs de l'introduction de l'islamisme dans les états de Berekeh-khan, car ce dernier souverain mourut en 664 = 1265,6, tandis que Teftazany naquit en 712 = 1312,3, c.-à-d. 48 ans après. Voyez, par rapport à Teftazany, Soyouthy, f. 305. Hadji Khalfa nous apprend que le commentaire en question est une production de Djelaleddin Mouhammed ben Ahmed ben Asaad el-Ssadiqy el-Devvany (اسعد الصديقى الدوّانى), mort, suivant les Tables chronologiques du même écrivain et Casiri, en 907 = 1501,2. Le nom de Devvany dérive, comme nous le dit l'Appendice du لبّ اللباب, d'un village près de Kazroun, dans la province de Fars. De l'épithète de الصديقى donnée à cet auteur, Casiri (T. I, p. 199) a fait , qu'il traduit par *Cappadocien*. Cette partie du manuscrit, enrichi dans sa première moitié de nombreuses gloses marginales et interlinéaires, commence par les mots : تهذيب المنطق والكلام توشيحه بذكر المفضل. La copie date de l'année 1123 = 1711,2. f. 1—46.

2) Des gloses anonymes sur le commentaire susmentionné. Suivant Hadji Khalfa, l'auteur de ces gloses serait Mir Abou'l Fath el-Saaïdy (السعيدى), mort en 995 = 1587 : ce qui vient à l'appui du titre au verso du premier feuillet, où sont écrits les mots : مير ابى الفتح Mir Abi'l-Fath. Ces gloses, enrichies de notes marginales et interlinéaires, mais dont la fin manque dans le manuscrit, commencent par les mots : الحمد لله على تهذيب المنطق. f. 47—188.

3) Un commentaire sur l'ouvrage de Teftazany nommé sous le no. 1). Suivant la finale de cette partie du manuscrit, l'auteur en est Nedjm ibn Chihab el-Yezdy نجم ابن شهاب اليزدى, qui termina son commentaire en 967 = 1559,60. Il commence par les mots : افتتح بحمد الله بعد البسملة. 243 f. in-4°. (Akh.)

XCV.

Manuscrit composé de deux parties :

1) Un commentaire sur l'Isagoge الايساغوجى (voyez le texte plus bas) de Athîr-eddin el-Abahry اثير الدين الابهرى, dont le nom en entier était el-Moufaddhal ben Omar ben el-Moufaddhal المفضل بن عمر بن المفضل, mort, suivant Casiri (T. I, p. 188), en 663 = 1265, et d'après Hadji Khalfa, en 700 = 1300,1.

L'ouvrage d'Athir-eddin est une version abrégée de l'Isagoge de Porphyrius Tyrius (qui florissait dans le troisième siècle de notre ère), servant d'introduction aux oeuvres d'Aristote. Cette Isagoge, étant regardée par les orientaux comme un ouvrage classique pour l'étude de la logique, a servi de texte à une multitude de gloses et de commentaires, entre autres à celui qui fait l'objet du présent article et qui a été composé, suivant Hadji Khalfa (T. I, p. 503), par Housam-eddin ben el-Hasan, surnommé vulgairement كافى Kafi. C'est sans doute le même qui, dans le no. XCVI, 1) de ce catalogue, est appelé العسام كاتى, ou, plus régulièrement, الحسامكاتى, ou حسام كاتى, dans celui de la bibliothèque sénatoriale de Leipzig (Fleischer, p. 349) et dans les catalogues de Constantinople, p. e. pp. 353, 354, 655; (cf. Catalogue de la *bibliothèque de M. le baron Silv. de Sacy*, T. III, p. 12, no. 64, et p. 21, no. 111, 3°, et dans celui de la bibliothèque de Bodley (Uri, no. 514), et الحسام كاتبى dans le manuscrit de Gotha (Seetzen, no. 40), tandis que M. Krafft, p. 153, l'appelle el-Kani (الكانى).

L'Isagoge se trouve assez fréquemment dans les bibliothèques de l'Europe, et, entre autres, à notre Musée asiatique, no. 722; à la bibliothèque du Vatican (Hammer, *lettera*, 3^a, no. 167); à celle de Paris (no. CDXXVI-VII). de l'Escurial (Casiri, no. DCXXXVII), de Bodley (Uri, no. DXII), de Dresde (Fleischer, no. 75, 4); 203, 2);

253, 1)), de Leipzig (Fleischer, no. XXXIV, 2), d'Upsal (en partie, v. Tornberg, no. CCCLXVIII) etc. On la rencontre le plus souvent accompagnée de commentaires ou de gloses, au nombre desquelles on compte l'ouvrage susmentionné, déposé à la bibliothèque de Bodley (Uri, no. 514), et à celles de Gotha (no. 540), de l'Académie orientale de Vienne (Krafft, no. CCCXCIV), de Leipzig et de Dresde. Voyez Fleischer, ll. cc., etc. Quelques commentaires, comme aussi le texte, imprimés à Constantinople, sont cités par Zenker, *Bibliotheca orientalis*, no. 1323-5. Voyez, relativement à Porphyre, *les Fastes universels* de Buret de Longchamps, 3me édition, publiée à Bruxelles, T. III, p. 131.

Le commentaire susmentionné commence par les mots: الحمد لله الواجب وجوده. f. 1—21.

2) Chemsiyé (الشمسية), célèbre ouvrage de logique, de Nedjmeddin Cazviny (voy. no. XC, 1), accompagné d'un commentaire anonyme. La phrase initiale est قال رتبته على مقدمة وثلاث مقالات. Cette copie date de l'année 1055 = 1645,6. f. 25—79. 79 f. in-8°. *(Akh.)*

XCVI.

Manuscrit composé de deux parties, savoir:

1) Un traité entièrement dépourvu de titre et où l'on ne trouve pas le nom de l'auteur dans le corps de l'ouvrage; mais on voit que ce dernier consiste en gloses sur un commentaire de l'Isagoge الايساغوجي

d'Athir-eddin Abahry (voyez no. XCV, 1), et à la fin le copiste nomme comme auteur de ces gloses Mouhy-eddin, cité par Hadji Khalfa, T. I, p. 503, avec l'épithète de نالشى Talichy, c.-à-d. de Talich, pays situé au nord du Ghilan, et comme rédacteur du commentaire العسام كاتى, ce qui doit être une corruption de الحسام كاتى, ou كافي, ou كاتبى. V. no. XCV, 1). Cette première partie commence, après la formule ordinaire, par les mots: الحمد لله الواحب وجوده. Notre exemplaire, enrichi de gloses marginales et interlinéaires, date de l'année 1055 = 1645,6. f. 1—43.

2) Le texte de la Chemsiyé (voyez no. XC). Il est divisé en un avant-propos et trois discours, suivis d'un épilogue, et commence par les mots: ورتبته على مقدمة الخ. Voyez, pour des détails plus circonstanciés, M. Fleischer (*Cat. Lips.*, p. 348). Le commencement du traité est enrichi de gloses marginales. 83 f. in-8°. *(Akh.)*

Ce traité, avec ou sans commentaire, est déposé à la bibliothèque de Bodley (Uri, p. 312, no. 52, X, sous-division), ainsi qu'à celles du Vatican (Hammer, *lettera*, 3ᵃ, no. 168), degli Studi à Naples (*Lettera*, 2°, p. 7) de l'Escurial (Casiri, I, no. DCXVI, 3, et no. DCXLVII), de Tippou Soulthan (Stewart, p. 119, no. XV) et de Leipzig (Fleischer, *Cat. Lips.* p. 348, no. XXXIII) etc.

XCVII.

Manuscrit contenant un commentaire sur un ouvrage de logique et de philosophie, intitulé مطالع الانوار *Orients des lumières*, ouvrage dont l'auteur n'est pas nommé; il serait possible que ce fût Couthb-eddin el-Razy (de Rey), ou Athir-eddin Abahry, ou bien Siradj-eddin el-Ourmavy (d'Ourmia), qui, tous trois, ont écrit des ouvrages philosophiques portant ce titre. Quant au commentateur, il se nommait, suivant la phrase finale du volume, Hasan ben Mouhammed d'Asterabad, descendant d'Aly: العلوى الاسترابادي. Ce commentaire, terminé en 692 = 1293, commence par les mots : اما بعد الحمد لله الذى بذل افتقار. Le manuscrit date de l'année 718 = 1318,9. 318 f. in-8°. *(Akh.)*

XCVIII.

Manuscrit renfermant trois parties, qui sont:

1) Les gloses حاشية de قول احمد Coul Ahmed, vulgairement appelées كتاب قول احمد *Le Livre de Coul Ahmed*, servant d'explication à l'ouvrage de Fenary, dont il sera d'abord question. Le nom propre de Coul Ahmed, au dire de Hadji Khalfa, T. I, p. 504, était Ahmed ben Mouhammed ben Khidhr خضر. Notre exemplaire, enrichi de gloses marginales et interlinéaires, commence par les mots : حمدالك اللّهم على ما منحت; il a été copié à la médrésé d'Erzeroum, nommée Yacoutiyé یاقوتیه, en 1083 = 1672,3. Ces gloses sont sans doute les mêmes qui se trouvent à la bibliothèque de la mosquée de Ste.-Sophie, sous le titre de قول احمد, et à celle du Sérail, sous la rubrique de كتاب قول احمد *Livre des discours d'Ahmed* (Toderini, T. II, p. 61). f. 1—44.

10

2) الفوائد الفنارية *Les Leçons de Fenary*, servant de commentaire au traité de logique de Athir-eddin el-Abahry, intitulé رسالة لاثيرية فى الميزان ou *Traité de logique* (ميزان), par Athir-eddin. Fenary, dont le nom propre, au témoignage de Soyouthy, était Chems-eddin Mouhammed ben Hamza ben Mouhammed el-Roumy, mourut, suivant Hadji Khalfa et Thachkeuprizadéh, en 834 = 1431. Fenary était mouderris, ou lecteur, dans la ville de Brousa, et surnommé Fenary, ou, comme l'atteste Soyouthy, Ibn el-Fenary ابن الفنارى, parce que son père ou lui fabriquait des lanternes. Suivant d'autres, ce surnom lui venait d'un village appelé فنار Fenar. Cette seconde partie du manuscrit est également enrichie de gloses marginales et interlinéaires. Il sera à-propos de remarquer que le commencement de ce commentaire, conçu en ces termes : حمدالك اللّهم على ما لخصت, n'a aucune analogie avec celui qui est cité par Hadji Khalfa, T. I, p. 303. Voyez, relativement à Fenary, Soyouthy f. 31, et Thachkeuprizadéh, f. 10. f. 45—69.

Ces deux commentaires de Coul Ahmed et de Fenary, avec le texte de l'Isagoge, ont été imprimés à Constantinople, en 1253 = 1837. V. Zenker, no. 1325, et Krafft, no. CCCXCIII.

3) Commentaire d'un traité sur la controverse, dont le titre semble être exprimé par les mots : عجالة كافية لوسائل السائلين *Présent offert à la hâte et suffisant pour fournir des topiques ou lieux*

communs à ceux qui questionnent (?). On ne peut déterminer l'auteur de l'ouvrage original, ni celui du commentaire, qui commencent tous deux par les mots : يا من وفقنا لوظايف البعث. Voy. ci-après no. CV, 1) et 2). f. 72 — 105. 105 f. in-8°. *(Akh.)*

IC.

Commentaire de Chems-eddin Mouhammed ben Moubarekchah el-Boukhary (de Boukhara) sur le célèbre traité de philosophie, intitulé حكمة العين *La Philosophie essentielle* (titre qui a été diversement traduit par différents bibliographes). Ce dernier ouvrage a pour auteur l'illustre Nedjm-eddin Abou Bekr Omar, nommé plus communément Aly ben Omar et surnommé el-Katiby el-Cazviny (voy. les nos. XC, 1) et XCII, 1)). Le commentateur, d'après Hadji Khalfa, T. III, p. 103, vulgairement connu sous le nom de ميرك Mirek, dit dans son Discours préliminaire qu'il a inséré dans son ouvrage toutes les gloses de Couthb-eddin el-Chirazy. Les premiers mots de ce commentaire, enrichi de gloses marginales et interlinéaires, sont : اما بعد حمدا لله فاطر ذوات العقول. Il est cependant en très mauvais état, ayant une lacune au milieu, et la fin en étant enlevée. 113 f. petit in-4°. *(Akh.)*

L'ouvrage original est déposé isolément dans plusieurs bibliothèques de Constantinople. Il s'y trouve aussi accompagné du commentaire susdit, et avec d'autres commentaires à la bibliothèque de l'Escurial (Casiri, no. DCLIX), et à celle de Leyde (*Catalog*, no. 843, où Katiby, auteur de l'ouvrage original, est cité à tort en qualité de commentateur).

C.

Commentaire de Abou Abd Allah Mouhammed ben Yousouf el-Senousy (السنوسى) el-Houseïny el-Andalousy, et spécialement el-Ghirnathy الغرناطى (de Grenade), sur son traité abrégé de logique. Le nom de Senousy donné à ce commentateur, qui est en même temps auteur de plusieurs ouvrages sur la théologie et la philosophie, lui vient d'une tribu de la Mauritanie, suivant les طبقات المالكية d'Ibn el-Bâbâ. Quant à l'époque où il a vécu, on ne trouve nulle part de renseignements positifs à cet égard, et nous ne pouvons la déterminer d'une manière précise. Casiri (T. I, p. 203) dit, à la vérité, que Senousy a terminé en 875 = 1470 son commentaire sur la métaphysique de Fakhr-eddin Razy; mais cette date ne saurait être exacte, si le manuscrit de l'ouvrage du même auteur, cité par Casiri, T. I, p. 531, no. 1554, a été réellement copié en 815 = 1412,3. Voyez encore El-Senusi's *Begriffsentwicklung des muhammedanischen Glaubensbekenntnisses*, par M. Wolff, Leipzig 1848, et M. Fleischer, *Zeitschrift der D. morgenl. Gesellschaft*, T. III, p. 378-9. Le commentaire commence par les mots : قال الشيخ الامام العالم المحقق.

Ce manuscrit, à filets d'or, dont les caractères neskhy sont nets et très lisibles, est un des plus beaux de la collection. 88 f. in-4°. *(Akh.)*

CI.

Manuscrit où se trouvent les deux traités suivants:

1) Le traité incomplet de Chems-eddin Mouhammed ben Achraf el-Houseïny el-Samarcandy, mort vers l'année 600 = 1203,4, sur les règles à suivre dans la controverse المنة لواهب العقل. Il commence par les mots: فى آداب البحث. f. 1—3.

2) Un commentaire sur le traité intitulé الماب فى شرح الآداب, par le célèbre Ala-eddin|Abou'l-Ala Mouhammed ben Ahmed el-Bihichty el-Isferaïny (d'Isferaïn, ville du Khorasan, dans le district de Nichapour), surnommé قمر خراسان *la lune de Khorasan*. Il est à présumer que cet auteur a été confondu par le bibliothécaire de la mosquée d'Ahmed-Pacha avec un autre Isferaïny, qui se nommait Ifam-eddin (عصام الدين) Ibrahim ben Mouhammed ben Arabchah (عربشاه), mort, suivant les tables chronologiques de Hadji Khalfa, à Samarcand, en 943 = 1536,7; car le nom de Ifam-eddin est écrit au verso du premier feuillet et sur la tranche du volume. Ce commentaire a pour commencement les mots: الحمد لله الموحد بوجوب الوجود والقديم المتفرد بذاته. 55 f. petit in-4°. *(Akh.)*

CII.

Manuscrit renfermant :

1) Des gloses sur le commentaire d'un *Traité des règles à suivre dans la controverse* رسالة فى آداب البحث. Les auteurs de ces deux ouvrages ne sont pas nommés dans le corps du manuscrit; mais au verso du premier feuillet on lit les mots: طاش كبرى حاشيه سى قره خليل افندى, ce qui donnerait à entendre qu'il s'agit de gloses de Cara Khalil Efendi, sur un commentaire de Thach Keupri. Le commentaire qui a servi de texte à ces gloses est placé immédiatement après celles-ci, qui commencent par les mots: الحمد لله على افهام الخطاب, ce qui s'accorde entièrement avec le commencement d'un autre ouvrage, cité plus bas, sans que cependant les deux ouvrages soient les mêmes; car après cette formule, on lit dans le premier manuscrit: اما بعد فهذه فايدة عجاب, et dans l'autre: قال وحيد زمانه.

2) Un commentaire de sept pages, f. 88 — 94, d'un auteur anonyme, sur son propre traité de controverse فى علم آداب البحث. On peut conclure de la suscription du premier feuillet, que l'auteur qui s'est ainsi commenté lui-même était Thach طاش كبرى Keupri. Il commence par les mots: الحمد لله الذى لا مانع لعطائه. 94 f. in-8°. *(Akh.)*

CIII.

Livre كتاب السياسة فى تدبير المملكة وحفظ الرياسة يسمى سر الاسرار *qui traite de la marche à suivre dans l'administration de l'empire et pour le maintien de l'autorité souveraine, également appelé le secret des secrets.* Cet ouvrage, en 12 chapitres فصل, qui ont encore des subdivisions, contient un exposé assez clair de l'administration à ce qu'il paraît, de l'empire des sultans mamlouks en Égypte. Le premier chapitre traite de la justice et de la légitimité du pouvoir souverain dans la race turque, et des qualités requises et non requises (d'après le rite d'Abou Hanifa, en contradiction avec celui de Chafiy) dans un tel sultan. Le second, du bon droit (جواز) d'installer un sultan, quoique contrairement aux conclusions du dernier jurisconsulte. Le troisième, des différentes questions concernant l'administration de la justice, des qualités requises des chefs des différents gouvernements du sultan de l'Égypte, dont le plus considérable est celui de Damas, après lequel se rangent ceux de Haleb, Tripoli, Hama, Ssafad, Ghaza, Himf (Emesse) et Baalbek; de l'installation des juges etc. Le quatrième, de la surveillance sur les gouverneurs et les employés financiers. Le cinquième, de la surveillance sur les juges et leurs vicaires. Le sixième, des soins à donner aux sujets. Le septième, du soin à apporter aux ponts et forteresses. Le huitième, de l'emploi de l'argent du trésor. Le neuvième, des sommes qui doivent être réalisées. Le dixième, des présents à faire au sultan et à ses émirs, par les non-musulmans. Le onzième, des rebelles, de leur réduction etc. Le douzième enfin, de la guerre contre les infidèles et de la distribution du butin. L'auteur ne s'est pas nommé, mais on voit par le contenu qu'il ne faut pas confondre cet ouvrage avec le Traité de politique que l'on prétend être une traduction d'Aristote, et qui porte le même titre (v. Hadji Khalfa, T. V, p. 97, no. 10202, Hammer-Purgstall, *Wiener Jahrb.* Anzbl. p. 31—32, no. 278, et Flügel, ibid. Bd. 47, p. 64), ni avec celui de Nevaly نوالى, connu sous le nom de Farah-naméh فرح نامه v. Herbelot, à l'article Ketab Alriassat fil Siassat, et Hadji Khalfa, T. IV, p. 411, p. 9006; cf. *Bibliothèque* de M. Silv. de Sacy, T. III, manuscr. no. 72. Ce volume, dont l'écriture neskhy peut servir de modèle en son genre, est enrichi de points voyelles et précédé d'un beau frontispice, portant qu'il a fait partie de la bibliothèque du prince mamlouk circassien el-Melik el-Achraf Abou Nafr Caïtbaï قايتباى, qui a régné depuis l'année 1468 jusqu'en 1496. Le manuscrit commence par les mots: الحمد لله مالك الملوك ربّ الملوك. 136 f. grand in-8°. *(Akh.)*

CIV.

Commentaire anonyme de la logique de Katiby, intitulé Chemsiyé, voy. no. XC, 1). Il est parsemé de remarques marginales et interlinéaires, et commence par les mots: الحمد لوليّه والصلوة على نبيه قال ورتبته على مقدمة الخ. Ce livre était un legs pour l'école مدرسه, appartenant à la mosquée cathédrale de la ville de Bayazid, bâtie par Ishac-Pacha, comme nous le lisons au verso du premier feuillet, de Mahmoud-Pacha, fils de Ishac-Pacha et père de

Behlol-Pacha qui, dans la dernière guerre de la Russie contre la Turquie, tomba au pouvoir des Russes. 129 f. in-8°. *(Bay.* م*)*

CV.

Recueil, sur la tranche duquel on lit le mot حسنيه Hasaniyé, mais qui contient les six traités suivants :

1) الحاشية الفردية للرسالة الحسنية *Gloses de Fardy sur le traité el-Hasaniyé*, par Aly el-Fardy ben Mouftafa el-Qeïfary, de Césarée. La préface dit qu'il a composé ces gloses sur le livre el-Hasaniyé traitant de *l'art de disputer* (البحث) في آداب, à l'imitation des *Gloses el-Fathahiyé sur les traités el-Adhoudiyé et el-Hanefiyé* الحاشية الفتحية للرسالة العضدية والحنفية, qui sont sans doute les gloses de Mir Abou'l-Fath Mouhammed el-Ardebily, d'Ardebil, surnommé Tadj el-Saaïdy, sur ces deux ouvrages, comme on le voit chez Hadji Khalfa, et encore mieux par les catalogues de Constantinople, où ils sont cités maintes fois, p. e. dans les bibliothèques d'Athif et de Keuprili : حنفيه مع ميرابوالفتح *La Hanefiyé avec* (le commentaire de) *Mir Abou'l-Fath*, etc. Il reste cependant quelque obscurité, quant à l'ouvrage qui a donné naissance aux gloses de Fardy. Tant sur la tranche du livre, que dans la préface et dans les mots constatant les legs, cet ouvrage est appelé حسنيه ; mais sur la marge extérieure de la reliure, ainsi que dans un autre manuscrit de la collection d'Akhalzikh, dont il sera parlé plus bas, et où se trouve le

commencement de ces gloses, l'original est intitulé الحسينية el-Houseïniyé, c.-à-d. l'ouvrage de Houseïn ou de Houseïny. Et ce qui paraît mettre la leçon Houseïniyé hors de doute, c'est que dans les catalogues susmentionnés cet ouvrage se trouve très souvent cité, même avec les gloses de Fardy; v. pp. 228 et 453. Quant à l'auteur, il ne peut guère être Chems-eddin ben Achraf el-Houseïny el-Samarcandy, v. no. CI, 1), dont l'ouvrage sur l'art de disputer portait le titre de رسالة فى آداب البحث *Traité sur la méthode de disputer*, ce traité, d'après les originaux qui en existent, commençant par les mots: المنة لواهب العقل, tandis que l'ouvrage original des gloses de Fardy semble avoir commencé par les mots: يا من وفّقنا لوظايف البحث فى التحريرات والتحقيقات, voy. no. XCVIII, 3); car elles débutent par l'explication de l'adverbe يا : كلمة يا مشتركة, v. no. XCVIII, 3) et CV, 2). Il nous paraît très probable que l'auteur du traité en question était Chah Houseïn, dont le traité sur l'art de disputer revient assez souvent dans les catalogues de Constantinople. Nous regrettons beaucoup de ne pouvoir consulter le livre publié à Constantinople, en 1256 = 1840, sous le titre de حاشية حسينيه, qui probablement aurait contribué à éclaircir cette question. Dans notre copie, qui commence par les mots: الحمد لله الذى فهمنا ما لم نفهم, et date de l'année 1139 = 1726,7, les mots du texte ont été omis, probablement par la faute du copiste; à leur place il y a partout un vide, mais on les trouve dans l'ouvrage cité ci-dessous, no. 2. f. 1—34.

2) Le même commentaire sur un traité *De la controverse,* cité sous no. 1) et XCVIII, 3), qui commence donc aussi par les mots: يا من وفقنا لوظايف البحث. Il est parsemé, dans sa première moitié, de remarques marginales et interlinéaires, prises de différents commentateurs, p. e. de Kadhizadéh Keupri, Hasan Tchelebi, de la Fardiyé (voy. no. 1), Omar Efendi etc. La copie date de 1164 = 1751. f. 35—55.

3) 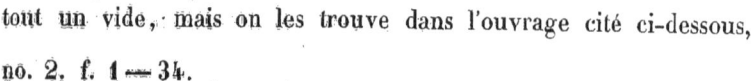 شرح تهذيب المنطق والكلام *Commentaire sur l'épuration de la logique et de la métaphysique,* par el-Devvany; v. no. LXXXVI, 1). Il a été copié par Yousouf ben Batthal بطال, dans le village de Pulur فى قرية بولور, en 1118 = 1706,7. f. 57—83.

Quant à Devvany, mentionné au no. LXXXVI, 1), on trouve une biographie assez intéressante de cet auteur dans un manuscrit de notre collection (p. 116), intitulé احسن التواريخ *La meilleure des histoires,* par Hasan Roumlu, dont il sera parlé à l'article des manuscrits persans (histoire). Il était de Devvan دوّان (c'est ainsi que Yacout fixe la prononciation de ce nom dans son dictionnaire géographique معجم البلدان), village de Kazroun en Perse, où son père, qui avait l'emploi de juge, lui donna la première instruction. Ayant dans la suite profité de l'érudition d'autres savants distingués, il devint enfin juge de Perse, et mourut en 908 = 1502, agé de 78 ans.

Il a laissé, entre autre, un nombre assez considérable de commentaires et de gloses sur différents ouvrages philosophiques.

4) Gloses de Maoulana Abd el-Rahim sur les gloses de Fenary الحاشية الفنارية sur l'Isagoge (v. no. XCV, 1)), et nommément celle de ses parties qui traite de la جهة الوحدة, c.-à-d. *du côté ou de la qualité unique et essentielle d'une chose,* sur laquelle on trouve dans les catalogues de Constantinople encore d'autres gloses, p. e. par Cara Khalil, p. 226. Cette copie, qui a été exécutée par Séyid Yousouf ibn el-Hadji Ahmed, date de l'année 1122 = 1710, et a pour commencement: حمدا لمن هو واجب الوجود ومفيض الخير والجود. f. 85—93.

5) Gloses sur les gloses de Fenary حاشية الفنارية, par el-Putkary البتكارى (?). Cette copie, qui commence par les mots: الحمد لله العلى الكريم الرؤف الرحيم, a été faite par le dervich Mouhammed ben Mouftafa, à Erzeroum, en 1122 = 1720,1. p. 94—112.

6) Remarques marginales حواشى, de Berday, sur le commentaire de Housam-eddin sur l'Isagoge. V. no. XCV, 1). Le nom de l'auteur de ces gloses n'est pas positivement indiqué; mais le commencement, conçu en ces termes: الحمد لمن حمده احسن كلّ المقول, ne laisse aucun doute que ce ne soit le même ouvrage cité par Hadji Khalfa, T. I, p. 503, qui donne pour commencement les paroles: الحمد لمن حمده كلّ المعوّل, quoique dans quelques exemplaires manuscrits du même bibliographe, que nous avons eu l'occa-

sion de collationner, le commencement en soit encore différent. Cf. Fleischer, *Catal. Lips.* p. 349, 4), et Lagrange, *Bibliothèque* de M. S. de Sacy, T. III, manuscrits, p. 12, no. 64. Le nom entier de Berday était Mouhy-eddin Mouhammed ben Mouhammed (suivant d'autres: ben Ahmed). Il mourut en 727 = 1326,7. V. Hadji Khalfa, T. I, p. 210, et Thachkeuprizadéh, f. 194-5. La copie date de l'année 1122 = 1710,1. 133 f. in-4°. *(Bay.* م)

CVI.

Recueil de différents petits traités, savoir:

1) طوالع الانوار من مطالع الانظار *Les Levers des lumières, provenant des points de départs des observations,* ouvrage métaphysique, partagé en une *Introduction* مقدمة et trois *Livres* كتب, d'Abd Allah ben Omar el-Beïdhavy, mort en 685 = 1286. V. no. XLV, et Hadji Khalfa, T. I, p. 168. Le texte est parfois accompagné de notes interlinéaires et marginales. La bibliothèque de Bodley possède deux commentaires sur cet ouvrage, celui de Abou'l-Thena Mahmoud el-Isphahany (Uri, p. 61, no. CXLII, et Pusey, p. 569), et celui de el-Ibry (ib. p. 65, no. CXL), c.-à-d. de Bourhan-eddin Oubeïd Allah ben Mouhammed el-Oubeïdely العبيدلى, connu sous le nom de el-Ibry العبرى, mort en 743 = 1342; v. Hadji Khalfa, T. IV, p. 169. Cette partie du manuscrit commence par les mots: الحمد لمن وجب وجوده وبقاوه. f. 1—73.

2) الرسالة الشمسية فى القواعد المنطقية) *Le traité* intitulé *el-Chem-siyé sur les lois de la logique*, voyez no. CX, 1). Il commence par les mots : الحمد لله الذى ابدع نظام الوجود. f. 77—95.

3) Commentaire sur le traité de logique فى علم الميزان, intitulé الغرة الغرآء والدرّة البيضآء *La Splendeur éblouissante et la perle blanche*, par Khodja Mouhammed Parsa پارسا. Voyez no. 5, où se trouve l'ouvrage original. Le nom du commentateur est Abd el-Halim ben Louthf Allah. Cette copie, où le texte expliqué est écrit en rouge, et qui est enrichie de notes marginales et interlinéaires, a pour commencement les mots : الحمد لله الذى زيّن قلوب عباده العلما منطق كل منطيق; les premiers mots du commentaire sont : f. 96—143.

4) Petit discours anonyme sur *la logique et la science des choses naturelles et divines*, commençant par les mots : هذا المختصر فى العلوم الثلثة المنطق والطبيعى والالهى. f. 144—145.

5) Traité de logique, par Mouhammed ben Cherif el-Houseïny, cité sous le no. 3) qui en est le commentaire. Le titre, suivant la suscription de la première page, serait الغرة للحسينى, ce qui se répète encore à la fin, où l'on dit que le livre nommé الغرة, composé par Emir Mouhammed ben Séyid el-Cherif, est fini. C'est sans doute le livre mentionné par Hadji Khalfa, T. IV, p. 311, qui appelle l'auteur Nour-eddin Mouhammed ibn el-Séyid el-Cherif el-Djourdjany, nommé aussi Khodja Mou-

hammed Parsa, mort, d'après Fafih (qui lui donne le surnom de Chems el-Millet veddin) et d'après Chondemir (*Ami des Biographies*), en 838 = 1434, à Chiraz. L'édition imprimée de Hadji Khalfa, de même qu'une copie manuscrite, appartenant à l'Institut oriental de St.-Pétersbourg, ne donnent point l'année de sa mort; la copie Roumänzov fournit l'année 816 = 1413; voy. l'article الغرة, no. 8573. Mais c'est une faute, le fils étant confondu avec le père, Aly ben Mouhammed, qui mourut cette année 816. La même faute se trouve aussi ailleurs. Voyez *Notices et Extraits*, T. X, p. 4—7. Comme l'auteur de notre ouvrage portait de plus le nom de Mouhammed Parsa, commun à plusieurs religieux musulmans, il en est provenu encore une confusion, relativement aux personnages qui ont eu les noms susmentionnés, comme nous le verrons dans la suite. Voyez aussi l'article de M. de Sacy, dans les *Notices etc.*, l. c., sur Aly ben Mouhammed, et Nicoll, p. 293, no. CCXCII. Cette partie du manuscrit, ayant assez de notes interlinéaires et marginales, commence par les mots: منطق كلّ منطيق بشر محامده خليق (v. no. 3). f. 146—153.

6) T. ايجاد الحكمة *Développement de la sagesse*. C'est le titre donné, dans la préface, à ce traité, divisé en dix مسئلة *questions;* la suscription, en encre rouge, est conçue en ces termes: رساله در اثبات واجب الوجود *Traité où l'on établit la nécessité de l'existence d'un Être suprême*. Ce traité, en langue turque, a pour auteur un

certain Ibn Aziz Dervich Ahmed, et commence par les mots: الحمد لله رب العالمين والعاقبة للمتقين الخ بإكمل كه علم حكمته بو بر مختصر دركه الخ. Hadji Khalfa, qui, T. III, p. 360—364, fait mention d'un semblable traité, composé par el-Devvany (v. no. CV, 3)), et commenté par plusieurs savants, paraît ne pas connaître notre ouvrage. On ne saurait non plus déterminer si l'auteur de ce dernier est le même que Ahmed Heïderany حيدراني, dont un traité, de même tenue et du même titre, est cité dans les catalogues de Constantinople, p. 254, où il y a une multitude de traités sur cette question; voyez aussi le catalogue de Leyde, nos. 220, 229, 230, 232, 233, 234, 237, etc., et nos. 1959-60. f. 154—157.

7) الرسالة الشريفة, ou كتاب الرسالة لسيّد شريف, *Traité du Séyid Cherif*, c.-à-d. du noble Séyid. C'est un traité de logique, traduit du persan en arabe et composé originairement par Abou'l-Berekat Aly ben Mouhammed el-Djourdjany, surnommé Séyid Cherif, mort en 816 = 1413 — à l'usage de son fils, comme nous l'apprend la préface. Suivant quelques-uns, ce fut justement ce fils qui rédigea la traduction persane. V. Uri, p. 126, no. 514, Nicoll, p. 585, Hadji Khalfa, T. III, p. 446; cf. no. 5). Cette copie, enrichie de notes interlinéaires et marginales, commence par la phrase: الحمد لله الذى لا يتمّ منطق الفصيح. f. 158—165.

8) رساله شرح ديباجة قطب الدين *Traité servant d'explication de la Préface de Couthb-eddin*, c.-à-d. gloses dans les termes قال et

أقول ou قلت sur la préface du commentaire sur la *Chemsiyé*, par Couthb-eddin Razy. Voyez no. XC et Nicoll, p. 292, 7°, *f*. Ce traité anonyme a pour commencement les mots : قال ان ابهى درر الخطل الفحش عن الخط الفاسد, et pour fin : , الى قوله باكمل التحيّات. f. 166 — 169.

9) Pareil traité, par Bourhan-eddin ben Kemal-eddin ben Hamid (voy. no. XC, 1)), c.-à-d. gloses sur l'introduction du commentaire de Razy sur la Chemsiyé; elles commencent par l'explication des mots : ان ابهى درر تنظم بنان البيان, et les premières paroles sont : متوكّلا بكرمه العميم. La fin est : قوله عن الخطل. اى فساد الكلام والانحراف عن طريق السداد f. 170-174.

10) تهذيب فى المنطق *Épuration de la logique*, par Teftazany; voy. no. XCIV. La suscription porte : كتاب متن تهذيب فى المنطق للعلّامة التفتازانى *Texte du livre* intitulé *L'Épuration de la logique, par le très savant Teftazany.* Encadré dans notre copie d'un filet rouge et pourvu de notes marginales et interlinéaires, ce traité commence par les mots : الحمد لله الذى هدانا سوآء الطريق. f. 176 — 184.

11) Commentaire sur l'introduction à la logique اساغوجى, par Athir-eddin Abahry (v. no. XCV, 1)). Ce commentaire, enrichi de beaucoup de notes interlinéaires et marginales, fut achevé par l'auteur, qui ne se nomme pas, au mois de chevval de l'année 1067 = 1656, et copié sur l'original même, en 1074

= 1663, par Mouftafa ben Dzou'l Ficar ذو الفقار. Il commence par les mots: قال الشيخ الامام العلامة التاء فيه لتأكيد الصفة والمبالغة. f. 185—209.

12) Gloses anonymes, servant d'explication à l'ouvrage الفوائد الفنارية Leçons de Fenary, v. no. XCVIII, 2). Elles ont pour commencement: حمدا لك اللّهم على ما منحت به على من معارف الافاضل. f. 211—261.

13) كتاب فناري Le livre de Fenary, avec des notes marginales et interlinéaires, encadré d'un filet rouge. Voy. no. XCVIII, 2). Il commence par les mots: حمداً لك اللّهم على ما لخّصتَ لى من منح عوارف الأفاضل. f. 264—296. (Doubr.)

CVII.

ايساغوجى Introduction à la logique, par Athir-eddin el-Abahry; voyez no. XCV, 1). L'ouvrage a pour commencement: 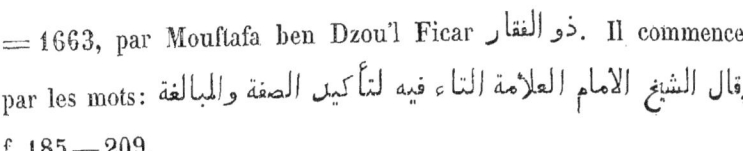. 7 f. in-8°. (Frol.)

CVIII.

رسالة متهيّة للمنطق Discours préparatoire de la logique, écrit en 1171 = 1757. On n'y trouve pas le nom de l'auteur. Commencement: الدلالة كون الشىءِ بحالة. 10 f. in-8°.

CIX.

شمس المعارف ولطائف العوارف Le Soleil des notices et les délicatesses des présents. Cet ouvrage a pour auteur Mouhy-eddin Abou'l-Abbas Ahmed ben el-Hasan Aly ben

Yousouf el-Bouny البوني, mort en 622 = 1225. Hadji Khalfa, T. IV, p. 75, le nomme plus brièvement Ahmed ben Aly el-Bouny. Le commencement du manuscrit, après les mots قال الشيخ, répond absolument à la citation du bibliographe mentionné الحمد لله الذى اطلع شمس المعرفة. Cet ouvrage qui, traitant des noms et attributs de Dieu, de la valeur mystique des lettres contenues dans ces noms, etc., aurait pu à la rigueur trouver sa place sous la rubrique de Théologie musulmane, se trouve, entre autre, dans la bibliothèque de Bodley (Uri, p. 188, no. DCCCLXXII et CMXXIII) et dans celle de l'Escurial (Casiri, T. I, p. 363, no. CMXX. Le manuscrit a été lu et corrigé en quelques endroits par le cheïkh Mouhammed Ayadh Thanthavy. 220 f. in-4°. *(Doubr.)*

CX.

امثال واقوال *Proverbes et sentences*, tirés des oeuvres d'Abou Oubeïd et d'autres, comme le dit le premier feuillet: *Proverbia Arabica et sententiae pulcherrimae collectae ex* ابو عبيد *et aliis.* Ce manuscrit qui, à juger d'après l'écriture, provient évidemment d'un Européen, contient le texte arabe vocalisé, avec la traduction latine au-dessous, écrite deux fois par des mains différentes. Suivent quelques remarques élémentaires sur la grammaire arabe, p. 74—76. Une autre main a encore noté sur le premier feuillet: *Ex libris Petri Dipy Alepensis Regÿ Professoris atque In-*

terpretis, 1688. Le tout commence par 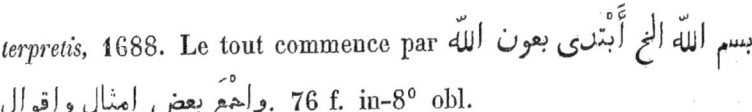 بسم الله الخ ابتدى بعون الله واجمع بعض امثال واقوال. 76 f. in-8° obl.

Voyez, par rapport à Abou Oubeïd Abd el-Casim ben Selam el-Loughavy, c.-à-d. le lexicographe, mort en 224 = 834,5, Hadji Khalfa, T. I, p. 935, no. 1255; l'ouvrage publié par M. Bertheau, sous le titre *Libri proverbiorum Abi Obaid Elqasimi etc. lectiones duae*, Göttingen 1836, et Ibn Khallikan, no. 545.

F. Alchimie.

CXI.

رسالة فى الكيميا *Traité sur l'alchimie*, qui, suivant l'inscription du premier feuillet, paraît devoir être attribué à Abd Allah ben Thalib ben Emir el-Mouminin, (*chef des vrai-croyants* Aly), et commence par les mots : الحمد لله المحى المغنى. f. 1—9.

Suivent trois pages, contenant des remarques en langue turque sur la composition de quelques substances chimiques. La première commence par la suscription: فى بيان ملح دهن اندر آنى. 10 f. in-4°.

G. Histoire chrétienne.

CXII.

كتاب تاريخ المكين ابن العميد *Histoire de el-Makin ibn el-Amid.* Le nom de l'auteur de cet ouvrage, bien connu parmi les orientalistes d'Europe, était, suivant l'ouvrage bibliographique de Ssalah-eddin Khalil ben Eïbek el-Ssafady (mort en 764 = 1362), intitulé الوافي في الوافيات *Livre exact et suffisant sur les décès des hommes remarquables*, Abd Allah ben Abi'l-Yâsir el-Makin, vulgairement appelé Ibn el-Amid, v. Nicoll, pp. 502, et 580, sous le mot Georgius. Comme chrétien, il portait encore le nom de جرجس George. Né en 620 = 1223, et mort en 672 = 1273, il est l'auteur d'une histoire universelle, depuis la création du monde jusqu'à l'année 658 = 1259. La seconde partie en a été publiée par Erpenius, en 1625. La première, contenue dans le manuscrit en question, et qui va jusqu'à l'onzième année de l'empereur Héraclius, c.-à-d. jusqu'à 621 de J.-C., n'est connue que d'après divers extraits donnés par I. H. Hottinger (voyez Schnurrer, p. 113—117), et Abraham Ecchellensis (voy. l'ouvrage de ce dernier cité plus bas). Une remarque qui se trouve p. 5 de cette première partie, fait voir que el-Makin a composé son histoire vers l'année 662 = 1263. Il paraît que ce manuscrit a successivement appartenu à MM. Fourmont, Vansleben et Björnstahl (Paris 1768), dont les noms sont inscrits sur le verso de la reliure, ou sur la première page, en bas. Le manuscrit, très bien conservé et d'une écriture neskhy très lisible, a été copié en 1083 = 1672 et collationné avec l'original, ce qui lui donne une grande valeur. Il commence par les mots: الحمد لله الازلى الاول بلا ابتدا et finit par: بعد انقضى احدى عشر سنة من مملكة هرقل وهى اول سنة من الهجرة يوافقها سنة الخ 117 f. in-4°. *(Doubr.)*

Un exemplaire de cette seconde partie se trouvait à la bibliothèque de P. Séguier, chancelier de France, un autre en la possession d'Abraham Ecchellensis; voyez l'ouvrage de ce dernier: *De origine nominis Papae.* Pars II. Romae 1669. Index auctorum, 23. La bibliothèque de Bodley en possède également un; v. Nicoll, p. 48, no. XLVII; de même celles de Paris *(Catal.* p. 164, no. DCXVIII)' de Leyde (no. 1729) et de Munich (Flügel, *Wiener Jahrb.* Bd. 47, Anzbl. p. 19—20), et peut-être aussi celle de la mosquée Laaleli à Constantinople, où il est cité, p. 649, تاريخ ابن العميد *Histoire de Ibn el-Amid,* c.-à-d. d'Elmakin.

CXIII.

Lettre datée de Venise (البندقية) le 13 achbath اشباط ou février 1793, et adressée de la part de Germanos Adam, archevêque de Haleb, ou Alep, جرمانوس ادم مطران حلب, à quelqu'un qui l'avait visité dans le couvent de Deïr Mikhaïl, en Kesrouan, mais dont ni le nom ni le lieu de demeure ne sont indiqués. L'archevêque lui écrit qu'après son départ, le gouverneur des districts montagneux (du Liban), l'émir Yousouf Chihab, et son secrétaire privé كاخيته (ce qui, vraisemblablement, n'est qu'une corruption de كاغنى), le cheïkh Ghondour غندور, ayant été déposés et tués tous deux dans la ville d'Akka (St.-Jean d'Acre), le nouveau gouverneur tracassa les habitants du couvent de toutes les manières possibles, ce qui les porta à s'enfuir vers Haleb, ou Alep, qu'ils n'atteignirent cependant qu'après avoir été pillés par les Arabes jusqu'à la chemise. S'étant rendu alors, en 1792, à Venise, où il se trouve dans la plus grande misère, il prie de lui envoyer quelques subsides, par l'intermédiaire du sieur Giovanni Serbos (?) جيوني سربوس, habitant de Venise. Il ajoute enfin qu'il lui est impossible de retourner dans le Levant, à cause des troubles qui y règnent encore. La lettre est signée : الداعى لحضرتكم جرمانوس ادم مطران حلب *Celui qui souhaite tout bonheur à votre Seigneurie, Germanos Adam, archevêque de Haleb.* A côté de cette signature se trouve son cachet, contenant les mêmes mots, avec les années ١٧٧٧ = 1777 et ١٧٩١ = 1791, et en bas de la lettre nous lisons encore : *Uimmo servo Germano Adami Arcivescovo di Aleppo.* La lettre commence par l'allocution : ايها السيّد الكلى الشرف, et continue ensuite de la manière suivante : بعد هذا جزيل التحيات ووفور السلام. C'est probablement le même Germanos, dont deux ouvrages, *Demandes et recherches sur la grammaire et le Nahou,* par l'évêque Germain, Maronite, et *Poésies du même sur des sujets pieux*, étaient déposés au couvent de Mar-hanna el-Chouaïr, dans la montagne des Druzes, lorsque Volney voyagea en Syrie, voy. *Voyages en Syrie*, par Volney, Paris 1787. T. II, p. 182. Trois autres ouvrages composés par notre Germanos, savoir: كتاب شرح التعليم *Livre de l'exposition de l'enseignement sur les fondements de la vraie foi* (imprimé au Liban, 1802), et deux *traités* manuscrits, l'un *De la religion chrétienne*, et l'autre, *De la puissance de l'église* (de l'année 1811), sont cités dans le Catalogue de la Bibliothèque de M. le baron Silv. de Sacy, T. I, p. 260, no. 1242, et T. III (Manuscrits), p. 1—2, no. 6. Nous ignorons si l'ouvrage que Germanos, mécontent de l'accueil qui lui avait été fait à Rome, écrivit après son retour dans le Liban, pour démontrer la fausseté de la religion romaine et de la papauté, est le même qu'un des traités mentionnés en dernier lieu, ou si c'est encore un ouvrage différent. 1 f. in-fol.

H. Histoire musulmane.

Cosmographie. Histoire universelle. Biographie.

CXIV.

خريدة العجايب وفريدة الغرايب *La Perle des merveilles et le bijou des raretés*. C'est l'ouvrage bien connu d'Ibn el-Vardy, dont le nom entier était Zeïn-eddin Omar ben el-Moudhaffer, et qui mourut, suivant Hadji Khalfa, T. III, p. 132, en 749 = 1348,9. Cf. Nicoll, p. 226; Schnurrer, *Biblioth. arab.*, p. 176 et suiv.; Tornberg, *Catal.*, p. 214, no. CCCXII; Flügel, *Wiener Jahrb.*, Bd. 47, Anzbl. p. 15, no. 32, et *Biogr. univ.*, T. XIII, p. 92. Comme les différents manuscrits de cet auteur présentent quelque différence par rapport aux extraits annexés à l'ouvrage (v. *Notices et Extraits*, T. II, p. 51), nous ne croyons pas hors de propos d'ajouter ici la liste de ceux qui se trouvent dans le manuscrit en question. Ce sont: 1) *Sur les produits propres à différents pays* فصل في خصائص البلدان, par Abou Manfour Thaaleby (mort en 429 = 1037,8); 2) Extrait de l'ouvrage الذهب المسبوك في سير الملوك *L'or fondu, sur la conduite des Rois*, par Abou'l-Faradj ibn el-Djouzy, v. Hadji Khalfa, T. III, p. 337, où, au lieu de الجريدة, il faut, à ce qu'il semble, lire الخريدة; 3) du livre البدء *Le commencement*, c.-à-d. البدء والتاريخ *Le commencement et l'histoire*, par Abou Zeïd Ahmed ben Sahl el-Balkhy, de Balkh, mort en 340 = 951; v. Hadji Khalfa, T. II, p. 23; 4) *Sur la pluralité des mondes* في عدد العوالم, tiré du livre intitulé مشارع *Les places où l'on abreuve le bétail*, composé par el-Racqy الرقى, livre dont le titre manque dans quelques exemplaires du dictionnaire bibliographique de Hadji Khalfa, que nous avons eu l'occasion de consulter, tandis que dans d'autres il n'y a que مشارع للرقى. On peut aussi ajouter que le nom de الرقى est souvent écrit الزقى. Cet extrait ne se trouve pas dans le manuscrit de notre Académie; enfin 5) un poème (قصيدة) sur le jour du jugement, intitulé قلادة الدر المنشور في ذكر البعث والنشور *Chaîne de perles éparpillées*, où l'on décrit le jour de la résurrection, qui commence par الله اعظم ما جاء في الفكر وحكمه في البرايا حكم مقتدر. 197 f. 4°. *(Erz.)*

Voy. *Fragmentum libri Margarita mirabilium* auct. *Ibn-El-Vardi*. Ed. C. J. Tornberg, Ups. 1839.

CXV.

لب لباب المختصر في اخبار البشر *Moelle de la moelle du précis de l'histoire du genre humain*. C'est un abrégé et une continuation de l'histoire bien connue et publiée par M. Reiske, sous le titre de *Annales muslemici*, 1789—94, d'Abou'l-Feda (mort en 733 = 1332; v. Schnurrer l. c. p. 117 etc.). L'abrégé a été composé par Mouhammed ben Ibrahim ben Mouhammed ben Aly ben Abou'l-Ridha. Pour d'autres détails voy. l'article de M. Gottwaldt, inséré au *Journal asiat.*, IVe sér., T. VIII, 1846, p. 510. 157 f. in-4°. *(Doubr.)*

Quant à Aboul-Feda, voyez, outre les ouvrages cités, la *Biographie universelle*, T. I, p. 91, et l'introduction à l'édition de sa Géographie, par M. Reinaud.

CXVI.

Biographies des hommes illustres وفيات الاعيان, par Ibn Khallican, mort en 681 = 1282. L'auteur de cet ouvrage est trop connu par les travaux de Tydemann, de Wüstenfeld, de M. Guckin de Slane et d'autres, pour qu'il soit nécessaire d'en parler plus longuement. Notre manuscrit ne contient que la seconde partie, qui commence par la biographie d'Abou Bekr Mouhammed ben el-Hasan ben Mouhammed ben Ziad el-Naccach el-Maoufily. 358 f. in-fol. V. Fraehn, *D. Asiat. Mus.*, p. 384. *(Erz.)*

Voyez par rapport à cet auteur, outre les ouvrages des savants déjà cités, la *Notice de la vie d'Ebn Khallikan*, dans l'*Histoire des sultans mamlouks, de l'Égypte, etc.*, publiée par M. Quatremère, T. I, 2me part., p. 180—289, et la *Biographie universelle*, T. XXI, p. 156, à l'article Ibn Khilcan.

CXVII.

شقايق النعمانية فى علماء الدولة العثمانية *Anemones*, ou *Biographies des savants qui ont vécu sous la dynastie ottomane*, jusqu'en 965 = 1557. Cet ouvrage, l'un des plus importants pour l'histoire de la littérature chez les Turcs osmanlus, a été composé par Thachkeuprizadéh طاش كپرى زاده, dont le nom en entier était Ifam-eddin Abou'l-Kheïr Ahmed ben Mouflih-eddin Mouftafa, né en 901 = 1495,6, et mort en 968 = 1560. Il est à remarquer que le titre de Mouflih-eddin, donné ordinairement par nos bibliographes à Thachkeuprizadéh, était celui de son père et non le sien. Les biographies en question commencent par les mots : الحمد لله الذى رفع بفضله طبقات العلماء. Ce manuscrit date de l'année 986 = 1578,9, c.-à-d. de la 19me après la mort de l'auteur. Il existe des versions turques de cet ouvrage, entre autre au Musée asiatique de l'Académie, no. 589, à la bibliothèque de Vienne (*Mines de l'Orient*, T. VI, p. 271, no. 476), et à celle de Paris (*Catal.* p. 318, no. CXXXVII). Voyez, par rapport à l'auteur, sa biographie, insérée dans la *continuation* de l'ouvrage susmentionné par Aly ben Baly بالي. Mscr. du Musée asiatique, no. 555, p. 2 et suivantes. 183 f. in-8°. *(Akh.)*

CXVIII.

Autre exemplaire du même ouvrage, de l'année 996 = 1587,8. 180 f. in-8°. *(Akh.)*

L'original, en langue arabe, se trouve, assez fréquemment, dans différentes bibliothèques, p. e. à celle du Musée asiat., no. 553-554, et à celles de Paris (*Catal.* p. 192, nos. DCCCLXVIII-XX), de Leyde (*Catal.* p. 485, no. 1880, et p. 486, no. 1894), de l'Académie orientale de Vienne (Krafft, p. 175, no. CCCXI) etc. Cf. Hammer, *Geschichte des Osman. Reiches*, Bd. IX, p. 239, no. 122.

CXIX.

Lettre adressée de la part du vézir de l'empereur de Maroc, Sidi Mouhammed (1757—1790), au roi (السلطان) de France, Louis XVI. Il écrit que, d'après la demande exprimée par le roi dans une lettre envoyée de Dar el-Beïdha, d'où l'empereur était parti pour Maroc, en cette dernière ville, et remise à l'empereur, celui-ci veut bien lui accorder le monopole du sucre et du cuivre (النحاس), à condition cependant qu'il ajoute quelque chose au prix courant du sucre, et qu'il fournisse en échange des canons, des boulets, de la poudre etc. Le vézir assure enfin que celui qui a remis la lettre, s'est conduit avec une activité et une prudence parfaites. Cette lettre, portant encore le cachet de l'empereur de Maroc, dans lequel on ne peut guère cependant distinguer que des mots détachés, p. e. الشريف الحسني ... الواثق بالله محمد, est datée du commencement du mois de redjeb de l'année (دص ا س) 1194(?) = 1780. Elle commence, après la formule الحمد لله الخ. de la manière suivante: من عبد الله تعالى المتوكل عليه الذاكر من احسانه خفيه وجفيه الوزير الاجل نجل مولانا وابن مولانا امير المسلمين المجاهد في سبيل رب العالمين مولانا محمد بن مواليننا الشرفاء الائمة الكرما الفضلا الحسنيين ادام الله علوه ورفعته وخار له فيما امّله بفضله ومنه الى كبير قومه ورئس اسرته السلطان الذي تنتوى اليه امور البلاد الفرنسية واعما لها الخ. Nous ne sommes pas sûr du reste d'avoir exactement précisé l'année, indiquée d'une manière un peu confuse. Ceux qui auront d'autres lettres de ce genre à leur disposition, ne trouveront pas de difficulté à en fixer la véritable valeur, et surtout les orientalistes de la France, à laquelle cette lettre se rapporte, et qui doivent avoir sous la main une multitude de semblables pièces. Voyez M. Thomasy, *Les relations de la France avec le Maroc*, dans les *Annales des voyages*,

T. LXXXVI, p. 130, T. LXXXVII, p. 145; *Nouv. Annales*, T. I, p. 28, T. III, p. 56, T. IV, p. 5. 1 f. in-fol.

Pour de semblables lettres, adressées à des souverains ou autres personnages, voyez Nicoll, p. 397 et suiv., et M. Silv. de Sacy, *Chrestom. arabe*, 2de édit., T. III, p. 275 — 287, où l'on trouve la lettre de l'empereur susmentionné, dans laquelle il refuse, en 1196 = 1781, d'accorder au roi de France le titre de *sulthan* سلطان.

I. Médecine.

CXX.

Recueil كتاب الكناش المعروف بكتاب الفاخر لمحمد بن زكريا الرازى *connu sous le nom de Livre glorieux, de la composition de Mouhammed ben Zakariya el-Razy* (de Rey), renommé depuis longtemps, dans les écoles de l'Europe, sous le nom de Rhazes ou Rhazis, et mort en 311 = 923, suivant Ibn Khallikan, Abou'l-Feda et Hadji Khalfa, tandis que Abou'l-Faradj, ainsi que l'auteur de la *Bibliotheca magna*, dont Casiri nous a fourni des extraits, citent l'année 320 = 932, et Yakout l'an 321 = 933.

L'auteur a exposé dans cet ouvrage, comme il le dit lui-même, les opinions des anciens médecins de la Grèce, auxquelles il a joint celles des docteurs modernes sur toutes les maladies, qui peuvent affliger l'humanité, de la tête aux pieds. Le tout est partagé en deux sections principales, subdivisées en مقالات ou *discours*.

Ce manuscrit, en caractères neskhy assez ordinaires, date de l'année 1017 = 1608,9. 368 f. in-fol. *(Ard.)*

CXXI.

الجامع الكبير المعروف بالحاوى *Grand recueil* (de médecine), *généralement connu sous le nom de Pandectes*, énorme traité du même auteur, mais dont on ne trouve qu'une partie, assez considérable à la vérité, dans ce manuscrit. Il n'en existe également que des fragments dans toutes les autres bibliothèques de l'Europe, même à celle de l'Escurial. Razy (Rhazis) fait connaître, dans ce long ouvrage, tout ce qu'il est nécessaire de savoir pour la conservation de la santé et pour se préserver des maladies. Ce traité, au dire d'Ibn Abi Oṣeïbia et de Bar-Hebraeus, n'a été rédigé qu'après sa mort par ses disciples, d'après les nombreux fragments trouvés dans ses papiers, et c'est là le motif pour lequel il y règne si peu d'ordre; l'ouvrage en entier se composait de trente volumes, comme le remarque Ibn Khallikan qui, de même que Ibn Abi Oṣeïbia, le distingue du جامع كبير, ou *Grand recueil*, du même auteur. Le manuscrit est subdivisé en dix parties, qui ne paraissent pas être rangées par ordre, pour les raisons énoncées plus haut, et qui offrent en même temps de nombreuses lacunes. Il est écrit en petits caractères neskhy, et date de l'année 1004 = 1595. 396 f. in-fol. *(Ard.)*

Voyez, relativement à Razy et ses ouvrages, Casiri, T. I, p. 262, et pour ce qui concerne ses Pandectes حاوى, en particulier, consultez la 2de édition de l'ouvrage de M. Sprengel, intitulé: *Versuch einer pragmatischen Geschichte der Arzneikunde*, T. 2, p. 390 et suivantes.

CXXIII.

كتاب جربات الخواص *Traité des propriétés démontrées par l'expérience*, ou dictionnaire de tous les corps appartenant aux trois règnes de la nature, avec l'indication de leurs propriétés démontrées par l'expérience. L'auteur qui, dans l'avant-propos, est appelé Abou'l-Ala ben Zohir (زهر), suivant la prononciation d'Abou'l-Feda, ou ben Zohr, d'après le verso du premier feuillet, était fils de Abou Mervan Abd el-Melik, et descendait par conséquent de l'illustre famille des Avenzoar, si célèbre dans les fastes de la médecine. Cet auteur, des plus féconds, a puisé les matériaux de son ouvrage dans une foule d'anciens auteurs grecs et arabes, et l'a composé, comme nous l'apprend Ibn Abi Ofeïbia, en exécution des ordres de Aly ben Yousouf, troisième prince de la dynastie des Almoravides, qui a régné depuis 500 = 1106,7 jusqu'en 535 = 1140,1. Le dictionnaire, après la formule usitée, commence par les mots: فهد اكتاب مجربات الخواص. Voyez, relativement à Abou'l-Ala ben Zohir, les *biographies des médecins*, par Ibn Abi Oseïbia, no. 548, du Musée asiatique, f. 68; Sprengel, l. c., et la *Biographie universelle*, T. I, p. 75, à l'article Aben Zohar. 73 f. in-8°. *(Akh.)*

CXXIII.

Manuscrit contenant *Le livre de Galien sur la thériaque* كتاب جالينوس فى الدرياق περὶ τῆς θηριακῆς, d'après la rédaction de Yahya el-Nahvy el-Iskenderany يحيى النحوى الاسكندرانى, le grammairien d'Alexandrie, ce qui est dit tant dans la préface, où se voit l'expression بتفسير *selon l'interprétation* (de Yahya), que dans la conclusion, où les mots ما الفه *d'après la rédaction* donnent à-peu-près le même sens. Il faut néanmoins observer que Yahya, patriarche d'Alexandrie, vivait à l'époque où cette ville fut prise par les Arabes, en 641, et où l'on ne traduisait point encore les écrivains grecs en langue arabe. Comme cependant Yahya paraît n'avoir pas été étranger aux occupations relatives à la médecine (voyez Casiri, T. I, pp. 236 et 283), et à celle de rédiger ou commenter les oeuvres des anciens savants (il a commenté de cette manière différents ouvrages d'Aristote, v. Casiri, l. c., pp. 244, 304-5), on ne peut guère douter qu'il ne soit le rédacteur de cet ouvrage; mais il est permis de supposer que celui qui l'a traduit en langue arabe était un autre Yahya, connu sous le nom de Yahya ibn Bathric

يحيى بن بطريق, qui vivait du temps du khalife Mamoun (813-833), et qui fut aussi le traducteur du livre susmentionné de Galien; voy. Casiri, T. I, p. 255, et Wenrich, *De auctorum graecorum versionibus*, etc., Lipsiae 1842, p. 257, circonstances qui ont pu contribuer à confondre le rédacteur et le traducteur, tandis que, malgré l'identité de leurs noms, c'étaient probablement des personnages différents. Le présent ouvrage est pourvu d'une introduction, qui parle de la manière dont Yahya se prit à réformer l'ouvrage original de Galien, en omettant ce dont il n'avait pas besoin; elle donne ensuite une liste, avec biographies, des dix médecins qui ont travaillé à la composition de la thériaque, p. e. de deux Andromachus, de Magnus, de Pythagoras ابراقليدس Abraclides (Heraclides?) Marinus, Galien etc. Le manuscrit date du mois de rebi I de l'année 993 = 1585, où un certain Mouhammed ben Ibrahim ben Ahmed ben Aly, vulgairement appelé Ibn Coudj ou Abou Choueïb ابو شعيب, l'avait copié sur une copie exécutée, vers la fin de l'année 641 = 1243, par le médecin Isa ben Camar الحكيم عيسى بن قمر, qui, de son côté, s'était servi de la copie faite d'après l'exemplaire écrit de la main de Ishac ben Honeïn (le célèbre traducteur, et peut-être même le traducteur de notre ouvrage), par Abou Nafr ben Saaïd ben Hirir حرير (Djerir?), au mois de chevval 574 = 1179, dans la ville de Maoufil. C'est donc une copie bien remarquable, distinguée encore par la variété des encres de différentes nuances qui y sont employés. 42 f. in-fol. *(Doubr.)*

CXXIV.

كليات ابن رشد *Les oeuvres médicales d'Ibn Rochd.* Ce manuscrit contient les ouvrages médicaux du célèbre philosophe et médecin arabe Abou'l-Valid Mouhammed ben Ahmed ibn Rochd, plus connu en Europe sous le nom corrompu d'Averroes. Né à Cordoue, en Espagne, il mourut, suivant Hadji Khalfa, T. I, p. 247, en 595 = 1198, tandis que Eichhorn, *Geschichte der Literatur*, 1828, Bd. I, p. 692, met sa mort en l'année 1206. Ses oeuvres médicales ont été traduites et publiées en latin, à Venise. V. Eichhorn, l. c.; Sprengel, l. c., T. II, p. 462, et la *Biographie universelle*, T. III, p. 113; cf. Casiri, T. I, p. 184. Cette copie, en caractères africains, datée de l'année 669 = 1270, n'a donc été exécutée qu'environ 70 ans après la mort de l'auteur. 161 f. in-fol. *(Doubr.)*

CXXV.

جامع مفردات الادوية والاغذية *Ouvrage réunissant la doctrine sur les simples dans les médicaments et les aliments,* par Dhia-eddin Abou Mouhammed Abd Allah ben Ahmed, plus connu sous le nom d'Ibn Beïthar ابن بيطار, de Malaga, en Espagne, mort à Damas, en 646 = 1248. Hadji Khalfa, qui, à ce qu'il paraît, ignorait l'année de sa mort, le nomme Abou Abd Allah

Mouhammed. Voy. la *Biographie universelle,* T. I, p. 73, à l'article Aben Bitar; Nicoll, p. 585; Sprengel, l. c., p. 468-9; Assemani, *Catalogo de' codd. mm. orr. della bibliot. Naniana,* p. 244 suiv., et plus particulièrement M. de Sontheimer, qui a traduit l'ouvrage entier en allemand, à Stuttgart, 1840-2. Ce manuscrit, d'une écriture nette et bien conservé, date de l'année 1007 = 1598, où il a été fini, le 22 du mois de mouharrem, à la Mecque. 592 f. in-4°. *(Doubr.)*

K. Mathématiques.

Arithmétique, Astronomie, Géométrie, etc.

CXXVI.

Manuscrit contenant plusieurs ouvrages mathématiques, entre autres :

1) Un commentaire de Mouhammed ben Mouhammed ben Ahmed Sibth el-Mardiny (ou descendant du Mardinien), sur le traité élémentaire, intitulé اللمع في علم الحساب *Lumière répandue sur l'arithmétique,* par Chihab-eddin Ahmed ben el-Haïm (الهائم). Il existe une quantité de variantes sur les noms de l'auteur qui a composé l'ouvrage original. Son nom entier était

Chihab-eddin Abou'l-Abbas Ahmed ben Mouhammed ben Ahmed ben Abdou'l-Daïm el-Selemy el-Manfoury (de Manfoura en Égypte) (عبد الدايم السلمى المنصورى), vulgairement appelé el-Haïm, suivant Soyouthy (*Histoire de l'Égypte*); mais d'autres auteurs le nomment Ibn el-Haïm, tandis que, suivant quelques autres encore, ce dernier surnom aurait été celui de son père. Cet auteur, également connu comme poète et comme jurisconsulte, naquit, d'après Soyouthy, à Manfoura, en 799 = 1396,7, et mourut en 887 = 1482. Hadji Khalfa, T. V, p. 331, de son côté, lui donne le surnom de el-Moucaddesy المقدسى, de Jérusalem, au lieu de el-Manfoury. — Quant au commentateur, on n'est également pas d'accord sur ses noms, surnoms et titres honorifiques, car on lui donne le nom abrégé de Mouhammed el-Mardiny, ou Mouhammed Sibth (سبط) el-Mardiny, tandis que son titre honorifique était Bedr-eddin بدر الدين, remplacé dans le catalogue d'Uri, no. 266, par le titre de Chems-eddin. Ce catalogue dit aussi que son père était surnommé ابن الغزّال *fils du marchand de coton filé*, et d'un autre côté, dans un manuscrit du Musée asiatique de l'Académie, on trouve jointes à ses noms les épithètes de دمشقى Dimechqy (originaire de Damas) et de مصرى Mifry (Égyptien). Il florissait, suivant Casiri, T. I, p. 25, dans le IXe siècle de l'hégire, et on lui attribue aussi plusieurs autres ouvrages mathématiques. Cette première partie du manuscrit, du reste incomplète, est enrichie de nombreuses notes marginales et interlinéaires, et commence par les mots : الحمد لله حمدا يليق بجلاله. f. 1—46.

2) Gloses (حاشية, تعليقات) sur le commentaire de Cadhizadéh el-Roumy قاضى زاده الرومى, servant d'explication au célèbre traité d'astronomie, intitulé : الملخص فى الهيئة *Traité succinct d'astronomie*, de Tchaghminy چغمينى. Voyez no. CXXVII. Ce dernier se nommait proprement Abou'l-Fadhl Mahmoud ben Mouhammed ben Omar, suivant d'autres, Mahmoud ben Ahmed, ou bien Abd Allah ben Mahmoud ben Ahmed el-Tchaghminy el-Kharezmy, originaire de Tchaghmin, village de Kharezm. Casiri, T. I, p. 382, de son côté, nous apprend que ses prénoms étaient Abou Abd Allah, et Hadji Khalfa, à l'article ملخص, rapporte qu'il a terminé l'ouvrage susmentionné en 618 = 1221. Quant au commentaire no. CXXVII, on y trouve réunie la quintessence d'une foule d'autres ouvrages du même genre; dédié à Oulough Begh, petit-fils de Tamerlan, il a pour auteur, suivant Hadji Khalfa, le second collaborateur de ce prince pour la rédaction de ses Tables astronomiques, Cadhizadéh el-Roumy (mort en 815 = 1412), dont le nom propre était Mousa ben Mouhammed ben Mahmoud, et le titre honorifique Ssalah-eddin; mais, au témoignage de Casiri, T. I, no. 952, l'auteur de ce commentaire serait Ssafy-eddin el-Nahriry (?) صفى الدين

التحريري. Il n'est pas inutile d'observer ici que Hadji Khalfa, sous le titre de مقدمة النونية فى الميقات, cite un ouvrage commençant précisément par les mêmes mots que le commentaire dont il est question ici. Quant au glossateur, il se nommait, comme on le voit par la fin de cette seconde partie du manuscrit, dont la copie date de l'année 1073 = 1662,3, Abd el-Aly el-Berjendy البرجندي, *fils de* Mouhammed: il est souvent cité dans les ouvrages géographiques et astronomiques des Musulmans, et on a de lui plusieurs traités sur ces deux sciences. Ce glossateur vivait en 889 = 1484, comme on en a la preuve dans la fin de son commentaire sur l'ouvrage de Nafîr-eddin Thousy qui traite de l'astrolabe (voy. no. CXXVIII, 1)). Il avait le titre honorifique de Nizam-eddin, et Uri (dans son catalogue, p. 284) le nomme, peut-être par méprise, Aly, au lieu de Abd el-Aly. Cette seconde partie du manuscrit commence par les mots : الحمد لله رب المشارق والمغارب. f. 47—203.

Voyez, par rapport à Cadhizadéh Roumy, l'article sur le commentaire susmentionné, rédigé par d'Herbelot, et Nicoll, p. 247, no. CCLXXVI.

3) La troisième partie se compose de quelques feuillets, intitulés رسالة لبحث الشعيرة من شرح الجغميني *Opuscule traitant de la question de la mesure nommée* , *et faisant partie du commentaire de Tchaghminy*. L'auteur, d'après les derniers mots de cette troisième partie, copiée en 1073 = 1662,3, se nommait Ahmed

ibn Seyid Ahmed el-Behdinany (?) البهديناني. Les feuillets commencent par : قوله اذ نسبة ارتفاع. 209 f. in-4°. *(Akh.)*

CXXVII.

Commentaire sur le célèbre ouvrage d'astronomie, intitulé الملخص في الهيئة *Traité succinct d'astronomie*, de Tchaghminy (v. le numéro précédent 2)). Ce manuscrit, dont les caractères sont on ne peut plus négligés, mais qui est enrichi d'une foule de gloses marginales et interlinéaires, commence par : الحمد لله الذى جعل الشمس ضياء ; après les louanges de Dieu et celles de Mahomet, on y trouve les mots : فلا اقسم بمواقع النجوم. 126 f. in-4°. *(Akh.)*

CXXVIII.

Manuscrit renfermant les quatre petits traités suivants fort concis :

1) P. رسالة بيست باب فى معرفت الاسطرلاب *Traité divisé en vingt chapitres, sur la connaissance de l'astrolabe*, en langue persane, par l'illustre Mouhammed ben Mouhammed, connu sous le nom de Nafîr-eddin Thousy (de la ville de Thous), mort en 672 = 1274. Il commence par les mots : الحمد لله رب العالمين والصلواة على نبيه وآله اجمعين این مختصریست در معرفت اسطرلاب. f. 1—31.

Il existe sur cet ouvrage un commentaire, intitulé مفتاح بيست باب الخ *Clef des vingt chapitres*, etc., à la bibliothèque de Bodley. Uri, p. 287, no. LXXXVII.

Voyez, relativement à Nafîr-eddin, le mémoire de feu M. Jourdain, sur l'observatoire de Meragha, inséré dans le *Magazin encyclopédique,* année 1809, T. VI, et *Biographie universelle,* T. XXX, p. 588.

2) *Traité sur l'usage de l'astrolabe,* par Abou'l-Ssalt Omaiya (ابو الصلت أميه) ben Abd el-Aziz ben Abi'l-Ssalt, faussement nommé, dans ce manuscrit, à deux reprises, Abou'l-Ssoulb ابو الصلب.

Cet écrivain, également célèbre comme mathématicien, comme médecin et comme poète, naquit en 460 = 1067,8, à Denia, dans le royaume de Valence, en Espagne, et surnommé delà الاندلسى الدانى el-Andalousy el-Dany, il mourut en 529 = 1134,5, suivant Ibn Khallikan; mais il existe une quantité de variantes erronées sur l'époque de sa mort. Casiri lui assigne comme lieu de naissance Séville; mais cette assertion n'est appuyée par aucun autre écrivain. Le traité commence par la phrase : قال الشيخ الفاضل. f. 34 -- 66.

Voyez, par rapport à l'auteur même, Ibn Khallikan, no. 103, et d'Herbelot, surtout à l'article Aboulmaslat, ainsi que les additions de Reiske à cet article. Cf. Uri, no. 967, et *Catal. Lugd.* no. 1128.

3) رسالة ou *Traité* de Houseïn el-Houseïny de Khalkhâl الخلخالى (à deux journées d'Ardebil), sur le cercle que cet auteur nomme *Indien* دائرة الهندية; il l'a écrit en 1006 = 1597,8. Les

premiers mots de cette troisième partie sont : الحمد لله ربّ العالمين الخ. امّا بعد فيقول الفقير الى الله. f. 70—80.

4) Traité de Abou'l-Meali (ابوالمعالى) Mouhy-eddin ben Hasan el-Sââty الساعاتى (l'horloger). Il est intitulé : اظهار العجايب من الاسطرلاب الغايب *Exposition des merveilles relatives à l'astrolabe invisible* (?), et Hadji Khalfa (d'après deux exemplaires manuscrits) en fait le plus grand éloge. Ce bibliographe donne à l'auteur les noms de Mouhy-eddin Abou'l-Ala; mais il est vulgairement connu sous les surnoms d'Ibn el-Mourtefi el-Soulthany el-Saaty (l'horloger) ابن المرتفع السلطانى الساعاتى. On peut observer que le même article, dans l'édition imprimée (T. I, p. 346-7), ne donne point certaines indications qui se trouvent dans les deux manuscrits mentionnés. Ce traité, qui est très rare, et paraît même manquer aux bibliothèques de Constantinople, a pour commencement : قال الشيخ الرئيس. Toutes les parties du manuscrit datent de l'année 1081 = 1670, t. 90 f. gr. in-8°. *(Akh.)*

CXXIX.

Manuscrit composé de deux parties :

1) Un traité consistant en une préface, suivie de 46 chapitres sur l'usage du quart de cercle, nommé ربع الجيوب ou *Secteur*, par Omar ben Mouhammed ben Ibrahim, avec le surnom el-Vékil (الوكيل le lieutenant), originaire de Tunis et domicilié à Alexandrie, ce qui lui a valu l'épithète de Maghriby مغربى (l'Africain),

comme on le voit par le frontispice. Il descendait de Hasan et appartenait à la secte hanefite. Ce manuscrit, en très beaux caractères neskhy, commence par les mots : الحمد لله الذى خلق فى السماء بروجاً. f. 1 — 30.

2) Traité des constellations et de leurs jonctions, intitulé : تحفة السامع فيما يتعلق بالبروج والطوالع *Présent fait à l'auditeur*, ou *Traité de ce qui a rapport aux signes du Zodiaque et aux astres*. Composé par le même auteur, il se divise en une préface et 43 chapitres, suivis d'un appendice. Il ne sera pas inutile de remarquer que le catalogue de la bibliothèque de Bodley (Uri, no. 1030), mentionne un ouvrage intitulé تحفة السامع فى عمل بالربع الجامع, dont l'auteur, à son témoignage, est Aly ben Ibrahim ben Mouhammed ben el-Houmam el-Anfary الهمام الانصارى. Toutefois dans la seconde partie de ce catalogue, composé par Nicoll et Pusey, p. 606, on observe que ce n'est pas l'ouvrage تحفة السامع même, mais un abrégé intitulé : نزهة السامع *Délices de l'auditeur*, du même auteur, nommé Ben Alhemam Abu Mohammed Ben Ibrahim . Ce dernier ouvrage n'est pas cité par Hadji Khalfa, qui, T. II, p. 228, nomme seulement un ouvrage تحفة السامع الخ, composé par Ala-eddin Aly ben Ibrahim ben el-Châthir. Cette seconde partie, dont les caractères neskhy sont tout aussi élégants et de la même main que ceux de la précédente, commence par les

mots : دواير الأفلاك قدر الذى لله الحمد. f. 31—97. 97 f. gr. in-8°. (Akh.)

CXXX.

Manuscrit composé de huit parties, dans l'ordre suivant :

1) Un commentaire sur l'opuscule intitulé معرفت فى مختصرة مقدمة *Introduction succincte à l'art de déterminer la longueur des jours et des nuits à l'aide du quart de cercle, nommé secteur*. Cette introduction, composée d'une préface, de 17 chapitres et d'une conclusion, est extraite de plusieurs traités d'Abou Abd Allah el-Mardiny المارديني, et de différents autres écrivains. L'auteur en est inconnu, ainsi que celui du commentaire même, qui commence par les mots : السمو من مشتق والاسم. f. 1—13.

2) Un traité fort succinct sur l'arithmétique, dont l'auteur ne s'est pas nommé ; il commence par les mots : الحساب ان اعلم الحساب باب اربع منازل. f. 13—14.

3) Un petit traité très concis, sur l'usage de l'*astrolabe*, par Beha-eddin el-Amily العاملي, dont le nom entier était Beha-eddin Mouhammed ben el-Houseïn el-Amily. Hadji Khalfa, qui seul lui donne le surnom de العداد ابن *fils du calculateur*, au lieu de Amily, dit qu'il est mort en 954 = 1547. Ce traité commence par درجات ارتفعت. f. 14—17.

117

4) Un autre petit traité sur le *Secteur*, intitulé رسالة فى العمل بالربع الجيب *Opuscule sur l'emploi du secteur*, qui devrait renfermer une préface et vingt chapitres, mais dont les dernières pages manquent. Il commence, après la formule ordinaire, par les mots: وبعد فهذه رسالة فى العمل بالربع. f. 18—25.

5) Un petit opuscule sur le même sujet, intitulé هداية العامل *Guide de celui qui fait des opérations* (astronomiques). Il se compose d'un discours préliminaire, suivi de 15 chapitres. Les premiers mots sont: الحمد لله الذى رسم فى الصفحات. Cette copie date de l'année 1116 (١١١٦?) = 1704-5. f. 26-33.

6) Un traité abrégé, où l'auteur décrit les chiffres tracés sur les instruments d'astronomie, nommés الاسطرلاب الشمالى *Astrolabe du nord*. Le commencement est conçu: الحمد لله حمدا يليق بجلاله. (voyez ce même commencement au no. CXXVI, 1)). Cette copie est de l'année 1115 = 1703-4.

7) P. Deux pages en *persan* sur les *Logogriphes* المعمّا, par un auteur anonyme. Commencement: بدانكه نسبت تاليفى درميان ارباب معمّا

8) Un traité sur l'*Astrolabe*, communément intitulé *Les 20 chapitres*, par Nafîr-eddin Thousy (voy. no. CXXVIII, 1)). Le présent exemplaire offre une variante sous le rapport des premiers mots, qui sont: الحمد لله حمد الشاكرين, et après lesquels on lit: اين مختصريست در معرفت الخ. f. 50—63. Cette partie du manuscrit a été copiée en 1116 = 1704,5. 63 f. in-8°. (*Akh.*)

CXXXI.

مفتاح الحساب *Clef de l'arithmétique*, traité dont Hadji Khalfa fait les éloges, composé par Ghiyath-eddin Djemchid ben Masoud el-Thebib el-Kachy, le médecin, de la ville de Kachan, mort en 887 = 1482. Il était un des mathématiciens de Mirza Oulough-Begh, comme nous l'apprend entre autres Khondemir, dans son ouvrage حبيب السير *L'ami des biographies*, et Amin Ahmed Razy, dans les *Sept climats*. Ce livre, qui contient un avant-propos مقدمة, cinq مقال ou *discours*, et une *conclusion* خاتمة, a été traduit aussi en turc sous le titre de تلخيص المفتاح *Explication choisie de la Clef*. Le manuscrit date de l'année 1024 = 1615, et a pour commencement: الحمد لله الذى توحد بابداع. 122 f. petit in-fol. (*Bay.* م)

C'est un ouvrage rare, qui cependant se trouve, entre autres, à la bibliothèque de l'Hôtel des Indes Orientales, à Londres.

CXXXII.

رسالة مختصرة فى الربع المشهور بالمقنطرات *Traité succinct sur le secteur appelé el-Mocantharat, ou cercles parallèles à l'horizon*. C'est le commencement et apparemment aussi le titre de cet opuscule anonyme, tandis que la suscription donne pour titre رسالة الربع *Traité sur le secteur*, et le premier feuillet ربع الدائرة *Quart de cercle*. Il y est question, dans l'introduction مقدمة du *centre* المركز, et dans six chapitres فصل, des règles pour prendre la hauteur du soleil etc., pour connaître les heures des prières et la *qibla* ou l'endroit du temple de la Mecque, vers lequel les musulmans sont obligés de se tourner quand ils font leurs prières. Le manuscrit commence par les mots : احسن الكلام حمد من قدر. La copie date de l'année 1171 = 1757. 5 f. in-8°.

CXXXIII.

Manuscrit à filets rouges, renfermant trois traités, qui sont :

1) Un commentaire anonyme sur l'ouvrage : الملخص فى الهيئة *Traité succinct d'astronomie*, de Tchaghminy (v. no. CXXVI, 2)), qui commence par les mots : الحمد هو الثناء باللسان [باللسان] على الجميل. La copie date de l'année 1163 = 1749.

2) Deux pages, f. 87 v. et 88 rect., avec la suscription : هذا ديباجة شرح جغمينى c'est la préface du commentaire de Tchaghminy, contenant le commencement du commentaire, mentionné sous le no. CXXVII, sur l'ouvrage astronomique de Tchaghminy, intitulé الملخص *Traité succinct*. Elles commencent par les mots : الحمد لله الذى جعل دولة جدّه سمّوه طفلا بالامير الاعظم, et finissent par الشمس ضياء.

3) اشكال التأسيس Les (35) *figures fondamentales de la géométrie*, d'après Euclide, avec le commentaire de Cadhizadéh el-Roumy, dont il a été question au no. CXXVI, 2), comme on peut le conclure d'après le commencement de ce commentaire, comparé à celui cité par Hadji Khalfa, T. I, p. 322. L'ouvrage original a été composé, selon Casiri, T. I, p. 380, en 593 = 1196,7, par Chems-eddin Mouhammed el-Samarcandy, dont il a été question au no.

CI. Le commentaire même porte, comme on le voit par la fin, le titre de تحفة الرئيس شرحا لاشكال التأسيس *Présent du Réïs, servant de commentaire aux figures fondamentales de la géométrie.* Il a été dédié à Oulough-Begh, petit-fils de Tamerlan. Cette troisième partie du manuscrit commence par les mots : الحمد لله الذى خلق كل شى بقدر. La copie, exécutée par un Ibrahim ben Mahmoud ben Ibrahim, date de l'année 1164 = 1750. Des exemplaires de l'ouvrage original, accompagnés pour la plupart du commentaire de Cadhizadéh, se trouvent au Musée asiatique, no. 625, à la bibliothèque Bodleyenne (Uri, no. 967), à celle de l'Escurial (Casiri, T. I, no. 947), dans plusieurs bibliothèques de Constantinople, et à Munich (Flügel, *Wiener Jahrb.*, Bd. 47, Anzbl. p. 18). 127 f. in-8°.

L. Poésie.

Métrique, Recueils de poésies (Divans), etc.

CXXXIV.

Commentaire sur le traité de métrique (علم العروض), intitulé : مختصر فى علم العروض *Précis sur la métrique,* par Abou Abd Allah Mouhammed, connu vulgairement sous le nom d'Abou'l-

Djeïch el-Anſary el-Andalousy el-Maghriby ابو الجيش
الانصارى الاندلسي المغربي. Suivant une indication au verso du premier feuillet, l'auteur de ce commentaire serait المحض القيصريه وى
el-Mahdh el-Qeïſarieh'vy, ou Mahdh de Césarié (?). Le commencement est conçu en ces termes: احمد الله على ان قصر سلامة الطبع
26 f. grand in-8°. *(Akh.)*

CXXXV.

Divan, ou Recueil de poésies du célèbre Moutenabbi المتنبى
dont le nom entier était Abou'l-Thayib Ahmed ben el-Houseïn ben Abd el-Ssamed el-Djaady el-Kendy الجعدى
الكندي, de la tribu de Djaad, né dans le bourg de Kenda, près de Koufa, en 303 = 915,6, et assassiné en 354 = 965. Cet auteur est regardé, dans le Levant, comme un des poètes arabes les plus distingués; mais la haute opinion des Orientaux sur son mérite provient de la corruption du goût parmi les Arabes des temps modernes. Ses contemporains n'ont jamais partagé cet enthousiasme sur son compte, comme le prouvent les critiques de l'illustre vézir de plusieurs princes Bouveïhides, Ssahib Ismaïl ben Abbad, dans son ouvrage intitulé الكشف عن مساوى شعر المتنبى *Révélations des fautes des poésies de Moutenabbi*, de même que celles de l'érudit Abou Saaïd el-Oumeïdy (mort en 330 = 941,2), dans son traité intitulé الابانة عن سرقات المتنبى *Exposé des plagiats de Moutenabbi*, et enfin aussi les critiques du célèbre philologue Ibn Djinny

16

ابن جنّى, mort en 392 = 1001,2; voy. Casiri, T. I, p. 74, et de Sacy, *Anthologie grammaticale*, p. 41; comparez également ce que dit le premier auteur, p. 136, no. 468, sur le compte de Abou'l-Hasan Hamza el-Iffahany (cf. no. 1697), par rapport à Abou Kethir (ابو كثير) Abd el-Rahman el-Mifry. Le manuscrit commence par l'hémistiche ابلى الهوى سفا يوم النوى بدنى, mais il est incomplet à la fin. 287 f. in-4°. *(Akh.)*

Les poésies de Moutenabbi se rencontrent en grand nombre dans les différentes bibliothèques de l'Europe. Outre les exemplaires cités par M. de Hammer, dans la préface de sa traduction en vers allemands des oeuvres de Moutenabbi, p. X, on en trouve encore les manuscrits suivants, contenant le texte seul accompagné des commentaires, aux bibliothèques: de Paris, no. MCCCLXXXIII, MCCCLXXXXIX, MCCCCXXIX-X; de l'Escurial, les commentaires no. CCLXX et CCCCLXXXVII; de Bodley (Uri, no. MCCXXI), ainsi que les commentaires de Vahidy, no. MCCXLVIII et MCCXLIX, au Musée asiatique, no. 33, et le commentaire de Vahidy, no. 35, ceux d'Aboul-Ala Maarry, no. 36, et d'Ibn Djinny, no. 37; à la bibliothèque de Benzel Stjerna (catalogue d'Aurivillius, p. 50); à celle de M. d'Italinsky (à présent appartenant à l'Institut oriental du Ministère des affaires étrangères à St.-Pétersbourg); à celle de Gotha (Möller, no. DLXXVIII et DLXXIX); le commentaire de Vahidy, no. DXXXIII, à celles de M. Rich (*Mines de l'Orient*, T. I, p. 112, no. 62, 63 et 64, et le commentaire de Vahidy, ibid. p. 111, no. 61) et de Ste.-Sophie de Constantinople (Toderini, traduction allemande, T. II, p. 65), et le même commentaire, ibid., et dans d'autres bibliothèques de Constantinople; à celle d'Upsal (Tornberg, no. CXXXI—CXXXIII, et le commentaire de Vahidy, no. CXXXIV), etc.

Consultez, relativement à Moutenabbi, de Hammer, l.c., de Sacy, *Chrestom. arabe*, 2de éd., T. III, p. 80, Bohlen, *Comment. de Motenabbio*, Bonnae 1824. et Dieterici, *Mutanabbi u. Seifuddaula*, Leipz. 1847.

CXXXVI.

الغيث الذى انسجم فى شرح لامية العجم *Ondée qui se répand sur le commentaire du poème intitulé* Lamiet el-Adjem, ou commentaire du célèbre littérateur Ssalah-eddin Khalil ben Eïbek el-Ssafady ايبك الصفدى, ou de Ssafad en Syrie, mort en 764 = 1262, sur le poème moral, qui est intitulé Lamiet el-Adjam, ou *Lamiet persan*, autant parce que tous les vers se terminent par la lettre *Lam (l)*, que pour le distinguer d'un autre plus ancien, par Chanfara, connu sous le nom de Lamiet el-Arab *Lamiet arabe*. L'auteur du *Lamiet persan* est Mouayed-eddin Abou Ismaïl el-Houseïn ben Aly, surnommé Thoughraiy طغرائى (fonctionnaire chargé de tracer le chiffre ou monogramme du souverain sur les firmans). Il naquit à Ispahan, et après avoir rempli les fonctions de vézir de Masoud, soultan Seldjouqide de Maoufil, il fut assassiné vers l'année 515 = 1121,2. Quant au commentateur, l'un des écrivains les plus féconds et les plus renommés de son époque, il est né en 669 = 1296,7, et mort, d'après M. Hamaker (*Specimen catal.*, p. 184), en 764 = 1362,3; mais Pococke (dans son *Specimen historiae Arabum*, p. 366) conclut, d'après les écrits de cet auteur, qu'il existait encore en 769 = 1367,8. La même observation a été faite par Celsius (*Catalogus bibliothecae Sparvenfeldianae*, p. 42). Le commentateur entre en matière par les mots : الحمد لله الذى شرح صدر من تأدب. Ce manuscrit, en assez beaux caractères neskhy et enrichi d'un filet rouge, date de l'année 1082 = 1671,2. 415 f. in-fol. *(Akh.)*

Le commentaire susmentionné est aussi déposé au Musée asiatique, no. 60 et 61; à la bibliothèque de l'Escurial (Casiri, no. CCCXIX—CCCXXI); à celles de Bodley (Uri, p. 264, no. MCCII, MCCIII, MCCVI, MCCXXXII, MCCLXXV et MCCLXXX); de Copenhague (*Mines de l'Orient*, T. IV, p. 327); de Paris (*Catalogue*, p. 346, no. MCCCLXXXXIII), et dans plusieurs bibliothèques de Constantinople. Voyez, par rapport à Thoughraiy, l'article de M. de Sacy, inséré dans la *Biographie universelle*, T. 46, p. 196, et relativement à Ssafady, De Rossi, *Dizionario storico degli autori arabi*, p. 161, et *Wien. Jahrb.*, Bd. 72, Anzbl. p. 9, no. 234.

CXXXVIII.

Manuscrit en caractères africains, contenant ديوان ابو الحسن الششترى Le *Divan* ou *Collection des poésies* de Abou'l-Hasan el-Chouchtery, ou plus communément el-Toustery, ainsi nommé de la ville de Touster, aujourd'hui Chouster, dans la province de Khouzistan en Perse. L'auteur était un cheïkh Ssoufy, cité par M. de Hammer, *Wiener Jahrbücher*, T. 73 Anzbl. p. 11, no. 458, où il est appelé el-Tuschteri, et qui est bien connu du cheïkh Mouhammed Thanthavy. Il se peut aussi que ce soit le Abou'l-Hasan, surnommé el-Ssoufy, cité par M. de Sacy, *Anthologie grammaticale*, pp. 102 et 144. La suscription du manuscrit est conçue en ces termes: قال الشيخ الامام العارف بالله تعالى قطب المحققين ومربّى المريدين الشيخ ابو الحسن الششترى رحمه الله تعالى. Cette copie, faite par un Câsim ben Mouhammed el-Maghriby, c.-à-d. de l'Afrique, date de l'année 1072 = 1661. 112 f. in-4°. *(Doubr.)*

CXXXVIII.

Fragment d'un manuscrit assez ancien, mais incomplet tant au commencement qu'à la fin, de sorte qu'on n'en saurait préciser ni l'auteur ni le titre. Il commence par des vers, et nommément par les mots: وذنبه ماله عين ودالين; viennent ensuite un poème de Ibn Makhlouf ابن مخلوف, et d'autres poésies, ainsi que de la prose rimée, presque le tout d'une teneur érotique. Fin: وثاقه. 31 f. petit in-4°.

CXXXIX.

 Le Recueil béni. C'est le titre, en grandes lettres d'or, que porte ce joli manuscrit sur le premier feuillet, où se trouve aussi l'énumération des pièces qu'il renfermait originairement, savoir: 1) le Divan du cheïkh érudit Ibrahim el-Mimar; 2) l'histoire des gouverneurs et régents de l'Égypte, par Abou'l-Houseïn el-Djezzar, avec la continuation d'Ibn el-Richah; 3) le poème sur les ornements du style, par Ssafy el-Hilly; 4) le traité (intitulé) el-Hatimiyé, par Abou'l-Moudhaffer el-Hatimy, et plus loin le poème de Abou'l-Thayib el-Moutenabbi, avec les neuf genres de poésies, par le cheïkh Ssadr-eddin Souleïman ben Abd el-Hacc ديوان الشيخ الاديب ابرهيم المعمار وتاريخ ولاة مصر لابى الحسين الجزّار والذيل لابن الريشة وقصيدة البديعيّة للصفى الحلى والرسالة الحاتمية لابى المظفر الحاتمى وعليها شعر ابى الطيّب المتنبى وفيه الفنون التسع فى الشعر للشيخ صدر الدين سليمان بن عبد الحق. Mais actuellement on n'y trouve plus que les pièces suivantes:

1) Les poésies de Ibrahim el-Mimar. Les suscriptions des poèmes قال الخ sont en grandes lettres d'or. Ces poésies sont précédées par les mots: قال الشيخ الاديب البارع الاريب ابرهيم المعمار سامحه الله تعالى وعفا عنه وعن جميع المسلمين يمدح السلطان قال. *Il dit, le lettré, l'éminent, l'intelligent cheïkh Ibrahim el-Mimar, que le grand Dieu lui soit propice, et qu'il lui pardonne, à lui et à tous les vrai-croyants, en louant le sultan, en chantant etc.;* après quoi vient le poème qui commence par les vers:

دَامَتْ لِسُلْطَانِنا عُلاه * واقْهِرَ الكلَّ باعتزاز
باشقه صار فى يديه عصفورة فى يدين بازى

Parmi ces poésies il y a aussi deux épigrammes mordantes contre les Juifs et les Chrétiens, et l'opinion émise par Casiri, T. I, p. 134, no. CCCCLXI, par rapport aux productions d'un poète, appelé, d'après lui, également Ibrahim el-Mimar, s'accorde parfaitement avec le contenu des poésies en question, qui, pour la plupart, consistent en épigrammes et autres petites pièces. Le même bibliographe place la mort du poète, qu'il nomme Abrahim Abu Obaid Almamar el-Bagdady el-Loughevy, le philologue de Bagdad, en 209 = 825, d'accord avec les données et de d'Herbelot, qui, à l'article Mamar ben al Mothani, le fait mourir en 209 = 824 (ou 210 = 825), et de Hadji Khalfa, aux articles اخبار الحجاج *Histoire de Heddjadj* (T. I, p. 185, no. 191) et اسماء الخيل *Noms des chevaux* (ib. p. 287, no. 690), etc. Ils parlent d'un polygraphe qui, suivant Ibn Khallikan, no. 741, a composé environ 200 ouvrages, et mourut en 209, à Bafra, ou suivant d'autres, en 211 ou 213. Enfin le catalogue de Nicoll et Pusey, p. 691, à l'article Mamar, porte que ce dernier rassembla les vers satyriques de Djerir et de Ferazdac, ce qui semblerait une nouvelle confirmation de l'identité de Mamar, mentionné par Casiri, avec notre poète. Mais il est à remarquer: 1° que le philologue de Bafra (c'est ainsi que le nomme Ibn Khallikan) est appelé et non pas معمار; 2° que les vers cités par Reiske (*Annales muslemici*, T. II, p. 671, rem. 131) ne se trouvent pas dans notre collection; 3° que les poésies contenues dans notre recueil signalent une époque bien plus reculée de celle ou l'ancien Mamar a vécu; 4° que le nom du poète dont il s'agit ici, est المعمار et non pas معمر, et 5° que notre collection paraît avoir dû renfermer des pièces de poètes à-peu-près contemporains de l'époque où elle fut rassemblée. Dans Hadji Khalfa, à l'article ديوان Recueil de poésies, on trouve, tant dans l'édition imprimée, T. II, p. 242, no. 5157, que dans deux exemplaires manuscrits, un *Divan* de Ibrahim el-Ammar (dans les manuscrits العماد el-Imad ou Ammad, d'après d'autres el-Heddjadj) l'Égyptien, philologue élégant, connu vulgairement sous le nom de Ghoulam el-Noury, et mort en 749 = 1348. Or, à l'année 749 dans l'ouvrage d'Aïny, on trouve que ce fut dans cette année que mourut Djemal-eddin Ibrahim ben Aly ben Ibrahim, connu sous le nom de el-Mimar el-Hidjazy el-Mifry , المعمار لحجازي المصري, homme lettré, élégant (ظريف), enjoué d'esprit (خفيف الروح), auteur de jolies compositions نكت اديبه et mort à Cahira, dont plusieurs vers sont cités. On ne peut guère douter, à notre avis, 1° que Casiri, qui appelle son poète ابراهيم المعمار ابو عبيد البغدادي Ibrahim el-Mimar Abou Oubeïd el-Bagdady, de Bagdad, n'ait confondu le poète Mimar avec Mamar, tant relativement aux noms qu'à l'année de sa mort; 2° que les noms de Ammar et Heddjadj chez Hadji Khalfa, ne soient des fautes, probablement des copistes; 3° que notre poète vivait en Égypte, où il pouvait faire les éloges des sultans et de grands personnages, et qu'il y mourut sous le règne du sultan Zeïn-eddin Chaaban (746-747 = 1345-6). Le prince, par les louanges duquel commence son Divan, doit donc avoir été un des sultans mamlouks.

Il ne faut pas non plus confondre notre poète avec Mouflih-eddin ben el-Maoulla Mouhy-eddin, vulgairement nommé Ibn el-Mimar, ou Mimarzadéh, dont le père était cadhi ou juge à Haleb, et qui mourut en Égypte, en 972 = 1564, auteur de gloses sur les gloses de Maoulla Hasan Tchelebi sur le Telvih التلويح; voy. Hadji Khalfa, T. II, p. 448, et Aly ben Baly, f. 20—21.

Il y en eut encore d'autres qui portèrent le nom de معمار, ce qui signifie *architecte*, par exemple Oustad (le maître) Cavam-eddin Mimar, de Chiraz, un des architectes les plus distingués de son temps, et à qui la ville de Herat était redevable d'excellentes constructions. Celui-ci mourut en 842 = 1438, au commencement de chaaban. V. Khondemir, *L'Ami des biographies*, p. 100.

Les poésies de Mimar paraissent être très rares, et nous ne les avons trouvées dans aucun catalogue des bibliothèques orientales. f. 1-46.

2) Une ode iambique ارجوزة, renfermant *l'Histoire des gouverneurs (et régents) de l'Égypte*, par le cheïkh érudit Abou'l-Houseïn el-Djezzar, *et la continuation de* Ibn Richah, *que Dieu leur pardonne!* تاريخ ولاة مصر للشيخ الاديب ابى الحسين الجزار

وما معه من الذيل عليه لابن ريشه عفا الله عنهما. C'est une brève énumération des gouverneurs et régents du pays susmentionné, en vers, au-dessous desquels, à chaque gouverneur, se trouve un court commentaire ou exposition sur le temps et les noms les plus usités de chacun d'eux, qui, à cause du mètre, ne sont pas toujours désignés par les noms sous lesquels ils étaient vulgairement connus. Le poème lui-même est précédé d'une courte introduction, que voici : بسم الله الخ اخبرنا الشيخ الامام الفاضل المجيد المفيد الاريب الرئيس الاديب جمال الدين ابو الحسين يحيى بن عبد العظيم ابن يحيى بن محمد بن على المصرى المعروف بالجزّار فى سادس رمضان المعظم قد ره سنة سبع وستين وستماية وكان مولده فى صفر سنة احدى وستماية *Au nom de Dieu etc. Il nous a raconté, le cheïkh, l'imam, l'excellent, auteur de belles et utiles poésies, l'habile, le maître bien lettré* Djemal-eddin Abou'l-Houseïn Yahya ben Abd el-Adhim ibn Yahya ben Mouhammed ben Aly el-Mifry (d'Égypte), *vulgairement appelé* el-Djezzar, *le 6 du grand ramadhan, en l'année 667 (?); il était né au mois de* ſaſar *601*. Ensuite vient le texte même du poème, qui, avec son commentaire au dessous, commence de la manière suivante :

قال

الحمد لله العلىّ ذكره ٭ ومن يفوق كلّ امرٍ امره
احمده وهو ولى الحمد ٭ على توالى برّه والرفد
ثم الصلاة الخ

يا سابلي عن أمراء مصرٍ * منذ جباها عمرٌ لعمرو

خذ من حوائي ما يزيل اللبسا * واحفظه حفظ ذاكرٍ لا ينسى

اول من كان اليه الامرُ * مفوّضاً بعد الفتوح عمرو

هو ابو عبد الله عمرو بن العاصى القرشى السهمى سنة عشرين وابن ابى السرح تولى امرَها * وقيسُ سادسٌ نفعها وضرَّها

هو ابو يحيى عبد الله العامرى عامر قيس قيل انه توفى بفلسطين سنة ست وثلاثين وكانت ولايته فى سنة خمس وعشرين وقيس هو ابو سعيد بن عبد الله الانصارى الخزرجى وليها سنة خمس وعشرين

ثم تولَّى النخعى الاشترُ * وابن ابى بكرٍ كما قد ذكروا

النخعى هو مالك بن الحرث وصل الى القلزم فمات مسموماً وضع له بالطريق عبدٌ اسقاه سويقاً بعسل فمات رضى الله عنه الخ

De cette manière le poème arrive jusqu'à l'année 676 = 1277, c.-à-d. jusqu'au règne du sultan mamlouk Bereké-Khan (1277—1279), au sujet duquel il dit :

ثم تولَّى الملك السعيد * وكلُّ يوم فى ذراه عيدْ

Alors régna l'heureux roi, sous la protection duquel chaque jour est une fête.

Suit la continuation d'Abou'l-Faradj el-Katib el-Mifry, le secrétaire, l'Égyptien, nommé Ibn el-Richah, depuis l'année 678 jusqu'à l'année 764, c.-à-d. depuis le sultan de la même dynastie baharite Selamech (1279), jusqu'au sultan el-Melik el-Achraf Chaaban (1362,3). Après une courte préface le continuateur dit :

$$\text{اخ له طفل صغير طايش} \quad * \quad \text{ثم اقيم بعده سلامش}$$
$$\text{ولى قلاوون بها تدبيره} \quad * \quad \text{مدّته قصيرة يسيره}$$

et s'arrête enfin, comme nous l'avons dit déjà, en l'année 764 = 1362, au sultan Chaaban, dont il fait mention dans un beït ou distique, écrit en lettres d'or:

$$\text{فابتوجّت بملكه الألوا} \quad * \quad \text{ثمّ اقيم بعده شعبان}$$
$$\text{فى خامس عشر شعبان سنة اربع وستين وسبعمائة}$$
$$\text{والده الحسين قط ما ملك الخ} \quad * \quad \text{ولقّبوه اشرفاً مثل كجك}$$

Quant à l'auteur de ce poème, c'était le poète et panégyriste des souverains, émirs, vézirs et autres grands personnages, connu sous le nom de el-Djezzar, né, comme nous l'avons vu, suivant Aïny, en 600 = 1203, une ou quelques années plus tard, et mort le 12 de chevval 679 = 1280,1. La donnée de Aïny est confirmée par Macrizy, voy. *Histoire des sultans mamlouks de l'Égypte*, publiée par M. Quatremère, T. II, 1re partie, p. 27, et Hadji Khalfa, T. IV, p. 481, no. 9300, qui cite de lui un ouvrage فوائد الموائد *Fructus mensales*, se trouvant dans la bibliothèque de Bodley (voyez Uri, p. 112, no. CCCCXX). — Est-ce que l'année 667, alléguée plus haut, serait une faute du copiste, parce que le poème composé par Djezzar, est conduit jusqu'à l'année 676? f. 46—66.

3) Poème du mètre *basith* بسيط, dont il ne reste ici que 132 بيت ou *distiques*, sur l'art d'employer les ornements du style. L'auteur ne s'est pas nommé, mais, suivant l'inscription déjà citée, c'était Ssafy-eddin el-Hilly, de Hilla, mort en 750 = 1349,50, dont les autres noms, d'après Aïny (Msc. de l'Académie), T. IV, p. 488, étaient Ssafy-eddin Abou'l-Fadhl Abd el-Aziz ben Seraya سرايا ben Aly ben Ahmed el-Thaiy el-Sinbisy السنبسى (de la subdivision de la tribu arabe Thaiy, nommée Sinbis) الحلّى el-Hilly, c.-à-d. de la ville de Hilla (la leçon الحلبى n'est qu'une faute du copiste), où il était né un vendredi, le 5 de rebi II 677 = 1278. Ce poème, d'après l'introduction qui le précède, et qui commence par les paroles : الحمد لله الذى جعل لنا سحر البيان, pourrait être pris pour le commentaire que l'auteur composa sur son propre ouvrage, intitulé : كافية البديعة *Composition suffisante sur les ornements du style*, lequel, d'après Hadji Khalfa, commençait de la même manière que celui dont nous parlons; mais, de l'autre côté, le commencement du poème original, fourni par le bibliographe cité (T. V, p. 5, no. 9702), ainsi que le poème lui-même, font voir que ce n'est pas le commentaire, mais l'original. Le commentaire portait le titre de النتائج الالهيّة *Les résultats divins*.

Dans l'introduction, écrite en prose, l'auteur nous apprend qu'il avait emprunté aux livres des savants ce qu'il y avait trouvé sur son sujet, en y ajoutant plusieurs genres أنواع d'anciens poètes, et que d'abord il s'était proposé d'en composer un ouvrage plus circonstancié; mais ayant été surpris par une longue et grave maladie, un message survenu en songe de la part de Mahomet lui enjoignit de rédiger un poème laudatif, en lui promettant sa guérison. Il se mit donc à l'oeuvre, et composa une cazide, ou *panégyrique*, du mètre *basith* ou *longue* بسيط, contenant 145 بيت ou *distiques*, où il put employer tous les genres d'ornements rhétoriques, au nombre de 151.

L'auteur fait allusion au songe susmentionné, dans les vers suivants :

التعديد

يا خاتم الرسل يا من عليه علم * والعدل والفضل والايفاء بالذمم

المزاوجة

ومن اذا خفت من حشرى فكان له * مدحى نجوت فكان المدح معتصمى

حسن البيان

وعدتنى فى منامى ما وثقت به * مع التقاضى بمدح فيك منتظم

السهولة

فقلت هذا قبول جاءنى سلفاً * ما ناله أحد قبلى من الأمم

Les vers suivants peuvent encore servir de preuve, comment le poète s'est acquitté de sa charge :

براعه المطلع تجنيساً   المركب والمطلق

اِن جِئْتَ سَلْعاً فَسَلْ عَنْ جِيرَةِ العَلَمْ • وَاقْرِ السَّلَامَ عَلَى عُرْبٍ بِذِي سَلَمْ

تَجْنِيسُ التَّغْلِيقِ

فَقَدْ ضَمِنْتُ وُجُودَ الدَّمْعِ مِنْ عَدَمٍ • لَهُمْ وَلَمْ اسْتَطِعْ مَعْ ذَاكَ مَنْعَ دَمِي

المذيل واللاحق

أَبِيتُ وَالدَّمْعُ هَامٍ هَامِلٌ سَرِبٌ • وَالجِسْمُ فِي اضْمِ لَحْمٍ عَلَى وَضَمِ

Ce beau manuscrit était destiné, comme l'atteste l'inscription en grandes lettres d'or, sur le premier feuillet, pour la bibliothèque du sultan Chaaban ben Houseïn (1363—1377), et il pourrait être l'autographe du commentateur, ou au moins avoir été écrit sous sa surveillance. 85 f. in-8°. *(Frol.)*

Quant à Ssafy-eddin, voyez *Ssafi-eddin Hellensis carmen* éd. Bernstein, Lipsiae 1816. cf. Humbert, *Anthologie arabe*, p. 82, et Kosegarten, *Chrestomathie arabe*, p. 157, Nicoll, *Catal.* p. 302, no. CCCIII, et ib. *Index auctorum*, p. 654. Son Divan se trouve à Gotha (*Moeller*, no. 596), et à notre Musée asiat., en 3 exemplaires, no. 87—89; ce dernier possède aussi la بديعيّة avec des commentaires, no. 90—91, dont celui no. 91 commence par les mots: الحمد لله الذى أحل لنا سحر البيان; cf. Fleischer, *Codd. Lips.*, p. 546, et *Oriental manuscripts purchased in Turkey*, no. 63, p. 13, où l'année de la mort de ce poète est placée en 752 = 1351.

CXL.

Lettre écrite le 3 du mois de rebi I 1157, c.-à-d. au mois d'avril 1744, par un maoulla سرحان Sirhan, probablement de la ville de Bafra, à M. d'Otter, comme le prouve l'adresse: حضرة الاجل مونسيو داوتير المكرم *A Son Excellence, M. d'Otter, le très honoré,* dans laquelle le maoulla, après avoir exprimé son ardent désir de revoir M. Otter, raconte qu'il avait été renfermé dans la citadelle de Bafra, assiégée par les Persans, au nombre de 30,000, outre leurs alliés, les Arabes, etc., qui, s'étant emparés du fort de Gurdilan كردلان (situé de l'autre côté de la rivière, vis-à-vis de Bafra), tuèrent Kerim Agha Toufengdjibachi de Yahya Agha, et assiégèrent cette ville, sans cependant réussir à en prendre la citadelle. Enfin la paix conclue, la nouvelle en arriva à Bafra le 20 du mois de chevval 1156, c.-à-d. au mois de novembre 1743. Comme les Bafriens se sentaient beaucoup d'obligations envers Ahmed Pacha, ils lui envoyèrent quatre cazides ou *panégyriques,* composées par des poètes de cette ville, au sujet de son siége par les Persans. Il ajoute que sur tous ces évènements M. Otter aura des nouvelles plus circonstanciées par le père capucin Mikhaïl البادري ميخائيل الكابوشي. Les quatre poèmes susmentionnés se trouvent f. 3, verso, jusqu'à la fin de notre manuscrit, qui, à cause de cela, a été placé sous la rubrique de Poésie. La lettre est signée المخلص المشتاق المحب الملا سرحان كاتب *Le sincèrement dévoué, le désireux* (de vous revoir) *et ami le maoulla Sirhan*, *écrivain* ou *secrétaire*. 12 f. in-8°.

On peut voir sur le séjour de M. Otter à Bafra, pendant les années 1739—1743, et sur les événements mentionnés dans cette lettre, ses *Voyages en Turquie et en Perse*, Paris, 1748, T. II, pp. 46, 189, 358, 380 etc. Cf. Hammer, *Geschichte des Osman. Reiches*, T. VIII, p. 39; Malcolm, *Histoire de Perse*, Paris 1821, T. III, p. 141.

L.ᵉ Nouvelles et Contes.

CXLI.

Second volume d'un commentaire sur les célèbres séances ou nouvelles مقامات de Hariry, dont le nom entier était Abou Mouhammed el-Casim ben Aly el-Hariry الحريري el-Bafry, marchand de soie de Bafra, né en 446 = 1054, et mort, suivant Abou'l-Feda, en 515 = 1121, ou suivant d'autres, en 516 = 1122,3. Les travaux de MM. de Sacy, Rückert et d'autres l'ont fait suffisamment connaître en Europe. Le présent commentaire a pour auteur Abou'l-Abbas Ahmed ben Abd el-Moumin, surnommé el-Cherichy الشريشي, parce qu'il était de la ville de Xerès en Espagne, et mort, suivant Hadji Khalfa, qui, en parlant de cet ouvrage, dit qu'il peut tenir lieu de tous les autres commentaires, s. v. مقامات, en 619 = 1222. Ce volume, qui commence à la 25me séance ou nouvelle مقامة, a pour commencement, après un passage de Hariry même, les mots suivants : قوله شتوت اقمت فى الشتاء. On ne peut guère deviner pourquoi le rédacteur de la liste venue d'Akhaltsikh l'attribue à Radhy-eddin el-Coudsy رضى الدين القدسى Ce manuscrit, en caractères neskhy, date de l'année 808 = 1405. 206 f. in-fol. *(Akh.)*

Le même commentaire se trouve au Musée asiatique de notre Académie, no. 96, et à la bibliothèque de Vienne (*Mines de l'Orient,* T. IV, p. 273). M. de Sacy en a eu également deux exemplaires à sa disposition, pour la publication de son excellente édition des nouvelles de Hariry. Voyez, relativement à cet auteur, la préface de l'ouvrage susmentionné, publié à Paris, en 1822.

CXLII.

الف ليلة وليلة *Les mille et une nuits.* Exemplaire complet de cet ouvrage, jouissant d'une si grande renommée. Il date de l'année 1217 = 1802 et a été écrit par le cheïkh Aly el-Anfary ibn el-Cheïkh Ibrahim el-Anfary. C'est le même exemplaire, d'où M. de Hammer a traduit en français les contes jusqu'alors inédits, et traduits ensuite par M. Zinserling en allemand, Stuttgart et Tübingen, 1823-4. Voyez ces deux ouvrages pour d'autres détails. Le manuscrit com-

mence par les mots : الحمد لله رب العالمين والصلاة والسلام الخ وبعد. Vol. I, 411 f.; vol. II, 278 f.;
vol. III, 271 f.; vol. IV, 278 f. in-4°. *(Rzew.)*

Voyez sur les éditions et les traductions de l'ouvrage susdit,
Zenker, *Biblioth. orient.*, p. 78—81, no. 656—692.

M. Éloquence.

CXLIII.

Commentaire de Nedjm ben Chihab Abd Allah el-Yezdy,
qui vivait en 967 = 1559,60, sur un traité *de l'invention et de
la disposition oratoires* (علم المعاني), par Khitaiy خطائى. Ce manuscrit est incomplet à la fin. 90 f. petit in-8°. *(Akh.)*

CXLIV.

Commentaire anonyme sur un traité d'*Élocution oratoire* (علم البيان),
dont l'auteur, ainsi que celui du traité même, n'est pas mentionné dans le corps de l'ouvrage. Mais dans la liste envoyée
d'Akhaltsikh, le commentateur est nommé Hasan Tchelebi. Il est
à présumer que c'est le même Maoulla Hasan Tchelebi ben
Mouhammed el-Fenary, qui, suivant Thachkeuprizadéh (f. 90
et suiv.), a été mouderris à Andrinople, et plus tard à Nicée,
sous les règnes des deux sultans Mouhammed II et Bajazet II,

qui gouvernèrent depuis l'année 855 = 1451 jusqu'en 918 = 1512. Ce commentaire a pour commencement les mots : الحمد لله الذى شرح صدور ارباب اذهان. 309 f. in-4°. (Akh.)

CXLV.

Manuscrit renfermant :

1) Des gloses intitulées المفيد *Livre utile,* dans lesquelles Aly ben Ssadr-eddin ben Ifam-eddin عصام الدين a expliqué le commentaire de son aïeul Ibrahim ben Mouhammed ben Arabchah, surnommé Ifam-eddin el-Isferaïny (mort, suivant les tables chronologiques de Hadji Khalfa, à Samarcand, en 943 = 1536,7), sur le *Traité des métaphores* de Abou'l-Casim el-Samarcandy. Les gloses commencent par : احرك حب مسترشد. Cette copie date de l'année 1138 = 1725,6. f. 1—37.

2) Des gloses du maoulla Ilias ben Cheïkh Ibrahim el-Kourany الكورانى, sur le même commentaire de Ifam-eddin. Le scholiaste Ilias est peut-être Ilias ben Ibrahim el-Senany السنانى, mouderris (lecteur) à Brousa, sous le sultan Mourad II, qui a régné depuis 824 = 1421 jusqu'à 855 = 1451. Il en est fait mention dans l'ouvrage de Thachkeuprizadéh, f. 47. Ces scholies commencent par les mots : الحمد لله الاول الآخر. La copie date de l'année 1138 = 1725,6. f. 40—106.

3) Des gloses du cheïkh Yasin ياسين toujours sur le même commentaire. Le scholiaste débute par les mots : الحمد لله الذى حمده مجاز. Cette partie du manuscrit date de l'année 1139 = 1726,7. f. 106—151. — 151 f. in-8°. *(Akh.)*

Les ouvrages cités sous no. 1) sont mentionnés chez Hadji Khalfa, T. III, p. 364, no. 5962, à l'article رسالة الاستعارة. Le traité de Abou'l-Casim se trouve aussi à la bibliothèque de l'Académie orientale de Vienne (Krafft, p. 23, no. LXXI); le commentaire même de Ifam-eddin a été imprimé à Constantinople, en 1253 = 1837.

N. Épistolographie.

CXLVI.

Manuscrit à filets rouges et bleus, renfermant des modèles propres à être employés dans la composition de lettres انشا ومراسلات. Il commence par les mots : ثم نشرع فى الـ عا. L'inscription à la fin porte que ce livre a été achevé par Nicola Fakhr انقولا فخر, son frère Constantin Fakhar قسطنطين فخر et Elbas Anton الباس (Elias Anton), fils du khodja Djerdjis Abidah جرجس عابده, premier drogman de l'Angleterre, dans la ville d'Alep, au commencement du mois de mouharrem 1180 = 1766. 58 f. in-8°. *(Frol.)*

O. Calligraphie.

CXLVII.

مرقّعات *Modèles d'écriture*, extraits de différents auteurs arabes et persans, dont les principaux sont Kemal, Saady, Hafiz, Djamy, Khosraou, Nevaiy etc. Ces exemples, distingués par leur élégance et leur beauté, et parmi lesquels on trouve plusieurs modèles de l'écriture, appelée ترسّلی *teressouly,* sont des productions d'un grand nombre de calligraphes célèbres, dont nous ne jugeons pas hors de propos de citer ici les noms, les ouvrages littéraires fournissant très peu de renseignements à cet égard. Ces calligraphes sont: Chah Mahmoud de Nichapour (en 934 = 1527,8); Soulthan Mouhammed Khendan خندان, Mouhy محی (en 858 et 877 = 1454 et 1472,3); Baqi Mouhammed de Boukhara (en 965 et 967 = 1557,8 et 1559,60); Ahmed Houseïny; Soulthan Mouhammed Nour; Abd Allah de Hérat (en 877 et 882 = 1472,3 et 1477,8); Mouhammed Moumin ben Abd Allah, surnommé مروارید Mervarid (les perles), Soulthan Aly de Mechhed; Harimy; Dervich Mouhammed, calligraphe de Hérat, Dervich Abd Allah le Mounchi (ou Secrétaire d'État); Mahmoud ben Soulthan Aly; Abd el-Hacc Mouhammed; Mouhammed Emin ben Saad-eddin, de Hérat (en 918 = 1512,3); Mouhammed Casim ben Chadichah; Abdy, de Nichapour; Kemal-eddin; Mir Cheïkh Pourany; Mir Hasan el-Houseïny; Aïany, de Hérat; Yary; Mahmoud ben Chems-eddin Aly el-Moukhtar el-Houseïny (en 952 = 1545,6); Abd Allah, de Hérat (en 877 = 1472,3); Dost Mouhammed ben Souleïman, de Hérat (en 917 = 1511,2); Nâfir el-Mounchi (en 948 = 1541,2); Ahmed; Mouhammed Mafoum ben Séyid Ghiaf; Aly Djébraïl el-Mousevy; Aïchy ben Ichrety; Chah Mouhammed, de Mechhed (en 966 = 1558,9). Ce recueil de modèles peut être regardé comme une véritable mosaïque calligraphique, une seule et même page se composant souvent de differents échantillons d'écriture, rapportés et ajustés avec le plus grand soin. Le manuscrit se distingue de plus par ses vignettes et par ses marges, tantôt marbrées, tantôt tiquetées d'or, ou couvertes de paillettes. 55 f. in-fol. *(Ard.)*

CXLVIII.

Autre collection de مرقّعات ou *Modèles de différents genres d'écritures* arabe et persane, tirés des prières mnsulmanes, des traditions de Mahomet et d'Aly, des oeuvres des poètes Djamy, Emir Khosraou, Ibn Yemin, Hafiz, Chahy, Saady, Nevaiy, Ibn Imad, enfin d'un traité intitulé رسالة قيافه *Traité sur la physionomie*. Les calligraphes qui ont contribués à la composition de ce recueil, étaient : Ahmed Houseïny, Soulthan Mouhammed Khendan, Malik,

Mir Cheïkh Thany Kermany (du Kerman); Soulthan Aly, de Mechhed, qui se trouvait à Hérat, en 908 = 1502,3; Abdy, de Nichapour, Chah Mahmoud Pir Mouhammed Djamy, élève de Soulthan Aly, Mouhammed Casim, Malik Deïlemy (du Deïlem), qui vivait en 969 = 1561,2. Mir Aly, qui est regardé comme l'inventeur des caractères nestaalic, Enisy, Mouhammed Ebrichimy, Aïchy (عيشى) Mouizz-eddin Mouhammed (en 971 = 1563,4; Pir Mouhammed Ssoufy; Abd el-Kerim Kharezmy, dont l'écriture peut être regardée comme un prodige dans son genre, cet exemple datant de la 10me année de sa vie; Mouhammed Imamy, Houseïn Katiby Hérévy (de Hérat), Djaafary; Ibn Mocla ابن مقله qu'il ne faut pas confondre avec l'inventeur des caractères neskhy; Dervich Mouhammed Mehallaty ملّاتى, Abd Allah Thabbakh طبّاخ (le cuisinier), Chems-eddin Madhi (ماضى), le cheïkh ben Katib; Moubarek Chah; surnommé زرّين قلم (à calam d'or); Soulthan Mouhammed Nour; Mouhy (محى), un des élèves les plus distingués du susdit Abd Allah Thabbakh; Aly Begh, de Tébriz, et Cheïkhzadéh. Ce manuscrit, de 72 feuillets, qui offre, comme le précédent, un grand intérêt même pour l'histoire de la calligraphie arabe moderne, se distingue également par le grand nombre de modèles dont il se compose, autant que par la multitude de calligraphes, qui y ont pris part. Les marges en sont marbrées, en partie; d'autres, simplement coloriées, et d'autres enfin, parsemées de paillettes d'or. On y trouve quelques peintures, et la reliure, richement dorée, est ornée de quelques inscriptions persanes. 70 f. in-fol. (Ard).

CIL.

Troisième collection de مرقّعات ou *modèles* de différents genres d'écriture arabes et persans, tirés du Coran, des sentences des anciens philosophes et des productions des poètes les plus renommés. Les caractères en sont d'un très bon goût et tracés avec tout l'art possible. Les calligraphes dont on voit les signatures sur ces modèles, sont Émir Cheïkh Thany (ثاني), Aly, Macfoud مقصود, qui vivait en 969 = 1561,2, Chah Mouhammed de Mechhed, et enfin Djelal-eddin Mouhammed ben Mouhammed Chirazy, de Chiraz, qui vivait en 973 = 1565,6. Les marges du manuscrit sont en papier colorié et enrichies de dessins à grands ramages. 38 f. in-fol. (Ard.)

CL.

مرقّعات ou *modèles* de calligraphie arabe, au nombre de 19. Les caractères neskhy en sont soignés, et le manuscrit tout entier est orné de filets d'or. 9 f. in-8° oblong. (Akh.)

CLI.

مرقّعات *Modèles* d'écriture, sur du papier colorié, jaune, rouge etc. 12 f. in-4°. (Zal.)

CLII.

اَلْعُمْدَةُ لِمَن طَلَبَ مِنَ اللّٰهِ قُرْبَةً *Livre servant d'appui à celui qui veut mériter la faveur divine,* traité de calligraphie, par Abd Allah ben Aly ben Abd Allah ben Mouhammed el-Hity الهيتى (c'est-à-dire de la petite ville de Hit, sur la rive occidentale de l'Euphrate, NO. de Bagdad). Ce manuscrit, enrichi de points voyelles, commence par les mots : قال فقير رحمه ربه عبد الله, et paraît être incomplet à la fin. 64 f. in-12°. *(Akh.)*

P. Philologie.

Grammaire, Rhétorique, Lexicographie etc.

CLIII.

Manuscrit composé de cinq petits traités de grammaire, dans l'ordre suivant :

1) مراح الأرواح *Le Délassement des esprits,* traité de grammaire proprement dite, par Ahmed ben Aly ben Masoud, dont Soyouthy fait mention dans sa *Biographie des Grammairiens* (manuscr. de l'Acad. des sciences, no. 549, f. 118), mais sans citer l'époque où il a vécu. Le manuscrit commence par les mots : قال الفقير الى الله الودود. f. 1—28.

Ce traité a été imprimé à Constantinople, en 1233 = 1818, et au Caire, en 1828. En manuscrit il se trouve à Leyde (Weijers, *Orientalia*, pp. 336 et 352), à Munich (Flügel, *Wiener Jahrb.*, Bd. 41, Anzbl. p. 11), à Paris (ib. Bd. 91, Anzbl. p. 3 etc., Bd. 92, Anzbl. p. 57), à Vienne (Flügel, l. c. Bd. 97, Anzbl. p. 7).

2) العزّى el-Izzy, traité des conjugaisons arabes, par Izz-eddin Abou'l-Fadhaïl Abd el-Vahhab ben Ibrahim Zendjany, de Zendjan, mort en 655 = 1257. Voyez Soyouthy, l. c. f. 248. Ce traité, imprimé isolément à Rome, en 1610, sous le titre de *Liber Tasrifi*, commence, après la formule usitée, par les mots : اعلم انّ التصريف فى اللّغة. Voy. Tornberg, p. 26, no. XLIII, 2), et Weijers, l. c. p. 337. f. 28—36.

3) المقصود el-Macfoud, *Le but qu'on se propose*, ou traité des verbes arabes, dont l'auteur présumé d'après l'avant-propos du no. CLX, serait le célèbre imam Abou Hanifa; mais, suivant d'autres autorités, il se nommait Zeïn-eddin Mouhammed ben el-Hasan el-Tebrizy, de Tebriz, mort, au témoignage de Hadji Khalfa, en 238 = 852,3. Les premiers mots de ce traité sont : فانّ العربيّة وسيلة الى علوم. Voy. Tornberg, l. c. no. 3; Pusey, p. 192, no. CCXXXVIII, 2°; Weijers, p. 338; Flügel, *Wiener Jahrb.*, Bd. 97, Anzbl. p. 9, no. 46, etc. f. 37—45.

4) *Structure*, ou traité des formes primitives des verbes, dont l'auteur est inconnu. f. 46—50. Commenc.: اعلم ان ابواب التصريف.

5) امثلة Modèles ou paradigmes des conjugaisons arabes, sans nom d'auteur. Le premier mot est نصر, et le dernier انصربنا. Ce manuscrit, en partie enrichi de gloses, est d'un caractère assez lisible, et orné de filets rouges.

Les cinq traités élémentaires qu'il renferme, et qui, depuis plusieurs siècles, sont usités comme tels pour l'étude de la langue arabe, se trouvent on ne peut plus fréquemment dans les différentes bibliothèques de l'Europe ; et c'est pourquoi il serait superflu de les spécifier. Ils ont été imprimés à Constantinople, sous le titre de صرف جلمه سى ou *Recueil grammatical*, en 1233 = 1817,8, et quelques fois à Boulac (p. e. 1244 = 1828 et 1257 = 1841). Voy. Zenker, *Bibliotheca orientalis*, no. 138, et Nicoll, p. 192, no. CCXXXIII. f. 51—55. — 55 f. in-8°. (*Akh.*)

CLIV.

Commentaire sur le traité de grammaire intitulé مراح الارواح *Délassement des esprits* (v. no. 1 ci-dessus). Il est impossible d'en déterminer l'auteur, son nom n'étant indiqué ni sur le frontispice, ni sur la marge, ni dans le corps, ni à la fin de l'ouvrage. Le commencement de ce commentaire, enrichi de notes marginales et interlinéaires, est : اللّهم يا مصرف القلوب صرّف قلوبنا. Ce commentaire doit être le même qui est cité par Krafft, sous no. LV, et Fleischer (*Cat. Lips.*, p. 335, no. VII). Notre copie date de l'année 1113 = 1701,2. 175 f. petit in-4°. (*Akh.*)

CLV.

Autre commentaire anonyme sur le même traité de grammaire. L'inscription tracée sur la tranche du volume, et le dictionnaire bibliographique de Hadji Khalfa font voir que l'auteur de ce commentaire, intitulé المفراح *Récréation,* doit être, comme on peut en juger aussi par la terminaison du volume, دنقوز Doncouz, dont le nom et le titre honorifique étaient Chems-eddin Ahmed. Il avait l'emploi de mouderris (lecteur) à la mosquée du sultan Mourad à Brousa, et florissait sous le sultan Mouhammed II (855 = 1451 — 886 = 1481) et non pas sous Osman II, comme le veut Casiri, p. 38. Ce commentaire, regardé comme un des plus marquants et généralement estimé, commence par les mots: الحمد لله الذى صرّف افكار قلوبنا. On le trouve également à la bibliothèque de l'Escurial (Casiri, T. I, no. 1464 et 1465), et à Vienne (Flügel, *Wiener Jahrb.,* Bd. 97, Anzbl. p. 6). Il est à présumer que c'est aussi le même que cite Stewart, p. 128, sans nom d'auteur, mais sous le titre de مفرح شرح مراح. Voyez sur Doncouz ou Dinghcouz ديكقوز Thachkeuprizadéh. f. 104. 143 f. petit in-4°.

CLVI.

Ce manuscrit se compose de deux parties, qui sont:

1) Un commentaire anonyme sur le traité des conjugaisons arabes de Izz-eddin Zendjany, vulgairement nommé Izzy, v. no. CLIII, 2). Le nom du commentateur n'y est pas mentionné; il com-

mence par les mots : قال انّ التصريف فى اللغة. Ce manuscrit date de l'année 1010 = 1601,2. f. 1—56.

Un commentaire sur le même traité se trouve aussi dans le manuscrit no. 524 du catalogue de la bibliothèque de Gotha, où Möller n'a pas déterminé d'une manière précise le titre très connu de cet ouvrage.

2) Un autre commentaire anonyme sur le traité des formes primitives des verbes, ou Bina (v. no. CLIII, 4), dont l'auteur n'est pas nommé, commence par les mots : الحمد لله الذى صرّف صبغ وجودنا. f. 59—78. 78 f. gr. in-8°. *(Akh.)*

CLVII.

Commentaire du célèbre Teftazany التفتازانى (v. no. XCIV, 1), et Chondemir, *Ami des biographies*, T. III, p. 512, msc. de l'Acad.) sur le traité des conjugaisons arabes, intitulé : مختصر التصريف *Précis des conjugaisons*, par عزّى Izzy, ou Izz-eddin Zendjany, voy. no. CLIII, 2). La première phrase du commentaire de Teftazany, enrichi de nombreuses gloses marginales et interlinéaires, est :

ان اروى زهر يخرج فى رياض الكلام. Cette copie date de l'année 1092 = 1681. On en trouve deux exemplaires à la bibliothèque de l'Escurial (Casiri, T. I, p. 24), et à celle de Bodley (Uri, pp. 243 et 244), et l'ouvrage a été imprimé à Constantinople, en 1253 = 1838. Voyez Nicoll, p. 186, no. CCXXIII. 104 f. petit in-4°. *(Akh.)*

CLVIII.

Autre exemplaire, endommagé dans plusieurs endroits, datant du 5 du mois de redjeb de l'année 1025 = 1616. 75 f. in-8°. *(Frol.)*

CLIX.

كتاب القمريّة فى الرسالة لصرفيّة *Livre* intitulé *Lunaire, sur le traité des conjugaisons* de Izz-eddin Zendjany (no. LIII, 2)). L'auteur de cet ouvrage se nomme dans l'avant-propos el-Hadji Ibn Ibrahim ibn Occachah de Ghilan الحاجى ابن ابراهيم ابن عكاشه الجيلى. Dans l'édition imprimée de Hadji Khalfa, T. IV, p. 210, il est nommé Ibrahim ben Akkach el-Haleby, de Alep; dans une copie manuscrite, Ibrahim ben Okkat عكات (?) el-Hanbely, tandis que M. Flügel (*Wiener Jahrbücher*, Band 47, p. 10) l'appelle Ibn Ibrahim Dschelebi. Le manuscrit, achevé vers la fin du mois de djoumada I 953 = 1546, et contenant un commentaire sur le تصريف ou *Traité des conjugaisons* de Zendjany, commence par les mots : الحمد لله المنزه عن الخذف. Il ne faut pas le confondre avec un autre ouvrage du même titre القمرية, contenant un commentaire sur l'ouvrage intitulé Chemsiyé (v. no. XC, 1)), et mentionné par Hadji Khalfa, T. IV, p. 78 et 569. Notre ouvrage se trouve aussi à la bibliothèque de Munich (*Wiener Jahrb.*, l. c.). 102 f. in-4°. *(Bay.* م*)*

CLX.

Commentaire sur le traité des verbes arabes, intitulé el-Macfoud (v. no. CLIII, 3)). Le nom de l'auteur de ce commentaire, intitulé روح الشروع *L'Esprit des commentaires,* n'est cité dans aucune partie de ce volume, ni dans Hadji Khalfa. Il commence par les mots : الحمد لله المتعال عن الند والمثال. Cette copie date de l'année 1114 = 1702,3. 52 f. grand in-8°. *(Akh.)*

CLXI.

Première partie de la célèbre grammaire arabe de Sibaveïh سيبويه, nommée par excellence كتاب سيبويه *Livre de Sibaveïh*[1]), et الكتاب *Le Livre*[2]). Le nom entier de l'auteur était Abou Bachr أبو بشر Amr ben Othman ben Counbour قنبر ; né à Persépolis, il mourut sous le règne de Haroun el-Rachid, en 180 = 796, suivant Ibn Khallikan, Abou'l-Feda, Soyouthy, Hadji Khalfa (*Tables chronol.*) et Amasy, dans son روض الاخيار *Bosquet des hommes de bien.* Cet auteur était le grammairien le

---

1) C'est ainsi que ce nom est prononcé dans le manuscrit même, et non pas Sibouïé, et c'est de la même manière qu'il est écrit par Ibn Khallikan. La preuve que ce nom, de même que tous les autres terminés en ويه doit se prononcer de la sorte, c'est que les poètes même du IVe siècle de l'hégire, contemporains par conséquent des Bouveïhides, font rimer le nom de بويه avec les mots : عليه, يليه.

2) C'est probablement par méprise que cet ouvrage est intitulé Itlac dans l'*Encyclopädische Uebersicht der Wissensch. des Orients,* p. 237. Il est à présumer que le texte portait اطلاقا ou على الاطلاق, ce qui signifie *par excellence.*

plus distingué de l'école de Basora, et sa grammaire, qui jouit d'une réputation classique, est regardée comme une des plus anciennes. Le fond de cet ouvrage consiste, au dire de Amasy, dans le *Recueil* جامع de Abou Amr Isa عيسى, que Sibaveïh a refondu en lui donnant plus d'extension. Ce grammairien célèbre doit avoir recommandé, en mourant, qu'on déposât sa grammaire avec lui dans la tombe, et ce ne fut que par l'intermédiaire d'un de ses disciples que ses héritiers parvinrent à la racheter au prix de trente pièces d'or. Ce premier volume commence par les mots هذا باب علم ما الكلام من العربيّة.

On voit, à la fin du manuscrit, une notice dont il résulte que cette copie a été faite en 547 = 1152, par Mouhammed ben Yousouf ben Aly, de Ghazna الغزنوى, sur une autre, écrite en 389 = 997, par Aly ben Zeïd ben Ahmed el-Casany القاسانى. Ce qui donne plus de prix encore à cet ancien manuscrit, c'est qu'il est très bien conservé et, d'un bout à l'autre, enrichi de points voyelles. On trouve des exemplaires de la même grammaire, sans commentaire comme celui-ci, au Musée asiatique, no. 403, à la bibliothèque de l'Escurial, no. 1, et dans plusieurs bibliothèques de Constantinople. Voyez, relativement à l'auteur, Ibn Khallikan, no. 515, Soyouthy, f. 285, Abou'l-Feda, *Annales muslem.*, T. II, p. 72 suiv., D'Herbelot, s. v. Sibouieh, Aïny (msc. acad.), T. II, ff. 606-7, et de Sacy, *Anth. gramm.*, p. 40. 385 f. in-4°. *(Akh.)*

CLXII.

Manuscrit renfermant deux traités, dont l'auteur doit être le célèbre Djemal-eddin Abou Omar Othman ben Omar ben Abi Bekr ben Younous le Malekite, Kurde de la tribu de Doun الكردى الدنوى الاصل الاسناى المولد, né à Osna en Égypte, en 570 ou 571 = 1174—5, et mort en 646 = 1248,9. Suivant Abou'l-Feda et Soyouthy, il est généralement connu sous le nom de Ibn el-Hadjib (fils du chambellan), et mérite d'être compté au nombre des philologues les plus distingués. Consultez, relativement à Ibn el-Hadjib, Ibn Khallikan, no. 424, et Soyouthy, f. 252. Cf. Wüstenfeld, *Die Academien der Araber*, p. 139, no. 240.

Les deux traités susmentionnés sont:

1) الكافية *Livre suffisant*, traité de syntaxe, regardé comme un des ouvrages classiques pour cette branche d'enseignement. Il a pour commencement: الكلمة لفظ. f. 1 — 42.

2) الشافية *Livre salutaire*, ou traité de grammaire proprement dite, qui jouit également de la plus grande réputation. Il commence, après la formule ordinaire, par les mots: فقد سالنى من لا يسعنى.

Ce manuscrit, en jolis caractères nestaalic, orné d'un filet d'or et de jolies vignettes, servant de frontispice, date de l'année 980 = 1572,3. 98 f. in-12°. *(Akh.)*

Le premier de ces traités, imprimé d'abord à Rome, en 1592, puis à Constantinople, en 1200 = 1786, avec le commentaire de Zeïnyzadéh, en 1235 = 1820, avec le commentaire du poète Djamy, et en 1256 = 1840, avec celui de Ifam-eddin Mouhammed el-Isferaïny, de même qu'à Boulac, en 1241 = 1825 etc. (v. Weijers, p. 349), et en 1802, par Baillie, à Calcutta, est très commun, et se trouve, entre autre, sans commentaire, à la bibliothèque Bodleyenne (Uri, pp. 233, 241, 243, 246 bis; dans différentes bibliothèques de Vienne (*Mines de l'Orient*, T. II, p. 2, p. 288, no. 40 et 41, Krafft, no. XXXVIII, p. 13); à celles de Gotha, no. DXV; de Dresde (voy. Paulus, *Memorabilien*, Stück IV, p. 15, no. 96, et Fleischer, no. 89, p. 12 etc.); du Roi, à Paris (p. 231, no. MCCXXVII, 1re subdivision, nos. MCCCLV-VI et DCCLXXXIII); de Leyde (Weijers, p. 349), de Munich (Flügel, *Wiener Jahrb.*, Bd. 47, p. 10) et de Hambourg (Bohlen, Cat. msc. no. 157). Le second traité, que Stewart (*Catalogue*, p. 126, no. XIII) regarde, au contraire, comme un livre très rare, est déposé à la bibliothèque de l'Escurial (Casiri, T. I, p. 26), à la bibliothèque Ambrosiana, à Milan (Hammer, *Lettera*, 1^a, p. !, comme aussi à celles de Tippou Soulthan (Stewart, l. c.), de l'Académie orientale de Vienne (Krafft, p. 13, no. XXXVII), et de Dresde (Fleischer, p. 33, no. 222; et en vers, avec un commentaire, ib. p. 71, no. 414,5), aux bibliothèques de Leipzig (Fleischer, p. 334, no. VI) et d'Upsal (Tornberg, p. 30, no. L, 2).

CLXIII.

Manuscrit renfermant les trois traités de grammaire suivants:

1) Le traité de syntaxe, dont il vient déjà d'être parlé, sous le titre de Kafié *Livre suffisant.* Cette partie du manuscrit est enrichie de nombreuses gloses marginales. f. 1 — 42.

2) المصباح *Le flambeau,* ouvrage dont l'auteur, comme le prouve la comparaison de l'article 24 du catalogue de Vienne (*Mines de l'Orient,* T. II, p. 286) avec le manuscrit même et le dictionnaire de Hadji Khalfa, sous مصباح, est Bourhan-eddin Abou'l-Fath Nâfir ben Abi'l-Mekarim (ناصر بن ابى المكارم) Abd el-Séyid ben el-Moutharriz ou Moutharrizy, c.-à-d. fils du frangier, célèbre grammairien, mort en 610 = 1213. Cette seconde partie du manuscrit commence par les mots: اما بعد حمد لله ذى الانعام. Ce traité, qui a été publié entièrement par Baillie, à Calcutta, en 1802, et le premier chapitre par Silv. de Sacy (*Anthologie grammaticale,* no. IV) se trouve en manuscrit à la bibliothèque Bodleyenne (Uri, p. 241), à Paris (*Catalogue,* no. MCCLXXIV), à Leyde (Weijers, p. 350), à celle de Tippou Soulthan (Stewart, p. 127, no. CXXIX, où el-Moutharrizy, par une légère erreur, est nommé al-Turzy), à la bibliothèque *degli Studi,* à Naples (Hammer, *Lettera,* 1ᵃ, p. 2), dans plusieurs bibliothèques de Vienne (*Mines de l'Orient,* T. II, pp. 286 et 288, nos. 24, 40 et 41, Krafft, p. 16, no. XLVII), à Dresde (Fleischer, p. 102, s. v.

Kithâb-el-Mifba'h), à Leipzig (Fleischer, p. 340, no. XIV), à celle de Munich (Flügel, *Wiener Jahrb.*, no. 47, Anzbl. p. 46) et à Upsal (Tornberg, p. 28, no. XLVI, et des commentaires, no. XLVII). Un commentaire sur ce livre se trouvait dans la bibliothèque de M. Silv. de Sacy, voy. *Catalogue de sa bibliothèque* (Manuscrits), p. 19, no. 101.

Voyez, relativement à l'auteur, Ibn Khallikan, no. 768, et Soyouthy, f. 313. — Quant à l'ouvrage même, consultez Hammer (*Mines de l'Orient*, l. c.) et la rectification de cet article par M. de Sacy, dans le *Magasin encyclopédique* de 1813, T. VI, p. 213 et suiv., ainsi que ce dernier savant dans son *Anthologie grammaticale*, p. 233.

3) Le commentaire d'un auteur anonyme, intitulé شرح ديباجه *Commentaire sur la Préface*, servant d'explication au discours préliminaire, placé en tête de l'ouvrage, no. 2). Il a pour commencement les mots : قال المصنف اما بعد حمد الله اما كلمة مضمنة لمعنى الشرط, et il paraît que la fin ne s'en trouve pas dans le manuscrit. A juger d'après la phrase initiale, ce commentaire doit être le même dont parle M. Fleischer (*Catal. Lips.*, p. 341, no. 5, et *Catal. Dresd.*, no. 89, 2). On trouve des commentaires et des gloses sur les avant-propos de différentes grammaires dans les manuscrits no. DII-IV et DXXV de la bibliothèque de Gotha (Moeller, T. II, où le mot est rendu d'une manière incertaine par *Vestis serica*, ce mot signifiant aussi une préface écrite dans le style fleuri

des orientaux. Voyez encore Fleischer (*Cat. Lips.*, no. XVII, 2)), Krafft (p. 16, no. XLVII etc.) et Tornberg (p. 29, no. XLVIII). 90 f. petit in-4°. *(Akh.)*

CLXIV.

فوايد ولفية بحل مشكلات الكافية *Avantages complets, servant d'explication aux difficultés* du traité de syntaxe, intitulé Kafié, voy. no. CLXII, 1), ou commentaire nommé simplement الفوايد الضيائية *Avantages offerts à* Dhia-eddin, parce que le célèbre poète persan Abd el-Rahman Djamy (voyez le catalogue de l'ancienne bibliothèque d'Ardebil, no. 98) le rédigea à l'usage de son fils Dhia-eddin Yousouf, en 897 = 1492. Ce commentaire occupe le premier rang parmi ceux qui ont été composés sur la syntaxe dite Kafié, et a été imprimé à Constantinople, avec cette syntaxe, en 1235 = 1819,20, et 1237 = 1821, comme aussi à Calcutta, sans date (Weijers, p. 350, et Flügel, *Wiener Jahrb.*, Bd. 47, Anzbl. p. 11, Bd. 97, Anzbl. p. 8). Le manuscrit, dont une moitié est enrichie de notes marginales, date de l'année 1111 = 1699,700, et commence par: الحمد لوليّه والصلوة على نبيه. 180 f. in-fol. *(Akh.)*

CLXV.

Autre exemplaire du même ouvrage, avec des notes marginales et interlinéaires. Des inscriptions sur la première et dernière feuilles nous apprennent qu'il a été pris dans une mosquée turque, lors de la délivrance de Strigonie, au mois d'octobre

1683, par le comte François de Brzezia-Lanskoronski, et donné le 19 mai 1702 à l'université de Cracovie. 252 f. in-4°.

Ce manuscrit se trouve aussi à la bibliothèque de l'Escurial (Casiri, T. I, pp. 20, 21 et 25; à celle de Paris (*Catalogue*, no. MCCCLVII); dans plusieurs de Vienne (*Mines de l'Orient*, T. II, p. 262, no. 416, Krafft, p. 14, no. XXXIX); et à celles de Tippou Soulthan (Stewart, p. 126, no. XVII, et p. 189, no. XVI); de Bodley (Uri, p. 234, où cet ouvrage est attribué à اسفرايني Isferaïny); du Musée asiatique, où il y en a quatre exemplaires, nos. 408 à 411, et enfin de Dresde (Fleischer, p. 37, no. 249) etc.

CLXVI.

Gloses de Ifam-eddin Ibrahim ben Mouhammed ben Arabchah Isferaïny (d'Isferaïn) sur le commentaire du poète Djamy (voyez le no. précédent). Isferaïny, mort, suivant Hadji Khalfa, en 945 = 1538,9, et d'après D'Herbelot, en 943 = 1536,7, était fils du célèbre historien de Tamerlan, nommé Ibn Arabchah ابن عربشاه. Ces gloses ont pour commencement : يا هادياً لسالك مسالك ممامدك. La copie date de l'année 1014 = 1605,6. Des pareilles sont déposées au Musée asiatique (*Catal.*, no. 412), à la bibliothèque de Vienne (*Mines de l'Orient*, T. VI, p. 262, no. 417; Flügel, *Wiener Jahrb.*, Bd. 97, Anzbl. p. 7); à celle de Tippou Soulthan (Stewart, p. 126, no. XVIII), et à celle de l'Escurial,

T. I, p. 35. Casiri, T. I, p. 36, cite un commentaire de Isferaïny sur la Kafié : il en est de même d'Uri, p. 34, qui donne à ce commentaire le titre de الفوايد الوافية بحلّ مشكلات الكافية, voyez no. CLXIV; mais il n'y a aucun doute que ces deux bibliographes se sont trompés, en regardant comme tels les gloses d'Isferaïny sur le commentaire de Djamy. 257 f. in-8°. *(Akh.)*

CXLVII.

Gloses حاشية de Mouhammed Ifmet-eddin ben Mahmoud sur le commentaire grammatical de Djamy (no. CLXIV). On lit en tête de la préface les mots : منك البداية والنهاية ياكريم. Ce manuscrit est orné d'un assez joli frontispice et d'un filet rouge. 192 f. in-8°. *(Akh.)*

CLXVIII.

Second volume du commentaire de Nedjm-eddin Mouhammed ben el-Hasan el-Radhy d'Asterabad, mort en 717 = 1317, suivant Casiri, sur la Kafié d'Ibn el-Hadjib, voy. no. CLXII, 1). Ce commentateur, auquel Hadji Khalfa (T. V, p. 7) et Stewart (p. 126) donnent le titre de Radhy-eddin, termina, d'après les mêmes bibliographes, le commentaire en question, qui est des plus étendus et que Hadji Khalfa cite avec le plus grand éloge, dans l'année 683 = 1284 ou 686 = 1287. Ce second volume commence par les mots : المبتى ما ناسب مبنى الأصل. La copie date de l'année 816 = 1413,4. 189 f. in-fol. *(Ahh.)*

Ce commentaire se trouve à la bibliothèque de Tippou Soulthan (Stewart, p. 126), à celles de l'Escurial (Casiri, T. I, pp. 21 et 36), et de Paris (*Catal.*, no. MCCXLVII), dans plusieurs bibliothèques de Constantinople, etc.

CLXIX.

Manuscrit qui contient:

1) Un commentaire sur la même Kafié, qui, suivant l'inscription de la tranche de ce volume, est intitulé: معرب كافية *Analyse grammaticale de la Kafié*. L'auteur ne s'est pas nommé dans ce commentaire, qui commence par les mots: الكلمة مبتدأ واللام فيها للتعريف. La copie date de l'année 1148 = 1735,6. f. 1—56.

2) Un commentaire sur un traité de grammaire, dont on ne trouve ni le titre, ni le nom de l'auteur. Cette partie du manuscrit est en très mauvais état; elle commence par les mots: أمّا بعد حمد الله اما كلمة, et est incomplète à la fin. f. 59—94.

3) Un commentaire sur le traité de dialectique, intitulé: العضديّة el-Adhoudiyé ou الوضعيّة el-Vadhiyé. Voyez no. XCI, 2). La fin prouve qu'il a pour auteur Khodja Aly, de Samarcand. Cette copie date de l'année 1101 = 1689,90. 121 f. in-8°. (*Akh.*)

CLXX.

Gloses d'un auteur anonyme sur le commentaire de la Kafié de Chihab-eddin ben Chems-eddin ben Omar el-Zevvaly

الزوّالی, connu sous le nom de Daouletabady دولتابادی, et ensuite sous celui de Hindy هندی. Suivant Hadji Khalfa, le nom propre de ce commentateur était Ahmed ben Omar. La première phrase du commentaire est نحمد الله نحو آلائه الوافية. Il s'en trouve trois exemplaires à la bibliothèque de l'Escurial. Voyez Casiri, T. I, p. 20 et 35, où on lit الدوّانی el-Devvany, au lieu de el-Zevvaly الزوّالی. 129 f. in-8°. *(Akh.)*

CLXXI.

Manuscrit sans commencement, et dont les premiers feuillets ont été écrits par une main différente de celle qui a tracé les derniers. On voit par la rédaction finale que c'est un commentaire intitulé الوافية *Complet* sur la Kafié, voy. le no. CLXII, 1). Quant au nom de l'auteur, nous nous voyons forcé de garder le silence à cet égard, ce titre étant celui que plusieurs grammairiens ont donné à leurs commentaires sur la Kafié, nommément Ibn Hadjib, Roukn-eddin Asterabady et Djamy. D'après la liste des livres venus d'Akhaltsikh, cet auteur serait Mouhammed ben el-Haleby, sur lequel nous ne pouvons donner aucun renseignement. Le manuscrit date de l'année 873 = 1468,9. Cf. Nicoll, p. 192, no. CCXXXIV. 232 f. petit in-8°. *(Akh.)*

CLXXII.

T. Commentaire turc de Soudy سودی, né en Bosnie, et mort, suivant Naïma, vers l'année 1000 = 1591,2, sur la même

Kafié. Il commence par les mots : الحمد لوليّه والصلوة على نبيّه ا. 255 f. petit in-4°. *(Akh.)*

Par rapport à Soudy, qui a composé aussi des commentaires sur le Mesnevy de Djelal-eddin Roumy, le Divan de Hafiz, et le Gulistan et Boustan de Saady, voyez *Annals of the Turkish Empire*, by Naïma, transl. by Ch. Fraser (Vol. I, p. 45-6). Cf. *Wiener Jahrbücher*, Bd. 61, p. 28—29.

CLXXIII.

Commentaire sur la Chafié d'Ibn el-Hadjib (voyez no. CLXII, 2)), par جاربردى Tcharbirdy, dont le nom entier, suivant la préface de ce manuscrit, était Ahmed ben el-Hasan el-Djarbirdy. Casiri lui donne le prénom de Abou Abd Allah, et Soyouthy, ainsi que le catalogue de Paris et M. Flügel, le titre de Fakhr-eddin; mais, au dire de Hadji Khalfa (Msc. Roumänzov), cet auteur doit avoir eu pour titre honorifique Chihab-eddin, et pour père Fakhr-eddin. Il est mort à Tébriz, au commencement de l'année 746 = 1346, suivant Soyouthy et les *Tables chronologiques* de Hadji Khalfa. L'avant-propos même de ce traité fait voir qu'il a été composé à l'usage d'un vézir, nommé Saad-eddin Mouhammed. Notre exemplaire, à en juger d'après la suscription du premier feuillet, devrait encore contenir le traité de Rhétorique, intitulé مختصر المفتاح *Précis de la clef des sciences* (voy. plus bas); mais après avoir attentivement examiné le volume, nous nous sommes assuré de l'inexactitude de cette indication. Il commence par: تحمدك يا من بيده الخير. Ce commentaire se trouve aussi à la bibliothèque du Roi, à Paris (*Catal.*, p. 237, no. DCCLXXXV), dans quelques-unes à Constantinople, à Vienne (Flügel, *Wiener Jahrb.*, Bd. 97, Anzbl. p. 8), et à Hambourg (Bohlen, *Catal.*, msc. no. 158). Il est certain que c'est le même qui est déposé à la bibliothèque de Vienne, et qui, dans le catalogue, figure sous le titre de Schabijet, avec la désignation de l'auteur sous le nom de Al-dschazberdi (voyez *Mines de l'Orient*, T. VI, p. 262, no. 413); il est également probable que c'est encore le même commentaire, qui, dans le catalogue de Casiri, T. I, nos. XIX, LXXXIV et CLVII, est intitulé الشافية فى شرح الكافية, et dont Djarbirdy est désigné comme l'auteur. Un commentaire sur la Chafié, qui emprunte presque tout de Djarbirdy, se trouve à Dresde, voy. Fleischer, *Catal. Dresd.*, p. 71, no. 414. Voyez, relativement à Djarbirdy, Soyouthy, l. c. p. 103. 122 f. in-4°. *(Akh.)*

CLXXIV.

Manuscrit renfermant deux traités différents, savoir:

1) Un commentaire de Roukn-eddin sur la Chafié (voyez no. CLXII, 2)) d'Ibn el-Hadjib. Suivant Soyouthy, le nom de Roukn-eddin en entier était el-Séyid Roukn-eddin Abou'l-Fadhaïl el-Hasan ibn Cherefchah, descendant d'Aly et originaire d'Asterabad (العلوى الاستراباذى), auteur également d'un

commentaire sur la Kafié, intitulé المتوسّط le *Mitoyen,* ce qui lui a valu le surnom de صاحب المتوسط *Auteur du commentaire mitoyen,* car il en a composé trois sur la Kafié. Il mourut, d'après Soyouthy, en 715 = 1315, suivant Osnevy, en 718 = 1318, d'après le catalogue de Paris enfin, en 717 = 1317. Hadji Khalfa reporte l'époque de sa mort à cette même année 717 = 1317. Le commencement de ce commentaire est : اما بعد حمد الله على توالى نعمه ونواله. La copie date de l'année 1115 = 1703,4. Voyez, par rapport à cet auteur, Soyouthy, f. 178, et le *Catalogue* des manuscrits de la bibliothèque du Roi, 1re partie, p. 232. f. 1-135.

2) Commentaire d'un auteur anonyme sur les *Cent particules régissantes* مائة العوامل ou العوامل, ouvrage classique et très renommé, du célèbre Abd el-Cahir el-Djourdjany, mort en 471 = 1078,9, suivant Soyouthy, Djennaby, Hadji Khalfa (*Tables chronol.*) et le commentaire arabe, cité par Casiri, p. 7. Le nom entier de cet auteur était Abou Bekr Abd el Cahir ben Abd el-Rahman el-Djourdjany. Connu vulgairement sous celui de el-Djourdjany *le grammairien* الجرجانى النحوى, il est regardé comme un des meilleurs connaisseurs en fait de littérature arabe. C'est à tort que Casiri, T. I, p. 39, et Schnurrer, *Biblioth. arab.*, p. 31, avancent qu'il a composé son traité des *Cent particules régissantes* en 596 = 1199, et c'est également par erreur que D'Herbelot, Rossi et Jourdain ont cru à l'identité

de cet auteur avec Mouhammed ben Abou Bekr ben Abd el-Cahir el-Razy (dont il sera question plus bas, à l'article مَتار الصِّحاح), et lui ont donné le surnom de Razy. Ce commentaire commence par les mots: بسم الله الخ اعلم آن فى اعراب. L'ouvrage original de Djourdjany se trouve très fréquemment dans les différentes bibliothèques de l'Europe, entre autres à celles de Bodley (Uri, pp. 241 et 246); de Leyde (nos. 1314 et 1327, cf. Weijers, p. 351); du Roi à Paris, no. MCCCLV; *degli Studi* à Naples (Hammer, *Lettera*, 2", p. 2); de Vienne (Krafft, p. 17, no. L, Flügel, *Wiener Jahrbücher*, Bd. 97, Anzbl. p. 8); de Dresde (Fleischer, *Catalogus Dresd.*, p. 102, *Mieth 'ámil*); de Munich (*Wiener Jahrbücher*, Bd. 47, Anzbl. p. 10). On en trouve en outre un grand nombre d'exemplaires accompagnés de commentaires, ainsi que plusieurs éditions imprimées, savoir une qui a été publiée à Leyde, par Erpenius, en 1617; une autre, accompagnée d'un commentaire publiée à Calcutta, en 1802, par Baillie; une autre encore, de Locket, ibid., en 1814; et enfin une, également enrichie d'un commentaire, à Scutari, en 1805. Consultez, par rapport à Djourdjany, Soyouthy, l. c., f. 240. 151 f. in-4°. *(Akh.)*

CLXXV.

مائة عوامل *Les cent particules régissantes*, par Djourdjany. Voy. no. CLXXIV, 2). 18 f. in-4°. *(Frol.)*

CLXXVI.

Manuscrit sans commencement, où se trouvent les deux traités suivants :

1) Le commentaire sur les *Cent particules régissantes* العوامل المائة de Djourdjany; voyez le no. 2) ci-dessous. Un inconnu a tracé au verso du premier feuillet les mots : شرح ميرجان *Commentaire de Mir Djan*. Les premiers mots en sont : الرجل وعليه قوله تعالى, les derniers : عن معرفتها واستعمالها, et le manuscrit date de l'année 988 = 1580. f. 1—59.

2) Le texte des *Cent particules régissantes*, de Djourdjany, dont il a été question no. CLXXIV, 2). Il commence, après la formule généralement usitée, par les mots: فانّ العوامل فى النحو على ما ألفه الشيخ الخ. f. 63—83. 83 f. in-12°. *(Akh.)*

CLXXVII.

Manuscrit composé de trois parties, savoir :

1) Un commentaire de Yahya ben Nafouh ben Israïl يحيى بن نصوح بن اسرائيل sur les *Cent particules régissantes* de Djourdjany (no. CLXXIV, 2)). La préface prétend qu'il a été composé sous le règne du sultan Mouftafa ben Souleïman, et présenté à ce souverain, quoique nous ne connaissions dans le nombre des sultans de la dynastie othomane aucun souverain qui ait porté ce nom. Les premiers mots du commentaire sont : توجهنا

الى جنابك. Cette copie date de l'année 1109 = 1697,8. f. 1—47.

2) T. Un poème panégyrique قصيده, en langue turque, composé à la louange de l'auteur des *Cent particules régissantes,* Djourdjany. Le premier hémistiche est عامل حق اولنه لازمدر حمل خرا. Ce poème, à en juger par la fin: حفظ ايدوب بو نظم يحيا يه كيم ايلرسه دعا. paraît être du même auteur que le commentaire arabe ci-dessus. f. 48.

3) Autre commentaire, d'un auteur anonyme, sur les *Cent particules régissantes* de Djourdjany. Il commence par les mots: ثم الصلوة على المنفرد باحكام الرسالة. f. 50—93. 93 f. in-8°. *(Akh.)*

CLXXVIII.

Commentaire du Cheïkh Ahmed de Couch Atbahsi قوش اطه سى 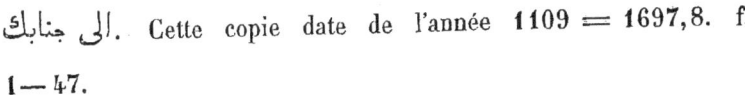 sur le *Nouveau traité des particules régissantes* ou عوامل جديد de Berghevy ou Perghevy, c'est-à-dire محمد پير على (ابن پيرعلى) البركوى Mouhammed Pir Aly (ou ben Pir Aly) de Perga, également renommé comme théologien et comme grammairien, surtout par son catéchisme ou Exposition de la foi musulmane, simplement intitulé رسالة بركوى *Traité de Berghevy*, et dont il sera parlé plus bas, ainsi que par son traité des particules régissantes. Il naquit en 929 = 1522,3, mourut, suivant Hadji Khalfa *(Tables chronol.)*, en 981 = 1573,4, et fut enterré à Berghy ou Perghy. Le traité des *Nouvelles particules régissantes* عوامل جديد, qui ne figure autre chose qu'une nouvelle édition, entièrement refondue, des cent particules de Abd el-Cahir Djourdjany (v. no. LXXIV, 2)), est généralement usité dans les écoles de l'empire othoman, ce qui lui a valu plusieurs commentaires et une édition imprimée à Scutari, en 1819. Celui dont il est question ici, commence par les mots : الحمد لله الذى جعل العالمين العاملين. La copie, ornée d'un filet rouge et enrichie de nombreuses gloses, tant marginales qu'interlinéaires, date de l'année 1196 = 1782. 29 f. petit in-4°. *(Akh.)*

Quant à l'auteur, voyez l'*Encyclopédie d'Ersch et de Gruber*, T. IX, p. 80.

CLXXIX.

Manuscrit renfermant :

1) Le texte de la célèbre syntaxe arabe, intitulée : الأجرومية el-Adjourroumiyé, par Abou Abd Allah Mouhammed ben Mouhammed el-Ssounhadjy, désigné vulgairement sous le nom de Ibn el-Adjourroum. C'est ainsi que Soyouthy orthographie ce nom, qui, suivant lui, dans le dialecte des Berbères, a le sens de Ssoufy et de Dervich. L'auteur est du reste surnommé aussi Ssounhadjy ou Ssinhadjy, du nom de la tribu himyarite de Ssounhadja, communément appelée Ssanhadja, qui jouissait d'une grande réputation dans le Maghrib. Il naquit en 672 = 1273,4, et mourut en 723 = 1323. La syntaxe qui a été nommée Adjourroumiyé (et non Adjeroumié, ni Edschroumié), d'après le surnom de l'auteur, avait

proprement le titre de مقدمة الآجرومية *Discours préliminaire* d'Ibn el-Adjourroum, et jadis très usitée dans les écoles de l'Orient, aujourd'hui elle est tombée en désuétude. Elle a été cependant imprimée plusieurs fois à Boulac. Pour les autres éditions voy. Schnurrer, pp. 23, 25, 31, nos. 43, 45, 53, Krafft, p. 14, no. XL, et Zenker, p. 18—19, nos. 120—128. Cette syntaxe commence par les mots : قال الشيخ الأمام العالم الخ. Elle se trouve assez souvent dans les bibliothèques de l'Europe, p. e. à Paris (*Catal.*, no. MCCLXXXII, Flügel, *Wiener Jahrb.*, Bd. 91, Anzbl. p. 3); à l'Escurial (Casiri, no. CCI), à Leyde (no. 1293), à Upsal (Tornberg, no. LIII); avec un commentaire, à Munich (Flügel, *Wiener Jahrb.*, Bd. 47, Anzbl. pp. 9, 10 et 11; cf. *Bibliothèque de M. S. de Sacy*, T. III (Manuscrits), p. 18, nos. 96—98); à Vienne (Flügel, l. c., Bd. 97, Anzbl. p. 9, no. 47—49), à Hambourg (Bohlen, *Catal.*, msc. nos. 162 et 163). f. 1—5.

Relativement à Ssounhadjy, voyez Soyouthy, f. 79, de Rossi, *Dizionario etc.*, p. 184, Nicoll, p. 183, no. CCXVI, etc.

2) Un petit traité d'*Analyse grammaticale* اعراب, dont l'auteur a gardé l'anonyme. Les premiers mots, après la formule ordinaire, sont : وبعد فاعلم انه لا بد لكل طالب. f. 5—8.

3) Un commentaire sur le traité précédent, dont l'auteur a aussi gardé l'anonyme. La première phrase en est : الحمد لمن يرفع من عمل بعلمه. 46 f. in-8°. (*Akh.*)

CLXXX.

Commentaire de Zeïn-eddin Abou Abd Allah Khalid ben AbdAllah ben Abi Bekr el-Azhery, sur la syntaxe dite Adjourroumiyé, composée par Ssounhadjy, voyez no. CLXXIX. Le commentateur, qui, suivant Hadji Khalfa, s. v. مقدمة, portait encore le surnom المصري l'Égyptien, était docteur chafiite, et quant au premier surnom de Azhery, il lui provenait probablement d'un de ses ancêtres. Casiri, T. I, p. 73, avance qu'il florissait dans le 6me siècle de l'hégire, ce qui ne pourrait être fondé, parce qu'il a commenté des ouvrages de Ssounhadjy, décédé en 723 = 1323, et d'Ibn Hicham, mort en 761 = 1359,60. Il a écrit son commentaire, comme il le dit dans sa préface, y ayant été engagé par le cheïkh Abbas el-Azhery, ce qui vraisemblablement a induit en erreur le rédacteur du catalogue de Paris, qui attribue ce commentaire à Abbas el-Azhery lui-même (1 vol., no. 1284).

Le commentaire commence par les mots : يقول العبد الفقير الى مولاه الغني. 47 f. in-8°. *(Akh.)*

CLXXXI.

Autre exemplaire, à filets d'or et orné d'une vignette en or et autres couleurs. 40 f. in-8°. *(Frol.)*

L'Adjourroumiyé, accompagné du commentaire de Azhery, est déposé à la bibliothèque de Gotha (Möller, no. CCCCLXXXVIII-IX), à celle de l'Escurial (Casiri, T. I, p. 23, 29 et 40), et à celles de Bodley (Uri, p. 245 et 246), de Paris (no. MCCLXXXIV), de Vienne (Krafft, p. 15, no. XLIX), de Hambourg (Bohlen, Cat., msc. no. 169), etc.

CLXXXII.

تحفة الاخوان *Présent fraternel*, commentaire de Mouftafa ben Ibrahim sur l'ouvrage de Perghevy, intitulé عوامل جد يد ou *Nouvelles particules régissantes*, voy. no. CLXXVIII. Ce commentaire a été imprimé à Scutari, en 1805. Le manuscrit, orné d'un filet rouge, se distingue par la netteté de ses caractères neskhy; il commence par les mots : الحمد لله (الذى) افهم العلوم, et, enrichi de quelques notes marginales, date de l'année 1205 = 1790,1. 53 f. in-8°. (*Akh.*)

CLXXXIII.

الالفيّة el-Alfiyé, ou *Poëme de mille vers* sur la syntaxe, par Djemal-eddin Abou Abd Allah Mouhammed ben Abd-Allah ben Malik el-Thaiy el-Andalousy el-Djayany الجياني, de Jaën en Espagne, philologue des plus célèbres, né en 600 = 1203,4, et mort à Damas, en 672 = 1273,4. Ce poëme était regardé par les Maures comme un ouvrage fondamental pour l'étude de la langue arabe, tandis que les musulmans de l'Asie considéraient comme tel la Kafié d'Ibn el-Hadjib (voy. no. CLXII). Il ne faut pas le confondre avec un autre poëme intitulé Elifiyé, de ce que tous les vers y finissent par un *Elif*. Ce dernier fut composé plus tard, par un autre grammairien également renommé, appelé الزواوي el-Zevavy, c.-à-d. descendant de la grande tribu de زواه Zavah, dans la province d'Afriqiyé افريقية. Le premier hémistiche du poème dont nous parlons, est: قال محمد هو ابن مالك. Ce manuscrit, orné d'un bout à l'autre de notes marginales et interlinéaires, date de l'année 1121 = 1709,10. 55 f. petit in-4°. *(Akh.)*

On en trouve des exemplaires, sans commentaires, au Musée asiatique de notre Académie d. sc., no. 404; à la bibliothèque de Gotha (Moeller, no. CCCCLXXXXII), à celles de Paris nos. MCCXXXIV et MCCLXXXXI), de l'Escurial (Casiri, p. 23, no. XCII, 2°, et p. 32, no. XXXV, ibid. p. 397, no. CMLIX, 2°), de Tippou Soulthan (Stewart, p. 128, no. XLIV). Le manuscrit d'Upsal (v. *Catalogus Centur. Sparvenfeld,* no. 33) en contient un commentaire composé par le fils de l'auteur; voy. Tornberg, p. 25, no. XLI. Cf. le *Catalogue de la bibliothèque de M. S. de Sacy* (Manuscrits), p. 20, nos. 104—107.

Voyez, par rapport à l'auteur et à son ouvrage, Soyouthy, f. 41 et suiv., Casiri, T. I, p. 16, et l'édition de cet ouvrage par S. de Sacy, sous le titre: Alfiyya *ou la Quintessence de la grammaire arabe etc.,* Paris 1833, *Anthologie grammaticale,* p. 325, Zenker, *Bibl. orient.,* p. 21, nos. 143-144.

CLXXXIV.

Manuscrit composé de trois traités sur la grammaire:

1) L'Alfiyé, ou *Poème de mille vers,* d'Ibn Malik (voy. no. CLXXXIII). Cette partie du manuscrit, enrichie, presque d'un bout à l'autre, de notes marginales et interlinéaires, date de l'année 1127 = 1715. f. 1—63.

2) Le traité de syntaxe, intitulé اظهار الاسرار فى النحو *Révélation des secrets sur la syntaxe,* par Perghevy, dont il a été question au no. CLXXVIII. Ce traité commence, après la formule ordinaire, par les mots: فهذه الرسالة فيما يحتاج اليه. Le manuscrit, enrichi, d'un bout à l'autre, de notes marginales et interlinéaires, date de l'année 1126 = 1714. Ce traité a été imprimé, avec deux autres sur la syntaxe, à Constantinople, en 1819, sous le titre de قانون العربيّة سيما الكافية والاظهار وعوامل الجديد *Règles de la langue arabe, composées nommément de la Kafié, de l'Idhar ou Révélation des mystères sur la syntaxe, et du nouveau traité des particules régissantes.* Le commentaire du second de ces traités, par Zeïnyzadéh, avait déjà été imprimé dans la même ville, en 1803 et 1809, et c'est probablement par une légère méprise que, dans les *Mines de l'Orient* (T. IV, p. 296, no. 593), le texte de ce second traité est cité au nombre des ouvrages parus à Scutari, dans le courant de l'année 1802 ou 1803. f. 65—106.

3) Le traité de syntaxe d'Ibn el-Hadjib, intitulé Kafié (no. CLXII). Cette partie du manuscrit date de l'année 1128 = 1716. f. 109. 155 f. in-8°. *(Akh.)*

CLXXXV.

Commentaire sur l'Alfiyé d'Ibn Malik (no. CLXXXIII), par Ibn Aqil عقيل, c.-à-d. Beha-eddin Abd Allah ben Abd el-Rahman ben Abd Allah el-Courachy el-Mifry el-Chafiy, le Coureïchite, d'Égypte, professant le rite chafiite, né en 698 = 1298,9, et mort en 769 = 1367,8, suivant Soyouthy. Les premiers mots du commentaire sont : ش. الكلام المصطلح عليه. Le manuscrit est très bien conservé et orné d'un filet rouge. 172 f. in-4°. *(Akh.)*

Ce commentaire a été imprimé à Boulac, en 1252 = 1837. Il se trouve aussi au Musée asiatique de notre Académie, no. 405; à la bibliothèque de Gotha (Möller, no. CDLXXXXIV-VI), et à l'Ambrosiana de Milan (Hammer, *Lettera*, 1ᵃ, p. 31. Voyez, relativement à l'auteur, Soyouthy, f. 220.

CLXXXVI.

النهجة المرضية فى شرح الالفية *Route (méthode) agréable*, servant de commentaire à *l'Alfiyé d'Ibn Malik* (no. CLXXXIII). Suivant Hadji Khalfa, T. II, p. 74, le titre de ce commentaire serait البهجة المرضية *la Joie agréable*, ce que l'épithète donnée au substantif *joie* porte à rejeter. Le même bibliographe nous apprend que l'auteur de ce commentaire, passé sous silence dans le manuscrit même, est le célèbre biographe et grammairien Soyouthy, cité déjà à plusieurs reprises, et dont le nom entier était Djelal-eddin Abou'l-Fadhl Abd el-Rahman ben Abou Bekr Mouhammed, né à سيوط Soyouth ou اسيوط Osyouth, en Égypte, en 849 = 1445,6, et mort en 911 = 1505,6. Ce qui vient à l'appui de cette donnée, c'est que l'exemplaire de la bibliothèque de l'Escurial, porte le nom de Soyouthy, comme on le voit par le catalogue de Casiri, T. I, p. 18, no. 69.

Ce manuscrit, un des plus jolis de la collection, et orné d'un filet d'or, est enrichi de nombreuses gloses marginales et interlinéaires. Il commence par les mots: احمدك اللّهم على نعمك والآئك. Voyez, par rapport à Soyouthy, l'article inséré dans la *Biographie universelle*, T. 43, p. 222 et suiv., et dans les *Wiener Jahrb.*, Bd. 58—60, Anzbl. *Soyouthy's Leben und Schriften*, par M. Flügel. 225 f. in-12°. *(Akh.)*

CLXXXVII.

Commentaire حلّ de Soyouthy (voyez no. CLXXXVI) sur son Alfiyé, ou *Poème de mille vers*, sur l'invention et l'élocution oratoires, qui a proprement pour titre: عقود الجمان *les Colliers de perles*. Voy. *Recueils et Polygraphie*, Msc. 2d. Le même commentaire se trouve à la bibliothèque de l'Escurial (Casiri, T. I, p. 52, no. CCVIII, 1°; p. 88, no. CCXXVII; T. II, p. 341, no. MDCCCX, 2°). Il commence par les mots: الحمد لله المنزّة عن المماثلة والتشبيه. Notre copie date de l'année 1131 = 1718,9. 186 f. grand in-8°. *(Akh.)*

CLXXXVIII.

Commentaire du célèbre cheïkh Abou Mouhammed el-Casim ben Aly el-Hariry el-Bafry, le marchand de soie, de Bafra, renommé par ses مقامات ou *Séances*, né en 446 = 1054, et mort, suivant Abou'l-Feda, en 515 = 1121, ou, suivant d'autres, en 516 = 1122,3. Ce commentaire, composé par l'auteur sur son propre poëme intitulé ملحة الاعراب ou *Exposé de l'analyse grammaticale*, n'est pas compris dans le nombre de ceux de la liste d'Akhaltsikh, et il porte deux fois, par erreur, tant au verso du premier feuillet, que sur la tranche du volume, le titre de شرح نحو النبة *Commentaire* sur l'Alfiyé. Les premiers mots sont قال الشيخ الاجل العالم القاسم ابومحمد 109 f. in-8°. *(Akh.)*

Ce commentaire se trouve aussi au Musée asiatique, no. 424; à la bibliothèque Bodleyenne (Uri, p. 240, no. 1140.) etc. Voy. relativement à Hariry, la préface de M. de Sacy, placée en tête de son édition des Mecamat, publiée à Paris en 1822, *Anthologie grammaticale* p. 122. suiv. et *Biographie universelle*. T. 19. p. 422.

CLXXXIX.

منتهى امل الاريب من الكلام على مغني اللبيب *But auquel aspire l'homme instruit, et qu'il atteint au moyen de ce qui est dit sur l'ouvrage intitulé* Moughni'l-Lebih ou *Livre suffisant à l'homme instruit*, ou commentaire de Chihab-eddin Ahmed ben Mouhammed ben Aly ben Ahmed, connu vulgairement sous le

surnom de *fils du* Molla ابن المُلاّ, sur la célèbre syntaxe intitulée
مغنى اللبيب عن كتب الاعاريب *Livre qui met l'homme instruit à
même de se passer des ouvrages des Arabes* (et non des livres d'analyse اعراب, comme on le traduit dans la *Leipziger Litteratur-Zeitung* année 1820, no. 300, p. 2394). Cette syntaxe, qui jouit d'une grande réputation dans le Levant et que, dans l'empire Othoman, l'on considère même comme livre classique pour cette partie, a pour auteur Ibn-Hicham, nommé proprement Djemal-eddin Abou Mouhammed Abd Allah ben Yousouf el-Anfary, le même que Djemal-eddin Rouceph filius Richam, dont il est question dans le catalogue de Paris p. 239. Cet auteur, né en 708 = 1308,9, mourut en 761 = 1360, suivant Soyouthy. Le commentaire date du règne du sultan Ahmed III (1574 — 1595), et la finale du second volume prouve qu'il fut terminé en 995 = 1587. Notre copie, faite d'après une autre terminée en 1011 = 1602,3, par le fils de l'auteur, nommé Ibrahim ben Ahmed et connu vulgairement sous le nom d'Ibn el-Molla ابن المُلاّ, est de l'année 1016 = 1607,8. Le premier volume commence par les mots
حمدا لمن شرح صدور نا لفهم اسرار العربية 1 vol. 618 f. 2 vol. 416 f. grand in-8° *(Akh.)*

Consultez, par rapport à la syntaxe même, le dictionnaire bibliographique de Hadji Khalfa, à l'article مغنى اللبيب T. V.

p. 655, et relativement à l'auteur, Soyouthy l. c. f. 227. et M. de Sacy, *Anthologie grammaticale* p. 185.

L'ouvrage original se trouve à la bibliothèque de l'Escurial (Casiri T. I, pp. 13 et 24), et à celles de Bodley (Uri, p. 271, no. MLXX.), de Paris (no. MCCXXI. cf. ibid. no. MCCXXVIII.), et de Fort William (Stewart p. 188.) Cf. *Bibl. de Mr. de Sacy*, (Manusc.) p. 21. no. 114.

CXC.

Commentaire de Mouhammed ben Abd el-Rahim ben Mouhammed el-Omary (descendant d'Omar), el-Milany الميلاني, sur le traité de syntaxe intitulé المغني *Livre suffisant*, par Tcharbirdy, voy. no. CLXXIII. Milany est mort en 811 = 1408,9, suivant quelques manuscrits de Hadji Khalfa, qui lui donne le titre de Bedr-eddin, et le surnom de Hamevy, de Hama. L'édition imprimée ne donne pas l'année. Le même bibliographe nous apprend qu'il était élève de Djarbirdy, et que ce commentaire fut achevé en 801 = 1398. Ce commentaire, couvert de notes marginales et interlinéaires, mais dont le dernier feuillet est dechiré, commence par الحمد لله الفاطر الحكيم 106 f. in-8°. *(Akh.)*

L'ouvrage qui a servi de texte à ce commentaire, est déposé à la bibliothèque Bodleyenne, (Uri, p. 243, no. 1159 et à la p. 240, no. 1136, 1°, à laquelle l'auteur est, sans doute par méprise, appelé Djar-Allah جار الله au lieu de Djarbirdy). On y trouve également un commentaire de Milany sous no. 1159 et 1136, 2°

CXCI.

Commentaire de Abou'l-Thena ابوالثنا Ahmed ben Mouhammed, intitulé حل مقاعد (معاقد) القواعد Solution des noeuds, ou difficultés du livre intitulé قواعد الأعراب Règles de l'analyse grammaticale. L'auteur en est Ibn Hicham, qui a également écrit le traité de syntaxe intitulé مغنى اللبيب, dont il a été question au no. CLXXXIX La première phrase du commentaire est الحمد لله الذى رفع اسماء العلماء. Cette copie date de l'année 1142 = 1729,30. 68 f. in-8°.

L'ouvrage original se trouvait dans la bibliothèque de M. S. de Sacy, voy. le *Catalogue*, (Manuscrits), p. 20. no. 110.

CXCII.

موصل الطلاب الى قواعد الأعراب *Le Conducteur des étudiants vers les principes de l'analyse*, ou commentaire de Khalid ben Abd-Allah el-Azhery (voyez le no. CLXXX) sur les principes de l'analyse grammaticale. Le commentateur a employé pour commencement de cet ouvrage les mots: قال الشيخ الامام العالم. La copie date de l'année 1139 = 1626,7. 47 f. in-8°. *(Akh.)*

Voyez de Sacy, *Anthologie grammaticale* p. 182. et le *Catalogue de la bibliothèque* du même orientaliste (Manuscrits), p. 21. no. 111. 5°. Cf. Krafft, p. 15 no. XLIV.

CXCIII.

Manuscrit où l'on trouve:

1) Un commentaire anonyme sur les règles contenues dans les vers de l'ouvrage grammatical intitulé الضوء *La Lumière*. Ce dernier est sans doute le traité du célèbre Isferaïny, servant de commentaire à l'ouvrage de Moutharrizy intitulé المصباح *Le Flambeau* v. no. CLXIII, 2). et Hadji Khalfa, T. V. p. 583. L'original, *La Lumière*, se trouvait dans la bibliothèque de Mr. S. de Sacy (Manuscrits), p. 19. no. 102. Voy. no. CXCIV.

Le commencement de ce commentaire anonyme est الحمد لله الذى شرف نوع الانسان f. 1 — 44.

2) Un commentaire de Hadji Baba ben el-Cheïkh Ibrahim el-Thousevy الطوسوى (de Docea?) dans l'Asie-Mineure, sur la préface du commentaire que Roukn-eddin Asterabady (voy. no. CLXXIV, 1)) a composé sur la Kafié d'Ibn-el Hadjib sous le titre de المتوسط *Le Mitoyen*. Au lieu de donner au commentateur l'épithète de طوسوى, D'Herbelot, à l'article Hadji, le nomme الطرسوى (de Tharse?) et Mr. de Hammer طوسى de Thous, (*Mines de l'Orient*, T. II. p. 286); enfin Mr. Flügel (*Wien. Jahrb.* p. 97. Anzbl. p. 9.) طوسيوى Tusijewi. Le commentaire en question paraît être intitulé زين الواو والرا والكا Zeïn el-va vel-ra vel-ka, ce que nous ne saurions traduire. Il commence, après la formule ordinaire, par les mots وبعد فيقول العبد الضعيف حاج بابا 53 f. petit in-4°. (*Akh.*)

CXCIV.

Commentaire d'un auteur anonyme sur le traité كتاب الضوء livre intitulé *La Lumière*, qui est une production d'Isferaïny, voy. no. CLXVI. L'original (كتاب الضوء) se trouve, entre autres, dans la bibliothèque de l'Hôtel des Indes orientales à Londres, et à celle de Vienne (*Wiener Jahrb.* Bd. 97. Anzbl. p. 8., no. 31—37). cf. de Sacy, *Anthologie grammaticale*, p. 234. Les premiers mots du commentaire sont قوله اما بعد الحمد لله اما كلمة 148 f. in-8° *(Akh.)*

CXCV.

Commentaire sur l'introduction ou ديباجه de l'ouvrage grammatical de Moutharrizy, intitulé المصباح *Le Flambeau*, dont il a été fait mention au no. CLXIII, 2). On ne trouve pas le premier feuillet de ce commentaire, où l'auteur était peut-être nommé; quant à la fin, elle est conçue en ces termes اخر غير الخامس La copie date de l'année 965 = 1557,8. 46 f. in-8°. *(Akh.)*

CXCVI.

Manuscrit contenant:

1) Le texte (متن) de la syntaxe arabe intitulée أنموذج *Legère esquisse* de l'illustre grammairien et exégète Zamakhchary الزمخشري, voy. no. XLIV. Commencement: الكلمة مفرد اما اسم كرجل f. 1—15.

2) Un commentaire sur cette même syntaxe, par Djelal-

eddin Mouhammed ben Abd el-Ghany عبد الغنى el-Ardebily, d'Ardebil, mort suivant Hadji Khalfa (exempl. man.) en 610 = 1213,4. Le texte de la syntaxe commence par les mots الكلمة مفرد اما اسم كرجل. Les premiers mots du commentaire sont الحمد لله الذى جعل العربية مفتاح البيان 105 f. petit in-4°. *(Akh.)*

La syntaxe accompagnée de ce commentaire se trouve au Musée asiatique no. 425; à la bibliothèque de Vienne (*Mines de l'Orient*, T. II. p. 288. no. 39, et T. IV, p. 263. no. 420. Flügel, *Wiener Jahrbücher*, Bd. 97. Anzbl. p. 7). à celle de Paris (Catalogue, no. MCCLXXXIII); et à l'Escurial (Casiri, T. I. p. 40). Voyez l'*Extrait* de cette syntaxe, publié par M. S. de Sacy, dans son *Anthologie grammaticale* p. 240 et suiv. cf. *Le Catalogue de la bibliothèque* du même orientaliste (Manuscrits), p. 19. no. 100.

CXCVII.

Manuscrit composé des trois traités suivants:

1) Un commentaire intitulé حدايق الدقايق فى شرح علامة الحقايق *Bosquets des subtilités*, servant de commentaire à l'ouvrage intitulé *Empreinte des vérités*. Cet ouvrage est un commentaire de Saad-eddin el-Berday, de Berdaa, sur la célèbre syntaxe du Djar-Allah Zamakhchary, voy. no. CXCVI, intitulé أنموذج ou *Legère esquisse*. Les premiers mots du commentaire sont اللّهم ان نريد ان نتشبه بمن يجعلك. Cette copie date de l'année 1117 = 1705,6. f. 1—67.

2) Un commentaire anonyme sur le commencement de la Kafié d'Ibn el-Hadjib (no. CLXII, 1)), et qui est sans doute le même dont parle Weijers, l. c. p. 854 no. 1331. Il commence par قوله الكلمة لفظ وضع لمعنى مفرد. Cette partie du manuscrit date de l'année 1128 = 1716, f. 67 — 68.

3) Le texte du traité de syntaxe de Perghevy, intitulé اظهار الأسرار *Révélation des mystères*, dont il a été question au no. CLXXXIV, 2) — Cette partie du manuscrit, enrichie d'une foule de notes marginales et interlinéaires, date de l'année 1116 = 1704,5. f. 70 — 197. 197 f. petit in-4°. *(Akh.)*

CXCVIII.

Commentaire sur les vers détachés qui se trouvent dans le traité détaillé sur la syntaxe, composé par Zamakhchary, (voyez no. CXCVI, 1)). On ne trouve pas dans ce manuscrit le nom de l'auteur du commentaire, qui commence par les mots الحمد لله الذى فضّل الانسان. C'est à tort qu'une main étrangère a tracé à plusieurs reprises sur les premiers feuillets de ce volume les mots قطعة مختصر صحاح : il est à présumer que l'on a été induit en erreur par les lettres placées à la marge du volume, qui ne désignent autre chose que le nombre des vers. 105. f. in-8°. *(Akh.)*

CXCIX.

Manuscrit renfermant:

1) Le texte de la grammaire de Perghevy, (voy. no. CLXXVIII)

intitulé كفاية المبتدى Livre suffisant au commençant. Les premiers mots de la grammaire sont, après la formule usitée, ويعلم فأنّ كل كلمة اشتقاقية ان تجرد. Cette première partie date de l'année 1195 = 1781. f. 1—15.

2) Des tables de conjugaison امثلة, du même auteur. Cette partie a été écrite en 1196 = 1782. Le manuscrit tout entier se distingue par la netteté des caractères et par des filets rouges. Commencement : الحمد لمن صرّف. 23 f. petit in-4°. *(Akh.)*

CC.

عناية المبتغى فى شرح كفاية المبتدى *Études de l'homme épris de la science*, servant de commentaire au traité de grammaire de Perghevy, intitulé: *Ouvrage suffisant au commençant.* Voy. no. CXCIX, 1). Le commentateur est le même Cheïkh Ahmed de Couch Athahsi, dont il a été question au no. CLXXVIII. Il habitait la dite ville, et était un des disciples du moufti Mouftafa ben Hamza, auteur des gloses sur le traité de grammaire, intitulé امتحان (ci-après no. CCIII), et d'un commentaire sur le traité de syntaxe de Perghevy, intitulé Iddhar, v. no. CLXXXIV, 2). Ce manuscrit, où l'on trouve quelques notes marginales, est orné d'un filet rouge et commence par les mots : الحمد لله الذى صرّف قلوب العلماء. La copie date de l'année 1138 = 1725,6. 114 f. petit in-4°. *(Akh.)*

CCI.

بضاعة المكتفى فى شرح كفاية المبتدى *Capital de l'homme satisfait*, servant de commentaire au traité de grammaire, intitulé *Livre suffisant au commençant* de Perghevy; v. no. CXCIX, 1). Ce commentaire a pour auteur Mouhammed ben Mouſtafa el-Thaouskary الطاووسكارى, et il commence par les mots: نمدك يا من صرّف اصول الاشياء. La copie date de l'année 1165 = 1751,2. 99 f. in-8°. *(Akh.)*

CCII.

Commentaire, qui, d'après le verso du premier feuillet et l'inscription que porte la tranche du volume, est intitulé: امتحان الازكياء *L'Épreuve des hommes purs*. Ce commentaire, d'après le dictionnaire de Hadji Khalfa, T. V, p. 306, où on lit الازكيا, est celui de Perghevy, dont il a été question au no. CLXXVIII, sur le traité d'analyse grammaticale du savant grammairien et exégète Beïdhavy (voy. no. XLV), intitulé: لب الالباب فى علم الاعراب *La Moëlle des coeurs*, ou *Traité d'analyse grammaticale*, qui est lui-même un abrégé de la Kafié d'Ibn el-Hadjib, citée au no. CLXII, 1). Le commencement du commentaire est: الحمد لله وسلام على عباده. Cette copie date de l'année 1073 = 1662,3. 135 f. in-8°. *(Akh.)*

L'ouvrage qui a servi de texte à ce commentaire se trouve isolément à la bibliothèque Ambrosiana (Hammer, *Lettera*, 1ª, p. 31), et à celles de l'Escurial (Casiri, T. I, p. 28) et de Paris (*Catal.*, p. 237). Le même traité, accompagné du commentaire de Perghevy, est déposé à la bibliothèque de l'Escurial (Casiri, T. I, p. 28) et à celle de Paris, no. 1293.

Consultez encore, par rapport à Beïdhavy, S. de Sacy, *Anthologie grammaticale*, p. 37.

CCIII.

Gloses servant d'explication au commentaire de Perghevy, intitulé امتحان الازكياء *Épreuve des hommes purs,* ou, suivant Hadji Khalfa, *des hommes doués de sagacité* اذكياء; voy. no. CCII. Ces gloses, suivant le verso du premier feuillet de notre manuscrit, doivent avoir pour titre عطالى, et pour auteur Mouftafa ben Hamza, qui vivait en 1085 = 1674; elles ont pour commencement: قوله الحمد لله قيل هذا انشاء. La copie, qui se distingue par la netteté des caractères neskhy, parfaitement lisibles malgré leur petitesse, date de l'année 1117 = 1705,6. 151 f. in-8°. *(Akh.)*

CCIV.

نتائج الافكار *Résultats des méditations,* ou commentaire rédigé en 1085 = 1674, par le cheïkh Mouftafa ben Hamza, cité plus haut, nos. CC et CCIII, sur le traité de syntaxe de Perghevy (ou, d'après le manuscrit même, البركى el-Berghy), intitulé اظهار الاسرار *Révélation des mystères,* no. CLXXXIV, 2). Les premiers mots du commentaire sont: الحمد لله الذى جعل الالفاظ. Cet ouvrage a été imprimé à Constantinople, en 1804 et en 1835. 164 f. in-8°. *(Akh.)*

CCV.

Ce manuscrit, dont le premier feuillet est arraché, doit renfermer un ouvrage sur la syntaxe, intitulé: كتاب الكافى فى شرح الهادى

Livre suffisant, servant de commentaire à celui qui est connu sous le titre de Guide. D'après une inscription sur un des premiers feuillets de ce manuscrit, Ibn el-Hadjib devrait être l'auteur de l'ouvrage original, ou du commentaire, tandis qu'à en juger par une autre inscription qui se trouve sur le feuillet précédent, ces deux ouvrages sont d'un seul et même auteur, c'est-à-dire de الزنجانى el-Zendjany (cité au no. CLIII, 2)), et cette dernière donnée s'accorde avec celle de Hadji Khalfa dans son *Dictionnaire bibliographique*, T. V, p. 21. Suivant lui, Zendjany termina ce commentaire à Bagdad, en 652 = 1254, tandis que, d'après Soyouthy, il l'acheva en 654 = 1256, c'est-à-dire un an avant sa mort. Un passage de l'avant-propos de ce commentaire ferait présumer que le traité de syntaxe qui a servi de texte au commentateur, avait pour titre : مختصر الهادى لذوى الآداب الى علم الاعراب *Précis destiné à servir de guide aux hommes lettrés, dans l'étude de l'analyse grammaticale.* Ce manuscrit, dont la première moitié a été copiée d'après celui de l'auteur même, et l'autre moitié, d'après une copie collationnée au manuscrit autographe, date de l'année 711 = 1311,2. Il commence par les mots: الطيّبين الطاهرين. 290 f. grand in-8°. *(Akh.)*

CCVI.

Commentaire sur un traité de syntaxe (نحو), dont l'auteur, ainsi que celui de l'ouvrage original, ont gardé l'anonyme; mais l'inscription, qui se trouve sur la tranche du volume, prouve que ce commentaire doit être de Djamy جامى. Le commencement en est : قوله اعلم ان معرفة هذا. Ce manuscrit date de l'année 937 = 1530,1. 308 f. in-8°. *(Akh.)*

CCVII.

مختصر تلخيص المفتاح *Précis des élucidations sur la Clef des sciences,* ou Abrégé du traité de rhétorique (cf. no. CCX). Ces élucidations, comme on le voit par un passage cité à l'article تلخيص المفتاح du dictionnaire de Hadji Khalfa, ont pour auteur le célèbre Djelal-eddin Mouhammed ben Abd el-Rahman el-Cazviny, surnommé خطيب دمشق *Le Prédicateur de Damas,* mort en 739 = 1338,9. Quant au Précis des élucidations, qui fait l'objet du présent article, il a été composé par l'illustre Teftazany, v. no. XCIV, 1). Cet ouvrage a été dédié au sultan Djelal el-Hacc veddin Abou'l-Moudhaffer Mahmoud Djani-bek, khan de la horde d'or, souvent cité dans les annales de l'empire de Russie, et qui a régné depuis 741 = 1340,1 jusqu'en 758 = 1357. Teftazany, dans son avant-propos, lui donne les titres les plus pompeux. Notre manuscrit, enrichi d'une foule de gloses marginales et interlinéaires, commence par les mots : نحمدك يا من شرح صدورنا لتلخيص. Cette copie, faite par Mouhammed ben Othman, date de l'année 1051 = 1641,2. Le dit ouvrage se trouve aussi à la bibliothèque de l'Escurial (Casiri, T. I, p. 41), à la bibliothèque Ambrosiana

(Hammer, *Lettera*, 1ᵃ, p. 4), à celles de Gotha (*Catal.*, 2de partie, no. 528) et de Tippou Soulthan (Stewart, p. 118, no. 7, ibid. p. 188, no. 13).

Voyez, relativement à Cazviny, Soyouthy, l. c., f. 52. — 147 f. petit in-4°. *(Akh.)*

CCVIII.

المطوّل على التلخيص *Commentaire très étendu,* par Teftazany, sur le traité de rhétorique, intitulé: تلخيص المفتاح *Élucidations sur la Clef des sciences,* de Cazviny, surnommé le Prédicateur de Damas. Voyez no. CCVII. Le commencement de ce commentaire, après la formule usitée, est: الحمد لله الذى الهمنا حقايق المعانى. Il se trouve de même à la bibliothèque Ambrosiana (Hammer, *Lettera*, 1ᵃ, p. 4), et à Vienne (*Mines de l'Orient*, T. II, p. 286 *bis*, no. 22), comme aussi dans celles de Tippou Soulthan (p. 118, vid. ibid. p. 188) et de feu M. Rich (*Mines de l'Orient*, T. IV, p. 292, et no. 292).

168 f. in-4°. *(Akh.)*

CCIX.

Manuscrit qui, après le بسم الله الخ *Au nom de Dieu* etc., commence tout brusquement en alléguant les mots qui doivent être commentés: قوله بحمد الله سبحانه وتعالى نسب الافتتاح, et finit simplement par تم الكتاب *le livre est achevé.* Il serait donc presque impossible d'en déterminer, tant l'auteur, que le titre, ou même de les deviner, sans les indications qui se trouvent sur la tranche du livre et sur le dos de la reliure, ainsi que dans les mots constatant le legs. La première porte l'inscription حاشيه المطول *Gloses sur le Mouthavvel;* dans les deux derniers endroits on lit حاشية لمولانا قاسم ليثى على المطول *Gloses de Maoulana Câsim Leïthy sur le Mouthavvel.* On ne peut donc guère douter que ce ne soient les gloses de Abou'l-Câsim ben Abi Bekr el-Leïthy el-Samarcandy, de Samarcand, sur le commentaire cité au no. précédent, de Teftazany (v. no. XCIV, 1)), sur l'ouvrage intitulé تلخيص المفتاح, de Cazviny. On peut ajouter que dans les catalogues des bibliothèques de Constantinople, cet auteur est mainte fois et presque toujours cité seulement sous les noms de Câsim Leïthy. C'est le même qui, chez Eichhorn, 3ter Bd., 3te Abth., p. 1216, est nommé Abuldassem El-Ceissi. Le commencement du livre ne s'accorde pas, à la vérité, avec celui donné par Hadji Khalfa, T. II, p. 405, et qui était الحمد لله الذى انعمنا; mais il est à présumer que le vrai commencement manque, par quelque raison inconnue. 134 f. petit in-4°. *(Bay.* م*)*

CCX.

Manuscrit, où se trouvent:

1) Un commentaire de Khitaiy الخطائى (v. no. CXLIII), sur le traité de rhétorique de Teftazany (voy. no. XCIV, 1)), intitulé: مختصر تلخيص المفتاح *Précis des élucidations sur la Clef des sciences,* voy. no. CCVII. Cette partie du manuscrit est couverte de notes

marginales et interlinéaires; elle commence par les mots : نحمدك اللّهمّ على ما اعطيتنا. f. 1—63.

2) Une introduction à la *Prosodie*, ou مقدمة فى علم العروض, dont l'auteur a gardé l'anonyme. Il a débuté par les mots : الحمد لله ذى الطول الشديد. 89 f. petit in-4°. *(Akh.)*

CCXI.

Manuscrit renfermant les six traités suivants :

1) الكافية لابن الحاجب *Le Livre suffisant* de Ibn el-Hadjib (voy. no. CLXII, 1)). f. 1—46.

2) Traité sur les particules et les noms, composé, d'après l'indication tracée sur la première feuille, par Izzy. Commencement : فى غير ذلك احدعشر : fin الحروف التى تجرّ الاسماء وهى سبعة عشر حرفا درهما وعشرون ثوبًا وتسعون دينارًا ثم تصرف الاسماء ويتلوه القسم الخامس فى تصريف الافعال; voy. no. 4). f. 46—56.

Ce traité se trouve au Musée asiatique, dans le Recueil no. 417.

3) مائة عوامل *Les cent particules régissantes* de Djourdjany; voy. no. CLXXIV, 2). f. 56—65.

4) تصريف العزّى Traité sur les conjugaisons, par Izzy; voy. no. CLIII, 2). f. 65—79.

Ce traité serait donc la continuation de celui cité sous no. 2).

5) Autre traité semblable. D'après l'indication tracée sur la première feuille, ce serait le commentaire sur la grammaire dite المراح *Délassement des esprits* (no. CLIII, 1), où, au lieu de الفقير, il faut sans

doute lire : المفتقر), par Hasan Pach'a, dont le nom entier, suivant Hadji Khalfa T. V, p. 488. était Hasan Pacha ben Alaeddin el-Asvad الأسود. Mais cette indication paraît être mal fondée, car tandis que, suivant le bibliographe mentionné, le commentaire de Hasan Pacha commence par les mots : الحمد لله الذى صرف افكار قلوبنا, le traité en question commence par : الحمد لله على نعمائه. Or Hadji Khalfa T. II, p. 304, dit que le commentaire de Abou'l-Fath Othman ibn Djinny, mort en 392 = 1001, sur l'ouvrage grammatical تصريف de Abou Othman Bekr ben Mouhammed el-Maziny, mort en 248 = 862, commençait par les mots : الحمد لله على نعمه. Comme deux exemplaires manuscrits de Hadji Khalfa, et une copie de l'ouvrage même, conservée au Musée asiatique de notre Académie, no. 417, donnent نعمائه, au lieu de نعمه, et que de cette manière le commencement du commentaire de Ibn Djinny est absolument le même que celui de notre manuscrit, qui entre en matière par : وبعد فهذه جملة من تصريف, on est en droit de supposer, que c'est le même ouvrage intitulé مصنف التصريف *Rédacteur du* livre intitulé Tafrif. f. 79 — 102.

6) P. Petit traité en langue persane, sur la grammaire arabe. Les premiers mots sont : بدان اسعدك الله تعالى f. 103 — 104. Ce traité se trouve aussi au Musée asiatique, dans le Recueil no. 417. 106 f. in-8°. *(Doubr.)*

CCXII.

1) كتاب الابنية والعلامات) *Livre sur les formules grammaticales des noms substantifs et les figures caractéristiques d'analyse*, par un auteur anonyme. L'ouvrage est dédié à Mouhy-eddin ben Souleïman, qui porte les épithètes de صاحب السيف والقلم c.-a.-d. *maître du glaive et de la plume*. Ce traité, à filets rouges, commence par les mots: الحمد لله الذى صرف قلوبنا بالعلم والقران. D'après la copie manuscrite de Hadji Khalfa, appartenant au Musée Roumänzov, le commentaire de el-Asvad (voy. le no. précédent, no. 5) commençait aussi par les mots: الحمد لله الذى صرف قلوبنا ; mais il continuait ainsi: الى صرف كتابه العزيز, tandis que notre auteur, après la formule ordinaire, continue en disant qu'il a arrangé le تصريف parce qu'on n'avait pas bien disposé les chapitres sur les conjugaisons اما بعد فلما لم ار من رتّب ابواب التصريف الخ. Ici il entre en matière par les mots: اعلم ان ابواب التصريف. Cf. Fleischer, *Codd. Lips.* p. 336, 4). f. 1 — 24.

2) Suivent quelques remarques (écrites par un Chrétien) sur le discours الكلام, et la conjugaison du verbe نَصَرَ. f. 25 — 28. 29 f. petit in-8°. *(Frol.)*

CCXIII.

Manuscrit sans titre, contenant les différentes conjugaisons arabes, avec la traduction interlinéaire turque, écrit à Tcheli چلى, village du gouvernement de Casan, à l'école du Maoulla Abou Bekr ben Mouhammed ben Souleïman, par un certain Chafi شافى ben Mourtedha ben Mouslim ben Mousa etc. en 1173 = 1759. C'est la seconde partie d'un ouvrage de Zamakhchary (v. no. XLIV) intitulé مقدمة الأدب فى اللغة, qui a été publiée par M. Wetzstein à Leipzig en 1844—5, sous le titre de Samachscharii *Lexicon Arabicum Persicum* etc. Les exemplaires de cet ouvrage déposés à Leyde, Oxford, Leipzig et Vienne, sont accompagnés de la traduction persane, tandis que notre exemplaire est arrangé à l'usage des (jeunes) Tatars. Voy. Weijers, p. 364-5, no. 1366; Uri, T. I, p. 243, no. 1161; T. II, p. 189, no. 231; Fleischer, *Codd. Lips.* p. 392, no. II. Commencement: باب فعل يفعل هناه الطعام يهنيه. 98 f. in-4°.

CCXIV.

Abécédaire, contenant les lettres de l'Alphabet arabe, isolées et combinées, pourvues des points voyelles; à la fin, des modèles de lecture, commencant par les mots: فتبارك الله احسن الخالقين سبحانك اللهم

Ce manuscrit est embelli de differentes manières, d'un frontispice, d'un filet d'or, etc. 18 f. in-4°.

CCXV.

Même ouvrage, mais avec moins d'ornements. 18 f. in-4°.

Les deux ouvrages, déposés à la bibliothèque de Munich et cités par Mr. Flügel (*Wiener Jahrb.* Bd. 47. Anzbl. p. 9, no.

1 — 2) paraissent être absolument les mêmes. Cf. l. c. Bd. 97, Anzbl. p. 8, no. 31 — 32.

CCXVI.

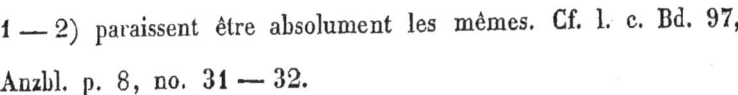 *Extrait* du célèbre dictionnaire arabe de Djaouhary intitulé Ssehah ou *Pureté du language*, rédigé par Zeïn-eddin Houddjet el-islam (Argument de l'islamisme) Mouhammed ben Abou Bekr ben Abd el-Cadir el-Razy (natif de Rey), mort, suivant Hadji Khalfa T. IV, p. 94, après l'année 660 = 1261,2, et suivant Mr. de Hammer, *lettera* 1^a, en cette année. Quant à la prononciation du mot صحاح, nous avons suivi l'orthographe indiquée par l'exemplaire on ne peut plus correct du Musée asiatique (no. 429) et celle du présent manuscrit, dans lequel il n'est fait aucune mention du mot fihah. Ce dictionnaire est regardé à juste titre comme le plus estimé de tous les abrégés du grand Lexique de Djaouhary, mort suivant des auteurs dignes de foi, en 393=1003, mais d'après Abou'l-Feda en 398=1007,8. Il a été enrichi par son auteur d'un assez grand nombre de mots extraits de plusieurs ouvrages renommés, entre autres de celui d'Azhery, intitulé تهذيب. Le caractère de l'écriture de notre exemplaire, copié par Hasan ben Kheïr Allah, daté de l'année 966=1558,9, et revêtu presque partout de points voyelles, est très net et très lisible. Le commencement en est: الحمد لله بجميع المحامد. Ce manuscrit a été légué à la mosquée Ahmediyé, en 1167=1753,4. 186 f. in-fol. *(Akh.)*

On en trouve aussi des exemplaires au Musée asiatique de notre Académie (no. 430), à la bibliothèque de Bodley (nos. MLXXX et MCLXV), à celle du Musée Britannique (dans le nombre des manuscrits de Harley, no. 5524), à la bibliothèque du Roi, à Paris, (no. 1329) et dans l'Ambrosiana de Milan (Hammer, *lettera*, 1ª).

CCXVII.

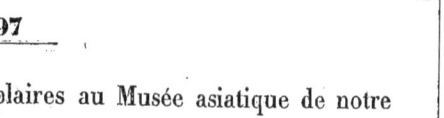 *L'Océan,* grand dictionnaire arabe, regardé comme classique, avec l'explication des mots dans la même langue. L'auteur en est Medjd-eddin Mouhammed ben Yacoub el-Feïrouzabady, de Feïrouzabad, mort en 817 = 1414,5. Ce manuscrit, en très beaux caractères neskhy, mais presque généralement dépourvu de points voyelles, commence par les mots : الحمد لله منطق البلغاء. 364 f. grand in-fol. *(Akh.)*

CCXVIII.

Autre manuscrit, renfermant la première partie du dictionnaire susmentionné, jusqu'à la racine . Il est revêtu partout de points voyelles, et écrit en caractères neskhy très lisibles quoique assez fins; mais on n'y trouve pas la première page de la préface. Les premiers mots sont : مع التزام اتمام المعانى. Il en a été publié une édition en 2 volumes in-fol., d'après le texte original, à Calcutta, en 1817; une autre, expliquée en persan, en 4 voll. in-fol. 1836-1841, ibid., et une traduction turque, en 3 volumes in-fol., à Constantinople, en 1230 et 1231 = 1815 et 1816, répétée à Boulac, en

1250 = 1835, 3 voll. in-fol. Les bibliothèques de l'Europe possèdent une foule d'exemplaires, tant complets qu'incomplets, de ce célèbre dictionnaire, nommément: le Musée asiatique de notre Académie (nos. 431 et 432); la bibliothèque de Gotha (Möller, nos. 482-484); la bibliothèque Royale de Copenhague (*Mines de l'Orient*, T. I, p. 327); celle du Roi, à Paris (nos. 1240-1244); celles de Leyde (nos. 1348 et 1349); de Bodley (Uri, p. 227, nos. 1051 et 1052, p. 228, no. 1056, p. 229, no. 1059 etc.); de feu M. Rich (*Mines de l'Orient*, T. IV, p. 289, no. 262); de la Compagnie des Indes; de Tippou Soulthan (Stewart, p. 134); de l'Escurial (no. DLXXXIV —DLXXXX); la bibliothèque Magliabecchi, à Florence (Hammer, *lettera*, 6"), celle du Vatican (ib., *let*^{a}. 1), etc.

Voyez, par rapport à cet ouvrage, Hamaker, *Specimen etc.*, p. 177—195. 321 f. in-fol. (*Akh.*)

CCXIX.

كتاب اختري كبير Livre intitulé *Grand Akhtery*, pour le distinguer d'un autre du même auteur, qui est l'abrégé de celui-ci. Ce dictionnaire arabe-turc, dont l'auteur, Mouftafa ben Chemseddin, de Carahifar قراحصارى, est nommé lui-même Akhtery, a été composé sous le sultan Souleïman Canouny (le Législateur). L'auteur a puisé, pour la rédaction de son dictionnaire, dans les ouvrages intitulés : صحاح, مغرب, تقدمة, مجمل, تكمله, (*دستونه),

---

*) Il est à présumer que ce mot est une faute, et qu'il s'agit ici du dictionnaire arabe-persan, intitulé: دستور اللغة.

et dans plusieurs autres traités philologiques fort estimés ; il a lui même été mis à profit par Golius, pour la composition de son dictionnaire arabe-latin. Ce manuscrit, copié à Hasan-Calé, en 1159 = 1746, par el-Hadji Yousouf ben Mouftafa, d'Erzeroum, commence par les mots : الحمد لله الذى شرّفنا بالنطق والبيان . Il est écrit avec assez peu de soin et dépourvu de points voyelles.

On trouve un grand nombre d'exemplaires de ce dictionnaire dans les différentes bibliothèques de l'Europe, sans que les catalogues déterminent toujours celui des deux dont il est question ; celui de Paris est le seul où il soit dit que l'exemplaire (no. MCCLXIII) porte le même titre que celui qui fait l'objet du présent article. Il en est de même de plusieurs bibliothèques de Constantinople. A juger d'après la préface et d'après un article communiqué par M. Tornberg (*Catal.*, p. 15), l'ouvrage déposé à Upsal doit être le même que le nôtre, avec quelques variantes cependant dans les passages extraits par M. Tornberg. Au lieu de مولد والكوتاهيوى il ajoute : القره حصارى ; après آخرى il donne مصطفى ; au lieu de درك nous lisons ادراك ; بعد حروف : بعل حروف ; مثبرا ; et après باب il ajoute : ولكل باب لكلّ حرف باب ; au lieu de يكونو : يكون ; للاختتام : للاختصام ; والمتيسّر : والميسّر ; المتوفق : الموفق ; عليهم : عليه ; وابين : وابون ; ديديلر : ديلر ; اصلنده : اصلده ; انيسى : انيبه .

Ce dictionnaire a été imprimé à Constantinople, en 1242 = 1826. Voyez, par rapport à l'auteur et à l'ouvrage même, l'article inséré dans la *Literatur-Zeitung* de Leipzig, année 1829, no. 46, et *Wiener Jahrbücher,* Bd. 48, p. 1—45. 329 f. in-fol. *(Akh.)*

CCXX.

نصاب الصّبيان *Le Lot des enfants,* vocabulaire arabe, expliqué en persan et rangé par ordre de matières, avec des gloses marginales et interlinéaires. L'auteur, nommé Abou Nafr Ferahy فراهى a adopté, dans ce petit ouvrage, un mètre différent pour chacun des chapitres dont il se compose. Suivant le dictionnaire bibliographique de Hadji Khalfa s. v. نصاب, cet auteur se nommait Abou Nafr Masoud ben el-Houseïn et était connu sous le nom de Ibn Abi Djaafar el-Ediby el-Fihry الاديبى الفهرى. Notre manuscrit, en très beaux caractères neskhy, commençant par les mots: الحمد لله رب العالمين والعاقبة, date de l'année 991 = 1583. C'est à tort que Stewart p. 135 no. 28, a attribué cet ouvrage au célèbre Djaouhary, natif de Faryab, qui avait également le prénom de Abou Nafr. 34 f. in-4°. *(Akh.)*

CCXXI.

Même ouvrage, pourvu de notes interlinéaires et marginales, mais défectueux au commencement et à la fin. Les premiers mots sont: هلال ماه نوست, les derniers: ودلق دله. 24 f. in-8°. *(Frol.)*

L'ouvrage se trouve encore au Musée asiatique, no. 491; à la bibliothèque de Tippou Soulthan, l. c.; à celles d'Upsal (Tornberg, p. 23, où cependant le commencement est différent); de Hambourg

(Bohlen, *Cat. msc.*, no. 194); un commentaire là-dessus est deposé à Leipzig (Fleischer, p. 333, no. 111); il a été imprimé à Calcutta, en 1819, et lithographié à Tebriz, avec des notes marginales, en 1260 = 1844.

CCXXIII.

الكلّيات *Pandectes (lexicographiques et grammaticales).* Ouvrage composé par Abou'l-Beca el-Houseïny el-Kafevy ابو البقاء الحسيني الكفوي الحنفي, de Kaffa, du rite hanéfite, au temps du grand vizir Mouftafa-Pacha. M. Flügel croit que l'auteur est mort en 1012 = 1603; voy. *Wien. Jahrb.*, Bd. 97, Anzbl. p. 10.

Ce manuscrit à filets rouges, de l'écriture de Mouftafa ben Mouhammed, d'Erzendjan الارزنجاني nommé Canlizadéh قانلي زاده, a été terminé vers la fin du mois de rebi I (l'année est omise). Il commence par les mots: خير منطوق به امام كل مقال, qui, comme il paraît, ont servi de titre, car nous trouvons pour titre et dans les mots constatant les legs, et sur la tranche du volume: كتاب الخير المنطوق. Ce livre, qui se trouve aussi à Vienne (voy. *Wiener Jahrb.*, Bd. 97, Anzbl. p. 10, no. 55), a été imprimé à Boulac en 1253 = 1837, et puis de nouveau en 1255 = 1840. Dans la *Liste des ouvrages* etc. *imprimés à Boulac* (*Journ. Asiat.*, 4ème sér., T. II, p. 49, no. 147), et dans la *Biblioth. Orient.* de M. Zenker, p. 214, no. 1707—8, le titre كلّيات est traduit par *les Oeuvres complètes*, ou *les Oeuvres,* et l'ouvrage même désigné comme une encyclopédie scientifique. Cf. *Das Asiat. Mus.*, p. 379. 324 f. in-fol. *(Bay.* م*)*

CCXXIII.

كنز اللغات *Trésor des mots.* C'est un dictionnaire arabe, expliqué en persan, par Mouhammed ben Abd el-Khalic ben Maarouf 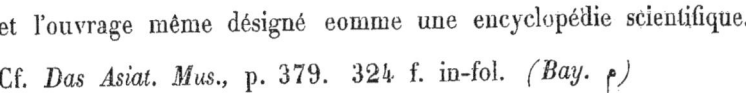, dédié, suivant Hadji Khalfa, T. V, p. 256, à Soulthan Mouhammed ben Kia ben Nafir Kia, de Ghilan, notice qui est confirmée par l'ouvrage même, où cependant ce souverain est simplement appelé Soulthan Mouhammed. La copie, en assez lisibles caractères taalic, écrite par Dervich Aly ben Chems-eddin Kaka كاكا en 1009 = 1600, a successivement appartenu à Ahmed Khodja, dans le gouvernement d'Ourmia, et à Ibn Ibrahim Abd Allah, moufti à Salonic. Elle commence par les mots : جواهر كنوز لغات حمد وستايش. 273 f. petit in-fol. *(Bay.* *)*

CCXXIV.

Autre exemplaire du même ouvrage, écrit avec beaucoup de soin en jolis caractères neskhy, dans la même année 1009 = 1600. La préface fait encore mention du fils et héritier de Soulthan Mouhammed, Mirza Aly, mort en 911 = 1505. Comme Soulthan Mouhammed mourut en 883 = 1478, il faut que l'ouvrage en question ait été composé avant cette année, probablement au milieu du 15me siècle de notre ère. Voyez sur ces deux princes *l'Histoire de Thabaristan* par Zehir-eddin, publiée à St.-Pétersbourg, en 1850. L'ouvrage même se trouve encore à la bibliothèque publique de Hambourg, voy. Hinckelmann, *Al-Coranus*, préface, et Bohlen (*Catalog., msc.* no. 178); 301 f. in-4°. *(Frœl.)*

CCXXV.

Vocabulaire arabe-turc sans titre et sans nom d'auteur; mais sur la tranche du livre se trouvent les mots لغت مرصاد, c'est-à-dire *Vocabulaire* intitulé *Observatoire*. Ce manuscrit, en très beaux caractères neskhy, est revêtu de points voyelles, et renferme une traduction interlinéaire de chaque mot arabe en langue turque. Les premiers mots sont : الحمد لله حقّ حمده. 198 f. in-4°. *(Akh.)*

CCXXVI.

Même ouvrage, mais sans la courte introduction qui se trouve dans la copie susmentionnée. 143 f. in-4°. *(Doubr.)*

CCXXVII.

(كتاب) المصادر *(Livre des) Infinitifs*. Le premier feuillet donne pour titre تاج المصادر *la Couronne des infinitifs*, la tranche du volume: لغة مصادر *Dictionnaire des infinitifs*, quoique les livres portant le premier titre soient composés par des auteurs tout-à-fait différents de l'auteur de notre ouvrage, lequel est le cadhi Abou Abd Allah Houseïn ben Ahmed el-Zaouzeny الزوزنى, mort en 486

= 1093. Hadji Khalfa, T. V, p. 574, appelle cet auteur Abou Abd Allah Mouhammed ben Mouhammed el-Zaouzeny, tandis que p. 635 il fait mention de Abou Abd Allah Houseïn ben Ahmed ben el-Houseïn (mort en 486 = 1093), le commentateur des *sept Moallacat*, qui est le même. L'ouvrage forme un dictionnaire des verbes arabes, sur lequel on peut voir, pour plus de détails, M. Fleischer, *Cat. Lips.*, p. 231, no. 1. La copie, exécutée par Mouhammed ben Yousouf, date de l'année 925 = 1519, et commence par les mots الحمد لله على سوابغ آلائه. 206 f. gr. in-4°.

Cet ouvrage se trouve aussi à Oxford (Nicoll, p. 189), à Leipzig (Fleischer, l. c.), à Munich (Frank, *Ueber die morgenländischen Handschriften etc.*, p. 70. no. 7), à Upsal (Tornberg, p. 9) etc.

Q. Recueils et Polygraphie.

CCXXVIII.

Manuscrit contenant les ouvrages et traités suivants :

1) كتاب التعريفات والاصطلاحات *Le Livre des définitions et des termes techniques* arabes, usités principalement en philosophie et en théologie, rangés par ordre alphabétique. Tel doit être le titre de cet ouvrage, comme on peut le présumer d'après la préface même.

Il est attribué presque généralement au Séyid Cherif Djourdjany, mort, suivant la chronique de Aïny (T. IV, p. 695, manuscrit de l'Académie), citée aussi par Soyouthy, en 814 = 1411, ou en 816 = 1413, d'après le روض الاخيار *Bosquets des hommes de bien* d'Amasy, les *Tables chronologiques* de Hadji Khalfa, et la *Bibliothèque des Philosophes*, citée par Casiri, T. I, p. 189. Les auteurs ne sont pas d'accord non plus sur le nom propre de cet écrivain fécond, les uns le nommant Abou'l-Hasan Mouhammed, les autres Abd el-Rahman, et d'autres encore Aly ben Mouhammed ben Aly: cette dernière leçon nous paraît être la plus plausible, étant fondée, entre autre, sur l'autorité des biographies des grammairiens, par Soyouthy; Pococke et Casiri, au contraire, regardent comme auteur de ce célèbre ouvrage Mouflih-eddin Mouftafa ben Mouhy-eddin Mouhammed ben Ismaïl el-Tourevy التروى, vulgairement connu sous le nom de ابن القطّاع *fils du glouton*. Quoique cette opinion n'ait en sa faveur aucune autre autorité, il est cependant digne de remarque que Soyouthy, dans la notice qu'il donne des ouvrages de Djourdjany, ne fasse pas une mention spéciale du *Livre des définitions*. Le manuscrit, enrichi de quelques notes marginales, date de l'année 958 = 1551. f. 1 — 105.

Il s'en trouve quatre exemplaires à la bibliothèque de Leyde (nos. 1426—1429), d'autres à celle de Paris (*Catal.*, p. 240, no.

1326, et Flügel, *Wiener Jahrbücher,* Bd. 92, Anzbl. p. 57), à Vienne (ibid. Bd. 62, Anzbl. p. 8), deux dans la bibliothèque de M. S. de Sacy, et un à celle de l'Escurial (Casiri, T. I, no. CDIV, si toutefois c'est le même ouvrage), etc. Voyez, pour d'autres détails sur l'auteur et sur l'ouvrage, l'article de M. S. de Sacy, dans les *Notices et Extraits,* T. X, p. 1—93, et l'édition du texte entier, par M. Flügel, Leipzig 1837. Cf. Nicoll, p. 188, no. CCXXX, et Soyouthy, f. 276.

2) T. رسالة صفات ايمانده *Traité sur les qualités de la foi,* en langue turque, commençant par les mots: حمد متواتر ومدح متكاثر بى نياز. f. 105—110.

3) كتاب الحروف *Livre de lettres,* petit traité sur les propriétés des lettres, qui commence par les mots: بسم الله الخ كتاب الحروف اَلفَات. f. 110—112.

4) Commentaire fort bref, intitulé: القنبر العارس *Le Hérisson tenace (?)* sur le traité de jurisprudence, connu sous le titre de الليث العابس فى صدمات الحالق [؟] المجالس *Le Lion formidable dans les attaques, ou discussions (?) des conférences,* par Medjd-eddin Ismaïl ben Aly ben Hasan ben el-Meali. Comme ce commentaire, qui commence par: هذا الكتاب الفه العلامة, est peu important, il serait inutile d'y donner plus d'attention; on croit cependant devoir remarquer que Hadji Khalfa (T. V, p. 346)

cite un ouvrage sous le même titre, mais d'un auteur différent; Hadji Khalfa le nomme (msc. Roumänzov) el-Cheïkh Mouhammed ben Aly, connu sous le nom d'Ibn el-Fathimy el-Mifry et mort en 835 = 1431. 132 f. petit in-8°. *(Akh.)*

CCXXIX.

Recueil de trois poèmes de mille vers, ou الفية Alfiyé, sur différents sujets, savoir:

1) Un poème (ارجوزة) en vers nommés رجز, ou *iambiques*, sur l'invention et l'élocution oratoires, dont le vrai titre, comme on le voit par le no. CLXXXVII, est عقود الجمان *Les Colliers de perles*, composés par le célèbre Soyouthy, dont il a été question au no. CLXXXVI. Celui-ci, comme il appert de son avant-propos, y a mis en vers les *Élucidations* تلخيص de خطيب دمشق le *Prédicateur de Damas*, sur l'encyclopédie philologique, intitulée مفتاح العلوم *La Clef des sciences*, par Sekkaky, v. no. CCXXXIV, 1) ci-après. Ce poème, dont le premier hémistiche est: قال الفقير عابد الرحمن a été terminé par son auteur en 872 = 1467,8. Cette partie du manuscrit, ainsi que les deux suivantes, est enrichie de points voyelles et ornée de filets rouges. f. 1—36.

2) Le poème d'Ibn Malik sur la syntaxe, intitulée Alfiyé; voy. no. CLXXXIII. f. 43—86.

3) Un troisième poème de mille vers sur *les Sources des traditions* اصول الحديث, dont l'auteur, comme on le voit par le pre-

mier vers, se nommait Abd el-Rahman ben el-Houseïn el-Athiry الاثيرى, c.-à-d. *le Rédacteur de* أثار athar, ou des traditions sur les dits et gestes de Mahomet. Ce poète, mort en 885 = 1480,1, suivant Hadji Khalfa, T. I, p. 416, qui lui donne le titre de Zeïn-eddin et les épithètes de el-Athiry et el-Iraqy, d'Irac, dit qu'il a inséré dans cette composition la quintessence de l'ouvrage d'Ibn el-Ssalah ابن الصلاح. Le premier hémistiche du poème est: يقول راجى [عفو] ربّه المقتدر. 129 f. in-4°. *(Akh.)*

CCXXX.

Manuscrit renfermant deux productions, savoir:

1) Un petit traité de *Prosodie,* en vers, dont l'auteur n'est pas nommé, commençant par l'hémistiche: وللشعر ميزان يسمّى عروضه. Cette copie, très nette et enrichie d'un filet d'or, ainsi que la suivante, date de l'année 1096 = 1684,5. f. 1—24.

2) Un commentaire de Houseïn ben Mouïn-eddin el-Meïbady sur le cours de philosophie de Abahry (v. no. XCV, 1)), intitulé: هداية الحكمة *Direction vers la philosophie.* Le commentateur avait probablement le surnom de Cadhi Mir قاضى مير, la phrase finale de son traité faisant voir qu'il est intitulé: كتاب قاضى مير حسين *Livre du cadhi* Mir Houseïn. Ce cadhi était également surnommé المنطقّى *le Logicien* et الميبدى el-Meïbady, du nom de la ville de Meïbad, située dans le Farsistan, à peu de distance de Yezd. Or, comme Casiri, T. I, p. 206, no. 704, cite l'émir Houseïn el-Yezdy,

comme un des scholiastes du cours de philosophie susmentionné, il y a tout lieu de croire qu'il s'agit du même auteur et du même commentaire, qui commence par les mots: الهداية أمرمن لريه. Cette copie, exécutée par Hasan Hafidh Omar, est de la même date que la précédente. 166 f. in-8°. *(Akh.)*

Le même ouvrage, accompagné du même commentaire, se trouve à la bibliothèque de l'Escurial (l. c., où le commentateur est nommé mal-à-propos Albazdy); à celles du Sérail de Constantinople (Toderini, 2de partie, p. 61, où le commentateur est appelé Houcheïn el-Mebdy), de Seïf-eddin (no. 104), etc. Accompagné d'autres commentaires, il est déposé au Musée asiatique de notre Académie (no. 719), à la bibliothèque de Bodley (Uri, nos. CCCCLV et DXVI), à celles de l'Escurial (Casiri, no. 631), de Leyde (no. 906, à comparer avec le no. 808), du Sérail (Toderini, 2de partie, p. 60), de Seïf-eddin (no. 89), etc.

CCXXXI.

Excellent choix de différents passages instructifs et amusants, tant en prose qu'en vers, extraits de plusieurs auteurs arabes anciens très distingués, savoir:

1) d'Abou Mouhammed Abd el-Cadir ben Mousa el-Ghilany, un des premiers auteurs contemplatifs de l'islamisme, révéré comme saint parmi les musulmans, et mort, suivant le manuscrit et Abou'l-Feda, *Ann. musl.*, T. III, p. 602, en 561=1165,6. f. 1-23.

2) du célèbre Ibn Coutheïba, mort en 276 = 889, nommément de son ouvrage intitulé: كتاب المعارف *Livre de notices* sur les personnages illustres des trois premiers siècles de l'islamisme. f. 25—41.

3) d'Abou Abd Allah Mouhammed ben Abd Allah el-Ibady العبادى el-Andalousy, d'Espagne. f. 42—57.

4) des anecdotes facétieuses (الطايف) de Djemal-eddin Abou'l-Faradj Abd el-Rahman el-Djouzy, historien très renommé, mort en 579 = 1183,4. f. 58—85.

5) de l'ouvrage intitulé: روض الانف *Bosquets restés intacts,* d'Abou'l-Casim Abd el-Rahman ben Abd Allah ben Ahmed el-Souheïly, mort, suivant Hadji Khalfa et Casiri, en 581 = 1185. f. 86—125.

6) du divan d'Abou'l-Ala Maarry (mort en 449 = 1057,7), intitulé: لزوم ما لا يلزم *Réunion de pièces détachées.* f. 127—159.

7) d'un autre poème du même auteur, rangé par ordre alphabétique et intitulé: ملقى السبيل. f. 160—171.

8) d'Abou Zakariya Yahya ben Aly el-Khathib el-Tebrizy, mort en 502 = 1108,9. f. 173—180.

Ce manuscrit, qui se distingue par la netteté de ses caractères neskhy, est écrit avec beaucoup de soin et revêtu de points voyelles. 180 f. in-8° oblong. *(Akh.)*

CCXXXII.

Manuscrit renfermant :

1) Six مقامات *Nouvelles* ou *Séances* fort intéressantes de Soyouthy (voy. no. CLXXXVI), écrites en prose rimée. Elles se distinguent par la beauté du style, et consistent en six dialogues, dont les interlocuteurs appartiennent aux deux règnes, végétal et minéral. L'auteur aura probablement composé ces dialogues comme prélude à son grand ouvrage de 29 nouvelles, au nombre desquelles ils sont même rangés. Ce dernier, cité par Hadji Khalfa, s. v. مقامات, fait partie de la bibliothèque Royale de Paris (*Catal.*, p. 265, no. 1590) et de celle de l'Escurial (Casiri, T. I, no. DIXI). Les nouvelles, objet du présent article, commencent par les mots: حدثنا الريان عن ابى الريحان. Elles se trouvent à la bibliothèque de Gotha (Möller, T. II, no. 627) et à celle de l'Escurial (Casiri, T. I, no. 532), où il est cependant question non de six, mais de sept nouvelles. M. de Hammer possédait un manuscrit, qui n'en contenait que cinq. Voy. *Wiener Jahrb.*, Bd. 63, Anzbl. p. 6, no. 67. — Cet exemplaire est pourvu, d'un bout à l'autre, de points voyelles. f. 1—44.

2) منهاج الدكان ودستور الأعيان *Méthode des boutiques et Recueil à l'usage des grands*, traité de pharmacopée, dont l'auteur, suivant D'Herbelot, est Abou'l-Meni ben Abou Nafr ben Hafidh, surnommé Kohen el-Atthar el-Israïly el-Harouny, c.-à-d.

le prêtre droguiste, Israélite de nation et de la famille sacerdotale d'Aaron. Cet homme était un apothicaire juif, du Grand-Caire, qui vivait en 658 = 1260. Son ouvrage est dans la bibliothèque Royale de Paris, voyez l'article Menhage aldokan. Le commencement de ce traité, dont le manuscrit se distingue par la netteté de ses caractères neskhy, est: الحمد لله المتفرّد بوحدانيته. La copie date de l'année 968 = 1560,1. 152 f. in-4°. (Akh.)

CCXXXIII.

Manuscrit composé de vingt et une parties différentes, savoir:

1) P. كلشن راز *Le Parterre des mystères,* poème mystique, qui fait aussi partie de l'ancienne collection d'Ardebil, et dont l'auteur, suivant le Djehannuma, p. 282, est Mahmoud Chebistery (c.-à-d. de Chebister, près de Tebriz, et non Choustery ششتری, de Chouster, comme l'écrit M. Rousseau dans son catalogue). Ce poète, d'après la même géographie, est mort en 720 = 1320,1. Le poème, qui commence par l'hémistiche بنام آنکه جان را فکرت آموخت, a été publié par M. de Hammer, sous le titre: Mahmud Schebisteri's *Rosenflor des Geheimnisses,* Pesth u. Leipzig, 1838. 4. — f. 1—43.

Il s'en trouve aussi des exemplaires au Musée asiatique de notre Académie (nos. 267 et 291), à la bibliothèque Royale de Paris (*Catal.,* p. 291, no. CCLVII, et p. 299, no. CCCXXIII); à Leyde (nos. 1644 et 1670), à la bibliothèque Ambrosiana de Milan (Hammer, *lettera*, 1ᵃ, p. 4), à Dresde (Fleischer, *Catal.*, no. 220), à Vienne (Krafft, p. 66, no. CXCVI), etc. On en voit encore une traduction turque au Musée asiatique (no. 292), à la bibliothèque de Dresde (Paulus, *Memorabilien*, Stück IV, p. 11 et 17, et Fleischer, *Catal.*, nos. 66 et 115), à Upsal (Tornberg, p. 113, no. CLXXXI) et à Gotha (*Catal.*, msc. no. 3).

2) P. Quelques vers du مثنوى, poème persan mystique, de Djelal-eddin Roumy, accompagnés d'une courte explication, en prose persane, du sens du mot نى. Le poème vient d'être traduit en langue allemande, par M. Rosen; voy. *Poésie persane*. Le commencement est conçu en ces termes: عشق جز نائى وماجز نى نَيم. f. 44—46.

3) Commencement d'un recueil de *quarante traditions* اربعين حديثاً, resté incomplet, car on n'en trouve ici que trois. Il a pour compilateur Mouhammed ben Abi Bekr, et commence par les mots: الحمد لله رب العالمين والعاقبة للمتقين. f. 47-51.

4) Un autre recueil de quarante traditions, pourvu de points voyelles; il commence, après la formule usitée, par les mots: قال رسول الله صم من حفظ اربعين حديثاً. f. 60—66.

5) Un petit traité du cadhi Ahmed ben Mouhammed el-Houdjry الجحرى, intitulé كتاب المنبهات *Livre des avis*. Le commencement en est: مما صنعه زين القضاة. f. 66—73.

6) *Prière arabe,* de celles qui sont exaucées ومن الادعية المستجابة
سبحان من احاط بكل شى علما: commencement ;الجربة.

7) الصحف الاربعين *Les Quarante tables,* ou recueil de préceptes religieux et moraux, destinés à servir de guide aux musulmans. Ce recueil, enrichi de points voyelles, a pour commencement: الصحيفة الاولى يقول الله نبرك وتع شَهَدَ تْ. f. 75—107.

8) P. Une collection *d'Odes mystiques* de Chems-eddin Tebrizy, dont la première commence par l'hémistiche: در آب فكن ساقى بط زادة آبى را. En langue persane. f. 108—124.

9) T. Quelques poésies, en langue turque. f. 125—127.

10) P. Un recueil de 366 vers, extraits du poème mystique précité, no. 2), de Djelal-eddin Roumy, fait par un certain Yousouf, et intitulé: جزيرة مثنوى *Ile de la mer du Mesnevy,* en langue persane. Le commencement en est: حمد بلا غايه ويحد شكر لايحصى. f. 129—146.

11) P. Petit traité en langue persane, indiquant les occasions ou les cas, quand il faut lire de certaines surates du Coran. در خواص تلاوة سورهاى قرانى. f. 159—161.

12) Prière arabe. Commencement: اللهم انّى اسئلك. f. 162-3.

13) T. Les dernières instructions données par Khodja Abd el-Khalic Ghadjdevany غجدوانى à son fils, en langue turque. f. 168-9.

14) اسناد الآيات السبعة *L'Appui* des sept versets du Coran, qui, s'ils sont lus chaque matin, sauvent de tout malheur. Ces sept versets sont les suivants : 1) sur. 9, v. 21 قل لن الخ ;2) sur. 10, v. 107 وان يمسسك الخ ;3) sur. 11, v. 8 وما من دابة ;4) sur. 11, v. 59 انى توكلت ;5) sur. 29, v. 60 وكأين من دابة ;6) sur. 35, v. 2 ما يفتح ;7) sur. 39, v. 39 ولئن سألتهم. f. 70.

15) Prière arabe, pour repousser ou arrêter les ennemis. Commencement : يقراء هذا الدعاء. f. 71.

16) P. Un petit poème de Ni'met Allah Vely نعمة الله ولى, intitulé رسالة فقريه *Traité de l'humilité religieuse,* contenant la description de plusieurs vertus nécessaires à l'homme pieux. Le premier hémistiche de ce poème, en langue persane, est: اى كه دارى لباس فقر به بر. f. 172—177.

17) P. Petit poème moral persan, qui commence par les mots: الاى هوشمند خوب كردار. f. 177—180.

18) P. Un petit traité persan, de trois pages, sur la manière de lire la surate يس. Commencement: الحمد لله الواحد القهار. f. 184-5.

19) P. Un extrait de quelques pages de l'ouvrage persan intitulé: فصل الخطاب, de Khodja Mouhammed Parsa. Il commence par les mots: قال فى كتاب. f. 186—187.

Quant à ce Khodja Mouhammed Parsa, il se nommait proprement Mouhammed ben Mouhammed (suivant d'autres

Mahmoud) el-Hafidhy الحافظى el-Boukhary, de Boukhara, et était un saint nacchbendy نقشبندى fort célèbre, qui mourut en 822 = 1419; l'année 865 = 1460, qu'on voit aussi citée comme celle de sa mort, n'est qu'une méprise. Son ouvrage susmentionné se trouvait dans la collection de M. Hammer-Purgstall, voy. *Wiener Jahrbücher*, Bd. 84, p. 37, no. 335; cf. Hadji Khalfa, T. IV, p. 422, no. 9058, Khondemir, *L'Ami des biographies*, T. III, p. 444, (msc. acad.), et Thachkeuprizadéh, f. 125.

20) *Traité sur le chemin le plus court vers Dieu* رسالة فى اقرب الطرق الى الله الكبرى, par Nedjm el-Milla veddin el-Kabary el-Razy. Il commence par les mots: بسم الله الخ قال الشيخ الكامل المتكلم الواصل نجم الدين. Cf. Nicoll, p. 105, no. CXII, 9°. f. 192-196.

21) P. Quelques logogriphes معمّات persans du célèbre poète Djamy. Commencement: جواز حد وتحيت يافتى كام. f. 197—200.

Outre les fragments qui viennent d'être énumérés, ce volume contient encore plusieurs autres pièces détachées, pour la plupart d'une teneur religieuse. 225 f. in-12°. *(Akh.)*

CCXXXIV.

Volume composé de trois traités:

1) تلخيص المفتاح *Élucidations* de la troisième partie de la célèbre Encyclopédie philologique, sous le titre: مفتاح العلوم *La Clef des sciences*, de la composition de Siradj-eddin Abou Yacoub Yousouf

ben Abi Bekr ben Mouhammed, surnommé السكاكى el-Sekkaky (descendant du coutelier) et الخوارزمى el-Kharezmy, mort en 626 = 1229, suivant Soyouthy et d'autres auteurs. Cette troisième partie traite de l'invention علم المعانى et de l'élocution en rhétorique علم البيان. Quant à l'auteur des *Élucidations*, il n'est pas nommé dans ce manuscrit; mais un passage cité par Hadji Khalfa, à l'article تلخيص المفتاح, T. II, p. 402, nous apprend, que c'est le célèbre Cazviny, dont il a été question au no. CCVII. L'ouvrage commence par les mots: الحمد لله على ما انعم وعلّم من البيان, et la copie est enrichie en grande partie de nombreuses gloses marginales et interlinéaires. L'encyclopédie de Sekkaky se trouve à la bibliothèque de Leyde (no. 1455) et à Göttweih en Autriche (v. *Wiener Jahrb.*, Bd. 110, Anzbl. p. 21, no. 1,) et les *Élucidations* de Cazviny à Leyde (nos. 1432, 1433 et 1438); elles se trouvaient aussi dans la bibliothèque de M. S. de Sacy, v. *Catalogue* (Manuscrits), p. 25, no. 135. Relativement à l'auteur, voyez Soyouthy. f. 330. f. 1—91.

2) Un commentaire de Ifam-eddin ben Mouhammed, sur le traité des métaphores de Abou'l-Casim el-Samarcandy, intitulé رسالة الاستعارة, dont nous avons parlé au no. CXLV, 1). Cette copie, exécutée à Constantinople par Mouftafa ben Houseïn el-Casthemouny, date de l'année 1060=1650. Commencement : يقول العبد المفتقر الى الطافى. Voy. nos. CCXXXIX, 8) et CCXLIV, 3). f. 94-119.

3) Un commentaire sur les règles de la *Dialectique* intitulé الرسالة العضدية, (voy. no. XCI, 2), dont l'auteur ne s'est pas nommé; mais on voit par le commencement que cet ouvrage est le même dont il sera question au no. CCXXXVIII, 2) et que l'auteur doit être Aly Couchdjy, qui dedia son ouvrage à l'émir Abd el-Kerim. Cette copie date de l'année 1062 = 1652. Commencement: الحمد لله الذى خص الانسان. 143 f. in-8°. *(Akh.)*

CCXXXV.

Manuscrit composé des quatre traités suivants;

1) تلخيص المفتاح *Les Elucidations de la Clef des sciences*, dont il a été question au no. CCXXXIV, 1), par le célèbre Cazviny. Cette copie date de l'année 1119 = 1707. f. 1 — 39.

2) Le traité de *Dialectique* intitulé الرسالة العضدية, qui ne forme qu'une page. Voyez le no. XCI, 2) f. 40.

3) Le commentaire intitulé حنفية Hanefiyé, sur le traité susmentionné, dont il a été parlé au no. CCXXXIV, 3) et dont il sera encore question au no. CCXXXVIII, 1). Il existe cependant une variante assez importante relativement au nom du commentateur; car d'après le titre ci-dessus indiqué de ce commentaire et celui du no. CCXXXIX, 3), il y a tout lieu de croire qu'il était surnommé Hanefy الحنفى, tandis que d'après le no. CCXLI, 3), son nom aurait été خفى قره باغى Khafy Carabaghy, qui est peut-être le même que Mouhy-eddin Mouhammed el-Carabaghy

mort, suivant Thachkeuprizadeh (f. 218), en 942 = 1535, 6. Cf. no. LVII. f. 41—46.

4) Gloses de Abou'l Fath ben Makhdoum el-Houseïny sur le commentaire susdit (voy. le no. CCXLI 4). Cette copie exécutée par Mouhammed ben Mouſtafa, date de l'année 1118 = 1706,7. Commencement: الحمد لله على افهام الخطاب. 70 f. in-8°. *(Akh.)*

CCXXXVI.

Manuscrit renfermant:

1) *La Créme des proverbes* زبدة الامثال, qui est un recueil de proverbes ضروب امثال arabes, puisés dans les meilleures collections de ce genre, telles que celles de Meïdany, Zamakhchary etc. Ils ont été rangés par ordre de matières, par Mouſtafa ben Ibrahim, de Galipoli, et dédiés au sultan Mourad ben Selim, ou Amurath III (1574 — 1595). Ce manuscrit, qui commence par les mots: الحمد لله الذى زيّن عباده بالالفاظ, date de l'année 1065 = 1654,5. f. 1 — 45.

2) Un petit traité sur les signes caractéristiques qui peuvent servir de guide dans *l'analyse grammaticale*. Le titre, ainsi que le nom de l'auteur n'en sont pas indiqués. Il y a au commencement les mots: باب معرفة علامات الاعراب. 51 f. in-8°. *(Akh.)*

CCXXXVII.

Manuscrit où se trouvent:

1) Des gloses servant à l'explication des premiers feuillets d'un

commentaire de l'*Isagoge* (voy. les nos. XCV, 1), CVII, etc.). Le nom du glossateur, qui n'est pas désigné dans le corps de l'ouvrage, serait, d'après le verso du premier feuillet, بردعى Berday, et celui du commentateur حسام كاتى (voyez les nos. XCV, 1) et XCVI, 1). Effectivement Hadji Khalfa cite un certain Mouhammed ben Ahmed, connu vulgairement sous le nom de Berday, originaire de Berdaa (voy. no. CV, 6), comme glossateur du commentaire de Houseïn Katy; mais il est à remarquer que le commencement de ces gloses, suivant le bibliographe, ne s'accorde pas avec celui de cette partie du manuscrit, conçu en ces termes قال الحمد لله الواجب وجوده. Cette copie, faite par Hasan ben Abd el-Cadir, date de l'année 962=1554, 5. f. 1 — 12.

2) Un traité anonyme sur *L'Analyse grammaticale* الاعراب, divisé en trois chapitres, dont le premier traite du terme régissant العامل, le second du terme régi, ou du complément المعمول, et le troisième de la dépendance grammaticale العمل. Cette seconde partie, ornée d'un double filet rouge, commence, après le préambule ordinaire, par les mots: فهذه رسالة فى ما يحتاج. f. 13 — 60.

3) Commentaire d'un auteur anonyme sur les *Cent particules régissantes* ماية العوامل du cheïkh Abd el-Cahir el-Djourdjany, voy. no. CLXXIV, 2). La première phrase de ce commen-

taire, resté incomplet, est: ثم الصلوة على المنفرد باحكام الرسالة. 105 f. in-4°. *(Akh.)*

CCXXXVIII.

Recueil de onze petits traités, savoir:

1) Le texte du traité de *Dialectique*, intitulé رسالة الوضعية, dont il a été question au no. XCI, 2). Il commence par les mots: هذه فائدة تشتمل على مقدمة. Ce texte, copié en 1094 = 1683, est enrichi de nombreuses notes marginales et interlinéaires. f. 1 — 2.

2) Un commentaire de Aly Couchdjy, voy. Manuscrits persans, *Mathématique* et nos. CCXXXIV, 3) et CCXLII, 1), sur le traité de Dialectique susmentionné. Il commence par les mots: الحمد لله الذى خص الانسان بمعرفة. Cette copie date de la même année que la précédente et est également enrichie de notes. f. 3 — 17.

3) Quelques observations fort concises du Séyid Cherif Djourdjany, voy. le no. CCXXVIII, 1) sur différents passages du traité mentionné sous no. 1). Elles commencent par les mots: اذا ترتيب على فعل. f. 18.

4) Un commentaire du même scholiaste et sur le même traité. Il débute par les mots: قوله فهذه فايدة وجه الضبط f. 20 — 22.

5) Des gloses sur le commentaire de Aly Couchdjy (voy. no. 2), attribuées à Ilias el-Irany الياس الايرانى. Le com-

mencement en est: قوله رحمه الله يحتمل ان يكون. Cette copie date de l'année 1095 = 1684. f. 22 — 29.

6) Scholies de مير ابو البقا Mir Abou'l-Beca sur le même traité de Aly Couchdjy, qui commence par les mots: باسمه سبحانه وبحمده. La copie date de l'année 1095 = 1684. f. 29 — 37.

7) Commentaire sur le traité de *Dialectique* intitulé رسالة العضدية (no. XCI, 2), par Abou'l-Casim ben Abou Bekr el-Leïthy el-Samarcandy, qui l'écrivit en 888 = 1483. Le commentateur débute par les mots: سبحانه من انطق بذكره اللسان. Cette partie du manuscrit date de l'année 1091 = 1683. f. 38-63.

8) Autre commentaire du célèbre poëte persan Maoulla Djamy, sur le même traité de Dialectique. Il commence par les mots: المشار اليه بهذه. Cette copie date de l'année 1095 = 1684. f. 64 — 71.

9) Commentaire intitulé مفتاح السعادة *La Clef du bonheur*, par Mouhammed ben Khalil el-Moustary, sur le traité de prosodie arabe d'Abou'l-Djeïch el-Anfary el-Andalousy, voy. no. CXXXIV. Ce commentaire a pour commencement les mots: الحمد لله الباسط نعما الموفر. f. 73 — 98.

L'ouvrage original se trouve à la bibliothèque de l'Escurial (Casiri, no. DCLXXVI, 3), T. I, p. 200).

10) Commentaire de Coul Ahmed قول احمد (voy. le no. XCVIII, 1) intitulé فوايد الفنارية Leçons de Fenary sur la Logique, dont il a été question au no. XCVIII, 2). f. 103—148.

11) Le texte du traité de Logique intitulé الايساغوجى Isagoge, par Athir-eddin Abahry, (voy. les nos. XCV, CVII etc.) f. 149—153. 153 f. in-8°. *(Akh.)*

CCXXXIX.

Manuscrit composé de huit parties, savoir:

1) Un commentaire qui, d'après le verso du premier feuillet, doit être celui de Houseïny, sur le traité *des Règles de la dialectique*, intitulé العضدية. C'est le même commentaire qui est cité aux nos. XCVIII, 3) et CV, 2). Il commence que celui aussi de la même manière c.-à-d. يامن وفّقنا لوظايف. f. 1—22.

2) Commencement d'un traité anonyme, en vers, intitulé النونيّة Nouniyé (poème dont tous les vers finissent par la lettre ن *n*) sur les *Dogmes fondamentaux de l'islamisme* العقايد. C'est sans doute l'ouvrage imprimé à Constantinople en 1258 = 1842, sous le titre de قصيدة نونية, et dont l'auteur, suivant Mr. Hammer-Purgstall (*Journ. Asiat.* IV Sér. T. 3, p. 222), est Khizr-Beg, précepteur du sultan Mouhammed IV (1649—1688), dont le nom entier, suivant Hadji-Khalfa T. IV, p. 555, était Khifzr-Begh ben Djelal-eddin ibn Ahmed-Pacha, mort en 892 = 1487. Le premier hémistiche est: الحمد لله على الوصف والشان. f. 23.

3) Le commentaire sur les règles de la *Dialectique* intitulé حنفية Hanefiyé, dont il a été question au no. CCXXXIV, 3). Commencement: لك الحمد جعل الله تعالى. f. 25 — 30.

4) Un commentaire du Séyid Vely-eddin Abd el-Vahhab el-Houseïn el-Amidy الأمدى, de la ville d'Amid. L'ouvrage original, intitulé رسالة الولدية, a pour auteur ساچقلى زاده Satchiclizadéh, qui l'a composé pour son fils. Voy. le no. 7). Cf. Krafft, p. 155, no. CDI. Le commentaire commence par les mots: الحمد لله الذى ادّبنا. f. 31 — 93.

5) Des gloses anonymes sur le commentaire formant la première partie du présent article c.-à-d. le no. 1) et intitulé الرسالة الحسينية ou *Traité* de Houseïn. Elles commencent par les mots: الحمد لله الذى شرح صدورنا. Le premier feuillet présente sur la marge le commencement des *gloses* de Fardy الحاشية الفردية sur le traité intitulé الحسينية, voyez no. CV, 1). f. 93 — 140.

6) Commentaire sur le traité de *Dialectique*, mentionné en tête de ce no., et intitulé العضدية, ou الوضعية, suivant la fin de cette partie du manuscrit, où le commentaire est mêlé à l'original. La même fin ferait présumer que le nom du commentateur était Houseïn ben Mouhammed, et qu'il termina cet opuscule en 1067=1656,7, mais la conclusion du no. CLXIX, 3), nous apprend qu'il se nommait Khodja Aly Samar-

candy. Notre copie date de l'année 1204 = 1789,90. Les premiers mots de ce traité, intitulé الوضعية, sont: هذه فائدة افاده الولى الاعظم. Voy. no. XCI, 2). Le commentateur a débuté par les mots: الحمد لله الذى خص الانسان بمعرفة اوضاع, et terminé par la phrase: وكذا الحال فى هذه الصورة, ce qui prouverait qu'il s'agit ici du commentaire de Aly Couchdjy, cité au no. CCXXXVIII, 2) et 5), commençant et finissant de la même manière. f. 142—156.

7) Traité intitulé رسالة الولدية, Risalet el-Velediyé, qui a été cité comme accompagné d'un commentaire, au no. CCXXXIX, 4). Il commence par les mots: وبحمده وصلوة والسلام على رسوله يقول البائس f. 156—169.

8) Un commentaire de Ifam-eddin ben Mouhammed (mort, suivant les tables chronologiques de Hadji Khalfa, à Samarcand, en 943 = 1536,7) sur le traité des *Métaphores* استعارات de Abou'l-Casim el-Samarcandy, voy. no. CCXXXIV. 2). Le commentaire semble être intitulé فرائد عوائد. Le commencement est: يقول العبد المفتقر الى اللطاف. 185 f. in-4°. *(Akh.)*

CCXL.

Manuscrit composé de trois parties, savoir:

1) حاشية لشرح العقايد العضدية où *Gloses sur le commentaire du Traité des dogmes*, composé par Adhoud-eddin el-Idjy, dont il a été question au no. XCI, 2). Le commentateur est Mouham-

med ben Asaad el-Ssadiqy el-Devvany الصديقى الدوانى, cité aux nos. XCIV, 2) et CV, 3). Quant au glossateur, il se nommait proprement Houseïn el-Houseïny el-Khalkhaly الخلخالى, de la ville de Khalkhal, cité au no. CXXVIII, 3). Ces gloses commencent par les mots : الحمد لله الذى هدانا المنهج الرشيد. La copie de cette première partie et de la seconde date de l'année 1073 = 1662,3. f. 1 — 68.

2) Un commentaire de Djelal-eddin Devvany, cité au no. 1), sur le traité du célèbre Teftazany intitulé تهذيب المنطق والكلام, *Épuration de la Logique et de la métaphysique*, voy. le no. XCIV, 1). Une preuve que ce commentaire, le même que le no. XCIV, 1), est réellement une production de Djelal-eddin Devvany, c'est que le verso du premier feuillet du manuscrit porte l'inscription رساله تهذيب ملا جلال *Traité* intitulé Tehdzib par le Maoulla Djelal. f. 71 — 119.

3) Gloses servant d'explication au commentaire susmentionné (no. 2), de Djelal-eddin Devvany. Elles ont été rédigées, suivant Hadji Khalfa, en 1006 = 1597,8, par Houseïn el-Khalkhaly (cité au no. 1), à l'usage de son fils Bourhan-eddin. Ces gloses, incomplètes à la fin, commencent par les mots: نحمدك يامن نور قلوب العارفين. 168 f. in-4°. *(Akh.)*

CCXLI.

Ce manuscrit se compose des ouvrages suivants:

1) رسالة فى آداب البحث *Traité des règles à suivre dans la controverse*, par Chems-eddin Mouhammed ben Achraf el-Houseïny el-Samarcandy, mort vers l'année 600 = 1203,4, avec un commentaire dont l'auteur n'est point nommé dans le corps de l'ouvrage; mais, d'après l'inscription que porte la tranche du volume, ce serait Masoudy, le même sans doute que Kemal-eddin Masoud el-Roumy ou el-Chirvany الشيروانى, qui était disciple de Chah Fath Allah, et qui, suivant Casiri, florissait dans le 7e siècle de l'hégire. Son commentaire est regardé comme le plus célèbre. Ce manuscrit, à filets d'or et en caractères neskhy très-lisibles, est, comme à l'ordinaire, entremêlé d'un commentaire et commence par les mots: الحمد لله رب العالمين. f. 1—25.

Il se trouve à la bibliothèque du Roi à Paris (*Catalogue*, no. 718 et 931); à celle de l'Escurial (Casiri, no. 675); à celle de Leyde (no. 866); à celle de Bodley (Uri, no. 511, 3 et 521); au Musée asiatique, no. 787; etc.

2) اشكال التأسيس *Les 35 figures fondamentales de la géométrie*, d'après Euclide, avec le commentaire de Cadhizadéh el-Roumy, (voy. CXXXIII, 3). Cette copie date de l'année 1095 = 1683,4. f. 28—83.

3) Le texte (متن) du petit traité intitulé العضدية ou *Traité* d'Adhoud-eddin sur les règles de la controverse. Voy. no. XCI, 2). f. 84.

Quoique le nom de l'auteur de cet opuscule, qui ne forme qu'une seule page du manuscrit, n'y soit point cité, il est certain que c'est Adhoud-eddin el-Idjy, voy. le no. XCI, 2). La page commence par les mots: لك الحمد والمنة. Elle se trouve répétée plus loin et accompagnée d'un commentaire avec de nombreuses notes marginales et interlinéaires, de Khafy Carabaghy خفى قره باغى, voy. no. CCXXXIX, 3). Ce commentaire commence par les mots: لك الحمد جعل الله تعالى مخاطبا. f. 84 — 90.

4) Gloses d'un auteur qui ne s'est pas nommé, sur le commentaire susmentionné, de Khafy Carabaghy. Mais on voit par la fin du no. CCXXXV, 4), qu'il s'appelait Abou'l-Fath ben Makhdoum el-Houseïny. Les gloses commencent par les mots: الحمد لله على افهام الخطاب. f. 96 — 127.

5) فوايد الفنارية *Leçons* de Fenary, servant de commentaire au traité de *Logique* intitulé رسالة الاثيرية فى الميزان, par Athir-eddin Abahry (voy. no. XCVIII, 2). A la marge du commentaire se trouvent les gloses marginales (حاشية), qui lui servent d'explication, composées par Coul Ahmed, voy. no. XCVIII, 1). Les premiers mots de ces gloses sont: حمدا لك اللّهم على ما منعت f. 128.

La copie de ce commentaire et des gloses marginales date de l'année 1095 = 1680.

NB. Avant cette cinquième partie du manuscrit on trouve encore deux petits traités sur l'art de disputer, dont le premier, en arabe, forme deux pages (f. 90—91), et le second (f. 95), en vers persans, intitulé آداب, منظومة, n'en occupe qu'une seule. Le premier commence par les mots: تمت الرسالة لابن et finit par: لمادام المعتل ; le second : چنین کفته اندر ارباب معانی. 160 f. in-8°. (*Akh.*)

CCXLIII.

Manuscrit composé de deux traités.

1) Celui de *Théologie* et de *Métaphysique*, qui est intitulé تجريد العقائد, *Exposition claire et distincte des dogmes*, avec un commentaire. L'auteur du traité n'y est pas nommé, mais il n'y a nul doute que ce ne soit l'ouvrage du célèbre Nafir-eddin Thousy, voy. no. CXXVIII, 1), sur lequel la plupart des docteurs musulmans se sont exercés. Le commentateur, indiqué au revers du premier feuillet, se trouve être Aly Couchy قوشی (c.-à-d. Couchdjy قوشچی), voy. le no. CCXXXVIII, 2). La première phrase de cette première partie du manuscrit, restée incomplète, et enrichie de notes marginales, a pour commencement : اما بعد حمل واجب الوجود. f. 1 — 10.

Cet ouvrage se trouve, avec son commentaire, à la bibliothèque de l'Escurial (no. DCXLI). Voyez sur son compte, ainsi que sur ses commentateurs, la *Bibliothèque orientale* de D'Herbelot, ou l'article تجريد الكلام chez Hadji Khalfa, T. II, p. 193, no. 2448.

2) Un commentaire sur un traité de *l'Invention et de la disposition oratoires* علم المعاني, dont l'auteur était surnommé Khithaiy, voy. no. CXLIII. Le nom du commentateur, d'après le recto du premier feuillet, est Abd Allah el-Yezdy, le même dont il a été question au no. CXLIII. Les premiers mots sont: حمد لمن خلق الانسان علمه البيان. 80 f. in-8°. *(Akh.)*

CCXLIII.

Volume contenant les traités suivants:

1) Celui d'*Arithmétique*, intitulé خلاصة الحساب, *la Quintessence de l'arithmétique* et divisé en une préface et dix chapitres. L'auteur, Beha-eddin el-Amily (voy. le no. CXXX, 3), dit y avoir inséré la quintessence des ouvrages anciens et modernes de ce genre. Voy. Hadji Khalfa, T. III, p 158. Ce manuscrit, enrichi de nombreuses gloses marginales, commence par les mots: حمدك يامن لا يحيط بجميع نعمه عدد. f. 1 — 20.

Il se trouve aussi au Musée asiatique no. 621; à la bibliothèque du feu Maoulla Seïf-eddin à Ssaba (no. 168), et à celle de Tippou Soulthan (Stewart, p. 99).

2) Un *Traité sur les cercles parallèles à l'horizon* المقنطرات, dont le titre et le nom de l'auteur ne se trouvent pas indiqués. Les premiers

mots en sont: الحمد لله رب العالمين حمد الشاكرين. Cet exemplaire date de l'année 1096 = 1684,5. Il est suivi d'une table des longitudes et des latitudes de plusieurs villes de l'Asie. f. 21 — 51.

3) Un commentaire de sept pages, d'un auteur anonyme, sur son propre traité de *controverse* فى علم آداب البحث (voy. le no. CII, 2). Suivant la suscription de cette copie, le commentaire aurait pour auteur طاش كپرى Thach Keupri. Il commence par les mots: الحمد لله الذى لا مانع لعطائه. Cette copie date de l'année 1096 = 1684,5. f. 54 — 56.

4) P. Un traité d'*Astronomie*, en langue persane, dont l'auteur, suivant le verso du frontispice de ce volume, doit être Aly Couchdjy (le fauconnier), voy. Mss. pers. *Mathématique*. Il est à présumer que c'est le traité dont parle *Uri*, p. 284, art. 8 du no. LXXIII). Il commence par les mots : فصل در القاب خطوط الربع. Cette partie du manuscrit a été copiée à Erzeroum, en 1093 = 1682. f. 61 — 75.

5) Un petit poëme arabe anonyme, sur l'*Arithmétique*, dont le premier hémistiche est: نحمد الله الكريم لا يعد. f. 80 — 92.

6) Un traité sur le *Quart de cercle* nommé *Secteur*, الجيب, par Abd Allah el-Samarcandy, dont les premiers mots, après les louanges de Dieu et celles de Mahomet, sont: فان علم الجيب علم الشكلى. Cette copie date de l'année 1096 = 1684,5. f. 94 — 115. 115 f. in-8°. (*Akh.*)

CCXLIV.

Manuscrit composé des cinq parties suivantes:

1) Un traité où l'auteur, qui se nommait Dhehir-eddin ben Maoulla Mourad el-Tefrichy التفرشي, s'applique à réfuter les assertions du père Gabriel, adressées à un des notables de la ville de Tebriz, relativement aux dogmes du Christianisme. Le père Gabriel y est nommé الپادری کبریَّل الأفرنجی. Cette partie du manuscrit, qui commence par les mots: امابعد الحمد والتحية والصلوة على محمد وآله, semble n'être pas terminée; les derniers mots en sont: فكيف اذا كان ظاهراً. f. 1—16.

2) Des gloses de Abd el-Ghafour, servant d'explication au traité de *syntaxe*, intitulé كافية Kafié; voy. no. CLXII, 1). Ces gloses, qui commencent par: الحمد مصدر المعلوم, sont restées incomplètes. Elles se trouvent aussi à la bibliothèque de Tippou Soulthan (Stewart, p. 126). f. 17—141.

3) Un commentaire de Ifam-eddin, (voy. le no. CCXXXIV, 2), et CCXXXIX, 8) dont le vrai nom, suivant la phrase finale de ce no. 3) était Ibrahim, sur le traité des métaphores d'Abou'l-Casim el-Samarcandy. f. 142—161.

4) Le texte du *Traité des dogmes fondamentaux de l'islamisme*, par Nedjm-eddin Nesefy, dont le commentaire a été cité au no. XLVIII. Les premiers mots de ce texte sont: قال اهل الحق. La copie date de l'année 1074 = 1663,4. f. 162—168.

5) Des gloses de Coul Ahmed قول احمد, cité au no. XCVIII, 1), sur le commentaire joint par Khialy au traité susmentionné. Voy. le no. XLVIII. Elles commencent par les mots: سبحانك اللّهم وبحمدك, et paraissent être incomplètes à la fin. 225 f. in-4°. *(Akh.)*

CCXLV.

Manuscrit contenant les parties suivantes:

1) Le poème à la louange de Mahomet, connu sous le nom de *Manteau du prophète* البردة, avec l'introduction ديباجه et des remarques interlinéaires et marginales. Le titre de ce poème est proprement: الكواكب الدريّة فى مدح خير البريّة *Les Étoiles resplendissantes en l'honneur de la meilleure des créatures*, par Cherefeddin Abou Abd Allah Mouhammed ben Saaïd el--Doulafy الدولاصى, connu sous le nom de el-Boufiry البوصيرى et mort en 694 = 1294,5. Voy. Hadji Khalfa, T. IV, p. 523; Nicoll, T. II, p. 309; Cureton, p. 76, no. XCVIII, 111), et *Wiener Jahrb.*, Bd. 91, Anzbl. p. 4, no. 129. Très estimé en orient, ce poème a été publié d'abord par J. Uri, en 1761, à Leyde, et puis en 1824, à Vienne, par M. de Rosenzweig; une traduction française (par S. de Sacy) se trouve dans l'ouvrage de M. Garcin de Tassy: *Exposition de la foi musulmane;* des commentaires en ont paru à Boulac, en 1841, et à Constantinople, en 1835. Cette partie du manuscrit date de l'année 1028 = 1619. f. 1-8. — Le poème en question se trouve fréquemment, avec ou sans commentaire, dans différentes

collections de manuscrits orientaux, p. e. dans celles du Musée asiatique de notre Académie, nos. 74—79; du Roi à Paris (*Catal.*, p. 245, no. MCCCLXXX, cf. *Wiener Jahrb.*, Bd. 91, Anzbl. p. 4, no. 129); de feu S. de Sacy (*Catal.*, *manuscr.* p. 28-9, nos. 156—157); de Bodley (v. Nicoll, l. c.); du Musée Brittanique (Cureton, l. c.); de Leyde (*Catal.*, nos. 1562-1565); de Vienne (Krafft, p. 59, nos. CLXXX—CLXXXII, cf. *Wiener Jahrb.*, Bd. 64, Anzbl. p. 3, no. 151, *Mines de l'Orient*, T. VI, p. 275, no. 500, T. II, p. 403, no. 183); de feu M. Rich (ib., T. IV, p. 115, no. 95); de Gotha (Möller, p. 217, no. 538); de Dresde (Fleischer, *Catal. Dresd.*, nos. 204, 219, 301, 1), 439); de Leipzig (Fleischer, *Codd. Lips.*, p. LIV, s. v. Muhammed etc. el-Busirii *el-Burde*); de Hambourg (Bohlen, *Catal.*, msc. p. 192); d'Upsal (Tornberg, p. 90, no. CXLV); de la Bibliotheca Medicea (Assemani, *Catal.*, p. 481, no. DXX); de Tippou Soulthan (Stewart, p. 79, nos. CLXXV—CLXXVII); de l'Escurial (Casiri, T. I, p. 67, no. CCLXXX) etc.

2) Commentaire sur *Le Livre des successions* كتاب فرايض, du cadu et imam Chihab-eddin Abou Hamid Mouhammed (suivant d'autres: Ahmed) ben Mahmoud ben Aly ben Abou Thalib, vulgairement appelé Chihab-eddin. Voy. Hadji Khalfa, T. IV, p. 406. D'après ce même bibliographe, le commentateur, dont le nom ne se trouve pas dans l'ouvrage, est Abd el-Halim el-Mouskiry عبد الحليم المسكرى, mort en l'année 900

= 1494, et appelé Mouskiry, d'un village de Mouskir, situé dans le district de Chabran en Chirvan. Les premiers mots du commentaire sont: الحمد لله العليم الحكيم. Cette copie date aussi de l'année 1028 = 1619. f. 9—23.

3) Vingt pages détachées, encadrées d'un filet rouge, du poème persan, intitulé Pendnameh ou *Livre des conseils*, de Ferid-eddin Atthar; v. *Mscts persans, Poésie*. Elles commencent par l'hémistiche: سقف ایوان را تو بی, et finissent par: ذکر خاص الخواص ذکر سرى بود استون مدار. On y trouve parfois des remarques interlinéaires et marginales. f. 23—34.

4) تعليم المتعلم فى طريق التعلم) *Guide dans la voie de l'instruction, pour celui qui veut s'instruire*. C'est un traité bien connu aux orientalistes de l'Europe, par les éditions de H. Reland, en 1709, et de M. Caspari à Leipzig, en 1838. L'auteur, dont l'ouvrage est pourvu de notes marginales et interlinéaires, est Bourhan-eddin el-Zernoudjy, de Zernoudj, ville de Transoxane, mort en 591 = 1195. f. 36—75.

5) Cette partie, encadrée de filets rouges, a pour titre: كتاب شروط الصلوة *Livre exposant les conditions de la prière*, par كمال پاشا Kemal Pacha. Elle comprend huit chapitres باب, et commence, après la formule ordinaire, par: بانّ العبد. Il paraît que c'est le même ouvrage que cite M. Flügel, comme déposé à la biblio-

thèque de Munich. Cf. *Wiener Jahrb.*, Bd. 47, Anzbl. p. 44, no. 6. f. 75—81.

6) رسالة فى المنطق *Traité sur la logique*, par Athir-eddin Abahry, ou le traité connu vulgairement sous le nom de Isagoge, voy. nos. XCV, 1) et CVII, avec le commentaire de Housamkaty; voy. no. XCV, 1).

Cette partie du manuscrit, encadrée d'un filet rouge, est sans date. Elle commence par: قال الشيخ الامام العلامة. D'après une inscription en langue polonaise, tracée sur l'intérieur de la reliure et signée Ludwik Antoni Lasocki, ce livre a été pris dans une mosquée turque, à Strigonie, lors de la reddition de cette ville, en 1683, au roi Jean III. — 89 f. in-8°.

CCXLVI.

الفوائد الخاقانية الاحمدخانية *Les Profits khacaniens ahmed-khaniens*. L'auteur, Mouhammed Emin ben Ssadr el-Milla veddin el-Chirvany, de Chirvan, mort, suivant Hadji Khalfa, T. IV, p. 473, et la notice biographique, tracée sur le premier feuillet du manuscrit, en 1036=1627 (d'après M. de Hammer, *Wien. Jahrb.*, Bd. 61, Anzbl. p. 26, en 1037=1627), dit dans la préface que venu, pendant les troubles du Chirvan, à Constantinople, et y ayant rencontré beaucoup de savants, il tira profit de leur société pour écrire ce livre, dans lequel il traite de cinquante-trois doctrines علوم, nombre compris dans le nom Ahmed, qui n'est autre que le sultan Ahmed ben Mouhammed ben Mourad, ou Ahmed I (1603—1617). L'ouvrage ayant été dédié à ce souverain, l'auteur lui donna le titre susmentionné, qui signifie *Profits dédiés au khacan* (empereur) Ahmed. La liste des sciences traitées ici se trouve dans l'article précité de M. de Hammer. Ce manuscrit, à filets rouges, qui date de l'année 1023 = 1614, a été copié à Constantinople, par Hafidh Mahmoud ben Mouhammed, et commence par les mots: صدر كلام ارباب الفضل والعرفان. 203 f. in-8°. *(Hyr.)*

CCXLVIII.

Manuscrit contenant divers petits traités, savoir:

1) رسالة فى تحريم ذبائح اهل الكتاب *Traité sur ce qu'il faut regarder comme illicites* (pour la nourriture des musulmans) *les victimes égorgées par les Chrétiens et les Juifs (et Sabéens),* par Mouhammed, connu sous le nom de Beha-eddin el-Amily العاملى. L'auteur raconte dans la préface que, l'ambassadeur de Turquie ayant un jour énoncé que les savants (oulemas) de son pays blâmaient ceux de la Perse, parce que ces derniers défendaient de manger de la viande des bestiaux égorgés par les Chrétiens et les Juifs, en contradiction au Coran, qui le permet, dans le verset: وَطَعَامُ الَّذِينَ أُوتُوا الْكِتَابَ حِلٌّ لَكُمْ *Et la nourriture de ceux qui ont reçu un livre* (saint) *vous est permise* (sur. 5, v. 7); Abou'l-Moudhaffer Chah Abbas lui ordonna de composer un traité pour réfuter et réduire à néant les reproches des savants turcs. Beha-eddin écrivit

en conséquence ce petit traité, qui, par ordre du chah, fut remis à l'ambassadeur turc, pour l'emporter avec lui en Turquie et s'y en servir pour la justification des savants persans. Le traité ne comprend qu'environ deux feuillets. f. 1—3.

Chah Abbas, dont il est question ici, est le premier de ce nom, qui a régné entre 1587 et 1628. Quant à l'auteur du traité, Beha-eddin, c'est un savant théologien persan bien connu, auteur de beaucoup de livres et de traités sur la théologie musulmane, et, entre autres, du ou *Recueil d'Abbas*, sur lequel on peut voir Fraser, *A Catalogue of manuscripts etc.*, p. 32—33, et Chardin, qui en a donné de nombreux extraits, dans ses *Voyages*, T. VI, p. 318. Ce livre se trouve aussi au Musée asiatique de notre Académie, no. 350, *b*. Il a été traduit en géorgien, en 1691, par Sharsadan Giorgi Djanidzé, dont le manuscrit original est déposé au même Musée. Beha-eddin mourut, d'après Iskender Mounchi, en 1030 = 1621, et il ne faut pas le confondre avec le savant du même nom, cité sous no. CXXX, 3) et no. CCXLIII, 1), contemporains, d'après Hadji Khalfa et *l'Histoire des Ssefides* (msc. acad., no. 574, *b*.) du chah Tahmasp. Le traité, dont nous parlons, ne resta pas sans réplique de la part des savants turcs, dont les objections furent encore réfutées par ceux de la Perse. Or, il faut observer que les Sunnites permettent dans certains cas de manger de la viande des bestiaux égorgés par les Chrétiens et les Juifs, tandis que les Chiites ou Persans en ont horreur. On connaît un autre traité sur ce même sujet, intitulé : رسالة فى ذبائح المشركين *Traité sur les victimes égorgées par ceux qui associent d'autres divinités à Dieu*, par Abou'l-Fadhl Mouhammed ben Abd Allah ben Cadhi Adjloun, mort en 876 = 1471,2. Voy. Hadji Khalfa, T. III, p. 399, no. 6135. Il ne nous a du reste pas réussi de trouver des renseignements plus détaillés ni sur l'ambassadeur turc, cause de la composition du traité de Beha-eddin, ni sur l'année, dans laquelle il fut écrit. Mais l'histoire de Perse nomme deux ambassadeurs turcs, qui séjournèrent à la cour d'Abbas pendant quelque temps. Le premier, Kheïr-eddin Tchaouch, arriva en 1017 = 1608, avec l'ambassadeur persan, Mouhammed Begh, et s'en retourna en l'année 1610; le second, Mouftafa-Pacha, vulgairement nommé Intchillou Tchaouch, vint en Perse en 1022 = 1613, et ne la quitta qu'en 1023 = 1614. Voyez Iskender Mounchi (msc. de l'Acad.) et Hammer, *Geschichte des Osman. Reiches*, Bd. IV, pp. 446 et 476. Le traité aura donc été composé entre les années 1608 et 1614.

2) Quelques remarques *métaphysiques* (علم الكلام) sur l'omniscience de Dieu. Elles commencent par : ان سال سائل فقال ابن حارثة. f. 3—4.

3) Autre petit traité sur la question adressée à Mouhammed el-Ghazzaly, concernant la signification des mots du Coran (sur. 15, v. 29): فاذا سويته ونفخت فيه من روحى *Quand je l'aurai dressé* (l'homme) *et*

inspiré *de mon esprit,* et la réponse, suivie d'autres questions semblables à l'auteur de cet opuscule, auxquelles celui-ci répond. Il paraît que c'est le même Beha-eddin. Ce traité commence par les mots: بسم الله الرحمن الكريم ربّ زدنى علماً سَئَل. 7 f. in-4°.

Voyez, par rapport à Beha-eddin, Chardin (l. c., T. VI, p. 326 et suiv., T. VII, p. 1 et suiv.), Malcolm (*Histoire de la Perse*, Paris 1822, T. II, p. 352), et surtout *l'Histoire de Chah Abbas I,* intitulée: تاریخ عالم آرای عباسی, par Iskender Mounchi, qui se plaît à décrire plus au long les derniers jours de ce savant théologien, tombé malade le 4 du mois de chevval 1030 de l'hégire, et mort, après une maladie de sept jours, le 12 du même mois. Tout le monde, grands et petits, s'empressa de lui rendre les derniers honneurs, et il fut transporté à Mechhed, pour y être enterré près de l'imam Mousa Riza. Des hommes lettrés composèrent des chronogrammes sur sa mort, dont un, par Mirza Abou Thalib, était conçu en ces termes: رفت چون شیخ زدار فانی * گشت ایوان جنانش ماوای * دوستی جست زمن تاریخش * گفتمش شیخ بهاء الدین وای, c.-à-d. *lorsque le cheïkh sortit de la demeure périssable, la cour du paradis devint sa retraite. Un ami m'en ayant demandé la date, je lui dis: Cheïkh Beha-eddin, ouaïs!* Or, les lettres dont se composent ces quatre derniers mots, prises dans leur valeur numérique, donnent 1030 = 1621.

II. MANUSCRITS PERSANS.

A. Théologie chrétienne.

CCXLVIII.

كتاب الانجيل *Les quatre Évangiles.* Manuscrit très net, à filets rouges et bleus, écrit en taalic, par Serghis Loutch ben Emir Melik سركيس لوچ بن امير ملك, qui a terminé l'Évangile de St.-Matthieu (f. 1-58) le 20 de chevval 728 = 1327,8, à la fête de St.-Barthélémy در عين شان برذلمى باك, celui de St.-Marc (f. 59—96) le même mois 718 = 1318, celui de St.-Luc (f. 96—163) le 6 si'l-caadeh 718 = 1318,9, où il se nomme كلامجى, et celui de St.-Jean enfin le même mois 7(18?), car il n'y a que سبعمايه *sept cent.* 211 f. grand in-8°. La copie appartenait jadis à Eusebius Renaudot. *(Doubr.)*

Cette traduction, dont nous ignorons l'auteur, est différente de celle imprimée dans la *Biblia polyglotta* de Walton, et afin de faire connaître son mérite, ainsi que de mettre nos lecteurs à même de la collationner avec d'autres versions, nous allons en communiquer quelques échantillons :

St.-Matthieu VI (fol. 8).

نيك نظر كنيد بصدقه دادن شما كه در پيش مردم نكنيد تا ديده نشود ايشانرا وا كرنه اجر نباشد شما را پيش پدر آسمانى شما چون صدقه دهى بانك مكن ببوق در پيش خود چنان كه منافقان مى كنند در انجمنگاهها ودر بازارها تا ستوده شوند از مردم راستى كويم بشما بدرستى كه ايشان اجر خود كرفتند اما چونتو صدقه دهى نبايد كه دست چپ بداند كه چه مى كند دست راست تو تا چون صدقه تو پنهان باشد

St.-Marc V, 14 (fol. 67).

وايشان كه مى چرانيدند خوكانرا كريختند وكفتند در شهر وديهها بيرون آمدند تا به بينند آنچه بيدا شده است ورسيدند پيش ايشوع پس ديد خداوند شياطين را كه پوشيده بود ونشسته باشرم آنكه درو بود كردوس وترسيدند وقصه كردند با ايشان آنها كه ديدند كه چگونه شد

St.-Luc XX, 19 (fol. 148).

ودر بعضى از روزها چون تعليم ميداد امّت را بردر هيكل وبشارت ميداد برخاستند بزركان كاهنان وكاتبان باپيران وكفتند با او باما بكو كه تو بكدام حكم اينها ميكنى وكيست آنكه ترا داد اين پادشاهى

St.-Jean VIII, 39 (fol. 183).

كفت با ايشان ايشوع اكر شما پسران ابراهيم مى بوديد كردارها ابراهيم ميكرديد اكنون كشتن من مى خواهيد مردى را كه باشما براستى كفت آنچه از خداى شنيدم اين كردار شما ابراهيم نكرد شما كردار پدر خود ميكنيد

Des traductions persanes des saints Évangiles se trouvent du reste assez fréquemment dans les bibliothèques de l'Europe. Le Musée asiatique de l'Académie en possède deux (nos. 387—392, et no. 392 a), voy. *Bulletin de la Classe historico-philol.*, T. V, no. 5; il y en a d'autres encore à Vienne (*Mines de l'Orient*, T. VI, p. 280, no. 546), à Paris (*Catal.*, p. 269, no. II), à Leyde (*Catal.*, p. 410, nos. 31—33), dans la Bibliotheca Medicea (Assemani, p. 58, nos. XVII, XVIII et XXXIII), où il y a aussi l'Évangile de St.-Matthieu seul (ibid., no. XXIII) etc.

CCXLIX.

خلاصهٔ کتاب کرامی آئینهٔ حق نما از دین عیسویان *Quintessence du livre précieux*, intitulé: *Miroir montrant la vérité de la religion chrétienne*. L'auteur de cet ouvrage n'y est pas nommé, mais l'introduction dit qu'il a fait cet extrait du livre dont le titre vient d'être cité, et qui renfermait des discussions مباحث sur les ordonnances fondamentales de la religion de l'Évangile, pour être présenté au شاهنشاه, ou à *l'Empereur*. Or la préface de L. de Dieu à son édition de l'histoire de Jésus-Christ, composée par le jésuite et missionnaire Jérôme Xavier, nous apprend que ce dernier avait composé un livre pour démontrer la vérité de la religion chrétienne, intitulé: *Miroir qui montre la vérité*. On sait encore que ce livre porta un Persan d'Ispahan, Ahmed ben Zeïn el-Abidin, à en composer une réfutation, qui avait pour titre: *Le Polisseur du miroir*, et que cette soi-disante réfutation fut encore réfutée par Philippe Quadagnoli, voy. Schnurrer, *Bibliothèque arabe*, p. 245. Voici ce qu'en dit *l'Histoire universelle*, T. L *Hist. moderne*, T. X, Paris 1783, p. 212-3. "Xavier écrivit, par ordre d'Akbar, deux Ouvrages en Persan. Le premier est intitulé: *Histoire de Jésus*, tirée principalement des Légendes de l'Église Romaine. Le second a pour titre, *Le Miroir qui montre la vérité*; c'est une défense des doctrines contenues dans le premier, contre les Mahométans. Xavier apprit le Persan, pour obéir au Roi, et lui présenta, en 1602, *l'Histoire de Jésus;* le Miroir ne parut qu'un an ou deux après. Aussi-tôt qu'il fut publié, il tomba malheureusement entre les mains d'un savant Seigneur Persan d'Ispahan, nommé *Ahmed Ebn Zeyn Alabo'ddin,* qui y fit d'abord une réponse, qu'il intitula, *Le Brunisseur du Miroir*. Le Persan tailla de la besogne au Jésuite, et traita d'idolâtrie et de superstitions les pratiques de la discipline de l'Église de Rome.

"Cet Ouvrage d'Ahmed est le plus subtil que les Mahométans aient jamais écrit contre la Religion Chrétienne, aussi alarma-t-il extrêmement le Collège de *propagandâ fide* (*de la propagation de la Foi*) à Rome, qui chargea Bonaventure Malvasia, Moine Franciscain de Bologne, d'y répondre. Ce Religieux publia, en 1628, sa *Dilucidatio Speculi verum monstrantis* (*le Miroir qui montre la vérité, éclairci*). Le Collège ne jugea pas cette réponse suffisante, et nomma Philippe Guadagnol, autre Franciscain, pour en faire une autre. Elle fut publiée en Latin, à Rome, en 1631, sous le titre d'*Apologia pro Christianâ Religione* (*Apologie pour la Religion Chrétienne*). Le Collège en fut plus content, et le chargea de la traduire en Arabe, ce qui fut exécuté en 1637, et on en envoya des exemplaires en Orient, pour les répandre parmi les Mahométans. Mais cet Ouvrage, dit le Docteur Prideaux, ne répond nullement au but. L'auteur tire un grand nombre de ses preuves de l'autorité des Papes et des Conciles, qui ne convaincra jamais un infidèle de la vérité de la Religion Chrétienne."

Dans la *Bibliotheca orientalis* de M. Zenker (p. 207, no. 1679) le *Miroir montrant la vérité* est cité comme un ouvrage composé en 1596, imprimé à Leyde, en 1639, et dédié à Djehanghir.

Les auteurs des articles sur Jérôme Xavier, dans l'*Allgemeines Historisches Lexicon* et dans la *Biographie universelle* (T. 51, p. 341) paraissent n'avoir pas connu cet ouvrage.

Le *Miroir* se trouve en manuscrit au Musée asiatique de notre Académie, no. 398, et forme un gros volume in-4°. On y voit qu'il a été composé pour l'empereur ou grand-mogol Akbar, à qui Xavier avait offert, déjà en 1602, un autre livre, nommé *l'Évangile*, voy. Fraser, *A Catalogue of manuscripts etc.*, p. 39—40. Cf. H. Martyn, *Controversial tracts on Christianity etc.*, published by S. Lee, Cambridge 1824. Mais comme ce souverain mourut déjà en 1605, et que, d'après la fin du manuscrit de l'Académie, celui-ci fut achevé en l'année 1609, il s'ensuit : 1° que l'ouvrage, quoique dédié au père, doit avoir été offert au fils et successeur de celui pour lequel il avait été composé, Djehanghir; et 2° qu'il ne peut avoir été achevé ni en 1596, ni un ou deux ans après 1602.

Le manuscrit doit donc être l'ouvrage du missionnaire Jérôme Xavier (mort en 1617), le Chahinchah, l'empereur Akbar, et l'époque de sa composition doit être fixé après l'année 1609. Notre exemplaire, qui, comme nous l'apprend l'inscription sur la première feuille: *Ex libris Carmelitarum discalcatorum* (sic) *Domum Alepensi Año 1695. V. D.*, appartenait autrefois aux pères carmélites à Alep, commence par les mots : حمد بیحد وثنای بی احصا. 77 f. in-8°. *(Doubr.)*

Quant à Jér. Xavier, voyez la *Biographie universelle*, l. c., et Joecher, *Allgemeines Gelehrten-Lexicon*, T. IV. Cf. *Bibliotheca Marsdeniana*, p. 305.

B. Théologie musulmane.

CCL.

Manuscrit renfermant un commentaire du Coran, incomplet au commencement et à la fin, et dont par conséquent il est impossible de déterminer le titre et l'auteur. Ce commentaire, du reste assez détaillé, embrasse toutes les surates, à partir de la dernière moitié de la 47me, intitulée : الفتح *La victoire*, jusqu'à la 100me inclusivement, ayant pour titre : النصر *Le secours divin* ou *Le triomphe*. Les quatre dernières surates manquent dans ce manuscrit très ancien et très dégradé, mais écrit en beau neskhy. Les premiers mots en sont : ویژه از موم ولهم فیها عباس برا شتر رسول بطلایع رفته بود ; les derniers : من کل الثمرات باتنی چند وعبر خطاب نیز. 186 f. in-4°. *(Ard.)*

CCLI.

جواهر التفسیر لتحفة الامیر *Bijoux de l'exégèse offerts à l'émir*. Commentaire célèbre sur le Coran, par Mouïn-eddin (suivant d'autres Kemal-eddin) Houseïn ben Aly, surnommé الواعظ ou الهروی الکاشفی البیهقی el-Vaïz el-Kachify el-Beïhaqy ou el-Herevy, c.-à-d. *le Prédicateur* (à la grande mosquée et en d'autres lieux sacrés de Herat), *le révélateur*, de la ville de Beïhac dans le Khorasan, mort, suivant D'Herbelot, Hadji Khalfa (*Tables chronologiques*) et Khondemir (*Ami des Biographies*), en 910 = 1504, tandis que l'édition imprimée de Hadji Khalfa, s. v. جواهر, T. II, p. 641, reporte sa mort à l'année 906 = 1500. Il est auteur de plusieurs ouvrages très estimés chez les musulmans, et nous aurons encore l'occasion d'en parler de lui. L'émir, dont la dédicace porte le nom, est le célèbre Mir Aly Chir میر علی شیر,

vizir du sultan Houseïn, de la dynastie des Timourides, à Herat (voy. *Notices et Extraits*, T. IV, p. 262), auquel beaucoup de savants distingués ont dédié leurs ouvrages. Ce commentaire, composé en 897 = 1491 et qui, suivant la préface, consistait originairement en quatre volumes مجلد, ne comprend dans notre manuscrit que les dix-sept premières surates. Il commence, après la formule ordinaire, par les mots : بعد از تمیید محامد آلهی, et finit par l'explication du verset وَلَمْ يَكُنْ لَهُ وَلِيٌّ مِنَ الذُّلِّ وَكَبِّرْهُ تَكْبِيرًا. Les derniers mots sont : این آیه بدو آموختی. Le frontispice de ce manuscrit, à filets d'azur, est richement orné d'or et d'autres couleurs. 555 f. in-8°. *(Ouv.)*

Voyez, par rapport à l'auteur, de Sacy, *Calila et Dimna*, p. 42, D'Herbelot, s. v. Caschefi et Vae'db, Krafft, *Cat. Namensregister*, s. v. Kaschifi, et *Biogr. univ.*, T. 20, p. 655, mais surtout Khondemir (*Ami des Biographies*), qui fait encore mention de son fils et successeur dans l'emploi de prédicateur à la cathédrale de Herat, Maoulana Fakhr-eddin Aly, homme également très éloquent et érudit, et auteur du poème Mahmoud et Ayaz محمود و ایاز.

Quant à l'émir Aly Chir, voyez de Sacy, *Mémoires sur diverses antiquités de la Perse*, p. IX, *Notices et Extraits*, T. IV, p. 246 et 290; Hammer, *Geschichte der schönen Redekünste Persiens*, p. 310; G. Ouseley, *Biographical Notices etc.*, p. 50—53; *Memoirs of Baber*, p. 184; *Biographie universelle*, T. 20, p. 435, Elliot, *Biographical Index*, p. 114, etc.

L'ouvrage qui a donné naissance à cet article se trouve, entre autres, dans la bibliothèque de Leyde (*Catal.*, p. 113, no. 123), dans celles du Dr. Lee, à Londres (*Orr. Mscts. purchased in Turkey*, p. 46, no. 149), de M. J. Fraser (*A Catalogue of manuscripts etc.*, p. 31) et de Tippou Soulthan (Stewart, p. 170, no. XIII). La bibliothèque de Bodley possède un Coran avec une paraphrase persane par Kachify (Uri, p. 49, no. XXIII).

CCLII.

Ouvrage, auquel le frontispice donne le titre : روضه *Jardin*, tandis qu'à la fin de la dernière page il est appelé زبدة *La Crême*. L'auteur, surnommé Aïn el-Couzat el-Hamadany عين القضاة الهمداني *l'oeil des juges de Hamadan*, n'a suivi dans ce traité aucun système régulier. Il y discute plusieurs points de théologie, d'éthique et de métaphysique, en citant, à l'appui de ses opinions, une infinité de passages du Coran, avec la traduction persane. Ce manuscrit, copié par Soulthan Aly el-Yacouby, très net et très lisible, et à filets d'or, date de l'année 884 = 1479,80. Il commence par les mots: الحمد رب العالمين والعاقبة للمتقين. 108f. in-8°. (*Ard.* ع)

CCLIII.

Manuscrit à filets d'or et de diverses couleurs, renfermant l'ouvrage intitulé : لوامع صاحبقراني *Rayons de lumière ſahib-qeraniennes* ou *royaux*, par Mouhammed Taqy ben el-Aly, surnommé el-Madjlisy محمد تقى بن العلى الملقب بالمجلسي, où, suivant la phrase finale,

32

Mouhammed Taqy ben Madjlisy el-Isfahany el-Nafery el-Amily النظري العاملي, qui le composa par ordre de Chah Abbas I (il régna depuis 1587-1628), auquel il est aussi dédié. C'est un commentaire d'un livre écrit en langue arabe, c.-à-d. du *Livre des purifications* كتاب الطهارة, dont le titre était : كتاب من لا يحضره الفقيه *Livre pour celui qui n'a pas* (besoin) *de jurisconsulte*, ce livre même en tenant la place. L'auteur du dernier était le cheïkh, imam, séyid et jurisconsulte, Abou Djaafar Mouhammed ben Aly ben el-Houseïn ben Mousa ben Babouyeh el-Comy, de la ville de Com ابن بابويه القمى, qui, d'après le témoignage du commentateur, a composé environ 300 livres sur les *traditions* حديث. Cet Ibn Babouyeh, cheïkh chiite et très renommé, à qui tous les savants de l'Irac avaient recours pour s'instruire, était venu à Balkh, où il rencontra le cheïkh Abou Abd Allah, c.-à-d. Mouhammed ben el-Hasan ben Ishac etc., appelé Nimet Allah, et communément Mouhammed piseri (fils de) Hasan. Celui-ci, dans une de ses rencontres, fit mention du livre médical, intitulé : كتاب من لا يحضره الطبيب *Livre pour celui qui n'a pas de médecin*, par Mouhammed ben Zakariya el-Razy, et demanda à Ibn Babouyeh d'en composer un semblable sur la jurisprudence. Ibn Babouyeh, qui, suivant sa propre assertion, émise dans la préface, avait déjà composé alors 245 ouvrages, accepta la demande et rédigea le livre, dont nous avons ici le commentaire. Ce dernier, après une introduction مقدمه, qui, en 12 فايده *profits* ou *instructions,* traite de l'excellence des savants et de la science, de la nécessité de l'acquérir, des sciences nécessaires à savoir, de ce ce que la science est le meilleur acte de dévotion عبادات etc., en vient aux explications mêmes, qu'il fait précéder du texte arabe, écrit en neskhy, pourvu de voyelles, et commençant par les mots: بسم الله الخ اللّٰهم انى احمدك واشكرك واتوكّل عليك, tandis que le commentaire a pour commencement: حمدى كه باقلام اشجار ومداد بحار. La copie, faite par Macfoud ben Ibrahim Chiroudy شيرودى, date du mois de si'l-hiddje 1084 = 1673,4. 323 f. in-fol.

L'ouvrage original de Ibn Babouyeh se trouve dans la bibliothèque de Bodley, voy. Nicoll, p. 91, nos. LXXXIV-V, et p. 516.

CCLIV.

كتاب المناظرات فى التصوّف *Réflexions sur la théologie mystique* ou *la doctrine des Ssoufys,* sans nom d'auteur. Cette copie, à filets d'or, commence par : الحمد لله الذى رتب نظام بريّة العالم . 61 f. in-12°. (M. *Djaaf.*)

CCLV.

كتاب علم *Livre de la science* (théologique), traduction persane du célèbre ouvrage théologique arabe, intitulé : احياء علوم الدين *Vivification des sciences théologiques,* par l'imam Abou Hâmid Mouhammed ben Mouhammed el-Ghazzaly (voy. *Manuscrits arabes,* no. LV, et Hadji Khalfa, T. I, p. 180, no. 171). Cette traduction, dont l'auteur a gardé l'anonyme, a été entreprise en 620 = 1223, sous le règne du sultan Afghan de Dehli Chems-eddin Iletmich, mort en 633 = 1235,6, et sur la recommandation de son vizir, Cheref-eddaoulet veddin Abou Saad Djouneïdy. Elle est partagée, comme l'original, en quatre parties, subdivisées chacune en dix livres ou كتاب. La première, seule contenue dans ce manuscrit, traite *des oeuvres de piété* عبادات; la seconde, *des coutumes ou rites* عادات; la troisième, *des choses pernicieuses* مهلكات, la quatrième enfin, *des choses salutaires* منجيات. Les dix livres dont se compose cette première partie sont intitulés : 1° *sur la science en général;* 2° *sur les dogmes fondamentaux;* 3°, 4°, 5°, 6°, 7° *sur les mystères des purifications prescrites par la loi; des cinq prières du jour, des aumônes légales, du jeûne et du pélérinage;* 8° *sur les récitations cadencées du Coran;* 9° *sur les louanges de Dieu et les prières;* 10° *sur l'ordre dans lequel elles doivent avoir lieu et les heures fixées à cet effet.* Le manuscrit, à filets rouges et en beaux caractères neskhy, paraît être assez ancien, mais l'année n'en est pas déterminée. Il commence par les mots : حمدى كى غايات اوهام مبادى ان نرسد. 122 f. in-fol. *(Ard.* *)*

CCLVI.

لوايح *Les Tables* des mystères de la doctrine des Ssoufys, ouvrage en prose, entremêlée de vers, par Djamy, dont il a été question dans les *Manuscrits arabes,* no. CLXIV, et dont il sera encore parlé plus bas. Ce manuscrit vraiment splendide se fait remarquer par ses superbes caractères nestaalic, autant que par ses peintures, ses bordures à filets d'or et de différentes couleurs, ses marges azurées, couvertes de dessins à ramages et de peintures d'animaux, en or, enfin même par sa reliure, qui représente divers sujets historiques. Il a été écrit par Ahmed el-Houseïny el-Mechhedy, de Mechhed, et date de l'année 978 = 1568,9. Les premiers mots sont: رَبِّ وقفنا بالتكميل والتتميم. 64 f. in-fol. *(Ard.* ع*)*

L'ouvrage du même titre, attribué à Djamy dans l'édition imprimée de Hadji Khalfa, T. V, p. 344, no. 11234, mais dont le commencement diffère entièrement de celui de notre exemplaire, est attribué dans la copie manuscrite de Hadji Khalfa, appartenant au Musée Roumänzov, à Seyid Abdel-Kafi ben Aly, connu sous le surnom de Ibn el-Fayoumy el-Mifry (de Fayoum, en Égypte), mort en 871 = 1466, et porte le titre plus complet de لوايح النور. D'après la même copie, il fut traduit en langue persane par el-Kachy .

CCLVIII.

تحفة شاهي *Présent royal,* ouvrage théologique, dont l'auteur ne s'est pas nommé. Les matériaux en ont été puisés, comme il le dit lui-même, dans l'ouvrage de Keliny, intitulé : الحجة كافى *Argument suffisant* pour tout ce qui a trait aux vertus des imams, en y joignant la version persane des traditions relatives à ces mêmes imams et toutes les données que l'auteur a pu recueillir chez les docteurs de la loi les plus illustres, de la postérité de Mahomet. Ce traité se partage en 33 *discours* ou , où l'auteur traite de la prophétie de Mahomet, du titre d'imam, des qualités requises pour en être vraiment digne, des marques extérieures et des prérogatives de cette dignité, etc. etc.; enfin, dans le 33me discours, il est question non-seulement des prières que les Mahométans sont tenus de réciter pour leur prophète et pour les membres de sa famille, mais encore de celles que ces derniers avaient coutume de faire eux-mêmes. Le tout se termine par les voeux de l'auteur pour la conservation et la prospérité du règne de Chah Thahmasp, second souverain de la dynastie des Ssefides, mort en 984 = 1576 et auquel il a dédié son ouvrage. Ce manuscrit, qui a pour commencement : حمد وسپاسی ناشی ازلوازم حق شناسی, est très lisible, et les pages sont encadrées de filets d'or et azur. 159 f. in-8°. *(Ard.* ع*)*

CCLVIII.

Prière d'Abd Allah Anfary, en prose rimée, où l'auteur, exposant à Dieu son humilité et sa faiblesse, implore son secours et appui. On y trouve en outre quelques principes de morale religieuse. Ce manuscrit, à filets d'or et de différentes couleurs, a été écrit par Mouhammed Houseïn el-Tebrizy, et se distingue par son luxe et son élégance. Le fond en est tiqueté d'or, et les marges ornées de dessins à ramages. Il commence par les mots : بسمك القدوس قدسنى. 9 f. in-8°. *(Ard. ع)*

CCLIX.

Le contenu de ce manuscrit est le même que celui du précédent ; mais, comme les différentes phrases dont se compose cette prière peuvent se transporter sans nuire au sens, et que, d'ailleurs, les deux manuscrits sont l'ouvrage de deux calligraphes différents, qui les auront probablement écrits de mémoire, l'ordre qu'ils y ont suivi n'est guère le même. Ce no. n'est pas tout-à-fait aussi élégant que le précédent, quoique les pages en soient encadrées de filets d'or et de différentes couleurs et les marges marbrées ou couvertes de paillettes d'or. Il se distingue néanmoins de l'autre par la beauté de sa reliure. La copie a été faite par Aly. 8 f. in-8°. *(Ard.* *)*

C. Philosophie.

CCLX.

مقالت خواجه عبد الله انصارى *Discours prononcé par le khodja Abd Allah Anfary*, en présence du vizir Khodja Nizam el-Moulk Thousy. L'auteur y fait connaître les qualités indispensables à un bon vizir, et parle ensuite de la vanité des biens de ce monde, des moyens que l'homme emploie pour se les procurer, des regrets qu'il éprouve en les perdant, etc. Ce manuscrit, à filets d'or et de couleur, renferme six feuillets, dont les marges sont parsemées de larges paillettes et le fond tiqueté d'or; il a été écrit en 964 = 1556,7, par le célèbre calligraphe Chah Mahmoud de Nichapour. 6 f. in-8°. *(Ard.* ع*)*

CCLXI.

كيمياى سعادت *La Pierre philosophale du bonheur*, ouvrage moral, très célèbre parmi les orientaux. L'auteur en est Abou Hâmid Mouhammed ben Mouhammed el-Ghazzaly, de Thous, mort en 505 = 1112, et suivant M. Tholuck, en 1127 de notre ère. Voy. *Manuscrits arabes*, no. CV. Il a partagé son ouvrage en quatre grandes parties, subdivisées en فصل ou *sections*, auxquelles il donne le nom de عنوان *frontispice*, les regardant comme le frontispice de l'islamisme. La première traite de la connaissance de soi-même; la seconde, de celle de Dieu; la troisième, de la vie mondaine, et la quatrième, de la vie future. A ces quatre parties, l'auteur en a joint quatre autres, intitulées: ركن *piliers*, et partagées en dix اصل *fondements*. Deux d'entre elles se rattachent à l'extérieur de l'homme, et les deux autres à son intérieur. La première traite de l'exécution des décrets divins, qu'il nomme *culte* عبادت; dans la seconde, l'auteur décrit le soin qu'il faut avoir d'observer les règles de la morale dans toutes les circonstances de la vie; cette qualité, dit Ghazzaly, se nomme *vie sociale* معاملت; dans la troisième, il traite de l'application avec laquelle l'homme doit se purifier de tous ses défauts, que l'on nomme *choses pernicieuses* مهلكات, tels que la colère, l'avarice, l'envie, l'orgueil et la présomption; dans la quatrième enfin, l'auteur énumère les vertus propres à orner le coeur et appelées منجيات *salutaires*: telles sont la patience, la reconnaissance, la charité, l'espérance et la résignation en Dieu. Voyez le catalogue de M. Stewart, p. 49, et Hadji Khalfa, T. V, p. 285, no. 10998. Le manuscrit, sans date, est très net et très lisible. Il commence par les mots: شكر وسپاس فراوان دستارهٔ آسمان. 195 f. petit in-fol. *(Ard. ع)*

CCLXII.

Manuscrit de luxe, contenant اخلاق محسنى *L'Éthique mouhsinienne*, par Mouïn-eddin Houseïn ben Aly el-Kachify, dont il a été parlé sous le no. CCLI. Cet ouvrage, l'un des plus célèbres parmi les orientaux sur la morale ou l'éthique, obtint le titre de Mouhsiny, parce qu'il fut composé pour le prince timouride Mirza Mouhsin ben Houseïn ben Beïcara, qui régnait en Khorasan, en l'année 900 = 1494, contenue dans le titre même, servant par-là en même temps de chronogramme, parce que les lettres qui entrent dans le titre mentionné donnent justement 900. Pour d'autres détails voyez le catalogue de M. Krafft, p. 184—

185; cf. Hadji Khalfa, T. I, p. 204, no. 285. L'ouvrage a été publié en Angleterre, en 1823, voy. Zenker, *Bibl. orient.,* p. 165, no. 1351. Il se trouve assez fréquemment dans les bibliothèques qui possèdent des manuscrits orientaux: p. e. à celle du Musée asiatique de notre Académie (no. 730), à Vienne (Krafft, l. c.), à Hambourg (Bohlen, *Catal., msc.* no. 83), à Paris (*Catal.*, p. 282, no. CXXIV-V), à l'Hôtel des Indes Orientales, de Londres, dans les bibliothèques de Tippou Soulthan (Stewart, p. 50, no. VIII), de feu M. Mackenzie (*Mackenzie Collection,* vol. II, p. 141, no. LXIX), de feu M. Harriot (*Catal.*, p. 8, no. 25), etc.— 283 f. in-fol. *(Khosr. M.)*

D. Histoire.

Cosmographie, Histoire universelle, Histoire particulière, Biographie.

CCLXIII.

عجايب المخلوقات وغرايب الموجودات *Les Merveilles des créatures et les singularités des choses existantes.* C'est la traduction persane du célèbre ouvrage cosmographique de Zakariyâ el-Cazviny, dont le nom entier était Imad-eddin Abou Yahya Zakariya ben Mouhammed ben Mahmoud el-Anfary el-Cazviny, et qui mourut en 682 = 1283; c'est à tort que D'Herbelot met l'année 674. On peut voir sur le contenu de cet ouvrage le catalogue de Nicoll, p. 234—235, et Moeller, *Appendix I^{ma}*, p. 3 etc., et sur l'auteur, de Sacy, *Chrestomathie arabe*, 2de édit., T. III, p. 443. Cf. aussi Hadji Khalfa, T. IV, p. 188, et Moeller, *Catal.*, p. 59—60; enfin sur les extraits que différents orientalistes de l'Europe ont donné de son ouvrage, Moeller, l. c., p. 60. L'original arabe vient d'être publié par M. Wüstenfeld, Göttingen 1849, 8º. La Cosmographie de Cazviny était originairement écrite en langue arabe, mais le manuscrit en question n'en contient que la version persane, dont l'auteur est inconnu; encore est-il incomplet, quelques feuilles manquant au commencement, et le texte commençant un peu avant la quatrième section مقدمهٔ چهارم voy. éd. de Wüstenfeld, p. ۱۲), par les mots: باش رنك مرامی برنك مرات ناید چنانکه کافور. Il est orné de beaucoup de peintures, du reste assez médiocres, servant à illustrer les matières traitées. 123 f. in-fol. *(Erz.)*

Des traductions persanes de cet ouvrage se trouvent aussi dans les bibliothèques du Musée asiatique, nos. 597—597 *b)*; de feu M. de Sacy (*Catal.*, msc. no. 226), de feu M. Ouseley (*Catalogue*, p. 14, nos. 457—458), de Copenhague (*Mines de l'Orient*, T. IV, p. 326) etc. Cf. Moeller, l. c., p. 59—60.

CCLXIV.

تاريخ طبرى *Chronique de Thabary,* ou تاريخ بن جرير *Chronique du fils de Djerir,* traduite en persan par Abou Aly Mouhammed el-Belaamy, et continuée jusqu'à la mort du 28me khalife de la dynastie des Abbasides, donc jusqu'à l'année 512 de l'hégire, ou 1118 de notre ère. L'auteur de l'ouvrage, dont nous venons de citer la traduction, est Abou Djaafar Mouhammed ben Djerir el-Thabary ابو جعفر محمد بن جرير الطبرى, originaire de Thabaristan, c.-à-d. de la ville d'Amoul, ci-devant capitale de cette province. C'est un écrivain des plus illustres dans les fastes de la littérature arabe. Né en 224 = 839, il mourut en 310 = 922,3. Savant distingué et auteur érudit en fait de théologie et d'autres sciences, il est en même temps regardé comme le père de l'histoire chez les Arabes. Sa chronique ou histoire universelle, qui doit s'étendre depuis la création du monde jusqu'à l'année 302 = 914,5, est un des ouvrages les plus célèbres, les plus importants et les plus détaillés dans la littérature historique de ce peuple; c'est pourquoi elle est devenue la principale source où ont puisé, plus tard, la plupart des historiens mahométans, pour tout ce qui se rapporte aux premiers siècles de l'histoire. Elle a, par exemple, servi de base à Elmakin (voy. no. CXII), dans a relation des événements des premiers siècles de l'islamisme, et c'est précisement ce dernier auteur, qui nous a mis à même d'apprécier à sa juste valeur le beau travail de Thabary. Malheureusement, on n'est point parvenu jusqu'à présent à en découvrir en entier l'original arabe. Tout ce qu'on a pu recueillir consiste en plusieurs parties détachées, qui se trouvent déposées dans quelques bibliothèques de l'Europe. Une des causes principales de la rareté de cette chronique doit être attribuée aux traductions persanes et turques, que l'on s'est empressé d'en faire, à cause de la haute réputation dont elle jouissait déjà depuis longtemps chez les peuples mahométans, et dont l'une suivit de près la composition de l'original arabe.

Ici il s'agit de la version persane, dont l'auteur Abou Aly Mouhammed ben Mouhammed ben Abd Allah el-Belaamy البلعمى el-Nahimy? الناهمى était vizir du prince samanide Manfour I, qui régna depuis l'année 350 = 961 jusqu'en 366 = 976,7; de sorte que l'époque de cette traduction tombe dans la dernière moitié du Xe siècle de l'ère chrétienne. On y voit traité, en partie de la manière la plus circonstanciée, l'histoire des patriarches, des prophètes et des rois israélites; celle des premières dynasties de la Perse, c.-à-d. des Pichdadiens, des Keïanides, des Achkaniens, des Sasanides, et enfin celle des anciens rois de l'Arabie. La suite, consacrée à la vie de Mahomet, est beaucoup plus étendue que toutes les autres parties de l'ouvrage, en formant près du tiers. Il en est de même des annales des quatre premiers khalifes des Oumaiyades et des premiers Abbasides. Mais à partir du commencement du règne de Vathic, neuvième khalife de la dynastie de Abbas, on peut reprocher à cette histoire une pénurie de détails, diamétralement opposée à la richesse des parties précédentes, et cette extrême concision étonne d'autant plus que l'on était en droit d'exiger de Thabary une relation au moins tout aussi circonstanciée des évènements de l'époque, coïncidant avec celle où il a vécu. Pour donner une idée de cette pénurie, il nous suffira de dire que l'histoire de 19 khalifes n'y occupe que le court espace de deux feuillets.

Cette raison, ainsi que la même pauvreté en détails jusqu'à la fin du règne du 28me khalife abbaside, par conséquent pendant les deux siècles qui suivirent la mort de Thabary, fait présumer que, quoique il ait poursuivi, comme on l'avance, sa chronique jusqu'à la fin de l'année $302 = 915$, c.-à-d. jusqu'au commencement du règne de Mouctadir, la copie que Belaamy a eue sous les yeux pour faire sa traduction était incomplète et ne s'étendait que jusqu'à l'année $227 = 841,2$, époque de la mort de Moutafim. On est également autorisé à supposer que, plus tard, un copiste y aura, de son propre chef, ajouté l'histoire on ne peut plus concise des khalifes subséquents, jusqu'en 512 = 1118,9. Ce qui semble déposer en faveur de cette opinion, c'est que la version turque, faite d'après la traduction persane, passe entièrement sous silence l'histoire des khalifes, à partir de Vathic jusqu'à Mouktefi. Il est toutefois difficile de se rendre compte pourquoi le même traducteur a cependant consigné dans sa version une relation aussi détaillée que de coutume, des premières années du règne de Mouctadir, époque à laquelle Thabary lui-même doit avoir terminé son entreprise. Comme il peut se passer bien du temps, avant que l'espoir de retrouver en entier l'original arabe des annales de Thabary vienne à se réaliser, nous regardons l'acquisition des quatre exemplaires de cet ouvrage, sans contredit, comme une des plus précieuses et des plus importantes, quoique la dernière partie en soit incomplète. 448 f. in-fol. (Ard. ع)

Voyez l'article sur Thabary, inséré dans le *Specimen catalogi etc.*, par M. Hamaker, p. 19 et suiv., et la préface de M. Kosegarten, qui a entrepris de publier ce qui s'est retrouvé du texte original arabe de Thabary, sous le titre: *Thabaristanensis, i. e. Abu Dschaferi Mohammed ben Djerir Ettabari Annales Regum atque Legatorum Dei*, vol. I—II, Gryphisvaldiae 1831, 8°, édition qui ne peut manquer d'exciter le désir ardent de retrouver l'ouvrage original en entier. Cf. *Journal of the Royal Asiatic Society*, no. XI,

p. 40, et Fraehn, *Bulletin historico-philologique*, T. I, p. 158. M. Dubeux a publié le commencement d'une traduction française de la version persane, sous le titre : *Chronique d'Abou Djafar Moh. Tabari, fils de Djerir*, traduite sur la traduction persane d'Abou Ali Mohammed Belami, T. I, Paris 1836.

CCLXV.

Autre exemplaire de la même traduction de l'ouvrage susmentionné. La date de ce manuscrit remonte à l'année 927 = 1521. 414 f. grand in-4°. *(Ard. ع)*

CCLXVI.

Première partie de la traduction persane du même ouvrage, écrite en neskhy fort lisible et traitant de l'histoire universelle, depuis Adam jusqu'à la mort de Mahomet. L'auteur de cette traduction, qui s'écarte de la précédente dans un assez grand nombre de passages, n'est pas nommé. 301 f. grand in-4°. *(Ard. ع)*

Des traductions persanes de Thabary se trouvent assez fréquemment dans différentes bibliothèques : p. e. dans celles du Musée asiatique de notre Académie (no. 572 *ab*), de Paris *Catal.*, p. 276, no. LXIII), de feu M. Rich (*Mines de l'Orient*, T. III, p. 332, no. 30), de Bodley (Uri, p. 277, no. XL), de Tippou Soulthan (Stewart, p. 5, no. IV), de M. Fraser (*Orr. mscts.*, p. 4), du Dr. Lee à Londres (*Cat.*, p. 54, no. 168), de feu M. Ouseley (*Cat.*, nos. 269-276) etc.

CCLXVII.

فردوس التواريخ, *Le Paradis des annales*, par Khosraou ben Abid خسرو ابن عابد, nommé vulgairement Ibn Mouïn , de la ville d'Abrekouh. Cet auteur, qui écrivit en 808 = 1405,6, a compulsé, pour la rédaction de son ouvrage, une foule d'auteurs très-estimés, entre autres Thabary, Hamza Isfahany, Ibn Couteïba, Beïdhavy, ainsi que le Farsnameh, les annales du Kerman, l'histoire intitulée Djihan Kouchaï par Djouveïny, le Sïer-el-Moulouk par Nizam el-Moulk, le Seldjoucnaméh de Zehir Nichapoury etc. Ce manuscrit se partage en deux sections, dont la première, qui en forme plus du tiers, se subdivise en deux parties: l'une de ces dernières traite de la création du monde, de l'histoire à partir d'Adam jusqu'à Noé, des prophètes, qui ont vécu après ce patriarche, enfin des sages et des hommes les plus célèbres pour leur piété avant Mahomet; l'autre est consacrée à l'histoire des premières dynasties de la Perse. La seconde section se subdivise en quatre livres, dont le premier contient l'histoire des Arabes depuis l'origine de l'islamisme, ou de Mahomet et des khalifes exclusivement: le second renferme les annales de plusieurs dynasties de l'Asie, savoir des Ssoffarides, des Samanides, des Ghaznevides, des Ghourides, des Deïlemides, des Seldjouqides, des Kharezmchahs, des Ismaïliens, des Salghariens, des princes de Cara Khathaï et de ceux du grand et du petit Louristan. Le troisième livre parle des Mongols et de leurs dynasties dans le Touran et dans l'Iran, jusqu'à Abou Saaïd Behadur Khan inclusivement. Le quatrième livre, qui doit comprendre l'histoire des souverains de différents pays, à partir du règne d'Abou Saaïd, parait, d'après la table des matières, manquer dans ce manuscrit. A la fin de l'histoire des khalifes, on trouve des tables alphabétiques fort détaillées des théologiens, médecins, astronomes et autres savants de leur époque; enfin, à la suite de l'ouvrage même, l'auteur a placé un dictionnaire, aussi par ordre alphabétique, des poètes arabes et persans. Cette production, on ne peut plus curieuse sous le point de vue historique et littéraire, n'est pas, à proprement parler, une histoire suivie; mais elle se compose de tables chronologiques fort détaillées, qui prouvent l'application extraordinaire de l'auteur et son excellente méthode. Pour rompre la monotonie de son travail, il a joint à l'article sur chacun des princes et des saints personnages dont il parle, des tirades des meilleurs poètes arabes et persans, qui ont trait à ces hommes célèbres, et même diverses pièces de sa propre composition. Il parait du reste qu'aucun bibliographe n'en fait mention, si ce n'est Hadji Khalfa, T. IV, p. 413, no. 9014, qui ne lui consacre aussi qu'une demi-ligne de son dictionnaire, ce qui donnerait à penser qu'il n'a jamais eu cet ouvrage sous les yeux. Le caractère d'écriture, employé dans ce manuscrit, qui commence par les mots: سپاس بی شمار وحمد بی حساب, tient le milieu entre le divany et le neskhy. Mais ce qui rend cet exemplaire d'une valeur inappréciable, c'est qu'il paraît être autographe et doit donc dater de l'année 808 = 1405,6. 548 f. gr. in-4°. *(Ard.)*

CCLXVIII.

Manuscrit de luxe, renfermant la chronique ou histoire universelle de Hafiz Abrou, intitulée زبدة التواريخ *La Créme des histoires* ou *des chroniques*. L'auteur de cet ouvrage important est Nour-eddin Louthf Allah ben Abd Allah, vulgairement appelé Hafiz Abrou حافظ ابرو, savant distingué par ses ouvrages et né à Herat, mais élevé à Hamadan. Ses ouvrages lui procurèrent l'estime de Timour, qui l'admettait à ses assemblées, et après la mort duquel il demeura à la cour de Chah Rokh, dont l'auteur expose les louanges dans un chapitre particulier, au commencement de l'ouvrage. Il mourut en 834 = 1430, dans la ville de Zendjan زنجان. C'est à Beïsoncor Mirza (mort en 837 = 1433) fils de Chah Rokh, petit-fils de Timour, qu'il dédia cet ouvrage, qui comprenait l'histoire universelle dans le sens des Musulmans, depuis la création du monde jusqu'à l'année 826 = 1422, au dire de Khondemir, dans le livre intitulé حبيب السير, *L'Ami des biographies*, (Msc. de l'Académie no. 572,

T. III, f. 98), tandis que M. de Hammer (*Wiener Jahrb*. Bd. 23, p. 21) met l'année 825, et Elliot, (*Biographical Index to the historians of Muhammedan India*), celle de 829, ce qui est confirmé par un second exemplaire manuscrit de l'Académie no. 572, a. L'ouvrage original comprenait quatre parties مجلد, mais notre manuscrit n'en contient que les deux premières, savoir l'histoire avant Mahomet, et celle de Mahomet jusqu'à l'année 656 = 1658, c.-à-d. jusqu'au renversement du khalifat des Abbasides à Bagdad. Les derniers mots en sont: نوبت مستنصری کشت ازآن پس مبین. Le troisième volume, d'après la table des matières, contenait l'histoire des différentes dynasties contemporaines des Khalifes et des Mongols, et nommément des Thahirides, des Ssoffarides, des Samanides, des Deïlemides, des Ghaznevides, des Melahids ou Ismaïliens, des Seldjouqides, des Almohades, dans le Magrib ou l'Afrique, des rois du Kerman, dont le premier était Caderd, des Ghourides, des Atabegs, des Mongols ou peuplades turques et mongoles, en commençant de Oghouz (comme il paraît, d'une manière très circonstanciée). Le quatrième volume contenait l'histoire de Timour, depuis sa naissance jusqu'à l'année de la mort du Soultan Abou Saaïd (en 873 = 1468). Ce beau manuscrit, destiné originairement pour la bibliothèque du prince auquel il était dédié, et qui pourrait bien avoir été copié sous les yeux de l'auteur même, à moins que ce ne soit son autographe, est d'autant plus précieux, que l'ouvrage lui-même est extrêmement rare, et qu'il donne des renseignements historiques qu'on chercherait en vain ailleurs. Il commence par les mots: آغاز کتاب داستانها. Voyez, sur l'auteur et sa composition, Elliot, l. c., p. 81—82, et sur notre manuscrit en particulier, Fraehn, *Das Asiatische Museum*, p. 374. 695 f. grand in-fol. *(Khosr. M.)*

CCLXIX.

روضة الصفا *Jardin de la pureté*, histoire universelle, bien connue par les travaux de différents orientalistes européens, qui en ont donné des extraits. L'ouvrage complet se compose de six parties, suivies d'un appendice ou خاتمه, dont l'auteur est Mouhammed ben Khâvendchah ben Mahmoud محمد بن خواند (خاوند) شاه بن محمود, vulgairement Mirkhond, mort en 903 = 1497, et qui l'avait dédié à l'émir Aly Chir, voyez no. CCLI.

Ce volume contient la première et la seconde partie de histoire en question, mais la fin de la première ne s'y trouve pas. Le manuscrit, qui est en taalic très-lisible, date de l'année 992 = 1584. 457 f. in-fol. *(Ard. ع)*.

CCLXX.

Le second volume, à filets d'or, azur et vermillon, ne contient que la première partie de la précédente histoire. 293 f. in gr. in-8°. *(Ard. ع)*.

CCLXXI.

Le troisième volume renferme la seconde partie de la même histoire. Il a été écrit en 981 = 1573. On peut reprocher à ce manuscrit deux défauts assez graves: c'est que l'on n'y trouve la rubrique d'aucun chapitre, et que 113 feuillets sont transposés dans le corps du volume. 253 f. in-fol. *(Ard.* *).*

CCLXXII.

Le quatrième volume se compose de la troisième et de la quatrième partie. Le manuscrit date de l'année 977 = 1569, 70. 414 f. in-fol. *(Ard.* *).*

CCLXXIII.

Le cinquième volume (ou quatrième partie ), orné d'un frontispice en or et en diverses couleurs, à filets d'or et autres, et pourvu de peintures, contient la quatrième partie. 344 f. petit in-fol. *(Ard.)*

CCLXXIV.

Le contenu du sixième volume, à filets d'or et de différentes couleurs, est la troisième et la quatrième partie. Les rubriques sont restées en blanc. Il date de l'année 998 = 1589, 90. 440 f. gr. in-8°. *(Ard.)*

CCLXXV.

Le septième volume forme la cinquième partie de l'histoire.

Il a été écrit en 975 = 1567,8, c.-à-d. seulement 72 ans après la mort de l'auteur. 202 f. in-fol. *(Ard.)*

CCLXXVI.

Le huitième volume, à filets d'or azur et vermillon, du même format et de la même main que le sixième, contient également la cinquième partie. 219 f. gr. in-8°. *(Ard.)*

CCLXXVII.

Le neuvième volume, du même format, de la même main et de la même année que le quatrième, renferme la sixième partie, ainsi que l'appendice ou خاتمه de cet ouvrage. La copie, écrite par Chehraïn شهراين ben Aly Naoubety نوبتى, date de l'année 977 = 1569. 392 f. in-fol. *(Akh.)*

CCLXXVIII.

Le dixième volume ne contient que la sixième partie, sans l'appendice خاتمه, et date de l'année 975 = 1567. Elle a été écrite par Fath Allah ben Abou'l-Mekarim el-Hidjazy. 536 f. petit in-4°. *(Ard.)*

CCLXXIX.

Le onzième volume, à filets d'or, azur et vermillon, est absolument de la même teneur que le dixième. 447 f. in-fol. *(Ard.)*

CCLXXX.

Autre exemplaire du même ouvrage, contenant sa première partie. Ce manuscrit est défectueux; il y manque plusieurs feuilles au commencement, qui est ici : ادوات محتاج نشر , et se trouve dans un mauvais état de conservation. Le livre, jadis la propriété du drogman Mirza Abou Thourab (1215 = 1800), porte sur son dos l'inscription : История Кирусова. La copie date de l'année 1058. 1648. 334 f. in-fol.

CCLXXXI.

La sixième partie du même ouvrage, contenant l'histoire de Timour, aussi défectueuse au commencement, qui est ici: از امرآء معتبره لازم او کردانید , mais d'ailleurs bien conservée. 223 f. in-fol. *(Frol.)*

Dans la première partie de cet ouvrage, un des plus importants et des plus renommés en orient, l'auteur, après la préface et l'introduction, traite de l'histoire universelle, à partir de la création du monde; il parle ensuite des patriarches et des prophètes et passe aux annales des premières dynasties de Perse, jusqu'aux Samanides inclusivement. La seconde partie a pour sujet Mahomet et les quatre premiers khalifes légitimes. La troisième renferme l'histoire des douze imams et des khalifes Oumaiyades et Abbasides. La quatrième est consacrée aux fastes des Thahirides, des Ssofarides, des Samanides, des Ghaznevides, des Bouveïhides, des Fathimides, des Ismaïliens, des Seldjouqides, des Kharezmchahs et de quelques autres dynasties moins célèbres.

La cinquième partie renferme l'histoire de Tchinghiz Khan et de ses descendants, qui ont regné sur les contrées orientales et occidentales de l'Asie.

Cette histoire est suivie de celle des Serbédariens. La sixième partie traite de Timourlengh ou Tamerlan, et de ses successeurs jusqu'à Abou Saaïd Ghourghan en 899 = 1493,5. Enfin l'appendice ou خاتمه contient, entre autres, un traité de géographie d'après le système des orientaux.

Mr. Jourdain a inséré une notice historique sur cet ouvrage dans le tome IX *des Notices et Extraits* des manuscrits de la bibliothèque Royale à Paris, p. 117 et suivantes. Voyez encore *Biographie universelle*, T. 39, p. 131; Hammer-Purgstall, *Wiener Jahrb.*, Bd. 69, Anzbl. p. 37, no. 168, et Zenker, *Bibl. orient.*, p. 104—106, no. 870—883, etc.

CCLXXXII.

خلاصة الاخبار فى بيان احوال الاخيار *Quintessence des annales*, ou *Fastes des grands hommes*, par Ghiyas-eddin ben Houmameddin, surnommé vulgairement Khondemir خواندامير. Cet ouvrage fut commencé en 904 = 1498,9, par ordre de l'émir Aly Chir, mort en 906 = 1500,1, dont il a été déjà fait mention plusieurs fois, voy. no. CCI. On peut le regarder comme un abrégé de la célèbre histoire universelle intitulée: روضة الصفا *Jardin de la pureté*, composée par Mirkhond, père de l'auteur.

Voy. les nos. CCLXIX — CCLXXXI. Il se compose de prolégomènes ou مقدمه, et de six sections ou مقاله *discours*, suivis d'un appendice خاتمه.

Dans les prolégomènes l'auteur traite de la création des génies et de leurs descendants, gouvernés par ابليس ou *le Démon*.

La première section renferme l'histoire des prophètes jusqu'à Mahomet; la seconde, celle des philosophes et principaux savants de la Grèce; la troisième est consacrée à l'histoire des premières dynasties de la Perse, et à celle des rois arabes de Hira, des Ghassanides et des Himyarites. La quatrième section traite de la biographie de Mahomet; la cinquième de celle des quatre premiers khalifes et des douze imams. La sixième partie, des Oumaiyades; la septième des Abbasides; la huitième renferme l'histoire des maisons souveraines, contemporaines des Abbasides, et de plusieurs autres dynasties postérieures. La neuvième section contient l'histoire de la postérité de Japhet et de celle de Tchinghiz Khan, de ses ancêtres et de ses descendants. La dixième est consacrée à la biographie de Tamerlan et de ses successeurs, jusqu'à la fin du règne de Chadikar, en 1470 de notre ère. Enfin l'appendice, contenant la description de Hérat, ville du Khorasan, est suivi d'une notice sur les grands hommes de cette ville qui vivaient du temps de l'auteur. Le manuscrit est orné d'un filet d'or et de différentes couleurs. D'Herbelot a tiré profit de cet ouvrage dans sa Bibliothèque orientale, où il est souvent cité. Voyez la notice sur Khondemir, insérée par Mr. Reinaud dans le 22e volume de la *Biographie universelle*, et Charmoy, *Mém. de l'Acad. Imp. des Sc.* 6me sér. T. III. p. 95. 279 f. in-fol. *(Ard.* ع*)*

CCLXXXIII.

Même ouvrage, mais deféctueux au commencement. Il n'a que la dernière partie de l'année cinquième de l'hégire, et commence par les mots: عطفانى بعض لطف. La copie date de 1056 = 1647, par Ibn Imad-eddin Mahmoud; le dernier feuillet, qui s'était perdu, fut ajouté à Tiflis, en 1244 = 1828. 212 f. in-8°. *(Erz.)*

CCLXXXIV.

Troisième partie de l'ouvrage intitulé: حبيب السير *L'Ami des biographies* par Khondemir, fils de Mirkhond (voy. les nos. précédents), qui le composa au commencement du 10me siècle de l'hégire et du 16me de l'ère chrétienne. Cette troisième partie contient l'histoire de Tamerlan et de sa dynastie, jusqu'en 929 = 1522,3. Le frontispice du manuscrit, à filets d'or, rouge et azur, porte le faux titre de ظفرنامهٔ مولانا شرف الدين على يزدى *Livre de victoire*, par Maoulana Cheref-eddin Aly Yezdy: les rubriques des chapitres y sont partout restées en blanc. La date de ce manuscrit, copié par Vedjih-eddin el-Houseïny, remonte à l'année 989 = 1581, postérieure seulement de six ans à l'époque où s'est arrêté l'historien. 275 f. in-fol. *(Ard.)*

CCLXXXV.

Manuscrit à filets rouges, renfermant: نگارستان  *La Galerie de peintures historiques*, par Ahmed ben Mouhammed ben Abd el-Ghaffar el-Ghaffary el-Cazviny (de Cazvin), mort en 975 = 1567. Cet écrit contient une collection de différentes remarques historiques, anecdotes etc., d'après l'ordre des dynasties de l'Asie, d'autant plus intéressantes qu'elles sont tirées des meilleurs ouvrages historiques, en partie très rares ou n'existant pas du tout dans les bibliothèques de l'Europe. Le détail très exact des sujets contenus dans cet ouvrage se trouve dans le catalogue de Mr. Krafft, p. 89-90, et la liste des ouvrages, mis à profit par Ghaffary pour la composition de sa galerie, dans *Das Asiatische Museum* p. 676 — 678, et Mr. de Hammer, *Geschichte der schönen Redekünste Persiens*, p. 307-9.

Notre manuscrit, d'ailleurs assez bon, est malheureusement incomplet. Une notice en tête de l'ouvrage nous apprend que ce livre renfermait 402 feuillets: اوراق, il en manque donc 191. Les derniers mots sont: ومن البدایع الخ بنابران احمدخان عنان عزیمت بجانب خراسان معطوف ساخته. 211 f. in 8°. *(Erz.).*

CCLXXXVI.

Manuscrit à filets rouges, mais sans commencement et sans fin. L'ouvrage est écrit dans le genre du no. précédent et contient des traits et narrations historiques des différentes dynasties de l'islamisme, ainsi que des données géographiques, comme on en trouve dans l'ouvrage intitulé : هفت اقليم *Les sept climats*, par Emin Ahmed Razy: c'est donc à tort que ce manuscrit, après la courte notice qu'en avait donnée Mr. Fraehn (cf. *Das Asiatische Museum*, p. 383, 35), fut marqué comme une histoire des Mongols, par Kebir Mouhammed. Les premiers mots en sont: ارغون بسرپچه قهرمان اوزبون كشته تاب مقاومت نياورد, les derniers : وآن هرسه سوار ازآب بكذشتند. 200 f. in-8°. *(Erz.)*

CCLXXXVIII.

احسن التواريخ *La meilleure des Chroniques*, ouvrage très intéressant et très rare, composé en forme de tables chronologiques détaillées, par Hasan, neveu de l'Emir Soulthan Roumlou, nommé Hasan Begh par Iskender Mounchi. Le manuscrit n'est cependant pas complet: il manque une partie du commencement et de la fin et il n'y a qu'un fragment de la neuvième partie, contenant les années 807-899 = 1404-1493, et la dixième partie en entier, sauf une année, c.-à-d. dès 900-984 = 1494-1576; cette dernière partie paraissant avoir renfermé aussi l'année 985 = 1577, comme on peut le conclure de l'indication de W. Ouseley (*A Catalogue* etc. p. 10, no. 346), qui ne possédait que la dixième partie. Ces deux parties contiennent l'histoire des souverains de Roum (Turquie), de Tchaghataï et de la dynastie de Caraman, les règnes de Chah Ismaïl et Thahmasp, de même que d'autres princes, vizirs, savants et poètes, leurs contemporains, et on y trouve quelquefois des détails, qu'on chercherait vainement ailleurs. Notre manuscrit, en beaux caractères taalic, commence en l'année 807, par les mots : اميرسيّد خواجه ولد شيخ. Le premier chapitre complet est: كفتار در محاربه كردن امير سيد خواجه باپيرك پادشاه وسلطانعلى سبزوازى *Relation de la guerre que fit Emir Séyid Khodja à Pirek Padichah et au Soulthan Aly Sebzevary*; il finit en 984 = 1576, avec la phrase : نهى كرد قالب بسان نفك. Le dernier événement raconté est la mort du Chah Thahmasp. Cf. *A critical Essay*, p. 27. 301 f. in-fol. *(Frol.)*

CCLXXXVIII.

جواهر الأخبار *Les Joyaux des annales*, par le mounchi où secrétaire d'état Boudac, de Cazvin بوداق قزوينى. Ce manuscrit se compose: 1) d'une préface ديباجه, qui traite de la création du monde et d'Adam; 2) de deux sections, nommées abusivement مقدمه *prolégomènes*, dont la première renferme l'histoire des trois dynasties de la Perse, jusqu'à la fin du règne de Nouchirévan, époque de la naissance de Mahomet. Dans la seconde section, après avoir terminé l'histoire des Sasanides, l'auteur passe à celle de Mahomet, des imams, des Khalifes Oumaiyades et Abbasides, à laquelle succèdent les annales des dynasties contemporaines, telles que les Thahirides, les Ssoffarides, les Samanides, les Ghaznevides, les Ghourides, les Bouveïhides, les Seldjouqides, les Kharezmchahs, les Atabegs, les Ismaïliens, les Carakhataïens du Kerman, les différentes branches des Tchinghizkhanides, à partir de leur auteur, et les dynasties qui existaient de leur temps et à l'époque de Tamerlan, savoir: les Tchoubaniens, les Ilkhaniens, les Indjou, les Mousafferiens, les Kurtes et les Serbédariens, enfin les Timourides, en commençant par le fondateur de cette dynastie et celles du Mouton noir et du Mouton blanc (Cara-coyounlu et Ac-coyounlu). La conclusion de cet ouvrage traite de l'histoire des premiers Ssefys de Perse, jusqu'au Chah Ismaïl 2d, fils de Thahmafp, à qui l'ouvrage a été dédié. La biographie du dernier souverain renferme une notice biographique sur l'auteur même de cette histoire, sur laquelle on ne trouve aucun renseignement chez les bibliographes européens et orientaux. Elle s'étend jusqu'à l'année 984 = 1576,7, époque à laquelle se termine ce manuscrit *autographe*. Voy. Charmoy, l. c. p. 96. 339 f. gr. in-8°. *(Ard.* ع*)*

CCLXXXIX.

تاريخ جامع التواريخ *Collection des annales*, intitulée également: تاريخ مبارك غازانى *Histoire auguste de* Ghazan Khan, dont le frontispice porte le faux titre de: تاريخ چنكيز خوانى *Histoire Tchinghizkhanienne*. L'auteur de cette histoire est Fazl Allah Rechideddin, surnommé طبيب ou le *médecin* et خواجه *le littérateur*. Il fut vizir de trois souverains mongols de la Perse, et commença son ouvrage vers la fin du règne de Ghazan Khan, dont il lui donna le nom; il le présenta enfin à Oldjaïtou Khan, successeur de ce prince, en 705 = 1306.

Cette histoire est un des ouvrages les plus complets et les plus détaillés sur les Mongols: et d'autant plus digne de foi que, d'après les ordres de Ghazan Khan, l'auteur fut autorisé non seulement à tirer parti des documents mongols que pouvaient lui fournir les archives de l'empire, mais encore à profiter des conseils et des lumières des savants et autres personnages marquants qui se trouvaient à la cour du khan, comme ambassadeurs et députés chinois, tubétains, arabes, mongols et ouïgours. L'ouvrage est en même temps d'une grande importance pour l'histoire de l'empire russe, à l'époque de la domination des Mongols. Il se divise en quatre parties, dont le présent manuscrit forme la première et la plus essentielle. Celle-ci se subdivise en deux sections. La première commence par des notices généalogiques et géographiques sur les différentes tribus turques et mongoles de la Haute-Asie, qui sont suivies de l'histoire des ancêtres de Tchinghiz Khan. La seconde section contient la biographie de ce souverain lui-même et de cent de ses descendants, qui gouvernèrent la Chine, la Perse, la Grande-Boukharie et le Qiptchac. La partie de l'ouvrage qui est consacrée à cette dernière dynastie connue en Russie sous le nom de Horde-d'Or, traite de Djoudjy, de son extérieur, de ses épouses et de sa postérité, qui, plus tard, s'est partagée en plusieurs branches.

La même partie nous fait connaître ensuite la cour de ce souverain, les princes de son sang et ses émirs, à l'époque de son avénement, ses campements d'hiver et d'été, les guerres qu'il eut à soutenir et les conquêtes qu'il a faites, ainsi que plusieurs autres événements mémorables de son règne.

L'histoire de Djoudji est suivie de celle de ses premiers successeurs Batou, Berekéh, Möngkä Timour, Touda Mongkä et Toucta, au règne duquel cette partie s'arrête. Après cette dernière vient celle de Tchaghataï et de ses premiers successeurs, enfin celle de Houlaghou et des princes de sa dynastie, qui dominèrent sur la Perse, jusqu'à Ghazan Khan inclusivement, dont la biographie est traitée de la manière la plus circonstanciée. A l'article de chacun de ces princes succède un aperçu rapide de tous les monarques contemporains, tant en Asie qu'en Égypte. L'exactitude scrupuleuse que l'on remarque dans cet ouvrage, la principale source où a puisé Abou'l-Ghazi, et les détails étendus qu'il nous fournit, provoquent le désir de voir un jour notre Bibliothèque en possession des trois autres parties, que l'on peut ranger à juste titre au nombre des productions les plus rares, même en Orient. Ce manuscrit, à filets d'or et d'une écriture très lisible, date de l'année 935 = 1528,9, et est enrichi en outre de peintures, ayant trait à différents événements cités dans ces annales, et qui se rencontrent très peu dans les ouvrages purement historiques.

Voyez sur ce célèbre auteur, le mémoire de M. Ét. Quatremère, consigné dans le tome V des *Mines de l'Orient*, p. 265 et suivantes, et M. Elliot, *Biographical Index to the historians of Muhammedan India*, Calcutta 1849, vol. I, p. 1 et suiv., mais surtout l'édition d'une partie de l'histoire en question, parue à Paris, en 1836, sous le titre : *Histoire des Mongols de la Perse, écrite en persan par Rachid-eldin, publiée etc. par M. Quatremère*, T. I. Voyez aussi l'article très détaillé de M. St. Martin, qui se trouve dans le tome 73 de la *Biographie universelle*, p. 111 et suivantes. Cf. *Journal of the Royal Asiatic Society*, no. XI, 1840, p. 40, et no. XIV, 1843, p. 1, et Hadji Khalfa, T. II, p. 509, no. 3891. 400 f. in-fol. (Ard.)

CCXC.

Ouvrage et auteur anonymes. Cette histoire fait suite à celle de Rachid-eddin, dont il a été parlé au no. précédent, et qui s'étend jusqu'à l'année 705 = 1305,6. Notre auteur, à l'invitation de Chahrokh Mirza, fils de Tamerlan, l'a continué jusqu'à l'année 821 = 1418. Cet ouvrage doit former deux volumes, dont on ne trouve dans le manuscrit que le premier. Celui-ci, précédé de prolégomènes géographiques, contient la description de l'Arabie, de la Mésopotamie, de l'Irac arabe, du Khouzistan, du

Farsistan, du Kerman et du Khorasan. L'auteur traite, d'une manière fort circonstanciée, l'histoire des gouverneurs et princes de ces trois dernières provinces, depuis leur conquête par les Arabes jusqu'au temps où il a vécu, c.-à-d. jusqu'à l'année 821 = 1418. Les places destinées aux cartes géographiques, qui devaient être jointes à ce manuscrit, à filets d'or et azur, sont restées en blanc, à l'exception de deux, et l'on y remarque une lacune assez considérable dans la partie géographique, où sont omis le Magrib, l'Espagne, les îles de l'Océan et de la mer Méditerranée, ainsi que les premières pages qui traitent de l'Égypte, et la fin de l'article consacré à la Syrie. 327 f. in-fol. *(Ard. ع)*

CCXCI.

تاريخ وصّاف *Histoire de Vaffaf.* C'est l'histoire des Mongols, depuis l'année 655 = 1257 jusqu'à 728 = 1327, par Khodja Abd Allah ben Fazl Allah, vulgairement connu sous le nom de Vaffaf ou وصّاف الحضرة Vaffaf el-Hazret, c.-à-d. *le panégyriste de sa Majesté,* savoir de Oldjaïtou (d'après M. D'Ohsson, *Histoire des Mongols,* T. I, p. xxx), ou d'Abou Saaïd (d'après M. de Hammer, *Geschichte der schönen Redekünste Persiens,* p. 243). Il donna à son histoire, commencée en 699 = 1300 et finie en 711 = 1311, le titre de كتاب تجزية الامصار وترجية الاعصار *Division des contrées et transition des siècles,* ou d'après M. de Hammer: *Untertheilung der Regionen und Ausgleichung der Aeonen.* Dix-sept ans après, Vaffaf ajouta une cinquième partie, qui traite principalement du règne d'Abou Saaïd, jusqu'à l'année 728 = 1328. Cette histoire est, chez les Persans, ce que l'histoire du sultan Mahmoud Ghaznevy, par Otby, est pour les Arabes; l'auteur a plutôt tâché de faire preuve de son habileté à employer, dans un ouvrage historique, toutes les subtilités d'un style ampoulé et surchargé de figures et de tournures rhétoriques, que de raconter les faits historiques d'une manière sans doute plus convenable à l'historien, qui ne cherche que les faits exposés simplement et sans trop d'ornements. Aussi cette histoire est-elle très difficile à lire et à comprendre, et commentée par divers savants mahométans; elle sert parmi les orientaux pour mettre à l'épreuve ceux qui ont fini leur cours de langue persane. Notre manuscrit, en partie endommagé, ne contient que les trois premiers volumes ou parties مجلد ; il en manque donc encore deux. La première partie, copiée au mois de djoumada II 1089 = 1678, commence par les mots : انوار که وستایشی حمد. 191 f. in-8°. *(Erz.)*

Voyez, par rapport à Vaffaf, Hadji Khalfa, T. II, p. 156, no. 2337, M. de Hammer, l. c., p. 293-4, *Wiener Jahrb.*, Bd. 71, Anzbl. p. 27, no. 193, où se trouve un exposé du contenu de cette histoire; *Geschichte der Ilchane*, Sach- und Namensreg. s. v. Wassaf; Ouseley, *Biograph. notices*, p. 230—235; *Nouv. Mélanges asiatiques*, T. I, p. 437; D'Ohsson, l. c., p. XXVII—XXXIII.

On trouve d'autres exemplaires de l'histoire de Vaffaf, ou bien des commentaires sur ce livre, à la bibliothèque du Musée asiatique de notre Académie, no. 567; à celles de Vienne (*Wiener Jahrb.*, l. c., nos. 193—195, et Bd. 100; Anzbl. p. 8—9, nos. 274-5, 278-9; *Mines de l'Orient*, T. VI, p. 270, no. 467), de Leyde (*Catal.*, p. 483, no. 1823), de Paris (d'Ohsson, l. c.), etc.

CCXCII.

ظفرنامهٔ تیموری *Livre des victoires de Timour,* par Cheref-eddin Aly Yezdy (de la ville de Yezd), mort en 850 = 1446. Ce manuscrit important contient non-seulement l'histoire de Tamerlan même, suffisamment connue par la traduction qu'en a publiée Petis de la Croix, sous le titre d'*Histoire de Timur-Bec,* Paris 1673; mais encore des prolégomènes fort intéressants, مقدّمه, sur l'histoire des premiers Mongols et celle de Tchingiz-Khan et de ceux de ses descendants, qui ont occupé les trônes de l'Iran, du Qiptchac et de la Transoxane. Notre exemplaire, à filets d'or et rouges, a été copié par Soulthan Mouhammed ben Djelal el-Mechhedy, en 938 = 1531,2. — 430 f. in-fol. (*Ard.* ع)

CCXCIII.

Cet ouvrage est entièrement le même que le précédent, quoique, sur le frontispice, il soit intitulé: تاریخ جهان کشای تیموری *Histoire de la conquête du monde par Timour;* il ne contient cependant pas les prolégomènes susmentionnés. Ce manuscrit à filets d'or et bronze, copié par Mourchid el-Katib el-Chirazy, date de l'année 953 = 1546,7. 471 f. in-fol. *(Ard. ع)*

CCXCIV.

Même ouvrage, en caractères neskhy, à filets rouges, où l'on ne trouve pas non plus les prolégomènes. 415 f. in-4°. *(Ard. ع)*

CCXCV.

Même ouvrage que le précédent, aussi sans les prolégomènes. C'est une copie magnifique, pourvue de peintures, écrite par Emir Aly el-Katib (*l'écrivain*), et datant de 973 = 1565. 547 f. in-fol. *(Khosr. M.)*

CCXCVI.

Même ouvrage, assez joli manuscrit, avec un frontispice orné d'or, d'azur et d'autres couleurs, ainsi que de filets d'or et azur. La copie est de 982 = 1574. Des inscriptions, sur le premier et sur le second feuillet, nous apprennent que ce manuscrit a été lu par le Capoudan-Pacha el-Seyid Abd Allah Ramiz, lors de son séjour à St.-Pétersbourg, en qualité d'envoyé de la Porte Ottomane, le 15 janvier 1810, et par Mirza Mouhammed Yousouf Divanbeghi, envoyé de Boukhara, en 1235 = 1820. 400 f. petit in-fol. *(Doubr.)*

Voyez, par rapport à l'auteur et à l'ouvrage, M. Charmoy, *Expédition de Timoûr-i-leng*, dans les *Mémoires de l'Acad. Impér. des Sc. de St.-Pétersb.*, 6me sér., T. III, p. 92—93.

CCXCVII.

كتاب مطلع السعدين ومجمع البحرين *Livre* intitulé: *Point du lever de deux astres propices et confluent de deux mers*, par Abd el-Rezzac bēn Ishac, de Samarcande عبد الرزاق بن اسحاق السمرقندى, qui termina son ouvrage dans le courant du premier mois de rebi de l'année 875 = 1470, par conséquent douze ans avant sa mort. Cette histoire, pour la composition de laquelle l'auteur a profité des lumières d'une foule de savants et nommément de Nizameddin Abd el-Vasi' عبد الواسع, se divise en deux tomes; le premier, qui est subdivisé en 31 sections, commence à la naissance du sultan Abou Saaïd, fils d'Oldjaïtou, de la dynastie de Houlaghou; l'auteur passe ensuite immédiatement au début de Tamerlan, et parle de la manière la plus circonstanciée des événements de son règne, tant en Irac que dans le Touran et dans les autres contrées du monde. Cette partie s'étend donc depuis l'année 704 = 1304,5 jusqu'en 807 = 1401,2. Le second tome, subdivisé en 33 sections, va depuis l'avènement à l'empire de Chahrokh Mirza, fils de Tamerlan, jusqu'à l'année 875 = 1470,1, époque à laquelle le sultan Houseïn Mirza monta sur le trône. Cette histoire est des plus importantes, et la partie consacrée à la biographie de Tamerlan ne peut manquer d'offrir un intérêt particulier pour les annales de la Russie. Voyez, relativement à cet ouvrage, la notice insérée par M. Langlès dans le tome V, des *Notices et Extraits etc.*, p. 583; Charmoy, *Mémoires de l'Acad. des Sc. de St.-Pétersbourg*, T. VIII, 6me sér., p. 94, et surtout la *Notice de l'ouvrage persan qui a pour titre " Matla-assaadeïn ou-*

Madjma-albahreïn etc., par M. Quatremère, ib. T. XIV, 1re partie, p. 1—474.

Ce manuscrit, copié par Ibn Abou'l-Mekarim el-Hidjazy Fath Allah (voy. no. CCLXXVIII), date de l'année 971 = 1563. 445 f. in-fol. *(Ard. ع)*

CCXCVIII.

Même ouvrage. La date du manuscrit, copié par Houseïn ben Kemal-eddin el-Mahany, en caractères nestaalic très fins, remonte à l'année 972 = 1564,5. 524 f. in-4°. *(Ard. ع)*

CCXCIX.

Encore le même ouvrage. Ce manuscrit, de l'année 988 = 1580, est le plus beau et le plus lisible des trois. 493 f. in-fol. *(Ard. ع)*

CCC.

صفوة الصّفى *Pureté du Cheïkh Ssefy,* ou, suivant Iskender Mounchi (msc. de l'Acad., p. 14), Hadji Khalfa (T. IV, p. 105, no. 7764) et Stewart (*Catal.*, p. 27, no. LXXXV), صفوة الصفا *La pureté* (ou *quintessence*) *de la pureté*; proprement une biographie du cheïkh Ssefy, un des ancêtres les plus illustres du fondateur de la dynastie des Ssefides de Perse, dans le mausolée duquel se trouvait la collection de manuscrits orientaux qui fait partie de ce catalogue. L'auteur de cette biographie, natif de la ville d'Ardebil, se nommait Tevekkouly توكّلى ben Ismaïl ben Hadji Ardebily

حاجى الاردبيلى surnommé Ibn Bezzaz ابن بزاز ou fils du marchand d'étoffes, et vivait à la fin du 14e siècle de notre ère (1397), suivant le catalogue de la bibliothèque de Tippou Soulthan, par M. Stewart, p. 28. On peut remarquer ici, que M. Stewart, de même que Hadji Khalfa (édit. impr.) et Iskender Mounchi (Msc. acad. p. 14 et 17) appellent l'auteur توكل Tevekkoul, et que, dans la même édition du bibliographe turc, au lieu de بزاز on lit: بزار Bezzar, chez Iskender Mounchi: نزار Nezzar. Mais la copie manuscrite de Hadji Khalfa appartenant au Musée Roumänzov écrit Tevekkouly Tchelebi Ibn Ismaïl nommé بيزازاده (l. بيززازاده) Bezzazzadéh, mort, d'après *l'Ami des biographies*, de Khondemir, en 727=1327. Le dernier cite assez souvent l'ouvrage du biographe en question, mais nous n'avons pas réussi à trouver l'année de sa mort. Notre manuscrit, qui contient des détails fort curieux pour tout ce qui se rattache aux premiers temps de la dynastie des Ssefys, renferme des prolégomènes et se divise en outre en 12 chapitres, où l'auteur raconte la naissance, la vie, les miracles, et les vertus de ce cheïkh, révéré des Persans. L'ouvrage se trouve aussi dans la bibliothèque de l'Hôtel de la compagnie des Indes Orientales, à Londres. D'après le catalogue (manuscrit) de cette collection, le titre en est aussi صفوة الصفى. Le caractère d'écriture de notre copie, à filet d'or, est un nestaalic aussi lisible qu'élégant. 541 f. in-8°. *(Ard.* *)*

CCCI.

شاهنشاه نامه, Chahinchah-namèh c.-à-d. *Livre du Roi de Rois* ou *du grand souverain*. Cet ouvrage, écrit en prose rimée, entremêlée d'une quantité de vers, raconte les exploits de Chah Ismaïl I, fondateur de la dynastie des Ssefides, jusqu'à l'année 918 = 15.12 dans laquelle l'auteur, Maoulana Binaiy, fut tué. Hadii Khalfa ne connaît pas cet ouvrage, comme l'a déjà remarqué M. Fraehn, *Das Asiat. Mus.*, p. 375. Notre exemplaire est un manuscrit de luxe embelli d'un grand nombre de peintures, et des cadres laissés en blanc démontrent qu'il devait en contenir encore d'avantage; il n'est du reste pas achevé, les derniers mots étant: وهمچنین لشکریان عبید الله خان تاباغ راغان آمده. Il commence par: حمد لمن جعل سلوك الملوك. 235 f. in-fol. *(Khosr. M.)*

Quant à Binaiy بنایی, voy. Hammer, *Gesch. der sch. Redek. Pers.*, p. 361. *Notices et Extr.* T. IV. p. 289, *Memoirs of Baber*, pp. 194 et 243, et Khondemir, *L'Ami des biogr.* (msc. acad. p. ۳۰۰ verso).

CCCII.

بیاض مکالمۀ شاه طهماسب با ایلچیان, *Copie* ou *Protocole des conférences* de Chah Thahmasp I, *avec les ambassadeurs* envoyés en Perse par le sultan Souleïman I, en 969 = 1581,2, pour réclamer son fils Bayazid, qui s'était réfugié auprès du souverain persan. Ce manuscrit offre un assez grand intérêt, renfermant des détails curieux sur l'histoire de la Perse et de la Turquie à cette époque. Il fut écrit en 1010 = 1601,2, par Aly Riza Abassy, et se distingue par l'élégance de ses caractères nestaalic, ainsi que par deux peintures et un joli frontispice. Le fond est tiqueté d'or. 72 f. in 8° obl. *(Ard. ع)*

CCCIII.

Manuscrit orné d'un beau frontispice de différentes couleurs et d'une assez jolie reliure, contenant deux ouvrages, savoir:

1) Une continuation du تاريخ عالم آرای عباسی ou *de l'Histoire embellissant le monde*, de Chah Abbas, par Iskender Mounchi. Il rapporte dans la préface, qu'ayant achevé cette histoire en trois volumes ou parties, on lui en demanda la continuation, qui renferme l'histoire de Chah Ssefy, pendant les années 1038-1052 = 1628-1642, et encore l'avénement au trône de son successeur, Abbas II, le 16 du mois de fafar 1052. Cette continuation porte, à ce qu'il paraît, le titre de: خلاصة السير, *Créme* ou *Quintessence des biographies*, comme nous l'apprend un passage de la conclusion, خاتمه, précédée encore de deux chapitres traitant: 1) des affaires de l'auteur même, et 2) des affaires de Mourtezacoulikhan Ziadoghli, gouverneur de la ville de Ghendja (Elisabethpol), sous la protection duquel Iskender Mounchi composa cet ouvrage, et de la ville de Ghendja même. Cette partie du manuscrit (f. 1-127) commence par les mots: آرایش عنوان جراید. Elle est d'ailleurs assez rare, tandis que l'histoire de Chah Abbas I, se trouve, en

Russie même en plusieurs exemplaires: p. e. au Musée asiatique, no. 574 a), au Musée Roumänzov (*Bullet. scientif.*, T. I, p. 159, no. 10); dans la bibliothèque de l'université de Cazan, etc.

2) Histoire de Chah Abbas II, depuis sa naissance 1041 $=$ 1631, 2 jusqu'à la 22e année de son règne, par Mouhammed Thahir Vahid وحيد, qui composa cet ouvrage sur l'ordre du premier ministre Khalifeh Soulthan. L'histoire va jusqu'à l'année 1074 $=$ 1663. Cette partie du manuscrit, datant de la même année, et qui pourrait être un autographe, commence par les mots: ستايش خالقى را سزاست. Cf. Fraehn, *Das Asiatische Museum*, p. 282, no. 29 a) — 29 b). 278 f. in-8°. *(Erz).*

Il ne sera pas hors de propos de rappeler ici le jugement d'un critique musulman sur ces deux ouvrages. En déclarant que le Tarikh Alem-araï Abbasy est un ouvrage abondant en excellents renseignements, malgré le peu d'élégance du style, il trouve que Thahir Vahid au contraire, dans son histoire de Chah Abbas II, n'a presque fourni qu'un échantillon d'un style agréable, sans raconter beaucoup d'événements importants. Voy. *A critical Essay* etc. p. 28.

Cette dernière partie est citée dans la *Mackenzie collection*, p. 223, no. VII, comme ne procédant que jusqu'à la septième année du règne de Abbas II.

CCCIV.

 Tarikh-i-Nadiry, ou *Histoire de* Nadirchah, renferme l'histoire de ce souverain persan, écrite par son secrétaire Mirza Mouhammed Mehdy Khan de Mazanderan. L'ouvrage est trop connu par la traduction française de W. Jones, Londres 1770, réproduite en langue allemande par M. Gadebusch, Greifswalde, 1773, pour qu'il soit nécessaire d'entrer ici dans plus de détails. Les exemplaires en sont assez fréquents, et le Musée asiatique possède même une traduction géorgienne, de la main du tsarévitch Dawith, fils de Giorgi XII; voy. *Das Asiatische Museum*, p. 739. L'ouvrage a été lithographié à Tebriz en 1280 = 1344. Notre copie, encadrée d'un filet rouge et d'une écriture assez négligée, date de l'année 1203 =1788. 252 f. in-8°. *(Erz.)*

CCCV.

Manuscrit de luxe, contenant le Chiraznamèh, « monographie topographiquo-historique de la ville de Chiraz, capitale de la province de Fars, jadis si célèbre, mais horriblement devastée en l'année 1824 par un tremblement de terre. L'auteur de cet ouvrage, Abou'l Abbas Ahmed ben el-Kheïr, est plus connu sous le nom de Mouïn Chirazy. Des savants européens l'ont appelé à tort Cheïkh Zerkoub. Après l'introduction où est racontée aussi la fondation de Chiraz par le frère de Heddjadj, sous le khalifat de Abd el-Melik, l'auteur procède à l'histoire de cette ville sous la domination des princes Bouveïhides, des Fazleveïhides, des Seldjouqides, des Salghariens, des Houlaghouïdes, des Indjou et de Mouzaffery Moubariz-eddin Mouhammed, jusqu'à l'année 763 = 1352. Cette année a été, comme il parait, celle de la composition de l'ouvrage, qui finit par des notices biographiques sur les chérifs, cheïkhs, jurisconsultes etc. de Chiraz. On se convaincra, au plus léger examen de cet ouvrage, que Mouïn Chirazy n'a qu'insuffisamment mis à-profit les riches matériaux qu'offre l'histoire d'une ville aussi importante. Néanmoins ce livre, qui, d'ailleurs, ne se rencontre pas trop fréquemment, sera toujours d'un grand prix pour ces recherches historiques». (Fraehn, *Das Asiat. Mus.* p. 374-5.) Les savants européens qui en mentionnent l'auteur sous le nom de Cheïkh Zerkoub, sont notamment Kämpfer (*Amoenitates exoticae*, p. 301) et W. Ouseley (*Travels* etc. T. II. p. 7.) Le premier fixe l'époque de la composition du livre au 17e siècle de J. Chr. en appellant (en 1686) l'auteur *recentissimus*, tandis que Ouseley, avec plus de raison, la fait reculer à la moitié du 15me siècle. Le dernier a aussi donné des extraits de ce livre, l. c., pp. 22. 29. 33. 33., et *Appendix*, p. 473 — 475, no. IV: Account of the Castle of Fahender, c.-à-d. *Couhendiz.* 228 f. in-fol. *(Khosr. M.)*

CCCVI.

تأريخ شرف نامه Histoire des Kurdes, intitulée Cheref-namèh ou *Livre de Cheref*, par Cheref-eddin ben Chems-eddin, prince de Bedlis. Elle se compose: 1) d'un discours préliminaire مقدمه, qui traite de l'origine des différentes tribus Kurdes et de leurs usages; 2) de quatre livres صحيفه, dont le premier contient une notice très abrégée sur les diverses dynasties Kurdes qui ont été investies de l'autorité souveraine, et que les historiens ont rangées dans la classe des maisons royales. Le second livre traite des princes du Kurdistan qui sans jamais avoir exercé un pouvoir absolu ou occupé le trône, se sont cependant arrogé quelques prérogatives de la royauté. Le troisième renferme la biographie des autres émirs et princes du Kurdistan. Le quatrième enfin est consacrée à l'histoire des princes de Bedlis, ancêtres de l'auteur. Il est précédé d'un avant-propos ou فاتحه, sur la ville de Bedlis et son fondateur. Le tout se termine par une chronique de la maison Ottomane, à partir de son fondateur jusqu'au sultan Mouhammed III, en 1005 = 1596. Cet ouvrage est inappréciable, parce qu'il expose de la manière la plus circonstanciée l'histoire d'un peuple sur lequel les autres auteurs ne nous fournissent aucun détail et remplit ainsi une très-grande lacune dans les annales de l'Asie. Ce qui double encore la valeur intrinsèque de notre manuscrit, et ce qui prouve en même temps son authenticité, c'est qu'il date de

1007 de l'hégire, deux ans après que l'ouvrage fut terminé, et qu'il a été revu et corrigé par l'auteur lui-même, à Bédlis, en 1007 = 1598; mais il est à regretter que vers la fin du troisième livre, on rencontre une lacune de six chapitres. Voyez la notice sur cet ouvrage, insérée par M. Volkof dans le tome VIII de l'ancien Journal asiatique de Paris, p. 291 et suivantes. M. Charmoy avait entrepris, il y a environ vingt ans, de publier une traduction française de cet ouvrage important, qui, livré à la publicité, aurait rempli une lacune très sensible dans l'histoire de l'Asie. Les six chapitres manquant à notre copie peuvent être suppléés ici même, à St. Pétersbourg, où se trouvent encore deux exemplaires, au Musée asiatique de l'Académie, no. 576 et *a* 576. 252 f. in-fol. *(Ard. ع)*.

CCCVII.

تاج المآثر كالدر والجواهر *Couronne des exploits semblables aux perles et aux pierres précieuses*, par Hasan Nizamy, qui vivait sous le règne de Chems-eddin Iletmich, sultan Afghan de l'Indoustan, mort en 633 = 1235.

Cet ouvrage, qui traite de l'histoire des deux sultans Afghans: Couthb-eddin Ibek, ou Ebik, suivant l'orthographe du manuscrit, et Chems-eddin Iletmich, s'étend jusqu'à l'année 614 = 1217,8. Il est écrit d'un style pompeux et entremêlé d'une foule de vers, tant arabes que persans. L'auteur n'y a admis aucune autre division que celle par chapitres, ce qui en rend l'usage assez difficile; mais elle offre cependant un assez grand intérêt pour l'histoire des différentes dynasties de l'Hindostan à cette époque. L'ouvrage se termine par un appendice, renfermant l'éloge de Iletmich, de ses conquêtes et de ses hauts faits. Cet appendice a été copié par Mouhammed Houseïn Cheref-eddin Aly, en 980 = 1572,3. Tout le manuscrit, d'un superbe neskhy, à filets d'or, se distingue par sa netteté. 328 f. in-fol. *(Ard. ع)*

CCCVIII.

دربند نامه *Derbend-naméh*, ou *Histoire de la ville de Derbend*. C'est une histoire du Daghistan et plus spécialement de la ville de Derbend, si souvent mentionnée chez les historiens orientaux, et appartenant aujourd'hui à la Russie. Elle commence au VIe siècle de notre ère, dès le règne du roi sasanide Coubad, et finit sous le règne du khalife Haroun, vers 170 = 786. On y trouve des détails curieux sur les destinées de ces contrées à cette époque, et nommément sur les guerres des anciens Perses et Arabes contre les Khazars. L'auteur est inconnu. Voyez les extraits qu'en a donnés M. Klaproth, *Nouv. Journal asiat.*, no. III, p. 439, et l'édition entière de ce livre en langue turque, qui vient de quitter la presse, par les soins de Mirza Kazembeg. La copie date du 4 du mois de djoumada II de l'année 1244 = 1828. 43 f. in-8°. *(Erz.)*

CCCIX.

روضة الاحباب فى سيرة النبى والآل والاصحاب *Le Jardin des amis*, ou *biographie du prophète, de sa famille et de ses compagnons*, par le séyid Atha Allah ben Fazl Allah, vulgairement nommé Djemal el-Houseïny el-Mouhaddes (le traditionnaire). Cet ouvrage, très estimé des Persans, et écrit à l'usage du célèbre vizir Mir Aly Chir (voy. no. CCI), en 1494 de notre ère, se divise en trois parties, intitulées : مقصد *but*. La première traite, dans les plus grands détails, de la généalogie de Mahomet, de l'époque de sa naissance, de ses guerres religieuses, des principaux événements de sa vie, de ses vertus, de ses qualités physiques et morales, de ses épouses, concubines et enfants, de ses actes de piété, habitudes et traits caractéristiques, et enfin de ses serviteurs, clients, frères de lait, agents, écrivains, ambassadeurs, mouezzins, poètes et panégyristes, etc. Dans la seconde ainsi que dans la troisième parties, l'auteur doit avoir parlé des compagnons de Mahomet, tant hommes que femmes, et des disciples de ces derniers, ou تابع, des docteurs qui ont succédé à ceux-ci, et des principaux traditionnaires محدّث ; mais ces deux parties ne se trouvent pas dans notre manuscrit, copié par Abd el-Kerim, à Secanderabad, dans le gouvernement de Dehli, et datant de l'année 937 = 1530,1. Voyez du reste l'article روضة الاحباب dans l'ouvrage bibliographique de Hadji Khalfa, T. III, p. 495, et le catalogue de la bibliothèque de M. Rich (*Mines de l'Orient*, T. III, p. 331). 326 f. in-8°. *(Ard.* ع*)*

CCCX.

رشحات عين الحياة *Gouttes de la source de la vie,* histoire très détaillée et très intéressante des cheïkhs nacchbendy (نقشبندى), par Aly ben Houseïn Vaïz Kachify, surnommé el-Ssefy *le pur* (v. no. CCLI). L'ouvrage a été composé en l'année 909 = 1503, contenue dans les lettres composant le mot رشحات *gouttes,* que l'auteur emploie très souvent, en nommant ainsi les sentences etc. remarquables des cheïkhs, dont il donne les biographies. Son livre est divisé en *un discours* مقاله, trois مقصد *buts,* et *une conclusion* خاتمه. Le discours مقاله parle des classes طبقات des khodjas ou maîtres et du lignage de Nacchbendys, dont le premier était Khodja Yousouf Hamadany, né en 440 = 1048, et mort en 535 = 1140.

Le premier but مقصد traite des vertus et qualités distinguées du khodja Oubeïd Allah, dont la société, à laquelle l'auteur fut admis en 889 = 1484 et en 893 = 1487, devint cause de la composition de cet ouvrage. Le second but contient différentes vérités et connaissances qu'il avait acquises dans ces réunions, et le troisième traite des miracles qu'Oubeïd Allah avait opérés. Ces trois *buts* sont encore subdivisés en trois chapitres فصول. La conclusion enfin raconte la mort du khodja. C'est un ouvrage extrêmement intéressant, plein de renseignements littéraires et de détails sur la géographie de Boukhara et des pays limitrophes. Une traduction turque, faite par Mouhammed el-Maarouf ben Mouhammed el-Cherif el-Abbasy (mort en 1002 = 1593,4), sur les ordres du sultan Mourad ben Selim, a été imprimée à Constantinople, en 1236 = 1821. Voyez Hammer, *Geschichte des Osmanischen Reiches,* Bd. VII, p. 592, no. 66, Zenker, *Biblioth. orient.,* p. 118, no. 969, et sur l'ouvrage même, Hadji Khalfa, T. IV, p. 461, no. 6453. 278 f. in-8°. *(Ouv.)*

CCCXI.

جمع الانساب *Recueil généalogique,* composé à l'usage de Chàh Abbas I, qui régna depuis 1585 jusqu'en 1629, par Nour-eddin Mouhammed ben Abi'l-Câsim Habib Allah, prédicateur d'Ispahan. Cet ouvrage comprend la généalogie détaillée de Mahomet jusqu'à Adam, de même que celles de ses épouses et de sa postérité, et ensuite d'Aly et de ses descendants, en comptant dans leur nombre non-seulement les douze imams, mais aussi tous les autres membres de sa race. Puis vient la généalogie des cherifs et naqibs (chefs des cherifs) d'un grand nombre de villes mahométanes, tant en Afrique qu'en Asie. Cet ouvrage, qui n'est cité par aucun bibliographe et qui se distingue par les détails circonstanciés de ses notices généalogiques, renferme en même temps des données historiques sur un grand nombre de personnages. Le manuscrit, orné dans sa première partie d'un filet d'or et de diverses couleurs, se termine par un traité fort concis sur les lieux où se trouvent les tombeaux des descendants des imams, servant de pélerinage aux pieux musulmans, dans l'Irac, le Khorasan, le Mazanderan et l'Azerbeïdjan. La copie a été écrite par Mouhammed Riza el-Ifpahany. 227 f. in-4°. *(Ard. ع)*

CCCXII.

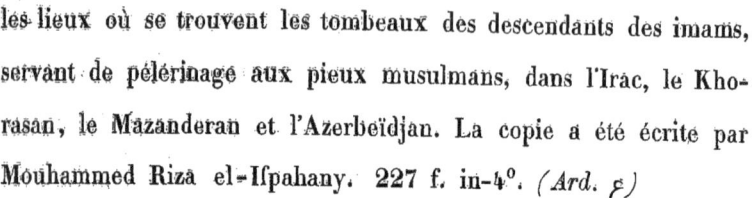 *La plus belle des câpres (?)*, ou *le plus bel* (ouvrage des grands?), ou *histoire des saints imams*, par Mouhammed ibn Abi Zeïd ben Arabchah ben Abi Zeïd el-Houseïny (el-Hasany) el-Alevy, de Veramin الورامينى entre Téhéran et Ispahan; mais l'époque à laquelle cet auteur a vécu n'est pas déterminée. Quant au manuscrit, il date de l'année 837 = 1433.

Hadji Khalfa et D'Herbelot paraissent avoir ignoré l'existence de cet ouvrage, divisé en 78 chapitres. Il est d'une grande importance, non-seulement par les données fort étendues qu'il fournit sur les douze imams, dont la vie, sans en excepter même ceux qui n'étaient jamais parvenus à l'autorité souveraine, se rattache à l'histoire politique des Arabes, mais encore sous le rapport des différents détails circonstanciés sur les premiers temps de l'islamisme. Ce manuscrit, à filets d'or et de différentes couleurs, dont le frontispice porte le titre de *Histoire des vertueux Imams*, renferme beaucoup de peintures, mais un grand nombre de places restées en blanc dans le corps de l'ouvrage prouve qu'on en préparait encore d'avantage. Notre exemplaire, qui auparavant faisait partie de la bibliothèque du chah Thahmasp I, fut légué postérieurement à la mosquée d'Ardebil par le chah Abbas. 507 f. in-fol. *(Ard.)*

CCCXIII.

Second exemplaire du même ouvrage, à filets d'or et de différentes couleurs, qui renferme un plus grand nombre de peintures encore, mais représentant d'autres sujets. 388 f. in-fol. *(Ard.)*

E. Médecine.

CCCXIV.

Manuscrit composé de deux traités, qu'on est étonné de voir figurer dans la bibliothèque d'une mosquée.

Le premier, dont l'auteur a gardé l'anonyme, expose les règles à suivre et les précautions à prendre dans le commerce charnel avec les femmes. Il commence par les mots: چکما برآنند. f. 1—8.

Le second, formant un recueil abrégé des préceptes à observer dans les plaisirs de l'amour, et composé par le médécin Mouhammed, porte le titre : ناصرشاهى *Livre du roi Nâfir*, parce qu'il est dédié au roi Nâfir el-soulthanet ve'l khilafet veddounya veddin Abou'l-Mouzaffer Abd el-Câdirchah, de la tribu de Kheledj ناصر السلطنة والخلافة والدنيا والدين ابوالمظفّر عبد القادر شاه الخلجي. L'auteur débute par les mots : الذى بدا خَلَق الانسان. Ce manuscrit, en beaux caractères neskhy, est enrichi tout entier de points voyelles, ce qui se rencontre fort rarement dans les manuscrits persans. 70 f. in-8°. *(Akh.)*

F. Mathématiques.

CCCXV.

Volume composé de deux traités sur l'astronomie, savoir :

1) Un commentaire de Mouflih-eddin Mouhammed el-Anfary الانصارى, de la ville de Lar, entre le Kerman et le Farsistan, mort, suivant Hadji Khalfa, T. III, p. 458, vers 979 = 1571, sur le traité d'astronomie, écrit en persan par Ala-eddin Aly ben Mouhammed el-Couchdjy القوشجى *le fauconnier*.

Il est à présumer que ce dernier ouvrage est un avec celui connu sous le titre de فتحیه Fathahiyé, par allusion au titre honorifique de Abou'l-Fath que portait le sultan Mouhammed II, auquel il fut dédié. La traduction turque de cette même Fathahiyé a été imprimée à Constantinople, en 1824, sous le titre de مراة العالم *Miroir du monde*. L'auteur de ce traité original, un des mathématiciens et des astronomes orientaux les plus renommés, est vulgairement connu sous le nom de علی قوشجی Aly Couchdjy (Aly le fauconnier), et quelques fois par Couchy قوشی, quoique cependant ce n'était pas lui, mais son père, qui remplissait la fonction de fauconnier à la cour d'Oulough Begh. Ce prince l'employa lui-même en qualité de collaborateur pour la rédaction de ses tables astronomiques, que Aly Couchdjy termina. Aly Couchdjy entra plus tard au service du sultan Mouhammed II, et mourut, suivant Casiri et les *Tables chronologiques* de Hadji Khalfa, en 879 = 1474. Il est surnommé Samarcandy par Djennaby, et Kermany ou Thousy par Casiri, p. 879. Cette partie du manuscrit, qui, d'après la note finale, paraît être intitulée: كتاب اللاری الهیوی *Livre de Lary l'astronome*, est enrichie de nombreuses gloses marginales et interlinéaires. Écrite à Erzeroum, elle date de l'année 1069 = 1658,9. Les premiers mots sont: همایون نامۀ که مزیّن الخ. Voyez, par rapport à Aly Couchdjy, Thachkeuprizadeh, f. 77 et suivantes. Cf. nos. CCXXXIV, 3), CCXLII, 1), et CCXXXVIII, 2). — f. 1—60.

L'ouvrage de Aly Couchdjy se trouve aussi à la bibliothèque de Bodley (Uri, p. 284, no. 73 et 75; p. 287, no. 85), à celle de Leyde (*Cat.* no. 1674), et probablement à celle de Paris (*Cat.* p. 272, no. XXVIII).

Quant au commentaire de Lary on le trouve également à la bibliothèque du Sérail (Toderini, 2e partie, p. 62).

2) Commentaire de Abd el-Aly ben Mouhammed el-Berdjendy (cité au no. CXXVI, 2), sur l'ouvrage de Nafir-eddin Thousy, qui traite de l'astrolabe et dont le texte forme les nos. CXXVIII, 1) et CCCXVII, 2) du présent Catalogue. Cette partie du manuscrit, de l'année 1066=1655,6 et copiée par Mouftafa ben Mouhammed ben Aly, à Erzeroum, dans l'école Yacoutiyé, commence par les mots: فاتحةً کتاب در هر باب. 165 f. in-8°. (*Akh.*)

CCCXVI.

Autre exemplaire de la première partie du no. CCCXV, 1), où il paraît manquer quelques mots à la fin, qui est: وجهة ظل غربی حصول. 92 f. in-8°. (*Akh.*)

CCCXVII.

Manuscrit où se trouvent les opuscules suivants:

1) *Abrégé d'un traité sur la connaissance de l'astrolabe*, composé d'un discours préliminaire, مقدمه, et de quinze chapitres, suivis d'une conclusion. Il commence par la formule: الحمد لله

بدانکه, qui est suivie de la phrase : رب العالمين والعاقبة للمتقين. f. 4 — 11. این مختصریست درمعرفت اسطرلاب.

2) Un autre traité de Nafir-eddin Thousy sur *l'Astrolabe*, intitulé: بیست باب *Les Vingt chapitres*. C'est le même ouvrage que le no. CXXVIII, 1), mais il se trouve accompagné d'un commentaire de Berdjendy, dont il a été question au no. CXXVI, 2). Il commence: اما بعد این مختصریست در معرفت اسطرلاب. f. 12—35.

3) Troisième traité sur *l'Astrolabe*, par Khizrchah Efendi, qui paraît avoir pris pour modèle l'ouvrage susmentionné, de Nafir-eddin de Thous. Ce traité se compose d'un discours préliminaire, de cinq chapitres et d'un épilogue. Il commence, après les louanges de Dieu, par les mots: بدانکه این مختصریست درمعرفت اسطرلاب مشتمل برمقدمه وبیست باب, et date de l'année 809 = 1406,7. f. 26 — 55.

4) Traité sur les *connaissances préliminaires des horoscopes à tirer des sept planètes* سبعه .1) سیارکان) درمقدمات اختیارات برستارکان, dont l'auteur se nomme Mouhammed ben Eyoub el-Hachib? (probablement الهاشم el-Hachim) el-Thabary محمد بن ایوب الهاشب الطبری, et qui est cité par Hadji Khalfa, T. I, p. 198. Il commence, après la formule d'usage, par les mots: چنین کوید محمد بن ایوب. f. 55-65.

5) Un opuscule sur *la connaissance des temps*, divisé en douze chapitres, dont le commencement est: این مختصریست در معرفت تقویم. f. 66-74.

6) A. Un traité incomplet, en langue arabe, sur *la connaissance pratique des cercles parallèles à l'horizon* فى معرفة العمل بالربع المقنطرات, dont l'auteur a gardé l'anonyme. Les premiers mots sont: فهذه رسالة فى معرفة. f. 75-82.

7) *Des tables astrologiques* جداول اختيارات, qui occupent les derniers feuillets du manuscrit. Le caractère d'écriture de cet exemplaire, orné d'un filet rouge, est un joli neskhy, fort lisible. 92 f. petit in-4°. *(Akh.)*

CCCXVIII.

روزنامه ou *Calendrier*, mais sans commencement ni fin, de sorte qu'on ne peut pas déterminer l'année pour laquelle il était composé. 18 f. in 8°.

G. Poésie.

Métrique, Biographie des poètes, Anthologies poétiques etc.

CCCXIX.

بدايع الصنائع *Les plus étonnantes des productions de l'art*, ou traité de versification, par Atha Allah Mahmoud el-Houseïny, qui termina cet ouvrage en 898 = 1492,3. L'auteur, dans l'avant-propos de ce traité, parle d'abord des différentes espèces de pieds, tant réguliers, qu'irréguliers; il traite ensuite, dans trois sections différentes, qu'il nomme صنائع *figures*, des diverses figures de mots et de pensées, et des tropes, qui sont à la fois des figures de pensées et de mots. Il passe ensuite à l'explication de tous les mètres بحور *mers*, tant réguliers qu'irréguliers, usités dans la poésie. Ce manuscrit, en caractère nestaalic et à filets d'or et de différentes couleurs, est très net et très lisible. 200 f. in-8. *(Ard. ع)*

CCCXX.

تذكرة الشعراء *Mémorial des poètes*, ou recueil de notices biographiques et anthologiques sur les poètes persans, précédées de la biographie de quelques anciens poètes arabes et entremêlées de détails historiques purement accessoires, à partir du 4e siècle de l'hégire, jusque vers l'année 892 = 1487, époque à laquelle cet ouvrage, composé de sept livres, suivis d'un appendice, et qui est de la plus grande importance pour l'histoire de la littérature persane, fut terminé par son auteur, Daouletchah ben Ala-eddaula Bakhtichah, cazi de Samarcand. Ce manuscrit, copié par Kemal-eddin el-Houseïny, à filets d'or et azur, date de l'année 975 = 1567,8. Voyez la notice détaillée sur cet ouvrage, insérée par M. Silvestre de Sacy dans le T. IV des *Notices et Extraits* etc. p. 220 et suivantes. 230 f. gr. in-8°. *(Ard.)*

Cet ouvrage a été la principale source consultée pour l'ouvrage de M. de Hammer, intitulé: *Geschichte der schönen Redekünste Persiens*, Wien, 1818 cf. p. 310; M. Vullers de son coté en a extrait et publié la vie de Firdaousy et de Hafiz, voy. *Vitae poetarum Persicorum* etc. Gissae 1839, et *Fragmente über die Religion des Zoroaster*, Bonn 1831; cf. Zenker, *Bibl. or.*, p. 74, no. 624, l. 13. Cf. aussi Charmoy, *Expédition d'Alexandre-le-Grand*, etc.

CCCXXI.

خلاصة الاشعار وزبدة الأفكار *Quintessence des poésies et créme des pensées*, ou *Anthologie*, dont l'auteur est inconnu, attendu le manque des deux premières parties de cet ouvrage, dont chacune est intitulée ركن *pilier*, ainsi que de la quatrième, dont il est fait mention dans ce manuscrit, qui date de l'année 933 = 1526. Cette anthologie est d'autant plus précieuse, qu'elle remplit une assez grande lacune dans l'histoire des poètes et tient le milieu entre le *Mémorial* de Daouletchah, et celui de Sam Mirza: elle renferme des notices très-étendues sur ces poètes, qui, à l'exception de deux, ont tous vécu au 9e siècle de l'hégire, et contient de nombreux extraits de leurs différents genres de poésies.

Comme cet ouvrage n'est cité par aucun bibliographe, il ne sera pas inutile de faire connaître les noms des 41 poètes qui y sont mentionnés savoir: 1) Hafiz Chirazy, mort en 791=1389, 2) Kemaleddin, de Khodjend , mort en 792=1390 ou 808=

1505,6, dans les extraits duquel il se trouve une lacune de quelques pages; 3) Chems-eddin Mouhammed, dont le surnom poétique était Maghriby المخص بغربى, mort en 809 = 1406,7. On voit parmi les extraits de ses oeuvres un de ses essais en langue pehlevy. 4) Imad-eddin, surnommé poétiquement Nesimy نسيمى, mort en 807? = 1404,5. 5) Nour-eddin Nimet Allah Vely, mort en 827 = 1424. 6) Mouhy-eddin Rafiy رافعى, mort en 830 = 1426,7. 7) Nizam-eddin Abou Ishac Halladj حلّاج *le cardeur de coton*, de Chiraz, mort en 830 = 1426,7. 8) Casim-i-Envar قاسم انوار, mort en 835 = 1431,2. 9) Roukn-eddin Ifmet Allah, de Boukhara عصمت الله بخارى, mort en 829 = 1425,6. 10) Siradj-eddin Bisathy, de Samarcand بساطى سمرقندى, mort sous le règne de Soulthan Khalil le Timouride. 11) Saad-eddin, connu sous le nom de Saad-gul . 12) Bourhan-eddin Azery Isferaïny آذرى اسفراينى, mort en 866 = 1461,2. 13) Kemal-eddin Ghiyas غياث, de Chiraz, mort en 848 = 1444,5. 14) Khialy خيالى, de Boukhara, mort sous Oulough Begh الغ بيك. 15) Chems-eddin Mouhammed Katiby, de Nichapour, mort en 839 = 1435,6. 16) Fettahy فتاحى, de Nichapour, mort en 852 = 1448,9. 17) Bedr-eddin Aly, du Chirvan, mort en 854 = 1450,1. 18) Cheref-eddin Aly Makhdoum. mort en 858 = 1454. 19) Tadj-eddin Hasan Selimy سليمى, de Sebzevar, mort en 854 = 1450,1. 20) Chems-eddin Mouhammed, connu sous le nom d'Ibn Housam ابی حسام, mort en 875 = 1470,1. 21) Aca Melik اقا ملك, connu sous le nom d'Émirchahy, de Sebzevar, mort en 857 = 1453. 22 Thaliy طالعی, de Samarcand, mort en 858 = 1454. 23) Ssahib de Balkh, surnommé poétiquement Cherify, mort en 860=1456. 24) Chihab-eddin, surnommé poétiquement Hakimy حکیمی, mort en 881 = 1476,7. 25) Abd Allah, surnommé Thousy, qui florissait sous Abou'l-Casim Baber. 26) Fakhr-eddin Aouhad Moustaoufy, *contrôleur du trésor* اوحد مستوفی de Sebzevar, mort en 868 = 1463,4. 27) Thahir, de Boukhara, mort en 869 = 1464,5. 28) l'Emir Yadkar Begh امیر یادکار بیك, surnommé poétiquement Seïfy سیفی, mort en 870 = 1465,6. 29) Nedjm-eddin Mahmoud, de Poursa? برسهٔ, mort en 878 = 1473,4. 30) Rouhy Pazery روحی پاذری. 31) Khosrevy, de Hérat, mort en 879 = 1474,5. 32) Zeïny زینی, de Sebzevar. 33) Kaouséry کوثری, de Boukhara, mort en 880 = 1475,6. 34) Mahmoud mouchky مشکی, de Tebriz, contemporain de Thousy. 35) Roukn-eddin Masoud, surnommé poétiquement Masoud-i-Tourk ترك, mort en 893 = 1488. 36) Riazy ریاضی, de Samarcand, mort en 884=1479,80, 37) Ssefaiy صفائی, de Samarcand. 38) Dervich Khaky . 39) Chems-eddin, surnommé poétiquement Esiry اسیری, mort en 886 = 1481,2. 40) Djemal-eddin, surnommé poétiquement Ssaniy صانعى, mort en 901 = 1495,6. 41) Fenaiy فنائى, de Mechhed, proprement nommé Kemal-eddin Houseïn, mort en 893 = 1488. 185 f. in-fol. *(Ard. ع)*

CCCXXII.

Ce volume est dépourvu de titre. On y lit sur la tranche les mots: مجموعهٔ شعرا *Collection de poètes.* C'est effectivement une espèce d'anthologie, où se trouvent même les divans complets de quelques poètes. A la tête de chacun de ces extraits se trouvent des notices biographiques sur l'écrivain auquel appartiennent les productions citées, et l'on voit figurer, dans ce nombre, des noms illustres dans les fastes de la littérature persane. Ces poètes, comme le prouve la table des matières, précèdant l'ouvrage, devraient être au nombre de trente-huit, mais on y remarque une lacune de cinq auteurs provenant de la perte de quelques feuillets. Le caractère du manuscrit, à filets d'or, est un nestaalic très-fin, mais très-lisible. 336 f. in-8. *(Ard. ع)*

CCCXXIII.

Anthologie persane, ou *Extraits des Pentas* ou Khamsé خمسه de Nizamy et de Djamy, ainsi que des oeuvres de l'Emir Khosraou Dehlevy ou de Dehli. Cette anthologie, dont le compilateur, qui doit avoir vécu dans la dernière moitié du 10me siècle de l'hégire, a gardé l'anonyme, est rangée par ordre de matières, et renferme, en 40 chapitres, des passages des poètes susdits relatifs à l'unité de Dieu et aux différentes vertus nécessaires à un vrai croyant. Le chapitre 38 y est consacré aux élégies. Ce manuscrit, à filets d'or, vert et azur, de l'année 955 = 1548,9, est en très beaux caractères nestaalic; les pages en sont encadrées et ornées de marges de différentes couleurs. 135 f. in-8°. *(Ard. ع)*

CCCXXXIV.

Petit recueil de ghazels, de différents poètes célèbres de la Perse, savoir: Saady, Khosraou, Hasan, Chahy, Azery, Binaiy, Hilaly, Heïder, Riazy, Ssalih, Seïfy, Hamy حامى (?), Kemal, Many et Mahmoud. Ce manuscrit, d'une élégance remarquable, est orné de jolies vignettes et de cadres en différentes couleurs, dessinés avec beaucoup de goût sur des feuilles de papier colorié, à filets d'or, azur et vert, et les marges couvertes de paillettes d'or. Il est écrit en jolis caractères nestaalic, très fins mais très lisibles, de la main de Chah Mahmoud Nichapoury, et date de l'année 958 = 1551. 8 f. in-8°. *(Ard. ع)*

CCCXXXV.

Recueil de différentes poésies. Voici les noms des principaux poètes dont s'y trouvent les extraits:
1) Khosraou, 2) Lisany لسانى, 3) Baba Nefiby بابا نصيبى, 4) Djelal, 5) Achref, 6) Chahidy, 7) Katiby, 8) Riazy,

9) Cheïkh, 10) Salimy سالمى, 11) Maoulana Hâlim مولانا حالم, 12) NimetAllah, 13) Hasan, 14) Kemal, 15) Casim, 16) Ifmét عصمت, 17) Hafiz-i-Saad حافظ سعد, 18) Enisy انیسی, 19) Djamy, 20) Houmayoun, 21) Maoula Chouddja Kachy شجاع كاشى, 22) Zaty ذاتى, 23) Fathy فتحى, 24) Bisathy بساطى, 25) Dervich 26) Cheïkh Heïrety شیخ حیرتی, 27) Binaiy بنائى, 28) Ssadiqy صادقى, 29) Mouzaffer Mimar مظفر معمار, 30) Houmaï همائى, 31) Afefy آصفى, 32) Mousaiyib مسیب, cf. Bland, *The Atesh Kedah*, p. 10, 33) Masoud, 34) Hekimy حكیمی, 35) Moudjiby مجیبی, 36) Selâmy سلامى, 37) Kaoukeby كوكبى, 38) Vehy وهى, cf. Bland, *The Atesh Kedah*, p. 10, 39) Aly Begh, 40) Macboul مقبول, 41) le poème de Ferhad et de Chirin, par Vahchy وحشى etc., voy. Bland, *Account of the Atesh Kedah*, p. 15, 42) les ترجیع بند par Saady de Chiraz, 43) Meïly میلی, 44) Hilaly, 45) Baba Fighany بابا فغانى, 46) Ssalihy صالحى, 47) Chahy, 48) Mouhtachem محتشم, 49) Vely decht-i-Beyaz ولی دشت بیاض, 50) Maoulana Cherif, 51) Thousy, 52) Imad. 70 f. in-8°. (*Doubr.*)

CCCXXVI.

Recueil de différentes pièces poétiques, pour la plupart persanes, qui, d'après l'inscription du premier feuillet, renfermait: *Opera poetica, cantiones etc. Schach Scharaphudinn*, mais qui contient en effet:

1) T. Des poésies détachées, turques, commençant par چون پریشان اولدی رخسارکده زلفك تاره سی * صحبه دم غم شامنه دوندردی ختم

قاره سی, p. 1-4. Vient alors, p. 9, un ghazel de Yahya Efendi, et d'autres petites poésies dans la même langue. f. 10—12.

2) Des poèmes persans de Mouhtachem محتشم, et son petit poème intitulé: مقتل نامه Livre du martyre, élégie sur la mort de Houseïn, qui commence par les mots: در آب دم مضایقه کردند کوفیان * خوش داشتند حرمت مهمان کربلا. Cf. Cat. Paris., p. 328, no. CCLX, et Bland, Atesh Kedah, p. 19. f. 17 et suiv.

3) Une historiette de Mahomet, commençant par les paroles: یک حکایت یاد دارم از رسول * باد مقبول همه اهل قبول. f. 21.

4) Sur des feuillets de différentes couleurs, à filets d'or et avec des marges à ramages et autres dessins, encadrées de filets d'or et pourvues quelquefois de peintures, des poésies persanes, en jolis caractères nestaalic, de Maoulana Khialy خیالی, de Hafiz-i-Saad حافظ سعد, de Séyid Casim, de Ifmet عصمت, et peut-être encore d'autres. f. 22—203.

5) T. Sur des feuilles de papier comme au commencement et qui paraissent y appartenir, l'écriture étant aussi la même, de petites poésies turques. f. 204—214 et f. 215—217.

6) T. Quelques remarques turques, entre autres une renfermant ce qui suit: صاحب سفینه باقی چلبی طقوز یوز طقسان سکز تاریخنک مبارک رجب ایندە دنیایە کلدی حق تعالی عمر طویل میسر ایلیە آمین. Le possesseur de ce vaisseau, c.-à-d. de ce livre oblong, à forme de vaisseau (cf. Wiener Jahrb., Bd. 91, Anzbl. p. 7, no. 151), Baqi Tchelebi vint

au monde l'année 998 (= 1590), *au mois béni de redjeb; que le grand Dieu lui donne une vie longue. Amen.* — 214 f. in-8° obl. *(Doubr.)*

CCCXXVII.

Autre recueil de petites poésies détachées, écrites peut-être par quelque écolier. Il s'y trouve des poèmes de Hafiz et de Saady. Le commencement, p. 1, promet un *traité* (inachevé) *sur ce que font et disent les femmes* 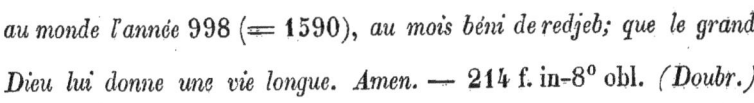 57 f. in-8° obl. *(Doubr.)*

CCCXXVIII.

Manuscrit dégradé, incomplet au commencement et à la fin, à filets d'or et d'autres couleurs, renfermant, outre quelques poésies turques, des piéces détachées persanes, des poètes suivants: 1) Ourfy عرفى, 2) Emir Khosraou de Dehli, 3) Azery آذرى, 4) Aouhady اوحدى, 5) Katiby, 6) Chehid, 7) Saady, 8) Rizaiy رضائى, 9) Chahy, 10) Feridoun, 11) Hafiz, 12) Binaiy, surnommé Djany (Haly?), 13) Fany, 14) Afefy أصفى, 15) Fouzouly, 16) Ssaïb, 17) Neziry نظيرى, voy. Bland, l. c., p. 15, 18) Adjizy عاجزى, 19) Senaiy ثنائى, 20) Mirza Sandjar, 21) Chakiry, 22) Aca Chahpour, 23) Thalib Amoly, 24) Mourteza(?), 25) Ssabith , 26) Chefaiy شفائى, et quelques autres. — 119 f. in-8°.

CCCXXIX.

شاهنامهٔ فردوسى *Le Chahnaméh,* ou *Livre royal de Firdaousy,* mort en 421 = 1030, qui fut chargé de sa composition par Soulthan

Mahmoud le Ghaznevide. Le sujet de ce célèbre poème héroïque est l'histoire des anciennes dynasties de l'Iran, jusqu'à sa conquête par les Arabes. Voyez, à cet égard, les notices détaillées dans l'ouvrage de M. de Hammer, *Geschichte der schönen Redekünste,* p. 50 et suiv., ainsi que le *Heldenbuch von Iran,* par M. Görres, l'ouvrage de Gore Ouseley, intitulé: *Biographical notices of Persian poets,* p. 54 et suiv., *Biographie univ.,* T. 14, p. 344, et surtout l'édition de ce poème par M. Mohl, Paris 1828-43. Cf. Zenker, *Bibl. orient.,* nos. 526-540.

La date de notre manuscrit, à filets rouges et violets, est de l'année 733 = 1332,3. Il est écrit en caractères neskhy et rempli de peintures d'un très mauvais style. Il y manque environ quatre feuillets au commencement, qui est : چهارده سال بود پادشاهی اسکندر. 369 f. grand in-fol. *(Ard.)*

CCCXXX.

Même ouvrage, incomplet, à filets d'or et d'azur. Il ne s'étend que jusqu'à la fin du règne de Behmen, fils de Isfendiar, de la dynastie des Keïanides. L'écriture en est très lisible. Le dernier chapitre est : گرفتار شدن شاه بهمن بکام اژدها. 557 f. grand in-fol. *(Ard. ع)*

CCCXXXI.

Même ouvrage, orné d'un grand nombre de peintures, mais aussi incomplet. Ce manuscrit, à filets d'or et de différentes couleurs, se termine au roi Gouchtasp de la dynastie des Keïanides, le dernier chapitre étant : گفتار اندر آمدن جاماسپ بدز کنید ان وبجات دادن اسفندیار را از بند. Il y manque en outre quelques feuillets à la fin. 424 f. in-fol. *(Ard. ع)*

CCCXXXII.

Même ouvrage, à filets d'or et de diverses couleurs, où il manque quelques feuillets au commencement, et qui se prolonge jusqu'au règne du prince sasanide Khosraou Perviz. On y trouve aussi quelques peintures. Il commence par les mots : خسرو برتر از درصفتْ آفرینش پروردگار. Le premier chapitre est : مرجه الله داد. 215 f. in-fol. *(Ard. ع)*

CCCXXXIII.

Même ouvrage, tout complet, et surpassant en magnificence et en beauté tous les autres exemplaires. Il est précédé de l'introduction appelée : دیباجهٔ بایسنغری *Introduction de Beïsonghor,* que ce prince fit faire dès l'année 829 = 1425, lorsque aucun des exemplaires du Chahnamèh, déposés dans sa bibliothèque, ne répondant plus à l'état originaire de cette composition, il ordonna d'en faire une nouvelle rédaction, d'après les meilleurs manuscrits. Cette introduction est suivie d'un épilogue, et il nous apprend que la présente copie fut faite pour le chah Abbas II (en 1642—1666), à l'instigation du courdjibachi, ou *chef des courdjis,* Mourteza Coulikhan, fils de Mihrabkhan Cadjar, ancien gouverneur de Merv-i-chahdjehan (pendant 14 ans) et après de Mechhed, qui le présenta au souverain susmentionné. La copie fut commencée en 1052 = 1642 et finie en 1061 = 1650. L'espace de huit ans, qu'il fallut employer à l'achever, ne paraît pas trop long, vu la grandeur du volume et la régularité de l'écriture. Le copiste s'appelait Mouhammed Chefi شفيع Abd el-Djebbar. Les peintures frappent par la vivacité et la richesse des couleurs; l'artiste qui les a exécutées, se nomme, en plusieurs endroits, Afzal el-Houseïny, en ajoutant les années 1052, 1053 et 1055 = 1642,3 et 5. A la fin du poème il y avait encore un épilogue, mais il n'en reste que quelques lignes, un ou plusieurs feuillets ayant disparu. Les derniers mots sont: وفيروزى شمع أنجمن د شمن سوزى زبور چره. 872 f. gr. in-fol. *(Khosr. M.)*

CCCXXXIV.

Même ouvrage, pourvu de la même introduction de Beïsonghor, à filets d'or et d'autres couleurs, orné de nombreuses vignettes et d'assez jolies peintures. Cet exemplaire n'est pourtant point aussi beau que le précédent, quoique la profusion d'or y soit plus grande. Il a été fini au commencement du mois de djoumada I 992 = 1584. 596 f. in-fol. *(Yermol.)*

CCCXXXV.

ديوان انورى *Recueil de poésies d'Envery*, c.-à-d. d'Aouhad-eddin, surnommé Envery. Il vécut à la cour du sultan Sindjar, le Seldjouqide, et mourut en 548 = 1153,4, comme l'affirme le manuscrit du Mémorial des poètes, par Daouletchah, no. CCCXX. Envery, qui tient une des premières places dans les fastes de la littérature persane, se distingua surtout dans le poème panégyrique, ou قصيده, et dans l'épigramme. Ses productions ayant pour objet un grand nombre de princes régnants et d'hommes d'état illustres de son temps, elles offrent le plus grand intérêt, même sous le point de vue historique, relativement à l'époque où il a vécu. Son recueil se compose: 1° de poésies *panégyriques* قصيده, rangées alphabétiquement, d'aprés les finales des rimes; 2° de مقطّعات poésies *détachées*, disposées de la même manière; 3° de ghazels غزليّات ou poésies *érotiques*, coordonnées toujours d'après le même système, et auxquelles succèdent des pièces de quatre hémistiches et des vers isolés. Ce manuscrit à filets d'or et d'azur, d'un caractère très net et très lisible, malgré sa finesse, est enrichi de notes marginales. Il date du mois de si'l-hiddje 1003 = 1594, et a été écrit par Ibn Mouhammed Casim el-Kermany. Consultez, relativement à ce poète, M. de Hammer, l. c., p. 88 et suivantes. 487 f. petit in-8°. *(Ard.* ع*)*

CCCXXXVI.

Même *Recueil de poésies d'Envery.* Cette jolie copie, faite par Mouhammed ben Moulla Mir el-Katib, date du milieu de rebi II de l'année 1022 = 1613. 333 f. in-8°. *(Khosr. M.)*

CCCXXXVII.

خمسة نظامی *Pentas* de Abou Mouhammed ben Yousouf ben Mouaiyed, désigné vulgairement sous le nom de Nizamy نظامی, de Ghendja گنجوی (Élisabethpol), mort, au dire de Daouletchah, en 576 = 1180 ; mais suivant la notice sur Nizamy, dans le manuscrit de la bibliothèque d'Ardebil, no. CCCXX, il mourut en 596 = 1199,1200, et termina son Alexandréide ou Iskendernamèh اسكندرنامه en 592 = 1196.

Le manuscrit se compose de cinq poèmes de ce poète, un des plus célèbres dans le genre du roman épique; ils y sont rangés dans l'ordre suivant : 1) مخزن الاسرار *le Magasin des mystères*, poème moral, entremêlé de fables et d'apologues, dont on ne trouve dans cet exemplaire que les cinq premiers feuillets. Il a été publié par M. Bland, à Londres, 1844. 2) خسرو[و] شيرين Khosraou(ve) Chirin, ou *les Amours de Khosraou Perviz et de Chirin*, dont il manque les cinq premiers feuillets; ce poème est considéré comme un des plus élégants de la littérature persane. 3) ليلى [و] مجنون Leïla (ve) Medjnoun, les amours de Leïla et Medjnoun. 4) هفت پيكر *les Sept beautés*, ou séances de Behramghour, roi de Perse, avec sept beautés. 5) اسكندر نامه *L'Alexandréide*, ou شرف نامهٔ اسكندري *Livre des hauts faits d'Alexandre-le-Grand*, offrant un intérêt tout particulier pour l'histoire ancienne de la Russie. La seconde partie de ce poème, qui ne se trouve pas dans l'édition publiée à Calcutta, en 1812, et qui se rencontre même assez rarement dans les manuscrits de Nizamy, est intitulée: اقبال نامهٔ اسكندری *Livre de la prospérité d'Alexandre,* et elle traite des conférences de ce prince avec sept philosophes anciens, sur l'âme du monde ou sur le principe universel; mais il paraît que cette partie a été terminée par un autre, un des derniers chapitres parlant du décès de Nizamy et de l'âge qu'il avait à cette époque. Ce manuscrit, à filets d'or et d'azur, se distingue autant par la netteté de son écriture et par ses peintures et riches vignettes, dont les rubriques sont en caractères koufiques, que par sa reliure, qui est des plus soignées. Il date de l'année 884=1479,80. Voy. M. de Hammer, l. c., p. 109 et suivantes, ainsi que l'introduction de l'*Expédition d'Alexandre le Grand contre les Russes,* publiée par M. Charmoy, en 1829. 358 f. in-fol. *(Ard.* ع*)*

CCCXXXVIII.

Même ouvrage, complet, à filets d'or et d'azur, orné également de peintures et de quelques vignettes, avec des rubriques en caractères koufiques. Ce manuscrit, copié par Dervich Mouhammed Thaqy طاقى, remonte à l'année 886=1481, 2. 368 f. in-fol. *(Ard.)*

CCCXXXIX.

Manuscrit à filets d'or, remarquable par la singulière disposition de ses parties intégrantes, le corps de l'ouvrage renfermant les poèmes intitulés Khosraou et Chirin, Leïla et Medjnoun et Heft peïker (*les Sept beautés*), tandis que la marge contient ceux connus sous les titres de *Magasin des mystères* et de Iskendernamèh ou Alexandréide, avec la seconde partie, intitulée *Livre de la prospérité*. Le caractère d'écriture de ce manuscrit, défectueux à la fin, est un nestaalic très fin, mais très lisible; il est enrichi de peintures et de vignettes, et date de l'année 908=1502,3. 494 f. in-12. *(Ard.)*

CCCXL.

Même ouvrage, orné de quelques peintures, mais il y manque les deux tiers du poème de Khosraou et Chirin. Ce manuscrit, à filets d'or et d'azur, copié par Mounim-eddin el-Aouhady, est de l'année 913 = 1507,8. 317 f. petit in-fol. *(Ard. ع)*

CCCXLI.

Même ouvrage. Beau manuscrit, à filets d'or et de différentes couleurs, dont les marges sont en papier de diverses nuances et les peintures très nombreuses. Il a été copié par Mouhammed Casim ibn Chir Aly et date de l'année 979 = 1571,2. La seconde partie du cinquième poème y est intitulée شرف نامهٔ اسکندری *Livre des hauts faits d'Alexandre*. 346 f. in-fol. *(Ard. ع)*

CCCXLII.

Même ouvrage, également complet, mais d'une écriture peu soignée et sans aucune peinture. Dans ce manuscrit à filets d'or, azur et vermillon, la première partie du cinquième poème est intitulée نامه شرف Cherefnamèh, et la seconde اقبال نامهٔ اسکندری Livre de la prospérité d'Alexandre. 336 f. petit in-fol. (Ard. ع)

CCCXLIII.

Même ouvrage (en cinq poèmes), à filets d'or, complèt et enrichi en outre d'un grand nombre de variantes interlinéaires et marginales. La seconde partie du cinquième poème y porte aussi le titre de Cherefnamèh. 338 f. grand in-8°. (Ard. ع)

CCCXLIV,

Manuscrit du plus grand luxe, à marges coloriées et ornées de dessins à ramage.

Les peintures et la reliure en sont des plus riches, mais il ne contient que l'Iskendernamèh, avec une lacune de quelques feuillets au commencement; quant au poème intitulé *les Sept beautés* هفت پیکر, on n'en trouve ici que les premiers feuillets. Ce manuscrit, à filets d'or et de différentes couleurs, a été copié par Ahmed el-Houseïny. 97 f. in-fol. (Ard. ع)

CCCXLV.

Même ouvrage, en caractères neskhy, mais en très mauvais état; tous les cadres, destinés à recevoir des peintures, y sont en blanc. Ce manuscrit ne contient que: 1) la dernière moitié du poème de Khosraou et Chirin, 2) Leïla et Medjnoun,

3) *Les Sept beautés*, 4) l'Iskendernamèh sans la seconde partie. 205 f. in-fol. *(Ard.)*

CCCXLVI.

Poème de Khosraou et Chirin, isolément. Ce manuscrit, à filets d'or et de diverses couleurs, l'emporte, par la richesse et le bon goût de ses vignettes et de ses bordures, sur tous ceux de notre collection cités jusqu'à présent. Les marges en sont toutes tiquetées d'or et le papier colorié. Il a été copié à Hérat, en 937 = 1530,1, par le célèbre calligraphe Soulthan Mouhammed Nour. 81 f. in gr. in-8°. *(Ard. ع)*

CCCXLVII.

Manuscrit orné d'un frontispice richement décoré d'or et d'autres couleurs, à filets d'or et de couleurs diverses, et pourvu de peintures renfermant: 1) *l'Alexandréide* ou Iskendernamèh; cette partie date de l'année 990 = 1582. 2) l'Icbalnamèh; dans celle-ci, dont les dix derniers feuilles ont été écrites au mois de saffar 1239 = 1823, par Maoulla Nadir, fils de Feïzy, le grammairien, les rubriques sont quelques fois restées en blanc. 142 f. in-fol. *(Erz.)*

CCCXLVIII.

Même ouvrage خسرو وشيرين Khosraou et Chirin, copie de l'année 1189 = 1775. L'inscription sur la première feuille, de la main de Doubrovsky: *Mohamedis Mehdemi, filii Ahmet Khan Zezemi,*

Opera poëtica, se base sans doute sur la phrase finale, où le copiste s'est nommé Ibn Khan Ahmed Zezemy ززمی Mouhammed Mehdy. 108 f. in-8°. *(Doubr.)*

Voyez, relativement à Nizamy, *Biographie universelle*, T. 31, p. 301; M. de Hammer, p. 105, et Gore Ouseley, *Biographical Notices*, p. 43-49. Charmoy, l. c. cf. Zenker, no. 551—558.

CCCXLIX.

Manuscrit orné d'un beau frontispice en or et couleurs, à filets d'or avec autres ornements, contenant pour texte l'ouvrage de Nizamy intitulé مخزن الأسرار *Magasin des mystères;* mais sur les marges, aussi encadrées de filets d'or, se trouve le تحفة الأحرار *Cadeau des hommes bien nés,* de Maoulla Djamy. Les deux copies datent de l'année 936 = 1529. 75 f. in-8°. *(Doubr.)*

CCCL.

حديقة حكيم سنايی *le Verger* de Hekim Senaiy, ou, d'après Hadji Khalfa (T. III, p. 40) qui donne le titre plus longuement, حديقة الحقيقة وشريعة الطريقة *Verger de la vérité et règle de la voie à suivre,* vulgairement appelé *Fakhry-namèh,* par Abou Mouhammed ben Adam, connu sous le nom de Hekim Senaiy. Cet ouvrage a été composé pour le sultan ghaznévide Ala-eddin Behramchah (mort, d'après Mirkhond, en 547 = 1152, mais, d'après autres, p. e. Hamd Allah Moustaoufi, en 544 = 1149), grand protecteur des poètes et des autres savants, entre lequels se trouvait aussi Dervich Senaiy, que Khondemir, dans son ouvrage intitulé حبيب السير l'*Ami des biographies*, p. ١٨٧ appelle Abou'l-Medjd Medjdoud ben Adam ابو المجد مجدود بن آدم. Khondemir rapporte la même histoire de la conversion du poète, que celle donnée par M. de Hammer p. 103; mais au lieu du sultan Ibrahim, il nomme Mouhammed, tout en remarquant que cette relation pèche sous le rapport de la chronologie et en ajoutant un: والعلم عند الله تعالى *C'est le grand Dieu qui en connaît la vérité!* Quant à l'époque de la mort de Senaiy, qui, d'après M. de Hammer, l. c., p. 104 et G. Ouseley, *Biographical Notices*, p. 187 eut lieu à Ghazna, en 576 = 1180, les auteurs orientaux divergent aussi d'opinion; Hamd Allah Moustaoufi, l'auteur du Tarikh-i-Ghuzideh, au dire de Khondemir, l. c., la porte au temps de Behramchah, qui régna en 522 — 544 ou 547 = 1128-1149 ou 1152, quoique nous n'ayons pas réussi à retrouver ces données dans l'exemplaire du dit ouvrage que nous avons sous main. D'après Hadji Khalfa *Tabl. chron.* il mourut en 547 = 1152. Quoi qu'il en soit, Senaiy était regardé comme le plus ancien grand poète mystique des Persans, et l'ouvrage dont nous parlons est regardé comme un des chefs-d'oeuvre de la théologie mystique. On pourrait dire avec G. Ouseley, l. c., p. 187, que dans cette حديقة ou *Jardin entouré de murs* « chaque parterre est planté de fleurs de la vérité et de la vertu.» Le livre est distribué en vingt chapitres, dont on peut voir le contenu chez

Hadji Khalfa, et chez M. de Hammer (*Wiener Jahrb.*, Bd. 65, Anzbl. p. 1—5). Il fut achevé entre les années 525—534, et, d'après Hadji Khalfa, en 524 = 1129,30; Mouhammed ben Aly, connu sous le nom de el-Raffa الرفّا, y ajouta une préface en prose rimée. Elle ne se trouve cependant pas dans notre manuscrit. Ce dernier, à filets d'or et d'autres couleurs, orné d'une vignette assez jolie, et pourvu de plusieurs peintures, est écrit en caractères nestaalic très fins, mais très lisibles. On trouve des traductions partielles de cet ouvrage dans le *Asiatic Journal*, p. e., T. XXXI, p. 259, XXXII, p. 185 etc. 129 f. in-fol. *(Khosr. M.)*

CCCLI.

انتخاب حدیقهٔ حکیم سنائی *Morceaux choisis* du poème intitulé *Verger* de Hekim Senaiy. Ce manuscrit, à filets d'or et de différentes couleurs, se distingue par la beauté de son écriture nestaalic, très lisible quoique très fine, de même que par le luxe de ses marges, de ses cadres et de sa reliure. Il a été copié par Chah Mahmoud en 928 = 1521,2. 22 f. in-8°. *(Ard. ع)*

Voy., par rapport à l'auteur, M. de Hammer, *Geschichte der schönen Redekünste Persiens*, p. 102; Hadji Khalfa, et Ouseley, ll. cc.

CCCLII.

دیوان خاقانی *Divan ou recueil des Oeuvres poétiques* de Khacany, nommé poétiquement Afzal-eddin Ibrahim ben Aly, du

Chirvan. Ce poète plein d'érudition, mais d'un style parfois obscur, était connu auparavant sous le titre de Hacaïqy حقايقى ou *contemplatif;* mais plus tard il reçut l'epithète de خاقانى Khacany, d'après son protecteur le Khacan Fakhr-eddin Akhsitan Minoutchehr, prince du Chirvan, nommé vulgairement Chirvanchah, comme tous ceux de sa dynastie. Khacany mourut en 586 = 1190, et laissa un recueil de poèsies, renfermé dans le présent manuscrit.

Ce manuscrit offre le grand inconvénient que ses différentes parties ne sont distinguées par aucune rubrique particulière. On y trouve un poème où sont décrites plusieurs villes des deux Iracs, la Mecque, la Médine etc. et le désert, ce qui ne laisse aucun doute sur le vrai titre de cette production, connue sous le nom de تحفة العراقين *Présent des deux Iracs.* L'auteur suppose qu'il a pris pour guide خضر Chizr, le gardien de la fontaine de vie, qui le conduit à travers ces deux provinces et l'introduit chez leurs mystiques les plus distingués. Le premier livre de son ouvrage commence par une douzaine d'odes allégoriques au soleil, rappellant le souvenir de l'ancien culte des Persans. Au commencement du second livre, le poète chante l'ascension nocturne معراج de Mahomet, à laquelle succèdent encore des odes au soleil; il parle ensuite de son voyage à Bagdad et chante les louanges des personnages illustres de cette ville; enfin le reste du poème est consacré à la suite du voyage. Khacany a composé en outre un grand nombre de *căzidéh* ou *panégyriques* en vers, dont plusieurs où il fait l'éloge du Khacan Fakhr-eddin Minoutchehr, et une très célèbre, mais aussi très obscure, où il parle de sa captivité dans le chateau de Chabouran et décrit les rites des chrétiens et des guèbres. Quelques unes de ces cazides sont divisées en strophes, que l'auteur nomme مطلع *premier hémistiche* (?). Une partie en est insérée dans le corps de l'ouvrage, tandis que les autres sont à la marge.

Voyez, relativement à cet auteur et à ses oeuvres, les deux articles du *Mémorial de* Daouletchah et du *Pyrée poétique* آتشكده de Louthf Aly Begh, insérés dans l'introduction de *l'Expédition d'Alexandre le Grand*, par M. Charmoy, p. 29, ainsi que la notice consignée par M. de Hammer dans les *Wiener Jahrbücher der Litteratur*, pp. 4—8, tome 40, et G. Ouseley, *Biogr. Notices*, p. 157—160. Il n'est pas certain que notre manuscrit soit complet, car il se termine brusquement, à la fin d'une cazidéh. 238 f. in-fol. *(Ard.* ع*).*

CCCLIII.

Divan ou Recueil des poésies de Seïfy سيفي. Il y a eu plusieurs poètes persans de ce nom; mais il est à présumer qu'ici il s'agit de Seïfy Isferenghy سیفی اسفرنکی, tirant son nom d'Isferengh, lieu situé dans la Transoxane. Les raisons qui nous portent à admettre cette opinion sont: 1) le titre de *Divan* de Seïfy Isferenghy, qui se trouve sur le premier feuillet, avec l'inscription constatant les legs de Chah Abbas. 2) une pièce de vers écrite à la louange du sultan Ala-eddin Mouhammed Sindjar ben Tikich le Kharezmchah, qui monta sur le trône en 596 = 1200, et qui était contemporain d'Isferenghy. 3) La mention, que fait Daouletchah d'un divan de ce poéte renfermant 12,000 vers, ce qui s'accorderait avec la grosseur du volume que nous avons sous les yeux, et qui contient des panégyriques en vers, des مقطعات ou *pièces détachées*, des ghazels et des pièces de quatre hémistiches ou رباعیات. Du reste cet ancien manuscrit nommant un grand nombre de personnages marquants, qui ont vécu du temps de l'auteur, pourrait servir à répandre quelque jour sur l'histoire de l'Orient à cette époque. Il est écrit en caractères qui tiennent le milieu entre le neskhy et le divany. 337 f. in gr. in-8°. (*Ard.*)

Voyez l'article de Seïfy, dans l'ouvrage de M. de Hammer pp. 100 et 123.

CCCLIV.

Poéme dont le titre n'est pas indiqué. Ce manuscrit de luxe, à filets d'or et de différentes couleurs, copié par Dost Mouhammed el-Katib el-Chahy (l'écrivain royal) en 927 = 1521, est désigné dans la liste de la collection d'Ardebil sous le nom de ديوان عطار *Recueil des poésies de Atthar;* mais une quantité de passages de ce poème indiquent d'une manière assez précise qu'il s'agit ici plutôt de l'ouvrage mystique connu sous le titre de اسرارنامه ou *Livre des mystères:* celui-ci est une production du célèbre Atthar, qui se nommait proprement Cheïkh Ferid-eddin Mouhammed ben Ibrahim Atthar (le parfumeur) el-Nichapoury, de Nichapour, et que l'on connait principalement en Europe par son پندنامه Pendnamèh ou *Livre des Conseils,* voy. ci-après no. CCCLV—VII. Il tomba sous les coups des Mongols, lors de la prise de Nichapour par les troupes de Tchinghiz Khan en 627=1230, et suivant d'autres en 632=1234. Voyez la biographie de ce poète, placée en tête du *Livre des Conseils*, publié par M. de Sacy, pp. XXXIX-LIII, M. de Hammer, l. c., pp. 140 et suiv., et G. Ouseley, *Biograph. Notices*, p. 236—248. 112 f. in-fol. *(Ard. ع)*

CCCLV.

پندنامهٔ شیخ عطار *Le Livre des conseils*, de Cheïkh Atthar. La copie, à filets rouges, qui date de l'année 1133 = 1720, a été écrite par un Younis, pour un Moulla Ibrahim. 60 f. in-12⁰. *(Erz.)*

L'ouvrage a été publié à Casan, en 1845. Cf. Zenker, no. 574-580.

CCCLVI.

Même ouvrage; manuscrit sur papier bleuâtre, mais ne renfermant que la première moitié du livre; copié en 1234=1819, par Mouhammed Mehdy ben Kerbelaiy Allahvirdi, chiite de croyance, qui a omis ou changé tous les passages où il est question d'Aboubekr, d'Omar et d'Osman. C'est à tort que sur la dernière feuille l'ouvrage est désigné par le copiste même comme le Mesnevy de Djelal-eddin Roumy. 28 f. in-8°. *(Erz.)*

CCCLVII.

Même ouvrage, à filets rouges, jadis appartenant au drogman russe, Petrov Yablonskoï پترو يابلانسقوى. 27 f. in-8°. *(Frol.)*

CCCLVIII.

Même ouvrage, contenant le texte persan, marqué en lignes rouges au-dessus, avec un commentaire turc par Chemiy شمعى, qui a dédié son travail à Zirek Agha زيرك اغا, favori du sultan Mourad III. Chemiy a été confondu, par Assemani *(Catal. Med.*, p. 133, no. 80), avec le célèbre historien Abou Chamah, qui vivait au treizième siècle v. no. XLVII; c'est aussi un personnage différent du poète turc Chemiy, qui mourut en 936=1529. Voy. Hammer, *Gesch. der Osman. Dichtkunst*, T. II., p. 15, no. CCXXI. Le Chemiy dont il est question ici, et qui a commenté aussi en langue turque le Gulistan et le Boustan de Saady, le Beharistan de Djamy, le Mesnevy de Roumy, et le Divan de Hafiz, mourut en 1001 = 1593, voy. Hammer, *Gesch. des Osman. Reiches*, T. IV., p. 205, et non pas, comme il est dit dans le Catalogue de Paris, p. 330, no. CCLXXVII, en 936 = 1529, année de la mort du poète Chemiy, laquelle ne s'accorderait pas avec la dédicace du commentaire en question. Dans l'édition imprimée de Hadji Khalfa T. II, p. 68, le commentateur est simplement nommé Chemiy, tandis que, suivant deux manuscrits du même bibliographe, il portait proprement le nom de Mouftafa Dervich. C'est à tort que dans le Catalogue de Paris, l. c., et de Leyde, p. 474, no. 1605. l'auteur de ce commentaire est nommé Omar ben Houseïn, assertion adoptée aussi par M. de Sacy, voy. *Notices et Extr.* T. I. p. 599. La préface de l'ouvrage même nous apprend que cet Omar ben Houseïn n'était autre que celui qui porta Chemiy à composer son commentaire. Il n'y a pas lieu de douter que ce ne soit le même que les deux commentaires susmentionnés; tous étant dédiés au même Zirek Agha. Ce commentaire, qui suivant Hadji Khalfa, l. c., était intitulé سعادت نامه *Livre de la prospérité*, est d'une grande utilité pour l'intelligence des expressions difficiles du Pendnamèh, et M. de Sacy n'a pas manqué de le mettre à profit assez fréquemment dans son édition du dit ouvrage. Le manuscrit, fourni de quelques notes marginales et bien conservé, a été copié par Ssadic ben Ibrahim (dont le sceau se trouve sur le 79-e feuillet: (عبده الصادق بن ابراهيم) ; il fut commencé dans l'école de Khosraou Begh, mais achevé à la maison. Le commencement en est: شكر وسپاس بى قياس. 80 f. in-8°. (Erz).

Cet ouvrage se trouve aussi à Leipzig, voy. Fleischer, *Codd. Lips.* p. 345, no. XXIX, 2).

CCCLIX.

Recueil de poésies de Kemal-eddin Ismaïl Iſfahany, d'Iſpahan, fils du célèbre poète Djemal-eddin Mouhammed Abd-el-Rezzac.

Cet auteur, un des plus distingués de la Perse, fut tué par les Mongols lors de la prise d'Iſpahan sous Oktaï Khan, fils de Tchinghiz Khan, en 635 = 1237, après avoir été mis à la torture pour le forcer à déclarer où étaient cachées ses richesses. Le manuscrit, à filets rouges, contient un grand nombre de panégyriques en vers, d'élégies et plusieurs cazides en l'honneur de différentes têtes couronnées et d'un assez grand nombre de personnages marquants, suivies de distiques nommés قطعه qith'a et de pièces de quatre hémistiches رباعى *Quatrains*. On re marque des lacunes assez considérables tant au commencement et à la fin, que dans le corps même de cet ancien manuscrit, en caractères neskhy, et on lit sur la tranche du volume les mots: كليات كمال اسمعيل وديوان كمال خجندى وقصايد انورى,

Recueil des oeuvres de Kemal Ismaïl et Divan de Kemal Khodjendy (ou de Khodjend) *suivi des cazidéh d'Envery*; mais il est évident que ce titre est faux et que le manuscrit ne renferme que les productions de Kemal Iffahany, et cela parceque; 1) il ne contient ni ghazels ni mesnevy (vers dont les hémistiches riment entre eux), tandis que Kemal Khodjendy n'a jamais composé autre chose 2) les personnages à la louange desquels se rapporte un grand nombre de ces poésies, étaient contemporains du poète Kemal Ismaïl: par exemple Mouzaffer-eddin Abou Bekr, de la dynastie des Salghariens de Perse, et Djelal-eddin Minkberny, de celle des Kharezmchahs; 3) parmi les personnages illustres, chantés par le poète, on voit figurer principalement Roukn-eddin Ssaïd صاعد ben Masoud, et c'est précisément la famille des Saïdy qui a été l'objet des louanges de Kemal Iffahany, comme on le voit dans l'ouvrage de Mr. de Hammer, que nous avons déjà cité, p. 159. 287 f. gr. in-8°. (Ard. ع)

CCCLX.

Même ouvrage, que le précédent, à filets d'or et d'azur, mais où les pièces de vers sont disposées différemment, et toutes les rubriques omises. f. 1 — 425.

A la suite de ces compositions poétiques on trouve un traité fort concis sur la prosodie persane et les différentes espèces de mètres

بحور mers, avec plusieurs pièces destinées à servir d'exemples, mais la fin de cet opuscule manque également. Ce qui prouve qu'il n'est pas de Kemal Iffahany c'est qu'il a été composé sous le règne du sultan Beïsonghor de la dynastie du Mouton-Blanc, qui mourut en 877 = 1491. Ce petit traité, qui commence par: جوامع مجامع حمد وثناى, est suivi, dès f. 445, d'un autre, encore plus concis, aussi sans fin, et aussi n'appartenant pas à Kemal Iffahany, car ce dernier y est cité en toutes lettres par l'auteur. Il paraît que le titre en était مختصر وافى در قواعد قوافى. Le manuscrit commence par : بعد از نيمن موزون ترين. 449 f. grand in-8°. *(Ard.* ع*)*

CCCLXI.

كلّيات سعدى *Oeuvres complètes* de Saady, auteur connu en Europe par les différentes traductions de son Gulistan, ou parterre de roses. Il était surnommé Mouflih-eddin et mourut à Chiraz, sa ville natale, en 691 = 1292. Ses oeuvres renferment:

1) Six traités philosophiques رسالات, dont le premier sert de prolégomène ديباجه aux autres; le second est intitulé مجالس پنجگانه ou مجلس *Les cinq séances;* le troisième renferme les réponses de Saady à différentes questions, qui lui furent adressées; le quatrième traite de *la raison et de l'amour;* le cinquième contient *des conseils utiles aux rois;* le sixième enfin se compose de trois anecdotes d'Abaca Khan, d'Enghiatou et de Melik Chems-eddin.

2) Le célèbre گلستان Gulistan, ou *Parterre de roses*, composé en 656 = 1258, "qui est un recueil de préceptes de morale et de politique, de règles de conduite et de savoir-vivre, de traits d'esprit et de sentences philosophiques ou épigrammatiques, presque toujours amenées par des anecdotes piquantes et racontées d'un style élégant et enchanteur, mais dont on ne peut se former qu'une idée très imparfaite par les traductions" (S. de Sacy).

3) Le Boustan بوستان *Jardin,* ou سعدی نامه Saady-Namèh *Livre de Saady,* suivant le titre qui lui est donné dans ce manuscrit; il fut composé un an avant le Gulistan, c.-à-d. en 655 = 1257. "C'est (dit l'illustre orientaliste que nous avons cité plus haut) un ouvrage en vers, divisé en 10 livres et dont l'objet et le plan diffèrent peu de ceux du Gulistan, mais qui porte d'avantage l'empreinte des idées religieuses et mystiques de l'auteur. Le style en paraît moins attachant que celui du Gulistan."

4) D'après la table des matières, il devrait en outre s'y trouver des قصاید ou *panégyriques* en vers arabes, mais ils ont été omis dans ce manuscrit.

5) Des قصاید *Panégyriques* en vers persans.

6) Des *Élégies* مرثیه.

7) Des poésies légères, intitulées : مثلّثات et ملمّعات.

8) Des ترجیعات ou espèces de rondeaux.

9) Différentes petites pièces diverses (?) ابیات.

10) Des pensées nommées بدايع ou *merveilleuses* (?).

11) Des inscriptions propres à orner des sceaux (?) خواتيم.

12) Des ghazels ou odes érotiques, intitulées: غزل قديم *anciens ghazels*.

13) Des piéces de vers nommées : صاحبيّه.

14) Des piéces détachées ou مقطّعات.

15) Des bons mots, des facéties, des épigrammes et des mots pour rire كتاب مضحكات

16) Des رباعيات ou *piéces de quatre hémistiches*.

17) Enfin des vers détachés ou مفردات.

Les rubriques des dix derniers genres de poésies étant omises dans le manuscrit, et la plupart d'entre elles ayant souvent la plus grande ressemblance, il nous est impossible de préciser celles qui s'y trouvent positivement. Le contenu paraît du reste ne pas être entièrement conforme à la table des matières, car il s'y trouve deux séries de *ghazels* ou *odes érotiques*, rangées d'après l'ordre alphabétique des rimes, mais où il manque des odes terminées en ك, ث, ج, خ, ح, ذ, ص, ض, ط, ظ, ع, ف, ق; outre cela on y voit figurer des مشنويات ou piéces de vers dont les hémistiches riment entre eux, et à la fin du volume il y a de petits essais en prose, non mentionnés dans la table des matières.

Voyez, par rapport à Saady et à ses productions, M. de Hammer, l. c., p. 204 et suivantes, l'article sur Saady, inséré par M. de

Sacy dans la *Biographie univers.*, T. 39, p. 401, Gore Ouseley, *Biogr. Not.*, p. 1—22, et Zenker, *Bibl. orient.*, no. 490—525. Ce manuscrit, bordé d'un filet rouge, en caractères neskhy, assez anciens mais très lisibles, et copié par Abd Allah ben Houseïn ben Abd Allah el-Chirazy, date de l'année 787 = 1385. 214 f. in-fol. *(Ard. ع)*

CCCLXII.

Même ouvrage, c.-à-d. كلّيات سعدى *Les oeuvres complètes de Saady.* Manuscrit de luxe, orné de nombreuses peintures, et contenant aussi l'introduction de Aly ben Ahmed ben Abi Nafr ben Bistoun (nommé par Ouseley, p. 6, Ali bin Ahmed Abibekr, of Bissitoun), qui a achevé la rédaction des oeuvres de Saady, entre 726 = 1325 et 734 = 1333. Les différentes rubriques y sont: 1) *Traités* كتاب رسايل, f. 4—43. Voy. le no. précédent et Ouseley, l. c., p. 5, no. 4—9. 2) *Le Parterre des roses* گلستان, f. 43—121. 3) *Le Jardin d'odeurs* بوستان, f. 122—259. 4) *Odes arabes* كتاب قصايد عربى, كتاب قصايد فارسى, f. 260—271. 5) *Odes persanes* f. 272—313. 6) *Élégies* مراثى, f. 313—320. 7) *Poésies légères,* composées de vers alternants, arabes et persans كتاب ملمعات, f. 320—327. 8) *Rondeaux ou poésies à refrain* كتاب ترجيعات, f. 327—336. 9) *Poésies ornées,* appelées *Essences d'odeurs* كتاب طيبات, f. 336—468. 10) *Odes rhétoriques* كتاب بدايع, f. 469—527. 11) *Inscriptions pour des sceaux* (Ouseley: *Odes entitled "Final Odes"*) كتاب خوانيم, f. 527—545. 13) *Anciens ghazels* كتاب غزليات قديم, f. 545

—552. 14) *Poésies adressées à certains individus* كتاب صاحبيه, f. 552 —573, où il y a aussi un Mesnevy مشنوى, f. 573—579. 15) *Pièces détachées* كتاب مقطعات, f. 580—582. 16) *Pièces de plaisanterie* كتاب مطايبات, f. 583—593. 17) *Pièces pour rire* كتاب مضحكات, f. 593—601. 18) *Des Quatrains* كتاب رباعيات, f. 601—606. 19) *Distiques ou pièces isolées* كتاب فرديات, f. 607—608. — Ce manuscrit a été copié par Mouhammed Cavam قوام Chirazy, de Chiraz. 608 f. in-fol. *(Khosr. M.)*

CCCLXIII.

Même ouvrage. Manuscrit à filets d'or et d'autres couleurs, le frontispice richement orné d'or et d'autres couleurs, et pourvu de vignettes et de peintures, mais dans lequel l'introduction diffère un peu de celle du no. précédent. Au lieu des *Pièces détachées* فرديات, le dernier chapitre y est كتاب ملمعات, voy. le no. précédent, 7). 352 f. petit in-fol. *(Doubr.)*

CCCLXIV.

Superbe manuscrit, renfermant le *Gulistan*, ou *parterre des roses*. Il se distingue par l'élégance de ses caractères nestaalic, ainsi que par ses feuilles de diverses couleurs, à filets d'or et d'azur; copié par Isa, il date de l'année 982 = 1574,5. 121 f. in-fol. *(Ard.)*

CCCLXV.

Autre exemplaire du même ouvrage, suivi du بوستان Boustan ou *Jardin*. Ce beau manuscrit, en caractères nestaalic, à filets d'or et d'azur, et orné de belles vignettes, a été copié à Ispahan, par Ferid, et daté de l'année 956 = 1549. 316 f. petit in-fol. (Ard. ع)

CCCLXVI.

Le Gulistan, copié en 1070 = 1659,60. 143 f. petit in-4°. (Akh.)

CCCLXVII.

Même ouvrage, mais abrégé de beaucoup. Le titre, sur le premier feuillet, porte les mots : Schemsilmearyf. Arabice. 71 f. in-8°.

CCCLXVIII.

Même ouvrage. Manuscrit à filets d'or, avec quelques notes marginales et interlinéaires, en langues turque et arabe. La copie fut achevée vers la fin du mois de djoumada I 1043 = 1633. 258 f. petit in-4°. (Doubr.)

CCCLXIX.

Même ouvrage, à filets d'or et d'azur, orné d'un frontispice en or et autres couleurs, copié le 15 chaban 976 = 1568, par Abd el-Aziz ben Aly el-Bihichty. 142 f. in-8°. (Doubr.)

CCCLXX.

Même ouvrage, à filets d'or, orné d'un frontispice en or et autres couleurs, sur du papier de différentes couleurs et d'une très belle écriture nestaalic; au commencement, avec des remarques interlinéaires et marginales turques. Ce manuscrit, copié par Dervich Ibrahim, un des disciples de Couthb-eddin Mouhammed el-Yezdy, a été légué à la bibliothèque de l'Ahmediyé, en 1171 = 1757. Voy. Fraehn, *Das Asiatische Museum*, p. 380, 9. 151 f. petit in-8°. *(Erz.)*

CCCLXXI.

Même ouvrage, complet, mais sans la dernière feuille, qui devait contenir la date et le nom du copiste. 149 f. petit in-8°. *(Erz.)*

CCCLXXII.

Commentaire sur le Gulistan, en langue arabe, par Souroury سروري (v. no. CCCLXXXIII), intitulé: كتاب خاقاني *Livre impérial*, et composé pour Soulthan Mouftafa, fils de Souleïman. Le texte y est marqué par des lignes rouges en dessus. Il commence par les mots: الحمد الذى جعلنى من علماء البيان. 119 f. in-4°. *(Bay. م)*

Souroury, qui, d'après le jugement des savants orientaux, avait acquis une connaissance parfaite de la langue persane, était né à Galipoli, et après avoir profité des conseils des hommes les plus distingués de son temps, p. e. du maoulla el-Cadiry, Thachkeuprizadéh et Mouhy-eddin el-Fenary, devint mouderris ou lecteur à Galipoli et à Constantinople, et puis précepteur de Mouftafa Khan, fils du sultan Souleïman. Sa mort se rapporte à 969 = 1562. Il est auteur des *Gloses sur le commentaire de Beï-*

dhavy (v. no. XLV), d'un commentaire sur la première moitié du célèbre ouvrage de Boukhary concernant les traditions et d'un autre sur le Gulistan, des gloses sur l'ouvrage intitulé التلويح Telvih (v. Hadji Khalfa, T. II, p. 448), et d'autres gloses sur le commencement de la Hidayé (no. LXXVII): ces productions étaient écrites en langue arabe. En persan il composa des commentaires sur les Mesnevy de Maoulana Roumy et le Boustan de Saady, sur le Divan de Hafiz, et sur le livre intitulé: *Le Coucher de la fantaisie* شبستان خیال, du poète persan Yahya Nichapoury, connu sous le nom de Fettahy, mort en 852 = 1448. Suivant Hadji Khalfa, T. IV, p. 14, no. 7413, ce derniér commentaire était en langue turque. Outre ces compositions il traduisit encore d'autres ouvrages dans sa langue maternelle. Voyez, sur son compte, Balouy, f. 6—7, et Hammer-Purgstall, *Geschichte der osman. Dichtkunst*, Bd. II, p. 287, no. CCCIX.

L'auteur en question ne doit pas être confondu avec Mouhammed Casim ben Hadji Mouhammed Kachany, qui, poétiquement, fut aussi surnommé Souroury. Ce dernier est connu comme auteur d'un dictionnaire persan très estimé: مجمع الفرس *Recueil de la langue persane*, ou فرهنگ سروری Ferhengh-i-Souroury, qui se trouve à St.-Pétersbourg, dans la bibliothèque de l'Institut oriental, attaché au Ministère des affaires étrangères, et dans celles de Tippou Soulthan (Stewart, *Catal.*, p. 130, no. II) et de feu F. W. Ouseley

(*Catal.*¹, p. 11, no. 388). Il fut commencé dès l'année 1008 = 1599, sous Chah Abbas I, et fini après un travail assez prolongé.

CCCLXXIII.

T. Commentaire turc sur le même Gulistan, par Soudy, dont il a été parlé au no. CLXXII. Ce commentaire se trouve aussi à Vienne (*Wiener Jahrb.*, Bd. 100, Anzbl. p. 12, no. 304) etc. 267 f. in-4°. (*Akh.*)

CCCLXXIV.

T. Autre commentaire turc sur le même ouvrage, par Chemiy شمعى (voy. no. CCCLVIII). Ce manuscrit, copié par Aly ben Seyid, mais défectueux au commencement, date de l'année 1000 = 1591. 235 f. in-8°. (*Akh.*)

CCCLXXV.

بستان سعدى Manuscrit du Boustan ou *Jardin*, à filets d'or et de diverses couleurs. Il se fait également remarquer par l'élégance de ses caractères nestaalic et par ses marges de différentes couleurs, dont une partie est ornée de paillettes d'or. Le manuscrit, copié par Babachah ben Soulthan Aly, date de l'année 986 = 1568. 176 f. petit in-fol. (*Ard.* ع)

CCCLXXVI.

Manuscrit du plus grand luxe, à filets d'or et de différentes couleurs, qui renferme également le Boustan. C'est un des plus élégants de toute la collection d'Ardebil, joignant au luxe des vignettes celui de ses marges de diverses couleurs, ornées toutes de paillettes d'or. 159 f. in-8°. *(Ard.* ع*)*

CCCLXXVII.

Quatrième exemplaire du Boustan, à filets d'or et de différentes couleurs. Il ne cède pas de beaucoup au précédent, mais il y manque les deux derniers feuillets. 127 f. petit in-fol. *(Ard.* ع*)*

CCCLXXVIII.

Le Boustan ou *Jardin,* complet. Manuscrit orné d'une vignette en or, azur et autres couleurs, à filets d'or, ayant, aux premières feuilles, parfois des mots turcs, placés au-dessous des persans, dont ils sont pour la plupart la traduction. 139 f. in-8°. *(Erz.)*

CCCLXXIX.

Même ouvrage, jadis la propriété: 1) du drogman français à Tripoli en Syrie, Legrand لغران, et 2) de l'employé au même poste et dans la même ville, Cardonne قاردون, qui a ajouté l'année 1159 = 1746, tandis que dans son sceau, qui s'y trouve appliqué on voit l'année 1158 = 1745. Le sceau du premier possesseur renferme les mots : بلطف منان عبده لغران *Par la grâce du Dieu bienveillant, son serviteur Legrand.* C'est probablement le même Legrand, à l'invitation duquel le cheïkh Séyid Abd Allah composa un opuscule de morale ou conseils, en langue persane, autrefois dans la bibliothèque de M. S. de Sacy *(Catal., mscts.,* p. 40, no. 225). 144 f. in-8°. *(Doubr.)*

CCCLXXX.

Même ouvrage. Exemplaire de luxe, dans une reliure remarquable par sa haute délicatesse et écrit d'un nestaalic incomparable, chef d'oeuvre de Babachah ben Soulthan Aly (d'Iffahan), qui l'a fini au mois de chevval 986 = 1578,9. Les sceaux, qui se trouvent au verso du premier feuillet, font voir dans quelles mains respectables cet exemplaire a passé successivement. Quant à Abd el-Vahhab el-Mousevy, dont le sceau est dépourvu d'année, v. Fraehn, *Das Asiat. Mus.*, p. 377; le second propriétaire, Mouhammed Djaafar el-Houseïny, 1055 = 1645, nous ne le connaissons pas; mais le troisième, Mouhammed Aly Chahdjehany (le sceau sans année), était un grand seigneur de la cour de l'empereur de Dehli, Chahdjehan, de même que le quatrième, Itimadkhan Chahdjehany (1063 = 1652), et le cinquième, Inayetkhan Chahdjehany (1068 = 1657), dont les noms sont cités dans l'histoire. Enfin le sixième, Mouhy-eddin Mouhammed Alemghir Padichah Ghazi Abou'l-Zafar, 1070 = 1659, est le célèbre empereur des Mongols de l'Inde, plus connu sous le nom d'Aourenghzib, qui régna depuis 1068—1118 = 1657—1706. Il serait difficile de préciser comment ce précieux manuscrit a retrouvé plus tard son chemin en Perse. Voyez aussi Fraehn, *Das Asiat. Museum,* p. 376, no. 10. 173 f. grand in-8°. *(Khosr. M.)*

CCCLXXXI.

Même ouvrage, avec beaucoup de notes interlinéaires et marginales en langue turque. La copie, d'un assez joli taalic, a été finie au commencement du mois de mouharrem 976 = 1568, par Pir Mouhammed ben Ahmed ben Hamza, dans la ville de Ssofiya صوفيه. Ce manuscrit a jadis appartenu à un certain Charles de Ludolf à Constantinople. 188 f. in-12°.

CCCLXXXII.

انتخاب بوستان *Morceaux choisis* du Boustan ou *Jardin*, manuscrit à filets d'or et de diverses couleurs, dont la beauté et l'élégance sont des plus remarquables; vignettes, marges coloriées et paillettes d'or, tout concourt à en relever l'éclat. 18 f. in-fol. *(Ard. ع)*

CCCLXXXIII.

Le Boustan, avec le commentaire en langue persane de Mouflih-eddin Mouftafa ben Chaaban Souroury de Galipoli, mort en 969 = 1562. Ce commentaire, composé pour Soulthan Mouftafa ben Souleïman, le fut après celui du Gulistan (voy. no. CCCLXXII), qui était écrit en langue arabe. La copie, à filets d'or et bleus, ornée d'une vignette, exécutée à Erzeroum par Hadji Mouhammed ben el-Cheïkh Habib Mouhammed ben el-Cheïkh Pir Mouhammed el-Gendjevy, de Gendja ou Élisabethpol, date du mois de djoumada I 1066 = 1655. Voy. Fraehn, *Das Asiatische Museum*, p. 380, no. 11. Commencement: حمد محسوب بعد د اوراق رياض. 212 f. in-4°. *(Erz.)*

CCCLXXXIV.

Même ouvrage, orné d'une vignette, jadis la propriété de Mouhammed Emin ben Omar Efendi, en 1179 = 1765. La copie a été faite par Mouhammed ben Iskender, le 7 de djoumada II 969 = 1561. 330 f. in-8°.

CCCLXXXV.

گلشن راز *Parterre des mystères,* poème mystique, regardé comme un des premiers ouvrages en ce genre, et renfermant des questions et des réponses sur la théologie mystique des Ssoufys. Le poète, qui l'écrivit en 717 = 1317,8, sur l'invitation de quelques personnages distingués du Khorasan, doit avoir été, suivant Hadji Khalfa, T. V, p. 233, Mahmoud el-Tebrizy el-Chebistery, tandis que, d'après M. Rousseau (voyez son catalogue, pp. 22 et 28) il s'appelait Mahmoud de Chouster شستری. M. Franck, de son côté, dans son opuscule: *Ueber die morgenländischen Handschriften in München,* p. 28, et M. Tholuck, dans son *Sufismus etc.,* p. 5, paraissent avoir été induits en erreur par l'antepénultième vers de ce poème, parce qu'ils regardent عزیزی Azizy comme le nom de l'auteur de ce poème. Cependant M. Tholuck, dans son second ouvrage, intitulé: *Blüthen-Sammlungen etc.,* p. 193, écrit lui-même que le poète qui composa le گلشن راز, se nommait Mahmoud, comme nous l'avons dit plus haut. Voyez M. de Hammer dans son édition de cet ouvrage, citée au no. CCXXXIII, 1), et

Hadji Khalfa, l. c., où l'on trouve aussi les noms de quelques commentateurs de ce poème, et encore no. CCXXXIII, 1) de notre catalogue.

Ce manuscrit à filets d'or et de différentes couleurs, en caractères nestaalic assez fins, mais très nets, est orné de marges coloriées, sur lesquelles sont tracées en or différentes figures humaines, des arbres et des animaux. Le nom du copiste est Chah Mouhammed. 45 f. in-8°. *(Ard.)*

CCCLXXXVI.

كلّيات مير خسرو دهلوی *Recueil des oeuvres de l'émir Khosraou, de Dehli,* poète célèbre, et occupant le premier rang parmi ceux de l'Inde, qui termina sa carrière en 725 = 1325, comme le prouvent le catalogue des manuscrits de la bibliotheque du Roi à Paris, et un chronogramme inscrit sur le dernier feuillet du divan de ce poète, no. CCCXCI; mais, suivant M. de Hammer, il mourut en 715 = 1315,6. Voy. aussi G. Ouseley, *Biographical Notices,* p. 146—153.

Les poésies de Khosraou ont été recueillies par un autre poète, connu sous le nom de Seïfy سيفى (v. no. CCCXXI, 28)), qui a même indiqué le mètre de chaque cazidèh et ghazel. C'est probablement l'émir Yadkar Begh يادكار بيك, surnommé poétiquement سيفى Seïfy, et mort en 870 = 1465,6.

Ce recueil renferme, dans le corps même de l'ouvrage, les productions suivantes : 1° *Le présent de l'enfance* تحفة الصغر, que Khosraou composa dans son adolescence; 2° *Le milieu de la vie* وسط الحياة, poème qu'il écrivit à la fleur de l'âge; 3° غرّة الكمال *Les premiers jours de l'âge mûr*, production du poète déjà parvenu à l'âge viril; 4° *Le livre des dernières années et des plus irréprochables de la vie* كتاب بقيّه ونقيّه; 5° un immense *Divan* ou *Recueil de ghazels* ou *odes érotiques* de Khosraou, rangées d'après l'ordre alphabétique des rimes, mais où l'on ne trouve point d'odes terminées en ظ, ض, ص, ذ, خ, ح, ث; 6° enfin des رباعيات ou *Piéces de quatre hémistiches*. A la marge du volume on voit d'abord les cinq poèmes de cet auteur, nommés خمسه ou *Pentas*, savoir : 1° *L'Orient des lumières* مطلع الانوار; 2° خسرو(و) شیرین *Khosraou ve Chirin*, *Les Amours de Khosraou et de Chirin*; 3° *Les Amours de Leïla et de Medjnoun* لیلی ومجنون; 4° *L'Alexandréide* ou *Iskendernaméh* اسکندر نامه, à la fin de laquelle on voit que ce poème est encore intitulé : آینه های اسکندری *Les Miroirs d'Alexandre;* 5° *Les Huit paradis* هشت بهشت. Ces cinq poèmes sont suivis de plusieurs autres, également écrits à la marge du volume, savoir : 1° *La Conjonction des deux astres heureux (Jupiter et Vénus)* قران السعدین; 2° *Le Livre des neuf sphères célestes* کتاب نه سپهر; 3° *Les Amours de Khizrkhan*, roi de l'Hindoustan, *et de la princesse Douvelrany* کتاب خضر خان(و) دولرانی, roman en vers, entremêlé de ghazels, qui renferme 4200 vers; 4° *Le Livre de la conquête des conquêtes* كتاب فتح الفتوح. Voyez, relativement à ce poète et à ses productions, M. de Hammer, l. c., p. 229 et suivantes. Ce manuscrit à filets d'or et d'azur, copié par Mahmoud Katib, et qui est des plus nets et des plus soignés, date des années 923 et 924 = 1517 et 1516. 894 f. grand in-8°. *(Ard.)*

CCCLXXXVII.

Même ouvrage que le précédent, ayant en tête une préface du poète Seïfy, qui a formé ce recueil; la seule différence entre ces deux manuscrits, consiste en ce que le poème intitulé: قران السعدين *Conjonction des deux astres heureux* est transporté après les deux suivants dans le no. CCCLXXXVI, et celui qui porte le titre de فتح الفتوح *Conquête des conquêtes,* y est entièrement omis. Les caractères du présent manuscrit sont élégants et très lisibles; mais il offre l'inconvénient, que les rubriques de tous les poèmes n'y sont pas indiquées. 785 f. in-fol. *(Ard.)*

CCCLXVXVIII.

Manuscrit où l'on ne trouve que les cinq poèmes connus sous le titre général de خمسه ou *Pentas*, suivis d'un sixième: قران السعدين *La Conjonction des deux astres heureux*. Il est à remarquer que *L'Alexandréide* ou اسكندر نامه y est intitulée: آئينهٔ اسكندرى *Miroir d'Alexandre*. Ce manuscrit, à filets d'or et de diverses couleurs, orné de vignettes et copié par Souleïman ibn el-Behbehany, el-Toustery, avec beaucoup de soin, daté de l'année 974 = 1566,7. 317 f. petit in-4°. *(Ard.)*

CCCLXXXIX.

Cet exemplaire ne contient que les *cinq poèmes* susmentionnés ou خمسه *Pentas,* formant en tout 17,832 vers. Ce manuscrit, à filets d'or et d'azur, est également orné de vignettes, mais on y trouve plusieurs vides, destinés à recevoir des peintures. 210 f. petit in-fol. *(Ard.* ع*)*

CCCXC.

Même ouvrage, manuscrit de luxe, où cependant les rubriques sont quelquefois restées en blanc. 238 f. in-fol. *(Khosr. M.)*

CCCXCI.

Manuscrit où l'on ne trouve que le *Divan* ou *Recueil des ghazels de Khosraou,* suivi de ses رباعيات ou *Pièces de quatre hémistiches.* Cet exemplaire, à filets d'or et d'azur, copié par Mounim-eddin el-Aouhady el-Houseïny, et datant de l'année 930 = 1523,4, est précédé de deux peintures, qui représentent le roi Salomon سليمان exerçant son empire sur les démons ou *Div* ديو, et *Balqis* بلقيس, reine de Saba, venue pour lui rendre hommage. Ces deux peintures sont suivies d'un beau frontispice azur et or, et le manuscrit en général se distingue par son élégance et la richesse de sa reliure. 400 f. grand in-8°. *(Ard.* ع*)*

CCCXCII.

انتخاب دیوان خسرو *Morceaux choisis du Divan* ou *Recueil de ghazels de Khosraou.* Ce manuscrit, à filets d'or, écrit par Babachah Iffahany, date de l'année 974 = 1566,7, et joint au luxe calligraphique celui de la reliure, qui, cependant, est dépourvue de goût. Tout le volume se partage en quatre colonnes, où les ghazels sont écrites en lignes diagonales. 203 f. petit in-fol. *(Ard.* ع)

CCCXCIII.

Recueil des trois poèmes intitulés: قران السعدین *Conjonction des deux astres heureux,* کتاب خضرخانی *Livre de Khizrkhan,* et هشت بهشت *Les huit paradis.* Ce manuscrit, à filets d'or et d'azur, se distingue par ses caractères, nommés ریزه ou *perles* (litt. menus), les plus fins de toute la collection d'Ardebil. Il ne le cède aussi à aucun autre sous le rapport des vignettes, où l'on remarque un goût vraiment admirable. 133 f. in-8°. *(Ard.* ع)

CCCXCIV.

Poème intitulé: مجنون (و) لیلی Medjnoun et Leïla, *Amours de Medjnoun et Leïla.* Manuscrit, copié par Soulthan Mouhammed de Herat, à filets d'or et de différentes couleurs, où l'on trouve de jolies peintures, et dont les marges sont coloriées et couvertes de paillettes d'or. Il est surtout relié avec beaucoup d'élégance. 40 f. grand in-8°. *(Ard.* ع)

CCCXCV.

Second exemplaire du même poème, à filets d'or et de diverses couleurs, dont les caractères nestaalic sont moins soignés que ceux du précédent. Il a des marges roses, enrichies de paillettes d'or, et l'on y trouve deux peintures. 32 f. in-8°. *(Ard.* ع*)*

CCCXCVI.

انتخاب خسرو وشیرین *Morceaux choisis des amours de Khosraou et Chirin.* Ce manuscrit, à filets d'or et de différentes couleurs, brille autant par le luxe calligraphique que par celui des vignettes et des marges, qui sont couvertes de dessins à ramages. Il date de l'année 984 = 1576,7. 23 f. grand in-8°. *(Ard.* ع*)*

CCCXCVII.

کتاب خضرخان ودولرانی *Amours de Khizrkhan et de Douvelrani.* Manuscrit, à filets d'or et de diverses couleurs, copié par Mouhammed ben Maoulla Mir el-Houseïny, d'une belle écriture, et relié avec assez d'élégance. Il date de l'année 987 = 1579,80. 150 f. in-8°. *(Ard.)*

CCCXCVIII.

Même ouvrage. Manuscrit de luxe, d'une écriture admirable, copié au mois de djoumada II 983 = 1575, par Babachah ben Soulthan Aly el-Iffahany. 189 f. in-fol. *(Khosr. M.)*

CCCXCIX.

Manuscrit à filets d'or et de plusieurs couleurs, renfermant quelques *ghazels* de l'Émir Khosraou, et un ترجیع بند ou *Espèce de rondeau* de Djamy. L'écriture en est des plus belles et les caractères des mieux formés. Les marges sont marbrées ou coloriées, et couvertes de paillettes d'or. 36 f. in-fol. *(Ardeb.)*

CD.

ديوان اميرحسن دهلوى *Divan* ou *Recueil de poésies* de l'Émir Hasan de Dehli, poète indien du XIVe siècle, contemporain du sultan Mouhammed Chah ben Toughlouc, prince afghan, qui, après avoir gouverné une partie de l'Hindostan, mourut en 725 = 1325.

Ce recueil très estimé, surtout dans l'Hindostan, ne renferme que des ghazels, ainsi que des tercets, des piéces de quatre hémistiches et des vers isolés. Les caractères du manuscrit, bordé de filets d'or et d'azur, et orné d'un joli frontispice, sont un nestaalic très élégant. 255 f. in-8°. *(Ard. ع)*

CDI.

زاد المسافرين *Le Viatique de ceux qui marchent* dans la voie de Dieu, poème mystique, divisé en huit مقاله *discours*, qui traitent de la vie ascétique. L'auteur en est le séyid Houseïny, fils de Hasan Houseïny de Herat, comme le prouve le passage traduit par M. de Hammer, p. 228. Son poème fut terminé dans l'année même de sa mort, c.-à-d. en 729 = 1328,9. Hadji Khalfa (éd. impr.), T. III, p. 528, donne l'année 719 = 1318; la copie Roumänzov, 776 ou 777 = 1374-5. Ce manuscrit, copié par

Mouïzz-eddin Mouhammed el-Houseïny, à filets d'or et de différentes couleurs, où le luxe calligraphique est combiné avec celui de la reliure, des vignettes, des broderies, des marges enrichies de paillettes d'or, et des feuilles mêmes, tiquetées d'or, date de l'année 982 = 1574,5. 67 f. grand in-8°. *(Ard. ع)*

CDII.

ديوان خاجو كرماني *Divan* ou *Recueil de poésies* du poète **Khadjou Kermany**, surnommé نخل بند شعرا *Le Jardinier des poètes*, connu déjà sous le règne de Arghoun Khan, souverain de la dynastie mongole de Perse, et qui, suivant Daouletchah, mourut en 742 = 1341,2. Les productions de ce poète, dont plusieurs sont omises par le biographe susmentionné, se rencontrent rarement dans les bibliothèques de l'Europe. Dans le manuscrit, faisant l'objet de la présente notice, on en trouve six réunies, savoir: 1° *Le Jardin des lumières* روضة الانوار, poème moral; 2° Le Kemal-namèh كمال نامه ou *Livre de perfection*, qui est également un poème moral; 3° *Les Amours du prince Houmaï et de Houmaïoune* همای وهمیون, roman poétique, que l'auteur entreprit à Bagdad, et au commencement duquel il chante les louanges du sultan Abou Saïd Behadourkhan; 4° *La Rose et la nouvelle année* گل ونوروز, poème mystique; 5° un recueil de قصیده *Cazides* ou *Héroïdes*, où le poète ne se nomme pas; 6° enfin une suite de ghazels ou odes érotiques, où son nom figure ordinairement dans le dernier vers; mais ces odes ne sont pas rangées par ordre alphabétique. Voyez sur ce poète M. de Hammer, l. c., p. 248. Quatre de ses poèmes se trouvent cités dans le catalogue de la bibliothèque de M. de Rich, inséré dans les *Mines de l'Orient*, T. IV, p. 117. Ce sont les nos. 2, 3, 4, ci-dessus mentionnés, et un quatrième intitulé : *Le livre de pierreries* گوهر نامه. Cf. Erdmann, *Zeitschrift der Deutschen Morgenländ. Gesellschaft*, Bd. II, p. 205. Le manuscrit de la collection d'Ardebil, à filets d'or et d'azur, se distingue par la netteté de ses caractères nestaalic, et par le bon goût de ses vignettes; mais toutes les rubriques d'une partie du second poème, et celles du quatrième en entier, sont restées en blanc. Il a été écrit en 972 = 1564,5. 269 f. grand in-8°. *(Ard.* *)*

CDIII.

ديوان ابن يمين *Divan* ou *Recueil de poésies* d'Ibn Yemin, c.-à-d. de Mahmoud el-Moustaoufi (contrôleur général du trésor) el-Feryoumedy (الفريومدى) الفريومنى), né au village de Feryoumed dans le Tourkistan. Ce poète, nommé Ibn Yemin parce qu'il était fils de Yemin-eddin Thoughraiy Feryoumedy (fonctionnaire chargé de tracer le monogramme des souverains en tête de leurs décrets), de Feryoumed, a écrit en 756 = 1355, comme on le voit par la préface placée en tête de son recueil. Son

Divan se compose de panégyriques ou héroïdes, qui ne sont pas sans intérêt pour l'histoire du temps, où l'auteur a vécu, d'épitres à son père, de ghazels, de strophes, d'énigmes الغاز, de logogriphes معمّات, et d'un traité sur le style épistolaire; mais il y manque quelques feuillets à la fin. Voyez, relativement à l'auteur, M. de Hammer, p. 234 et suivantes. 461 f. grand in-8°. *(Ard. ع)*

CDIV.

كتاب مهر ومشتری *Amours de Mihr et de Mouchteri*, poème romanesque de 1220 vers, composé par Mouhammed ben Ahmed, surnommé Affar عصّار (l'huilier ou pressurier) de Tebriz, qui, suivant Hadji Khalfa, le termina en 778 = 1376,7. La scène se passe sous le règne des Sapors de Perse. Ce manuscrit, copié par Kemal-eddin Houseïn el-Djamy, à filets d'or et de différentes couleurs, orné de quelques peintures et relié avec soin, date de l'année 956 = 1549. 192 f. in-8°. *(Ard. ع)*

Voyez, par rapport à Affar et son poème, G. Ouseley, *Biogr. Notices*, p. 201—226, Peiper, *Commentat. de Mihri et Muschtery (Solis et Jovis) mysticis amoribus*, part. I^{ma}; Hammer, *Gesch. der schönen Redekünste Persiens*, p. 254, et *Mines de l'Orient*, T. II, p. 405, no. 208, où l'auteur est mal-à-propos appelé Attar.

CDV.

Même poème que le précédent. Ce manuscrit, à filets d'or et de différentes couleurs, renferme également plusieurs peintures et vignettes, et se distingue par la richesse de sa reliure. 215 f. in-8°. *(Ard.)*

CDVI.

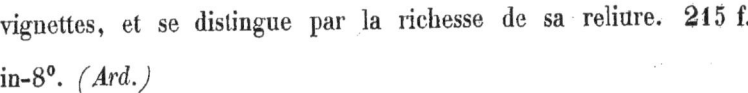 *Recueil des oeuvres poétiques* de Imad el-Millet veddin, jurisconsulte du Kerman, dont le nom propre nous est inconnu. Il reste de ce poète, qui mourut en 793 = 1390, les productions suivantes : 1° *Le Livre de société* صحبت نامه, poème moral, qu'il a terminé en 731 = 1330,1, comme le prouve l'avant-dernier vers. 2° L'ouvrage intitulé ده نامه, ou *Les Dix livres*, qui se divise, d'après le titre, en dix livres, adressés à autant de personnages différents. 3° *Le Livre de la pureté* صفت نامه, poème en partie historique et en partie moral. 4° *Le Livre de l'amitié* محبّت نامه, qui est en même temps moral et romanesque. 5° *Le Livre de l'introduction au sincère amour* كتاب فاتحة الاخلاص, ou le poète traite différents sujets. 6° *Le Livre de la vie contemplative* طريقت نامه, poème mystique et moral. Ce dernier doit avoir une lacune de deux ou quatre feuillets, parce qu'il y manque les sections cinq à neuf, exclusivement, du chapitre 9, intitulé à tort chapitre second. 7° Des *Héroïdes* ou *Cazides*, écrites en l'honneur de plusieurs personnages marquants, entre autres des deux premiers souverains de la dynastie des Mouzafférieus, dont le second régna jusqu'à l'année 788 = 1386. 8° Des *Ghazels* ou *Odes érotiques*,

mais elles ne sont pas disposées par ordre alphabétique, et il n'y en a point dont la rime finisse en ث, خ, ذ, ض, ط, ظ. On n'y trouve pas les رباعيات ou *Pièces de quatre hémistiches*, insérées dans le manuscrit suivant, ni trois autres productions du même poète, intitulées: *Le Flambeau de la vraie direction* مصباح الهداية, *L'Ami intime des hommes pieux* مونس الابرار, et Mesnevy Kattiat(?), que cite M. Stewart, p. 69. Consultez, par rapport à ce poète, M. de Hammer, l. c., p. 253, et G. Ouseley, p. 195—205. Les caractères du manuscrit, à filets d'azur, tiennent le milieu entre le neskhy et le nestaalic. 377 f. grand in-8°. *(Ard.)*

CDVII.

Même ouvrage que le précédent, mais où les pièces sont rangées de la manière suivante: 1) *L'Introduction au sincère amour* فاتحة الاخلاص; 2) *Le Livre de la pureté* صفانامه; 3) *Le Livre de l'amitié* محبت نامه, faussement intitulé: صحبت نامه; 4) *Le Livre de la vie contemplative* طريقت نامه; 5) *Les Héroïdes et les strophes détachées* قصائد ومقطعات; 6) *Les Odes érotiques* غزليات, par ordre alphabétique; 7) *Le Livre des pièces de quatre hémistiches* كتاب رباعيات, omis dans le manuscrit précédent.

Ce manuscrit, copié par Yahya ibn Mouïn el-Khatthath (l'écrivain), et se distinguant par ses pages bordées de filets d'or et d'azur, ainsi que par de jolies vignettes, date des années 819 et

820 = 1416 et 1417,8, qui étaient les années 26e et 27e après la mort du poète. 351 f. in-8°. *(Ard.)*

CDVIII.

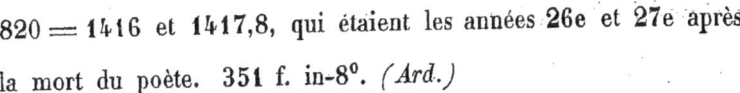 *Recueil des ghazels* ou *odes érotiques* du célèbre Hafiz, de Chiraz, appelé proprement Mouhammed Chems-eddin, et dont le style lui a valu le titre de لسان غيب *Langue mystérieuse.* Il nous paraît superflu d'entrer dans de plus grands détails sur les productions de ce poète, mort en 791 = 1389, ses oeuvres étant assez connues par la traduction complète, en vers allemands, de M. de Hammer, ainsi que par les essais en vers latins de Rewitzky et Jones, et les traductions partielles, tant en allemand qu'en anglais, de Wahl, Hindley, Nott, Gladwin, Ouseley, Richardson et Carlyle. Voyez encore G. Ouseley, *Biographical Notices*, p. 23—42, et Zenker, *Bibl. orient.*, p. 67, no. 559—573. Le présent manuscrit, à filets d'or et de différentes couleurs, devait probablement être orné de peintures, à en juger par les places laissées en blanc; distingué aussi par son luxe calligraphique, il a été écrit à Tebriz, en 938 = 1531,2, par Chah Mahmoud Nichapoury el-Chahy. 217 f. in-8°. *(Ard.)*

CDIX.

Même ouvrage, manuscrit de luxe, remarquable par sa belle et délicate reliure. Dans cette copie, faite par Hidayet Allah el-

Chirazy, en 991 = 1583, le Divan est précédé d'une préface ديباجه, manquant aux autres exemplaires et composée, à juger du chronogramme, allégué par G. Ouseley, p. 39, par Mouhammed (Gulendam), qui rédigea les oeuvres de Hafiz à l'invitation de Cavam el=millet veddin Aly, mort en 791 = 1388. A la fin nous lisons: بتاريخ يوم الاربعاء ست ونهم شهر ربيع الثاني سنه ١١٧٩ منتقل به سلكان سپهر مكان خورشيد اشتهار كردون اقتدار محمد جعفر زند كرديد. 237 f. in-fol. *(Khosr. M.)*

CDX.

Même ouvrage. Ce manuscrit d'une beauté remarquable, enrichi de filets d'or et de différentes couleurs, a les marges ornées de peintures à ramages; mais il y manque un feuillet au commencement, qui est: ممدوح ستايش بى نهايت. Le tout finit par l'hémistiche: كاو نيز چكونه سر در آورد بزير. La copie est l'ouvrage de Thahir Mouhammed Ghiyas=eddin Aly Rouïgher روى گر. 172 f. petit in-fol. *(Akh.)*

CDXI.

Manuscrit à filets d'or et d'autres couleurs, avec des marges encadrées d'un filet azur et un beau frontispice, écrit en nestaalic très joli, renfermant le *Divan de Hafiz*, qui commence par: الا يا ايها الساقى. Les *Ghazels* غزليّات occupent f. 1 — 173, les *Cazides* قصائد, f. 173 — 194. La copie, exécutée par Pir Houseïn ben Pir Hasan, l'écrivain, de Chiraz الكاتب الشيرازى, date du mois de djoumada I 938 = 1531. 194 f. in-8°. *(Erz.)*

CDXII.

Même ouvrage, mais différent quant à l'arrangement des poèmes et à la netteté de l'écriture. Le manuscrit, à filets d'or et d'autres couleurs, orné d'un assez joli frontispice et pourvu de quelques peintures du reste effacées et méconnaissables, date du 8 du mois de chaaban 997 = 1589. Il est sorti de la main de Imadin عمادين Ahmed Hasan Aly. 185 f. in-8°. *(Erz.)*

CDXIII.

Même ouvrage, arrangé comme le no. CDXI, à filets d'or et d'azur, avec une vignette en or et autres couleurs, pourvu, particulièrement au commencement, de beaucoup de remarques interlinéaires et marginales en langue turque. Il était jadis la propriété d'un Mouhammed ben Ismaïl. 195 f. in-8°. *(Erz.)*

CDXIV.

T. Commentaire turc par Soudy (v. no. CLXXII) de Bosnie, sur les mêmes *Odes érotiques* de Hafiz. Le commencement, après le premier hémistiche de la première ode du poète, est conçu en ces termes: بو مصراع يزيد بن معاويهنك. La copie date de l'année 1149 = 1736. 754 f. in-4°. *(Akh.)*

Cet ouvrage a été imprimé à Boulac, en 1250 = 1835. Les oeuvres complètes de Hafiz, كليات, de leur côté, ont paru à Tebriz, en 1259 = 1843.

CDXV.

كلّيات حكيم نزارى *Recueil des poésies du philosophe Nizary.* Ce poète, très renommé par ses poésies libres, portait le titre de Saad el-Millet veddin *Bonheur de la religion et de la foi;* il était originaire du Couhistan, et vivait probablement dans le VIIIe siècle de l'hégire. On trouve dans ce recueil : 1° des *Héroïdes* ou قصيده ; 2° des *Odes érotiques* غزليات ; 3° des poésies nommées تركيبات et ترجيعات *Rondeaux;* 4° des *Strophes détachées* مقطعات ; 5° des *Vers dont les hémistiches riment entre eux,* ou *Mesnevy* مثنوى ; 6° *Le Livre du bon ton* ادب نامه, où le poète a suivi le mètre du Chahnamèh de Firdaousy; 7° trois petits poèmes, dont le premier composé d'après la mesure du mesnevy de Djelal-eddin Roumy; 8° *Le Livre de voyage* سفر نامه, d'après le même modèle; 9° *La Règle de conduite,* ou le Destournamèh دستور نامه, qui traite des devoirs de la société, et où l'auteur a suivi le mètre de l'Alexandréide ou Iskendernamèh de Nizamy; 10° le poème intitulé Ezher ve mezher ازهر ومزهر, dans la mesure du poème de Khosraou et Chirin; 11° enfin des *Pièces de quatre hémistiches* رباعيّات. Le manuscrit date de l'année 837 = 1433,4. 498 f. grand in-4°. *(Ard.)*

Voyez la notice de M. de Hammer sur cet auteur, l. c., p. 223 et suivantes.

CDXVI.

Oeuvres de Chems-eddin Mouhammed ben Abd Allah de Nichapour, surnommé vulgairement Katiby كاتبى, mort en 839 = 1435. Ce recueil se compose de quatre parties différentes, dont il est difficile de préciser la seconde et la troisième, parce que l'on n'en trouve nulle part les rubriques. La première, écrite ainsi que les deux suivantes, en mesnevys ou vers à doubles rimes, doit être intitulée, autant que nous pouvons juger par son contenu : *Le Confluent des deux mers* مجمع البحرين. Nous présumons que la seconde de ces productions, dont la copie date de l'année 903 = 1497,8, doit être le poème intitulé : حسن وعشق *La Beauté et l'Amour*, ouvrage mystique; la troisième paraît être un essai du même auteur, sur les calembourgs ou jeux de mots تجنيسات, et la quatrième, enfin, traite des *Amours de Leïla et Medjnoun*; le poète l'a composée à l'imitation du poème de Nizamy, portant le même titre. Les pages de ce manuscrit sont bordées d'un filet d'or et de différentes couleurs; les deux dernières feuilles sont endommagées. 254 f. grand in-8°. *(Ard.)*

Voyez sur Katiby, G. Ouseley, *Biographical Notices*, p. 187—191, et M. de Hammer, p. 281.

CDXVII.

غزليات شاهى *Ghazels de Chahy* (Royal), surnom poétique, donné par le sultan Baïsoncor à Acamelik (اقملك) اقاملك ben Djemal-eddin, de Firouzkouh. Ce poète, qui, comme descendant de la famille des Serbedariens, avait le titre d'émir, naquit dans la ville de Sebzevar et mourut en 857 = 1453.

Ce manuscrit, à filets d'or et de différentes couleurs, copié par Zeïn-eddin Mahmoud el-Katib, et ne renfermant que les odes érotiques de Chahy, est précédé de dessins au trait, qui, comparativement à la plupart des autres productions des peintres de l'Orient, se distinguent par leur beauté. Les marges sont ornées de grands ramages, et les vignettes, ainsi que l'écriture et la reliure, des plus élégantes; mais il est à regretter une lacune de 18 lettres, car l'on y passe immédiatement des ghazels terminés en د à ceux qui finissent en ى. La copie date de l'année 906 = 1500,1. 25 f. grand in-8°. *(Ard. ع)*

CDXVIII.

Même ouvrage, où il ne manque que les ghazels dont la rime se termine en ث, ج, ح, خ, ذ, ض, ص, ظ, ط, ع, غ, ف, ق, ل. Ce manuscrit, à filets d'or, azur et vert, a été copié à Herat, par Soulthan Mouhammed Khendan, en 910 = 1504,5. 50 f. grand in-8°. *(Ard.)*

CDXIX.

Manuscrit à filets d'or et de diverses couleurs, absolument du même contenu que le précédent; il a les marges couvertes de paillettes d'or; le papier en est colorié, et le texte écrit en or et en encres de différentes nuances. On le doit à la main de Soulthan Aly el-Mechhedy. Voy. G. Ouseley, *Biographical Notices*, p. 139—142. 46 f. in-8°. *(Ard. ع)*

CDXX.

ديوان درويش دهكى *Recueil de ghazels* de Dervich Diheky, ainsi nommé parce qu'il était originaire de Dihek, un des quartiers de Cazvin. Il florissait dans la dernière moitié du XVe siècle, et vivait à la cour du sultan Yacoub, de la dynastie du Mouton-Blanc (Ac-coyounlou). Parmi ces ghazels, ou odes érotiques, on n'en trouve point dont la rime se termine en ط, en ه, ni en و. Voy. M. de Hammer, p. 366.

Ce manuscrit, à filets d'or et de différentes couleurs, est très soigné sous le point de vue calligraphique. 251 f. in-fol. *(Ard. ع)*

CDXXI.

كتب سبعة جامى *Les Sept poèmes de Djamy*, c.-à-d. de Nour-eddin Abd el-Rahman, un des premiers poètes de la Perse, né à Djam, en 817 = 1492, et mort en 898 = 1492. Ce manuscrit, qui porte encore le titre de هفت اورنگ *Les Sept trônes* (célestes), contient: 1° *Le présent des hommes bien nés* تحفة الاحرار, poème moral très élégant, entremêlé d'apologues; 2° *Le Rosaire des justes* سبعة الابرار, également un poème moral, versifié avec beaucoup de noblesse et de grâce; 3° *Les Amours de Yousouf* (Joseph) *et Zouleïkha* (femme de Potiphar) يوسف وزليخا, poème romanesque, traduit en vers allemands, par M. de Rosenzweig, et publié à Vienne, en 1824; 4° *Les Amours de Leïla et Medjnoun* ليلى ومجنون, poème traduit, avec une rare élégance, en prose française, par M. Chézy, et publié à Paris, en 1805; 5° *La Chaine d'or* سلسلة الذهب, autre poème moral, entremêlé d'apologues, qui offrent un grand intérêt, et divisé en trois parties ou دفتر *tomes*; 6° Selaman (Selman) et Absal سلامان (سلمان) وابسال; 7° *Livre de la sagesse d'Alexandre* خردنامهٔ اسکندر, qui traite des instructions données à Alexandre-le-Grand par les philosophes les plus célèbres de l'antiquité. Ce manuscrit, copié par Rouh-eddin Souleïman el-Behbehany, à filets d'or et d'azur, dont le caractère nestaalic est très lisible, est orné de vignettes et de quelques peintures. Il date de l'année 1000 = 1591,2. 259 f. in-fol. *(Ard.)*

CDXXII.

كليات ملا جامى *Les Oeuvres de Moulla Djamy.* Manuscrit de luxe, où, sur le verso de la première feuille, il y a une sorte de grande étoile ou rosette, ornée d'or et de différentes couleurs, et divisée en plusieurs cercles, dont l'intérieur à fond d'or contient les mots: برسم کتب خانهٔ شهریار ابو الفتح بهرام جم اقتدار, c.-à-d. *destiné pour la bibliothèque du chehryar ou prince Abou'l-Fath Behram, qui ressemble en puissance à Djem.* Ce Behram n'est probablement autre que le fils de Chah Ismaïl I, lui-même aussi bon poète que calligraphe. Il fut nommé gouverneur du Khorasan, en 937 = 1530, et mourut en 956 = 1549. Voy. *Notices et Extraits*, T. IV, p. 278, Bland, *Account of the Atesh Kedah*, p. 11; *The Atesh Kedah*, p. 9 (où, au lieu de ٩۰٤ 906, il faut lire 956, cf. *Manuscr. acad.*, no. 174, p. 4), et Iskender Mounchi, *Histoire de Chah Abbas* (Msc. acad.), pp. 91, 151, 207 etc. Cf. Hammer, *Gesch. der schönen Redekünste Persiens*, p. 387. Aux quatre côtés de cette inscription et dans 16 cercles d'alentour on lit les titres des ouvrages contenus dans ce volume. Ces ouvrages sont écrits tant sur le fond de la feuille, que sur les marges, qui sont encadrées de filets d'or et ornées de différentes vignettes. Nous donnons ici premièrement la liste des ouvrages écrits au fond des feuilles, qui sont les suivants:

1) شواهد النبوة لتقوية اهل الفتوة *Preuves de la prophétie, servant à fortifier* (dans leur croyance) *les gens doués de générosité.* Cet ouvrage est partagé en une *introduction* مقدمه, sept *piliers* ركن et un *épilogue* خاتمه. Voy. Hadji Khalfa, T. IV, p. 82, no. 7689. f. 1—142.

2) نفحات الانس من حضرات القدس *Les Haleines de la familiarité, provenant des personnages éminents en sainteté*, contenant les biographies des célèbres foufys ou saints contemplatifs; l'ouvrage est précédé d'une introduction sur la vie contemplative. La transcription de cette partie du manuscrit, originairement composée en 881 = 1476, a été achevée en 883 = 1478. f. 144—404.

Voyez le contenu de cet ouvrage dans *Wiener Jahrb.*, Bd. 84, Anzbl. p. 40, no. 344, et surtout l'article de M. de Sacy, dans les *Notices et Extraits*, T. XII, p. 287—436. Cf. *Memoirs of Baber*, p. 190.

3) ديوان اول *Le premier Divan* ou *Recueil de poésies*. f. 407-446.

4) ديوان ثاني *Le second Divan*. f. 446—570.

5) سلامان وابسال Selaman et Absal, publié par M. Falconer, à Londres, 1850.

6) دفتر اول سلسلة الذهب *Le premier livre de la Chaîne d'or*, précédé d'une *préface* ديباجه. f. 589—640. Voyez le contenu de cet ouvrage dans *Wiener Jahrb.*, Bd. 66, Anzbl. p. 20, no. 26.

7) كتاب منشآت *Livre des lettres, épistolographie*. f. 641—663. Cet ouvrage a été imprimé à Calcutta. Cf. *Wiener Jahrb.*, Bd. 62, Anzbl. p. 17, no. 48.

8) شرح لمعات *Commentaire des splendeurs*, dont le vrai titre est: اشعة اللمعات *Étincelles des splendeurs*. Ces *splendeurs* ne sont elles-mêmes qu'un abrégé de l'ouvrage, *Chatons des maximes*, d'Ibn el-Araby (voy. no. LIII), rédigé par Fakhr-eddin Ibrahim el-Hamadany, connu sous le nom de el-Iraqy. Voy. Hadji Khalfa, T. V, p. 333, no. 11185, et *Catalogue de M. S. de Sacy (Manuscr.)*, p. 40, no. 222. Ce commentaire est partagé en une *introduction* مقدمه et 28 *splendeurs* لمعة; il fut achevé en 886 = 1481, mais copié en 933 = 1526, et commence par les mots: بسم الله الخ لولا لمعات برق نور القدم. f. 664—720.

9) Le second livre de la *Chaîne d'or*. f. 721—743.

10) Le troisième livre de la même composition. f. 743—757.

11) رسالهٔ صغیر از معمّا Petit traité sur les logogriphes. f. 749—769.

12) کتاب بهارستان Le Livre intitulé : Le Jardin du printemps, ouvrage composé à l'imitation du Gulistan de Saady, et copié en 908 = 1502. Ce livre a été traduit en allemand par M. Schlechta-Wssehrd, Vienne 1846.

Les livres écrits sur les marges sont les suivants :

13) تحفة الاحرار Le Présent des hommes bien nés. f. 2—48.

14) سبحة الابرار Le Rosaire des justes. f. 48—125.

15) یوسف و زلیخا Yousouf et Zouleïkha. f. 125—229.

16) لیلی و مجنون Leïla et Medjnoun, ouvrage copié le 29 du mois de djoumada II 933 = 1526. f. 229—325.

17) *Le troisième Divan.* f. 329—406.

18) حاشیه Appendice (aux Divans). Le poète, ayant passé la soixantaine en l'année 884 = 1480 et approchant de sa soixante-dixième année, recueillit, en 885 = 1481, dans ce recueil, les poésies éparses. f. 407—537.

19) حلیة حلل Ornement des manteaux, logogriphes extraits du livre intitulé : حلل المطرّز, par Cheref-eddin Aly el-Yezdy, mort en 850 = 1446. f. 538—573. — Voyez Hadji Khalfa, T. V, p. 638, et T. II, p. 108, no. 4614.

20) معما منظوم Logogriphes en vers. f. 573—576.

21) الرسالة القوافی ou رسالة قافیه (sic) *Traité sur les rimes.*
f. 576—580. Le même traité se retrouve encore une fois, no. 31).

22) شرح بیتین *Commentaire sur deux vers* du Mesnevy de Djelal-eddin Roumy. f. 580—585. Cf. no. CCXXXIII, 2).

23) *Le second livre de la Chaîne d'or.* f. 589—629.

24) شرح چهل حدیث *Commentaire sur les quarante traditions.* f. 630—634.

25) *Remarques sur une tradition de Abou Zerin el-Oqeïly.* f. 635-6.

26) خردنامهٔ اسکندر *Le Livre de la sagesse d'Alexandre-le-Grand.* f. 641—700.

27) لوایح *Tableaux.* Voy. Théologie, no. CCLVI.

28) شرح رباعیات *Commentaire sur des quatrains.* f. 721—748.

29) *Traité* رسالة *sur la prosodie.* f. 748—758.

30) شرح بیت خسرو دهلوی *Commentaire sur un distique de* Khosraou Dehlevy, savoir:

زدربای شهادت چون نهنگ لا برآرد سر
تیمّم فرض گردد نوح را در وقت طوفانش

f. 759.

31) رسالة قافیه *Traité sur les rimes.* f. 761—765. Voy. no. 21).

32) رسالة اوّل از معمّا *Premier traité sur les logogriphes.* f. 765—773. Commencement: این مختصر یست در بیان قواعد معما.

33) حلیة الحلل *Ornement des vêtements,* achevé en 856 = 1452. f. 774—809. C'est le même traité qui a été cité sous no. 19.

Malgré le titre de كليات ou *Oeuvres complètes*, il en manque plusieurs pièces ici, le nombre des compositions de Djamy se montant à environ cinquante, dont 34 en prose et 16 en vers, comme on peut le voir dans le *Vorbericht*, placé à la tête de l'édition du poème *Joseph und Suleïcha,* par M. de Rosenzweig. Nous avons d'ailleurs eu occasion de citer un ouvrage de Djamy, non compris dans ce recueil, mais qui se trouve séparément dans notre collection de manuscrits orientaux; v. le no. CLXIV; cf. no. CCLVI. 812 f. in-4°. *(Khosr. M.)*

CDXXIII.

Manuscrit qui ne renferme que le poème intitulé : *Le Présent des hommes bien nés* تحفة الأحرار. Ce manuscrit, à filets d'or et de diverses couleurs, où le luxe calligraphique va de pair avec celui de la reliure, a les marges roses et couvertes de paillettes d'or, et fut écrit en 886 = 1481,2, c.-à-d. dix-sept ans avant la mort de Djamy. 86 f. petit in-8°. *(Ard.* ع*)*

CDXXIV.

Autre exemplaire du même poème, à filets d'or et de diverses couleurs. Il ne le cède, sous aucun rapport, au précédent: mais les marges, dont la couleur varie, sont en partie marbrées et en grande partie enrichies de paillettes d'or. Ce manuscrit, copié par Mouhammed ben Ala-eddin, date de l'année 983 = 1575. 75 f. in-8°. *(Ard.)*

Le Tuhfat ul-Ahrar a été publié à Londres, par M. F. Falconer, en 1848.

CDXXV.

Troisième exemplaire du même poème. Manuscrit des plus somptueux, à filets d'or et d'azur; il réunit tout ce qui peut contribuer à relever l'éclat d'un ouvrage de ce genre, tel que vignettes, peintures, reliure, cadres et marges de différentes couleurs, et couvertes de dessins à ramages. Le calligraphe auquel on est redevable de ce beau travail est Mir Houseïn el-Houseïny, connu sous le nom de Mir Kelenghi'l-Hadji مير كلنكى الحاجى (le pélerin), qui l'a écrit à Boukhara. 71 f. grand in-8°. *(Ard. ع)*

CDXXVI.

Quatrième exemplaire du même ouvrage تحفة الابرار, quoique le titre sur le premier feuillet soit mal-à-propos: سبحة الابرار. Ce manuscrit de luxe, orné de peintures, date de l'année 886 = 1481. 77 f. in-fol. *(Khosr. M.)*

CDXXVII.

Cinquième exemplaire du même ouvrage, portant le faux titre de تحفة الابرار. Il date de l'année 1028 = 1619, et a été copié par Aly ben Chaaban, nommé Tchenghizadéh جنكى زاده. 54 f. in-8°. *(Akh.)*

CDXXVIII.

Poème intitulé: *Le Rosaire des justes* سبحة الابرار. Ce manuscrit, à filets d'or et de diverses couleurs, dont les marges sont restées en blanc, se distingue par la netteté de ses caractères nestaalic et par un fond tiqueté d'or. Il a été écrit, par ordre de Mourchid-couli Soulthan, par Mouhammed Maafoum Rezeh رزه, en 988 = 1580,1. 127 f. grand in-8°. *(Ard. ع)*

CDXXIX.

Autre exemplaire du même poème, à filets d'or et de différentes couleurs, enrichi de peintures et de marges azurées, couvertes de paillettes d'or; la couleur du fond varie de temps en temps. La reliure en est orné de peintures, dont un sujet, entre autres, est puisé dans l'histoire fabuleuse de Joseph, d'après le Coran, et représente le moment, où les dames de la société de Zouleïkha, femme de Potiphar, sont tellement saisies d'admiration à l'aspect de ce bel Israélite, qu'elles se coupent les doigts au lieu de trancher leurs oranges. 133 f. in-8°. *(Ard. ع)*

CDXXX.

Yousouf et Zouleïkha يوسف وزليخا, les amours de Joseph et de Zouleïkha. Manuscrit orné de plusieurs peintures, et dont le caractère nestaalic est fort joli; le fond en est encadré de filets d'or et d'azur. Il a été copié par Ferid et date de l'année 946 = 1539,40. 179 f. petit in-8°. *(Ard. ع)*

CDXXXI.

Même ouvrage. Manuscrit magnifique, orné de vignettes, au commencement et à la fin, en or et autres couleurs, à filets d'or et d'azur, et dont les intervalles entre les vers, écrits sur le papier blanc, sont remplis d'or, pourvu, en outre, d'un grand nombre de peintures, quoique l'écriture ne réponde pas à tout ce luxe. 174 f. in-8°. *(Wänng.)*

CDXXXII.

Même ouvrage, orné d'un beau frontispice, en diverses couleurs, à filets d'or et autres, et d'une écriture nestaalic très fine, mais très lisible. Les suscriptions des rubriques sont en encre rouge. 147 f. in-8°. *(Doubr.)*

CDXXXIII.

Même ouvrage, à filets d'or et d'azur, d'une écriture taalic assez délicate, mais malheureusement endommagé par des rognures. Il y manque aussi la partie supérieure du premier feuillet, toutefois sans préjudice pour le commencement du poème. 124 f. petit in-4°. *(Doubr.)*

CDXXXIV.

Poème intitulé : *La Chaine d'or*, où il manque la fin de la seconde partie (دفتر), ainsi que le commencement de la troisième. Ce manuscrit, à filets d'or et de diverses couleurs, et dans lequel le calligraphe, le relieur et le peintre semblent avoir rivalisé de soins et d'élégance, est enrichi de magnifiques vignettes, d'un goût parfait, de quatre peintures, représentant de grandes battues dans le goût oriental, et de marges en différentes couleurs, couvertes de paillettes d'or. La reliure représente, d'un côté, une mêlée, de l'autre, le repas d'un souverain, et sur un troisième, de bons et de mauvais génies (Div et Peri). Le calligraphe, dont la main habile a créé ce chef-d'oeuvre de l'art, était connu sous le nom de Chah Mahmoud de Nichapour. La copie a été faite à Ardebil même, en 956 = 1549. 82 f. in-fol. *(Ard. ع)*

CDXXXV.

Troisième partie ou *defter* du poème susmentionné. Ce manuscrit, copié par Thahir, à filets d'or, azur et vermillon, mais, du reste, fort simple, se distingue par la netteté des caractères nestaalic. 75 f. in-8°. *(Ard. ع)*

CDXXXVI.

چهل حديث *Les Quarante traditions*. Ce sont autant d'aphorismes, ou sentences morales de Mahomet, accompagnées d'une paraphrase en vers persans, de Djamy, qui la composa dix-sept ans avant sa mort, c.-à-d. en 886 = 1481,2. Le manuscrit, à filets d'or et de différentes couleurs, copié à Hérat, par Soulthan Aly Mechhedy, en 903 = 1497,8, est en encres de diverses nuances, sur des feuilles coloriées, avec des marges enrichies de paillettes d'or, et se distingue, en outre, par l'élégance de ses vignettes. 8 f. in-8°. *(Ard. ع)*

CDXXXVII.

Même opuscule, entièrement conforme au précédent, à filets d'or et d'azur, mais écrit avec moins de luxe et sans date, par Soulthan Mouhammed ben Nour Allah. 8 f. in-8°. *(Ard.)*

Voyez, par rapport aux traditions, ou *hadis*, l'*Introduction du tableau général de l'empire othoman*, par M. d'Ohsson, édit. in-8°, p. 5—8, ainsi que l'article Arbaïn dans D'Herbelot, etc.

CDXXXVIII.

Manuscrit orné d'un joli frontispice en or et autres couleurs, à filets d'or et d'azur, contenant les poésies ou le second *Divan* de Djamy, qui commence par les mots : بسم الله الخ * اعظم اسماء * عليم حكيم * مترجمان حرم انس را * تازه حد يثى است زعهل قديم. Cf. p. 371, no. CDXXII, 4). 259 f. in-8°. *(Erz.)*

CDXXXIX.

Même ouvrage, mais arrangé différemment et endommagé, avec une préface également défectueuse, en prose, commençant par : موزون ترين كلامى كه غزل. 188 f. in-8°. *(Erz.)*

Voyez, par rapport à Djamy, *Biographie universelle*, T. 11, p. 431; G. Ouseley, *Biographical Notices*, p. 131—138; Hammer, p. 140; M. de Rosenzweig, l. c., *Vorbericht*; *Memoirs of Baber*, p. 194, et Zenker, *Bibl. orient.*, nos. 541—550.

CDXL.

گوى وچوگان *La Balle et le mail*, poème mystique. Il paraît que les bibliographes ne sont pas d'accord sur le vrai nom de son auteur, car Hadji Khalfa, T. V, p. 266, qui cite même le premier vers de l'ouvrage, l'attribue à Mahmoud Tchelebi ben Osman, connu vulgairement sous le nom de Lamiy , et M. de Hammer, au contraire, p. 386, en appelant ce poème proprement Karnamèh کارنامه *Livre des actions*, dit qu'il est une production de Mirza Câsim. Cette opinion s'accorde avec un passage du manuscrit, renfermant le آثار المظفر *Hauts faits du vainqueur*, qui sera cité ci-après, no. CDLVI, et où l'on affirme que l'ouvrage گوی وچوگان *La Balle et le mail* ou کارنامه *Livre des actions*, a pour auteur Câsimy Houseïny, de Djounabad جنابادی: mais vers la fin de l'ouvrage même faisant l'objet de la présente analyse, on trouve deux vers, où le poète dit:

این نامه که ساختم تمامش ٭ حالی شده حال نامه نامش
این حال که شعر عارفی راست ٭ نابد صفتش بهر قلم راست

Ce livre, que je viens de terminer, a reçu à l'instant même le nom de حال نامه *Livre des extases*. Nulle plume ne saurait décrire dignement l'enthousiasme extatique qui règne dans les vers de Arify. D'après ces deux vers, le nom de l'ouvrage serait évidemment گوی حال نامه *Livre des extases*, et il aurait encore le titre de گوی وچوگان *La Balle et le mail*, comme on le voit par le frontispice de notre manuscrit, où l'auteur est également nommé Maoulana Arify. Il se pourrait très bien aussi que deux ouvrages différents eussent été intitulés également: گوی وچوگان. Ce joli manuscrit, dont les feuilles coloriées sont couvertes de paillettes d'or et ornées de filets d'or et de diverses couleurs, est enrichi, en outre, de vignettes pleines de goût. Il a été écrit à Hérat, par Zeïn-eddin Mahmoud el-Katib الكاتب, en 901 = 1475,6. 19 f. in-8°. *(Ard.)*

CDXLI.

Même ouvrage, dont les pages, bordées de filets d'or et de diverses couleurs, sont enrichies de paillettes d'or. Il l'emporte de beaucoup sur le précédent, sinon par l'écriture, du moins quant au luxe des vignettes et à la beauté des peintures, offrant d'ailleurs d'autant plus d'intérêt, qu'il a été écrit à Tebriz, de la propre main de Chah Thahmasp I, de la dynastie des Ssefys, en 931 = 1524,5. 60 f. in-fol. (Ard.)

CDXLII.

Même poème que le précédent, et dont l'écriture, les vignettes, les filets d'or et de couleurs, ainsi que les marges coloriées et parsemées de paillettes d'or, ne le lui cèdent en rien. Il a été écrit en 946 = 1539, par Mahmoud ben Ishac Chehany شهاني. Cf. no. CDXLVI. 25 f. grand in-8°. (Ard.)

CDXLIII.

Même ouvrage, orné de filets d'or et de différentes couleurs, de peintures et de marges coloriées et couvertes de paillettes d'or, mais dont quelques feuillets sont très dégradés. 25 f. petit in-8°. (Ard.)

CDXLIV.

تمرنامه Timour-namèh ou Timouriade(?) *Livre de Timour* (Tamerlan), poème héroïque de 2130 vers, traitant des exploits de Timour, par Abd Allah Hatify, de Djam. L'auteur, qui vivait au commencement du XVIe siècle de notre ère et mourut en 927 = 1520,1, et qui est avantageusement connu par d'autres productions, a chanté dans ce poème héroïque les hauts faits de Timour, en prenant pour modèle l'Alexandréïde de Nizamy. Voyez l'article de Hatify chez M. de Hammer, p. 355 et suivantes; G. Ouseley, *Biographical Notices*, p. 143-5, et *Memoirs of Baber*, p. 196.

Cet exemplaire, à filets d'or et de diverses couleurs, est orné de marges coloriées et enrichies de dessins en or, représentant des forêts et des animaux. Écrit par Chah Mahmoud el-Nichapoury, il date de l'année 963 = 1555,6. La reliure en est laquée et enrichie de peintures sur bois, représentant deux scènes des amours de Khosraou et Chirin, et entourées d'inscriptions persanes. 189 f. petit in-fol. *(Ard. ع)*

CDXLV.

Même ouvrage, complet, avec les pages encadrées de filets d'or et de diverses couleurs, et des caractères d'un beau nestaalic. Il date de l'année 987 = 1579, et a été copié par Mouhammed ben Moulla Mir el-Houseïny. 181 f. grand in-8°. *(Ard. ع)*

CDXLVI.

Même ouvrage que le précédent. Ce manuscrit, à filets d'or et de différentes couleurs, dont le papier est couvert de paillettes d'or, se fait également remarquer par la beauté des caractères.

Le copiste était Mahmoud ben Ishac el-Chehany الشهانى, cf. no. CDXLII. 191 f. grand in-8°. (Ard. ع)

CDXLVII.

Même ouvrage, à filets d'or et d'azur, enrichi de peintures très bien conservées, et écrit par Pir Aly el-Djamy. 176 f. gr. in-8°. (Ard. ع)

CDXLVIII.

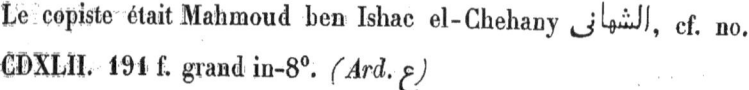 شاهنامهٔ هاتفى *Livre royal de Hatify*, ou poème héroïque, qui traite des exploits d'Ismaïl, premier chah de la dynastie des Ssefys; mais il n'a jamais été terminé par l'auteur, et ne s'étend que jusqu'à la bataille livrée par ce souverain au prince du Chirvan. Voyez M. de Hammer, p. 356, qui ne donne pas l'année de la mort du poète : c'était 927 = 1520,1.

Ce manuscrit, d'un taalic très net, et orné de vignettes et bordures d'or et de différentes couleurs, copié par Yary يارى, daté de l'année 959 = 1551, c.-à-d. de la 28me après la mort de Chah Ismaïl, et de la 30me de celle de l'auteur. 66 f. in-8°. (Ard. ع)

Voyez, outre le livre cité de M. de Hammer, Khondemir, *L'Ami des biographies*, msc. acad. p. 203.

CDXLIX.

Manuscrit à filets d'or et de diverses couleurs, dépourvu de titre et de la plupart des rubriques. Le dernier vers du dernier feuillet r° et le contenu du poème font voir que c'est une production de l'auteur cité plus haut, et qu'il est intitulé : هفت منظر *Les Sept belvédères*. L'auteur a pris pour modèle, dans ce roman poétique, celui de Nizamy, connu sous le titre de هفت پیکر *Les Sept beautés*. Le manuscrit est orné de quelques peintures. 102 f. in-8°. *(Ard.)*

CDL.

مرثیه *Élégie* en vers, par un poète anonyme, composée à l'occasion de la mort du célèbre Emir Aly Mir (v. no. CCLI), mort le vendredi 11 du second mois de djoumada de l'année 906 = 1501. Elle est dédiée au sultan Abou'l-Ghazi Houseïn Behadur Khan, de la dynastie des Timourides. Les deux hémistiches du premier vers de ce poème sont des chronogrammes, dont le premier désigne la naissance du vizir que chante le poète, et le second, l'année de sa mort. Ce manuscrit, à filets d'or et de différentes couleurs, dont les marges sont en partie marbrées, et en partie couvertes de dessins à ramages ou de paillettes d'or, a été écrit par le célèbre calligraphe Mâlik el-Deïlemy (de Deïlem) مالك الديلمى. 12 f. in-8°. *(Ard.)*

CDLI.

ديوان بابا فغانى *Recueil de ghazels* de Baba Fighany, poète avantageusement connu en Perse par le style élégant de ses poésies légères; natif de Chiraz, il vivait à la fin du XVe siècle et au commencement du XVIe de notre ère. Dans ce recueil, rangé suivant l'ordre alphabétique des rimes, on ne trouve point de ghazels dont le dernier mot se termine par une des lettres ظ, ط, ذ, ض, ص; ces odes érotiques sont suivies de distiques et de vers détachés, qui se prolongent jusqu'à la fin du volume. Ce manuscrit, à filets d'or et de diverses couleurs, se distingue par la beauté des caractères et par l'élégance de la reliure, représentant des sujets historiques. 100 f. in-4°. *(Ard. ع)*

CDLII.

ديوان سهيلى *Recueil de poésies* de Souheïly. C'est probablement Nizam-eddin Souheïly, qui a composé, entre autres, deux Divans, dont l'un, en turc du Djaghataï, et l'autre en persan. Il était émir d'une des principales tribus du Djaghataï, et mourut en 907 = 1501,2.

Ce manuscrit, à filets d'or, est également digne d'attention par son luxe calligraphique et ses peintures, ses marges, couvertes de paillettes d'or, ses vignettes et sa reliure, peinte et entourée d'inscriptions persanes; mais il paraît que le calligraphe a omis, par erreur, un assez grand nombre de ghazels terminés en ن et en و. Cf. *Memoirs of Baber*, p. 188 et 194. 97 f. in-8°. *(Ard. ع)*

CDLIII.

ديوان آصفى *Collection de ghazels* de Afefy, poète mort à Hérat, en 920 = 1514,5, dont le père avait été longtemps vizir du

49

sultan Abou Saaïd Mirza, de la dynastie de Tamerlan. Voyez *Notices et Extraits*, T. IV, p. 304, et *Memoirs of Baber*, p. 194. Ce manuscrit, à filets d'or et de diverses couleurs, relié avec le plus grand luxe, et dont les caractères sont des plus élégants, se fait remarquer en outre par sa conservation. 89 f. grand in-8°. *(Ard.* ع*)*

CDLIV.

رساله ou *Traité* de calligraphie, en vers, par le maoulla Soulthan Aly, surnommé poétiquement Mechhedy مشهدى, de Mechhed, qui le termina en 920 = 1514,5. Le poète consacre 223 vers à la description des différents genres d'écriture, entre autres du nestaalic نسخ تعليق, dont il attribue l'invention à Khodja Mir Aly مير على, contemporain du poète Kemal-eddin, de Khodjend (?) خجندى, mort en 792 = 1389. Il indique également les règles à suivre pour le choix et la préparation du papier et de l'encre, et pour la taille de la plume ou du calam, enfin tous les procédés relatifs à la calligraphie.

Ce manuscrit autographe, à filets d'or, dont l'écriture, ainsi que la reliure, sont fort belles, a, en outre, les marges ornées de dessins en or à ramages, exécutés par un certain Djelal-eddin. 14 f. in-8°. *(Ard.* ع*)*

CDLV.

Manuscrit renfermant une قصيده ou *Héroïde*, composée, comme le dit l'inscription de la reliure, en l'honneur de Mir Soulthan

Mouradkhan, et écrit par le Maoulla Målik. Mais, d'après un vers de ce poème, on serait tenté de croire plutôt qu'il est adressé au célèbre calligraphe Soulthan Aly, surnommé poétiquement Mechhedy مشهدى, qui lui-même a composé un poème sur la calligraphie (voyez no. CDLIV). Ce manuscrit, à filets d'or et d'azur, a les marges tiquetées d'or, et se distingue par la beauté de l'écriture. 4 f. in-8°. *(Ard. ع)*

CDLVI.

Recueil de trois poèmes différents, dont le premier est intitulé: *Hauts faits du vainqueur* آثار المظفر. Il a été composé en 922 = 1516,7, à la louange de Mahomet et de Aly, par Nizam-eddin Asterabady, d'Asterabad, sur la recommandation du khodja Seïfeddin Mouzaffer Betekdji بتكجى (l'écrivain ou le secrétaire), en l'honneur duquel il fut intitulé: آثار المظفر *Hauts faits de Mouzaffer*. Ce manuscrit, à filets d'or et de différentes couleurs, est orné de quelques peintures, mais les rubriques de quelques chapitres y manquent. Il a été copié en 981 = 1573,4.

Dans le second poème, l'auteur, qui se nommait proprement Aly ben Nafîr ben Haroun ben Abi'l-Câsim el-Houseïn el-Tebrizy, de Tebriz, mais vulgairement était appelé Câsimy Houseïny Djounabady, chante les hauts faits de Thahmasp I, de la dynastie des Ssefys. Comme pourtant un avant-propos, placé en tête des productions de ce poète, qui a vécu vers le milieu du XVIe siècle, lui attribue deux Chahnamèh شاه نامه *Livres royaux,* dont l'un, cité plus bas, est consacré à la louange de Chah Ismaïl, il est à présumer que c'est ici le second de ces Chahnamèh, composé en l'honneur de Chah Thahmasp, sous lequel a vécu le poète. La copie, qui manque de titre, et dont les chapitres n'ont point de rubriques, date de l'année 982 = 1574,5, et a été faite par un Mouhammed.

Le troisième poème, où le titre, ainsi que toutes les rubriques, sont en blanc, a pour auteur le même Câsimy قاسمی, comme on le voit dans le cours de cet ouvrage mystique; il nous apprend, en outre, que ce poème avait deux titres différents, dont le premier : زبدة الاشعار *La Crême des poésies,* et le second : سبعة سیاره *Les Sept planètes.* 138 f. grand in-fol. *(Ard. ع)*

CDLVII.

شاهنامهٔ شاه اسمعیل *Livre royal,* composé par Câsimy, à la louange de Chah Ismaïl I, de la dynastie des Sséfys, et dédié au chah Thahmasp, sous le règne duquel le poète vivait. Voyez la notice sur cette production, insérée dans M. de Hammer, p. 385.

A la fin du manuscrit, à filets d'or, d'azur et d'autres couleurs, il y a une lacune de deux feuillets. 138 f. in-8°. *(Ard. ع)*

CDLVIII.

Divan ou *Recueil de ghazels*, du même poète. Il se trouve, vers la fin de ceux qui riment en ى, une lacune, qui s'étend jusqu'au commencement d'un autre petit recueil de poésies fugitives. A la suite de celles-ci est placé un petit poème mystique, du même auteur, intitulé: انيس العارفين *Le Compagnon des contemplatifs*, et, après ce dernier, vient encore un autre petit ouvrage mystique, en prose entremêlée de vers, dont nous ne connaissons pas l'auteur, et dont la fin s'est perdue.

Ce manuscrit, à filets d'or et d'azur, en joli nestaalic très fin, mais très lisible, peut se comparer à nos éditions *mignonnes*. 276 f. in-24°. *(Ard.* ع*)*

CDLIX.

كتاب شاه ودرويش هلالى *Le Livre du chah et du dervich*, par Hilaly, roman poétique, où l'auteur, en traitant de l'amitié, qui unissait le roi au dervich, chante, avec beaucoup de délicatesse et de retenue, les douceurs de l'amour platonique. Hilaly, d'une famille du Djaghataï, fut élevé à Asterabad, d'où Hadji Khalfa lui donne l'épithète d'Asterabady, et fut tué en 936 = 1529,30, par ordre de Oubeïd, khan des Ouzbeks, pour son attachement à la secte des Chiites. Voyez, sur son compte, M. de Hammer, p. 369 et suivantes.

Ce manuscrit, à filets d'or et de diverses couleurs, avec des marges coloriées, orné de paillettes d'or et écrit par Kemal, est enrichi, en outre, de trois peintures. Il date de l'année 944 = 1537, c'est-à-dire de huit ans après la mort de l'auteur. 44 f. in-8°. *(Ard. ع)*.

CDLX.

Même ouvrage, à filets d'or jusqu'à f. 15, d'où les marges sont encadrées de filets bleus. 52 f. in-12°. *(Doubr.)*

CDLXI.

Autre poème du même auteur, faussement supposé être le Khosraou et Chirin, par Nizamy ou Djamy, tandis qu'il renferme, comme il était bien marqué sur le dernier feuillet, le poème moral de Hilaly, intitulé: صفات العاشقين *Qualités des amants*. Le poète y expose les qualités morales de l'homme; il mentionne la grandeur d'âme همت, la bienfaisance احسان, la bravoure دليرى, l'arrogance تكبر, l'urbanité ادب, la confiance en Dieu توكل, le contentement قناعت; il traite du commerce avec des hommes inférieurs, etc. etc. Ces préceptes sont illustrés par des historiettes, p. e. de Chirin et Ferhad, de Leïla et Medjnoun, du Chah et du Pauvre, du sultan Mahmoud Ghaznevy et Ayaz, de Yousouf et Zouleïkha, etc. Il faut croire que ce poème était un des derniers travaux de Hilaly, car l'empereur Baber n'en fait pas mention en énumérant ses ouvrages (voy. *Memoirs*, p. 196—197), mais il est cité par Khondemir, *L'Ami des biographies* (msc. acad., p. ۳۰۲, vers., et Louthf-Aly, *Atechkedeh* (msc. acad., p. ۱۸). Ce manuscrit, à filets d'or et d'autres couleurs, orné d'un frontispice, de vignettes et de quelques peintures, a été copié par Mouhammed Chirazy. 45 f. in-8°. *(Karl.)*

CDLXII.

كليّات اهلى شيرازي *Oeuvres de Ehly Chirazy*, de Chiraz, poète très fécond et très distingué, contemporain du célèbre émir Aly Chir, et mort en 942 = 1535,6. Dans le corps de ce manuscrit, on trouve: 1) plusieurs *héroïdes* ou *cazides*, dont l'une dédiée au susdit émir Aly Chir, et l'autre à Soulthan Chah Ismaïl, de la dynastie des Sséfys. L'auteur y a déployé tout son talent en fait de versification. 2) Des *ghazels* ou *odes érotiques* غزليّات, rangées par ordre alphabétique; mais il n'y en a pas, dans le nombre, qui se terminent en ذ, ص, ض, ط, ظ. A la marge sont rangées les productions suivantes du même poète: 1° *Le Livre de la magie licite* كتاب سحر حلال, roman poétique, où l'auteur cherche à rivaliser avec Katiby sous le rapport du talent pour la versification et pour les jeux de mots تجنيسات; il est dédié à Chah Ismaïl, de la dynastie des Sséfys. 2° *Les Amours du flambeau et du papillon* كتاب شمع وپروانه, composé sous le règne du sultan Yacoub-Khan, le même, il semble, que Yacoub-Begh, de la dynastie du Mouton-Blanc (Ac-coyounlu), mort en 896 = 1490,1. 3° Des *héroïdes* ou *cazides* et des *élégies*, dont plusieurs sont consacrées à l'éloge de quelques imams et personnages célèbres, par exemple le chah Ismaïl et l'émir Aly Chir, tandis que d'autres sont désignées par des titres particuliers, tels que *Le Mystère de la vérité* سرّ الحقيقة et *Le Magasin des pensées profondes* مخزن المعاني : le tout est entremêlé de différentes inscriptions, destinées à orner la tente, la coupe et divers ustensiles à l'usage de Chah Ismaïl. 4° Des *chronogrammes* ou تاريخ, d'autant plus intéressants qu'ils peuvent servir à rectifier la date de la naissance ou de la mort d'un assez grand nombre de personnages illustres. 5° Un recueil intitulé : رباعيات گنجفه *Strophes de quatre hémistiches* (dont les deux premiers et le quatrième riment entre eux), propres à servir d'inscriptions *aux cartes à jouer* گنجفه. 6° Un autre traité, sous le titre : رباعيات ساقى نامه *Strophes de quatre hémistiches, composant le livre de l'échanson.* 7° *La Crème des moeurs* زبدة الاخلاق, pièces de quatre hémistiches détachés. 8° Un quatrième traité, connu sous le titre de فوايد العقايد *Les Fruits des dogmes.* 9° Celui des *Strophes de quatre hémistiches* ou رباعيات, intitulé : رسالةٔ رباعيات. 10° Un traité *des Énigmes et des logogriphes* رسالةٔ لغز ومعمّات. Voyez, relativement au poète et à ses productions, M. de Hammer, p. 376, le catalogue de Stewart, p. 67, et *Memoirs of Baber*, p. 197.

Ce manuscrit, écrit par Hedayet Allah el-Katib el-Chirazy, à filets d'or et de différentes couleurs, joint le luxe calligraphique à celui des vignettes, qui ornent l'ouvrage d'un bout à l'autre; il est en outre tiqueté d'or. 410 f. in-fol. *(Ard.)*

CDLXIII.

Exemplaire renfermant également une partie des oeuvres du poète Ehly, de Chiraz, savoir: 1) ses *heroïdes* ou *cazides* proprement dites, auxquelles succèdent celles qualifiées du titre de مصنوعه *figurées*, ou travaillées avec art; 2) ses *ghazels* ou *odes érotiques*, rangées par ordre alphabétique et suivies de pièces détachées qui paraissent ne pas avoir de suite; 3) son traité intitulé: ساقى نامه ou *Livre de l'échanson*; 4) ses رباعيّات ou *pièces de quatre hémistiches*, propres à servir d'inscriptions aux *cartes à jouer*; 5) son poème de *la Créme des moeurs* زبدة الاخلاق; 6) un autre, qui porte le titre de فوايد العقايد *les Avantages des dogmes*, et enfin 7) les *énigmes* et *logogriphes*, dont il manque quelques feuillets. Ce manuscrit, à filets d'or et de différentes couleurs, se fait remarquer par la beauté de son écriture. 487 f. petit in-fol. *(Ard.* ع*)*.

CDLXIV.

Manuscrit qui, d'après la page 4, doit avoir pour titre *Les Perles du collier* درر نظام, mais, suivant un vers de la page 5, devrait être intitulé عقايد شامى *Les Dogmes royaux*. Ce poème, qui traite de la théologie dogmatique, se compose: 1) d'une préface, subdivisée en cinq sections فصل, où il est question des cinq dogmes fondamentaux de l'islamisme; 2) de cinq chapitres dans lesquels l'auteur développe son sujet, et 3) d'une *conclusion* ou خاتمه, où il parle de la mort et de la vie future. L'auteur, dont il nous est impossible de préciser le nom, paraît pourtant, d'après l'avant-dernier vers de ce poème, avoir été nommé عبد الغفّار Abd el-Ghaffar. Ce qu'on peut affirmer d'une manière positive, c'est qu'il vivait du temps de Chah Thahmasp I, mort après un règne de 54 ans, en 984 = 1576, et auquel il a dédié son ouvrage. La transcription de ce beau manuscrit, à filets d'or et d'azur, par Ferid, a suivi de près la composition du poème; car elle date de l'année 946 = 1539. 73 f. in-8°. *(Ard.* ع*)*

CDLXV.

كتاب مهر و وفا *Amours de Mihr et Véfa*, poème romanesque et érotique, de باقری هروی Baqiry, de Hérat, surnommé Mouammaiy معمائی ou *auteur de logogriphes*. Il vécut sous le règne de Chah Abbas le Grand (mort en 1629 de J. Chr.) dont il a chanté les louanges, au commencement de ce poème. Le présent manuscrit, à filets d'or et de différentes couleurs, où se trouve réuni tout ce qui peut contribuer au luxe et à l'ornement d'une production de ce genre, sauf cependant les peintures, était d'abord destiné à la bibliothèque de Chah Abbas, et a été légué plus tard par ce souverain à la mosquée d'Ardébil. Il paraît être l'autographe du poète même. 156 f. grand in-8°. *(Ard.* ع*)*

CDLXVI.

Poème érotique anonyme, dont la reliure et le premier feuillet portent le titre de ده نامه ou *Dix livres*, ce qui pourrait faire croire que c'est le Deh-namèh de Imad faqih عماد فقیه (ou le jurisconsulte); mais, après avoir confronté ces deux ouvrages, il nous a été facile de voir qu'ils ne sont nullement identiques.

L'auteur de cette production, comme on le voit dans plusieurs vers de l'ouvrage, est un nommé ابن عماد Ibn Imad, mais il nous est impossible de déterminer l'époque à laquelle il a vécu, à moins qu'on ne regarde les mots در پانصد وشش en 506 = 1112, comme la date de la confection du poème; ils ne peuvent guère désigner le nombre de vers, qui montent à 536 environ. Ce petit poème ne peut pas bien être de Imad Katib Roumy, mort, suivant M. de Hammer, en 597 = 1200. D'après le manuscrit CCCXXI, 4), il a existé un troisième poète de ce nom, qui s'appelait proprement Imad-eddin et non pas Ibn Imad, et dont le surnom poétique était نسیمی Nesimy; celui-ci fut écorché à Haleb en 807 = 1404,5. On connaît de lui deux divans, dont l'un en persan et l'autre en turc, mais les poésies citées dans le no. CCCXXI ne consistent qu'en ghazels. Le manuscrit du poème susmentionné, à marges coloriées et enrichies de paillettes d'or, et dont les pages sont encadrées d'un filet d'or, a été copié par Soulthan Mouhammed Nour et date de l'année 932 = 1525,6. 23 f. in-8°. *(Ard. ع)*

CDLXVII.

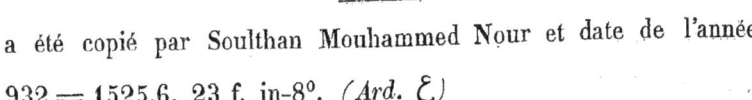 *Divan ou Recueil de ghazels* de Many. Comme il a existé deux poètes de ce nom, dont l'un de Chiraz, et l'autre de Mechhed, il nous est assez difficile de déterminer celui des deux auquel appartient ce recueil. Louthf Aly Begh, dans son آتشكده *Pyrée poétique*, cite huit odes, dont deux sont attribuées à l'un et à l'autre de ces deux poètes, preuve du défaut de précision des littérateurs orientaux; mais il existe ici une assez forte présomption en faveur de Many de Chiraz, parceque sur six des odes, qui ne sont pas attribuées aux deux poètes à la fois, il s'en trouve dans le manuscrit en question, deux de ce Many, tandis qu'il n'en renferme qu'une de celles dont on regarde comme l'auteur, Many de Mechhed.

Suivant M. de Hammer, pp. 362 et 363, Many de Chiraz vécut sous le règne de Chah Ismaïl, mort en 930 = 1524, tandis que d'après Louthf Aly Begh ce poète mourut en 967 = 1559,60. Si cette dernière donnée est exacte, le manuscrit, copié par Haïdar ben Ibrahim el-Houseïny, et daté de l'année 961 = 1554, aurait été écrit six ans avant la mort de l'auteur. Il se distingue par des filets d'or et d'azur, ainsi que par des marges ornées de paillettes d'or et un joli frontispice, précédé de deux peintures; mais il ne contient aucune ode dont la rime finisse par les lettres: ث ج ح خ ذ ص ض ط ظ ع غ ف ك. 136 f. in-8°. *(Ard.)*

CDLXVIII.

Manuscrit à filets rouges, renfermant:

1) ديوان رياضي le *Divan* de Riazy. Voy. Hammer, p. 363. f. 1—23.

2) ديوان فرشته le *Divan* de Firichteh, qui commence par: ای کرده کمند دل ما زلف دوتا را. La copie, exécutée par Ahmed ibn Hadji Bekr, date de l'année 1063 = 1652.

Ce divan est très rare, mais il se trouve pourtant à la bibliothèque d'Achir عاشر Efendi à Constantinople (*Catal.* p. 256). Nous n'avons d'ailleurs trouvé aucun renseignement ultérieur sur l'auteur, si ce n'est le célèbre historien de l'Inde peut-être, Mouhammed Casim, natif d'Asterabad et connu sous le nom de Ferichteh, (c. a. 1612). 29 f. petit in-4°. *(Erz.)*

CDLXIX.

ديوان فيض le *Divan* de Feïz, c.-à-d. de Moulla Mouhsin محسن, poète du temps de Chah Abbas II (1642-1666) et auteur de plusieurs ouvrages sur l'exégèse تفسیر, sur les traditions حدیث et sur l'éthique اخلاق. La copie écrite diagonalement, date du 18 du mois de rebi I 1090 = 1679. Le premier distique est: چه سان گویم

ثنای حق‌تعالی * نیم چون من سزای حق تعالی. Ce divan n'est pas moins rare que celui cité sous le no. précédent. 103 f. in-4°. *(Erz.)*

Voyez, relativement à Feïz, le Atechkedeh, msc. acad. p. ۳۹۷.

CDLXX.

دیوان صایب le *Divan* de Ssaïb (d'Iffahan), ou Mirza Mouhammed Aly, poète dans le genre mystique. Il vivait sous Chah Abbas II, et mourut en 1675. Voyez de Hammer, l. c., p. 393, et *le Catalogue de la bibliothèque* de M. S. de Sacy (Manuscr.) p. 49. no. 288; G. Ouseley, *Biogr. Notices*, p. 227; Hadji Khalfa, T. III, p. 290, no. 5506; et Bland, *account of the* Atesh Keda p. 14. Notre copie, ornée d'un frontispice d'or et d'autres couleurs et de filets rouges et bleus, écrite par Abd el-Ghaffar Kounbou, du Moultan کنبو ملتانی, date du 5 du mois de chevval 1112 = 1700. Sur le dos de la reliure on lit: Абдул-Каримъ. 1814; il serait difficile d'en deviner le motif. 362 f. in-8°.

Les poésies de Ssaïb sont regardées comme rares, mais il s'en trouve de nombreux exemplaires dans les différentes collections de manuscrits orientaux; p. e. dans celle de notre Musée asiatique, no. 255; de feu M. Rich (*Mines de l'Orient*, T. IV, p. 118, no. 128—130); de l'Hôtel de la compagnie des Indes orientales, (*Cat. mscr.*); de feu W. Ouseley (a *Catalog*, p. 2. no. 19—20); d'Upsal (Tornberg, p. 110, no. CLXXIX); (cf. *Journ. asiat.* IV.

sér. T. II. p. 200, no. 12.; *Catal. de livres et manuscr. de feu M. Harriot*, p. 22, no. 152); de la Noury Osmaniyé, à Constantinople, en plusieurs exemplaires, (*Catal.* p. 107-8) dont un en abregé, ou choix منتخب, et en outre les *Oeuvres complètes* كليات, dans celle de Aathif (*ib.* p. 20); de Ste. Sophie, de el-Hamdiyé (*ib.* f. 225) etc.

CDLXXI.

Très joli manuscrit, à filets d'or et de diverses couleurs, orné d'un beau frontispice et de jolies vignettes, contenant le: غرايب الدنيا وعجايب الأعلا ou *Les Merveilles du monde et choses prodigieuses du ciel*, par Hekim Azery Thousy حكيم آذرى طوسى. Khondemir, qui dans son *Ami des biographies* donne une courte notice sur ce poète, l'appelle Cheïkh Azery Isferaïn'y اسفرايني, et fixe l'année de sa mort en 866 = 1461, nombre contenu dans le mot خسرو Khosraou, preuve incontestable que l'année 279 (892) dans l'édition imprimée de Hadji Khalfa T. IV, p. 186, no. 8062 n'est qu'une faute. M. de Hammer, Khondemir et Hadji Khalfa intitulent cet ouvrage: عجايب الدنيا, tandis que dans notre manuscrit, عجايب est remplacé par غرايب. Sur le premier feuillet une main étrangère à tracé les mots: غرايب نسخة نادره در ومثلى كورلمشدر; (cet ouvrage intitulé) Gharaïb ou *les choses prodigieuses etc. est un livre unique et on n'en a pas vu de pareil*. La copie a été faite par Mouhammed Mouhsin el-Caïny (el-Fany?) محسن العاىى. 192 f. in-8°. (*Khosr. M.*)

CDLXXII.

دیوان آذری le *Divan* de Azery. Voyez le no. précédent. Ce manuscrit, à filets rouges, a été copié par Ibrahim ben Hasan, en l'année 890 = 1485. Il commence par l'hémistiche: آغاز سخن به که کند مردم دانا. 50 f. petit in-4°. *(Doubr.)*

CDLXXIII.

رباعیات مرخیّا *Quatrains* de Merakhiya.

Manuscrit à filets d'or et de diverses couleurs, orné d'un frontispice. Il commence par: سا زندۀ کارمرده وزنده تویی. 57 fol. petit in-8°. *(Doubr.)*.

CDLXXIV.

Manuscrit à filets d'or et orné d'une vignette, renfermant les deux parties suivantes:

1) دیوان سلیم *Recueil des poésies* de Selim, qui commence par les hémistiches: جهان کهنه چو نوکرد عادت وخورا * بقبلۀ عربی آورد عجم رورا. Comme ce manuscrit contient encore un divan d'un poète turc (v. no. 2), on est tenté de croire que ce Selim n'est autre que l'empereur Selim (1512—1519), auteur d'un divan en langue persane; voy. de Hammer, *Geschichte des Osman. Reiches*, T. II. p. 379; *Geschichte der Osm. Dichtkunst*, T. I, p. 159, no. LIII., et Diez, *Denkwürdigkeiten Asiens*, S. 239—256. Mais il portait, comme poète, le nom de Selimy, tandis que dans notre recueil le poète s'appelle constamment Selim, pareillement à l'échantillon communiqué par M. Diez, p. 242.

Un autre poète turc, du même nom de Selim (mort en 1138 = 1725, voy. Hammer-Purgstall, l. c., p. 138-9), composa également des poésies en langue persane. Enfin, nous connaissons encore un poète persan de ce nom, appelé proprement Mouhammed Couli, des Oïmacs-chamlou, demeurant à Teheran et à Cazvin, sur lequel on peut voir *The Atesh Kedah*, ed. by N. Bland, London 1844, p. IV, et dont le divan se trouve à la bibliothèque el-Hamdiyé à Constantinople (*Catal.*, p. 225, vers.). Mais les extraits communiqués par Louthf Aly, dans son *Ateshkedeh*, du divan de Selim ne se rencontrent pas dans notre manuscrit. Il en est de même des échantillons donnés par M. Diez, l. c., pp. 241 et 255, du divan de l'empereur Selim. Comme cependant ce manuscrit, d'après une inscription sur la première feuille, a dû appartenir un jour à Mouftafa Thalib, appelé *écrivain* ou *secrétaire du sultan Selim*, et l'ouvrage même paraît n'être qu'un abrégé choisi منتخب de l'original, on est tout porté à croire que nous avons ici les poésies du sultan mentionné. f. 1—49.

Le Divan du sultan Selim se trouve dans la bibliothèque Noury Osmaniyé à Constantinople, voy. *Catal.*, p. 107.

2) T. Autre *Divan* ou *Recueil de poésies*, en langue turque, par Kachif كاشف ou Séyid Mouhammed Saad-eddin, fils de Esaadzadeh, né en 1076 = 1665 et mort en 1111 = 1699. C'est pourquoi la suscription est conçue ainsi: *Divan turc de*

l'humble serviteur (de Dieu) Mouhammed Saad-eddin el-Houseïny, surnommé Asaadzadéh. La marge droite (p. 50—63) contient des odes persanes, extraites du Divan en langue persane, par le même poète, qu'on doit bien se garder de confondre avec le persan Kachify. Voy. Hammer, *Gesch. der Osman. Dichtkunst,* p. 585, no. MDCVII. 85 f. in-8°. *(Ouv.)*

CDLXXV.

Manuscrit orné d'une vignette en or, azur et autres couleurs, à filets d'or, composé de papier de différentes couleurs et renfermant les deux productions suivantes :

1) دیوان نامی *Le Divan* ou *Recueil de poésies* de Namy, commençant par le distique : بانك غفران چو زند رحمت او عصیانرا ٭ تکیه برکفر بود از کرمش ایما نرا. La copie date de l'année غمج, c.-à-d. de 1043 = 1634, et elle a été finie au mois de si'l-hiddje, par Cheïkh Mouhammed. Cf. Hammer, l. c., p. 304, et Bland, *Atesh Kedah,* p. 32. — f. 1—64.

2) La seconde partie, qui, d'après l'inscription en lettres d'or sur le premier feuillet (65), renferme le *Divan* de Cazi Noury Iffahany (d'Iffahan) دیوان قاضی نوری اصفهانی, commençant par le distique : بکام دل بنشستیم در حریم وصال ٭ زهی سپاسی خداوندی سلامت حال, et contenant ensuite des pièces de louange de Mousaiyebkhan, de Chah Ismaïl, du vizir Mouhammed, des قطعه ou *pièces détachées,* des ghazels غزلیات, et des quatrains رباعیات

M. de Hammer, dans son histoire de la poésie persane, n'a pas fait mention de ce poète. Cette seconde partie du manuscrit, ornée de la même vignette que la première et copiée par le même écrivain, fut achevée la même année et vers la fin du même mois. Nous y trouvons les sceaux : 1) de Hadji Ahmed Abd el-Cahhar ben Abd el-Sattar, et 2) de Mirza Abd el-Kerim ibn Mirza Ismaïl el-Houseïny (1220 = 1805), probablement possesseurs jadis de ce manuscrit. Cf. Bland, *The Atesh Kedah*, p. 16, Msc. acad., f. ۳۲۲. — 92 f. in-8°. *(Ouw.)*

CDLXXVI.

دیوان خاقان *Divan de Khacan,* ou, d'après l'inscription sur la première feuille, دیوان قبلهٔ عالم وعالمیان *Divan de la qibla* (lieu vers lequel les Musulmans se tournent en faisant leurs prières), *du monde et du genre humain,* c.-à-d. du défunt chah persan Fath Aly Chah, qui, poétiquement, avait pris le surnom de Khacan. Ce divan se divise en 1) قصاید *Odes,* 2) غزلیات *Ghazels,* 3) ترکیب بند *Rondeaux,* 4) متفرقه *Mélanges poétiques,* 5) افراد *Pièces isolées,* 6) رباعیات *Quatrains,* 7) مراثی *Elégies,* 8) مقطعات مثنویات *Strophes détachées dans le genre de mesnevy,* 9) ساقی نامه *Livre d'échanson,* 10) خاتمه *Conclusion,* en prose. Les nos. 1—9 sont toujours précédés d'une *Préface* دیباجه. Quant au chah Fath Aly Chah comme poète, voy. W. Ouseley, *Travels,* T. III, p. 372.

Le chah avait envoyé ce même ouvrage, "*transcribed with the utmost calligraphical skill, and embellished by Mirza Bábá* (ميرزا بابا), *the chief painter or nakásh báshi* نقاش باشى, *who employed seventeen years on the miniature pictures, illuminations, and various ornaments, of this work, particularly portraits of the royal author, and of his uncle, Aga Muhammed*" (Ouseley, *Travels*, T. III, p. 372-3), comme présent au prince-régent d'Angleterre. Aussi notre copie, une des plus délicates qu'on puisse voir, est-elle sous tous les rapports digne de son auteur; mais on n'y trouve ni le nom du copiste, ni l'année de la transcription.

Il faut se garder de confondre Fath Aly Chah avec Fath Aly Khan, surnommé *le roi des poètes*, qui, sous ce même souverain, a composé l'histoire de son maître royal, en vers, intitulée: *Chahinchahnamëh* (Ous. T. III, p. 349). 113 f. in-8°. *(Khosr. M.)*

H. Contes.

Philosophiques, moraux, souphiques, et autres.

CDLXXVII.

حسن ودل *La Beauté et le coeur*, roman allégorique, en onze chapitres, dans lesquels Yahya Fettahy de Nichapour

یحیی فتّاحی نیشابوری, mort en 852 = 1448,9, s'applique à prouver l'impression involontaire que la beauté produit sur les coeurs. Ce roman, traduit en anglais par M. Price, a été publié à Londres, en 1828, sous le titre de *Husn oo dil, or Beauty and heart.* Voyez M. de Hammer, p. 290.

Notre manuscrit, à filets d'or et de couleurs, dont les caractères élégants, sont sortis de la plume du calligraphe renommé Malik مالك, est orné de trois peintures, avec les marges couvertes de paillettes d'or. Il date de l'année 958 = 1551. 33 f. in-8°. *(Ard. ع)*

CDLXXVIII.

نزهة العاشقین *Le Délassement des amants,* ouvrage en prose, entremêlé de vers, contenant des anecdotes relatives à la nature de l'amour et aux conditions indispensables pour être vraiment épris. L'auteur de ce traité ou رساله, Aly ben Mahmoud el-Hadj, l'a divisé en cinq sections ou قاعده *bases,* suivies d'une *conclusion* خاتمه.

Ce manuscrit, à filets d'or et de couleur, est un des plus remarquables de la collection sous le rapport de ses peintures, fort curieuses pour la vérité de l'expression de chaque physionome et le fini des détails. On ne trouve pas le même goût dans les dessins à grands ramages, ornant les marges coloriées. Écrit par Ahmed el-Houseïny de Mechhed, il date de l'année 970 = 1562,3. 13 f. in-fol. *(Ard.* *)*

CDLXXIX.

مرزبان نامه *Livre du Merzeban*, ouvrage moral persan, dans le genre des fables de Kalila et Dimna, que l'auteur a même prises pour modèle. Son avant-propos nous apprend qu'il s'est appliqué à donner une forme plus moderne à un ancien traité, écrit en dialecte du Thabaristan et en Parsy, par le Merzeban ben Chervin, l'un des descendants de Keïous, frère du grand Nouchirevan. L'ouvrage est divisé, à l'instar de son modèle, en 9 chapitres, dont le premier renferme des détails sur le prince qui composa l'ouvrage primitif. Le second chapitre traite de la mort d'un roi de l'antiquité, et des conseils qu'il donna, en mourant, à ses enfants. Le troisième parle du roi Ardechir (Artaxerxes) et du sage Mihreban-beh مهربان به. Le quatrième, intitulé: *Histoire du mauvais génie Gaoupaï* ديوكاوپای (*à pieds de boeuf*), *et d'un sage renommé par sa piété*, a pour but de prouver l'utilité de la science et les avantages qu'elle procure, combinée avec la pratique. Dans le cinquième, qui traite de deux chacals, nommés Dadmeh et Dasitan (ruse), l'auteur signale les devoirs, qui se rattachent au service des princes, et la conduite, que doivent tenir tous ceux qui les approchent. Le sixième, où il est fait mention d'un chien connu sous le nom de زیرك zirek (finaud), et d'un bouc تیس appelé زروی zeroui, tend à démontrer comment un homme fait pour parvenir aux grandeurs et pour vaincre tous les obstacles, lorsque l'élévation de son génie le porte de l'abîme de l'obscurité à l'apogée de la puissance. Le septième chapitre est l'histoire du lion et de l'éléphant; l'auteur y prouve la fin malheureuse des hommes injustes, disposés à la révolte et mécontents de leur sort. Dans le huitième chapitre, intitulé: *Aventures du chameau et du lion abstinent,* il est question des fruits de la calomnie, et des suites funestes de la perfidie et de la méchanceté. Le neuvième enfin, dont le commencement est arraché du manuscrit, ainsi que la fin du précédent, devrait, d'après la table des chapitres, traiter des aventures de l'aigle et d'Azadtchehrèh آزاد جهره. Le tout se termine par un appendice, où l'auteur donne encore quelques détails sur son ouvrage et sur ses devanciers. Si nous nous sommes étendus ainsi sur l'analyse de cet ouvrage, c'est qu'il ne figure dans aucun bibliographe. L'édition imprimée de Hadji Khalfa, T. V, p. 492, no. 11783, n'en donne que le titre; la copie Roumänzov l'appelle مؤلف لطيف الحجم. Il nous est, du reste, difficile d'en déterminer l'auteur, à moins qu'on ne regarde comme tel l'écrivain, nommé Ahmed ben Ahmed Cazviny, de Cazvin, surnommé Mouslimy المعروف بمسلمى, dont le nom figure à la fin de ce manuscrit en caractères neskhy, portant la date de 740 = 1339,40. 194 f. grand in-4°. *(Ard.)*

Cet ouvrage se trouve aussi dans la bibliothéque royale à Paris (*Catal.,* p. 304, no. CCCLXXXIV).

CDLXXX.

ترجمة الفرج بعد الشدة والضيقة *Version persane du livre de la joie qui succède à l'adversité et à la détresse*, ou, pour rendre cette expression arabe, d'une manière analogue, en latin, en russe et en français : *Post nubila Phoebus,* Послѣ дождя ведро, *Après la pluie vient le beau temps.* L'auteur de cet ouvrage moral, Houseïn ben Asaad ben el-Houseïn el-Dehistany el-Mouaiyedy حسين بن اسعد بن الحسين الدهستانى المؤيدى (cf. Krafft, p. 54, no. CLXX), nous apprend, dans l'avant-propos, qu'il a pris pour texte de cette production persane un manuscrit arabe de cinq feuilles (?), dont l'auteur était Abou Hasan Aly ben Mouhammed de Medaïn المداينى, en y ajoutant un grand nombre de contes, puisés dans différentes annales et histoires, ainsi qu'une foule de vers arabes et persans de sa composition. Le traité est partagé en 13 chapitres, dont chacun renferme des contes, tendant à démontrer que l'homme ne doit jamais se livrer au désespoir, lors même qu'il se trouve au comble de l'adversité, parce que la Providence ne manquera pas de soulager ses peines et même de l'en délivrer. Ce manuscrit, en caractères neskhy très lisibles et à filets rouges, paraît être fort ancien; mais l'année de sa date se trouve arrachée. Il a été copié par Aly ben Ahmed ben Mouhammed Abercouhy ابرقوهى d'Abrecouh, et appartenait jadis au sultan Ahmed Behadur Khan, peut-être le même que le prince de ce nom de la dynastie des Ilkhaniens, qui périt au commencement du XVe siècle de notre ère. 276 f. gr. in-4°. *(Ard.)*

L'ouvrage cité dans le catalogue des mscts. persans et turcs, conservés à Gotha, no. 9, parait être le même que le notre.

CDLXXXI.

Manuscrit renfermant deux parties, savoir:

1) انوار سهيلى *Les Lumières* de Souheïl, rédaction en langue persane, par Houseïn ben Aly el-Kachify (voy. no. CCLI), du célèbre ouvrage *Kalila et Dimna*, sur lequel il serait inutile d'ajouter ici des détails plus circonstanciés; on peut les trouver dans l'ouvrage de M. de Sacy: *Calila et Dimna ou Fables de Bidpai, en arabe, précédées d'un mémoire sur l'origine de ce livre, et sur les diverses traductions qui en ont été faites dans l'Orient* etc. Paris 1816, in-4°.

Cette rédaction persane a été publiée plusieurs fois: à Hertford en 1805, à Calcutta en 1816 et 1834, à Bombay en 1828; voy. encore Ch. Stewart, *An Introduction to the* Anvari Soohyly, London 1821, etc. Cf. Zenker, nos. 714—719. Notre copie date du 19 du mois de rebi I de l'année 1212 = 1797. f. 1 — 242.

Cet ouvrage est très fréquent; en Russie il se trouve encore à la bibliothèque de l'université de Moscou (voy. Petroff,

Обозрѣніе арабскихъ, персидскихъ и турецкихъ рукописей, etc. p. 4, no. 4), où, au lieu de Кельна كلن, il faut probablement lire Glen), et, en traduction géorgienne, au Musée asiatique. Cf. *Das Asiat. Mus.* p. 738.

2) Extrait du livre *Les Merveilles des choses crées, sur les propriétés de quelques arbres et plantes*, en commençant par les propriétés de *l'orange* اترج et procédant jusqu'à celles de la *rose* كل سرخ inclusivement. (Voy. no. CCLXIII). 245 f. petit in-fol. *(Erz.)*

CDLXXXII.

كتاب جامع الحكايات ou *Recueil de différents contes.* Il commence tout brusquement par l'histoire d'un roi du Khorasan, appelé Achref Khan. La copie, dont les premiers mots sont: امّا راويان اخبار وناقلان آثار ومهندسان روزگار, a été finié le 15 du mois de redjeb 1209 = 1795 par Resoul ibn Mouhibb, à Badkoui (Bakou). 163 f. in-fol.

On connaît un nombre considérable d'ouvrages du même titre et de la même teneur; feu W. Ouseley en possédait un, et en même temps un conte de Achref Khan lui-même. Voy. *A Catalogue* etc. p. 16, no. 532, et p. 13, no. 442.

CDLXXXIII.

قصهٔ خاورشاه وقصهٔ مهر وماه *Histoire* de Khaverchah et de Mihr et Mah, ou du Roi de l'Orient, et du Soleil et de la Lune.

C'est le titre désigné dans la suscription en encre rouge. Le manuscrit commence soudainement par : وپادشاه عام وراوج عدل وکرم تابنده وپاینده باد. Le conte est à peu près du même contenu que celui analysé par M. Garcin de Tassy, dans son *Histoire de la littérature Hindoui*, T. II, p. 550 et suiv. Khaverchah, roi de l'Orient, entendant parler de l'anneau de Salomon, qui rendait son possesseur à peu près tout puissant, et désirant se le procurer, s'adresse à un philosophe, nommé Abid عابد *(serviteur)*, qui lui donne de bons avis pour arriver au but de ses voeux. Le roi va combattre un sorcier Nerghes, qui change l'agresseur en lion, son ministre Rouchenraï (*l'éclairé*) en lynx, et le philosophe en renard. Ils ne recouvrent leur forme humaine qu'en buvant de la source de Iob. Or Khaverchah ayant délivré la belle Rouzefzoun (*qui augmente le jour*) de la prison où elle était enfermée au château du sorcier, la fée, de retour chez son père Ferroukhfal (*heureux d'augure*) roi des Péris, fait l'éloge de son libérateur. On va à sa recherche et un mariage entre lui et Rouzefzoun lui fait oublier le chagrin d'avoir été transformé en lion. Le fruit de ce mariage fut un fils nommé Mihr (*Soleil*), qui, ayant entendu par hazard parler de la beauté de Mah (*Lune*), fille du roi du Maghrib (*Afrique, ou Occident*), et vu son portrait, chez Mouchteri (*Jupiter*), ministre de ce roi, s'en éprit et parvint enfin, après diverses aventures, à obtenir sa main.

Le roi Khaver et son épouse, qui avaient cru leur fils perdu et en conséquent pris le deuil, sont enfin consolés par l'arrivée de Mihr avec sa jeune épouse, circonstance, qui comme de raison est célébrée par des fêtes splendides. Il paraîtrait cependant que ce conte n'est pas tout-à-fait achevé, les derniers mots étant: مهر پیش رفت ومادر را. f. 1 — 130.

Suivent f. 136 — 143 des fragments d'un livre à ce qu'il paraît médical, commençant par le 225e chapitre, *Indication des effets de quelques remèdes* در بیان بعضی ادویه. Il finit avec la *Description des effets salutaires de l'aspic*, par les mots: وموی سیاه کند عمرش دراز

Les pages 64 — 74 sont ajoutées d'une autre main, apparemment par un européen, et sur d'autre papier. 143 f. in-8°.

CDLXXXIV.

Manuscrit renfermant absolument le même opuscule, que celui cité sous no. CCLIV. Il s'était égaré, dans l'ancien registre de notre collection, de la division de *la Théologie* à celle de *l'Éloquence*, méprise pardonnable, vû qu'il est dépourvu de titre et de rubriques, et que, même par son contenu, il paraît, au premier coup d'oeil, n'être qu'un conte de fantaisie, tout-à-fait incompréhensible sans l'aide de la doctrine abstruse des Ssoufys mahométans. L'écriture, allant en lignes non droites, mais diagonales, occasionne encore un embarras de plus. Hadji Khalfa, qui a connu cet opuscule, le cite à l'article: مناظرات الانسان *Refléxions de l'homme* (d'après le manuscrit appartenant à l'Institut oriental de St. Pétersbourg), ou مناظرة الانسان *Refléxion de l'homme*, (d'après celui du Musée Roumanzov), et nomme l'auteur Dervich el-Hasan el-Cacahtany الققهتانى, c.-à-d. de Cahcah, lieu dans le district de Thous.

L'ouvrage, qui, d'après le premier feuillet du no. CCLIV s'appellerait : كتاب المناظرات فى التصوّف *Livre des refléxions sur la doctrine des Ssoufys*, traite (toujours dans un sens mystique) de la lutte des sentiments corporels, ou plutôt sensuels, contre les spirituels, ou du combat de *l'Amour* عشق avec *la Raison* عقل. Cette lutte est représentée comme provenant de deux empires, celui de la Raison, gouverné par un saint cheïkh, et celui de la Sensualité, ou Humanité, dont le chef est le padichah Amour. Ce dernier commence par envoyer un de ses employés, نغمه *la Voix douce*, au pays du cheïkh, appelé *l'Ouie* صماخ. Le messager y est admis à la cour du cheïkh et lui donne la description de son pays, habité par 28 قشون *bataillons*, nommés *le régiment de l'aisance* تومان كيف, qui, ne blessant jamais personne, réduisent les pêcheurs et les insouciants à leur devoir par la voie de la bienveillance et de la bonté. Le cheïkh, par l'entremise de l'interprète et conseiller *Imagination* خيال, fait répondre qu'il ne s'occupe que d'actes de piété et de dévotion عبوديت, et reproche à *l'Ouïe* que son peuple est une nation legère etc.

Au retour de *la Voix douce*, le padichah *Amour* envoie, en qualité d'ambassadeur, une personne distinguée sous tous les rapports, nommée *Discours* كلام. Cet ambassadeur est conduit par les avant-postes *Réfléxions* مناظر dans le royaume de la Raison, où, après avoir passé par les sept portes de *l'Observation* نظر, il est enfin annoncé au cheïkh par le drogman *Imagination* خيال, qui, en même temps vizir, répond à ses rapports concernant l'empire de l'Amour.

L'ambassadeur *Discours*, de retour dans son pays, y ayant raconté les merveilles qu'il venait de voir, l'Amour se détermine à conquérir l'empire du cheïkh. Il expédie en conséquence le *courier Inspiration* بريد الهام, pour espionner les pays du cheïkh, et lui proposer de se soumettre à son souverain. Mais le cheïkh s'y oppose, en objectant qu'il ne reconnait point la justesse des remarques de *l'Inspiration*, que même son employé حدس *Conception vive* n'avait pu résoudre.

Cependant, devenu inquiet, le cheïkh tient un conseil, dans lequel le conseiller *Imagination* propose de mettre en état de défense les citadelles des Dogmes fondamentaux, de préparer les armes de la Dévotion et des Oeuvres pieuses, et d'attendre l'attaque. D'autres grands émirs, comme *l'Intelligence vive* حدس et *le Doute* وهم s'y opposent; mais le cheïkh ayant agréé les propositions de *l'Imagination*, déclare à l'envoyé *Inspiration*, que son empire doit rester aux derviches, et fait accompagner cet envoyé par son employé *Puissance contemplative* قوت نظرى, qui donne au padichah Amour la description du royaume de la Raison, comme ayant des armées de trois espèces: نفسانيات, *spirituelles*, طبيعيات *naturelles* et ديوانيات *vitales* ou *animales*.

Le padichah Amour se met alors en marche; les héros de la Beauté s'emparent sans difficulté de la porte de l'Observation نظر et avancent jusqu'à la dernière, où ils trouvent cependant une forte résistance de la part des combattants de *l'Imagination*. Le cheïkh se consulte avec *l'Intelligence vive* حدث, mais il est obligé enfin de se rendre, toutes ses armées étant battues, et la domination de *l'Amour* et de *l'Aimé* commence.

Nous trouvons entre autres dans cette administration l'intendant *Douleur*, داروغه درد, le gouverneur *Tristesse* ou *Affliction* حاكم حزن, l'émir *Désir ardent* اشتياق et le président du divan *Patience* صاحب ديوان صبر, un des grands seigneurs les plus puissants, sans l'intermédiaire duquel aucun gouverneur des différentes provinces, p. e. *du Jeûne, de la Prière* etc., ne peut réussir en rien, et dont les principaux amis et compagnons sont: le *Contentement* قناعت; la *Confiance en Dieu* توكل; le *Souci d'agir toujours bien* ورع; la *Gratitude envers Dieu* شكر etc.

L'ouvrage est rempli encore d'autres discussions souflques. Son but est de démontrer les rapports intimes du véritable Ssoufy avec l'Être Suprême. Quant aux termes techniques arabes, employés dans notre courte notice, on peut en trouver une définition plus exacte dans l'ouvrage de Djourdjany, cité sous no. CCXXVIII, 1). Voy. le jugement de l'empereur Baber sur de telles compositions, quelquefois passant les limites de la bienséance, dans l'ouvrage *Memoirs of Baber*, p. 190. La copie, écrite par Aziz Allah el-Houseïny, date du mois de djoumada II de l'année 1086=1675. 25 f. in-8°.

I. Epistolographie.

CDLXXXV.

رياض الانشاء *Jardins de l'art épistolographique*, ouvrage célèbre de Mahmoud ben Mouhammed el-Ghilany, surnommé Khodjaï-Djehan ou Khodja Mahmoud Ghavan, vizir du sultan Mouhammedchah II, de la dynastie des rois Behmeny dans le Deccan, qui le fit tuer à l'âge de 78 ans, en 886=1481. Ce Khodja Djehan, qui, d'après Hadji Khalfa s. v. مناظر (copie Roumänzov), avait encore le surnom de Abou'l-Fazl, était grand protecteur des gens de lettres et fondateur d'un collège à Ahmedabad. Il entretenait une correspondance avec

Djamy, qui ne manqua pas de le célébrer dans quelques poèmes. Il trouva un biographe dans Maoulla Abd el-Kerim Sindy, dont l'ouvrage a été mis à profit par Firichteh.

L'ouvrage, que Briggs dans sa traduction de Firichteh (T. II, p. 510) appelle Rozut-ool-Insha, est souvent cité sous le titre de كتاب منشئات خواجه جهان *Livre des compositions épistolaires de Khodja Djehan*, titre qui se trouve aussi sur le premier feuillet. On en peut voir la teneur chez Krafft, p. 26, no. LXXVI. Ce n'est à proprement dire que l'application pratique des règles, données sur l'art épistolographique par le même auteur dans son ouvrage intitulé مناظر الانشاء *Vues sur l'épistolographie*, dont le contenu se trouve indiqué dans *Wiener Jahrb*. Bd. 62, Anzbl. p. 16, no. 46. Notre manuscrit, orné d'un frontispice, à filets rouges, et écrit sur du papier de différentes couleurs, est muni, d'un bout à l'autre, de notes interlinéaires et marginales, et commence par les mots: یا من توحّد بیدایع الابداع ; copié par Hasan ben Aly de Trébizonde الطره بزونی, il date de l'année 965 = 1557,8. 287 f. in-8°. *(Hyr.)*

Il y a des exemplaires de cet ouvrage à Vienne (*Wiener Jahrb.* et Krafft. ll. cc.), dans la bibliothèque du Roi à Paris (*Cat.* p. 28, no. CLXXXI), dans les collections Mackenzie (*Mack. Collect.* T. II, p. 136, no. LC), de Tippou Soulthan (Stewart, p. 89, no. XIII), etc.

Voyez, par rapport à l'auteur, la traduction de M. Briggs l. c. cf. Hammer, *Gesch. der sch. Redek. Persiens*, p. 412.

CDLXXXVI.

انشاء Collection de différentes lettres, par Abd Allah ben Mouhammed el-Mervarid المرواريد. Ce manuscrit, defectueux à la fin, commence par : اى كرده بكلك صنع. 104 f. in-8°. *(Frol).*

CDLXXXVII.

Manuscrit, aussi défectueux et généralement en mauvais état, contenant des modèles de *lettres* رقعه. Les derniers mots en sont : منقش ومشرف كردد اعتماد نمايند. 55 f. in 8°. *(Frol.)*

K. Calligraphie et Peinture.

CDLXXXVIII.

Collection des مرقّعات ou modèles d'écriture persane, puisés dans les ouvrages de différents poètes de cette nation, tels que Hafiz, Casim envar etc. Les calligraphes qui y figurent sont Mouhammed Aly, de Mechhed, Chah Mouhammed el-Katib, Chah Mahmoud, Soulthan Aly, de Mechhed, calligraphe très renommé, Mouhammed Riza, de Tebriz, Mouhammed Houseïn, de la même ville, Mahmoud Ishac el-Chihaby, Soulthan Mouhammed Nour et Mahmoud Casim. Ce manuscrit se distingue autant par la beauté des caractères que par la richesse des ornements; on y trouve en outre 20 peintures, très bien exécutées et dignes d'attention sous le rapport des costumes qu'elles représentent. 32 f. in-fol. *(Ard. E.)*

Quant à Soulthan Aly Mechhedy, voy. Khondemir, *L'Ami des biographies* (Msc. acad. p. ۳۰۳ vers.). Il est d'avis, que ce calligraphe, qui se trouvait au service de Mir Aly Chir (voy. no. CCLI), éclipsa tous les maîtres de calligraphie tant antérieurs à son époque, que venus plus tard. Il était en même temps poète, et mourut et fut enterré en 919 = 1513 à Mechhed. Cf. *Memoirs of Baber*, p. 197. Notre collection de manuscrits possède plusieurs copies de la main de ce calligraphe, voy. les nos. CDXIX, CDXXXVI, CDLIV.

CDLXXXIX.

Recueil de modèles d'écriture persane (et turque) et de peintures, qui égale tout ce qu'on peut voir en fait de pareilles productions d'artistes mahométans. La reliure même est on ne peut plus riche en or. Le frontispice de la première partie, aussi tout couvert d'or et embelli d'autres manières, contient la première surate du Coran, dans le plus beau nestaalic-sulusy, de la main d'Abd el-Rachid en 1031 = 1621. Vient ensuite la représentation du lever à la cour d'un souverain Indien, assis sur son trône, et prêtant l'oreille à Islamkhan اسلامخان, qui paraît lui soumettre quelque affaire. Après Islamkhan on voit encore, du coté droit, dans différentes positions, les figures de ... رم ديو *rm* (Baram?) *Deo* avec cinq compagnons, Chaïstéhkhan شايسته خان; Mouhabetkhan مهابتخان; Moukarremkhan (مكرمتخان؟) مكرمخان; Mir Ssalih ميرصالح (l'instituteur de l'empereur Aourenghzib, voy. Bernier, *Voyages*, Amsterd. 1711, T. I, p. 206 et Tod, *Annals of Rajasthan* p. 375); Saïdkhan سعيدخان; Séyid Djelal Boukhary سيد جلال بخارى; Oustad.. Kebir... استاد.. كبير le grand-maître... tenant un livre à la main, et en bas *le palefrenier* ou *écuyer*, tenant un cheval tout prêt; du côté gauche on aperçoit les figures de Djebanetkhan جبانتخان; Djenount Singha جنونت سنكه; Chahnouvazkhan شاه نواز خان; Khalil Allahkhan خليل الله خان; Nour Mouhammed Dervich نور محمد درويش, et Abd Allahkhan عبد الله خان. Ces noms, tracés près des personnes représentées, sont écrits en lettres si minces, que l'oeil a de la peine à les reconnaître. Le souverain figurant sur le trône n'est pas nommé, mais à en juger par les personnages qui l'entourent, ce doit être l'empereur ou grand-mogol Aourenghzib, qui régna de 1658 à 1707.

La peinture vis-à-vis (f. 3) fait voir l'empereur Djehanghir (1605—1627), regardant de la fenêtre d'un palais l'assemblée qui se trouve en bas. Il est indiqué par les mots, placés au dessus de sa personne : تصویر بادشاه جہانگیر *Tableau de l'empereur* Djehanghir. L'artiste, qui a signé son nom en bas du palais, était Miren میرن, et il a exécuté cette pièce en 1147 = 1734. Son nom paraît n'être qu'une abbréviation de Mir Kelan میر کلان, que nous trouvons sur une autre peinture du même recueil f. 11.

Parmi les autres tableaux de ce genre, nous nous contentons d'en citer encore deux. Le premier (f. 5), représentant aussi un souverain sur son trône, nous fait voir les noms de Khanalem خان عالم, qui lui offre un présent en bijoux; Ghirisingha کیریسنکه; Mousahibkhan مصاحب خان; Inayetkhan عنایت خان; Khanikhan? خانیخان?; et derrière le souverain: Tahmadjkhan طهماج خان, tenant un éventail ou émouchoir; Mihrab ou Souhrabkhan مهرابخان?; Chirkhan شیرخان; le *médecin* Bou Aly حکیم بو علی; enfin assis à droite: (Khosraou?) Chah خسروشاه?; Selim Chah سلیم شاه; Mirza Chah میرزا شاه; et en bas: Sany Gherchast (Gherchasp?) ثانی کرشست? avec une massue à tête de boeuf.

Ce tableau peut représenter l'empereur Akbar.

Le second tableau (f. 8 vers.), offrant une scène semblable, produit les noms: Khan Aazem خان اعظم, Khankhanan خانخانان, Khodja Djehan خواجه جهان: Qilidjkhan قلیج خان et quelques autres, qui sont méconnaissables. C'étaient des grands seigneurs de la cour de l'empereur Djehanghir, mais ils pouvaient appartenir aussi à celle de Chahdjehan (1605 — 1627). Or la physionomie du souverain représenté ici diffère de celle de Djehanghir, dont l'identité est constatée par la suscription alléguée. Voy. la notice sur une semblable peinture, représentant l'empereur Djehanghir, de M. Stewart *Journ. of the R. As. Soc.* T. II, p. 325.

Si les tableaux ci-dessus mentionnés figurent en effet les souverains auxquels nous les attribuons, on aurait ici représentations de quatre empereurs ou grand-mogols, savoir: 1) Akbar (1556-1605), 2) Djehanghir (1605 — 1627), 3) Chahdjehan 1627—1658 et 4) Aourenghzib (1658-1707).

Quant à ces peintures, provenant de la main d'artistes mahométans, malgré que plusieurs nations musulmanes ont eu en horreur la peinture, ou la représentation des figures d'hommes et d'autres objets animés, qu'ils regardent comme contraire aux ordonnances du Coran, il y a cependant assez d'exemples où l'on a cru permis de s'écarter de cette rigueur, en employant des figures d'hommes etc., sur les médailles et en peinture. Nous n'avons qu'à citer les médailles des Khans des Turcs Hoei-he ou Turcs orientaux, des Seldjouqides, des Ortoqides, des Zenghides, des Ayoubides de Miafareqeïn, des Mamlouks baharides, des Djoudjides, des Baberides, des Ssefides etc. L'art de peindre ne fut jamais réprouvé par les Persans, dont les livres abondent en peintures, circonstance attestée si magnifiquement même par les manuscrits de notre collection; aussi voyons nous cité un nombre assez considérable d'excellents peintres مصوّر moufavvir, ou نقاش naccach. L'empereur Baber (*Memoirs* etc. p. 197) en nomme deux: Behzad, dont la figure paraît même se trouver dans ce recueil, et Chah Mouzaffer. Khondemir (*L'Ami des biographies*, Mscr. acad. f. 200 vers.) fait mention aussi de deux, qui en même temps excellaient dans l'art de dorer: le premier Maoulana Hadji Mouhammed, vers 940 = 1533, bibliothécaire de Mir Aly Chir (voyez no. CCLI); le second, Khodja Mirek , qui fournit à la ville de Herat plusieurs copies de livres, étant en même temps calligraphe renommé. L'empereur Akbar avait même établi une sorte d'académie de peinture, au sujet de laquelle on peut voir l'Ayeen Akbery, publ. par Fr. Gladwin, T. I, p. 115—116, attestant, entre autres, que les membres de cette académie fournissaient des livres persans ornés de peintures (le Kissah Hamzah c.-à-d. *Histoire de Hamza* n'en contenait pas moins de 1400), et qu'ils étaient chargés de faire les portraits des principaux officiers de la cour. Il suffit du grand nombre de peintures qui se trouvent en Europe, ou isolément, ou dans des manuscrits, pour confirmer ce que nous avons avancé à cet égard.

Les modèles d'écriture de la première partie, puisés dans Firdaousy, Envery, Nizamy etc., sont dus principalement à la main de Abd el-Rachid el-Deïlemy; ils portent en partie les années

1028 = 1618, 1029 = 1619, 1030 et 1032 = 1620 et 1622, 1031 = 1621, 1033 = 1623, 1034 = 1624, et le nom de la ville d'Iffahan, comme l'endroit où ils ont été écrits. Le second calligraphe qui y a contribué, est Imad el-Hasany d'Iffahan عماد الحسنى (en langue turque et persane), et le troisième, Aly el-Katib (le copiste ou écrivain).

Les peintres nommés dans cette partie sont: Alycouli Begh Tchobadar جبادار (f. 15) et Chefi' شفيع Abbasy, 1063 et 1066 = 1652 et 1656, 6. — f. 1—63.

La seconde partie, pourvue d'un frontispice également riche, nous montre des écritures de Mir Aly Katib, quelquefois surnommé el-Hasany et el Soulthany, et une quantité de peintures, dont plusieurs sont certainement d'origine indienne. Ces peintures représentent, comme celles de la première partie, les sujets les plus divers: hommes, femmes, scènes entières du harem, fleurs, animaux etc. On y remarque, entre autres, f. 68, un image de la Ste-Vierge avec l'Enfant Jésus, et au-dessus, en lettres à-peine reconnaissables vu leur petitesse, les mots: يا صاحب الزمان *O Seigneur du Temps!* Ensuite viennent f. 77 vers. *l'Annonciation* de la Ste-Vierge, avec des mots en caractères romains, où l'on peut distinguer: MOTIR et NOSTER (cf. Ouseley, *Biogr. Not.*, p. CCXXIV); p. 67 vers. la figure d'un homme nommé Behzad, peut-être le fameux peintre de ce nom, cité dans les *Memoirs of Baber*, p. 197, et dans Khondemir, *L'Ami des Biograph.* (msc. acad., f. ٢٠٢ vers.); le portrait de Chah Abbas Behadur Khan (f. 79 vers.); f. 75 v. celui du dervich Abd el-Mouthallib, etc. Plusieurs de ces peintures portent le nom de l'artiste Mouhammed Riza رضا Hindy 1166 = 1752, ou Mouh. Riza Abbasy, le nom de la ville de Herat, et les années 1041 = 1631, 1042 = 1632, 1043 = 1633, etc.

Parmi les modèles d'écriture il y a plusieurs feuilles, ne contenant que des études ou exercices, nommés مشق meche, c-à-d. des feuilles, où les lettres minuscules sont couvertes de majuscules, de sorte que le tout a l'apparence d'une écriture effacée ou barbouillée. L'un de ces exercices porte l'inscription : هو مشق شریف قبلة استادان واستاد روحانیان *Ceci est le tracé du plus noble, de la qibla des maîtres et du maître des spirituels.* Le nombre considérable de pareils exercices, qui se trouvent dans plusieurs collections de modèles d'écriture que nous avons eu l'occasion de voir, attestent le prix qu'on y ajoutait. 88 f. in-fol.

L. Philologie.

Grammaire, Lexicographie.

XD.

Grammaire persane, expliquée en langue turque, et divisée en trois chapitres, qui traitent du *nom substantif* اسم, du *verbe*

فعل et des *particules* حرف. L'auteur, comme on le voit par les vers qui font la conclusion de l'ouvrage, se nommait Ssalahy صلاحى, et le composa en 1227 = 1812, ce qui est indiqué par le chronogramme : الفاظ جواهر. Ce n'est, du reste, qu'une traduction ou rédaction des traités sur la langue persane, intitulés: قواعد الفرس *Doctrines fondamentales de la langue persane*, et مفاتيح دريه *Clefs du Deri*. Le premier traité est probablement celui composé par Roustem Mevlevi, qui se trouve à la bibliothèque de Vienne (*Wiener Jahrb.*, Bd. 100, Anzbl. p. 31, no. 514); le second, avec le titre plus complet : مفاتيح الدرية فى اثبات القوانين الدرية *Clefs de porte pour établir (fixer) les règles de la langue persane*, appelée *Dery* ou *Langue de cour*, a pour auteur Mouftafa ben Abi Bekr el-Sivasy. Ce dernier traité a été imprimé à Boulac, en 1242 = 1826; en manuscrit il se trouve à Vienne (Krafft, p. 20, no. LXIII) et dans la bibliothèque Laaleli à Constantinople (*Cat.*, p. 378), et un commentaire là-dessus, comme il paraît, شرح مفاتيح الدرية, dont l'auteur, d'après le catalogue de la bibliothèque de Raghib-Pacha, était Ifam-eddin عصام الدين (*Cat.*, p. 40, vers.), à celle de Aathif à Constantinople (*Catal.*, p. 20). Notre manuscrit commence par les mots : الحمد لله الذى علمنا ما لم نعلم. 51 f. in-8°.

XDI.

لغة نعمة الله *Dictionnaire persan*, de Ni'met Allah, assez étendu, avec l'explication des mots en turc. Golius en a tiré partie pour la rédaction de son dictionnaire persan, inséré dans le *Lexicon heptaglotton* de Castell. L'auteur, qui a donné son nom à cet ouvrage, est Ni'met Allah ben Ahmed ben Moubarek el-Roumy (originaire de l'Asie mineure), mort en 929 = 1523; suivant Golius et D'Herbelot, il a dû encore se nommer Khalil Ssoufy خليل صوفى. Ses sources principales, comme on le voit par la préface, étaient: اقنوم عجم *Racines persanes;* قاسميّة Casimiyé, le dictionnaire (لغت) de Louthf Allah Halimy حليمى; وسيلة المقاصد *Les Moyens d'atteindre ses buts;* لغت قراحصارى *Le Dictionnaire de Carahifary;* صحاح عجم ديرينهٔ مختصر *L'ancien Dictionnaire abrégé,* intitulé: صحاح عجم *Pureté de la langue persane,* et le grand ouvrage moderne, connu sous le même titre. Ce lexique est divisé en trois parties, dont la première renferme les infinitifs ou racines des verbes, la seconde, les règles de la langue persane, nommée Dery, et la troisième, les noms primitifs et dérivés. Ni'met Allah, dans sa préface, dit qu'il a suivi l'ordre de l'Ecnoum-i-Adjem *Racines persanes.* Le manuscrit, qui date de l'année 969 = 1561,2, est en caractères nestaalic très fins, mais assez lisibles, et commence par les mots: حمد بى قياس وشكر. Cet ouvrage, assez fréquent, se trouve au Musée asiatique de notre Académie (no. 475), à la bibliothèque Impériale de Vienne (*Mines de l'Orient,* T. II, p. 284, no. 6, et Flügel (*Wiener Jahrb.,* Anzbl. T. 100, p. 3, no. 202—203), à Leyde, en trois exemplaires (*Catal.,* nos. 1355—1357), à Paris, au nombre de cinq (*Catal.,* p. 289, nos. 194—197, et p. 290, no. 205); à la bibliothèque de feu M. Rich, en double (*Mines de l'Orient*, T. IV, p. 291, no. 285=6), à celle de Bodley (Uri, p. 289, no. 95), à Dresde (Fleischer, p. 27, no. 182, où une des sources, nommées Qâsimijjeï-Lutf-allah, est peut-être la قائمةُ لطف الله, voy. no. XDVI); à la bibliothèque de feu Molla Seïf-eddin ben Abi Bekr à Ssaba (no. 188), à celle de la mosquée de Ste-Sophie à Constantinople, le manuscrit intitulé: جامع الفرس ou *Recueil de la langue persane*, par le maoulla Ni'met Allah, étant très probablement le même ouvrage; enfin à la bibliothèque de l'église de Marie-Magdelaine de Breslau (*Catal.*, msc. no. 40, in-4°). 281 f. petit in-4°. *(Akh.)*

XDII.

Autre exemplaire, jadis un legs de Mouhammed et, dans la suite, en possession de Lysius, comme nous l'apprend l'inscription sur la première feuille: *Joanni Henrico Lysio, D. Parentis, de Ecclesia Christi optime meriti, filio bene jam merenti, non nominis solum sed et virtutum paternarum haeredi locupletissimo Hocce dat antiqui monumentum et pignus am (oris) Marrhius V. D. M.*

Cet exemplaire est écrit en caractères très nets et très lisibles; les mots persans sont en rouge. 205 f. in-8°.

XDIII.

تحفة شاهديه *Présent de Chahidy*, ou petit vocabulaire persan, très renommé et généralement usité dans les écoles; il est mis en vers turcs, à l'usage des enfants qui l'apprennent immédiatement après l'alphabet, et répandu encore sous le titre de شاهدى منظوم ou *Chahidy en vers*, et de لغت شاهدى ou *Vocabulaire de Chahidy*. L'auteur est généralement connu sous le surnom de Chahidy; son nom propre, d'après Hadji Khalfa (msc. Roumänzov), paraît avoir été Abd el-Aziz Tchelebi, surnommé poétiquement جودى جلبى Djoudy Tchelebi, mort en 1021 = 1612, mais d'après M. Krafft, vers 1470. Ce poète, auteur de plusieurs ouvrages sur la prosodie, change de mètre dans chacun des chapitres, dont se compose son vocabulaire. Un des vers qui s'y trouvent, démontre qu'il était originaire de Moghla, dans la contrée de Mentecheh en Anatolie, et qu'il appartenait à l'ordre des Mevlevites, fondé par le moulla Djelal-eddin Roumy. Il vécut longtemps à Iconium, et florissait, suivant M. de Hammer et Chabert, sous le règne du sultan Souleïman II, qui gouverna la Turquie depuis 1520 jusqu'en 1566. Le manuscrit, en beaux caractères neskhy et revêtu de points voyelles, commence par les mots: بنام خالق ى 31 f. in-4°. *(Akh.)*

Il y en a trois exemplaires au Musée asiatique de notre Académie (nos. 82—84), et on le trouve également à la bibliothèque de Leyde (*Catal.*, p. 490, no. 1978), à celle de Paris (*Catal.*, p. 291, no. 216; p. 234, nos. 205 et 206; p. 325, no. 210) et de Bodley (Uri, p. 203, no. 1939, et p. 291, no. 105), au Musée

Britannique (voy. Ouseley's *Oriental collections*, T. III, p. 16), à la bibliothèque de feu M. Rich (*Mines de l'Orient*, T. IV, p. 291, no. 281), à celle de feu le comte Suchtelen à Stockholm (actuellement à l'Institut oriental de St.-Pétersbourg), à Munich (Flügel, *Wiener Jahrb.*, Bd. 47, Anzbl. p. 13), à Hambourg (Bohlen, *Catal. msc.*, no. 185, p. 109), à Upsal (Tornberg, p. 19, no. XXVII), etc.

Voyez, relativement à l'auteur et à ses écrits, la traduction allemande de Lathify, par Chabert, p. 214, et Krafft, p. 8, no. XXI.

XDIV.

تحفة الملوك *Présent digne des rois*, commentaire fort étendu sur l'ouvrage précité de Chahidy. Ce commentaire, par Abd el-Rahman ben Abd Allah el-Caddousy القدّوسى (sic), a été composé en 1063 = 1652,3 et copié en 1149 = 1736,7. Le manuscrit, en petits caractères neskhy, très nets et très lisibles, commence par les mots: سپاس بى قياس. 148 f. in-8°. *(Akh.)*

Cet ouvrage se trouve aussi à la bibliothèque de la mosquée de Ste-Sophie à Constantinople. Cf. Krafft, p. 8, no. XXIII.

XDV.

Autre commentaire, en turc, sur l'ouvrage de Chahidy (voyez no. XDIII). Son auteur, proprement Houseïn, surnommé d'abord Kechefy? كشفى, mais plus tard نوى Nevy, était natif de Carahifar Charqy (dans le pachalic d'Erzeroum). Ce manuscrit, en jolis petits caractères neskhy, date de l'année 1168 = 1754,5; il commence par les mots : الحمد لله الذى شرفنا الخ. 70 f. in-8°. (Akh.)

XDVI.

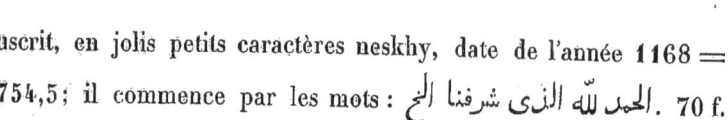 *Dictionnaire* persan-turc de Halimy. L'auteur est le cazi Louthf Allah ben Aly Yousouf (ou, comme il est nommé dans la préface, ben Yousouf), plus connu sous le surnom de Halimy. Quant à la période où il a vécu, les bibliographes ne l'assignent pas avec certitude. Hadji Khalfa, éd. impr., T. IV, p. 503, no. 9364, et une copie manuscrite, à l'article قائمة, ne cite pas l'année de sa mort; dans la copie du Musée Roumänzov nous trouvons 749 = 1348, mais l'inexactitude de cette donnée est assez prouvée par la circonstance que Halimy dédia un de ses ouvrages, intitulé: نثار الملوك *Offrande aux rois,* au sultan Bajazet II, qui régna depuis 886 — 918 = 1481 — 1512. M. de Hammer (*N. Journ. asiat.,* T. XII, p. 43, Eichhorn, *Geschichte der Litt.,* p. 1164, *Geschichte des osman. Reiches,* T. II, p. 433, 526, 646, et *Geschichte der osman. Dichtkunst,* T. I, p. 221) le nomme instituteur du sultan Selim I, qu'il accompagna pendant son expédition en Égypte, en 1518, et lui assigne comme lieu de naissance Castemouni, en le faisant mourir à Damas. L'année de sa mort, du reste, peut être fixée à l'aide d'un chronogramme sur le premier feuillet de notre manuscrit, à la marge de l'avant-propos, conçu en ces termes: آه اى فاضل

Ah! o homme excellent! chronogramme, dont les lettres prises dans leur signification numérale, donnent l'année 928 = 1522. Halimy est auteur de plusieurs ouvrages lexicographiques, p. e. 1) d'un dictionnaire arabe, expliqué en persan (voy. Pococke, *Specimen histor. Arabum,* ed. 2da, p. 151; Uri, p. 229, no. MLX), 2) du نثار الملوك *Offrande des rois,* dictionnaire persan-turc, qui se trouve à la bibliothèque Royale de Paris (voy. *Catal.,* p. 289, no. CXCII), et, comme il paraît, aussi à la bibliothèque Médicéenne de Florence (v. Assemani, *Biblioth. Mediceae etc., Catal.,* p. 419, no. CCCLVIII), 3) du بحر الغرايب ou *Mer des raretés,* dictionnaire persan, où la prose alterne avec des vers ou de la prose rimée, et qui se trouve à la bibliothèque du Dr. J. Lee à Londres (voy. *Oriental manuscripts purchased in Turkey,* p. 17, no. 83, II.), et en deux exemplaires à celle de Leyde (no. 1355—1357); 4) d'un ouvrage intitulé, d'après Assemani (l. c., p. 478, no. DVIII), Loſan al-Sciohara, *id est Lingua Poëtarum* (لسان الشعرا): *auctore, ut videtur, Lotf-Allah, filio Abu-Josephi,* renfermant une exposition, en arabe, des mots difficiles et moins usités, qu'on rencontre dans les compositions des poètes. Le cinquième ouvrage est le dictionnaire, qui fait le sujet de cet article et où les mots de la langue persane sont rendus en turc, et, en cas de besoin, expliqués par des passages de divers poètes persans. Il paraît que sa destination était de servir de commentaire à l'ouvrage cité plus haut, intitulé:

Mer des raretés. Il est très estimé, et Souroury et Ni'met Allah, de même que Golius et Méninski, en ont tiré parti pour leurs dictionnaires. Ce dernier se trompe en disant que l'explication des mots persans y était conçue non-seulement en langue turque, mais encore en arabe : il n'y a, en effet, que la première. On rencontre aussi plusieurs erreurs relativement au titre de ce dictionnaire. Assemani (*Catal. biblioth. Nanianae*, T. I, p. 4, no. VI, et p. 176) donne comme tel كتاب جامع Ketab Giamé, ayant mal compris un passage de la préface. Il croit de plus y avoir lu que l'auteur avait été aidé, dans la composition de son ouvrage, par un certain Sciocrallah, assertion inexacte, ne devant son origine qu'à une explication erronée des mots qui suivent le nom de Halimy : شكر الله مساعيه وجعل الى الميزان داعيه *Merci à Dieu* etc. D'après M. Flügel (*Wiener Jahrb.*, Bd. 47, Anzbl. p. 13), l'exemplaire de Munich porterait le titre de لغة صحاح عجم, ce qui cependant n'est confirmé par aucune autorité. Golius l'intitule : بيان لغات ; mais ces mots, qui se lisent dans la préface, ne constituent pas le titre. Le même se trouve chez D'Herbelot, à l'article Logat, et il ajoute encore le troisième titre Aknoum Agem, qui non plus ne peut être admis. Ce dictionnaire n'étant, au fond, qu'un commentaire de la *Mer des raretés*, nous le rencontrons assez fréquemment sous le titre de شرح بحر الغرايب *Commentaire de la Mer des raretés*, p. e. dans le *Catal.* de Paris, p. 289, no. CXCIII, p. 324, no. CC. Mais le vrai titre de cet ouvrage, vulgairement appelé Loughat-i-Halimy, doit être القائمة ou القائمة بالقسط, comme nous l'apprend Hadji Khalfa, à l'article الإقامة, T. IV, p. 503, no. 9364, et بحر الغرايب, T. II, p. 19, no. 1667; nous savons par le même bibliographe que le dictionnaire en question devait avoir encore une seconde partie, traitant de la prosodie, de la métrique et de la rhétorique persanes, mais elle manque dans cette copie, comme dans d'autres. Notre exemplaire, écrit en caractères nestaalic assez lisibles, en 930 = 1523, c-à-d. environ un an après la mort de l'auteur, commence par les mots: حمد بليغ وثناى دريغ خداىرا جلّ جلاله وعمّ نواله. 119 f. pt. in-f. *(Rzev.)*

On trouve encore des exemplaires au Musée asiatique de notre Académie, no. 474, à la bibliothèque Impériale de Vienne (*Mines de l'Orient*, T. II, p. 284 b, nos. 7, 8 et 11 complets, et nos. 9 et 10, sans la seconde partie; cf. Krafft, *Catal.*, p. 8, no. XXI, et Flügel, (*Wiener Jahrb.*, Bd. 100, p. 3); à Dresde (Fleischer, nos. 90 et 169 (ce dernier incomplet); à la bibliothèque de Bodley (Uri, p. 287, no. 88, p. 289, no. 94, où la seconde partie manque, p. 290, no. 98, p. 291, no. 209); à la bibliothèque Naniana, de Venise (v. Assemani, I, p. 4, no. 17); à celle de Médicis, à Florence (Assemani, p. 433, no. 412, et p. 419, no. 358); à la bibliothèque Royale de Munich (Flügel, *Wiener Jahrb.*, Bd. 47, Anzbl. no. 19); à celles de Paris (*Catal.*, p. 288, no. 177-8, p. 289, no. 189-91, p. 289, no. 103? p. 324, no. 200?), et de l'église de Marie-Magdeleine, à Breslau (Catal., msc. no. 4).

XDVII.

Commencement du برهان قاطع ou *L'Argument tranchant*, dictionnaire persan, trop connu pour qu'il faille en donner des détails plus circonstanciés. Il suffit de dire que l'auteur était Mouhammed Houseïn Ibn Khalef ابن خلف el-Tebrizy, de Tebriz, surnommé poétiquement Bourhan. Ce dictionnaire, un des meilleurs de la langue persane, traduit en turc par Ahmed Emin Efendi et publié à Constantinople, en 1214 = 1799, et à Boulac, en 1251 = 1836, l'a été en persan, par Thomas Roebuck, à Calcutta, en 1818; la préface nous apprend que l'éditeur, malgré ses recherches consciencieuses et celles des savants indigènes, n'a pu trouver d'autre renseignement sur l'auteur, sinon qu'il composa son dictionnaire en 1062 = 1652, et le dédia à Abd Allah Couthb Chah ben Couthb Chah (dans notre copie خلب الله) du Deccan, sous la protection duquel il paraît avoir accompli son travail.

Ce manuscrit, à filets rouges, datant évidemment d'un temps très récent, est incomplet, et ne va que jusqu'au mot : اشكيمود. 167 f. in-4°.

La bibliothèque de l'université de Moscou en possède un exemplaire complet, voy. Petroff, *Обозрѣніе*, etc., no. 1.

M. Recueils et Mélanges.

XDVIII.

Manuscrit à filets rouges, qui renferme les huit traités suivants:

1) مفتاح البدايع *La Clef des merveilles* ou traité des tropes, composé par Vahid-eddin وحيد الدين, de Tebriz, à l'usage de son neveu صفى الدين Ssefy-eddin. Il commence par les mots: شكر وسپاس خداوند متكلم را. f. 1—19.

Vahid-eddin, de Tebriz, est cité par M. de Hammer, dans son ouvrage *Geschichte der schönen Redekünste Persiens,* p. 380.

2) Un traité de prosodie et d'art poétique, intitulé: جمع مختصر  ou *Recueil abrégé,* composé par le même auteur, qui débute en disant: سپاس بى قياس واجب التعظيم را. f. 20—54.

3) Un choix de distiques (رباعى) ou pièces de quatre hémistiches, sur toutes sortes de sujets propres à être employés dans le style épistolaire. Intitulé: مونس الااحباب *Le Familier des amis,* et ayant pour auteur un certain Abd Allah, il commence par les mots: اى لطف تو داده شهريار ا نرا تاج. f. 56—70.

4) Un petit traité de *Terminologie,* renfermant les expressions les plus usitées dans le style des ßoufys et dans les poèmes érotiques, où l'auteur fait allusion à l'amour divin. Après la formule usitée, il commence par: اما بعد اين چند كلمه ايست در اصطلاحات. f. 71—75.

5) A. Un petit traité de *Métrique*, en langue arabe علم العروض, incomplet, par Abou Abd Allah Mouhammed, connu vulgairement sous le nom de Abou'l-Djeïch ابو الجيش el-Anfary el-Andalousy el-Maghriby; v. no. CXXXIV (*Manuscrits arabes*). Le commencement, après la formule usitée, est: قال الفقير الى الله الغنّى. f. 75—79.

6) A. Des tables ou *Paradigmes des verbes persans*, dont l'auteur a gardé l'anonyme. En langue arabe. Il commence par les mots: اعلم كما انّ الصرفيون جعلوا الفعل. f. 80—86.

7) Un petit *Vocabulaire*, par ordre alphabétique, des mots arabes et persans, le plus rarement usités, avec leurs équivalents en turc. Le premier mot en est: آوْل, et le dernier: يا كذن. f. 86—89.

8) T. Un traité, en langue turque, de *Logogriphes* et de leur origine, suivi de quelques exemples en vers persans. Il a pour commencement: فى بيان اصل التحمية يعنى معمّانك قواعدى. Les caractères neskhy et nestaalic, employés dans ce manuscrit, se distinguent par leur netteté. 103 f. in-12°. (*Akh.*)

XDIX.

Manuscrit renfermant deux parties, savoir:

1) Un traité ascétique, en prose et en vers, intitulé: نزهة الارواح *Amusement des âmes* (le manuscrit donne faussement نصيحت), et divisé en 28 chapitres, traitant de la vie contemplative des ascètes ساوك etc., par Houseïny Hasany ben Alim el-Hasan el-Hasany

(Houseïny?), qui l'écrivit en 711 = 1311; v. sur l'auteur no. CDI. La copie, terminée le 22 de djoumada II 1053 = 1643, commence par les mots: الحمد لله الخ قال سيدنا ومولانا الشيخ الاجل; les premiers mots de l'ouvrage original sont: بتوفيقش چو روشن ديدم اواز. C'est le même traité que celui cité dans le *Journal asiat.*, IVe sér., T. 11, 1848, p. 85, no. 23. f. 1 — 169.

2) زاد المسافرين *Le Viatique de ceux qui marchent dans la voie de Dieu*, poème mystique par le même Emir Séyid Houseïny, dont il a été parlé déjà au no. précédent, 1), et no. CDI. Ce poème, qui commence par l'hémistiche: اى برتر ازان همه كه گفتند * انانكه چون بود از, est incomplet à la fin et se termine par: بدين يا نهفتند ان خطا كه كردم * وان تير قضاكه سخت خوردم. Voy. Hadji Khalfa, T. III, p. 528, no. 6774. Il ne faut pas le confondre avec celui du même titre, cité par D. Price, dans les *Transactions of the Royal Asiatic Society of Great Britain and Ireland*, vol. III, no. I, p. 32. — 217 f. in-12°. *(Doubr.)*

D.

Manuscrit composé des traités suivants:

1) Quelques vers persans détachés, sur du papier tiqueté d'or. f. 1 — 2.

2) Traité contenant, d'après la suscription en encre rouge: كليد انشاء ابو الفضل بن مبارك *Clef pour la composition épistolographique*, de Abou'l-Fazl ben Moubarek. Cette composition, une des

plus célèbres dans l'Orient, a pour auteur le vézir de l'empereur Akbar, le même qui nous a laissé le Ayin Akbary, publié à Calcutta, en 1772—92, et à Londres, en 1800. Notre traité contient l'explication des mots arabes, en ordre alphabétique, qui se trouvent dans la composition de Abou'l-Fazl. L'explication, d'ailleurs très courte, est en persan. Le tout commence par : واين نسخه ایست راقم اداب. Les premiers mots expliqués sont : انفس افاق اساتین اهتداد. A la fin nous lisons: que le 22 de rebi I 1176 = 1762 le *Glossaire du livre* nommé *Gulistan ou Parterre des roses* a été achevé, ce qui pourrait faire croire qu'il s'agit ici du célèbre Gulistan de Saady. Pour décider la question, il faudrait collationner les mots arabes se trouvant dans notre glossaire, avec ceux des deux ouvrages susmentionnés, travail, dont le résultat, en réalité, justifierait à-peine la perte du temps nécessaire pour une telle collation. f. 2 – 14.

3) La troisième partie, encadrée de filets bleus, contient une toute semblable *clef* ou *clavis* pour les mots arabes de l'*Alexandréide*, ou du Iskendernamèh de Nizam-eddin ou Nizamy, par Hámid حامد ben Djemal el-Houseïny el-Djounpoury, de Djounpour, qui paraît avoir donné à son ouvrage le titre de كشف الدقايق *Révélation des points subtils et des finesses*. Il l'avait composé pour les courtisans de Abou'l-Mouzaffer Chirchah Adil, fondateur d'une dynastie de courte durée, dans l'Inde, et mort en

952 = 1545. D'après la suscription, ce livre est nommé: كليد
كتاب شرف نامه عن تصنيف خواجه نظام الدين *Clef du livre Cherefna-mèh* de la composition du khodja Nizam-eddin. La copie, commençant par les mots: حمد بی‌نهایت و سپاس بی‌عنایت, a été finie le 3 de djoumada I 1176 = 1762, à Mahmoudbender(?). Le commentaire débute par: خدایا جهان بادشاهی تراست. f. 14—37.

4) Quelques remarques sur *le moyen d'apprendre dans quel signe du zodiaque* برج *la lune se trouve*, commençant par les mots: این دربیان معرفت قمر عتریست یعنی در بیان دانستن قمر که امروز در کدام برج است.

5) تحفة نصایح *Présent des avis*, poème morale et didactique, composé par Yousouf Gheda یوسف گدا pour son fils خلف Bou'l-Fath, au mois de rebi II en 752 = 1351, et renfermant 776 hémistiches, en 45 chapitres باب. La copie, à filets rouges, a été achevée au mois de djoumada II 1176 = 1762. L'auteur avait pour instructeur le cheïkh Nafîr-eddin el-Hacc Mahmoud, dont il fait l'éloge au commencement de son poème, débutant par les mots: حمدی بگویم بیعد د مر خالق جن و بشر. Hadji Khalfa, T. II, p. 242, no. 2684, n'en cite que le titre. f. 37—50.

6) *Les noms des surates du Coran* اسمای سورة قرآن. Ces remarques commencent par les mots: خواهی نام سورت های قران یاد دار * تا بیابی بهرهای ختم قرآن بشمار. f. 53.

7) Tables chronologiques, encadrées en filets rouges, de Mahomet, Aly, Fathima, et les douze Imams, jusqu'au dernier imam Mehdy inclusivement, avec les noms et surnoms, les parents, les mois, jours et lieux de naissance et de mort, etc. f. 53 — 54.

8) Quelques cercles alchymiques et mystiques. f. 54 — 55.

9) رسالهٔ صد وپنج پند [که] لقمان حکیم به پسر خود گفته است Opuscule contenant les 105 avis que Locman le sage donna à son fils. Cet opuscule, après la formule ordinaire, commence par les paroles: امّا بدانکه اینصد وپنج پند سودمند است. f. 55 verso.

9) Des cercles magiques et astronomiques. 57 f. in-fol.

DI.

1) Lettre de Mouhammed Couli (d'après le cachet sur le dos contenant les mots: عبده الراجی محمد قلی. Son serviteur qui espère, Mouhammed Couli) à un général (سردار اعظم Serdar) russe, pour lui dire, que l'arrangement et l'ordre des affaires des états voisins demandant des conférences, il a envoyé son frère Alycouli Begh, qui lui expliquera ces choses oralement. La lettre est sur papier bleu.

2) Morceau de papier contenant une lettre d'un certain Mouhammed .... à son frère Kerbelaiy Ahmed, fils de Hadji Vely Mouhammed à Ardebil, dans laquelle il charge ce dernier, de

rendre un sac de Henna (qui sert à teindre en rouge la barbe et les cheveux) à Agha Abd el-Houseïn.

DII.

Recueil de lettres, dont le titre, d'après l'inscription sur la première feuille, serait : كتبهای فارسی *Lettres persanes.*

1) Lettre adressée à une personne inconnue. «On dit que vous avez été très malade, que Dieu vous envoie bientôt la convalescence! Quelques uns de vos gens qui sont arrivés, sont un peu indisposés, mais ils partiront avec l'aide de Dieu ces jours-ci pour Enzeli, où ils auront l'honneur de se présenter à Votre Présence. J'espère que vous m'informerez de votre santé avant notre entrevue personelle, et que vous m'honorerez de quelque commission» etc.

Cette lettre est signée en caractères russes: Имамъ Верди Бекъ.

2) La seconde lettre ne donne aussi pas le nom de celui à qui elle est adressée; pleine de fautes et irrégularités, elle contient à peu près ce qui suit: «J'ai reçu votre lettre et j'ai fait des arrangements pour vous faire parvenir la quantité demandée de begres (بکرس, sorte de matière fine) et d'ornements, et de lendereh (?). Je vous ai fait quelques questions relativement à certaines marchandises, et vous prie de me faire savoir, le-

quel de vos marchands possède ces marchandises, quel est leur prix, et où il faut envoyer l'argent » etc.

La lettre est signée: Ага Хедаетъ. f. 2.

3) « On dit que mon frère Agha Mir Mouthallib (مطلب) a l'intention d'aller à Badkoubeh (Bakou). Vous savez qu'entre moi et Aly-Penah Khan, il existe de l'inimitié. La seule nouvelle de cette intention (de mon frère) aura des suites fâcheuses. Je vous prie donc, en cas que mon frère veuille vraiment partir et qu'il ait mis ses effets sur un vaisseau, de les en retirer. Mon cachet (sceau) se trouvant chez mon frère, je vous prie de n'accepter aucun papier (passport) cacheté avec ce sceau » etc. f. 2 vers.

Signée: Імамъ Верди Бекъ.

4) « L'affaire du maître Français (ou européen) (استاد فرنکی) est réellement comme nous l'avons exposée dans notre dernière lettre. A présent je vous envoye la réponse de son Excellence le Navvab (Vicegérent) par l'intermédiaire de votre serviteur Souhrab. Si à l'arrivée du vaisseau et du dit drogman les marchands indiqnés se trouvent parmi les passagers, ils seront sans délai expédiés chez vous ». f. 3.

5) Lettre écrite à un employé chrétien. « J'ai reçu votre lettre, avec l'information que les biens d'un de vos marchands Khodja (Mr.) Simeon ont été pillés. J'ai donc demandé que Aca Houseïn, Aca Yousouf et Aly Akbar se rendissent ici d'Enzeli. On

emploiera tous les moyens pour restituer ces biens et pour découvrir les voleurs. Cela servira à tranquilliser les marchands qui demeurent en notre pays (en Perse) ». f. 3 vers.

Cette lettre est signée: Ага Хедаетъ.

6) Firman contenant un ordre à Mouhammed Hasan Begh, le Youzbachi, de se mettre en chemin avec 300 de ses gens (soldats) pour se rendre à Khalkhal et Lapghouh, où il devait arrêter toutes les personnes, signalées sur la liste présentée à Sa Majesté par le gouverneur des districts mentionnés, saisir leurs biens, et expédier les hommes à Iſſahan, pour y être delivrés au gouverneur. Pour leur transport, il devait acheter à leurs dépens deux ânes pour chacun, etc. f. 4.

Cette lettre porte la date 1155 = 1742.

7) Autre lettre sur l'affaire, citée sous 5) et signée: Хедаетъ. f. 4 vers.

8) « J'ai reçu votre lettre relativement au paiement de l'argent à vos marchands; j'aurais fini cette affaire depuis longtemps, mais il y en avait trop de ce genre au divan. Nous vous avons remis à différentes occasions, par l'intermédiaire du marchand Avanos, 200 tomans de Tebriz (environ 800 roub. arg.); à présent j'envoie par le même 80 tomans (320 roub. arg.), le reste sera envoyé après ». f. 5.

9) Lettre à un employé chrétien. « Nous avons appris qu'une

partie des biens du marchand Mesmoun (Simeon?) qui étaient perdus se sont retrouvés dans sa propre boutique. Je vous prie donc de m'expliquer cette circonstance, pour que nous puissions faire ici des arrangements». etc. f. 9.

Signé: Хедаетъ

10) Lettre à un employé russe. «Une partie de la somme de 300 tomans de Tebriz, due de la part des marchands de Enzeli, étant arriérée, nous avons ordonné son payement à Kerghin Begh, qui vous la remettra sous peu. Nous avons appris que quelques marchands se sont cachés chez des gens de votre nation. Cette circonstance peut causer du délai dans le paiement, et est contraire, en même temps, à l'ordre des choses établi. Je vous prie donc de rendre toutes ces personnes au Mouhaffil (ou officier de police) pour être amenées devant moi». f. 6.

Cette lettre est signée: Алиханъ.

11) Lettre d'un vieillard à un jeune ami. «Etant arrivé au lieu de ma demeure, je suis tombé malade», etc. f. 7.

12) Lettre à quelque employé. «Le courrier (چاپار) ayant apporté la nouvelle de la conquête de Azad bi bounyad (ازاد بی بنیاد ??), j'ai cru devoir vous expliquer cette affaire», etc. f. 7. vers.

Cette lettre est signée: Имамъ Верди Бекъ.

13) «Au premier du mois de chaaban j'arrivais à Recht. On dit ici que relativement à la réalisation des dettes les officiers

royaux ont composé une liste de noms, ce qui a tellement effrayé les gens, qu'ils se sont enfuis en partie et sont en grande crainte. Je vous prie donc de rassembler tous les marchands, de leur montrer de la bonté et d'écrire à ce sujet une lettre bienveillante pour les tranquilliser», etc. f. 8.

14) «Pendant votre séjour ici vous m'avez prié de parler à Son Excellence le Serdar relativement au prix (probablement à la gratification) pour votre coopération. Son Excellence dit, qu'une telle gratification sera faite, mais qu'il doit en faire son rapport à Son Excellence le Navvab (Vicegérent). Quelques unes de mes connaissances du Chirvan ayant l'intention de se rendre en Mazanderan, je vous prie d'ordonner qu'on leur donne une place convenable dans le vaisseau», etc. f. 8 vers.

Sïgné: Имамъ Верди Бекъ.

15) Lettre par rapport à une boîte d'argent, embellie d'or et de pierreries, que l'orfèvre Baqir qui a écrit la lettre, envoie à celui à qui elle est adressée. f. 9.

16) «Par suite de quelque affaire convenue entre Mirza Ibrahim, successeur de feu Hadji Saad el-Lahidjany (de Lahidjan) et Achour عشور Mouhammed, le premier avait déposé une partie de ses biens chez le dernier comme garantie. Le terme était de cinq mois. A son expiration Achour vendit tous les gages; mais à présent Mirza Ibrahim prétend, qu'il il y avait

parmi eux un collier (طوق) qui n'appartenait pas aux choses mises en gage d'après le contrat. Ayez donc la bonté de citer le susdit Achour, et d'examiner le contrât; si vous trouvez que le collier n'est pas du nombre des effets engagés, ordonnez de le rendre à Mirza Ibrahim». f. 9 vers.

Signé: Имамъ Верди Бекъ.

17) «Mon ami Aca Mouhammed désire placer cinq collis de ses biens sur un vaisseau destiné pour le port d'Enzeli. M'intéressant beaucoup à sa personne, je vous prie de lui assigner une place convenable dans le vaisseau, pour y mettre ses collis, en touchant le paiement convenable». f. 18.

Signé en persan: Aca Hidayet.

18) Lettre adressée à un employé chrétien, intendant du port ou consul (شاهبندر): «Votre lettre est arrivée. Par suite de votre communication relativement aux bois, j'ai ordonné que le frère d'Aca Mouhammed se présentât devant vous. Je vous prie de lui ordonner de fixer (assigner) une partie (de la forêt), où vos gens peuvent se procurer du bois pour vous tous». f. 10 vers.

Signé: Али Пенаханъ.

19) Lettre d'un certain Beha-eddin à une personne inconnue: «J'ai l'intention de partir pour Cazvin, j'espère donc que personne ne touchera mes gens (domestiques) ici. Dans quelques jours, je

les transporterai d'ici à la ville. J'espère que vous prendrez soin d'eux durant ces deux ou trois jours». etc. f. 11.

20) « Le drogman Yousouf Begh est arrivé avec le papier, en vertu duquel Aca Hidayet doit au marchand russe Vassili Ivanovitch une certaine somme. Le débiteur, ayant été cité, a prouvé qu'il en a payé la plus grande partie, ce qu'il peut certifier par témoins. Comme cette affaire est une affaire de loi, et ne peut pas être décidée de sitôt, je vous prie d'intervenir et de l'arranger par un accord mutuel ». f. 11 vers.

Signé : Хедаетъ.

21) Lettre de Mir Mouthallib à une personne inconnue: «Ayant appris qu'un vaisseau est sur le point de partir pour le Mazanderan, j'envoie Allah Verdi à Enzeli, et je vous prie de demander au capitaine du port, qu'il expédie le vaisseau samedi; Allah Verdi y arrivera vendredi. Les 40 tomans ont été reçus, mais c'était trop tard. Un livre très élégant a été remis à Mirza Mouhammed, par un serviteur de Mouhammed Câsim Begh; je vous prie de le prendre et de le remettre à mon frère Mouhammed Câsim ». f. 22.

22) «Il y a quelque temps que je vous ai prié de me procurer une somme d'argent, et vous répondîtes que tous les biens que je pourrais désirer, seraient à ma disposition. A présent, Hadji Khalil envoie son agent, accompagné par Avanos (Arménien), pour faire le commerce (dans votre ville). Cet agent a entre ses mains

une lettre de change pour 700 tomans de Tebriz (2800 roubl. arg.), m'appartenant comme une dette de Hadji Mouhammed Nebi. Je vous prie d'acheter pour moi différentes sortes de drap, de chals et de lendereh (لندره), équivalant à la somme, et de les délivrer au susdit Hadji Khalil, après en avoir reçu la lettre de change, que vous donnerez comme gage aux propriétaires des marchandises. J'espère payer la somme avant l'expiration du terme». f. 12.

23) Lettre adressée au chahbender ou capitaine du port de ....: «Vous me chargez de faire des arrangements relativement aux artificiers (Фейерверкеры) et aux joueurs. Mais, comme nous n'avions point de beau temps, j'ai tardé jusqu'à présent. Maintenant tous les matériaux pour le feu d'artifice étant prêts, je vous les enverrai aujourd'hui ou demain». f. 13.

Signé: Имамъ Верди Бекъ.

Il y a encore le commencement d'une autre lettre.

24) «Votre lettre est arrivée. Vous m'ordonnez d'envoyer une barque pour vous amener du bois de chauffage. Mais, quoique toujours prêt à exécuter vos ordres, il m'est impossible de ne pas remarquer à cette occasion, que je paie chaque année environ 500 tomans au gouvernement pour la concession de cette barque, et que je retire mon argent sur le profit du bois de cette forêt. Quoique je ne voulusse pas tarder un moment à vous envoyer

du bois, cependant je regarde cette action comme une charge, qui retombe sur moi seul. Ayez la bonté de vous adresser au khan, afin qu'il ordonne d'imposer la même obligation à tous les loueurs de bacs à Kesker, Foumen et Toulem; alors je m'y soumettrai très volontiers. Il y a quelque temps que j'ai écrit là-dessus à mon frère Imam Verdi Begh», etc. f. 14.

Signé: Ага Хусеинъ.

25) Lettre adressée à un employé chrétien: «Ayant été si bienveillamment accueilli chez vous, j'ai le plus grand désir de vous revoir». — Cette lettre était accompagnée d'un bélier, de 12 poules et d'oeufs pour le fils de celui, à qui elle était adressée. f. 15.

Signé tout en bas: Мугамедъ Али.

26) «Ces jours-ci le drogman Aca Yousouf est arrivé. Il dit que vous êtes indisposé; que Dieu vous donne la convalescence! J'aurais bien voulu vous envoyer un bon médecin, mais, comme vous n'en dites rien, je ne l'ai pas fait; je le ferai cependant encore, aussitôt que vous en exprimerez le voeu. J'ai reçu votre cadeau avec reconnaissance», etc. f. 15 vers.

Signé: Ага Хедаетъ.

27) Lettre au chahbender ou capitaine du port (consul): «J'ai reçu votre lettre. Vous m'informez que Aca Hasan empêche vos gens de vous amener du bois. J'ai ordonné de l'amener et de le punir comme il faut. Veuillez donc continuer

451

d'envoyer vos gens pour faire du bois comme de coutume ». f. 16.

Signé : Али Пенаханъ.

28) La première ligne de cette page (29) est : « L'impératrice (i. e. Императрица) de toutes les Russies, que Dieu prolonge sa vie et son bonheur!» Mais cette phrase n'a aucun rapport immédiat à la lettre, écrite par une personne inconnue à une autre qui l'est aussi : « J'ai reçu votre lettre avec grand plaisir etc. J'ai le plus grand désir de vous revoir. Je suis honteux en me rappelant la faveur royale et la bienveillance de Sa Majesté envers moi, de même que les attentions amicales de vos grands seigneurs, et surtout les vôtres, pendant notre voyage. Je n'ai rien à donner en échange que mes plus humbles remerciements. — J'ai reçu la commission que le porteur de votre lettre m'a donnée, il vous en dira autant », etc. f. 17.

29) « Je me trouve bien, et je ne désire que vous voir. Ci-joint une quantité de prunes (сливы), de neige et de concombres ». f. 17 vers.

30) « Par suite d'un ordre royal, Ibrahim Khan, Vely Khan et Mouhammed Selim Khan, qui dernièrement quittèrent le service royal, doivent être transportés avec leurs familles à Zendjan, pour s'y établir auprès de Son Excellence Al-Penah Khan. — S. Excell. l'émir el-oumera Mouhammed Vely Khan Kadjar, avec 6000 hommes,

doit quitter Iffahan et, par voie de Kachan et de Com, arriver ici, pour passer alors à l'endroit (où vous demeurez), qui est destiné pour le campement de Sa Majesté. Son Exc. Alycouli Khan, le Calaïdji, et S. E. Ssefar Khan Afchar, avec 12000 guerriers, doivent se rendre vers Azerbeïdjan, par voie de Hamadan. Dans deux jours, quand les estafettes arriveront, moi aussi je quitterai la cour de Sa Majesté, mais ne manquerai pas, après mon retour, d'en faire un rapport détaillé». f. 18—19.

Signé: Ага Хедаетъ.

31) Lettre à quelque employé, probablement russe, de l'année 1796, qui, après beaucoup de compliments, contient ce qui suit: «Ayant reçu la nouvelle de l'avènement au trône de l'Empereur de toutes les Russies, nous en exprimons notre extrême contentement à Votre Excellence, le plénipotentiaire de la chrétienté. En effet, notre joie à cette occasion est inexpressible! etc. etc. Mon fils Mouhammed et mon enfant Mirza Balou étant envoyés pour quelque affaire chez vous, je me sentis obligé d'écrire cette lettre». f. 19.

32) Lettre de Mouhammed Kazim, père du professeur de l'université de St.-Pétersbourg Mirza Kazembeg, qui a bien voulu nous en communiquer les observations suivantes: «Cette lettre a été composée par mon père. Elle est bien connue dans tout l'Azerbeïdjan pour l'élégance de son style. C'est toujours la signature

(*le serviteur pècheur Mouhammed Kazem*), qui se trouve et dans les compositions et sur les livres de mon pére. La lettre ne contient du reste que des compliments; écrite seulement dans la voie d'étude, elle est difficile, éloquente et remplie de *djenás*. Votre copie est pleine de méprises, nous y trouvons une faute presque à chaque mot, et quelquefois deux dans un seul. Cette lettre est appelée دُرَّه ; mon père la nomma ainsi, parce qu'elle est composée dans le style د. درّه نادرى. Elle a été écrite il y a environ cinquante ou soixante ans». f. 20—21.

33) «J'envoie chez vous un de nos parents, Aca Mouhammed Ssadic, pour arranger nos affaires et acheter quelques articles pour Sa Majesté (le roi de Perse), d'après le registre qui est entre ses mains. Vous ferez tout pour le messager, etc. — Un des marchands, Arslan, a communiqué ces jours-ci des nouvelles désagréables pour vous et pour ses amis à Barfurouch, relativement à Souhrab Begh le Géorgien, c-à-d. qu'il s'est caché dans les vaisseaux, ou qu'il s'est enfui à Astrakhan, et que par cette raison ses dettes ne peuvent être liquidées, etc. Mais il faut savoir que le susdit Souhrab Begh est au nombre des hommes particulièrement favorisés par le roi (de Perse), et, dans toute la Perse, personne ne saurait lui imputer de telles (mauvaises) qualités. Si donc Souhrab Begh se trouve chez vous, accordez-lui toute attention. Quant à l'envoi de (?) l'Européen, j'ai écrit à Imam Verdi Begh; mais

jusqu'à présent ce رم(?) ne se rencontre point. Veuillez donc l'envoyer par vaisseau à Mazanderan, et alors les gages demandés seront payés». f. 21 — 22.

Signé: Ака Мугамедъ.

Toutes ces lettres, écrites dans la seconde moitié du siècle passé, fourmillent de fautes; elles sont sans doute des copies faites sur les originaux par un Européen, qui n'était pas encore suffisamment maître de la langue persane. Nous n'en avons donné que le contenu général. 22 f. in-4° obl. *(Frol.)*

III. MANUSCRITS TURCS ET TATARS.

A. Théologie chrétienne.

DIII.

Manuscrit sur papier bleu et d'une écriture moderne, qui contient, en tatare de la Sibérie, un traité, divisé en *questions* et *réponses* سؤال et جواب concernant la prééminence de l'Eglise orientale sur l'islam, ce qui est indiqué par le titre: رسوللرك حق وصحيح مشرق اكلسه سنك دين اسلام اوزره قلنان اقرار در. Ce traité parait ne pas être achevé, les derniers mots étant: دينلر كويا كه.

La première section contient 126 *questions*, la seconde, 63, et la troisième 41. 116 f. in-4°. *(Frol.)*

DIV.

تاتار لرنى مسيحيه ايمانيغه دوندورمق حقنده طوپل وسبر انتونى ستاخوسكى ديكان مقدس متروپوليت ايله نقل ايدولميش كيتابى ۱۷۳۹

titre, qui se lit dans l'original russe comme il suit: Книга о обращеніи Сарацыновъ къ вѣрѣ Христіанской, переведена Преосвященнымъ Митрополитомъ Тобольскимъ и Сибирскимъ Антоніемъ Стаховскимъ 1726 года, c.-à-d. *Livre sur la conversion des Tatars à la religion chrétienne, traduit par Son Éminence le Métropolitain de Tobolsk et de Sibérie, Antoine Stakhovsky,* 1726. Cet ouvrage consiste en deux volumes, dont le premier contient 144, et le second 91 feuilles in-4°. *(Frol.)*

Voyez Описаніе Турецко-Татарскихъ рукописей, хранящихся въ библіотекахъ С. Петербурга, соч. Проф. Березина, Стат. I-я, p. 15; Журналъ Мин. Народн. Просв., 1846, no. 5, p. 7.

DV.

Manuscrit sur papier bleu, écriture tatare de Casan, contenant un exposé de la religion chrétienne, par *questions* et *réponses* جواب et سؤال, dont le nombre monte à 49. Les fréquentes corrections et ratures semblent indiquer que ce manuscrit n'était que le brouillon d'un ouvrage inachevé. 28 f. in-fol.

DVI.

Manuscrit polono-turc, en 9 chapitres (Rozdział), renfermant le texte polonais, avec la traduction turque vis-à-vis, des pièces suivantes, qui, d'ailleurs, ne font qu'un seul ensemble:

a) Nabożne Rozmyślania Taiemnic Zbawienia naszego we Mszey Swiętych (sic) wyrażonych, *Réflexions pieuses sur les mystères de notre sal-*

vation, qui sont exprimés dans la Ste. Messe, composées d'un nombre très considérable de prières. Les mots précités sont rendus en turc de la manière suivante: بزم مغفرت اولنمامز ايچون نماز وصلواتمز

بيان اولان سرك افكار واذكار صالحه سيدر. f. 1 — 93.

b) Księgi Salomonowe ktore Zydowie Misle, Łacinnicy Proverbia Swym à Greckim slowem Parabole zowią. Polacy z Czechy Kiegi (sic) Przyslowia, albo Przypowieśći Swym ięzykiem naźywać mogą. Zámykaią wsobie Rozdziałow XXXI. *Les livres de Salomon, que les Juifs nomment Misle, les Latins Proverbia, les Grecs Paraboles, les Polonais et les Bohèmes Przyslowia, ou Przypowiesci, contenant XXXI chapitres* حضرت سليمانك كتابلرى يهوديلر مثله لاتينلر په پرووربيالر

اورومْلر ديلنجه پارابوله تسميه اولنور له لى وچى لر قسمنكى پريسولووپه

يا خود پريپووشّچى ديو تسميه ايلسه لرا اولور كندى ديللرنجه بوكتابلر

اوتوز بر بابدر. f. 94 — 270.

c) Prière de Tobie, du chapitre VIII, vers 7 — 10. f. 271-2.

d) Modlitwa Tobiaszowa w Rozdzsiale trzecim ktora prosi o smierc. *Prière de Tobie, dans laquelle (Sara) désire la mort* (chap. III, v. 13-24)

اوچنجى فصله اولان طوبياشك دعا سيدر اولوم ايچون رجا ايده

رز اون اوچنجى كلامدن بشلانوب اون دورت دىده تمام اولور

f. 273 — 274.

e) Modlitwa po otrzymanym z Holofernesa Zwyciestwie Judyty Panny. *Prière après que Judith eut obtenu la victoire sur Holoferne.* p. 274 — 281. Judith, chap. XVI, v. 1 — 21.

f) Modlitwa Salomonowa do Boga o mądrosci *Prière de Salomon à Dieu pour de la sagesse,* etc.

Ce livre, comme nous l'apprend la finale en langue turque, a été commencé à Yaroslav et achevé à Lvov الوو, le 21 du mois de décembre 1711. 297 f. in-8⁰.

B. Théologie musulmane.

Histoire religieuse, Théosophie, Prières, etc.

DVII.

قصص ربغوزى *Narrations Ribbaghouziennes,* ouvrage, qui contient l'histoire des prophètes, d'après la conception des musulmans; elles commencent par celle d'Adam et procédant ensuite à celle d'Idris etc., vont jusqu'au dernier Mahomet. L'auteur, qui se nomme dans l'avant-propos Nafir-eddin, fils de Bourhan-eddin برهان الدين اوغلى ناصر الدين (l'inscription sur le premier feuillet ajoute encore le nom de Coutlou-Bogha إقتلو بوغا, cazi du رباط اوغوزى ou de *l'Hospice oghouzien* dit, qu'il a composé cet ouvrage en 809 = 1406, et c'est de sa demeure qu'il a emprunté la dernière moitié du titre donné à sa composition.

La copie, à filets rouges, a été faite dans le district de Oufa ولايت اوفی (gouvernement d'Orenbourg), par Câsim ben el-Mouhammed. Il ajoute qu'ayant les yeux affaiblis en conséquence de ses 65 ans, il prie d'excuser son écriture, qui, en effet, est assez mauvaise et même fautive; on y trouve p. e. نصىت au lieu de نسىت etc. La copie commence par les mots: سانسن حد وثنا لار ساقش سن. 243 f. in-fol. *(Frol.)*

Cet ouvrage, écrit en dialecte tatare, se trouve aussi au Musée asiatique de notre Académie, no. 361; mais il y a quelque différence par rapport à l'année de la composition et de l'épilogue, notre copie fixant l'année 809 = سكز يوز, comme celle de la composition, tandis que le manuscrit de l'Académie donne 709 يتى يوز تقوز = 1309. Nos recherches pour arriver à la vérité ont été vaines.

DVIII.

انوار العاشقين *La Lumière des amants*, de Yazidji-oghli, publiée originairement en arabe, sous le titre de مغارب الزمان *Occidents des temps* etc., mais traduite par le frère de l'auteur, Yazidji-oghli Ahmed Bidjan يازيجى اوغلى بيجان, de Galipoli (كليپولى, c.-à-d. Gallipolis), en turc, sous les sultans Mourad II et Mouhammed II, en 855 = 1451. Cet ouvrage, divisé en cinq chapitres باب, est la source de la Mouhammediyé, qui sera mentionnée plus bas. Le manuscrit, écrit en partie par Aly ben Mouftafa, date de 1112 = 1700; mais les feuilles 14 — 171, parfois pourvues de points voyelles, sont d'une écriture évidemment plus ancienne que celle des f. 1—3 et 172—192. Il commence par les mots : الحمد لله اول پادشاهه کم.

Voyez, sur l'auteur et sur ses écrits, Thachkeuprizadéh, f. 50 —57, et Hammer-Purgstall, *Gesch. der osman. Dichtkunst*, Bd. I, p. 127-8. 286 f. grand in-8°. *(Frol.)*

Cet ouvrage se trouve aussi à Paris (*Catal.*, p. 306, no. XX, p. 308, no. XLIX, p. 337-8), à Upsal (Tornberg, p. 301), à Vienne (*Mines de l'Orient*, II, p. 415), et dans la bibliothèque de l'église de Marie-Madelaine à Breslau (*Catal., msc.* no. 1).

DIX.

کتاب قرق مسئله (سؤال ou) فراتی *Livre des quarante questions de Feraty*. Ce sont celles que, d'après le récit des auteurs mahométans, les Juifs proposèrent à Mahomet, dont les réponses les entraînèrent à embrasser l'islam. Ce manuscrit, écrit en neskhy très lisible, commence par les mots : شکر سپاس اول الله کم. L'ouvrage, imprimé à Constantinople, sous le titre de قرق سوال, en 1256 = 1840, se trouve encore à Leipzig (Fleischer, *Catal.*, p. 472, no. CXCIII, où l'on peut voir le contenu), et à Upsal (Tornberg, p. 268, no. CCCCXII, où cependant le commencement diffère de celui de notre copie). Une édition de ce livre par M. Zenker est sous presse. 83 f. in-8°.

DX.

Manuscrit à filets rouges et pourvu de points voyelles, renfermant l'ouvrage bien connu de Pir Aly ou Pirghely, intitulé: وصية محمد بن پیر علی *Institutions religieuses de Mouhammed ben Pir Aly*, mort en 981 = 1573. Il commence par les mots: الحمد لله الذى هدانا للاسلام. La copie a été exécutée par Mouhammed ben Mouftafa el-Mentechavy المنتشاوى, en 1117 = 1705. Jadis elle appartenait à Ignace Kuszelt, comme nous l'apprend la notice, tracée sur le dernier feuillet: *Ex libris Ignaty Kuszelt Bibl. Tow. Krol. Warsz. Prz. Nauk. 1816. Dar P. Kuszla.* 67 f. petit in-8°.

DXI.

Même ouvrage, avec un frontispice à filets verts, dont la suscription en encre rouge porte: هذا كتاب رسالة بركوى محمد افندى *Ce livre contient le traité de Pirghevy Mouhammed Efendi.* La copie date de l'année 1123 = 1711. 63 f. petit in-8°. *(Frol.)*

DXII.

Même ouvrage, avec l'inscription en encre rouge: هذا كتاب وصيّة العالم العامل الفاضل الكامل الشيخ محمد افندى الشهير بركلو *Ce livre renferme l'instruction du savant, excellent, accompli chëikh Mouhammed Efendi, nommé Birghely.* C'est donc à tort que Doubrowsky a mis sur la première feuille: *Instructions religieuses de Mahomed Effendi Schehyri.* 115 f. in-12°. *(Doubr.)*

Ce livre, traduit en français par M. Garcin de Tassy, sous le titre: *Exposition de la foi musulmane,* Paris 1822, est trop connu, pour qu'il soit nécessaire d'entrer ici dans des détails ultérieurs. Comme manuel journalier des Tatars russes, il a été publié à plusieurs reprises à Casan et aussi à Constantinople. Voy. Zenker, *Bibl. orient.,* p. 180. Quant à l'auteur, voy. no. CLXXVIII (*Manuscrits arabes*), et Krafft, p. 163.

DXIII.

Manuscrit à filets rouges, contenant les *conditions qu'il faut observer pour faire la prière.* Commencement : باب شروط الصلوة نمازك شرطلری سکز در. Le manuscrit, très bien écrit, est pourvu partout de points voyelles. Cf. *Wiener Jahrb.,* Bd. 47, Anzbl. p. 44, no. 208 *c*), p. 27, no. 75 *c*), et Tornberg, p. 275, no. CCCCXXV. 10 f. petit in-4°. *(Doubr.)*

DXIV.

Livre de prière, en très mauvais état, le commencement et la fin manquant. Le contenu se compose de différentes prières en turc et en arabe. Les premiers mots sont : الهی یا رب نیت اتدیم. 45 f. petit in-8°.

DXV.

Livre de prière, moitié à filets rouges, contenant entre autres les prières suivantes, précédées toujours d'un *commentaire* شرح : دعاء (3 , دعاء قنح (2 , *Prière de Khizr Elias,* دعاء خضر الیاس (1

دعاء حروف Prière des lettres (de l'alphabet, c.-à-d. commençant par une de ces lettres, d'après leur ordre), 5) دعاء ایمان Prière de la foi, 4), دراٰمی, 6) دعاء اسم عظیم Prière du grand nom, et d'autres semblables à différentes occasions. Ce livre, défectueux à la fin, l'est probablement aussi au commencement : هذا شرح دعاء خضر الیاس. 148 f. in-32°.

DXVI.

Talisman sur une longue bande de papier, mais défectueux au commencement, qui est : اولسون عبس اولسون سمان.... Il contient des prières et autres oraisons pieuses en turc, arabe (aussi la 1re surate) et persan; et conclut par les sept *sceaux* ou (l. خاتم) de 1) زحل *Saturne*, 2) مشتری *Jupiter*, 3) مرّیخ *Mars*, 4) شمس *Soleil*, 5) زهره *Vénus*, 6) عطارد *Mercure*, 7) قمر *Lune*. L'inscription dit à tort : *Calendarium Turcicum Davidi Cvittingero Nobili Hungaro de Maroth Altdorfii musis litanti, raritatis causa ex Hungaria a. 1701. a Matthaeo de Reuter, Affine suo venerando transmissum, nunc Bibliothecae Maxime Reverendi Domini Johannis Guilielmi Baieri SS. Teol.* (sic) *D. et P. P. celeberrimi, humillime consecrat idem Cvittinger. A.* 1710.

C. Philosophie.

DXVII.

كتاب اخلاق علائى *Livre des caractères ala-eddiniens*, ainsi intitulé d'Ala-eddin علاء الدين, titre honorifique de Aly Pacha, à l'honneur duquel cet ouvrage a été composé par Aly Tchelebi ben Amr Allah أمر الله, généralement connu sous le nom de Qinalizadéh قنالى زاده, et mort à Andrinople, en 979 = 1571. V. Hammer-Purgstall, *Geschichte der osman. Dichtkunst*, T. II, p. 31, no. CCCXLII. Dans l'édition imprimée de Hadji Khalfa, T. I, p. 203, no. 280, le surnom de l'auteur se trouve épélé Ibn-elhanáï ابن الخنائى (dans la copie Roumänzov الخنائى el-Khinaiy). Cet ouvrage, traitant des principales vertus, qui ornent le coeur de l'homme, et des vices, qui en forment le contraste, commence par : . La copie date de l'année 1082 = 1671,2. 202 f. in-8°. *(Akh.)*

Ce traité d'Ethique est déposé aussi à la bibliothèque de Paris (*Catal.* p. 320, nos. CLIV et CLVIII, cf. ib. no. CLV, où l'auteur est surnommé Ebn Elkhannaby); à celle de Vienne (Flügel, *Wiener Jahrb*. Bd. 100, Anzbl. p. 10, no. 291), etc.

DXVIII.

Même ouvrage, écriture taalic, orné d'un joli frontispice, à filets d'or. Copie finie un vendredi 25 fafar 973 = 1565. 288 f. in-8°. *(Hyr.)*

D. Histoire.

Histoire universelle. Histoire des Arabes, des Persans, des Mongols, des Turcs-Othomans, etc.

DXIX.

Version turque de la traduction persane, citée parmi les manuscrits persans no. CCLXIV-VI, de l'ouvrage historique de Thabary. Entièrement inconnue dans la littérature, elle est écrite en dialecte djaghataien ou des Ouzbeks, et ce dernier encore étant très peu connu en Europe, notre manuscrit en devient d'autant plus intéressant, même sous le rapport de la linguistique. Le bibliothécaire Vahidy de Balkh كتابدار واحدى بلخى, auteur de cette version turque, la confectionna en 928 = 1522, sous le règne de كوچكونجى خان Koutchkoundji Khan, deuxième souverain de la dynastie de Cheïbek Khan, qui gouverna la grande Boukharie, et à l'usage du fils de ce prince, Abd-el Lathif Soulthan, plus tard lui-même prince régnant. On ne voit point figurer dans l'histoire des Abbassides celle du 8e khalife et des suivants jusqu'au 17e inclusivement, car elle passe immédiatement du règne du 8e (Moutafim) à celui du 18e (Mouctadir), dont la biographie est traitée de la manière la plus détaillée, et termine l'ouvrage. Ce manuscrit, datant de l'année 938 = 1532 et écrit en neskhy très beau et très-lisible, appartenait autrefois à Nevrouz Ahmed Khan, souverain des Ouzbeks. 819 f. in-fol. (*Ard.*)

Cf. l'article de M. Beresin, l. c. vol. LIX, Отд. III, 171 suiv. D'autres traductions turques se trouvent à Munich (Flügel, *Wiener Jahrb.* Bd. 47, Anzbl. p. 20; à Paris (*Catal.* p. 309); à Upsal (Tornberg, p. 161); à Vienne (*Mines de l'Or.*, T. II, p. 386); au Musée Roumänzov, (*Bullet. scientif.* T. I, p. 158); au Musée asiatique (partt. III, IV et V), nos. 582 et 582 b. Quant à la traduction publiée à Constantinople, voyez Rosen, dans *Zeitschrift der Deut. morgenl. Gesellsch.* Bd. II, p. 159 — 187.

DXX.

تنقیح تواریخ الملوك Extraction de la moelle, ou *Quintessence des annales des rois*, par Houseïn Khodja, surnommé Hezarfenn هزارفن, donnant, en 250 chapitres, un abrégé de l'histoire universelle jusqu'à 1083 = 1672, c.-à-d. jusqu'à la prise de Kaminiec قمانچه par le sultan Mouhammed IV, à qui l'ouvrage est dédié. Cet évènement est placé par M. de Hammer (*Geschichte des osm. Reiches*, T. VI, p. 290. cf. Sękowski, *Collectanea z dziejopisow tureckich*, T. II, p. 50, suiv.), Hadji Khalfa (*Tabl. chronol.*) et notre auteur en 1083, année contenue dans le chronogramme قمنچه ملکنی سلطان محمّد آلدی *Le sultan Mouhammed ôta le gouvernement de Qemantcheh à l'ennemi.* M. de Hammer l. c. T. I, p. XXIII, no. 29) dit que cette histoire va jusqu'à l'année 1099 = 1687; mais d'après la notice, placée T. IX, p. 184, no. 8, elle fut composée en 1081 = 1670. Hadji Khalfa de son côté (édit. impr. T. II, p. 451, no. 3676) donne l'année 1103 = 1691. Mais la conclusion de notre manuscrit nous apprend, qu'elle fut composée entre les années 1081-1083 = 1670-1672. Il se pourrait qu'il y en eût plusieurs rédactions.

Le manuscrit, à filets d'or, date du 20 du mois de mouharrem 1089 = 1698. 260 f. in-4°. *(Hyr.)*

De pareils se trouvent au Musée asiatique no. 583 a); à la bibliothèque imp. de Vienne (*Wiener Jahrb.* Bd. 100, Anzbl. p. 24, no. 452-3, *Mines de l'Orient* T. VI, p. 271, no. 474 et T. II, p. 300, no. 135, où elle est dite procéder aussi jusqu'à l'année 109=91687); à celle de Paris (*Catal.* p. 315, no. CII, où le nom de l'auteur est resté inconnu, « auctor cujus nomen ignoratur », mais la copie date de la même année que la nôtre c.-à-d. de 1089), etc. Voy. sur le contenu de l'ouvrage, M. de Hammer, l. c. T. IX, p. 184, no. 8.

DXXI.

نخبة التواريخ والأخبار *Quintessence des chroniques et des annales,* par Mouhammed ben Mouhammed Efendi d'Andrinople, mort en 1050 = 1640. D'après M. de Hammer (*Gesch. des osm. Reiches*, T. I, p. XXIII), cette histoire était dédiée au sultan Osman II et comprenait 39 dynasties. Mais il y en a une autre édition, considérablement augmentée et dédiée au sultan Murad IV, renfermant l'histoire des 87 dynasties, et c'est justement cette édition qui est contenue dans notre manuscrit. A filets rouges, mais sans date, il a jadis appartenu à el-Hadji Abd el-Cadir el-Bavvab (البواب), dont le sceau se trouve sur la première feuille, et ensuite à Cazizadéh Mouhammed d'Erzeroum. 339 f. petit in-fol. *(Erz.)*

Voy. Charmoy *Mémoires de l'Acad.*, 6e sér. sc. pol. T. III, p. 97. L'ouvrage se trouve assez fréquemment aux différentes bibliothèques de l'Europe, p. e. à celle de Vienne (*Wiener Jahrb.* Bd. 70, Anzbl. p. 72, no. 170; *Mines de l'Orient*, T. II, p. 300, no. 130); à Upsal (Tornberg, p. 171), au Musée Roumänzov (*Bulletin scient.* no. I, p. 160), etc.

DXXII.

Manuscrit contenant la traduction turque, faite par Yousouf ben Abd el-Lathif, et dédiée au sultan Souleïman II ben Selim (1520 — 1566), d'un ouvrage persan intitulé: سبحة الاخيار *Rosaire des hommes distingués.* Il renferme des tables généalogiques des anciens patriarches, en commençant par Adam et ses descendants, et des rois et autres personnnages marquants, de quatre anciennes dynasties persanes, des Oumaiyades, Abbassides, Samanides, Ghaznevides, Deïlemides ou Bouveïhides, Kharezmchahs, Seldjoucs, des Melaḥidèh ou Assassins, des Tchinghizkhanides et des Othomans. Les noms respectifs sont écrits en diverses encres dans des disques coloriés en rouge, vert, etc. Il y a parfois des remarques ajoutées pour donner plus de détails sur les différents personnages, dont le dernier est le sultan Souleïman, mort en 974 = 1560; mais il est encore fait mention de son successeur Selim II dans le disque qui conclut toute la série. L'original, suivant la finale, ayant été composé pendant un hiver sévère en 952, date exprimée par le chronogramme قوتلو قيش *Hiver sévère* = 1545, le traducteur doit en avoir ajouté la continuation jusqu'au temps où il vivait. Hadji Khalfa T. III, p. 573, no. 7006, mentionne un semblable ouvrage écrit sur un long rouleau طومار de papier et composé par le Dervich Mouhammed ben Ramazan qui déduisait la généalogie depuis Adam jusqu'au sultan Souleïman, sous le titre : سبحة الاخيار وتحفة الاخيار *Rosaire des annales et présent des grands hommes*. On serait tenté de croire que c'était l'ouvrage original traduit par Yousouf ben Abd el-Lathif, quoique Mouhammed ben Ramazan parait avoir écrit en langue Arabe; au moins Hadji Khalfa n'ajoute pas, d'après sa coutume, qu'il n'en était pas ainsi. Mais nous trouvons l'ouvrage original *persan* cité comme faisant partie de la bibliothèque Imp. de Vienne (*Mines de l'Orient* T. II, p. 299, no. 118, où il parait sous le titre : سبحة الاخيار وتحفة الاخبار *Rosarium optimatum ac munuscutum no-*

titiarum autore Dervisch Mohammed, sans doute le Mouhammed mentionné par le bibliographe turc). Notre manuscrit commence par les mots: 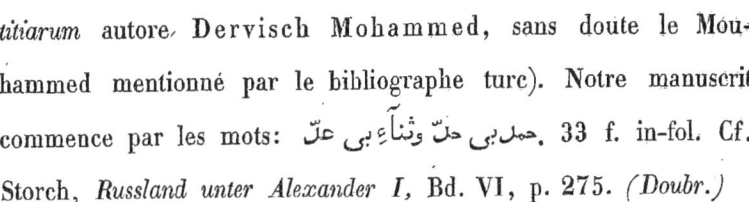. 33 f. in-fol. Cf. Storch, *Russland unter Alexander I*, Bd. VI, p. 275. *(Doubr.)*

DXXIII.

Autre exemplaire du même ouvrage, à l'exception de l'introduction, qui, écrite en caractères divany-neskhy-si, se trouve sur un feuillet à part, comme les manuscrits mentionnés par M. de Hammer et Hadji Khalfa, sur une bande de papier longue de 10 archines, large de 9 verchocs, et dont la marge est encadrée de filets de différentes couleurs. Cette copie contient aussi la continuation jusqu'aux sultans Ahmed II, Mouftafa II, Ahmed III et Mahmoud I en 1143 = 1730.

L'ouvrage, cité sous no DXXII, se trouve dans la bibliothèque du Roi à Paris (*Cat.* p. 309, no. XLVI, où le traducteur est nommé Yousouf ben Abdalla au lieu de Yousouf ben Abd el-Lathif), et probablement à celle de Bodley (Uri, p. 303, no. VI et p. 305, no. XIII).

DXXIV.

Semblable ouvrage en beaux caractères neskhy-sulusy, sur une bande de papier longue de 14 archines, large de 6 verchocs. Le manuscrit défectueux aux deux bouts, commence ici par:

جميع ملائكة et on ne saurait en fixer ni le titre ni l'auteur. Les noms des principaux personnages se trouvent dans des cercles d'or, ceux des autres dans des rouges, celui de Mahomet enfin est en lettres d'or et autrement embelli. L'ouvrage va jusqu'au sultan Souleïman II, et son l'histoire jusqu'à l'année 955 = 1551, nommément jusqu'à la conquête de l'Égypte et des pays occidentaux فتوحات مصر وبلاد مغرب, est communiquée en forme d'abrégé ; le dernier cercle contient le nom du sultan Mouſtafa. Cf. Storch, l. c. p. 275. *(Doubr.)*

DXXV.

Manuscrit en deux volumes, renfermant la traduction turque de Vaqidy واقدى par Mouhammed ben Mouſtafa el-Amedy الآمدى, faite en l'année 1144 = 1731, notice qui se trouve dans l'introduction à la seconde partie جلد. Cette partie et la première contiennent les conquêtes de la Syrie, et les deux suivantes celle de l'Irac. La première partie du volume nous apprend encore qu'elle a été copiée en 1244, le 9 du mois de chevval = 1731, par Ahmed ben Mouſtafa qui peut-être était un frère du traducteur. L'ouvrage composait un legs de el-Hadj Ahmed Alemdaragha علمدار آغا. Vol. I. 237 f. vol. II, 207 f. in-4°. *(Erz.)*

Voyez par rapport au Vaqidy, mort en 204, ou 206, ou 209, (=819-824) Pusey, II, 590; Ibn Khallikan, no. 655; Eichhorn,

Repertorium, T. I, p. 62—65; Hamaker, *Specimen* etc. praef. p. IV; Abou'l-Feda, *Annal. Musl.* T. II, p. 142 etc.

Des traductions turques de Vaqidy se trouvent au Musée Roumänzov (*Bullet. scientif.* T. I, p. 157); à Paris (*Catal.* p. 310, no. LVI, si toutefois c'est le même ouvrage); à Dresde (Fleischer, *Codd. Dresd.* no. 34 et 40), etc.

DXXVI.

Manuscrit très bien écrit et contenant, d'après la suscription en encre rouge: تواریخ ملوك نوائی ترجمهٔ فقیر فنائی *Annales des rois* par Nevaiy, traduites par Fenaiy. C'est, en effet, l'histoire des quatre premières dynasties de Perse, en langue djaghataienne par Nevaiy (v. no. CCLI) traduite en turc osmanli par Fenaiy, et imprimée à Vienne en 1199 = 1784. 41 f. in-8°. (*Erz.*)

DXXVII.

Manuscrit tatare sur papier bleu, à filets rouges, écriture tatare, contenant l'histoire de Tchinghiz Khan et de Timour. Elle est partagée en cinq chapitres, savoir: 1) Histoire de Tchinghiz Khan, 2) Histoire de Acsac Timour, 3) Histoire de Amet fils de Isa, 4) Histoire de (l'émir) Idigheh (ایل یکه), 5) Histoire de l'année 700 = 1300 یتی یوز (l. 800 = 1397) où Timour prit la ville de Boulghar.

Il commence par les mots: آلتون خان قزین کورمکا کلدی. Le tout finit par: همیشه اوشبو نداق دور. 24 f. in-fol. (*Frol.*)

C'est l'ouvrage imprimé à Casan en 1822 sous le titre de Жизнь Джингизъ-Хана и Аксакъ-Тимура etc., mais avec quelques différences. Notre manuscrit paraît être défectueux au commencement; il ne commence qu'à la p. 15, lign. 5 de l'édition imprimée. Voy. Beresin, l. c.

DXXVIII.

رسالة تواريخ آل عثمان *Traité sur les annales de la race d'Osman.* Ouvrage anonyme, très nettement écrit en caractères neskhy, pourvu d'un bout à l'autre de points voyelles et partagé en phrases ou périodes par de grands points rouges. Il a été composé, comme nous l'apprend l'introduction, sous le règne de Souleïman II, fils de Selim (1520—1566). Donnant un exposé de l'histoire othomane depuis les temps les plus reculés en remontant à Yafeth, fils de Noéh, il procède jusqu'à l'année 956 = 1549, lorsque Ahmed-Pacha fut envoyé contre les Géorgiens et s'empara, le 26 chaaban (Septembre), du fort de Actchéh اقچه. Cf. Hammer, *Gesch. des osm. Reiches*, Bd. III, p. 287. Ce manuscrit commence par les mots: شكر وسپاس وحمد بی قياس. 168 f. petit in-fol.

DXXIX.

Table de la durée des règnes des sultans othomans, depuis Osman I jusqu'à Mouhammed IV ben Ibrahim (1058=1648), et de la durée des gouvernements de chaque pacha de l'Égypte depuis Kheïr-

Begh (923 = 1517) jusqu'à Ibrahim-Pacha en 1080 = 1669. Les noms des sultans sont écrits en or dans des quarrés à filets d'argent. Cette bande de papier jaunâtre est longue à-peu près de 12 verchocs.

DXXX.

Manuscrit orné d'un frontispice à filets d'or, renfermant l'histoire de l'empire othoman par Ibrahim Petchevy, ou de Fünfkirchen, né d'un père chrétien et mort en 1061 = 1650. L'ouvrage commence à l'avènement au trône du sultan Souleïman II (1520) et procède, dans notre manuscrit, jusqu'à l'année 1049 = 1639. Il est d'autant plus estimé que l'auteur l'a composé en grande partie comme témoin oculaire, ou sur les récits de son père et d'autres gens de confiance. Il mit aussi à profit les historiens contemporains hongrois. Voy. Hammer, *Gesch. des osman. Reiches*, T. IX, p. 196. *Traduct. de Hellert*, T. V, p. 11, no. 4. Flügel, *Wiener Jahrb*. Bd. 100, Anzbl. p. 23, no. 458 et Krafft, *Catal*. p. 101, no. CCLXVI. M. de Hammer dit que cette histoire va jusqu'à l'année 1041 = 1631; d'après M. Krafft, elle s'étend jusqu'en 1045 = 1635, d'après M. Rhazis enfin (*Mines de l'Or*. T. III, p. 261) elle paraît avoir été composée l'an 1050 (1640-1), ce qui est confirmé par notre exemplaire, qui fait encore mention de la mort de Mourad Khan Ghazi, c.-à-d. de Mourad IV en 1049 = 1639, ce dernier chapitre étant intitulé: وفات سلطان مراد خان غازى رحمة الله عليه فى عام شوال سنه ٩٤٠١ *Mort du sultan Mouradkhan Ghazi que la miséricorde de Dieu soit sur lui*, le 14 de chevval de l'année 1049. Notre copie a été finie au mois de fafar 1104 = 1692 par Houseïn ibn Casim, à l'île de Mitylène مدللّو. Elle appartenait jadis à Ahmed ben Habib el-Erzeroumy, d'Erzeroum, en 1111 = 1699. 332 f. petit in-fol. *(Erz)*.

DXXXI.

تاريخ راشد *Histoire* de l'empire othoman, depuis l'année 1071 = 1661 jusqu'en 1134-1722, par Abou'l-Mekarim ابو المكارم Mouhammed, surnommé Rachid. Cette histoire a été imprimée à Constantinople en 1748. La copie, à filets d'or et bleu, est sans date. Voy. Hammer dans Eichhorn, *Geschichte der Litteratur*, Bd. III, Abth. III, p. 1274-5, et surtout *Geschichte der osm. Dichtkunst*. Bd. IV, p. 237, no. MCMXIX. 742 f. petit in-fol. *(Akh.)*

DXXXII.

Manuscrit orné d'une vignette, à filets d'or et de diverses couleurs, divisé en deux parties, contenant l'histoire de l'empire othoman par Ssoubhy صبحى; la premiere partie renferme les années 1143-1148 = 1730-1735, la seconde: 1148-1156 = 1735-1743. Elle a été composée des histoires de Mouhammed Ssoubhy, frère de l'auteur, et de Sami Efendi (d'après l'inscription sur la premiere feuille, de celles de Sami Efendi, de Chakir Begh Efendi, de Ramipachazadéh, et de Abd Allah Begh Efendi) et dédiée au sultan Mahmoud ben sultan Mouftafa ben sultan Mouhammed. La première année 1143 est celle de l'avènement au trône du sultan Mahmoud et comprise dans le chronogramme: ايلنكى سلطان محمود خان دانا دل جلوس, *le sultan Mahmoud Khan l'intelligent vint au trône.* P. 7 vers. sur la marge nous lisons la remarque: ابتداى تاريخ سامى افندى مرحوم *Commencement de l'histoire de feu* Sami Efendi. Le premier chapitre contient des remarques sur les troubles en Perse causés par les Afghans; vient ensuite le chapitre: ظهور فتنه وفساد وچكونه كى كيفيت ابراهيم پاشا وقپودان مصطفى پاشا لڭ *Commencement de la rébellion et de l'émeute et véritable état de Ibrahim-Pacha, et du capoudan Mouſtafa-Pacha, etc.* Voyez Hammer-Purgstall, l. c., T. IV, p. 266. 301 f. petit in-fol. *(Hyr.)*

DXXXIII.

Manuscrit orné d'une vignette en or et autres couleurs, à filets d'or, renfermant le premier volume de l'histoire de Souleïman Izzy, dédié au sultan Mahmoud ben Mouſtafa ben Mouhammed, et contenant les années 1157-1160 = 1744-1747; manquent donc les années 1161-1165, comprises dans l'histoire complète de Izzy.

Ce manuscrit, écrit en superbe nesky, paraît avoir appartenu au moufti Mouhammed Asaad Efendi. 460 f. in-fol.

Il a été imprimé à Constantinople en 1199 = 1784.

DXXXIV.

رسالهٔ قوجى بيك كموُرجنلى *Traité de* Cotchibegh de Gumurtchineh. Ce traité, écrit en 1040 = 1630, contient en 17 chapitres فصل et une *conclusion* ou *résumé*, une exposition très raisonnable et très loyale des causes de la décadence de l'empire othoman à la suite des désordres et abus, survenus depuis le règne du sultan Mourad III (1575-1595) jusqu'à celui de Mourad IV (1623-1639), et des conseils pour y rémedier. Ce livre fut présenté à Mourad IV et favorablement accueilli. Il commence par les paroles : درر تابندۀ حمد خدای. Cf. Hammer, *Gesch. des osman. Reiches*, Bd. V, p. IX, no. 12 et 291. 85 f. in-4°.

Notre copie a été faite à Constantinople, sur un ancien original, par l'Arménien Markar Sakharovitch Khodjens, qui la présenta ensuite à la bibliothèque IMPÉRIALE publique (en 1816).

DXXXV.

قانون نامه Canoun-namèh ou *Règlements de l'empire othoman* relativement au partage des terres, parus dans le courant du mois de si'lcaadeh de l'année 1017 = 1609, c.-à-d. sous le règne du sultan Ahmed I. La première phrase en est: متوفانك مملول اولان یری اجق اوغلنه. Ce manuscrit, écrit par Hafiz Omar dans la ville d'Akhaltsikh, date de l'année 1096 = 1684,5. 84 f. petit in-8°. *(Akh.)*

DXXXVI.

صورت اجمال لواء صولنق وسكدین وهطوان وفیلك وسچن *Sommaire de finances des gouvernements de Ssolnac, Seghedin, Haihvan, Filek et Setchen*. Les signatures, datant des années 1033 = 1623-1040

= 1630, prouvent qu'il appartient au règne du sultan Mourad IV (1623-1639). Quelques feuilles et nommément celles qui contenaient le *liva* de *Hathvan*, semblent manquer. L'écriture est le siaqet. 55 f. in-fol. *(Zal.)*

DXXXVII.

Autre defter ou sommaire de finances de l'éyalet de Roumilie, des années 1059-1079 = 1049 = 1668, appartenant au règne de Mouhammed IV (1649-1688). Écriture siaqet. 280 f. in-fol.

DXXXVIII.

Fragment d'un قانون نامه ou *de Lois de douane* par rapport aux vaisseaux arrivants, et nommément à ceux de la Russie. Ce fragment contient les *chapitres* فصل 24 jusqu'au 26 entiers; les chapitres 13 et 27me seulement en partie. Le tout commence par les mots; كمروك خانه دن كيلر ياخود لبخترلر اوزرينه بويله, et finit par: تحقيق سرمايه دفترين اظهار ايدوب كندو شريكندن ياخود. 8 f. in-4°.

DXXXIX.

Traité entre le sultan Selim ben Mouſtafa et Cathérine II. قترينة ثانيه, Impératrice de Russie, au congrès de Yassy (1791,2), où, du côté de la Porte, fonctionnaient comme plénipotentiaires el-Seyïd Abd Allah Biry برى; el-Seyïd Ibrahim Iſmet, et Séyïd Mouhammed Dourry درى. Cf. Польное Собр. Закон. Россійск. Имперіи. Т. XXIII, p. 288. 8 f. in-fol. *(Frol.)*

DXXXX.

Traité d'amitié et de commerce entre la Porte othomane et la cour de France, conclu à Constantinople en 1153 = 1740, sous le règne de Mahmoud I ben Mouſtafa ben sultan Mouhammed, par Louis Salvator, Marquis de Villeneuve لويس صالوتور ماركيز دويلنوف, ambassadeur de Louis XV, et le grand-vizir el-Hadj Mouhammed-Pacha. Il est conçu en 102 articles, et commence par la suscription : نشان شریف عالیشان سامی مکان سلطانی وطغرای غرّای جهانستان خاقانی نفذ بالعون الربانی حکمی اولدرکه. Il date de Constantinople le 4me يوم الرابع du rebi I 1153=Mai 1740. 30 f. in-12°.

Cf. Hammer, *Gesch. des osman. Reiches*, T. VIII, p. 4. Voy. encore no. DXLIII, nos. 42-43.

DXLI.

دربند نامه *Le Derbend-Namèh* ou histoire de la ville de Derbend et du Daghistan (voyez no. CCCVIII), en dialecte turc d'Azerbeïdjan.

Cette copie, défectueuse au commencement, date de l'année 1099 = 1687. Les premiers mots en sont : خاقان ترك خضری پادشاهی ایدی. 52 fol. in-12°. *(Erz.)*

DXLII.

Autre copie complète du même ouvrage. Elle a été faite à Tiflis, en 1829, par le topographe Mikhaïl Saradjef السرجوف. Cf. Kazem-Beg, *Derbend-Nameh*, p. XIII, 15. 34 f. in-8°. *(Erz.)*

DXLIII.

Recueil de firmans, de lettres et pièces diplomatiques, etc.

A) Pièces ayant rapport à l'administration intérieure de l'empire othoman.

Sultan Ahmed I (1603—1617).

1) Firman daté de Constantinople, 28 chevval 1018 = janvier 1609, avec le thoughra du sultan Ahmed, en lettres d'or et embelli d'autres manières, mais endommagé en plusieurs endroits. Il renferme l'assignation des timars et ziamets (fiefs militaires), dans les pays de Carahifar charqy, Tchermen چرمن, Tourhal نورحال, gouvernement de Sivas etc., montant à 108.607 actcheh اقجه, au Mouteferrica Mahmoud متفرقه محمود.

Sultan Mouhammed IV (1649—1688).

2) Firman daté de Boursaveh برساوه(?), le 9 du mois de redjeb 1060 = juillet 1650, contenant le renouvellement du berat ou ordre pour sept actcheh par jour, comme entretien à un certain Zou'l-Ficar à Enghricalaa اكرو قلعه.

Sultan Mahmoud I (1730—1754).

3) Firman daté de Constantinople, des derniers jours du mois de mouharrem 1148 = juin 1735, et adressé au juge ou cazi de Selanik (Salonique) et à d'autres employés du même sandjac, enjoignant de poursuivre l'affaire d'un certain Hasan, qui s'étant mis en route pour Constantinople avec quatre gens, fut tué au milieu des

villes de Ostrova استروه, Vodineh ودينه et Yenidjeh-Vardar يكنجه واردار (?), ou, d'après l'assertion des habitants de ces villes, entre les villages de Davoudyani, Seladjli, Ourmani, Arbaghli, Vancazeh et Arabli عربلى, وانقازه, اربغلى, اورمانى, سلاجلى, داودیانى, 18 bourses d'açtcheh et d'autres effets furent pillés, etc.

4) Lettre de Mouhammed ben Mouftafa, au service du silihdar de Roumili, datée du 19 de rebi I 1150 = juillet 1737, et adressée à un Courou Agha قورو اغا. Dans cette lettre, écrite pendant la guerre contre la Russie, Mouhammed avertit qu'il se trouve devant Bender, qu'il envoie une chaîne d'or à sa mère, etc. Il finit par dire que les Russes (Moscovites) étant venus près d'Ouzi اوزى (le Dnieper, Oczakov), il y aura la guerre.

Cf. Hammer, *Gesch. des osman. Reiches*, Bd. VII, p. 491.

5) Firman daté du commencement du mois de rebi II 1150 = août 1737, et adressé aux juges sur la route de Constantinople à Viddin, disant que les voituriers doivent recevoir leur paiement des chefs (intendants) des stations de poste où il y en a, et que ces dépenses seront mises au compte des derniers, qu'il faut fournir un cheval pour chaque personne, etc. Une inscription sur le dos porte les mots: Паспортъ Султана Магомета одному видину.

Sultan Abd el-Hamid (1774—1789).

6) Lettre de Séyid Ahmed, dont le sceau contient les mots: طوبى لفاعل الخير السيد احمد *Bonheur à celui qui fait le bien (le séyid*

Ahmed), écrite le 13 redjeb 1194 = juillet 1779 et adressée à un personnage inconnu qu'il intitule Beghzadéh, c.-à-d. *fils de Monsieur,* ou *Monsieur.* Il informe ce dernier qu'il a reçu de Abd el-Kerim Begh la lettre, dans laquelle il redemande les livres déposés chez lui, etc. Il continue de dire qu'il est chargé cette année de l'intendance sur la mine de Katinbaqir كاتن باقر معدنى, située dans le district de Milas ميلاس, près du Chaïkhaneh de Carahifar charqy, et le prie, s'il venait à passer par là, de l'examiner et d'en faire son rapport, ainsi que de remettre quelques présents pour le khan de Tiflis, confiés à Abd el-Kerim.

7) Lettre anonyme, de l'année 1199 = 1784, écrite à quelque pacha...: «Il y a un homme nommé Nour Allah à Camantcheh (Kaminiec), qui se dit fils de Timour-Pacha. Vous m'en avez écrit et demandé si cela est ainsi. Mais je vous informe qu'il y a eu deux Timour-Pacha : l'un s'est distingué, il y a 40 — 50 ans, dans la guerre en orient, où il mourut sans laisser de fils; l'autre est gouverneur de Maoufil, et ses fils sont Sana Allah Begh صنع الله بك, Ibrahim Begh, Ssadiqéh Begh, Hidayet Allah Begh, et Asad Begh mineur, tous à Maoufil. Il n'y a point de troisième Timour-Pacha. Il est donc impossible que cet homme soit fils de Timour-Pacha; il faut l'arrêter et l'envoyer au gouverneur de Khotin (Khotzim), Ismaïl-Pacha. J'ai expédié une lettre au général de Camantcheh (Kaminiec), envoyez-y aussi un homme

expert avec une lettre, pour qu'on nous fasse venir le dit Nour Allah », etc.

Sultan Mouſtafa IV ben Abd el-Hamid (1807—1808).

8) Firman de l'empereur Mouſtafa IV, daté de la campagne de Silistra صحراى سلستره du mois de rebi II 1222 = juin 1807, par lequel, sur l'intercession du colonel (alaïbachi) Abd Allah, le sultan accorde en fief à Mouhammed, fils du défunt Alydin veled (fils de) Houseïn, le village de Osmanlu et ses dépendances dans le sandjac de Tirhala ترحاله, district de Fenar فنار, rapportant 5045 actcheh.

Sultan Mahmoud II (1808—1839).

9) Firman du sultan Mahmoud, daté du 12 de zi'lcaadeh 1223 = janvier 1809, au alaïbegh du sandjac de Tirhala, Abd Allah, relativement à l'assignation d'un fief militaire à Abdy, fils de Abd Allah.

10) Lettre de Abd Allah Bosniac بوسنياق et (de Carsly Aly Pacha?) à Ssalih Agha, du 24 de mouharrem 1225 = février 1810, le sommant venir sans aucun délai et sur le champ à l'aide de Roustchouc, vu la guerre avec l'ennemi.

11) Lettre de Khalil Agha, sérasker de l'armée turque, du 25 de mouharrem (?) 1225 = février 1810; ayant été nommé commandant-en-chef de Roustchouc, il ordonne de prendre

les provisions et la solde pour les troupes des districts de Nikopoli نیکبولی, Plevnah بلونه, Sistow زشتوی, Tarnow طرنوی et Loftcheh لوفچه. Il dit qu'il envoie cette lettre par son Tatare, l'Odabachi اوطه باشی Ahmed Agha, qu'il se mettra en marche le même jour, mercredi, et qu'il compte arriver en trois ou quatre jours, etc.

12) Lettre du grand-vizir Yousouf-Pacha, du 25 de mouharrem 1225 = février 1810, à un personnage inconnu : « Vous m'avez écrit qu'une partie des troupes rassemblées dans les districts de Sistow et de Ssoul صول, ayant été expédiées par eau à Roustchouc, ont été attaquées en route par l'ennemi et forcées de rebrousser chemin, et qu'il est impossible de venir à Roustchouc par terre, en outre, que je dois vous expédier dans ces jours quelques canons, etc. Mais j'en ai déjà envoyé cinq, avec l'armée de Couchandjehli Khalil-Pacha, avant le reçu de votre lettre », etc.

13) Firman du sultan Mahmoud II, de Constantinople, au milieu de rebi I 1225 = avril 1810, adressé à Aly-Pacha, gouverneur de Yanina et Tirhala, et envoyé par Mir Hasan : il y est dit que, en conséquence de l'avènement au trône du nouvel empereur (le 4 de djoumada II 1223 = août 1808), il faut envoyer les anciens *berats* ou diplômes pour les timars et ziamets (ou fiefs militaires) afin de les renouveler.

14) Ordre de Aly-Pacha de Yanina (على متصرف لواء يانيه وزرجاله), du 29 de ج (djoumada?) 1225 = 1810, au alaïbegh ou colonel du sandjac de Tirhala, de rassembler les zaïms et timariotes (ceux qui ont des fiefs militaires), de prendre sur chaque timariote un ghroch غروش, et de rendre cet argent à Khalil Agha, porteur de l'ordre.

15) Lettre adressée à el-Séyid Mouhammed Efendi, écrivain ou secrétaire chez les janissaires, de la part d'un certain Mouhammed — au moins ce nom paraît-il être indiqué par le sceau, qui porte les mots : اللّٰهم صلّ على محمد ١١٩٤ *Mon Dieu, sois propice à Mahomet* (1194 = 1780). La date est du commencement de chevval 1226 = novembre 1811 : «J'ai reçu votre lettre et celle de mon fils dans le même paquet. Mon frère a été nommé aide du gouverneur d'Erzeroum, mais moi-même je suis dans la plus grande détresse. Écrivez en ma faveur à l'Islambol-Agha, parent du Seghbanbachi, pour qu'il ne m'abandonne pas », etc.

B) Pièces se rapportant à des puissances ou personnes non-mahométanes.

I. La Russie.

16) Lettre de Behadurghiraï, frère de Chahinghiraï, khan de la Crimée, adressée au colonel (Makarof) à Taman. «Moi, Behadurghiraï, ayant envoyé de mes gens à Taman, vous les y retîntes, quoique les gens de Athah-Chahy et de Taman nous appartiennent et que

l'amitié existe entre vous et mon frère Chahinghiraï. Si vous ne voulez pas que nos gens y viennent, et que vous restiez notre ami, dites-le. Nous n'avons, en outre, rien entendu dire du paiement des chevaux et des brebis, pillés par les Cosaques, que le général avait promis de nous remettre, ce qui n'est pas non plus convenable, moi et mon frère étant vos amis ».

17) Lettre du même au même, relativement à un homme que Behadurghiraï avait envoyé, sans avoir de réponse. Il prie le colonel de renvoyer cet homme aussitôt que possible, et de lui écrire s'il n'est rien arrivé.

18) Lettre de Ssahibghiraï Khan, fils de Ahmedghiraï Khan (dont le sceau en bas contient l'année 1185 = 1771), adressée au général russe, commandant de Kaffa: « J'ai envoyé deux employés, qui, à leur arrivée, trouvèrent que l'ancien drogman Avraham , ayant appris sa déposition, voulut me nuire, et donna aux marchands de fausses quittances, comme s'ils avaient rempli leurs devoirs. Je vous prie donc de faire examiner aussi l'affaire, d'exiger ce qui convient et de le remettre à mes envoyés ».

II. La Pologne.

19) Firman portant sur le dos l'inscription: Пашпортъ Султана Магмета одному Поляку для свободнаго проходу въ Анатоліи, Егиры 1089. C'est un ordre au nom du sultan Mouhammed IV, signé Davoud Begh, daté du commencement du mois de rebi I 1089

= mai 1678, et adressé aux juges et autres employés d'Erzeroum, pour accorder un libre et sûr passage à Costa قوسطه, employé de l'ambassadeur polonais Ivan Ivantcheski ایوان ایویجسکی, pour visiter Chekli Kilisa چکلی کلیسا, dans le gouvernement d'Erzeroum.

20) Lettre de Ac Mirza Begh, adressée au chancelier (خانسلر khansler) de Pologne (?): « Le khan vous a envoyé 20,000 hommes de troupes auxiliaires. Si vous avez besoin davantage, le khan viendra lui-même ».

21) Lettre de Agha Mouftafa Khan au même chancelier (قانصلار canflar): « Nous avons reçu une lettre du roi, apportée par l'ambassadeur Chematski شماتسکی, qui a rempli le khan de joie, parce que vous avez battu les troupes du roi de Suède. A présent le khan vous a envoyé plus de 20,000 hommes de troupes auxiliaires, mais il en enverra davantage en cas de besoin. Faites tous les efforts, tous sont vos amis. Le porteur de cette lettre, Abd el-Fattah Tchelebi, est l'intime du khan, et vous pouvez savoir davantage par lui. Chematski a gagné les bonnes grâces du khan, qui prie le roi de lui accorder une récompense ». Ces lettres ne sont pourvues d'aucune date.

22) Lettre d'un certain Hasan (dont le sceau semble contenir l'année 1133 = 1720) à Yan Popiel, Starosta Thoudjami طوجامی(?), dans laquelle il annonce la réception d'un présent re-

mis par Paul Yanovitch (?), qui lui donna aussi des nouvelles de Popiel, auquel il envoie un présent. C'est peut-être le Popiel, qui était venu à Constantinople, en 1725, comme ambassadeur de Pologne. Voy. Hammer, *Gesch. des osman. Reiches*, Bd. VII, p. 312, où il est appelé Christophe de Sulima Popiel, staroste de Tupezare.

23) Papier long d'environ deux archines et large d'une, daté de Constantinople, des derniers jours de fafar 1156 = mars 1743, renfermant la réponse du grand-vizir à la mission de Paul Benoe باولو بنونه, de la part de la Pologne. Voyez Hammer, *Geschichte des osman. Reiches*, Bd. VIII, p. 44—45.

24) Papier relatif à la même affaire.

25) Papier du 30 si'l-hiddje 1161 = décembre 1748, adressé au premier hetman, Pototzki, Castellan Cracovsky بتونسكى قشطلان قراقوسكى, de la part de Mouhammed, commandant de Khotin, dont le sceau, qui se trouve sur la marge droite, contient les mots: مشهود اوله سرايى فيض سرمدك ۰ اولسون روان حكم نكينى محمدك, 1150 = 1737. Il traite de l'affaire d'un certain Yan Dobrovolski (يان دوبره ولسكى?), qui, s'étant enfui du service du (Sędzia?), laissa ses effets à Izvantcheh (cf. Sękowski, *Collectanea*, T. II, p. 69 et 213), à la frontière de la Pologne, passa la rivière Thorla (Dniestr) et vint s'établir au village de Odac اوداق, gouvernement de Khotin. Ayant été em-

prisonné, il embrassa la religion musulmane, ce qui empêcha de le punir et de faire valoir les réclamations de son ancien maître sur lui, par une autre voie que celle de la loi (musulmane).

26) Papier daté du commencement de chevval? (ل) 1193 = 1778,9, et adressé aux juges de Roumilie et d'Anatolie: « Il avait été arrêté à la paix de Carlovitz qu'aucun Polonais ne devait être emmené en esclavage; mais, dans la guerre entre nous et les Russes, quelques Polonais furent faits prisonniers, qui, à présent, se trouvent en Roumilie et Anatolie; on demande leur mise en liberté, en vertu du traité susmentionné. Je vous charge donc d'examiner l'affaire: s'il se trouve de ces prisonniers, quand ils furent pris, s'ils sont devenus musulmans, et qui sont leurs maîtres », etc.

27) Ordre daté des derniers jours de mouharrem 1193 = février 1779, et adressé au vali ou gouverneur de Ouzi (Oczacov), Yeghen Mouhammed-Pacha. « L'ambassadeur polonais Lerouloulski de Louchfam (?) لرولولسكى ده لوشفام (Boscamp?) nous a remis un écrit, dans lequel il demande un ordre pour vous, concernant les voleurs de Handemac حندماق, sur lesquels vous avez déjà écrit au grand-vizir, de même qu'au voivode de la Moldavie بغدان, et dont on a déjà arrêté quelques-uns, sans cependant retrouver et remettre au gouverneur de Camaïntcheh قماينچه (Kamieniec) plus que la dixième partie de ce qu'il y avait dans

les coffres. Mais vous n'avez pas retenu ceux des voleurs, qui, d'après les dépositions des sujets et des emprisonnés à la forteresse de Camaïntcheh, se trouvent dans le district de Deligul دليکول, gouvernement d'Ouzi (Oczacov). Il faut les arrêter aussi, en exiger 12751 ghrouch, et les remettre au gouverneur de Camaïntcheh. Arrêtez les voleurs, et écrivez m'en les noms, la demeure, etc. A cet effet, j'ai aussi écrit aux commandants de Bender et de Khotin (Khotzim), pour effectuer l'arrestation des malfaiteurs en cas qu'ils s'enfuiraient de ce côté».

28) Même ordre, de la même date, au commandant de Khotin (Khotzim), le vizir Souleïman-Pacha.

29) Même ordre, au commandant de Bender, Mouhammed-Pacha.

30) Lettre de el-Hadji Mouhammed Yeghen, commandant de Ouzi (Oczacov), dont le sceau se trouve sur le dos de la lettre, avec l'année 1157 = 1744, datée du 29 de ....? 1191 = 1778,9, et adressée au général-major Witt, commandant de Camaïntcheh (Kamieniec), royaume de Pologne : «...J'ai su que, il y a quelques semaines, des voleurs Heïdoud حيدود ont pillé dans votre ville de Latidjeva لاتيجوه (Letitchef?), cent mille et quelques centaines de zlotes ظوله نه de la caisse royale, et se sont enfuis vers la Moldavie بغدان; quelques-uns en ont été arrêtés à Yassy, d'autres dans les villages de Khotin (Khotzim) et aux environs de Bender,

tandis que d'autres encore se trouvent emprisonnés à Camaïntcheh. Ce sont des Cosaques de Sendja (сѣча?)  et quelques pêcheurs de Deligul. Vous nous avez envoyé leurs noms, en demandant que nous les arrêtions et leur ôtions les effets volés. Mais Deligul n'appartient pas aux dépendances de la forteresse de Oczacov, il relève du Capoudjibachi el-Hadj Khalil Agha à Khaloucouchan (خالوقوشان), à qui nous avons écrit par l'intermédiaire de votre messager. Si les gens susmentionnés viennent dans mes districts, je les arrêterai et poursuivrai l'affaire ».

31) Lettre de Abd Allah, vali ou gouverneur de Roumilie, au général Witt, sur la même affaire. Il écrit que le gouverneur de Bender, Mir Miran Mouhammed-Pacha (voy. no. 30), lui ayant envoyé trois Cosaques, venus du côté de Khotin (Khotzim), on leur ôta 4027 solotes ou 1005 ghrouch غروش, qu'il avait remis au messager du général, etc.

32) Lettre d'amitié de Séyid Nouman Begh, envoyé de la Porte othoman, au prince Adam Czartoryski, général de Podolie, du 23 de rebi I 1192 = avril 1778. A cette lettre est jointe une traduction française par Crutta.

33) Lettre de Séyid Ibrahim au même prince Adam Czartoryski, dans laquelle il prie de lui procurer un passe-port et les frais de voyage, etc.

34) Lettre du même au même prince كشونزه, renfermant un récit sur le voyage de Séyid Ibrahim, de Plov بلوف par la route de Kreminiec كره مينچه, Kaminiec قماجه, Khotin et Boutouchan بوتوشان, où la douane retint ses effets et les envoya à Yassy, ce qu'un marchand polonais présent expliqua par la circonstance, que le gouverneur de la part de l'empire othoman ni son vicaire ne se trouvaient à Focsan, et que la paix avec la Russie n'était pas encore conclue. «Quant à la Crimée, il n'y a point encore d'arrangement, mais elle sera rendue par les Russes au sultan, et alors viendra la paix.»

35) Lettre de Séyid Ibrahim, secrétaire كاتب de Ismaïl Ssari Mouhammed-Pacha, à une personne inconnue. «Ayant été delivré de la captivité des Russes, vous m'avez bien reçu et écrit en ma faveur à Varsovie, ce que je n'oublierai jamais», etc.

36) Quittance datée du 29 chevval 1195 = 1780 et signée el-Hadji Yahya (?) à Khotin (Khotzim), sur l'achat de deux chevaux vendus au prix de 230 ducats de Hongrie à l'écuyer du voivode polonais de Russie (لهلو جمهوری ویوده لرندن ویووده روسکی میراخوری).

37) Pareille quittance signée el-Hadj Ibrahim, demeurant à Khotin, et datée des derniers jours du mois de chevval 1795 = octobre 1781, sur deux chevaux vendus au prix de 290 ducats de Hongrie.

38) Pareille quittance signée el-Hadj Ahmed Agha, janissaire du commandant de Khotin, et datée de la même année 1195 = 1781, pour la vente d'un jeune étalon au prix de 175 ducats de Hongrie.

39) Lettre de Mouftafa, commandant de Deloniah دلونیه, du 23 de rebi I 1204 = décembre 1789, adressée à Karafi (?) قرحصی, ambassadeur polonais, alors à l'île de Kourfou زدریرة كورفس, relativement au voyage de ce dernier à Constantinople, par la voie de Yanina, etc.

40) Lettre de Hasan, chef du levaï de Aghriboz اغریبوز, dans le gouvernement de Bender, du 7 de chevval 1207 = juin 1793, au général staroste (polonais), par rapport à quelques brebis, volées sur la frontière de Pologne par les gens de Yousouf Agha, qui se retirait de Ouzi (Oczacov) à Ackerman, et que les propriétaires réclamaient.

III. La Géorgie.

41) Firman du sultan Ahmed III, daté de Constantinople, du commencement du mois de si'l-caadeh 1135 = août 1723, dans lequel, sur la représentation de l'ancien gouverneur de Erzeroum et après serdar ou généralissime de l'armée turque active, Ibrahim-Pacha, et du gouverneur de Diarbekr, Ahmed-Pacha, le sultan accorde le beglerbeghlic de Tiflis, passé du pouvoir des Per-

sans à celui des Othomans, au Vakhtanghoghli (fils de Vakhtang) Ibrahim, nouvellemnet converti à l'islamisme.

Cet Ibrahim n'est autre que le fils rénégat du roi géorgien Vakhtang, qui, avant son apostasie, portait le nom de Chahnuvaz. Voy. Hammer, *Gesch. des osman. Reiches*, Bd. VII, p. 302.

IV. La France.

42) عهدنامه ou *Traité d'amitié et de commerce*, conclu en 1012 = 1603, par l'ambassadeur de France, François (Francesco) Savary فرانجشقو ساوارى, entre l'empereur Ahmed I et le roi de France Henri IV فرانچه پادشاهى ايرنق. Le thoughra du sultan sur ce rouleau, long de plusieurs archines, est en or, avec d'autres ornements. L'écrit est daté de Constantinople, des derniers jours du mois de si'l-hiddje 1012 = 1603.

Ce traité n'était que le renouvellement de celui conclu sous Mouhammed III. Voy. *Annals of Naima, translated by M. Fraser*, p. 392.

43) ولايت فرانچه پادشاهنه نامهٔ همايون *Ordre suprême pour le roi de France*, firman du sultan Osman II, adressé au roi Louis XIII, accordant aux moines catholiques français la permission de célébrer, comme auparavant, le service divin au saint sépulcre à Jérusalem, et le libre passage dans les états othomans. Ce firman, écrit à Constantinople, est daté du commence-

ment du mois de redjeb 1030 = mai 1621. Le thoughra est en or.

44) Lettre de Ahmed ben Mouhammed à la cour de France: « Notre padichah est en amitié avec vous. Nous avions expédié notre capoudanpacha Câsim Agha, et notre Djaafar Agha, avec une goëllette قالية, vers votre royaume; mais le vaisseau ayant été forcé, par le temps contraire, de relâcher auprès du fort de Aghde اغدى, les gens du fort vinrent sur des nacelles et commirent toutes sortes de bassesses; ils pillèrent les présents qui vous étaient destinés, et tuèrent les hommes », etc.

V. L'Angleterre.

45) Passe-port, du commencement de mouharrem 1190 = février 1776, adressé aux employés de Bagdad et de Bafra, pour laisser passer sauf et librement, conformément aux traités existants et en conséquence de l'intercession du chargé d'affaires d'Angleterre, Antonio Higden (?) انطونيو هيدن, le docteur anglais Jean Batiste Boïtti (?) جان باطسته بوئتّي.

VI. La Suède.

46) Lettre signée Aly Mirmiran de Tripolis (en Afrique), du mois de rebi I 1193 = avril 1779, pour Abd el-Rahman Agha, envoyé au roi de Suède.

47) Firman du sultan Abd el-Hamid, dont le thoughra est en encre rouge, de Constantinople, du mois de ramazan 1195 =

septembre 1780, au juge et autres employés de Brousa et Izmir (Smyrne), accordé sur l'intervention de l'ambassadeur suédois de Heidenstam (ده هيل نستام), pour le libre passage de Heidenstam (fils de l'ambassadeur?), avec quatre compagnons, sur la route des deux villes susmentionnées.

48) Lettre de recommandation, signée Daniel Hochepied دانيال هوشبيد, consul suédois, du 23 de chevval 1195 = octobre 1780, et adressée à el-Hadji Houseïn Agha Djiziehdar جزيهدار de Brousa (pour M. Akerblad?).

49) Passe-port (au nom du sultan Abd el-Hamid), daté de la fin du mois de redjeb 1199 = juin 1785, et adressé aux juges et autres employés sur la route de Brousa, Salonique, d'Égypte, Jérusalem et Bagdad, pour M. Akerblad اوكريلانر et son domestique. Ce passe-port fut donné sur l'intercession de l'ambassadeur suédois de Heidenstam ده هيل نستام.

50) Passe-port pour le même (orthographié ici اوقريلاد) avec son domestique, donné sur l'intervention de l'ambassadeur suédois, pour la route de Salonique, Aneh, Boghaz-hifar et quelques îles de la Mer Blanche. Le passe-port est daté de Constantinople, du commencement de si'l-caadeh 1211 = mai 1796.

51) Turecka Mowa w Wiedniu miana w szkole orientalney. *Discours prononcé à l'école orientale à Vienne.*

Nous avons cru superflu de faire des recherches ultérieures sur les choses et les personnes mentionnées dans ces pièces. Ceux qui voudront mettre à profit l'une ou l'autre, seront en état d'ajouter à nos données les éclaircissements qu'ils croiront nécessaires. Ce sont surtout les noms propres (p. e. no. 27: Leroúloulski?, etc.) rendus en caractères orientaux, qui peuvent désespérer l'investigateur. C'est ainsi par exemple, que dans la *Notice sur le premier Annuaire imp. de l'Empire ottoman* etc. *Journal asiat.* 1848, IVme sér. T. II, p. 30, nous voyons les noms de MM. les attachés à l'ambassade Russe à Constantinople, Fraehn, Dondoucoff, Viazemski, Kiriko, Tchernayeff et Gamasoff, écrits Fert (فرت l. فرن), Doundocof, Viazimiski, Chirico, Tchernaïf, Ghomazoff, et ceux de l'ambassade prussienne, Rosen et Mordtmann: Rozen et Mordeman. Dans les anciens régistres, tous ces papiers n'étaient désignés que par la courte indication de firman ou lettre d'une telle année; très rarement on y trouvait ajouté un nom propre ou une remarque quelconque pour en faire deviner le contenu. Ils offrent en attendant d'intéressants échantillons des écritures djery et divany, qirma, etc. et peuvent servir d'exercices pour ceux qui voudraient apprendre à connaître les écritures ci-mentionnées dans leurs différentes nuances.

E. Médecine.

DXLIV.

غايت البيان فى تدبير بدن الانسان *But de l'exposition de la manière de traiter le corps humain*, ou Traité d'hygiène, divisé en un avant-propos, quatre parties intitulées discours, et un épilogue. L'auteur, nommé Ssalih ben Nafr صالح بن نصر, l'a écrit sous le règne du sultan Mouhammed IV, dont le règne s'est prolongé depuis l'année 1649 jusqu'à 1687. Le préambule de ce traité est: جواهر زواهر حمد وثنا اول واحب الوجود. Notre copie, collationnée avec soin, date de l'année 1128 = 1716. Elle est en jolis caractères neskhy très lisibles, et ornée d'un filet d'or. 139 f. petit in-4°. *(Akh.)*

DXLV.

Traduction d'un ouvrage grec, qui suivant l'avant-propos de l'auteur, doit être intitulé اقرابادين Acrabadin et traiter des médicaments composés. Cette traduction, commencée par le jeune Turc Omar Efendi, mort avant d'avoir atteint sa 20e année, a été finie par son frère Nouh ben Abd el-Mennan, et dédiée à Mouhammed IV, qui a régné depuis 1649 jusqu'en 1687.

Ce manuscrit, enrichi d'un filet d'or, est un des plus beaux de la collection et commence par les mots ; حمد نامحدود اول حکیم حتّی ودود. 208 f. gr. in-8°. (*Akh.*)

DXLVI.

رسالة مجمع الطب *Traité* (en vers) *contenant un exposé général de la médecine.* Ce titre, qui se trouve sur le premier feuillet et dans l'ouvrage même, exprime assez le contenu de ce petit ouvrage poétique achevé en l'année 1025 = 1616 par Siahy سیاهی, (qui dit avoir pour patrie Larenda لارنده, pour ville (de demeure) Caraman قرامان), pendant son séjour en Egypte, où il avait étudié la médecine sous le maoulla Ahmed de Bagdad. Le traité, dédié au sultan Ahmed I, commence par les mots: الهی حکمت استی محنّشمسن ٭ حکیم وی زوال وذو الکرمسن. f. 1 — 33.

Vient alors une continuation, à ce qu'il semble, du poème précédent, sur 9 feuilles, commençant par: دبّ قابض اولورسه ناکهان برکیمسه اسهال. Cette partie a été finie en 1056 = 1646. 43 f. in-8°.

F. Mathématiques.

DXLVII.

Manuscrit renfermant cinq traités différents, savoir:

Un opuscule sur l'astrolabe, par Mouftafa ben Aly الموقت
بالجامع الخاقانى السليمى c.-à-d. attaché à la grande mosquée du sultan Selim pour y indiquer les heures de la prière. La première phrase est conçue en ces termes: الحمد سره الذى جعل اجل الات
الميقات. Il paraît que ce même traité se trouve à la bibliothèque de Bodley (Uri, p. 312, no. 1°.) et à celle de Vienne (*Mines de l'Orient*, T. II, p. 294, no. 88), sous le titre de كفايت الموقت
Ouvrage suffisant pour l'indicateur des heures de la prière. f. 1-44.

2) Une traduction de l'ouvrage de Nafir-eddin Thousy, intitulé: سى فصل *Les trente chapitres sur la connaissance des temps* التقويم. Le nom du traducteur est Ahmed Daï داعى. Cette traduction commence par la phrase: الحمد لله الذى خلق الانسان فى
احسن تقويم. f. 45—63.

L'ouvrage original de Thousy se trouve à la bibliothèque de Leyde (Cat. no. 1230); celle de Paris (Cat. p. 225, no. MCLI, 1) possède un commentaire sur ce traité.

3) Quatre pages sur les degrés de distance entre les astres. L'auteur a donné à cet opuscule le titre de درجات فلك *Degrés*

de la sphère céleste. Ces mots sont en même temps les premiers du manuscrit f. 63—65.

4) Dix pages sur l'astrologie, intitulées par l'auteur 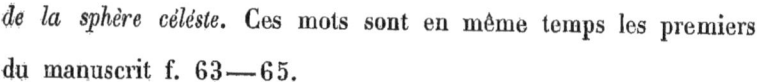 *Horoscope de l'année pour le monde entier.* Il entre en matière par les mots: پس معلوم اولا کی. f. 65—70.

5) A. Un petit traité en langue arabe sur la *géomancie* علم الرمل par Nafir-eddin Thousy. Il s'en trouve un exemplaire en persan à la bibliothèque de Bodley (voy. Uri, p. 284, no. LXXIII,4). L'auteur commence, d'après la formule ordinaire, par les mots: فيقول العلامة نصير الدين طوسی. 76 f. in 8°. (*Akh.*)

DXLVIII.

روز نامه *Calendrier,* orné d'un frontispice à filets d'or et d'autres couleurs, lequel, entre autres, donne les noms des mois Européens à côté de ceux usités chez les chrétiens d'Orient, ou Syriens, p. e. ماه نسان = ابريل, ماه اذر = مارت, ماه شباط = فلوارس, etc. Ce calendrier provient sans doute d'un chrétien, parcequ'il indique aussi les fêtes des Chrétiens. Il ajoute ce qui est bon à entreprendre dans chaque mois, juste comme dans les anciens calendriers de l'Europe. 8 f. in-8°.

DXLIX.

Semblable *Calendrier* pour les années 1064 = 1653,4. Il a appartenu jadis à un Mahmoud Efendi. 10 f. in-8°. (*Frol.*)

DL.

روز نامه ou *Calendrier*, composé par le grand astronome de la cour Ahmed pour l'année 1097-8 = 1685-6, conséquemment sous le règne de Mouhammed IV, à qui il souhaite une heureuse nouvelle année نوروز. Il contient en outre des prédictions propices pour le grand vizir, le cheïkh el-islam, les autres grands dignitaires et les employés, jusqu'aux paysans. Commençant par: الحمد لله الذى منه الابتدا, ce manuscrit à filets d'or et écrit en encres de différentes nuances, est embelli encore d'autres manières. Cf. Krafft, p. 141, no. CCCLV. 11 f. in-fol.

DLI.

تقويم *Calendrier* pour l'année 1099 = 1687,8 suivi d'une table chronologique des sultans othomans depuis Osman, fondateur de cette dynastie, jusqu'à Ahmed III, qui régna depuis l'année 1702 jusqu'en 1730. A la suite de cette table, il s'en trouve d'autres faisant connaître la série des grands vizirs et les différents pachas, qui ont gouverné l'Egypte sous les sultans mentionnés.

Ce manuscrit se fait remarquer par son élégance et par la beauté de son écriture. Ses élaborateurs étaient Ahmed ben Mouftafa appelé Laky , et Mahmoud Tchelebi. 24 fol. in-8°. (*Akh.*)

DLII.

Bande de *velin* longue d'une archine environ, sur laquelle se trouve un *calendrier* روزنامه pour l'année 1217 = 1802. Ce joli calendrier, richement orné d'or et d'autres desseins, et écrit par Souleïman, appelé Tchekiy چكئى, est calculé pour Constantinople et les lieux voisins.

G. Poésie.

Biographie des Poètes, Recueils.

DLIII.

Courtes notices biographiques en langue du Djagʿhataï, sur un assez grand nombre d'auteurs persans, dont nous ne pouvons déterminer d'une manière précise ni le titre, ni l'auteur, parceque ce manuscrit, divisé en six مجلس ou *séances,* ne renferme pas le commencement de la première et paraît être interrompu brusquement après la sixième.

L'auteur, comme on le voit par la rubrique de la seconde séance, l'a composé en 896 = 1490,1.

Nous sommes disposés à croire que cet ouvrage est identique avec celui dont il est fait mention dans le dictionnaire bibliographique de Hadji Khalfa sous le titre de مجالس النفايس *Les pré-*

cieuses séances. Ce dernier qui est du même contenu et qui se divise en huit مجالس ou *séances*, a pareillement été terminé en 896 = 1490,1, par le célèbre Aly Chir, vizir de Soulthan Houseïn Mirza, descendant de Tamerlan, mort en 906 = 1500, 1, (voy. no. CCLI), qui poétiquement, avait le surnom de Nevaiy نوائى. Nous avons été à même de vérifier plus tard cette conjecture en comparant le texte de notre manuscrit avec les notices biographiques insérées, sous le titre de مجالس النفايس *Les précieuses séances*, dans le recueil des oeuvres de l'émir Aly Chir: كليات نوائى *Collection des oeuvres* de Nevaiy. Voy. no. DLVIII.

Ce manuscrit à filets d'or et verts, dont le papier est couvert de paillettes d'or, se distingue autant sous le rapport du dialecte dans lequel il a été écrit, que sous le point de vue calligraphique. Il commence par les paroles: هرنچه الأرنينك. 38 f. gr. in-8°. *(Ard.)*

L'ouvrage se trouve aussi au Musée asiatique no. a, 281; à Vienne (*Wiener Jahrb.* Bd. 74, Anzbl. p. 11, no. 243, où l'on trouve un exposé détaillé du contenu, cf. Bd. 66, Anzbl. p. 29, no. 147); à la bibliothèque de feu Mr. Rich (*Mines de l'Or.* T. IV, p. 457, no. 380), à celle de Paris (*Catal.* p. 333, no. CCCXXVII), etc.

DLIV.

Recueil, défectueux au commencement, de différentes poésies détachées, provenant entre autres des poètes suivants: 1) Mou-

hibby محبى, 2) Djemaly, 3) Macaly مقالى, 4) Zaty ذاتى,
5) Katiby كاتبى, 6) Emry امرى, 7) Baqi باقى, 8) Alevy
علوى, 9) Laïhy لايحى, 10) Katib Ssaniy كاتب صنعى, 11)
Derouny درونى, 12) Ibn Kemal-Pacha ابن كمال پاشا, 13)
Cazi Ishac Tchelebi, 14) Ghoubary غبارى, 15) Nesimy
نسيمى, 16) Khialy خيالى, 17) Fevry فورى, 18) Rahmy رحمى,
19) Fighany فغانى, 20) Haqiqy حقيقى, 21) Cherbety شربتى,
22) Arify Tchelebi عارف چلبى, 23) Merdy Tchelebi مردى
چلبى, 24) Refaaty Begh رفعتى بك, 25) Choukry Efendi شكرى
افندى, 26) Rouhy Tchelebi روحى چلبى, 27) Yousouf Begh,
28) Raiy Tchelebi رائى چلبى, 29) Sseïfy صيفى, 30) Naccach
Esrary نقاش اسرارى, 31) Hidjaby حجابى, 32) Chany Tchelebi
شانى چلبى, 33) Aari عارى, 34) Ssoubhy صبحى, 35) Feridy
فريدى, 36) Kamy d'Andrinople كامى ادرنه وى, 37) Helaky
هلاكى, 38) Hilaly هلالى, 39) Mouniry منيرى, 40) Ghariby
غريبى, 41) Candy Sirouzy قندى سيروزى, 42) Candy de
Brousa قندى بورسوى, 43) Qiasy قياسى, 44) Djelily جليلى, 45)
Khavery خاورى, 46) Khalil Zerd زرد, 47) Lamiy لامعى,
48) Laaly لعلى, 49) Hafariy d'Amasie حضرى اماسيه لى, 50)
Khialy Tchelebi, 51) Zemiry ضميرى, 52) Beyany Tchelebi, 53) Djemaly de Caraman جمالى قرمانى, 54) Lathify
لطيفى, 55) Ahmed-Pacha, 56) Sultan Mouftafa, 57) Bihichty بهشتى, 58) Emir Tchelebi امير چلبى, 59) Hamdy

Tchelebi چلبی حمدی, 60) Sany ثانی, 61) Abou'l-Sououd ابو السعود, 62) Chems-Pacha, 63) Revany روانی, 64) Nev'y نوعی. Ce manuscrit est pourvu de filets d'or. 76 f. in-8°. *(Doubr.)*

DLV.

Recueil de différentes pièces en vers, de divers auteurs, dont voici les principaux noms : 1) Nedjaty نجاتی, 2) Chemiy شمعی, 3) Āly عالی Efendi, 4) Noury, 5) Kemal-Pacha, 6) Ilmy علمی, 7) Sultan Souleïman, 8) Vahdety وحدتی, 9) Oumidy امیدی, 10) Emry امری, 11) Khialy خیالی, 12) Mourad, 13) Alevy علوی, 14) Bakhty بختی, 15) Houseïny, 16) Zeïn el-Abidin زین العابدین, 17) Baqi, 18) Habib حبیب, 19) Houdaiy هدائی, 20) Sany ثانی, 21) Nev'y نوعی, 22) Zaty ذاتی, 23) Veïsy ویسی, 24) Nafiy نفعی, 25) Esiry Efendi اسیری افندی, 26) Feïzy فیضی, 27) Belighy بلیغی, 28) Kemalpachazadéh کمال پاشا زاده, 29) Fouzouly فضولی, 30) Ssidqy صدقی, 31) Thalib طالب, 32) Gharamy غرمی, 33) Djenany جنانی, 34) Ousouly اصولی, 35) Obeïdy عبیدی, 36) Rouhy de Bagdad روحی بغدادی, 37) Sultan Ahmed Khan, 38) Kemal Oummy کمال امی, 39) Ghamy غمی, 40) Envery انوری, 41) Saady, 42) Abdy عبدی, 43) Lathify لطیفی, 44) Fedaiy فدائی, 45) Cabouly قبولی, 46) Sirry سرّی, 47) Raiy رآی, 48) Fazly فضلی, 49) Zaïfy ضعیفی, 50) Ssaniy صنعی, 51) le dervich d'Iconium درویش قنیوی,

52) Mourady, 53) Hachimy هاشمى, 54) Nesimy نسيمى, 55) Houseïn-Pacha, 56) Bihichty بهشتى, 57) Yahya, 58) Achic عاشق, 59) Asaad Efendi اسعد افندى, 60) Ghafoury غفورى, 61) Rahmy رحمى, 62) Voufouly وصولى, 63) Fevry فورى, 64) Ichrety عشرتى, 65) Zahiry ظاهرى, 66) Revany روانى, 67) Chems Efendi, 68) Kami كامى, 69) Adly Efendi عدلى افندى, 70) Ssadry Efendi صدرى افندى, 71) Dervich-pacha, 72) Fighany, 73) Halety, 74) Rouhy Meskin روحى مسكين, 75) Omry Dervich عمرى درويش, 76) Azery آذرى, 77) Baqi Tchelebi, 78) Hasan, 79) Khifaly خصالى, 80) Macamy مقامى, 81) Lamiy لامعى, 82) Nichany نشانى, 83) Selimy سليمى, 83) Chems-eddin, 85) Nimety نعمتى, 86) Achiqy عاشقى, 87) Ghedaiy كدائى, 88) Khalily خليلى, 89) Qiasy Kelematy قياسى كلماتى, 90) Nihany نهانى, 91) Khalify خالصى, 92) Chahidy شاهدى, 93) Coudsy قدسى, 94) Laly لالى, 95) Yaqiny يقينى, 96) Ahmed, 97) Macaly Siahy مقالى سياهى, 98) Souheïly, 99) Firaqy فراقى, 100) Ehly اهلى, 101) Ishac Efendi, 102) Zakiry ذاكرى, 103) Ssoufyzadéh صوفى زاده, 104) Ahmed de Bagdad احمد بغدادى, 105) Derdy دردى, 106) Sipahy سپاهى, 107) Ssadaiy صدائى, 108) Simaiy سماعى, 109) Gulcheny كلشنى, 110) Mouftafa, 111) Behary, 112) Hamdy حمدى, 113) Bedry بدرى, 114) Guhnehkar كهنكار, 115)

Djevry جوری, 116) Madhy ملحی, 117) Sivasy سیواسی, 118) Fehim فهیم, 119) Oumidy امیدی, 120) Fakhry فخری, 121) Fehimy فهیمی, 122) Ichqy عشقی, 123) Coul Oghli قول اوغلی, 124) Vafly Tchelebi وصلی چلبی, 125) Dervich Omar درویش عمر, 126) Seïfy سیفی, 127) Afevy عفوی, 128) Ibn Kemaly ابن کمالی, 129) Nihany نهانی, 130) Ghazaiy غزآئی, 131) Cheïkh Mifry (le cheïkh d'Égypte), etc.

Ces extraits poétiques sont suivis d'un conte, intitulé : حکایت قاضی بااوغری *Conte du juge avec le brigand*, imprimé à Constantinople, en 1842 (cf. *Journal asiat.*, IVe sér., T. III, p. 222), et à Tebriz. — Cf. Tornberg, p. 74, no. 130, 2). 298 f. in-4°.

DLVI.

Recueil de différentes poésies détachées, pour la plupart en langue turque, nommément des poètes Fouzouly, Kemalpachazadéh, Djemil, Housam, Seïfy, Abd el-Vasi عبد الواسع, Achic, Ghevhery, Vidjdy وجدی, Mouhibby, Khialy, Revany, Heïrety, Nedjaty, Fighany, Chouhoudy شهودی, Djaafar, Zaty, Nihaly, Ssadry, Baqi, Ahmed-Pacha, Obeïdy, Hamdy (extrait de Leïla et Medjnoun), Khalily; Hafiz (persan), Khadjou Kermany, Envery, Djamy, Nizamy, Saady, Selman Savedjy, etc. On y trouve aussi خطبة محرم *Le Prône du mois de mouharrem*, en langue arabe, et d'autres pièces. 58 f. in-8°.

DLVII.

مجموعه *Recueil* ou *Album*, composé de feuilles de différentes couleurs, très souvent avec des découpures artificieuses (p. e. les noms de Mahomet et d'Allah (c.-à-d. Dieu)), sur lesquelles se trouvent parfois des pièces poétiques de différente étendue, de Baqi, Seïdy سيدى, Vidjdy Efendi وجدى أفندى, Zouhoury, Yahya, Mouhibby. Le nombre des feuilles indiquées monte à ٢١٧ = 217, et le possesseur de cet album était un certain Ahmed Agha Tocadizadéh توقادى زاده, au mois de si'l-caadeh 1079 = 1669. 65 f. in-8° obl.

DLVIII.

كلّيات نوايى *Recueil des oeuvres de* Nevaiy, surnom poétique que le célèbre Emir Aly Chir (mort en 906 = 1500,1, voy. no. CCLI) avait adopté dans ses poésies en langue du Djaghataï. Ce manuscrit, précieux surtout sous le rapport de la langue dans laquelle il est écrit, se compose des quinze productions suivantes: 1) *Les quarante traditions* چهل حديث; 2) *Les Perles disséminées* نثر اللآلى; 3) *Les amours de Ferhad et Chirin* فرهاد وشيرين, poème romanesque, composé, suivant Hadji Khalfa, de 1622 vers; 4) *Les amours de Leïla et Medjnoun* ليلى ومجنون; 5) *Le Rempart d'Alexandre* سدّ اسكندرى; 6) *Le Colloque des oiseaux* منطق الطير; 7) *Les plus grandes raretés* ou *Les raretés de la fin de la vie* (?) نوادر النهاية; 8) un recueil de quatre divans, dont les ghazels ou odes érotiques sont rangées par ordre alphabétique, d'après la lettre finale formant la rime; ces quatre divans sont intitulés: *a) Les Merveilles de l'enfance* غرايب الصغر, *b) Les Raretés de la jeunesse* نوادر الشباب, *c) Les Prodiges de l'âge mûr* بدايع الوسط, *d) Les Avantages de la vieillesse* فوايد الكبر; 9) *Les plus précieuses des séances* مجالس النفايس ou notices biographiques sur différents auteurs persans, dont le manuscrit no. DLIII est un extrait. 10) Une *histoire* ancienne كتاب تاريخ, depuis Adam jusqu'à la chute de la dynastie des Sasanides. Fenaiy a traduit en turc, nommé R o u m y ou de Constantinople, la partie de cette histoire, qui traite des quatre anciennes dynasties persanes (voy. no. DXXVI), et cette traduction a paru à Vienne, en 1785, sous le titre de تاريخ فنايى *Histoire de Fenaiy*. 11) Traité intitulé: كتاب منشئات *Modèles de lettres* en turc du Djaghataï; 12) *Le bien-aimé des coeurs* محبوب القلوب, traité de morale; 13) *Les cinq poèmes ou pentas des admirateurs stupéfaits* خمسة المتحيّرين; 14) *Le Traité des logogriphes* رسالة معمّا; 15) *Le Livre des actes de fondations pieuses* كتاب وقفيات. Voyez la notice de M. Hammer, l. c., p. 311.

Ce manuscrit, à filets d'or, se distingue par la netteté de ses caractères et le luxe de sa reliure. 715 f. in-fol. *(Ard.* *)*

DLIX.

Manuscrit à filets d'or et d'azur et orné de vignettes et de peintures, renfermant les ouvrages suivants du même Nevaiy:

1) *Les quarante traditions,* 2) *Les Perles disséminées d'après l'énonciation du prince des vrai-croyants, Aly ibn Abi Thalib* كتاب نثر اللآلی من كلام امير المؤمنين على ابن ابى طالب, 3) *Le Livre* intitulé *stupeur des hommes vertueux* حيرت الابرار, 4) *Les amours de Ferhad et Chirin* فرهاد وشيرين, 5) *Leïla et Medjnoun* ليلى ومجنون, 6) *Les sept beautés* هفت پيكر. 227 f. in-fol. *(Frol.)*

DLX.

خمسة الامير علیشیر المشهور بنوائی *Pentas de l'émir Aly Chir,* connu sous le titre poétique de Nevaiy. Ce recueil renferme cinq poèmes différents, en langue du Djaghataï, dont les sujets ont été traités par divers poètes persans, entre autres par Nizamy; leurs noms sont: 1° *Le Magasin des mystères* مخزن الاسرار, poème mystique, 2° *Les amours de Khosraou et Chirin* خسرو وشيرين, 3° *Les amours de Leïla et Medjnoun* ليلى ومجنون, 4° *Les sept beautés* هفت پيكر, 5° *L'Alexandréide* ou Iskender-namèh.

Ce manuscrit, à filets d'or et d'azur, datant de 898 = 1492,3 et copié par Soulthan Aly, est un modèle d'élégance, sous le rapport autant de la netteté de ses caractères, que de la richesse et du bon goût des frontispices et des vignettes. 322 f. petit in-4°. *(Ard.* *)*

LDXI.

ديوان نوائی *Recueil des ghazels de* Nevaiy, aussi en langue du Djaghataï. Ce manuscrit paraît renfermer tous les ghazels de ce poète, autres que celles mentionnées plus haut, à l'article de ses oeuvres, no. DLVIII. Il se distingue par ses filets d'or et de diverses couleurs, ainsi que par la netteté de ses caractères, et date de l'année 959 = 1551. 235 f. grand in-8°. *(Ard. ع)*

DLXII.

Divan du même auteur, formant un extrait du précédent, ainsi que le no. ci-après. Exemplaire magnifique, encadré d'un filet d'or et d'azur, avec les marges peintes en rouge et dont les caractères, ainsi que la reliure, sont on ne peut plus soignés. 141 f. in-fol. *(Ard. ع)*

DLXIII.

Même ouvrage, manuscrit de luxe; le papier en est couvert de paillettes d'or, et les vignettes, ainsi que les bordures, sont des plus riches; ces dernières consistent en un filet d'or et d'azur. Il a été copié par Soulthan Mouhammed Nour, l'écrivain الكاتب. 90 f. grand in-8°. *(Ard. ع)*

DLXIV.

Autre manuscrit de luxe, renfermant le *Divan* de Nevaiy. Il fait tout honneur à son célèbre copiste Soulthan Aly Mechhedy (voy. no. CDLXXXVIII), qui le finit en 870 = 1465. Il commence par:
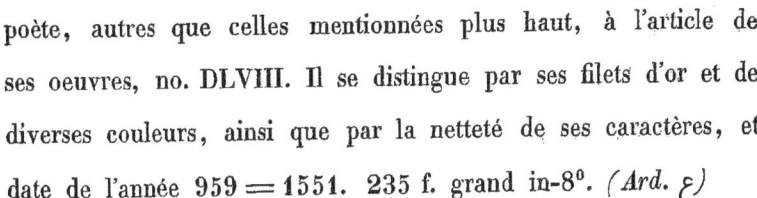, et présente un arrangement différent des divans précédents. 142 f. in-fol. *(Khosr. M.)*

DLXV.

اسكندر نامه Iskender-namèh ou *Alexandréide*, poème en turc d'Azerbeïdjan, dont l'auteur Ahmedy a chanté les exploits fabuleux d'Alexandre le Grand. Dans la seconde partie il est question des souverains qui ont règné avant et après Alexandre, et dont il avait témoigné le désir de connaître la vie. Ce superbe manuscrit, à filets d'or, orné de jolies peintures, et parsemé de paillettes d'or, a fait partie de la bibliothèque de Dourmich Khan درمش خان prince de Hérat; écrit par Mir Aly, il date de l'année 929 = 1522,3, et commence par les mots: ذكر بسم الله الرحمن الرحيم * قامونسنه بیزکیدرای حکیم. 233 f. in-8°. (Ard. ع)

L'ouvrage se trouve aussi à Paris (*Catalog.* p. 332, no. CCCIX-X), à Upsal Tornberg, p. 115, nos. CLXXXVIII et CLXXYIX), etc.

DLXVI.

Même ouvrage. Exemplaire de luxe, orné d'un très joli frontispice, de vignettes et de peintures, à filets d'or et d'autres couleurs, où cependant plusieurs feuillets sont restés en blanc, sans cause apparente. L'auteur Maoula Ahmedy de Sivas, mort en 815 = 1412, composa cet ouvrage en imitation d'un pareil par Nizamy, pour Souleïman, fils de Bajazet, auprès duquel il jouit, de même que dans la suite auprès de Tamerlan, d'une grande considération. Notre exemplaire, achevé le 17 de si'lhiddje 968 = 1561 par Hasan el-Katib, ou l'écrivain, appartenait jadis, à en juger par le sceau placé sur le premier feuillet, au sultan Osman II ben Mouftafa (1618-1622), et d'après une notice conservée dans les archives de la bibliothèque, au dernier Khan de Crimée, Chahin Ghiraï. 302 f. in-fol. *(Frol.)*

Voyez par rapport à Ahmedy, Thachkeuprizadéh, f. 23, et Hammer-Purgstall, *Gesch. der osman. Dichtkunst,* Bd. I, p. 89, où il y a encore d'autres détails sur le livre en question. D'après cet orientaliste il n'y aurait dans les autres bibliothèques de l'Europe qu'un seul exemplaire de notre ouvrage, savoir, à celle de St. Marc à Venise (no. XC, Assemani, p. 114). Cf. *Wiener Jahrb.* Bd. 57, Anzbl. p. 13, et Отчетъ за 1817 г., p. 53.

DLXVII.

الرسالة المحمديّة *Le traité* intitulé Mouhammediyé. C'est le célèbre ouvrage, achevé en 853 = 1449, sur les doctrines dogmatiques et mystiques de la religion de Mahomet, par le cheïkh Mouhammed, connu sous le nom de Ibn el-Katib ou Yazidji Oghlou, ou *fils de l'écrivain* (Ssalih) et domicilié à Gallipoli, l'un des disciples du célèbre cheïkh Hadji Beïram. Dans notre manuscrit il manque quelques feuilles après le commencement. La copie a été faite par Mahmoud ben Pir Aly el-Seraiy en 1061 = 1650,1. 211 f. in-fol.

Pour d'autres détails voyez l'édition imprimée par le soin de M. Kazem-Beg à Casan 1845, Hammer-Purgstall, l. c. T. I, p. 127 suiv. et Thachkeuprizadéh, f. 50. Cf. Flügel, *Wiener Jahrb.* Bd. 47, Anzbl. p. 21, no. 52; Fleischer, *Codd. Dresd.* p. 66, no. 593;

Tornberg, p. 268, no. CCCX. L'ouvrage a été aussi imprimé à Constantinople en 1842. Voy. *Journ. asiatique*, IVe sér. T. III, p. 223, no. 5.

DLXVIII.

يوسف وزليخا *Yousouf et Zouleïkha*, ou les amours de Yousouf et Zouleïkha, par Hamdy, fils du cheïkh Ac-Chemseddin, dont l'auteur fait l'éloge dans l'introduction à son poème. Celui-ci n'est qu'une traduction augmentée de l'ouvrage sous le même titre du poète persan, Djamy. Hamdy, qui mourut en 909 = 1503, composa son poème en 897 = 1491. Notre copie, pourvue, d'un bout à l'autre, de points voyelles, a été finie dans les premiers jours du mois de fafar 945 = 1538.

Commencement : ذكر اولنماسه اول اسم الله. 214 f. petit in-8°.

Voyez, par rapport à Hamdy, Hammer-Purgstall, *Gesch. der osm. Dichtkunst*, Bd. I, p. 151, no. L.

L'ouvrage se trouve aussi à la bibliothèque de Paris (*Catal.* p. 336, no. CCCLIX, où l'année de la mort du poète est marquée 709 au lieu de 909); à celle d'Upsal (Tornberg, p. 117, no. CXCII), etc.

DLXIX.

ديوان خفى افندي *Divan* ou *Recueil des poésies* de Khouffy Efendi, poète de l'époque du sultan Mouhammed II (1451-1481).

Le premier distique de ce divan est: ابروى جان سمعنه بحمد الله *
خبر لا آله الّا الله. La copie porte la date du 15 de fafar 964 = 1556. 89 f. in-8°.

Voyez Hammer-Purgstall, l. c., Bd. I, p. 221, no. CII.

DLXX.

ديوان فضولى *Divan* ou *Recueil des poésies légères* de Fouzouly, dont les autres noms étaient Mouhammed ben Souleïman el-Bagdady, de Bagdad, mort en 970 = 1562. f. 1-101. Ce divan est suivi d'un poème intitulé: بنك وباده *Le Bengh* (ou *electuaire de Jusquiane*) *et le vin*, du même auteur. Le divan commence par les mots: حمد بيحد اول متكلّم نطق آفرينه. Le premier hémistiche du poème qui le suit, est: اى ويرن بزم كأيناته نسق.

Ce manuscrit, en caractères nestaalic, orné d'un filet de diverses couleurs, est du reste en assez mauvais état. 117 f. in-8°. (*Akh.*)

Voyez, par rapport à l'auteur et à ses compositions, ainsi qu'aux extraits qui en ont été faits en langue allemande, Hammer-Purgstall, l. c., Bd. II, p. 293-306.

DLXXI.

ديوان باقى *Divan* de Baqi ou Abd el-Baqi Efendi, mort en 1008 = 1600. Il commence par les paroles: هنكام شب كه كنكرهٔ قصر آسمان * زين اولشيدى شعله لنور شمع اختران.

Ce manuscrit est orné d'une vignette, et à filets rouges. 86 f. petit in-8°. *(Doubr.)*

DLXXII.

Même ouvrage, mais défectueux au commencement et à la fin. Commencement: * طوپ ایدوپ کلّه لرین عرصه تیغنك دايم. Fin: بولدلی رای انوری فیضیله نور وفرِجهان. 28 fol. in-8°.

Voyez, relativement à Baqi, Hammer-Purgstall, *Gesch. der osm. Dichtk.* T. II, p. 360, et la traduction du divan entier par le même savant, parue 1825 à Vienne sous le titre: *Baki's, des grössten türkischen Lyrikers, Divan*.

DLXXIII.

قصيدهٔ ویسی افندی *Ode satyrique* de Veïsy Efendi, poème suffisamment connu, que Veïsy, c.-à-d. Maoula Oveïs ben Mouhammed, mort en 1037=1627,8, adressa aux habitants de Constantinople, pour leur mettre devant les yeux les abus et les désordres qui s'étaient enracinés parmi eux. Ce poème commence par les mots: ایا اَیْ قوم اسلامبول بیلك تحقیق اوّلك آكاه, et a été traduit par M. Diez dans les *Mines de l'Orient* T. I, p. 247-274, ainsi que publié séparément à Berlin en 1811. Cf. *Magazin encyclopédique* 1811, T. VI, p. 440, Diez, *Denkwürdigkeiten von Asien*, T. II, pp. 484 et 1057, et Cardonne, *Mélanges de littérature orientale* T. II, p. 267 suiv. Notre copie, pourvue de points voyelles, a été transcrite

par un certain Mouhammed Emin, nommé Hayaty حياتى, en 1191
= 1777. Voilà la suscription en entier: كتبه وحرره اضعف الضعفا
الحافظ محمّد أمين الشهير بحياتى خواجهً افرنج فى غرّه سنه ١١٩١ ه من الملل
المسيحيّه لياقوب مولّارت بك زاده للسيّاح الساكن فى محلةً افرنج انكليزى
اصل ولادته رينكد ابى الخ. 8 f. in-8°. *(Frol.)*

Quant à Veïsy, voy. Hammer, *Geschichte des osman. Reiches*
T. V, p. 100 et *Gesch. der osman. Dichtk.* Bd. III, p. 203, no.
MXIX. Cf. *Wiener Jahrb.* Bd. 100, Anzbl. p. 31, no. 509.

DLXXIV.

ديوان راغب *Divan* ou *Recueil des poésies légères* de Raghib.
M. Hammer-Purgstall, dans son histoire des poètes othomans, fait mention de quatre entre eux, qui portaient le surnom de Raghib: 1) Mouhammed Tchelebi, mort en 1096 = 1685, 2) Mouhammed Efendi, mort en 1127 = 1715, 3) Raghib-Pacha, mort en 1176 = 1763, et 4) Aly, vers l'année 1131 = 1718, dont deux, mentionnés sous les nos. 2) et 3), ont laissé des *divans*. Comme celui de Raghib-Pacha se trouve à Vienne (*Wiener Jahrb.* Bd. 100, Anzbl. p. 21, no. 416), il sera facile à un orientaliste de cette ville de décider auquel des deux appartient notre divan, par le premier hémistiche qui est: نقدر اولسه ادب پرده كش بكا. Le manuscrit est orné d'un filet rouge. 37 fol. petit in-4°. *(Akh.)*

DLXXV.

ديوان ثابت *Divan ou recueil des poésies* de Sabit ثابت, au sujet duquel on peut voir Hammer-Purgstall, *Geschichte der osm. Dichtk.*, Bd. IV. p. 46, no. MDCCXIX. Ce divan commence par l'hémistiche : خوشا فرخنده ليلة اختر ممتاز ومستثنا, et fait partie de la collection de manuscrits de feu M. Rich (*Mines de l'Or*. T. IV. p. 121, no. 283), de la bibliothèque Imp. de Vienne (*Mines de l'Or*. T. IV, p. 111), etc. Notre manuscrit est orné d'une vignette et d'un filet rouge. 108 f. in-8°. *(Akh.)*

DLXXVI.

Manuscrit composé de quatre poèmes détachés, savoir :

1) دليمة شريف, ou *Description* (en mesnevys ou vers à double rime) *de l'extérieur plein de noblesse du prophète*. Ce poème, comme nous l'apprend un des vers de l'introduction, appartient à un cheïkh qui avait le titre de Ssadr-eddin, et, suivant un des vers de la finale du poème, portait le surnom de خاقاني Khacany (Impérial), donnée qui s'accorde avec celle de Hadji Khalfa, celui-ci citant comme auteur d'un semblable poème turc en mesnevy, un certain Khacany, qui doit l'avoir écrit en 1007 = 1598,9, et qui mourut, d'après M. Hammer-Purgstall, en 1015 = 1606 (*Gesch. der osm. Dichtk.* T. III, p. 139, no. CMXVIII). Le premier hémistiche de ce manuscrit, enrichi d'un bout à

l'autre de points voyelles, est: بسملیله ایده لم فتح كلام. Voy. *Wiener Jahrb.* Bd. 85, Anzbl. p. 38, no. 359. f. 1-25.

2) *Les cent apothegmes* d'Aly, avec leur paraphrase en vers turcs. Ils commençent par l'hémistiche: ایندی خالق بزی بحمد الله. f. 25-41.

3) Un petit poème sur les devoirs religieux du musulman, paraissant à en juger par l'antépénultième vers, avoir pour auteur un poète nommé Saady.

Il y a eu plusieurs poètes turcs de ce nom, tous mentionnés dans l'histoire de la poésie othomane par Hammer-Purgstall, v. T. IV, p. 628, s. v. Saadi. Le poème de celui-ci a pour commencement: خدایه صد هزاران شكر ومنت. f. 42-50.

4) Un autre poème ascétique sans indication de titre et du nom de l'auteur. Il commence par l'hémistiche: دكلم نَسْنَه به قادر كتورم حضرتكه et date de l'année 1098 = 1586,7.

Ce manuscrit se distingue par la beauté de ses caractères, ainsi que par ses filets d'or et ses jolies vignettes. 61 f. in-8°. *(Akh.)*

II. Romans.

DLXXVII.

Ouvrage qui, dans nos anciens registres, était désigné comme *Histoire des guerres entre les Turcs et les Grecs jusqu'à la prise de Constantinople*, par Djaffar Saïd Battali; mais qui n'est autre chose que le roman de chevalerie bien connu, intitulé: *Vie de Sidi Batthal* ou du *Preux chevalier*, ce que l'indication sur le premier feuillet démontre suffisamment. Or Sidi Batthal, suivant la généalogie (fabuleuse) donnée dans l'ouvrage, n'était autre que Djaafar ben Houseïn, huitième descendant d'Aly, gendre de Mahomet. L'auteur de cet ouvrage est inconnu; le narrateur راوی est appelé dans notre copie Abou'l-Mikhnaf ابوالمخنف, tandis que dans celle du Musée asiatique il porte le nom de ابوالحسن, Abou'l-Hasan, ou quelquefois Abou'l-Mouhsin (?).

D'autres détails se trouvent dans le traité de M. Fleischer sur ce roman inséré au *Berichte über die Verhandlungen der kön. sächsischen Gesellsch. der Wissenschaften zu Leipzig*, no. II, p. 35-41 et no. IV, p. 150 et suiv. Le même savant a annoncé une édition du texte entier accompagnée d'une traduction allemande, comme devant paraître sous peu; voy. *Zeitschr. d. Deutsh. morgenl. Gesch.*

T. IV, p. 471. Ce manuscrit est d'une écriture assez anciènne, mais il a été complété parfois aux endroits endommagés par une main plus récente. 301 f. in-fol. *(Frol.)*

Cet ouvrage se trouve encore dans la bibliothèque de Paris (*Cat.* p. 332, nos. CCCXVIIII, CCCXXXIV, CCCXL-IV, et *Wiener Jahrb.* Bd. 92, Anzbl. p. 41, no. 255); de Bodley (Uri, p. 306, no. XXII); de Vienne (*Mines de l'Orient* T. II, p. 306, no. 107), d'Upsal (p. 266, no. CCCCVII, 6); de Dresde (Fleischer, *Codd. Dresd.* nos. 104 et 123); de Hambourg (*Catal. msc.* no. 261), etc.

DLXXVIIII.

Histoire du roi Danichmend ملك دانشمند, roman semblable à celui cité sous le no. précédent, mais défectueux au commencement dans une assez grande partie; il y manque les séances 1-4, le tout étant divisé en 17 مجلس ou *séances*; il n'y a que la dernière partie de la quatrième, dont les premiers mots sont: باشنه اندى باشينهُ اندردى ايوّب قلقان. Cette lacune nous empêche de préciser le titre et l'auteur, qui pouvaient se trouver dans les feuilles manquantes.

Le Melik ou roi Danichmend était le fondateur de la dynastie de Danichmends الدانشمدىّة, qui régna à Malathie, Sivas, etc. dès environ le milieu du XIme siècle de l'ère chrétienne, ou depuis 460-569 = 1067-1173; et d'après M. de

Hammer, *Gesch. des osm. Reiches*, Bd. 9, p. 263, depuis 464-570 = 1071-1174; cf. Deguignes, *Histoire des Huns* T. I, p. 252 et T. II, 2, p. 24, qui cependant ne donne que des notices imparfaites. Nous en trouvons de plus étendues dans Hezarfenn (v. no. DXX) qui, au *chapitre sur les rois Danichmends* fait descendre le notre de Sidi Batthal, ou Abou Mouhammed Djaafar ben Soulthan Houseïn ben Abbas le Malathien ملطى, et Hachimite هاشمى. La soeur de ce Sidi Batthal était la femme de l'émir de Malathie, Amr ben Nou'man ben Ziad ben Omar Maadi et leur fille Nezir el-Djemal épousa un émir tourkman Aly ben Mizrab مضراب, dont le fils était Melik Danichmend, nommé par les écrivains européens Dalisman, Tanisman, Doniman, et par Abou'l-Feda, Thilou طيلو, *Ann. Musl.* T. III, p. 325. Ce Danichmend vivait avec son parent Soulthan Toursoun ben Aly, fils de Séyid Djaafar el-Batthal à Malathie; mais tous les deux, à l'imitation de leur grand-père, et encouragés par le khalife alors régnant, se prirent à faire la guerre aux chrétiens. Ils commencèrent leurs excursions guerrières en 460 = 1067. Melik Danichmend s'empara des villes de Sivas, Sisiyé سيسيّه, ou Comnat قومنات, Carcara قرقره, Kharchina (?) خرشنه ou Amasie, qu'il prit sur شطاط Chethath, Castemouni, Gumichmaadin *(mine d'argent)* et Niksar , où il mourut. D'après *les Annales des dynasties* etc. اخبار الدول d'Abou'l-

Abbas Ahmed ben Yousouf el-Dimechqy, (Msc. acad. no. 530), il tomba atteint d'une flèche devant cette ville. Son vizir était Alpteghin البتكين et il eut pour successeur son fils Melik Ghazi Mouhammed, qui se rendit à Bagdad et demanda du secours au khalife Mouctadi bi-emr Allah (c.-à-d. Billah) 1094-1118). Ce dernier ayant consenti, le fit aider par l'émir seldjouc Souleïman, dont la soeur fut mariée à Melik Ghazi. Tous les deux combattirent heureusement les Grecs. Melik Ghazi eut un fils Yaghi Befan ياغى بصان et il s'empara de Qeïfariyé (Cesarée) et de Malathie en 493 = 1099. Melik Ghazi, connu dans l'histoire sous le nom d'Ibn el-Danichmend, et qui fit prisonnier Boémond en 493 = 1099, (cf. Abou'l-Feda, l. c.), mourut en 537 = 1142; il avait été maître de Malathie, Sivas, Amasie, Niksar, Tocat, Chorum , Casthemouni, Erzeroum, Ancyre, Cesarée, etc. Son vizir était Khalfet ben Alpteghin خلف. Il eut pour successeur son fils Abou'l-Mouzaffer Yaghi Befan, qui mourut en 552 = 1157, et qui fut suivi par son fils Moudjahid Abou'l-Mehamid Djemal Ghazi, et celui-ci par son oncle Melik Ibrahim, après lequel vint Abou'l-Cadr Ismaïl, mort en 564 = 1160, et enfin le dernier Zou'l-Noun ben Mouhammed, qui en 569 = 1173 fut privé de son pouvoir par le seldjouc Qilidj Arslan.

Notre manuscrit présente l'histoire du susdit Danichmend en forme d'un roman de chevalerie, qui contient tout ce qu'on exige d'un tel ouvrage, des combats contre des sorciers, des mariages, etc. Le vizir du Melik, et mari de افرومیه Efroumiyé, fille du chah Chethath شاه شاه, y est nommé Artoukhi ارتوخی, au lieu d'Alpteghin; Danichmend lui-même succombe dans un combat contre les Grecs, etc. Il eut pour successeur son fils Melik Ghazibegh, et celui-ci Yaghi Befan, auquel proprement le roman se termine. Mais l'énumération des émirs seldjoucs d'Iconium jusqu'à Roukn-eddin Qilidj Arslan inclusivement, qui régna depuis 1255-1267, prouve que l'époque de la composition de ce roman doit être fixée après le milieu du XIII siècle de J. Chr. Mais comme l'auteur anonyme dit, dans l'épilogue en vers, qu'il a rédigé en une forme plus convenable et lisible l'ancien original de ce conte, remontant environ à 450 ans, il s'en suit que la présente rédaction ne peut pas être reculée au delà de la première moitié du XVI siècle de J. Ch.

La copie, écrite d'une main assez négligée, a pour auteur un Mouhammed ben Ahmed el-Cazizadéh el-Boursevy, de Brousa, et date du mois de fafar 1032 = 1622. 218 f. in-4°. *(Doubr.)*

Le même ouvrage se trouve aussi à Paris *(Catal.* p. 332, no. CCCXVII).

DLXXIX.

كتاب قرق وزير *Livre de quarante vizirs*, ouvrage dans le genre des mille et une nuits, racontant comment un roi de Perse, qui avait donné l'ordre de tuer son fils, en fut empêché par les contes de ses quarante vizirs. Ce livre était originairement écrit en arabe et portait le titre de اربعين صباح ومسا *Les quarante matinées et soirées*; il fut traduit en turc pour le sultan Ahmed Mifry (de l'Égypte), probablement le sultan Ahmed de la dynastie des Mamlouks circassiens, qui régna en 1421.

Notre traduction, dédiée au sultan Mourad II ben Mouhammed ben Bajazet (1422-1450), commence par les mots: حمد وثناء بى منتها.

La copie munie en grande partie de points voyelles, fut achevée vers la fin du ramazan 904 = 1498. 286 f. petit in-4°. *(Frol.)*

DLXXX.

Autre exemplaire, d'une écriture moderne tatare, qui paraît n'être que la copie du manuscrit précédent avec quelques changements orthographiques de la part du copiste. Il semble ne pas être complet à la fin, au moins les feuilles y sont mal reliées. f. 1-178. Dès f. 179 l'ouvrage recommence de nouveau, écrit encore d'une autre main, mais il n'y en a que les huit premières feuilles. 186 f. in-4°. *(Frol.)*

DLXXXI.

Autre exemplaire incomplet n'allant que jusqu'au conte du 6me jour, dont il n'y a qu'une partie. 28 f. in-4°. *(Frol.)*

DLXXXII.

Autre exemplaire complet, mais qui doit provenir d'un autre traducteur, le style étant tout différent. Il commence, après la formule ordinaire, par : اما بعد بوكتابى عرب لندن احمد مصرى سلطان عصر ايچون ترجمه ايلمش كم بوكتابه اربعين صباح ومسا ديرلر. 55 f. in-4°.

Il n'y a pas d'autre introduction, et le manuscrit procède de suite par l'histoire : تواريخ ملوكده كتورد شلركه عجم ديارنده.

Ce roman se trouve aussi aux bibliothèques d'Upsal (Tornberg p. 63-64), de Bodley, (Uri, p. 305 no. XVIII), de Vienne (Krafft, p. 53, no. CLXV), etc.

Le texte de l'ouvrage entier, avec une partie de la traduction en français par M. Belletête, a paru à Paris en 1812. in-4°. L'année 1832 dans Krafft (p. 195) n'est sans doute qu'une erreur typographique.

I. Contes moraux, philosophiques, etc.

DLXXXIII.

كتاب همايون نامه الشهير كليله ودمنه Houmayoun-namèh ou *Le Livre royal,* appelé Kalila et Dimna. C'est la traduction turque, par Ala-ed-din Aly ben Ssalih, du livre de Kalila et Dimna, dédiée à Souleïman, le législateur, si bien connu par l'édition de M. S. de Sacy (Paris 1816) et par des traductions en presque toutes les langues de l'Europe et de l'Asie. Voy. Hammer, *Gesch. des osm. Reiches* T. III, p. 268 et *Wien. Jahrb.* Bd. 90, p. 65; de Sacy, l. c., p. 51 et Adelung, *Bibliotheca Sanscrita*, ed. 2e, pp. 281-296. Le traducteur a ajouté une bonne introduction concernant les différentes versions de l'original en persan et en arabe, ainsi que la division et le but du livre. Notre copie en neskhy très lisible, avec une vignette, à filets d'or, a été commencée vers la fin du djoumada I 977 = 1569 et achevée au commencement du mois de rebi II 978 = 1570. Voyez, sur cette traduction, de Sacy, l. c., p. 51 et Adr. Royer, *Journ. asiat.* 4e sér. T. XV, p. 381. Elle a été imprimée à Boulac en 1251 = 1836 (v. *Journ. asiat.* 4e sér. T. II, p. 44, no. 102) et se trouve en manuscrit assez fréquemment dans les diverses bibliothèques de l'Europe, p. e. à celle de Paris (*Cat.* p. 337, no. CCCLXIX, etc.); de Munich (*Wiener Jahrb.* Bd. 47, Anzbl. p. 24, no. 65); de Vienne (*Ibid.* Bd. 100, p. 11, no. 298); de l'église de Marie-Madelaine à Breslau (*Cat. msc.* in-4^0, no. 7); etc.

DLXXXIV.

حسن ودل لآهى *La Beauté et le coeur* par Ahy, ou Benlu Hasan mort en 923 = 1517. Le commencement de ce roman est, après la formule ordinaire : مطالع انوار كلام قديم.

La copie a été finie par Abdy ben Abd Allah, au mois de djoumada I 972 = 1564, à Iskoudar. 90 f. in-12°.

Voyez, relativement à l'auteur, Hammer-Purgstall, *Gesch. der osman. Dichtkunst*, T. I, p. 209, no. LXXIV, et *Wiener Jahrb.*, Bd. 63, Anzbl. p. 24, no. 96.

K. Épistolographie.

DLXXXV.

انشاء مرغوب *L'Épistolaire élégant*, ou *Modèles* (صورت) pour écrire des lettres et d'autres formules, au nombre de dix-sept. Ils commencent par: صوره مكتوبدر بو اسلوب سياق اوزره تحرير. 20 f. in-8°.

DLXXXVI.

انشاء مرغوب *L'Épistolaire élégant*, en caractères divany, contenant environ douze différentes pièces. D'après les inscriptions sur le verso de la reliure, ce recueil aurait pour auteur el-Séyid Louthf-Allah ben Mouhammed Efendi, appelé Keusi Keurzadéh كوسى كور زاده d'Erzeroum. 160 f. petit in-4°.

DLXXXVII.

De même, contenant treize pièces. 12 f. in-4°.

DLXXXVIII.

De même, écriture divany. 30 f. in-4°.

DLXXXIX.

كتاب انشاء *Livre d'épistolographie*, contenant soixante quatre pièces et commençant par les mots : چون يد قدرة ازل ازال وجود انسانى ماءِ حكمت ايله. 53 f. in-8°.

DXC.

Manuscrit en écriture divany, avec un frontispice, écrit pour la plupart en encre rouge, les points d'arrêt en or, renfermant l'épistolographie de Ocdjizadéh Mouhammed Efendi انشاء اوقجى زاده محمد افندى. Cf. no. DCII, et Hammer, *Geschichte des osman. Reiches*, Bd. IV, p. 248, no. 166; Krafft, p. 29, no. LXXXVIII. 23 f. petit in-4°.

DXCI.

Semblable ouvrage, très délabré et en mauvais état et sans commencement ni fin, renfermant environ vingt neuf pièces, aussi les marges sont-elles employées pour contenir des lettres. 21 f. in-4°.

L. Calligraphie.

DXCII.

Modèles d'écriture sur une bande de papier, un peu défectueuse au commencement, longue de trois archines, large de sept verchocs, par Séyid Mouftafa ben Séyid Abbas etc. ben Séyid Abd el-Cadir, en 987 = 1579. Il s'y trouve des échantillons des écritures suivantes: 1) du neskhy, 2) autre neskhy, 3) neskhy djely نسخى جلى, 4) neskhy (de poussière) mince نسخة غبار, 5) neskhy moyen اوسط, 6) reïhan ريحان, 7) ricaat رقعة, 8) taalic sulus سولوس (sic) تعليق, 9) taalic de poussière ou mince تعليق غبار, 10) sulus سولوس, 11) qirma قرمه, 12) divany, 13) djery جرى, dont la fin se termine en un paon ou autre oiseau, composé des titres et noms d'un sultan turc (Souleïman II?).

M. Philologie.

Lexicographie. Grammaire.

DXCIII.

لهجة اللغات *Le son des mots,* vocabulaire turc, où les mots sont rendus par leurs synonymes arabes et persans. Dans la préface de ce manuscrit, le titre de l'ouvrage est écrit par erreur: بهجة اللغات *Beauté des mots.* Il a été terminé en 1145 = 1732,3, par le grand-moufti Mouhammed Afaad Efendi, (mort, suivant M. de Hammer, en 1166 = 1752), et dédié au sultan Mahmoud II. Les sources où l'auteur a puisé, sont indiquées au long dans Eichhorn's *Geschichte der Litteratur*, Bd. III, Abth. 2, p. 1282 et suiv. La première moitié de ce manuscrit, en beaux caractères neskhy, est revêtue de points voyelles, tandis qu'ils manquent dans l'autre, ce qui rend l'usage du vocabulaire un peu difficile quant à cette dernière partie. Il commence par les mots: سبحان من انطق مسيل . 366 f. in-8°. *(Akh.)*

Cet ouvrage, dont un manuscrit se trouve aussi à la mosquée de Ste Sophie à Constantinople, etc., a été imprimé à Constantinople, en 1216 = 1802. Voyez, relativement à l'auteur et à ses écrits, M. de Hammer, l. c., p. 1268.

DXCIV.

لغت جغتاى *Vocabulaire djaghataien*, manuscrit très précieux, l'explication en langue turque des mots djaghataiens les moins usités, qui se rencontrent dans les ouvrages de Mir Aly Chir ou Nevaiy, voy. no. CCLI, et nos. DLVIII-DLXIV. L'auteur ne s'est pas nommé. D'après la finale on serait tenté de croire que le vrai titre de cet ouvrage était: *Mots nevaiyiens* (ou *mots employés par Nevaiy*) *et citations djaghataïennes* الغات النوائية والاشتهادات الجغتائية

La copie, encadrée d'un filet d'or et d'azur, a été achevée au milieu du mois de djoumada I 967 = 1560, par Alaiy ben Mouhibby el-Cherif علائی بن محبّی الشّریف. Les mots à expliquer sont écrits en rouge, les suscriptions des chapitres en bleu. Voyez, pour d'autres détails, Bérésin, *Onucaнie* II, etc., p. 2—12. 162 f. in-8°. *(Erz.)*

Il y a de semblables vocabulaires aux bibliothèques de Berlin, de Paris, de Vienne (*Wiener Jahrb.*, Bd. 62, Anzbl. p. 9, no. 26, Krafft, p. 9, no. XXVIII).

DXCV.

مختصر العلم النحو اللسان الرّوس تصنیف الپاپاز انگلیز قارّودرس فی المدینة الباغچه سرای سنة ۱۸۲۳ للمسیحیة ou *Abrégé de la grammaire de la langue russe, composé par le prêtre anglais Carrowders(?), dans la ville de Baghtcheh Seraï, en l'année 1823 de J.-Chr.* 82 f. in-4°.

N. Recueils et Mélanges.

DXCVI.

Manuscrit où l'on trouve:

1) Un commentaire sur l'extrait du mesnevy مثنوی, poème mystique de Djelal-eddin Roumy, intitulé: جزیرۀ مثنوی ou *Ile de la mer*

du *Mesnevy* (voy. no. CCXXXIII, 10). L'auteur de ce commentaire, commençant par les mots: حمد بی حدّ وثناء بی عدّ, est Dervich Ilmy درويش علمى. La copie, faite par Omar ben Baly بالى, date de l'année 1024 = 1615. f. 1—91.

2) Un petit poème turc sur les dogmes de l'islamisme, intitulé: عقايد منظومه, ou *Dogmes mis en vers*, par Ishac Efendi Zendjany زنجانى. Le premier hémistiche est: كليدر بسمله كلزار علمك. Cette partie du manuscrit, ornée de filets rouges et copiée par Mouſtafa Daghistany, date de l'année 1164 = 1730,1. f. 91—103.

3) A. Des prières éjaculatoires en arabe, qui occupent trois pages du manuscrit. Les premiers mots sont: اللّهمّ انّى اسئلك الصحّة. — 107 f. in-8°. *(Akh.)*

DXCVII.

Testament de Séyid Mouſtafa Selamy Nacchbendy, chef du couvent Selamy à Abou Éyoub, faubourg de Constantinople, de l'année 1225 = 1810, contenant aussi l'inventaire des livres qu'il a légués et qui, pour la plupart, sont d'une teneur religieuse, mystique ou poétique. 17 f. petit in-fol. *(Erz.)*

DXCVIII.

Manuscrit à filets d'or, sur papier colorié, dont assez de feuilles sont restées en blanc. Il contient: 1° Quelques remarques grammaticales sur la langue persane, p. e. la conjugaison du verbe دانستن; 2° تواريخ آل عثمان *Annales des Othomans*, c.-à-d. les noms des sul-

tans othomans, depuis Osman I jusqu'à Ibrahim, 1049 = 1649;
3° *Remède contre la rouille;* 4° Des *Proverbes;* 5° *Sur la maladie de la gratelle* جرب علیتی بیان ; 6° *Un joli discours sur la rose* خطبة لطیفه فی حق ورد ; 7) *Extraits* du dictionnaire de Akhtery (voy. no. CCXIX); 8° Modèle d'une lettre pour féliciter sur une victoire صورت فتح نامه, et diverses autres petites remarques. Ce recueil paraît avoir été composé entre les années 1076 = 1665 et 1081 = 1670. 39 f. grand in-8° obl.

DXCIX.

Ouvrage du même genre; beaucoup de feuilles restant en blanc, les autres renferment des ghazels de Chariy شرعی et différents vers turcs, des monogrammes de Raghibpacha, etc.; *une lettre douce du trèfle* محبت نامهٔ قر نفل; des ghazels de Fithnet فطنت, Achic, Omar; sur la signification des fleurs; des *proverbes ou sentences des ancêtres* آتالرسوزی, et encore des poésies de Ichqy عشقی, Charqy شرقی, Abdy, Rouhy, Achic, Ghevhery, Raghibpacha, Chemiy, Fenaiy, Houseïny, Mifry; enfin les quatre spécies d'arithmétique. 113 f. petit in-8° obl.

DC.

Manuscrit renfermant diverses remarques de tout genre, tant en vers qu'en prose, entre lesquelles on peut citer les légendes sur les médailles de Mir Veïs, chef afghan, bien connu dans l'histoire moderne de la Perse, et qui étaient: سكه زد بر درهم دار القرار, de même que sur قندهار * شاه عالم خان عادل مير ويس نامدار celles de son neveu Achrefkhan: اشرف شاهان عالم شد بحكم ; كردكار * بندة فرمان احد خاكپای چاريار divers vers turcs, p. e. un chronogramme sur la mort de خطاط صويومجی زاده, en 1097 = 1685, 6; des remarques, en prose, sur Efrasiab, qui s'était enfui devant Keïkhosraou; sur le magnète; sur les anciens prophètes et rois, Moïse, Salomon, Djemchid, etc.; sur la pierre پيروزه ou turquoise; ديباجهٔ نرکسی چلبی ou *Préface de Nerkesy Tchelebi* (mort en 1044 = 1634, voyez Hammer-Purgstall, *Geschichte der osmanischen Dichtkunst*, Bd. III, p. 229, no. MXLIII); des chronogrammes par Fehim (mort en 1054 = 1644, voy. Hammer-Purgstall, l. c., p. 370); sur la prise de la ville de Bagdad, en 1048 = 1638, de même que sur la mort de Nafiy نفعی, en 1043 = 1633, et d'autres, p. e. sur la mort de Veïsy oustad Ac-hifary, en 938 = 1531; sur la prise d'Égypte par Kemalpachazadéh, en 822 = 1419; sur celle de la ville d'Erivan par Mourad, en 1044 = 1634; sur la mort du sultan Souleïman par Baqi, en 975 = 1567; sur la mort de Khialy par Archy عرشی, en 964 = 1556; des petites poésies par Durry درّی; des chronogrammes sur la mort de Cheïkh Ferid, en 1139 = 1726, par Feïzy; sur la construction de l'école de Feïz Allah Efendi, en 1112 = 1700 etc.; sur les épithètes qui conviennent au mot لب *la lèvre;* encore des chronogrammes sur la prise de Bagdad, en 1048 = 1638; des poésies de Medjnouny; des chronogrammes de Rizaiy رضائى sur la mort de Ismaïl Begh à Erzeroum, en 1048 = 1638, et sur la réparation d'une source à Kerbela, en 957 = 1550 (كربلاده تعمير اولنان چشمه نك تاريخيدر); des extraits du poète persan Ssaïb (v. no. CDLXX), et des poésies détachées turques; des modèles de lettres par A c (O d a-?) Ovehzadéh Ahmed Efendi انشاء آق اووه زاده احمد افندى, intitulées: لطايف مكنونات *Finesses cachées* ou *précieuses;* lettres de Rami-Pacha à Selimkhan, etc.; vers détachés arabes, entre autres, quelques-uns adressés à Saad-eddin Teftazany (voy. no. XCIV), des vers turcs de Nafiy نفعى, Izzety, Baqi, Nerkesy, Nabi, Mouhibby, Nezir-i-Baqi نظير باقى, Hevaiy هواى, Chahidy, Fouzouly, Rouhy de Bagdad, Habiby, Djamy, Charqy Beyaty (?) شرقى بياتى, Hilaly, Ghevhery, Asaad Efendi, Kamy كامى, Cabouly قبولى, Nahify نحيفى, Namy, Sabit ثابت, Feïzy, Nadiry, Achic عاشق, Kachif Calendery كاشف قلندرى, Charqy Achic, Khoudaï Efendi, père de Chahidy, Chahidy, fils de Khoudaiy, Medjnouny, Zahiry ظاهرى, Durry درى, Faïc Efendi, Noury, et d'autres; encore des chronogrammes sur la prise de Erivan, en 1137 = 1724, par Neïly Efendi, et autres sur celle de Tebriz par le sultan

Ahmed, dans la même année, de Kelim كليم, Halim حليم, et Feïzy; un ghazel, dont toutes les lettres sont sans points diacritiques, غزل بى نقط par Fehim; des lettres turques; des chronogrammes sur la visite payée au tombeau de Iskoudary Mahmoud Efendi à Iskoudar, en 1038 = 1628; sur l'arrivée de Sinanpacha, en 1004 = 1595; lettre de Yousouf Nabi Efendi à Mousa, employé à Erzeroum; cazide de Séyid Feïzy sur Ibrahim-Pacha, etc. etc. 153 f. in-8° obl.

DCI.

Manuscrit contenant différentes pièces en vers et en prose, recueillies par Legrand, ancien drogman français (cf. J. J. Björnståhls *Briefe auf seinen ausländischen Reisen*, Bd. VI, p. 432, et no. CCCLXXIX), sous le titre: مجموع عن اشيا مختلفه عربيه وتركيه وفرسيه *Recueil de différentes choses arabes, turques et persanes*. Ce recueil renferme: 1° Quelques vers détachés arabes et persans. 2° Des vers détachés turcs, tirés de Baqi, Khialy, Nedjaty, Helaky هلاكى, Mesihy, Nazmy نظمى, Ahy آهى, Roumouzy, Ssaniy صانعى, Obeïdy, Nihaly نهالى, Chemiy شمعى, Zaty ذاتى, Yahya, Fighany, Lamiy Efendi لامعى افندى, Heïrety, Halety حالتى. Parmi ces vers on trouve une poésie à l'éloge de la ville de Belgrad, par Heïrety, quelques ghazels et un ghazel persan de Hafiz. 3° Proverbes en ordre alphabétique; voyage de Mouhammed Efendi, ambassadeur de Ahmed III à la cour de France, en 1719 (f. 48—75); cf. *Wiener Jahrb.*, Bd. 100, Anzbl. p. 24, et l'édition de ce voyage, à Paris, 1841, par M. Jaubert, sous le titre: *Relation de l'ambassade de Mohammed Effendi.* 5) Des pièces détachées en vers et en prose arabes, de différents auteurs, savoir: un conte de Mamoun (arabe); petites poésies arabes; trois vers de Cheïkh David; poésies de Thahir el-Haddad; un poème de Ibn Houddjeh el-Hamevy, de Hama; les plus beaux vers qui ont été dits relativement à la rose; poésie de Abou Firas de Hamadan, de Moutenabbi, du cheïkh Chehabeddin Djaafar, du dervich Abd el-Rahman; poésie jambique de Fakhr-eddin ben Mekanis ابن مكانس, sur les bonnes qualités d'un compagnon, intitulée: *Pilier des compagnons et modèle des gens d'esprit* عمدة الحرفا وقدوة الظرفا ; quelques vers d'Ibn Mouthir ابن مطير et de Abou Nouvas ابو نواس.

Ce manuscrit, gâté en plusieurs endroits, paraît dater de l'année 1132 = 1719. 92 f. in-4°. *(Doubr.)*

DCII.

Manuscrit pour la plus grande part polonais, intitulé: O prozności albo niepewności Rady Xiązka iedna przez Stanisława Lubomirskiego Marszałka Wielkiego Koronnego wydana, c.-à-d. *Traité sur la vanité et l'incertitude des conseils de la présomption*, ce qui est traduit: بوشلق ياخود مشورتك درست اولمدوغى خصوصنده بر رساله در, par Stanislas Lubomirski, grand-maréchal de la couronne, avec la

traduction turque en regard, qui cependant ne va que jusqu'à f. 48.
Suit alors f. 49 انشاء اوقچی زاده *L'Épistolaire de Oçchizadéh*, ou recueil de lettres, écriture divany, et dont la première commence par : بكار بكيار دن وزير الخ. Comme pourtant Octchizadéh mourut déjà en 1039 = 1629, plusieurs des dernières lettres de notre manuscrit, datées des années 1125 = 1712 et 1126 = 1714, ne peuvent provenir de lui ; voy. no. DXC, et Krafft, *Catal.*, p. 29, no. LXXXVIII. Le manuscrit se termine par صيغه أمثلة مختلفه, c.-à-d. la conjugaison entière du verbe نصَرَ, parfois avec des remarques turques; en différents endroits il y a encore des chiffres arabes et des vers détachés turcs de Simaiy سماعى (?) 375 f. petit in-8°.

IV. MANUSCRITS HÉBRAIQUES.

DCIII.

L'ancien Testament, en lettres tout-à-fait menues, sur un rouleau de parchemin, long de 11 archines et 11 verchocs, enfermé dans une boite de carton, en forme de tabernacle, sur les battants de laquelle se trouve le décalogue en lettres dorées. *(Khitroff.)*

DCIV.

Rouleau de synagogue, sur parchemin, contenant le livre d'Esther. *(Doubr.)*

DCV.

Rouleau de parchemin, contenant *Genes.* XVII, 20 — XIX, 13, vraisemblablement détaché d'une thorah ou rouleau de synagogue, qui renfermait le Pentateuque en entier.

DCVI.

Petite pièce de parchemin carrée, renfermant *Deut.*, chap. VI, v. 4—9, et chap. XI, v. 13—21. Sur le dos nous lisons en haut les lettres שד, c.-à-d. שַׁדַּי *l'Omnipotent, Jehova;* et à la marge les mots cabbalistiques : כוזו במוכסז כוזו *kouzou bemokhsaz kouzou*, qui, dit-on, désignent l'ange protecteur. Les deux passages du Pentateuque sont connus parmi les Juifs sous le nom de קריאת שמע. Cette pièce se trouve dans une boîte de fer, ouverte d'un côté, avec un trou vitré, assez grand pour faire voir de derrière le mot susmentionné שדי *l'Omnipotent*. Le tout, désigné dans nos anciens registres simplement comme *prière*, n'est autre chose qu'une מזוזה *mezouzah*, c.-à-d. *poteau de la porte*, que les Juifs ont coutume d'attacher à leurs portes. Voyez la description détaillée de pareilles pièces, chez Jo. Buxtorf, Pat., *Synagoga Judaica*, Basileae 1680, p. 581—587, et Bodenschatz, *Aufrichtig Teutsch-Redender Hebraeer*, T. IV, p. 19—23.

DCVII.

ספר אפריון עשה *Livre* intitulé: *Apirion-asah* ou *Il s'est fait un trône* (emprunté du *Cant. des Cantiques*, chap. III, v. 9), par Rabbi Schlemo ben Ahron Troki ha-Zacan (le vieux) ר׳ שלמה בן אהרן טרוקי הזקן, savant juif de la ville de Troki, actuellement dans le gouvernement de Vilna. Il vivait au commencement du siècle passé et composa cet ouvrage en 1710, pour refuter les doctrines des Talmoudistes et justifier celles des Karaïtes. Nous nous abstenons d'entrer dans de plus longs détails sur ce livre intéressant; on peut les trouver dans l'ouvrage *Die handschriftlichen hebräischen*

Werke der K. K. Hofbibliothek zu Wien, par M. Krafft et S. Deutsch, Vienne 1847, p. 67—71, no. LIV.

Ce manuscrit, d'une écriture moderne ou coursive, mais très nette et mêmeagréable aux yeux, est d'autant plus précieux, qu'il a été copié sur l'autographe de l'auteur même. Un acte de donation sur les premiers feuillets, en langue hébraïque, dont la traduction polonaise (mais défectueuse) se trouve à la fin de l'ouvrage, sur un papier séparé, nous apprend que ce livre fut présenté, en marque de souvenir, au conseiller privé Thadeus Czacki, Staroste de Novogrod טאדיאוש צאצקי סטארוסטא נווגרוצקי סאויעטניק טאיינו), par le fils d'un disciple de l'auteur, qui l'avait copié de sa propre main d'après l'autographe même, pour le livrer à l'impression; le donateur signe: Joseph, fils du rabbi Abraham ha-Zacan ou le vieux, nommé Kaplanowski קאפלאנווסקי. Suit l'assentiment des habitants de la communauté (juive) de Troki sur cette donation, et pour certification les signatures de Samuel, fils du rabbi Abraham le juge (השופט), nommé Labanos לאבנוס; de l'arrière-petit-fils de l'auteur, Simkhah שימחה, fils de feu rabbi Zerakh ha-Zacan (le vieux) זרח הזקן, nommé Firkowitz פירקוויץ; de Abraham, fils de feu Chimkhah le vieux, nommé Kobetzki קובייצקי. Cet acte a été écrit à la fin du samedi (c.-à-d. samedi après le coucher du soleil) après le Seder (c.-à-d. le péricope du Pentateuque appelé Sidra סדרא, *Exod.*

VIII, 18), le 28 du mois de טבת Tebeth (janvier), en l'année 565 de la création, d'après l'ère mineure, (c.-à-d. sans y ajouter 5000), qui est contenue dans le chronogramme (סימן), emprunté de l'Ecclésiaste IX, 10 : כל אשר תמצא ידך לעשות בכחך עשה *Tout ce que ta main trouvera à faire, fais-le selon ton pouvoir.* 292 f. in-4°.

DCVIII.

Manuscrit sur parchemin, en lettres rabbiniques ou rachi, noté dans les anciens régistres comme Sefer Hamidoth, ou explication du décalogue, mais qui renferme les parties suivantes :

1) Des énoncés talmoudiques sur les choses, qui appartiennent ensemble à trois et à quatre; fragment d'une légende des Juifs, qui, du temps de Tite, furent amenés en captivité et dispersés par des tempêtes de mer en divers pays. f. 1.

2) Les feuilles 2 *a* et *b* présentent l'énumération des chapitres contenus dans l'ouvrage qui suit, et qui est intitulé : ספר המדות *Livre d'éthique.* Ce livre traite des différents sens, des facultés mentales, et des bonnes et mauvaises qualités et inclinations de l'homme, le tout en 28 chapitres שער : 1° הגאוה *la fierté,* 2° הענוה *l'humilité,* 3° הבושה *la modestie,* 4° העזות *l'impudence,* 5° *l'amour,* 6° השנאה *la haine,* etc. Le cha-

pitre 27 (f. 59 b—61 a) intitulé: תורה, *La loi* contient un précis très succint de l'histoire littéraire juive, où il est parlé de la Michnah et des compilations halakhiennes, composées immédiatement après la Michnah, des deux Talmouds (c.-à-d. celui de Jérusalem et l'autre de Babylon) et de l'activité de Gaonim; il fait aussi mention de Meïmonides, de R. Moses de Coucy קרצי; de R. Éliezer de Metz; de l'auteur du Rokeakh רוקח, (R. Elazar de Worms); de l'Abi ha-Ezri אבי העזרי nommé ראביה Rabiah; de l'auteur du ארך זרוע (Rabbi Isac de Vienne) et de beaucoup d'autres savants du nord de la France, p. e. Rachi; enfin du petit-fils de celui-ci, R. Jacob Tam, etc. Le précis en parle avec beaucoup d'estime et dit que les sciences ont beaucoup diminué depuis l'expulsion des Juifs de la France, mais il traite cet événement de manière qu'on en peut conclure avec beaucoup de probabilité que l'auteur a vécu au moins une ou deux générations plus tard. C'était sans doute un Juif allemand, sans quoi il n'aurait pas commencé par énumérer les rabbins allemands, et n'aurait aussi pas parlé avec tant d'estime des savants Juifs français.

Le dernier chapitre (28) traite de la *Peur du ciel* (de *Dieu*) יראת שמים. Le copiste se nomme deux fois, dans un double acrostiche, Samuel. Cet épigraphe est conçu ainsi:
אני הרמיז למעלה סיימתי זה הספר שנת תמ״ (440 = 1680) לפר׳ לאלף הששי כ״ב אב יום ד׳ לאחר שיצא נח מן התיבה

« Moi le signifié en haut, j'ai achevé ce livre en l'année 440 (=1680) fen six mille le 22 du mois d'ab (juillet), le 4ᵉ jour après que Noé fut sorti de l'arche, c.-à-d. le mécredi suivant le samedi, auquel fut lu dans la synagogue la pericope du Pentateuque nommé Noé (Genes. VI, 9-XI incl.). Sur quelques feuilles on trouve le nom de l'ancien propriétaire, savoir : נאם הקטן יהודא ליב בלאא מהר״ר ניסן יצ״ו נכדו של הישיש מהר״ר מרדכי שתדלון מק״ק בריסק דליטא, Dit le petit (l'humble) Yehouda Lev (Löw) f(ils) de m(onsieur) m(on) p(ère), de notre seigneur le rabbi Nisan itsou (cf. Buxtorf, De abbreviat. Hebraic. p. 105), grand-fils du vieillard notre seigneur, le rabbi Mardokhaï chtadlon (syndique) de la sainte communauté de Bresc en Lithuanie.

Ce livre n'est pas la traduction de l'éthique d'Aristote, qui porte aussi le titre de sefer hamiddoth, et sur laquelle on peut voir de Rossi Mss. Codices Hebraici p. 188, no. 334; Wolf, Bibliotheca Hebraica T. I, p. 221, et T. III, p. 136; Hottinger, Promptuarium p. 55, etc. Mais à juger par le commencement conçu en ces termes : סוף דבר הכל נשמע את האלהים ירא ואת מצותיר שמיר, c'est l'ouvrage cité par Wolf, l. c., T. IV, p. 1048 et aussi dans le catalogue de la bibliothèque du R. Dav. Oppenheimer (Collectio Davidis etc.) p. 423, no. 1260, sous le titre de sefer hamiddoth Libr. de morib. cognom. Semitae justorum (אירחות צדיקים). Une rédaction en dialecte juif-allemand en a été publiée à Francfort en 1687, et à Izna אידנא en 1542. voy. pp. 409 et 417, nos. 1192 et 1216. Enfin le même livre a été imprimé tant en hébreu, qu'en dialecte juif-allemand, à Varsovie 1847, Jitomir 1847, Vilna aussi 1847, et Soudzilkov 1835. Dans ces éditions il porte toujours le titre de: אורחות צדיקים, Путь ou Тропинки справедливыхъ. Voy. aussi Zunz, *Zur Geschichte und Litteratur* Bd. I, p. 129.

3) Fragment d'un poème alphabétique sur une persécution des Juifs. f. 67 a).

4) Fragment d'un commentaire détaillé sur les dix commandements, entremêlé de contes moraux ayant trait à chaque commandement et empruntés du Talmoud, du Midrach, et d'autres compositions rabbiniques. f. 68 a - 83 b.

6) Des fragments et notices d'une teneur rituelle, par un anonyme. On y trouve cités rabbi Elazar de Worms, l'auteur du Rokeakh; R. Yehouda ha-Khasid (le pieux); Sefer Hamitsvoth par R. Mose de Coucy; R. Amram Gaon; Mar Char Chalom; R. Joseph Cara קראי; R. Baroukh ben R. Samouel de Bakherakh. f. 74 a-77.

7) Des passages détachés de la Michnah-Thorah de Meïmonides, du livre Mada, Hilcoth deoth. f. 76, b. - 79 a.

8) L'alphabet du Rabbi Akiba sur la forme des lettres. f. 79 a - 80a.

9) Sur les lettres majuscules dans la Bible. f. 80, a - b.

10) Légendes rabbiniques sur la mort de Moïse. f. 80, b. - 82, b.

11) Fragment d'un poème, renfermant, comme il paraît, un panégyrique sur un célèbre rabbi. f. 83 b - 90 b.

12) Des formules pour des lettres de change (שטר חוב), et de procuration (הרשאה), des contrats de vente, des testaments, donations, etc. f. 83, b - 90, b.

On y trouve aussi (f. 83, b) le nom d'un ancien propriétaire, Hayim ben Mordekhaï de Brody en l'année תכט 429 = 1669. 90 f. in-8°.

V. MANUSCRITS ÉTHIOPIENS.

Ces manuscrits, écrits tous sur parchemin, sont les suivants:

DCIX.

1) *Le Psautier*, ou traduction des psaumes, précédée d'une courte introduction d'Eusèbe de Palestine (ነጸፔ፡ሠርዐት፡ዘአውሎ ብስ፡ፈለስጤናዊ፡፡ etc.). Ce manuscrit contient aussi le psaume CLI avec la même suscription ou titre que nous trouvons dans l'édition du psautier par Ludolf., Francfort 1701, p. 319; cf. ibid. p. 418, et Dillmann, *Catal. Codd. Msc. Orr. qui in Museo Britannico asservantur*, pars III, no. II, p. 2. Après suivent les hymnes intitulés: *hymnes des prophètes et leurs prières* መዝሙር፡ነቢያት፡ወጸሎቶሙ፡ que les Éthiopiens ont coutume d'ajouter au Psautier. Ces hymnes sont les suivants: 1) መዝሙር፡

---

*) Il a déjà paru en 1837 une description de ces manuscrits, en langue allemande, insérée au *Bulletin scientifique de l'Académie* T. III, no. 10.

Hመሴ፡ ዘበአት ፡፡ *Hymne de Moïse sur l'émigration* (des fils d'Israel) Exod. XV, 1-19.

2) Hመሴ ፡ ዘደገም ፡ በአት ፡፡ (Second Hymne) *de Moïse.* Deut. XXXII, 2. 1-24.

3) Hመሴ ፡፡ *de Moïse,* c.-à-d. le troisième hymne de Moïse. Deut. XXXII, 22-43. Voy. Ludolf, l. c. p. 419.

4) ጸሎት ፡ ሐና ፡ እመ ፡ ሳሙኤል ፡፡ *Prière de Hanna, mère de Samuel.* 1 Sam. II.

5) ጸሎት ፡ ሕዝቂያ ፡ ንጉሠ ፡ ይሁዳ ፡፡ *Prière de Hiskia, roi de Jude.* Esa. XXXVIII, 10.

6) ጸሎት ፡ ምናሴ ፡፡ *Prière de Manasse.*

7) ጸሎት ፡ ዮናስ ፡፡ *Prière de Jonas.* Jon. II.

8) ጸሎት ፡ ዳንኤል ፡ ከበሐት ፡ ዘአዕአዝርያ ፡፡ *Prière de Daniel, cantique d'Azaria.* Cf. Ludolf, l. c. p. 421.

9) ጸሎት ፡ ፫ ፡ ደቂቅ ፡፡ *Prière des trois garçons.* Apocr. Dan. III.

10) ሶበ ፡ ባረኩ ፡ አናንያ ፡ ወአዝርያ ፡ ወሚሳኤል ፡ (ለእግዚአብሔር) ፡፡ *Lorsque Anania, Azaria et Misaël glorifièrent (Dieu).* Dan. III, 157-88.

11) ጸሎት ፡ እንባቆም ፡ ነቢይ ፡፡ *Prière du prophète Habacuc.*

12) ጸሎት ፡ ኢሳይያስ ፡ ነቢይ ፡፡ *Prière du prophète Esaie,* c. XXVI, 9.

13) ጸሎት ፡ ማርያም ፡፡ *Prière de Marie.* Ev. Luc, 1.

14) ጸሎት ፡ ዘዘካርያስ ፡፡ *Prière de Zacharie.* ibid.

15) ጸሎት ፡ ስምዖን ፡፡ *Prière de Siméon.* St. Luc. II.

Ensuite viennent des *antiphonies* et *des prières.*

NB. Les feuilles 159 jusqu'à 190 sont écrites sur du papier et d'une main récente. 200 f. in-8°, *(Doubr.)*

Les psaumes jouissant d'une estime particulière parmi les Éthiopiens, qui les nomment aussi simplement David, servent de base d'éducation, de sorte que dans la langue amhare l'expression de *garçons du psautier* ne désigne autre chose que de jeunes écoliers. Les personnes des deux sexes les lisent assidument et les apprennent par coeur; on dit même qu'aux festins du roi le psautier entier est récité par les convives présents, sans en excepter ni le roi lui-même ni les femmes, d'après l'ordre respectif. Cette circonstance peut expliquer le grand nombre de copies qui en existent tant en Éthiopie que dans les bibliothèques de l'Europe; on en trouve à Paris, à Londres, à Oxford, à Berlin, à Leyde, à Rome, à Florence, etc. C'est aussi le psautier qui, de tous les livres bibliques, fut imprimé le premier en Europe. Il parut d'abord à Rome en 1513, par les soins de Joh. Potken; une seconde édition, sans les hymnes qui se trouvent dans la première, vit le jour à Cologne, en 1518. Potken cependant ne connaissait que médiocrement la langue éthiopienne, qu'il appelait chaldéenne; aussi son édition fourmille-t-elle de fautes, qui furent encore multipliées dans la Polyglotte de Londres. C'est au célèbre Job Ludolf que nous devons la première édition correcte et consciencsieuse du livre en question. Elle parut à Francfort s. l. M. en

1701 accompagnée d'une traduction latine, des hymnes susmentionnés, d'annotations, etc. Ludolf fit en outre faire pour l'usage des Éthiopiens, une réimpression du texte seul, qui, dans la suite, a été revu et publié par la Société biblique de Londres.

Voyez, par rapport à la traduction éthiopienne du psautier, notre dissertation: *De Psalterio Aethiopico commentatio*. Leipzig, 1825.

DCX.

Manuscrit contenant:

1) መሕልየ ፡ መኃልይ ፡ ዘወእቱ ፡ ዘሰሎሞን ፡፡ *Le cantique des cantiques de Salomon*. f. 2-12.

2) Psaume CXIX, avec la suscription; አሌፍ ፡ ብሂል ፡ አብ ፡ ፈጣሬ ፡ ኵሉ ፡ ዓለም ፡፡ *Aleph signifie le père créateur de l'univers*. Voyez Ludolf, p. 403. f. 13-21.

3) *Louanges de Jésus Christ*. Commencement; ሀ ፡ ሰላም ፡ ለአንጐ ፡ አዕሩቀ ፡ ክብር ፡ ጸዶቃን ፡ ዘበሐረ ፡ በውዑን ፡፡ f. 22-36.

4) *Louanges et prières pour chaque jour de la semaine*: Commencement: ወይቤ ፡ በስንበት ፡ ክርስቲያን ፡፡ 56 f. in-4° min. *(Doubr.)*

Le cantique des cantiques jouit également d'une grande considération dans l'église abyssinienne; mais sa lecture n'est permise qu'aux prêtres âgés, étant défendue aux diacres, ainsi qu'aux jeunes prêtres, aux laïques et aux femmes. Il a été imprimé à plusieurs reprises.

DCXI.

Manuscrit composé de deux parties, savoir;

1) *Des prières et louanges de la Ste Vierge.* p. 1-34. Commencement: በስመ፡ አብ፡ etc. ውዳሴ፡ ዘንጽሕት፡ ድንግል፡ ማርያም፡ ቃይስት።

2) *Le Cantique des Cantiques.* 62 fol. in-32°. *(Doubr.)*

DCXII.

Les quatre Évangiles: 1) *de St. Matthieu* ወንጌል፡ ዘማቴዎስ። f. 1-49. 2) *de St. Luc.* ወንጌል፡ ዘሉቃስ። f. 80-139, 3) *de St. Marc* ወንጌል፡ ዘማርቆስ። f. 50-78, et 4) *de St. Jean* ወንጌል፡ ዘዮሐንስ። f. 125-161. Le dernier est précédé d'une assez médiocre peinture. Ce manuscrit, en caractères très lisibles, est curieux par quelques remarques ajoutées à la fin et prouvant qu'il a été écrit l'an 78 de la miséricorde ምሕረት ou du salut (*salutis*, d'après la traduction de Ludolf et Scaliger), au mois de Février 1, የካቲት፡ Yakätit et qu'il a appartenu autrefois au couvent des Abyssiniens à Jérusalem. Ensuite vient l'énumération des habitants de ce couvent, savoir 22 prêtres, ካህናት፡ 20 diacres, ዲቆናት፡ 35 moines, መነኮሳት et 17 religieuses መነኮሳይት, sous le prieur (ረእስ Reïs) Nob ኖብ፡ et le vicaire (Naïb ናዕብ፡) Gabra Kirkos ገብረ፡ ቂርቆስ፡ enfin suit l'inventaire. Ce dernier nous fournit aussi la liste des ouvrages déposés dans le couvent, parmi lesquels on rencontre quelques uns dont les titres étaient inconnus jusqu'à présent. Voici tous ces ouvrages:

1) ፫ ጉድለ፡ ሰማዕት፡ (sic) 3 ex. des *Luttes* (religieuses) *des martyrs*.

2) ፰ አፈት፡ *Le Pentateuque*. (4 ex.)

3) ፰ ነገሥት፡ *Le Livre des Rois*. (4 ex.)

4) ፰ እንባቆም፡ *Habacuc*. (4 ex.)

5) ፰ ትብረት፡ ቃላት፡ *Concordances*. (4 ex.)

6) ፰ ብርባራ፡ *Barbara*, la biographie (?) de sainte Barbe. (4 ex.)

7) ፫ ሲኖዶስ፡ trois exemplaires de l'ouvrage intitulé: *Synodos*. voy. Ludolf, *Commentar*. p. 300 et suiv.

8) ፪ ጳውሎስ፡ 2 *Paulos*, c.-à-d. les épîtres de St. Paul.

9) ፪ ሐዋርያ፡ 2 ἀπόςολος, c.-à-d. les autres épîtres du N.T. (2 ex.)

10) ፰ ገጸዊ፡ quatre exemplaires du *Ghezavi*, peut-être le même que *Ghezavē* (voy. Ludolf, *Lexic. Aeth.* s. v.)

11) ፫ መዝሙር፡ trois copies du Psautier.

12) ፫ ጸሎት፡ ቁርባን፡ *Des prières eucharistiques*. (3 ex.)

13) ፪ ዜና፡ አበው፡ *Histoire des Pères*. (2 ex.)

14) ፪ መቃቢስ፡ *Les Maccabées*. (2 ex.)

15) ፪ መዝገበ፡ ዳዊት፡ *Le trésor de David*. 2 ex.)

16 ፵፭ ሌጣ፡ ዳዊት፡ 45 ex. de l'ouvrage intitulé: *Letha de David*.

17) ፲ ሰዓታት፡ 10 exempl. des *Horae*.

18) ፪ ፈልሰት፡ ማርያም፡ *Migration ou décès de Marie*. (2 ex.)

19) ኢሳይያስ፡ *Isaïe*.

20) እዮብ : *Job.*

21) ቄርሎስ : *Kerlos*, probablement les oeuvres de Cyrille, qui ont été traduites en langue éthiopienne.

22) ገድል : ሐዋርያት : *Luttes religieuses des Apôtres.*

23) ዲድስቅልያ : *Didascalia*, voy. The Ethiopic Didascalia etc. by Th. Platt, London, 1834, 40.

24) ተገሣጽ : *Admonition, reproche.*

25) ድርሳን : ጰንጠቆስቴ : *Homélies pour la Pentecôte.*

26) ገድል : አባ : አሮን : *Lutte religieuse du Père Aron.*

27) ገድል : ቂርቆስ : *Luttes religieuses d'Abba Cyriace.*

28) ተአምረ : ጊዮርጊስ : *Miracles de St. George.*

29) ካብር : ይእቲ : መጽሐፈ : ጥብርያዶስ : *Kéber* (liber Tiberiados).

30) ገድል : አባ : ጰንጠሌዎን : *Luttes religieuses d'Abba Pantaleon.*

31) ገድል : አባ : አንጦስ : *Lutte religieuse d'Abba Antos.*

32) — — d'*Antiochus.* (አንቲዮኮስ) :

33) — — de *Nabyoud.* (ነቡድ) :

34) ኪዳን : διαθήκη, *Testament.*

35) ገድል : አባ : ብሶይ : *Luttes religieuses d'Abba Besoï.*

36) — — d'*Abba Yesay* (አባ : የሳይ :)

37) አፈ : ወርቅ : *Chrysostome.*

38) *Luttes religieuses de Gabra Krestos* ገብረ : ክርስቶስ :

39) ትር.ሜ (ትርጓሜ?) : ዳዊት : *Ter. mē (Terguamē) David. Commentaire sur les Psaumes?*

Après une imprécation, prononcée contre celui qui s'emparerait des objets énumérés dans l'inventaire, suit une notice, indiquant que cela a été écrit dans *les jours du roi Isac* ይስሐቅ ፡ ወበስመ ፡ መን ግሥቱ ፡ ገብረ ፡ መስቀል ፡ *avec le nom du règne Gabra-Maskal sous le patriarche Abbas Gabriel* ሊቀ ፡ ጳጳሳት ፡ አባ ፡ ገብርኤል *et notre métropolitain Abba Bartholomeos* ወእንዘ ፡ ጳጳስነ ፡ አባ ፡ በርተሎሜዎስ ።

Abba Gabriel est le patriarche d'Alexandrie, que l'église abyssienne reconnait pour chef; Abba Bartholomeos est le métropolitain ou archevêque d'Abyssinie.

Quant à l'année du salut 78, nous avons cru pouvoir la réduire à l'année 1526 J. Chr. et dater la transcription de notre manuscrit de cette dernière année. On a douté de la justesse de ce calcul, sans cependant fixer la question. Or la difficulté des ères employées chez les Éthiopiens n'étant pas encore suffisamment éclaircie, nous nous abstenons d'entrer dans d'autres discussions à ce sujet. Voyez Dillmann, l. c., p. 11, a), et Ewald, *Zeitschr. der D. Morgl. Gesch.* p. 38, 2).

Une seconde remarque dans notre manuscrit précise les présents envoyés au couvent de la part du roi Zera-Yacob, ዘርአ ፡ ያዕቆብ ፡ appelé Constantinos, par le messager Thomas. Dans le nombre il y avait aussi quelques livres, p. e. *les luttes religieuses des martyrs* ገድለ ፡ ሰማዕት (sic), et *les faits miraculeux de Marie* ተአምረ ፡ ማርያም ። On ne saurait guère dire si ce dernier ouvrage est le même, dont une partie se trouve ici à St. Pétersbourg dans la bibliothèque de l'Institut Oriental. On sait aussi d'autres sources, que ce Zera-Yacob, qui régna depuis 1434-1468 et portait comme roi le nom de Constantinos, fit des présents au couvent susmentionné. Voy. Ludolf, *Commentar.* p. 301 et Bruce, *Voyage aux sources du Nil*, Londres p. 111, p. 105.

La troisième remarque, écrite pendant le règne du roi Baëda Maryam ՈᎧ̈Ր : ᎧᎡᎮᎵᎹ : qui régna depuis 1468-1478, fournit la liste d'autres présents remis au même couvent de la part de divers individus. Enfin encore une autre remarque sur le dernier feuillet, en langue géorgienne, est conçue en ces termes: ქორ. წყვ. აპრილისს. ბ. წმიდა სახარება ესე მივიღე იერუსალიმისა საპატრიარხოსა ბიბლიოტეკიდამ, რომელიც არს წერილ აბაშურსა ენასა ზედა, წმიდისა მეტრას მიტროპოლიტის მისალვდის მიერ. თავადმან გიორგი ავალიშვმან. «Le 2 avril 1820, j'ai reçu de la bibliothèque patriarcale de Jérusalem ce saint Évangile en langue abache (abyssinienne), grâce à l'entremise du saint métropolite de Pétra, Mikhael; le prince Giorgi Awalof». 163 f. in-fol.

DCXIII.

L'Évangile de St. Jean ՈክᏐᏛ : ФᏋᏂ : ᎮሕᏃክ : ᏙՈᎵᎮ : Les dernières feuilles (127-143) sont très endommagées, et quelques unes tout-à-fait gâtées jusqu'au milieu. Il manque aussi au commencement plus de la moitié d'une feuille qui contenait une peinture. 143 f. in-16°. *(Doubr.)*

DCXIV.

Même Évangile. Les deux premières feuilles sont endommagées, et, outre cela, beaucoup d'autres feuilles par tout le livre ont souffert de l'eau ou de l'humidité, de sorte que plusieurs mots sont devenus tout-à-fait illisibles. 149 f. in-32°. *(Doubr.)*

DCXV.

Louanges des Saints et autres prières. 36 f. in-fol. min. *(Doubr.)*

Commencement: በስመ፡ *Au nom* etc. ጸሐፈነ፡በዘ፡ዝቤንር፡ ስላመ፡ዝቡሉ፡መዋዕል፡እየሐዝስ፡እስከ፡ምሐዝስ፡፡ ስላመ፡ HP ሐዝስ፡ ጎሶዘ፡በ፡፡

DCXVI.

ድርሳን፡ ዘበስአሦስ፡ ኤጲስ፡ ቆጶስ፡ ርቱዒ፡ ሃይማኖት፡ በእንተ፡ መላእክት፡ ወመለኮት፡ ወበእንተ፡ ሃይማኖት፡ *Traité de l'evêque Basile orthodoxe sur les anges, la divinité et la foi.* Ce sont des louanges, principalement à l'honneur de l'archange Michaël, qui est cité par tout l'ouvrage. 78 f. petit in-4°. *(Doubr.)*

DCXVII.

Manuscrit renfermant des prières magiques, sur lesquelles on peut voir Ludolf, *Historica Aethiopica* T. III; c. 4, 51, et *Commentarius* p. 349. Il les intitule : ጸሎት፡ ርቁት፡ *Precatio magica.* La copie paraît être défectueuse au commencement, et quelques feuilles à la fin sont gâtées par l'humidité. 79 f. in-32°. *(Doubr.)*

VI. MANUSCRITS SYRIAQUES.

DCXVIII.

Manuscrit en caractères néstoriens, renfermant la traduction syriaque du *Psautier* (151 psaumes) avec la traduction interlinéaire arabe. Elle est précédée d'une introduction, dont il manque cependant quelques feuilles. f. 1-200. Une suscription en langue arabe nous apprend que ce manuscrit a été copié par le prêtre Pétros, fils de Masoud, de la ville de Khardin dans les régions d'el-Bathroun sur le Liban béni قس بطرس ابن مسعود من قرية خردين من اعمال البثرون فى جبل لبنان المبارك pour l'Abba (el-khoury Serghis? mots effacés), du village de Bechmezdin من قريه بشمزدين dans les districts de Tripoli. Cette traduction est suivie de pièces assez souvent annexées au psautier, savoir des louanges ou hymnes ܢܣܝܚܬܐ نسايح des prophètes, 1) l'hymne de Moïse, *Exod.* XV, v. 1-20. 2) Second cantique de Moïse, *Deuteron* XXXII, v. 1-22, et troisième cantique, ib. v. 22-43; 3) cantique de Hanna, mère de Samuel, 1 *Sam.* II, v.-10; 4) cantique de Habacuc, *Hab.* III, v. 2-19; 5) oraison d'Isaie, *Is.* XXVI, v. 9-20; 6) oraison de Jonas, *Jon.* II, v. 2-9; 7) prière des trois garçons; 8) seconde prière des trois garçons, *Dan.* III, v. 52-56; 9) prière de la mère de Dieu, *Luc.* I, v. 47-55; 10) oraison de Zacharie, père de St. Jean, *Luc.* I, v. 67-79. f. 200-218.

C) ܢܝܫܡܬܡ ܒܝܘܡ ܚܕܒܫܐ ܚܠܐ طرباريات ليوم السبت على طوبيهم يقال الخامس
ܗ : ܝܩܬܕܘܢ ܗܩ

D) ܢܝܫܡܬܡ ܕܩܝܡܬܐ ܣܒܕ ܒܡ طروبوريات القيامة ليوم الاحد الشنبه على طوباهم يقال الخامس
ܗ : ܝܘܡܚܕܒܫܐ ܚܠܐ ܕܚܨܐ

Quant à ces *Troparia*, ou chansons liturgiques, voy. Augusti, *Handbuch der christl. Archäologie*, Bd. III, p. 709 et 711 et Du Cange, s. v. — 223 f. petit in-4°.

DCXIX.

Manuscrit en caractères hébraïques appelés rachi, renfermant la traduction syriaque des quatre Évangiles de St. Matthieu f. 1-34, de St. Marc f. 34 v.-57, de St. Luc. f. 54 v.-87 et de St. Jean 87 v. 112. C'est absolument la même traduction que celle publiée par M. Gutbir à Hambourg en 1664. Le texte contient aussi les indications des leçons ou péricopes, notées dans l'Évangile de St. Matthieu, dans le texte même; mais sur la marge dans le reste du manuscrit, on trouve parfois des remarques marginales en langue syriaque et latine. L'épilogue nous apprend, que cette copie fut finie en l'année 1828 des Grecs, et de Notre Seigneur Jésus le Messie 1518 au mois de Ayar (Mai) au jour de sabath le 9me jour, à neuf heures, par Elia bar Abraham, de la montagne du Libanon, du saint couvent de Kinoubin de la St. Vierge Marie; qu'elle fut écrite à Rome dans les jours du Pape Leon (X) et de Petrus patriarche des Maronites, et dont le copiste fut un disciple, et enfin dans la maison du Cardinal Bernardino de la Sainte Croix de Jérusalem, située auprès du fleuve (Tiber) et du bourg de l'ange.

Le copiste est le même dont il est parlé dans la *Bibliothecae Apostolicae Vaticanae Codd. Mss. Catalog.* T. II, p. 57, no. XV, et p. 23 où nous trouvons presque la même suscription, et dans le *Catalogue* de Paris, p. 52, no. XVII. La remarque de la main de Doubrowsky tracée sur la première feuille, qui fait observer que ce manuscrit (contenant: *Quatuor Evangelia Chaldaïcae. Mss. XV-mi saeculi*) est du XVe siècle, est donc inexacte, comme on vient de le voir. 113 f. in-4°. *(Doubr.)*

DCXX.

Manuscrit, qui porte l'inscription de la main de Załuski: *Missa Chaldaice et Latine* 1600, et qui renferme *La Messe des*

Apôtres ܩܘܕܫܐ ܕܩܕ̈ܝܫܐ ܫܠ̈ܝܚܐ ܕܩܘܪܒܢܐ ܛܟܣܐ *Missae sacrum* (sic) *Beatorū Apostolorum*, avec la traduction latine en regard. Il n'y a pas de date, mais la copie ne paraît pas être très ancienne. 91 f. in-4°. *(Zat.)*

DCXXI.

Manuscrit sur parchemin, les rubriques en encre rouge; il contient des homélies ou leçons empruntées des épîtres de St. Paul pour les jours de fêtes. Écrit en lettres estranghelo, il est évidemment très ancien, quoiqu'il n'y ait point la date, qui se trouvait probablement sur les dernières feuilles à présent perdues. En voilà le commencement: ܒܚܝܠܐ ܕܡܪܢ ܥܡ ܡܫܝܚܐ ܡܫܪܝܢܢ ܕܢܟܬܘܒ ܩܪ̈ܝܢܐ ܡܦܪ̈ܫܐ ܕܛܘܒܢܐ ܦܘܠܘܣ ܫܠܝܚܐ. ܩܪܝܢܐ ܕܚܕ ܒܫܒܐ ܩܕܡܝܐ ܕܣܘܒܪܐ. *Avec l'aide de notre Seigneur Jésus le Messie nous commençons à écrire les diverses leçons (lectiones) de St. Paul, l'apôtre. Première leçon du premier dimanche de l'annonciation.*

La première leçon est prise de *l'Épitre aux Romains* chap. III, v. 31 jusqu'au chap. IV, v. 12 inclus. Elle commence donc par les mots : ܢܡܘܣܐ ܗܟܝܠ ܡܒܛܠܝܢܢ. La dernière se trouve II. *Corinth* chap. VIII, v. 1 ܡܘܕܥܝܢܢ ܠܟܘܢ ܕܝܢ ܐܚ̈ܝܢ ; mais elle se termine au commencement du vers 20 par les mots: ܕܕܠܡܐ ܐܢܫ, ce qui prouve qu'il y manque des feuilles. Dans les anciens registres, ce manuscrit était désigné comme un livre historique. 111 f. in-fol.

DCXXII.

Manuscrit, écrit en caractères nestoriens, désigné dans les susdits registres également comme un livre historique, mais il renferme un commentaire ܣܘܪܐ sur le N. Testament par Jesudad Marouzi évêque de Hadath en Assyrie; il commence par: ܟܠܝ

ܣܝܟܬܐ ܕܡܢ ܥܘܢ ܕܡܪܢ ܝܫܘܥ ܡܫܝܚܐ ܡܫܪܝܢܢ ܠܡܟܬܒ ܦܘܫܩܐ ܕܕܝܬܩܐ ܚܕܬܐ ܀
ܕܥܒܝܕ ܘܟܢܝܫ ܡܢ ܟܬܒܐ ܕܡܦܫܩܢܐ ܘܡܠܦܢܐ ܕܥܕܬܐ ܩܕܝܫܬܐ
ܡܠܦܢܐ ܩܕܝܫܐ ܘܛܒܐ ܡܪܝ ܝܫܘܥܕܕ ܡܪܘܙܝܐ ܐܦܣܩܦܐ ܕܚܕܬܐ
ܕܒܝܬ ܐܬܘܪܝܐ ܡܪܝ ܥܕܪܝܢܝ ܘܚܝܠܝܢܝ ܐܚܟܡ

Avec l'assistance de notre Seigneur Jésus le Messie, nous commençons à écrire le commentaire sur le Nouveau Testament, qu'a fait et recueilli des livres des commentateurs et docteurs de l'église sainte, le saint et bon maître, mon seigneur Yechouadad Marouziyo, évêque de Hadatha en Assyrie. Mon Seigneur, aide-moi, et fortifie-moi, et rends-moi sage par ta bonté. Amen.

La copie a été finie en l'année 1801 du règne des Grecs le 3 du mois de nisan (avril), jour de sabath, sixième du grand jeûne; elle a été écrite dans la ville de Beth Solim, ܒܝܬ ܣܠܝܡ pays de Baz ܒܙ ܐܬܪܐ, du temps du Catholicos Patriarche de l'Orient, Siméon ܫܡܥܘܢ ܩܬܘܠܝܩܐ ܦܛܪܝܪܟܐ ܕܡܕܢܚܐ, et Elias, métropolitain des Assyriens ܐܠܝܐ ܡܝܛܪܦܘܠܝܛܐ ܕܐܬܘܪ̈ܝܐ.

Voyez par rapport à *Jesudad*, qui vivait vers 852 de J. Chr. Assemani *Bibliotheca Orientalis* T. III, I, p. 209, où notre ouvrage est cité. et relativement à Baz ܒܙ et *Beth Solim* ܒܝܬ ܣܠܝܡ le même auteur T. I., 1, p. 30, et enfin sur le patriarche Nestorien *Siméon* (1801 graec. $=$ 1490 jusqu'à 1813 $=$ 1502) l. c. T. III, 1, p. 620, no. 86 et *Catal. Msc. Syr. Mus. Britan.* p. 52.

Ce livre a été jadis à Jérusalem, comme nous l'apprend l'inscription géorgienne, qui se trouve sur l'intérieur de la reliure et qui est conçue en ces termes:

№ 1. წელსა ჩყკ. აპრილის დ. მიჟიღე წიგნი ესე ასსირიულსა ენასა ზედა საწერი, რომლისაცა სახელი გერ ვგხცან, იერუსალიმისა ჯვარის ამაღლების მონასტრიდამ, ბრძანებითა წმინდისა პეტრას მიტრაპოლიტისა მიხაელისა და სრულიად კრებულისა მისისა ნებართვითა. თავადმან გიორგი ავალოვმან.

«Le 4 avril 1820, par ordre du saint métropolitain de Pétra, Mikhael, et de l'assentiment de tout son Synode, j'ai pris, au couvent de l'Exaltation de la Croix, à Jérusalem, ce livre en langue syriaque, dont j'ignore le nom, moi le Prince Giorgi Awalof.

VII. MANUSCRITS COPTES.

DCXXIII.

Fragment du *Livre de Josué*, chap. XV, v. 7, jusqu'au chap. XVII, v. 1. 9 f. in-fol.

DCXXIV.

... ΑΓΙΟΝ ΕΥΑΝΓΓΕΛΙΟΝ ΚΑΤΑ ΙѠΑΝΝΗΝ *Le saint Évangile de St. Jean*, défectueux. A droite de l'inscription grecque se trouve l'inscription arabe: الأنجيل المقدس من يوحنا البشير. 29 f. in-fol. *(Doubr.)*

DCXXV.

ΑΠΟΚΑΛΥѰΙΣ ابوغالثيس *L'Apocalypse de St. Jean* avec la traduction arabe à côté. Ce manuscrit sur du papier de coton, et supposé dater du XIIme siècle, a les premières feuilles restaurées par Fourmont, à qui il a jadis appartenu. 91 f. in-8°. *(Doubr.)*

DCXXVI.

Livre liturgique, contenant divers fragments de la Ste. Bible, savoir de l'épître de St. Paul aux Corinthiens chap. I, v. 1-10. 2) Psaume LXXXV, 11, etc. 3) Le commencement de l'Évangile de St. Jean, et autres prières, toujours avec la traduction arabe en regard. 16 f. in-4°. *(Doubr.)*

DCXXVII.

Consécration du Patriarche d'Alexandrie avec la traduction arabe à côté. Le titre en arabe en est: تكرير بطرك مدينة الاسكندريه. Cette copie, ornée d'un frontispice doré, est encore munie de remarques marginales en langue arabe, écrites pour la plupart avec de l'encre rouge. Elle était également la propriété de Fourmont. 62 f. grand in-8°. *(Doubr.)*

DCXXVIII.

Pareil ouvrage, contenant les cérémonies à l'usage de l'église copte avec de prières, on y trouve p. e. l'épître de St. Paul aux Éphésiens, ch. V, v. 22-33 2) Psaume XIX, 6, etc. Ce manuscrit date de l'année des St. Martyrs 717 = 20 chevval 1028 = 1619. 10 f. in-4°. *(Doubr.)*

DCXXIX.

Liturgie copte avec la traduction arabe à côté. Le titre qui était embelli de différentes manières, est tout-à-fait effacé; aussi le manuscrit est-il défectueux à la fin. 76 f. petit in-4°. (Doubr.)

DCXXX.

De même *Consécration des fonts du baptême*, instituée par Abbou Petros évêque de Behnesa, bénédictions de la table d'autel, et ordination de l'Igoumène, avec la traduction arabe à côté. Ce manuscrit était jadis la propriété de Fourmont. Commencement:
قانون وضعه ابينا القديس ابنا بطرس اسقف مدينه البهنسا من اجل معموديه الخ
78 f. petit in-4°. (Doubr.)

VIII. MANUSCRITS ARMÉNIENS.

A. Théologie.

DCXXXI.

Manuscrit sur velin, renfermant Scharacnotz, ou livre d'hymnes pour toutes les fêtes, orné de miniatures très curieuses et d'initiales en or et en couleurs. Ecrit par Nicolas, en l'année arménienne 1094 = 1645, à Capha pour un certain Minas, prêtre, sous le catholicos Philippe, archadch nord de la contrée. On y trouve énumérés tous les supérieurs ecclésiastiques de l'époque et du lieu; les parents et amis de Minas etc. Reliure gauffrée, fermoirs en argent doré. Donné à la bibliothèque par Haront hionn de Valarchabat en 1263 - 1814, sous le règne de l'Empereur Alexandre et sous le patriarchat d'Ephrem. 401 f. in-12°.

DCXXXII.

Théologie morale par Alphonse Ligori, Bilvard, Antoine, Thomas etc., traduite du latin en arménien par le vartabied Grigor Libananiants; mise en ordre par l'archevêque Antoine Bouradian de Kouthaïs, 10 Mai 1816, sous le patriarchat de Grigor V catholicos. A Libanan, au couvent de l'Assomption, siège du patriarchat des arméniens orthodoxes. 372 pp. in-4°.

DCXXXIII.

Théologie morale, mise en ordre par Paul Antoine Gabriéliants, Jésuite, et par l'archevêque Antoine Bouradian de Kouthaïs, 17 Janvier 1817, traduite par le vartabied Andréas Libananiants par ordre du patriarche Grigor V, 3 Mai 1790; sous le patriarchat de Grigor V catholicos. A Libanan. pp. 530 in-4°.

DCXXXIV.

Théologie morale, par Paul Antoine Gabriéliants, Jésuite, traduite par le vartabied Andréas Libananiants, par ordre du catholicos Grigor V, 3 Novembre 1790. Mise en ordre par Antoine Bouradian, archevêque de Kouthaïs, 10 Avril 1817. A Libanan. 704 f. in-4°.

DCXXXV.

О изъявленіи армянской литургіи, которая съ армянскаго на россійской діалектъ переведена гдрьственной коллегіи иностранныхъ дѣлъ посольства дворяниномъ и переводчикомъ

Львомъ Петровымъ сномъ Залѣевымъ, въ царствующемъ великомъ градѣ Москвѣ, въ лѣто спасительное 1740 году, мѣсяца Мая. En russe et en arménien. Императорской Публичной Библіотекѣ усерднѣйшее приношеніе отъ Коллежскаго Ассессора и кавалера Христофора Якимова сына Лазарева. Спб. Генваря 21 дня 1818 года, c.-à-d. offert à la bibliothéque Impériale publique par Christophore Yakimoff Lazareff. 51 f. in-fol.

DCXXXVI.

Psaumes de David et diverses prières; prières de St. Grégoire de Narec et d'autres. Il s'y trouve quelques notes en polonais et en russe. La plupart des sommaires sont en arménien vulgaire. 306 f. in-8°.

DCXXXVII.

Livre de prières, à lettres initiales dorées et ornées. 72 f. in-16°. (Doubr.)

DCXXXVIII.

Index des fêtes et prières pour chaque jour, commencé le 8 Décembre 1714 (1163) et fini le 2 Mars 1715 (1164), par le prêtre Davith. 267 f. in-16°. (Frol.).

B. Histoire.

DCXXXIX.

Lettre de David, patriarche d'Arménie, à l'Empereur Alexandre I, du 4 Mai 1801, pour féliciter Sa Majesté de son avènement au trône. Datée d'Edchmiadzin. Initiales en or et en couleurs. Une grande feuille.

C. Poligraphie.

DCXL.

Manuscrit renfermant:

1) La Géographie de Vardan.

2) Discours de Philatos sur la nature des բարուախօան վի֊  լատոս բաս բնութե բարուց?

3) Divers sermons originaux et traduits.

Il y a dans les gardes du commencement un condac d'Onophré, percepteur de Tigranoarte etc., et son cachet: « le serviteur de Dieu Onophré vartabied .... en l'année .... A la fin des vers Turks, en caractères arméniens. 233 f. in-12°. *(Frol.)*

DCXLI.

Manuscrit contenant les pièces suivantes:

1) Grammaire arménienne, par Siméon vardabied Djoughaitzi, mort en 1657.

2) Logique, composée, d'après les traités de plusieurs auteurs, par le même Siméon.

3) Abrégé de Logique, par Jean Vardabied, ispahantzi, 1692(1141).

4) Sur les différentes significations des mots. Cet ouvrage est attribué à David Anhaghti (l'invincible), philosophe arménien du V siècle.

5) Analyse de l'introduction de Porphyre aux catégories d'Aristote, faite par David l'invincible.

6) Catégories d'Aristote, traduites du grec par le même David.

7) L'ouvrage d'Aristote: intitulé: « $περὶ\ ἡρμενείας$ (?) traduit du grec, avec des commentaires, par le même David.

8) Traduction du traité d'Aristote « sur les vertus ».

9) Brève explication du traité d'Aristote, « sur les vertus », par Grigor, disciple de Jean-le-Grand.

Écrit en 1694 (sic) en l'année arménienne t142, à nov-Djougha, près d'Ispahan, par Astouatsatour aphègha (moine) fahrabadzi, sous le règne de Souleïman-Chah et sous le patriarchat de Nahapiet catholicos.

Offert à la bibliothèque Impériale en 1818 par le diacre Joseph Hohanésian. 368 f. in-12º.

IX. MANUSCRITS GÉORGIENS.

A. Théologie.

DCXLII.

1) სულიერი სწავლანი livre contenant dix sermons en langue et en caractères vulgaires, traduits du latin en géorgien, au temps du très saint catholicos des Arméniens catholiques, Grigor VI, et du Métropolite Stanislawous, le 19 Septembre 1817, à Qarasou-Bazar, par l'archevêque catholique Antoni Bouradiants. 1-100.

2) Un sermon sur la passion de Notre Seign. Jés. Chr. 101-124.

3) Une vie de St. Antoine, ermite. 125-143.

4) Divers discours. 143-180.

Chaque section commence par un texte arménien, et chaque cahier est marqué, au commencement et à la fin, d'une lettre numérale arménienne. 180 f. in-fol.

DCXLIII.

Livre de morale religieuse, en caractères vulgaires remarquables par leur forme insolite, avec les titres des divisions en caractères ecclésiastiques et en encre rouge, 1740. Il manque les 2 premiers feuillets. Sur le feuillet 425 on lit que ce livre a été traduit du russe en géorgien et écrit par Gabriel Tchklie'idzé, élevé et vieilli dans la maison d'Artchil, roi d'Iméreth, à Moscou, en l'année 730 (1730). Reliure russe. 424 fol. in-4°.

DCXLIV.

Passio Dmni Nostri Jesu Christi secundum quatuor Evangelistas in lingua georgiana scripta. Salissae vulgo Tiflis in monasterio missionis Cath. Rom. de propaganda fide. D. D. D. Pater Philippus ord. capucinorum, missionis vice-praefectus. On lit au premier feuillet: D. D. Bern. Rottiers, academiae Soc. Jesu Polociae. hâc 28 Xbris 1814. 40 f. in-8°.

DCXLV.

Hymnes et prières à Notre Seigneur Jésus Chr.; traduit du grec en russe et du russe en géorgien, par Alexandre, fils d'Artchil, roi de Géorgie (mort en Suède après 1682). Écrit en caractères Khoutzouri (ecclésiastiques). Reliure à fermoirs en cuivre. Petri (écrivain). Au commencement du manuscrit: Ex Bibliotheca Caroli Fr. Muhrbeck Caroli Cor. 1777. Sur le premier f. de garde, on lit le nom: Niclas Stüfwe. 63 f. in-16°. *(Sucht.)*

DCXLVI.

Livre de prières en caractères géorgiens ecclésiastiques, avec plusieurs peintures, qui paraissent avoir été faites par des artistes russes. Il est sur papier, entouré de lignes d'or et de diverses couleurs. A la fin on recommande à Dieu le tsarévitch Bagrat, sans doute le propriétaire du manuscrit. Relié en maroquin rouge avec fermoirs d'argent. 112 f. in-32°. *(Frol.)*

DCXLVII.

დაუჯდომელი Da'oudj'doméli, ou Akaphistos, livre de prières en l'honneur de la Vierge, en caractères géorgiens ecclésiastiques, avec une peinture, représentant la vision du buisson par Moïse. 63 f. in-32°. *(Frol.)*

DCXLVIII.

გლიტე La clef, par S. Jean Chrysostome, manuscrit de l'an 1820. 126 f. in-4°. *(Acad. des Sc.)*

B. Philosophie.

DCXLIX.

სიბრძნე სიცრუის წიგნი Le livre de la sagesse et de la méchanceté, par Soulkhan-Saba Orbélian, composé vers l'an 1680. 116 f. in-12°. *(Acad. des Sc.)*

C. Histoire.

DCL.

Un portefeuille contenant:

1) Quinze lettres de divers personnages à Reineggs, en géorgien et en arménien, et 3 passeports, donnés à Reineggs pour ses voyages.

2) Deux lettres du roi Éréclé II, de Karthli, à Guldenstädt.

Deux lettres du roi Solomon II, d'Iméreth, à Guldenstädt.

Lettre de Zaal, prince Orbélian, à Guldenstädt. (Son nom ne s'y trouve pas en entier, mais il est simplement désigné: docteur Antoine, fils d'Antoine.)

Deux lettres du roi Solomon, avec une réponse s'y rapportant.

Lettre du roi Dawith, d'Iméreth.

3) 19 lettres du roi Éréclé et des membres de sa famille, à Reineggs.

4) Les titres de noblesse des familles Argoutinski et Aréchof, avec deux lettres de l'archevêque Joseph Argoutinski, qui s'y rapportent.

Passeport du roi Éréclé pour un prince Argoutinski. 68 f. in-fol. *(Doubr.)*

DCLI.

Wakhoucht, Histoire de Géorgie. Écrit à Tiflis, le 7 Janvier 496 = 1808. L'introduction manque. 656 f in-fol. *(Acad. des Sc.)*

D. Mathématiques.

DCLII.

Arithmétique, joli manuscrit en caractères vulgaires, traduit par Dimitri Tzitzi-chwili, à l'âge de 17 ans, après quatre ans d'études, d'après un ouvrage allemand imprimé à Wittenberg; dédié par le traducteur au roi Bakar. 64 f. in-4°. *(Frol.)*

E. Poésie.

DCLIII.

არჩილიანი Artchiliani, poésies historiques et autres du roi Artchil. 273 f. *(Acad. des Sc.)*

DCLIV.

წყობილი-სიტყვაობა, Discours en vers par le Catholicos Antoni I, contenant les éloges, avec de courtes notices, de plus de 125 personnages: rois et reines, évêques, historiens, poètes, les plus distingués de la Géorgie. 154 f. in-4°. *(Acad. des Sc.)*

F. Éloquence.

DCLV.

ყარამანიანი Qaramaniani, roman traduit du persan, par David Sardar-Kéchiktchi-Bachi Orbélian. 216 f. in-fol. *(Acad. des Sc.)*

DCLVI.

Anvari Soheïli (ou fables de Bidpaï), en géorgien Khilila da Manana; traduit du persan, en vers et en prose. La prose est du roi Wakhtang VI, les vers de Soulkhan-Saba-Orbélian. Écrit à St. Pétersbourg, le 14 Septembre 1813, par le hiéromonaque Epiphané, sur la sollicitation du tsarévitch Théimouraz. 335. f. in-fol. *(Acad. des Sc.)*

X. LIVRES ET MANUSCRITS MANDJOUX.

A. Théologie.

DCLVII.

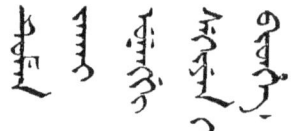

Le vrai commencement de la nature, Toumen djakaï ounenghi setsen ni bitkhé, traduction de l'original chinois Wan ou djen youan, composé par le missionaire catholique *Jules Aleni (Alenius)*. 1 vol. in-4°.

DCLVIII.

Même ouvrage.

DCLIX.

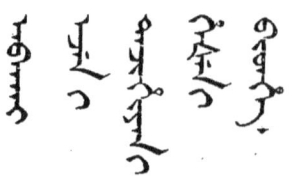

Abkaï edjen ni tatsisyen ni khechen ni bitkhé, Catéchisme, composé par des catholiques, en forme de questions et de réponses. 2 vol. in-4°.

DCLX.

Khan ni arakha dasamo oubaliamboukha watsir i laskhalara nomoun, Prières thibétaines, traduites en mandjou par le khan mandjou Khounli. 1 cah. in-8°.

DCLXI.

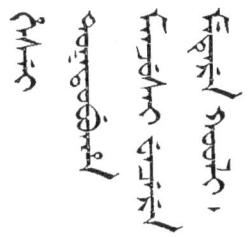

Kheseï toktoboukha Mandjousaï wotcheré motèré koli, Réglement de la foi Chamane et des sacrifices offerts aux âmes; avec la figure des temples chamaniens et des objets qui y appartiennent; ces dessins se trouvent à la dernière partie. 6 cah., dans une enveloppe, in-fol.

B. Droit.

DCLXII.

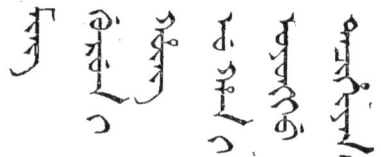

Ming gouroun ni Khoung-ou khan ni oïongo tatsi-syan, Ordonnances (Указы) remarquables de l'empereur de la dynastie Ming, Youan-djang, traduits de l'original chinois, et imprimés en 1646. 6 cah., dans une enveloppe, in-fol.

DCLXIII.

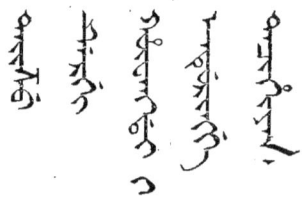

Taïtssou dertssi khouandiï endouringhé tatsisyan, Ordonnances du khan mandjou Nourkhatsi, imprimées en 1686; dans une enveloppe avec des ordres des khans mandjoux Khouantaïtssi et Foulin; 4 cah. in-fol.

DCLXIV.

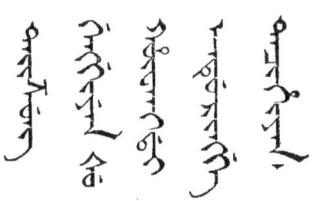

Taïtssoun Ghengen chou khouandiï endouringhé tatsisyan, Ordonnances du khan mandjou Khouantaïtssi, imprimées en 1687; dans une enveloppe avec des ordres des khans mandjoux Nourkhatsi et Foulin. 6 cah. in-fol.

DCLXV.

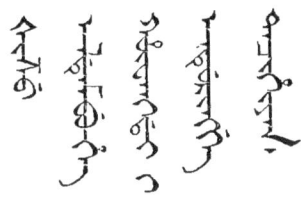

Chitssou eldemboukhé khouandiï endouringhè tatsisyan, Ordonnances du khan mandjou Foulin, imprimées en 1687; dans une enveloppe avec des ordonnances des khans mandjoux Nourkhatsi et Khouantaïtssi. 6 cah. in-fol.

DCLXVI.

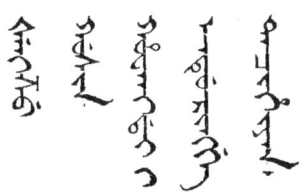

Chentssou gojin khouandiï endouringhé tatsisyan, Ordonnances du khan mandjou Syouangouï, imprimées en 1731, en six enveloppes; 60 cah., in-fol.

DCLXVII.

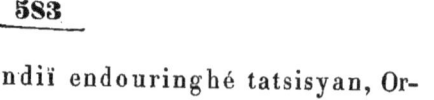

Chitssoung temghetoulekhé khouandiï endouringhé tatsisyan, Ordonnances du khan mandjou Indjen, imprimées en 1740, en trois enveloppes, in-fol.

DCLXVIII.

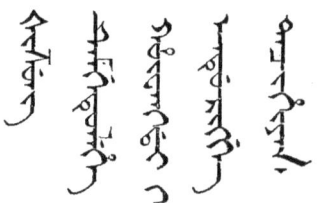

Dertssi khesé djakoun gousa dé wajimboukhanghé, Ordonnances du khan mandjou Indjen, issues en 1726, à l'armée mandjoue. 1 vol. in-4°.

DCLXIX.

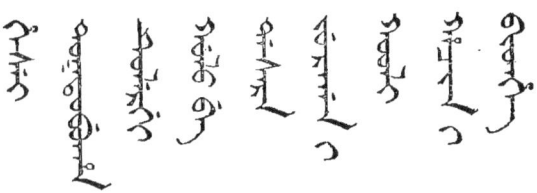

Kheseï toktoboukha Toulertssi golo bo dasara djourkhan ni koli khatsin ni bitkhé, Réglement du ministère Daï-tsingien des relations extérieures (Дайцинское министерство внѣшнихъ сношеній), imprimé en 1815, 63 part., reliées en 24 volumes, en deux enveloppes; in-4°.

DCLXX.

Publication en langue mandjoue, chinoise et latine, datant de l'année 1716, par laquelle on donne au gouvernement mandjou, des informations sur les Européens et Chinois, envoyés de la Chine, par ordre suprême, en 1700 et 1708, et jamais revenus depuis. 1 gr. in-fol. dans une enveloppe.

DCLXXI.

Ordonnance du khan mandjou Indjen, en langue mandjoue, chinoise et latine, adressée au Pape; de même que l'énumération des présents envoyés au même de la part de Indjen, par l'intermédiaire de l'ambassade qui en 1725 retourna de la Chine. 1 longue feuille jaune.

C. Philosophie.

DCLXXIII.

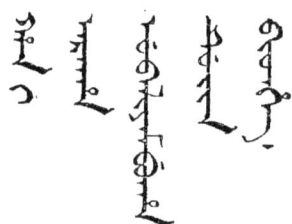

Khan ni arakha oubaliamboukha douïn bitkhé, (en chinois: you dji fan i sy chou), *Les quatre livres;* le texte chinois, avec la traduction mandjoue en regard, imprimés en 1755. 6 cah. dans une enveloppe, in 4°.

DCLXXIIII.

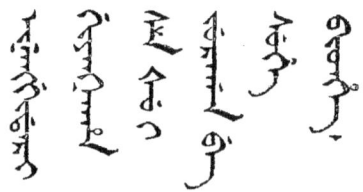

Inenghidari dsyannakha sy chouï djourkhan bo soukhé bitkhé, *Les quatre livres,* avec commentaire; traduction mandjoue de l'original chinois Ji tssyang sy chou tssé i, imprimée en 1677. 26 cah. en 4 enveloppes. in fol.

DCLXXIV.

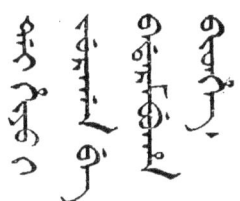

Daï sioï djourkhan bo badarambouk ha bitkhé, *Instruction supérieure*, avec commentaire, imprimée en 1672. 36 cah. en 4 enveloppes, in-fol.

D. Histoire.

DCLXXV.

Dsy dji toung dsyan gangmou tsyan byan, Chronique chinoise du même titre, depuis 3332 jusqu'à 403 avant J. Chr., traduite en mandjou et imprimée en 1691, en 25 parties, reliées en 6 volumes; dans une enveloppe, in-fol.

DCLXXVI.

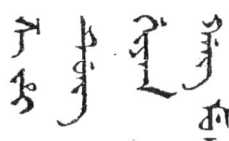

Dsy dji toung dsyan gang mou, Chronique chinoise du même titre, contenant les années 403 avant J. Chr. jusqu'à 484 de l'ère chrétienne; traduction du mandjou, imprimée en 1691, en 27 parties, reliées en 12 volumes, en trois enveloppes, in-fol.

DCLXXVII.

Dsy djï toung dsyan gang mou suï byan, Chronique chinoise du même titre depuis 484 jusqu'à 1368 après J. Chr., traduite en mandjou et imprimée en 1691, en 59 parties, reliées en 30 volumes, en 8 enveloppes, in-fol.

DCLXXVIII.

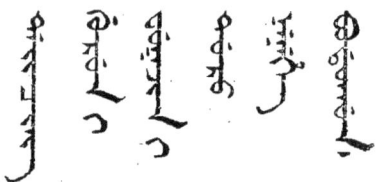

Daïtsing gouroun ni foukdsin ni doro nenékhé bodokhon, Guerre mandjou-chinoise et soumission des Chinois aux Mandjoux; imprimée en 32 cah., en 2 enveloppes, in-fol.

DCLXXIX.

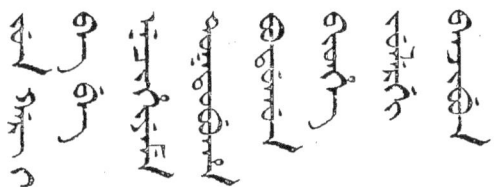

Djoungar i ba bo netsisémo toktoboukha bodokhon bitkhé djoulerdsi bandsiboun, La guerre mandjoue djoungarienne, depuis 1700 jusqu'à 1753 après J. Ch., imprimée en 1700, en 54 parties, reliées en 32 vol., en 4 enveloppes, in-fol.
NB. Dans la partie 12 manquent les feuilles 50-80.

DCLXXX.

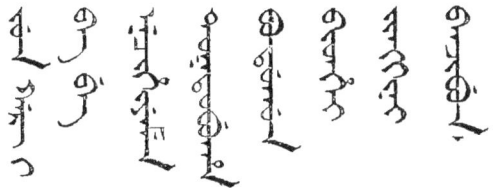

Djoungar i ba bo netsisémo toktoboukha bodokhon bitkheï dsintsini bandsiboun, La guerre mandjou-djoungarienne pendant les années 1753-1760 après J. Chr., en 85 parties, reliées en 42 volumes, en 6 enveloppes. Il y manque quatorze parties, (42-55), au lieu desquelles on trouve en double les parties 72-85, placées dans la sixième enveloppe. Dans la 21re partie manquent les dernières feuilles, et dans la 23me, la feuille 31. In-fol.

DCLXXXI.

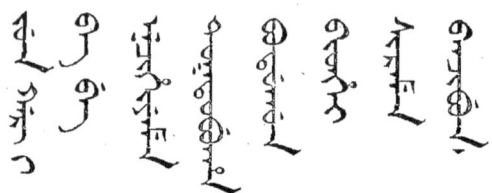

Djoungar i ba bo netsisémo toktoboukha bodokhon bitkheï siramo bandsiboun, Conclusion de la guerre mandjou-djoungarienne, et soumission de la Djoungarie par les Mandjoux depuis 1760-1765 après J. Chr. En 32 parties, reliées en 16 volumes, en 2 enveloppes, in-fol.

DCLXXXII.

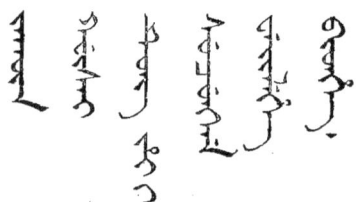

Djakoun gousaï toung djiï soutchounga woïlekhé bitkhé, Biographies des guerriers mandjoux, mongols et chinois, qui se sont distingués sous les drapeaux mandjoux. Imprimées en 1739, en 250 parties, reliées en 134 vol., en 18 enveloppes, in-fol.

DCLXXXIII.

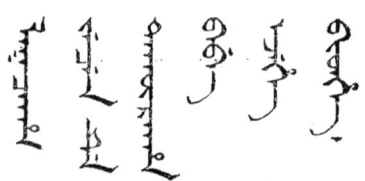

Laktchakha djetchen dé takourakha ba bo edjekhé bitkhé, Voyage de Toulichen chez le khan calmouc Ayouc, en 2 parties, imprimé en 1729, avec une carte, insérée au commencement de la première partie, dans une enveloppe, in-4°.

E. Mathématiques.

DCLXXXIV.

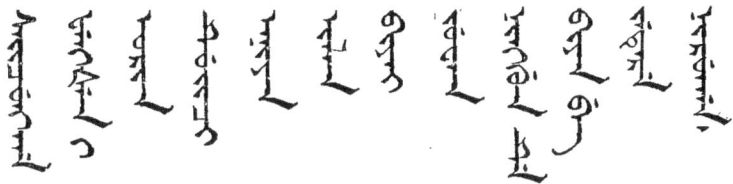

Saïtchounga fenchen ni orin douïtsi anya ilan byaï djouan ningoun dé bya bo djetéré niroukhan. Programme d'une éclipse de lune qui eut lieu en Chine le 10 Avril 1819. 1 cah. in-4°.

F. Linguistique.

DCLXXXV.

Khan ni arakha mandjou mongo ghisoun ni bouléko'u bitkhé, Dictionnaire mandjou-mongol par ordre de matières, publié en 1717, en 20 parties et 22 volumes, avec un index alphabétique en 8 cahiers; en 4 enveloppes, in-4°.

DCLXXXVI.

Khan ni arakha douïn khatsin ni kherghen k'amt'sikha boulékou bitkhé, Dictionnaire mandjou-thibétain-mongol-chinois, par ordre de matières, en 32 cahiers, et le supplément netchèkhé bantssiboun en 4 cahiers. Le tout est en 6 enveloppes, in-fol.

DCLXXXVII.

Dictionnaire alphabétique mandjou-russe, reliure européenne, 1 vol. in-fol. Msc.

DCLXXXVIII.

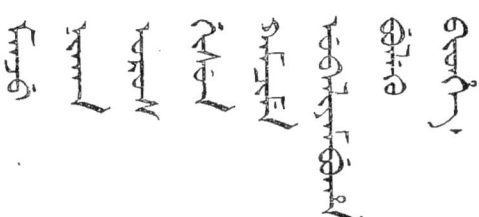

Mandjou nikan oros ghisoun kamtsimo oubaliamboukha boulékou bitkhé, Dictionnaire mandjou-chinois-russe, par ordre de matières, 2 vol. in-fol. Msc.

DCLXXXIX.

Dictionnaire alphabétique mandjou-russe, reliure européenne, 1 vol. in-fol. Msc. *(Frol.)*

DCXC.

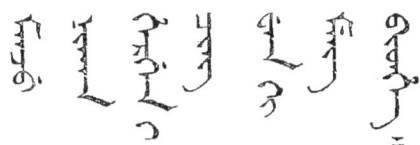

Mandjou nikan kherghen ni tsing wen tsimeng bitkhé, Grammaire mandjoue avec la traduction chinoise. (Il n'y en a que la première partie). In-4°.

DCXCI.

Grammaire mandjoue, composée par Vladykin. Reliure européenne. 1 vol. in-fol. Msc. *(Doubr.)*

XI. LIVRES ET MANUSCRITS CHINOIS.

A. Théologie.

DCXCII-V.

Sin i djao chou*), *Le Nouveau Testament*, traduit par Morrison, en 8 cahiers; quatre exemplaires dont trois in 8° et le quatrième in-4°.

DCXCVI.

Cheng dsing dji tssé, *Exposition de l'Évangile*, composée par les catholiques et imprimée en 1790, en 14 parties, reliées en 8 cahiers, en deux enveloppes, in-4°.

DCXCVII.

Tyan chen khoï ké, *Grand-Catéchisme*, composé par le Jésuite *Brancati*, imprimé en 1739. 1 vol. in-4°.

---

*) Voyez les titres chinois à la fin du catalogue.

DCXCVIII.

Cheng dsyao yao li go yuï, *Grand-Catéchisme*, composé par les catholiques et imprimé en 1782. 1 vol. petit in-8°.

DCXCIX.

Tyan chen khoï ké mou lou, *Catéchisme abrégé*, composé à Péking par l'archimandrite Hyacinthe. 1 vol. in-4°.

DCC.

Le Symbole de la foi, avec une explication détaillée par le missionnaire catholique Thomas, imprimé en 1607 aux îles Philippines, sur papier européen; reliure européenne, 1 vol. in-8°.

DCCI.

Tyan djou dsyao yao suï loun, *Exposition abrégée et absolument nécessaire de la foi chrétienne*, composée par les catholiques, et imprimée en 1670. 1 vol. in-4°.

DCCII.

Dsoung dou tso yao, *Livre de prières*, composé par les catholiques; deux cahiers, in-8°.

DCCIII.

Cheng dsyao ji ké, *Livre de prières*, composé par les catholiques, en 4 cahiers, dans une enveloppe, in-4°.

DCCIV.

Dsing dsyao lu sing djoung go bëi soung, *Monument chrétien en Chine*, érigé en 781 et trouvé en 1636, traduit en langue russe par Mr. Leontievsky. Sur une feuille de la grandeur du monument. 1 f. gr. in-fol. *(Leont.)*

DCCV.

Même monument avec des éclaircissements, 1 vol. in-4°. Msc.

DCCVI.

Cheng mou cheng i khoï én yuï, *La puissance miraculeuse de la robe de la Ste Vierge,* composée par les catholiques, et imprimée en 1759; 1 vol. in-8°.

DCCVII.

Cheng nyan gouang i *(Четія минея)*, *Vies des Saints*, composées par les catholiques, imprimées en 1738, en 12 parties, reliées en 24 cahiers, en quatre enveloppes, in-8°.

DCCVIII.

Wan ou djen yuan, *Le vrai commencement de la nature,* composée par Jules Alin, 1 vol. in-4°.

DCCIX.

Dsin chi dsin chou, *Sur l'imitation de J. Christ,* traduit par les missionnaires catholiques, et imprimé en 1800, en 4 parties, reliées en 2 cahiers, in-8°.

DCCX.

Djao sing li dsin, *Miracles surnaturels et inexplicables,* dans une enveloppe avec le Djeng chi lyao cho dsy suï (1 vol.) et Cheng sy yuï lou; in-4°. Msc.

DCCXI.

Djeng chi lyao cho dsy syuï, *Colloques avec soi-même sur la salvation.* Manuscrit, contenu dans une enveloppe avec le Djao sing li dsin et Cheng sy yuï lou. 1 vol. in-4°.

DCCXII.

Cheng sy yuï lou, *Réflexions, qui peuvent servir de guide au Chrétien chaque jour dans le courant d'un mois entier.* Ce manuscrit se trouve dans la même enveloppe avec le Djao sing li dsin et Djeng chi lyao cho dsy suï; in-4°.

DCCXIII.

Djen dao dsy djeng, *La vérité de la religion évidente par elle même;* publiée par les missionaires catholiques en 1721; les dernières quatre parties reliées ensemble, en reliure européenne; in-4°.

DCCXIV.

Sing chi mi byan, *Libération du monde de l'égarement;* composée par les catholiques, imprimée en 1704. 1 vol. in-8°. Msc.

DCCXV.

Aï dsin sing tsyuan, *Véritable philantropie*, composée par les catholiques, en trois parties; 1 vol. in-8°. Msc.

DCCXVI.

Meng syang dsi, *Réflexion sur la vanité mondaine des sectateurs de Bouddha*, en 10 cahiers, dans une enveloppe; in 4°.

DCCXVII.

Da fang gouang youan dsïo syou do-lolyo i dsing lyo chou, *Considérations sur la religion bouddhistique*, en 2 cahiers; in-4°.

DCCXVIII.

Leng yan dsing dsi djou, *Instruction de Bouddha sur la religion la plus accomplie*, en 10 parties, reliées en 6 cahiers, dans une enveloppe, in-4°.

DCCXIX.

Myao fa lan-khoua dsing myao dsé, *Exposition rare de l'instruction de Bouddha sur le moyen d'atteindre le plus haut degré de sainteté;* publiée en 1127; en 7 parties, reliées en 6 cahiers, dans une enveloppe, in-4°.

DCCXX.

Taï chang gan ing pyan, *Anecdotes relatives à la récompense pour le bien et le mal;* avec planches. 1 vol. in-8°.

DCCXXI.

Dsin gang dsing, *Instruction de Chighiamouni sur la science céleste.* 1 vol. in-8°.

B. Droit.

DCCXXIII.

Djoung chou djeng kao pa tsi, *Lois, relatives aux employés militaires mandjoux*, imprimées en 1808, en 32 cahiers, en deux enveloppes, in-4°.

DCCXXIII.

Djoung chou djeng kao lou ïng, *Lois, relatives à l'armée chinoise*, imprimées en 1808, en 40 cahiers; en deux enveloppes, in-4°.

DCCXXIV.

Li bou dsé li, *Lois du ministère des Cérémonies*, imprimées en 1806, en 202 parties, reliées en 24 cahiers, en 4 enveloppes, in-4°.

DCCXXV.

Li bou sin dseng dséli, *Supplément aux lois de Héroldie*, en 66 parties, reliées en 24 cahiers, en 4 enveloppes, in-8°.

DCCXXVI.

Si tchao ding an, *Ordonnances des khans mandjoux*, relatives aux missionaires romains en Chine, en 3 cahiers; in-4°. Msc.

DCCXXVII.

Ordre du roi de Hollande, en hollandais et chinois, publié à Batavie en 1669; sur papier européen. Msc.

C. Philosophie.

DCCXXVIII.

I dsing, *Livre des métamorphoses* (превращеній), en 4 parties, reliées en 2 cahiers, dans une enveloppe, in-12°.

DCXXIX.

I dsing dji dsé, *Livre des métamorphoses, avec des éclaircissements*, imprimé en 1750, en 12 parties, reliées en 6 cahiers, dans une enveloppe, in-8°.

DCCXXX.

Dao dé dsing, *Instruction de Loou tssu sur la loi et la vertu*, en 2 cahiers, dans une enveloppe, in-4°.

DCCXXXI.

Sy chou djeng wen; *Ouvrage composé de quatre livres, mais dont il n'y a qu'une partie c.-à-d. L'instruction supérieure* Da sïo, in-8°.

DCCXXXII.

Sy chou khou bo dsé, *Les quatre livres, éclaircissements de* Khoubo. Ici il n'y a que la seconde section Sya-yuï de la seconde partie Loung yuï; reliée à l'européenne, in-4°.

DCCXXXIII.

Da sio, *Instruction supérieure*, qui n'est qu'une seule partie des *quatre livres* de l'original. 1 vol. in-fol.

DCCXXXIV.

Djoung yung, *Connaissance du milieu*, texte d'une partie des *quatre livres*. 1 vol. in-fol.

DCCXXXV.

Djoung yung, *Connaissance du milieu*, une partie des *quatre livres*, in-8°. Msc.

DCCXXXVI.

Meng dsy, *Instruction de Meng*, avec commentaire, une partie des *quatre livres*, 1 vol. in-12°.

DCCXXXVII.

Ji dsyang sy chou dsé i, *Les quatre livres* avec une explication détaillée, imprimés en 1677, en 26 parties, reliées en 12 cahiers, en 2 enveloppes, in-4°.

DCCXXXVIII.

Nyu erl dsing, *Instruction morale pour les filles*, en vers. 1 vol. in-8°.

DCCXXXIX.

Erl chi sy syao, *Vingt quatre anecdotes*, relatives à la révérence due aux parents, imprimées en 1736, en langue chinoise et mandjoue, avec la traduction russe et des dessins. 1 vol. in-8.

DCCXL.

Wan tsuan syun meng dsa dsy, *Instruction morale*, en vers, 2 vol. in-8°.

DCCXLI.

Wan chi toung kao tsi yan dsa dsy, *Instruction morale*, en vers, brochure, in-8°.

DCCXLII.

Dsin chouï toung chou, *Calendrier astrologique*, imprimé en 1774. 1 vol. in-8°.

D. Histoire.

DCCXLIII.

Toung dsyan dji dsé, *Abrégé de l'histoire chinoise* la plus ancienne s'étendant jusqu'à l'an 1279 après J. Chr.; en 28 parties, reliées en 12 cahiers, dans une enveloppe, in-4°. *(Doubr.)*

DCCXLIV.

Li tchao dsé lou, *Histoire militaire de la Chine*, depuis 1115 avant J. Chr. jusqu'à 1572 après J. Chr.; en 6 parties, reliées ensemble à l'européenne, 1 vol. in-4°.

DCCXLV.

Losiya go chi, Les trois premiers tomes de l'histoire de l'empire russe par Karamsin, traduits à Péking par Zacharie Léontievsky, et offerts par ce dernier en 1835; 9 cah., dans une enveloppe, in-4°. Msc.

DCCXLVI.

Doung khoua lou, *Chronique de la dynastie mandjoue de* Aïjin-tssïoro jusqu'à l'année 1736; 16 cahiers, en 2 enveloppes, in-4°. Msc.

DCCXLVII.

Pin ding Djoun ga ërl fang lyo tsyan byan, *Chronique militaire mandjoue* depuis 1700 jusqu'à 1753, imprimée en 1770, en 54 parties, reliées en 32 cah., en 4 enveloppes, in-fol.

DCCXLVIII.

Pin ding Djoun ga ërl fang lyo djeng byan, *Chronique de la guere mandjou-djoungarienne*, depuis 1752 jusqu'à 1760, imprimée en 1771; en 85 parties, reliées en 52 cah., en 6 enveloppes, in-fol.

DCCXLIX.

Pin ding Djoun ga ërl fang lyo syuï byan, *Chronique militaire mandjou-djoungarienne*, imprimée en 1770, depuis l'année 1760 jusqu'à 1765; en 32 parties, reliées en 16 cah., en 2 enveloppes, in-fol.

DCCL.

Chou dsing pang syun, *Exposition détaillée de l'histoire chinoise* depuis 2357 jusqu'à 627 avant J. Chr.; en 2 parties, 1 vol. in-4°.

DCCLI.

Li daï di vang sinchi nyankhao tsyuan tou, Les empereurs de la Chine avec le nombre des années de leurs règnes, depuis le premier homme jusqu'en 1644 après J. Chr., et avec les portraits des plus anciens de ces empereurs, sur une grande feuille de papier jaune, y joint la traduction russe.

DCCLII-IV.

Li daï di vang chi tsy dsi, *Les dynasties chinoises* avec leurs souverains, depuis les temps les plus anciens jusqu'à l'année 1644. gr. in-fol. (3 ex.)

DCCLV.

I yuï so tan, Renseignements sur les étrangers, et particulièrement sur les habitants du Tourkestan oriental, composés en 1760, en 4 parties, reliées en 2 cah. in-8°. Msc.

DCCLVI.

Si tchao sin yuï, *Anecdotes relatives à la dynastie mandjoue;* en 16 parties, reliées en 6 cah., dans une enveloppe, in-8°.

DCCLVII.

Si yuï ven dsyan lou, *Description des états situés au nord-ouest de la Chine,* composée par Tsichi i et imprimée en 1777; en 8 parties, reliées en 2 petits volumes, dans une enveloppe, in-12°.

DCCLVIII.

Khouang tsing dji goung tou, *Exposition, en représentations figurées, des nations connues des Chinois,* avec une courte description, publiée en 1751; en 9 parties, reliées en 8 cah., dans une enveloppe, in-4°.

DCCLIX.

Autre exemplaire du même ouvrage, en 9 cah, dans une enveloppe.

DCCLX.

Daï tsing djoung chou béi lan, *Calendrier officiel,* en 2 volumes, in-8°.

DCCLXI.

Daï tsing dsin chen tsyuan chou, *Calendrier officiel,* avec des notices statistiques sur la Chine; 4 volumes, in-8°.

DCCLXII.

Wan nyan chou, *Calendrier et chronologie chinoise* depuis

2632 avant J. Chr. jusqu'à présent, en 2 parties, dans une enveloppe, in-4°.

DCCLXIII.

Chi syan chou, *Calendrier pour l'année* 1778. 1 cah. in-8°.

DCCLXIV.

Calendrier pour l'année 1817. 1 cah. in-8°.

DCCLXV.

Chi wo djeou khang, *Indicateur des voies de communication de la Chine*, avec des remarques; en 3 parties, reliées en 2 cah., dans une enveloppe, in-8°.

DCCLXVI.

Gouang yuï dsi, *Géographie chinoise*, avec atlas, contenant 19 cartes, ajoutées à la première partie; imprimée en 1686, en 24 parties, reliées en 16 cah., en 2 enveloppes, in-4°.

DCCLXVII.

Khouang yuï byao, *Abrégé de la géographie chinoise*. Il n'y en a que trois parties, c.-à-d. la 14me jusqu'à la 16me inclusivement, les autres manquent. Elles sont reliées en 5 cahiers, dans une enveloppe gatée, in-4°. *(Doubr.)*.

DCCLXVIII.

Koun yuï tou cho, *Abrégé de la géographie de l'Europe, de l'Asie, de l'Afrique et de l'Amérique*, publié par les missionaires chinois, avec la figure des animaux rares et d'autres objets. L'ouvrage est incomplet. 2 cah., in-4°.

DCCLXIX.

Carte générale, composée par les missionaires catholiques, avec des figures du système de Ptolomée, et des éclipses solaires et lunaires, sur une grande feuille, dans le même carton avec le Koun yuï tsyuan tou.

DCCLXX.

Koun yuï wan go tsyuan tou, Carte générale sur 6 feuilles longues de deux et large d'une toise, composée par les missionaires catholiques, dans le même carton avec no. DCCLXIX.

DCCLXXI.

Carte, contenant les deux hémisphères, coloriée, sur une grande feuille, imprimée en Chine d'après la carte composée par les missionaires catholiques.

DCCLXXII.

Daï tsing wan nyan i toung tyan sya tsyuan tou, Carte imprimée et coloriée de l'empire des Daïtsing, sur 4 feuilles, longue de quatre, larges de deux archines.

DCCLXXIII.

Autre exemplaire de la même carte, sur 8 longues feuilles, mais pas colorié. La grandeur est la même.

DCCLXXIV - V.

Daï tsing i toung tyan sya tsyuan tou, *Carte de l'empire des Daïtsing*, imprimée sur une grande feuille, et coloriée. (2 ex.)

DCCLXXVI.

Djili ghé cheng yuïdi tsyuan tou, *Atlas de l'empire des Daïtsingh*, incomplet, renfermant 18 cartes, reliure chinoise, in-fol.

DCCLXXVII.

Chéou chan tsyuan tou, Plan de Péking, imprimé dans cette ville, et colorié. 1 f. in-fol.

DCCLXXVIII.

Autre exemplaire, mais non colorié.

DCCLXXIX.

Carte du planisphère du nord et du sud, imprimée sur une grande feuille, et coloriée.

DCCLXXX.

Autre exemplaire de la carte mentionnée sous no. DCCLXXII, coloriée, sur une grande feuille.

DCCLXXXI.

Carte d'une ville chinoise, avec vue des édifices, 1 gr. f. in-fol.

DCCLXXXII.

Carte des provinces daïtsinghiennes situées sur la mer, de Houandoung, Foutssian, Djetssiang, Tssiannan, Chandoung et Chentssing, dessinée, longue de 60 archines, large d'une demi archine.

DCCLXXXIII.

Carte générale de l'empire chinois, y ajoutés les états tributaires mongols et autres.

DCCLXXXIV.

Carte du planisphère du nord et du sud, imprimée et coloriée. 1 f. in-fol.

E. Histoire naturelle.

DCCLXXXV.

Sinli dsing i, *Raisonnements de Djousi sur les lois de la nature*, en 12 parties, reliées en 5 cah. dans une enveloppe, in-4°.

DCCLXXXVI.

Ing soung tchao khoï tou erlya, *Histoire naturelle*, avec figures; en 3 cahiers, dans une enveloppe, in-fol.

DCCLXXXVII.

Ben tsao ganmou, *Histoire naturelle chinoise*, avec figures d'objets des trois règnes de la nature: en 60 parties, reliées en 40 cahiers, en 4 enveloppes; imprimée en 1657, in-4°. (*Doubr.*)

DCCLXXXVIII.

Tsi feng douï léï, *Botanique chinoise*, parties 5, 6 et 7, reliure européenne, 1 vol. in-4°.

DCCLXXXIX.

Seize dessins chinois, coloriés, relatifs à l'histoire naturelle, in-fol. L'inscription servant de titre, est conçue en ces termes: *Sentences et passages de Morale appliqués à différents objets en peintures à la page de vis-à-vis.*

F. Médecine.

DCCXC.

Noms des médicaments, avec l'indication de leur usage. 1 vol. in-4°. Msc. *(Suchtel.)*

G. Mathématiques.

DCCXCI.

Liber organicus Astronomiae Europaeae apud Sinas Restitutae sub Imperatore Sino-Tartarico Cam Hỹ appellato Auctore P. Ferdinando Verbiest, Flandro-Belga Brugensi e Societate Jesu Academiae Astronomicae in Regia Pekinensi Praefecto. Anno salutis MDCLXVIII. In-fol. *(Doubr.)*

II. Sciences méchaniques.

DCCXCII.

Tsing ding sy kou tsyuan chou noung chou, *L'Agriculture chez les Chinois*, imprimée en 1774, en 25 parties, reliées en 16 cahiers, en 2 enveloppes, in-4°.

Il y a, en outre, les dessins de tout ce qui a rapport à l'agronomie.

DCCXCIII.

Cheou chi toung kao, *Économie rurale chinoise* (Сельское хозяйство), imprimée en 1742 en 72 parties, reliées en 24 cahiers, en 4 enveloppes, in-4°.

DCCXCIV.

Moyen de faire des lanternes de corne. 1 feuille. Msc.

DCCXCV.

Tchoung i ing dsi, Carte d'adresse d'un marchand chinois, avec des dessins en or, 2 petites feuilles. Il y a encore plusieurs remarques en langue allemande, sur quelques feuilles chinoises, signées: « *A. Müller*, Probst in Berlin am 26 Dec. 1678».

DCCXCVI.

Enseigne d'une boutique de marchand, 1 f.

I. Beaux arts.

DCCXCVII.

Tsi tsyao tou khé bi, Jeu d'enfants, composé de morceaux, propres à former sept figures géometriques. 1 cahier, petit in-8°.

DCCXCVIII.

Collection de costumes d'artisans chinois de toutes professions soit ambulans soit en boutiques, exécutés par des Chinois (?), ce qui est attesté par une remarque de la main de *J. Klaproth, Paris 1 Avr.* 1828. Reliure européenne, 1 vol. in-fol.

DCCXCIX.

Trente huit dessins chinois, coloriés, exécutés par un Européen, mais reliés à la manière chinoise, 1 vol. in-fol.

DCCC.

Douze peintures représentant des Chinois, reliées à l'européenne; in-4°.

DCCCI.

Dix paysages chinois, exécutés en couleur par un Chinois et reliés à la chinoise, 1 vol. in-fol. *(Sipak.)*

DCCCII.

Gravure, représentant la réception des ambassadeurs birmans chez le khan mandjou Khounli. 1 f.

DCCCIII.

Quarante trois feuilles de carton, coloriées, représentant des personnages chinois ou des pays voisins de la Chine; ouvrage chinois, 2 vol. in-fol.

DCCCIV.

Gravure, représentant une illumination à l'occasion du jour de naissance du khan mandjou Khounli en 1790. In-fol.

DCCCV.

Van chéou cheng dyan tchou dsi, Description de l'illumination dans le palais du khan, situé hors de la ville, au jour de la naissance du khan; il n'y a que la $42^{\text{ème}}$ partie, avec des gravures. In-fol.

DCCCVI.

Cinquante sept peintures, représentant des individus de différentes nations, 1 vol. in-4°. *(Sipak.)*

DCCCVII.

Vingt huit peintures, représentant des Chinois, des Khocandiens et des Coréens, 1 vol. in-fol.

DCCCVIII.

Douze peintures érotiques chinoises, in-4°.

DCCCIX.

De même, 2 pièces, reliées, in-4°.

K. Poésie.

DCCCX.

Dsiao djeng da tssy dsoung loun sy yan dsadsy, Mots arrangés en vers, 1 cah. in-8°.

DCCCXI.

Soung lang ghé, Chansons d'adieu d'une femme au départ de son mari. 1 cah. in-12°.

DCCCXII.

Chi yung dsadsy, Divers mots en vers pour les enfants. 1 cah. in-8°.

DCCCXIII.

Tsaï tcha ghé, Chanson pour les occasions, où l'on boit du thé, 1 cah. in-16°.

DCCCXIV.

Dao tsaï tcha, Vers pour le temps, où l'on boit du thé, 1 cah. in-16°.

DCCCXV.

Da béï douï lyan syuan sin dsi, Vers pour différentes occasions, partie 2ᵈᵉ, 2 cah. in-16°.

DCCCXVI.

Tsao tsyué bo yun ghé, Chant, composé par Vang Ing, imprimé sur fond noir en caractères blancs, 1 cah. in-4°.

DCCCXVII.

Moou chi tchen dsyan, Vers, composés par Tchen, 1 cah. in-4°. Msc.

L. Polygraphie.

DCCCXVIII.

Si tchao té dyan, Colloques du khan mandjou Syuanyuï, avec les missionnaires catholiques, imprimés en 1689, 1 cah. in-8°.

DCCCXIX.

Quinze lettres des missionnaires catholiques en Chine (deux adressées à George Alary, etc.), sur des feuilles détachées. Msc.

DCCCXX.

Anecdotes avec de gravures, livre incomplet, sans titre, in-8°. *(Doubr.)*

DCCCXXI.

Khao tsyu tchouan, Roman, dont il ne reste que le chapitre 6 jusqu'à 10 inclusivement. Sur la feuille extérieure: *M. Deguignes, Censeur Royal.* 2 cah. in-8°.

DCCCXXII.

Béï soung dji tchouan, Roman (4me partie) 1 cah. in-8°. Sur la dernière feuille nous lisons: *Liber Sinicis characteribus impressus, a celsissimo Principe Ignatio Raczynski Archi-Episcopo Gnesnensi Bibliothecae Collegii Polocensis S. J. adscriptus.*

DCCCXXIII.

Dsin lan tsyan, Roman, chapitre 4 jusqu'à 8 inclusivement. cah. in-8°.

DCCCXXIV.

Sin dseng van bao yuan loung dsadsy, Quelques réflexions sur des objets différents. 1 cah. in-8°.

DCCCXXV.

Khouang tchao li tsi tou chi, Description des ustensiles employés aux sacrifices, de l'habillement du peuple, des instruments astronomiques et physiques, des drapeaux, de l'habillement militaire, des armes et autres objets; imprimée en 1766, en 18 parties; 16 cahiers, en deux enveloppes, in-4°.

DCCCXXVI-VII.

San tsaï i gouan tou, Carte, représentant le gobe céleste, la terre et l'homme, avec son histoire, gr. in-fol. (2 ex.)

M. Histoire littéraire.

DCCCXXVIII.

Min sin bao dsyan, Raisonnements sur l'esprit de la littérature classique chinoise, 1 cah. in-8°.

DCCCXXIX.

Tïan syo dsi dsé, Bibliographie des livres chinois, composée par les missionnaires catholiques, en 9 parties, dans une enveloppe. 1 cah. in-8°. Msc.

DCCCXXX.

Каталогъ книгамъ и рукописямъ на китайскомъ, маньджурскомъ, монгольскомъ, тибетскомъ и санскритскомъ языкахъ, находящимся въ библіотекѣ Азіатскаго Департамента. Санктпетербургъ 1844. c.-à-d. Catalogue de livres, manuscrits, en langue chinoise, mandjoue, mongole, tibétaine et sanscrite, qui se trouvent à la bibliothèque du Département Asiatique (du Ministère des affaires étrangères); St. Pétersbourg 1844. in-8°. lithogr.

DCCCXXXI.

Tïan djou cheng dsyao djou choudsing dïan ming, Catalogue des livres, publiés par les missionnaires catholiques en Chine, 1 cah. in-4°. Msc. *(P. Kam.)*

N. Linguistique.

DCCCXXXII.

Kangsi dsydïan, Dictionnaire détaillé, publié en 1716; en 40 cahiers, en 6 enveloppes, in-fol.

DCCCXXXIII.

Une seule partie du même dictionnaire, in-4°. *(Olen.)*

DCCCXXXIV.

Djeng dsy toung, Dictionnaire, imprimé en 1670, en 26 parties, dont il n'y a que 18; les parties 4, 9, 12, 14, 19, 21, 22, 24 manquent; relié à l'européenne en 18 cahiers, in-4°.

DCCCXXXV.

San dsy dsing, *Livre d'instruction élémentaire*, lithographié à St. Pétersbourg, 1 cah. in-8°.

DCCCXXXVI.

Mots chinois, arrangés d'après la prononciation, avec la traduction espagnole; reliés à l'européenne, in-4°. Msc.

DCCCXXXVII.

Douï syang dsadsy, Dénominations de différents objets avec leurs figures, à l'usage des enfants, 1 cah. (en deux parties), in-8°.

DCCCXXXVIII.

Dseng bou chi chi yuan loung toung kao dsadsy, Divers mots et termes avec l'explication. 2 cah. in-8°.

DCCCXXXIX.

Sin tchou douï syang mèngou dsadsy, Mots chinois avec la représentation de l'objet qu'ils signifient, la prononciation mandjoue, la traduction mongole, et la prononciation des mots mongols dans la langue chinoise. 1 cah. in-8°.

DCCCXL.

Fang yan dsadsy, Différents mots avec leur prononciation. 2 cah. in-8°.

DCCCXLI.

Exercices de traduction de la langue chinoise et mandjoue, en langue russe et latine, par Kamensky; reliés à l'européenne, 1 vol. in-fol. Msc.

DCCCXLII.

Exercices de traduction de la langue chinoise en langue latine par le Jésuite Noël, ou suivant l'inscription sur la feuille servant de titre : *Liber sententiarum ex sinico in latinum idioma traductus a P. Francisco Noël Societatis Jesu Missionario Sinensi.* — Plus bas : *Nancham in Chinâ* 1700. Une autre remarque est conçue en ces termes : *Tiré de la Bibliothèque privée de Mr. P. J. Baudewyns,* anc. Profess. à l'Academie, Direct. act. de l'Ecole seconde à Bruxelles. Acquis et envoyé au Temple de mémoire à Puławy ce 27 Nov. 1810 par moi, Général de division Sokolnicki. — Relié à l'européenne, 3 vol. in-4°. Msc.

XII. LIVRES ET MANUSCRITS MONGOLS.

A. Théologie.

DCCCXLIII.

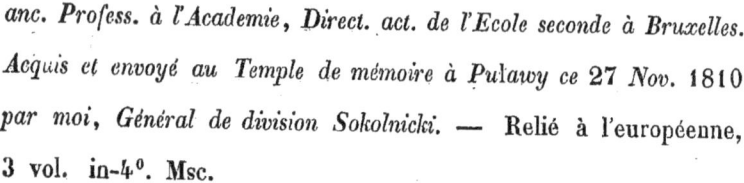

Tegri in edsenou ounektchî djirou moun bitchic, *Livre de la vraie religion de Dieu*, composé par Matthieu Ricci, traduit de la version mandjoue. 2 cah. in-4°.

DCCCXLIV.

Feuille, trouvée dans un tombeau, appartenant à une Pradjnâpâramitâ, ou traité de métaphysique bouddhique. Voy. Ouvr. Tibét. no. DCCCLIII.

B. Linguistique.

DCCCXLV.

Tchou sïo dji nan, Dialogues mongols avec la traduction chinoise, imprimés en 1794; 2 cahiers, dans une enveloppe, in-4°.

C. Polygraphie.

DCCCXLVI.
Lettre sur une petite feuille. Msc.

DCCCXLVII.
Deux feuilles arrachées à quelque livre, l'une du Gandjour.

XIII. LIVRE CALMOUC.

DCCCXLVIII-IX.

Sur la création du monde, sur la chûte de l'homme, et sur la rédemption par Jésus Christ, avec la traduction russe. 3 cah. in-4°. (2 ex.)

XIV. LIVRES ET MANUSCRITS TIBÉTAINS.

A. Théologie.

DCCCL.

བསླབ་བྱ་གཅེས་པ་བཅོ་བརྒྱད་པ། *b*sLab-*b*ya-*g*tches-pa-*b*tcho-*b*rgyad-pa, *Dix huit leçons excellentes*. Cet ouvrage, composé par le Khoutouktou de Péking, Ngak-*d*wang-*b*lo-*b*zang tch'os-*l*dan-*b*zang-po, renferme un abrégé de la morale bouddhique.

L'original tibétain, composé en vers de sept syllabes, est accompagné d'une traduction mandjoue-mongole. Le musée asiatique de l'académie des sciences possède les oeuvres complètes de ce prêtre bouddhique, voy. Schmidt et Böhtlingk, *Verzeichniss der Tibetischen Handschriften und Holzdrucke des Asiat. Mus.* p. 14. no. 305-311; l'ouvrage en question s'y trouve dans le septième et dernier volume. Imprimé à Péking in-4°.

DCCCLI.

Même ouvrage, mais en caractères rouges, et pourvu d'une traduction chinoise interlinéaire manuscrite.

DCCCLII.

Feuille trouvée en 1777 à Ablaïnkit en Sibérie, numérotée བརྒྱ་གཅིག, = 101, et contenant un fragment de commentaire sur différents points relatifs aux quêtes faites par les Bhikshou. Le format, qui est très long, ainsi que la qualité du papier et l'impression même, rendent probable, que cette feuille a appartenu à une édition du Tandjour, exécuté dans le Tibet.

DCCCLIII.

Petite feuille noire avec des caractères très nets en argent, marquée: *volume* 19 *feuille* 48 (). Elle appartient à une Pradjnâpâramitâ c.-à-d. à un traité de métaphysique bouddhique, (v. Burnouf, *Introduction à l'histoire du Buddhisme* T. I. p. 438

et suiv.) et contient une allocution à Soubhoûti, nommé Rab-*hbyor* (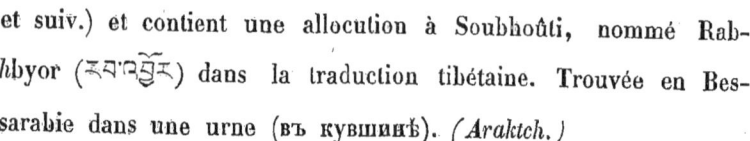) dans la traduction tibétaine. Trouvée en Bessarabie dans une urne (въ кувшинѣ). *(Araktch.)*

DCCCLIV.

Manuscrit composé de plusieurs feuilles, fort endommagées par l'humidité. Il contient des passages détachés d'une Pradjnâpâramitâ, dans lesquels on s'adresse aussi à Soubhoûti. Il semble que ces feuilles ne soient que des exercices calligraphiques, exécutés sous la direction d'un prêtre bouddhique, la page entière d'une feuille ne contenant que le même passage toujours répété. *(Etter.)*

DCCCLV.

Une masse de petits rouleaux de papier noir avec des caractères en argent, très difficiles à lire, vu l'état de ces rouleaux. Ils contiennent différentes formules magiques et prières bouddhiques, composées, en partie, en langue sanscrite, mais écrites en caractères tibétains. Plusieurs de ces rouleaux sont en caractères tibétains cursives; et tous ont été trouvés dans la panse d'un idole bouddhique.

DCCCLVI.

Environ douze feuilles roulées, de différent format, arrangées de la même manière que celles mentionnées ous no. DCCCLIV.

et contenant des exercices d'écriture. Les passages détachés renferment la notice qui se trouve fréquemment au commencement des soutras bouddhiques, sur le séjour du Bouddha Çâkyamouni à Djetavana près de Çrâvasti (voy. Schiefner, *Eine tibetische Lebensbeschreibung Çâkjamuni's* not. 18.)

DCCCLVII.

Trois feuilles noires oblongues, en caractères d'or et d'argent, appartenant aussi à une Pradjnâpâramitâ. Une seule de ces feuilles est marquée: *volume II. feuille* 151, ()

DCCCLVIII.

Manuscrit presqu'entièrement décomposé, mais qui malgré l'état où il se trouve, laisse reconnaître, que les feuilles détachées ne sont que des exercices d'écriture (voy. nos. DCCCLIV et DCCCLVI.)

XV. LIVRES ET MANUSCRITS JAPONAIS.

A. Théologie.

DCCCLIX.

Deux feuilles de papier européen, numérotées 33.-336 et 345-6, en langue espagnole, faisant partie, suivant l'inscription: « d'un livre de religion en Japonais, écrit de la main de *St. François Xavier. S. J.*»

B. Jurisprudence.

DCCCLX.

Sin dao djoung dsyan *), Considérations sur l'esprit de nouvelles lois. 1 cah. in-12°.

DCCCLXI.

Contract entre deux personnes, sur une longue feuille. Msc.

---

*) Voyez les titres japonais à la fin du catalogue, après les titres chinois.

C. Histoire.

DCCCLXII.

Courte description de la ville de Miako, avec 51 gravures, partie 2de; 1 cah. in-demi-8°.

DCCCLXIII.

Dsing da khoï tou, Plan de la ville de Miako, imprimé; in-fol.

D. Arts méchaniques.

DCCCLXIV.

Ji yung dsi, Livre de dépense, 1 cah. in-demi-8°. Msc.

E. Arts libres.

DCCCLXV.

Scènes de la vie domestique des Japonais, en trente gravures, reliées à l'européenne; in-4°.

DCCCLXVI.

Quinze dessins japonais imprimés, représentant pour la plupart des femmes; in-fol.

DCCCLXVII.

Temple de l'empereur japonais Koubosam, à 60 verstes de la capitale Yeddo; 1 feuille imprimée et coloriée.

F. Belles Lettres.

DCCCLXVIII.

Vers, composés pour différentes occasions. In-fol. Msc.

DCCCLXIX.

Huit chansons. In-fol. Msc.

G. Linguistique.

DCCCLXX.

Exercices dans la langue japonaise, par Nicolaï Kolotyghin maître au gymnase d'Irkoutsk, de l'année 1809; reliés à l'européenne; in-fol. Msc. *(Sokol.)*

H. Polygraphie.

DCCCLXXI.

Ven lin dsé yung bi khaï ganmou, Encyclopédie du savoir japonais, avec des gravures; reliure européenne; 1 vol. in-4°.

DCCCLXXII.

Bovan dsé yung bao laï dsang, Encyclopédie japonaise avec des gravures et une carte du Japon; reliure européenne; 1 vol. in-4°. *(Bould.)*

XVI. MANUSCRITS SANSCRITS.

DCCCLXXIII.

BHAGAVAD-GÎTÂ.

Rouleau en papier poli et collé, très fin, d'une confection particulière, long de 4 arch. 7 verch.; orné de jolies vignettes (en miniature) peintes dans le gout oriental, représentant diverses phases des exploits du dieu Vichnou; écrit en caractères devanâgarî.

Le poème philosophique, la Bhagavad-gîtâ (भगवद्गीता), est déjà longtemps connu en Europe par la traduction anglaise de Wilkins et par celle de A. W. Schlegel, faite en latin. En russe ce poème fut traduit de l'anglais et imprimé encore sous le règne de CATHÉRINE II. Voy. Gildemeister, Bibl. sanskr. spec. p. 48-51. Les caractères devanâgarî de notre exemplaire sont écrits très soigneusement, mais en même temps si petits qu'il est presqu'impossible de les lire sans le secours de moyens optiques. Cet exemplaire du poème, divisé en XVIII chants, et formant dans les éditions imprimées un volume à part, est enveloppé en étoffe de soie, et conservé dans un étui de bronze doré (?) qui ne dépasse pas la grandeur d'un petit garde-aiguille ordinaire. A Londres il y a des copies semblables de la Bhagavad-gîtâ dans les bibliothèques de l'East-India-house et du musée britannique, écrites avec le même soin que la nôtre, et de même fourmillantes de fautes contre les règles de la langue et du bon sens, qui, en partie, sont presque inévitables dans une pareille exécution calligraphique, mais, de l'autre côté, trahissent souvent l'ignorance complète du sanscrit de la part de ces élégants copistes indiens d'un des plus beaux monuments de la pensée, de la fantaisie et du languages humain qui nous soient laissés par l'antiquité.

DCCCLXXIV.

RÂMÂYAṆA.

Quinze feuilles de palmier, longues de 14 pouces; grands caractères telougou*), cursifs et peu soignés. Le manuscrit contient le Râmâyana jusqu'à I, 1, 80; précédé d'une prière en 21 vers, adressée à Vichnou. Les feuilles 2, 3 et 6 (contenant les vers 6-7.

---

*) Voyez des échantillons de ces différentes écritures à la fin du catalogue.

3_0-35) manquent. Le manuscrit finit au vers 80, sans aucune note finale ; on trouve seulement à la marge de la première feuille la formule usitée :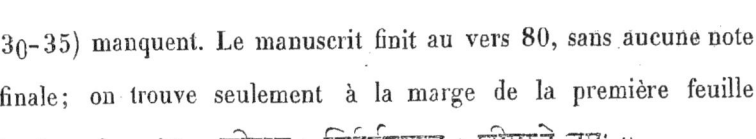

DCCCLXXV.

AMARÛÇATAKA.

Dix huit feuilles de palmier, longues de 17 pouces, caractères telougou, contenant, pour l'ordinaire, six lignes sur la page. Il n'y a que douze feuilles écrites et numérotées. Elles présentent un texte différent de celui des éditions imprimées du poème érotique, connu sous le titre de Amarûçataka. On y trouve non seulement des variantes très importantes, mais aussi l'ordre des strophes est fréquemment interverti, et au lieu des 24 strophes connues, on en rencontre tout autant, qui ne se trouvent point dans les éditions imprimées, et que nous marquons dans l'énumération suivante par aS. L'ordre des strophes, d'après l'édition de Häberlin (Sanscrit Anthology. Calcutta 1847. p. 125 suiv.), est le suivant ; 1-3. 32. 4. 80. 5-8. 10. 81. 9. 12-20. 83. 22-24. 26-29. 31. 33-37. 1aS. 38-45. 97. 85. 96. 50. 53. 56. 61. 62. 64. 21. 82. 1aS. 57. 5aS. 90. 3aS. 69. 1aS. 79. 88. 2aS. 77. 65. 73. 72. 1aS. 71. 70. 66. 67. 1aS. 76. 87. 75. 4aS. 74. 93. 1aS. 74. 92. 1aS. 47. 92. 4aS. 52.

Les strophes 11. 25. 30. 46. 48. 49. 51. 54. 55. 58-60. 63. 78. 84. 86. 89. 91. 94. 94. 98-100 sont donc remplacées par d'autres, qui ne se retrouvent dans aucun des poèmes de la collection susmentionnée. Il n'y pas de commentaire, mais presque chaque strophe est précédée d'une remarque relative à l'arrangement scénique. On ne trouve dans le manuscrit aucune indication sur l'origine de cette rédaction. Les vers placés immédiatement après la conclusion du texte, ne contiennent qu'une excuse du copiste sur les fautes qu'il pourrait avoir commises. *(Doubr.)*

DCCCLXXVI.

BRAHMOTTARAKHANDA.

Onze feuilles de palmier, longues d'environ 16 pouces, caractères telougou, cinq lignes sur la page. Suivant une remarque finale: इति श्रीस्कन्दपुराणे ब्रह्मोत्तरखण्डे द्वादशोऽध्यायः), le manuscrit contient le douzième chapitre du Brahmottarakhanda, partie du Skandapurâna, qui n'existe plus en entier (voy. Wilson, *Mackenzie Collection* I. p. 51. 61. suiv.) Les deux premiers des trois chapitres sont attribués à Çankarâcârya; le premier contient, en 27 strophes, un hymne à Çiva: श्रीशंकराचार्यविरचितशिवभुजङ्गस्तोत्रं; le second, en 17 strophes, un hymne à Vichnou: श्रीम-

च्हंकारभगवत्पादाचार्यविरचितं विष्णुभुजङ्गप्रयातं); dans le troisième, l'objet de l'hymne est l'armure de Çiva, et nommément son arc. *(Doubr.)*

DCCCLXXVII.

Sept feuilles de palmier, longues de 16 pouces, caractères telougou difficilement lisibles; quatre à cinq lignes sur la page. Le manuscrit contient un petit poème en çlokas, sur l'adoration spirituelle due à Çiva (Mrityundjayamânasapûdja), attribué également à Çankarâcârya. Dans les mots qui suivent le titre: 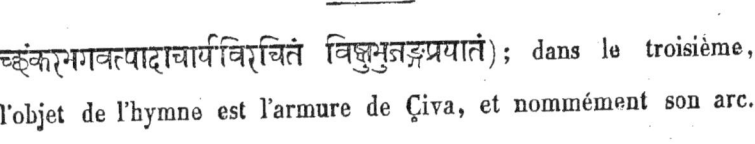, le copiste témoigne sa vénération à son maître et à la déesse Devî. La dernière des six feuilles écrites contient le commencement d'un autre poème en l'honneur de Çiva. *(Doubr.)*

DCCCLXXVIII.

Diverses prières et hymnes.

Huit feuilles de palmier, longues environ de 7 pouces, caractères telougou; cinq lignes sur la page. Les quatre parties dont se compose le manuscrit, sont les suivantes:

1) Une prière à la déesse protectrice de Tripura, intitulée Tripurasaundaryam achtakam त्रिपुरसौन्दर्यमष्टकं et composée de huit strophes anuchtubh, dont chacune finit avec les mots: देवीं त्रिपुरसुन्दरीं.

2) Une petite prière adressée à Râma, du même mètre, sans remarque finale.

3) Une prière adressée à Vichnou en sa qualité de Râmatchandra, composée presqu'entièrement d'épithètes, en sept strophes Çakkarî.

4) Une formule mystique, employée pour chasser les mauvais esprits, et dite des cinq syllabes न । म: । शि । वा । य । qui en forment le thème, Pancâksharîmantra (पञ्चातरीमन्त्रं); voy. Rottler, *Tamul Dictionary*, III, p. 265 a; et Molesworth, *Mahratta Dictionary*, p. 597, a. *(Doubr.)*

DCCCLXXIX.

Quatre vingt-quatorze feuilles de palmier, longues de 15 pouces; 7 feuilles en caractères telougou, le reste en caractères tamouls. Les premières feuilles contiennent la louange de l'armure de Çiva (शिवकवचं; cf. no. DCCCLXXVI), précédée de l'explication de deux formules mystiques. La seconde et la plus grande partie du manuscrit contient: 1) un traité tamoul sur les six propriétés de Dieu (âruladsanam), composé par un missionnaire catholique-romain (treize feuilles); 2) la seconde division d'un commentaire sur un grand poème morale, dont la troisième section se trouve dans le manuscrit no. DCCCXCIII. Ce commentaire parait avoir pour auteur le même missionnaire catholique (Beschi?). La partie tamoule du manuscrit porte à l'extérieur l'inscription: Menkâ. *(Doubr.)*

DCCCLXXX.

Dix feuilles de papier indien, large de 6, haut de 3 pouces; caractères devanâgarî, six lignes sur la page; la première feuille fortement endommagée de deux côtés. C'est le commencement d'un hymne philosophique adressé à Çiva. Le mètre des 29 premières strophes est Çikharinî; celui de la trentième, un autre genre du mètre Atyashti, et celui des strophes 31-33 Mâlinî; le manuscrit finit aux premiers vers de la 33me strophe.

Quelques particularités que l'on observe dans l'écriture, (p. e. le signe व employé pour ब et व; le य pourvu, en certains cas, d'une pointe etc.), prouvent que le manuscrit provient du Bengal. *(Doubr.)*

XVII. Manuscrits Pâli.

DCCCLXXXI.

Ce manuscrit, composé de 76 feuilles de palmier, longues de 17 et larges d'un peu plus de 2 pouces, est en caractères pâli, ordinairement employés dans les livres religieux des Siamois. On en peut voir l'alphabet et un facsimile sur la planche III de *l'Essai sur le Pali;* mais les caractères de notre manuscrit sont plus beaux et plus réguliers, de sorte qu'il peut être regardé comme un modèle de calligraphie orientale. Il y a cinq lignes sur la page; les feuilles sont numérotées par des lettres (de क-ह्री), sur le verso, du côté gauche. Le manuscrit n'a pas de titre, mais il contient absolument le même ouvrage, que celui désigné par les auteurs de *l'Essai sur le Pali* sous le nom de Boromat.

La première des sept parties, dont il se compose, commence, après la formule ordinaire: नमो तस्स भगवतो अरहतो सम्मासम्बुद्दस्स, par l'énumération des différentes धम्मा *conditions:* कुसला धम्मा अकुसला धम्मा अब्बाकता धम्मा सुखाय वेदनाय सम्पयुत्ता धम्मा दुक्खाय वेदनाय सम्पयुत्ता धम्मा अदुक्खमसुखाय वेदनाय सम्प° धम्मा विपाका ध° विपाकधम्म ध° नेवविपाकनविपाकधम्म ध° etc. jusqu'à f. कौ r. l. 3, où se trouve la remarque: संगिणिमातिका निटि्ठता. Suit alors la réponse à la question कतमे धम्मा कुसला de la manière suivante: यस्मि समये कामावचरं कुसलं चित्तं उप्पन्नं होति सोमनस्ससहगतं ञाणसम्पयुत्तं रूपारम्मणं वा सद्दारम्मणं वा गन्धारम्मणं वा रसा° वा फोट्ठब्बा° वा धम्मा° वा यंयं वा पनारब्भ तस्मि समये फस्सो होति वेदना हो° सञ्ञा हो° चेतना हो° चित्तं हो° वितक्को हो° विचारो हो° पिति हो° सुखं हो° चित्तस्सेकाग्गता हो° सद्दिन्द्रियं हो° विरियिन्द्रियं हो° सति हो° समाधि हो° पञ्ञि हो° मनि हो° सोमनस्सि हो° जिवितिं हो° सम्मापिट्ठि हो° सम्मासंकप्पो हो° सम्मावायामो हो° सम्मासति हो° सम्मासमाधि हो° सद्दाबलं हो° विरियबलं हो° सतिबलं हो° समाधिबलं हो° पञ्ञाबलं हो° हिरिबलं हो° ओत्तप्पबलं हो° अलोभो हो° अदोसो हो° अमोहो हो° नभिज्का हो° अब्बापादो हो° सम्मादिट्ठि हो° हिरि हो° ओत्तप्पं हो° कायपस्सदि्ध हो° चित्तपस्सदि्ध हो°

कायलङ्कता हो॰ चित्तलङ्कता हो॰ कायमुदिता हो॰ चित्तमुदिता हो॰ कायकम्मयता हो॰ चित्तकम्मञ्ञता हो॰ कायपागुयता हो॰ चित्तपागुञ्ञता हो॰ कायुतुकता हो॰ चित्तुतुकता हो॰ सति हो॰ सम्पतञ्ञं हो॰ समथो हो॰ विपस्सना हो॰ पग्गा हो॰ ये वा पन तस्मि समये अञ्ञेपिति अत्थि परिचसम्सुप्पन्ना अरूपिनो धम्मा इमे धम्मा कुसला ॥ De ces 55 propriétés, conditions et actions (Thätigkeiten), les neuf premières sont expliquées et determinées sous la même forme interrogative, savoir: फस्सो f. कौ v. l. 1. — वेदना l. 3. — सञ्ञा l. 4. — चेतना f. कं r. l. 1. — चित्तं l. 3. — वितक्को l. 4. — विचारो v. l. 1. — पिति l. 5. — सुखं f. कः r. l. 1., où l'explication finit par les paroles: यं (sic) तस्मि समये अविक्खेपो होति येवा पन तस्मि समये अञ्ञेपि अत्थि परिचसम्पन्ना अरूपिनो धम्मा इमे धम्मा कुसला ॥ f. कः r. l. 3. — Les deux dernières lignes de cette page contiennent un vers, dont le texte est très altéré et dans lequel le copiste du manuscrit témoigne son respect pour la trinité bouddhique.

La seconde division traite des cinq attributs ou agrégats (पञ्चक्खन्धा), c.-à-d. रूपक्खन्धो वेदनाक्खन्धो सञ्ञाक्खन्धो संखारक्खन्धो विञ्ञाणक्खन्धो ॥ f. ख v. l. 1. La réponse à la question तत्थ कतमो रूपक्खन्धो est conçue en ces termes: यं किञ्चि रूपं अतीतानागतपचुप्पन्नं अज्झत्तं वा बहिद्धा वा उदारिका वा सुखुमा वा (sic!) हिनं वा पणितं वा यं दूरे सन्तिके वा तदेकज्झं अभिसञ्जूह्हित्वा अभिसंखिपित्वा अयं वुच्चति रूपक्खन्धो ॥ f. खा r. l. 1. Ces onze attributs de अतीतं jusqu'à सन्तिके sont déterminés plus en détail d'après leur ordre, sous la même forme interrogative f. खि v. l. 5. De la même manière, et avec les onze attributs susdits, est traité le वेदनाकन्धो — f. खे r. l. 3, et le सञ्ञाकन्धो — f. खै r. l. 5, où finit le chapitre en omettant tout-à-fait les deux autres खन्धा.

La troisième division, qui f. गै r. l. 5 porte la remarque finale: धातुकथा निट्ठिता, traite, après la préface (f. ख: v. l. 4 सब्बापि धम्मसंगणि धातुकथामातिका निट्ठिता), du nombre des parties constitutives des cinq खन्धा, tant isolément, que deux-à-deux, trois-à-trois, quatre-à-quatre, et toutes les cinq ensemble: रूपकन्धो कतीहि खन्धेहि कतीहायतनेहि कतीहि धातुहि संगहितो रूपकन्धो एकेन खन्धेन एकादसहि आयतनेहि एकादसहि धातुहि संगहितो. Ces cinq खन्धा ensemble (f. गि v. l. 5) contiennent cinq खन्धा, douze आयतना et dix-huit धातू. Les mêmes questions sont répétées relativement aux आयतना et aux धातू.

La quatrième division (f. गो v. l. 1) commence par l'énumération des manifestations (Manifestationen पञ्ञत्तियो) et de leurs parties constitutives: रूपञ्ञत्तियो खन्धपञ्ञत्ति आयतन॰ धातु॰ सच्च॰ इन्द्रिय॰ पुग्गल॰। कित्तावता खन्धानं खन्धपञ्ञत्ती यावता पंचखन्धा रूपकन्धो वेदना॰ सञ्ञा॰ संखार॰ विञ्ञाण॰ एतावता खन्धानं खन्धपञ्ञत्ती ॥ Dans l'énumération qui y est annexée des 6 réceptacles et des 6 choses reçues (आयतना f. गो r. l. 1), et रसा॰ sont comptés deux fois, mais मनायतनं est omis, et dans l'énumération des dix-huit contenants (Grundstoffe धातुयो) (f. गौ v. l. 1) manque रसधातु. Après l'énumération des quatre सच्चपञ्ञत्तो, savoir दुक्ख॰ समुदय॰ निरोध॰ मग्ग॰ (f. गौ v. l. 4) suit celle des 22 इन्द्रियपञ्ञत्तो (f. गं r. l. 1), où सतिन्द्रियं se rencontre deux fois, tandis que trois autres sont tout-à-fait omis. Les trente conditions intérieures de la vie (innere Lebenszustände) (पुग्गला) sont traitées plus en détail (f. गं r. l. 4 — घे r. l. 3) dans les 10 paragraphes suivants: एककं f. गः r. l. 1. — दुकं f. गः v. l. 3. — तिकं f. घा r. l. 1. — चतुकं f. घी v. l. 2. — पच्चकं f. घू r. l. 4. — छकं f. घे r. l. 1. — सत्तकं f. घे r. l. 5. — अट्ठकं ib. — नवकं f. घे v. l. 4. — दसकं f. घे r. l. 1. — Ensuite vient la remarque ब्रह्मपुग्गलपञ्ञत्ति. Les trois lignes qui restent, sont remplies par les vers:

येच बुद्धा अतीताच येच बुद्धा अनागता
पच्चुप्पन्नाच ये बुद्धा अहं वन्दामि सब्बदा ।
येच धम्मा अतीताच येच धम्मा अनागता
पच्चुप्पन्नाच ये धम्मा अहं वन्दामि सब्बदा ॥

La cinquième division commence par les mots: पुग्गलो उपलब्भति सच्चिक्कट्ठ परमत्थेनाति आरम्मा । (f. घो v. l. 1.). Ce sujet est traité plus amplement. Les sections respectives portent les remarques finales: पनलोमपच्चकं f. घो v. l. 4. — निगल्हचतुकं f. घः r. l.

1. — पतिकम्मचतुकं f. चः r. l. 4. — उपनियचतुकं f. चः v. l. 3. — पथमनिग्गहो f. ङ r. l. 4. — इतियो नि॰ f. ङी v. l. 5. — ततियो नि॰ f. ङु v. l. 1. — चतुत्यो नि॰ f. ङे r. l. 5. — Ici finit la division, sans aucune remarque ultérieure, par les mots: यं तत्थ वदेसि वत्तब्बे खो पुग्गलो नूपलब्भति सच्छिकत्थपरमत्थेन नोच वत्तब्बे सब्बेसु पुग्गलो नूपलब्भति सच्छिकत्थपरमत्थेनाति मिच्छा । नो चे पन वत्तब्बे सब्बेसु पुग्गलो नूपलब्भति सच्छिकत्थपरमत्थेनाति नोवत्तरे वत्तब्बे पुग्गलो नूपलब्भति सच्छिकत्थपरमत्थेनाति नोच वत्तब्बे सब्बेसु पुग्गलो नूपलब्भति सच्छिकत्थपरमत्थेनाति ॥

Le commencement de la sixième division est: ये केचि कुसला धम्मा सब्बेते कुसला मूला ये वा पन कुसलमूला सब्बेते धम्मा कुसला । ये केचि कुसला धम्मा सब्बेते कुसलमूलेन एकमूला ये वा पन कुसलमूलेन एकमूला सब्बेते धम्मा कुसला । ये केचि कुसलमूलेन एकमूला धम्मा सब्बेते कुसलमूलेन अञ्ञमञ्जमूला ॥ f. ङे v. — A कुसल sont substitués अकुसल, अब्बाकत et नाम; dans la seconde partie on traite, comme dans la première, des causes élémentaires (Grundursachen मूला), et des contenants (Grundstoffe धातू); après quoi suit la remarque: यमकपकरणं निट्ठितं । निब्बानपच्च (यो हेतु), f. चि r. l. 5.

La dernière division (f. ची v. l. 1. — f. छी r. l. 5.), portant la note finale: पक्षत्तिवारो निट्ठितो (au lieu de पञ्ञत्तिवारो), traite des 24 certitudes (पच्चया), dont la liste précède. Ces certitudes sont: हेतुपच्चयो f. चु r. l. 4. — आरम्मणा॰ f. चु v. l. 1. — आधिपति॰ f. चू r. l. 1. — अनन्तर॰ f. चू r. l. 5. — समनन्तर॰ f. चे r. l. 1. — सह्जात॰ f. चो v. l. 1. — अञ्ञमञ्ञ॰ f. चो v. l. 4. — निस्सय॰ f. चो v. l. 5. — उपनिस्सय॰ f. चौ v. l. 3. — पुरेजात॰ f. चं r. l. 4. — पच्छाजात॰ f. चं v. l. 1. 3. — आसेवन॰ f. चं v. l. 2. — कम्म॰ f. चं v. l. 5. — विपाक॰ f. ह r. l. 2. — आहार॰ f. ह r. l. 2. — इन्द्रिय॰ f. ह r. l. 3. — कान॰ f. हा r. l. 3. — मग्ग॰ ib. — सम्पयुत्त॰ l. 5. — विप्पयुत्त॰ ib. — अत्थि॰ v. l. 1. — नत्थि॰ l. 3. — विगत॰ l. 4. — अविगत॰ l. 5. —

On voit par cette indication concise, que le contenu du manuscrit s'étend sur toutes les parties du Abhidhammapitaka, de sorte que les sept divisions du manuscrit correspondent aux sept livres de l'ouvrage, soit dans l'ensemble, soit par parties séparées. A l'aide d'un commentaire sur l'Abhidhammapitaka (Msc. du Musée britanique Add. no. 11641. cf. Codd. orr. bibl. reg. Havn. — Codd. Palici no. XXIX.), intitulé Linatthapadavaṇṇanâ, et qui a pour auteur Bhaddanta Ânandâcariya, on peut préciser ces sections de la manière suivante. La première contient l'introduction (सुत्तन्तिकमातिका) et la première partie de la Dhammasangani (Turnour, Mahawanso p. LXXV); la seconde, les trois premièrs chapitres de la première partie du Vibhanga; la troisième, l'introduction et la plus grande partie de la Dhâtukathâ; la quatrième, le Puggalaṁ tout entier; la cinquième, le premier chapitre (appelé सच्चिङ्कत्थं) du Kathâwatthu; la sixième, le premier (मूलयमकं) et quatrième (धातुयमकं) des huit chapitres du Yamaka, et la septième, tous les 24 paragraphes du premier chapitre (पच्चयनिद्देसो) du Patthâna, à l'exception de l'introduction (उद्देसो). La note finale पच्चत्तिवारो, qui appartient au second chapitre du Patthâna, n'est probablement qu'une faute du copiste. On n'est donc pas en état de fixer le titre de l'ouvrage entier, comme aussi on n'y découvre la moindre notice sur l'auteur ou compilateur, sur l'époque de la composition, ou même sur le copiste. Mais il appartient en tous cas, comme le prouve déjà le genre d'écriture, aux livres tout particulièrement révérés et étudiés par le clergé bouddhique. Il est à regretter que l'écriture soit beaucoup plus belle que correcte, et plusieurs lettres et groupes de lettres (*ci* et *pi*, *pha* et *dha*, *lá* et *na* etc.) étant à-peine distinctes l'une de l'autre, la lecture du manuscrit en devient assez difficile. (*Doubr.*)

DCCCLXXXII.

Dix sept feuilles de palmier d'une largeur inégale, fragments de divers manuscrits.

1) Neuf feuilles, dont une ne contient que le titre, et deux sont vides. Les autres six sont écrites en caractères ordinaires pâli siamois (voy. Pl. VI, no. 1. dans *l'Essai sur le Pali*) d'une

beauté remarquable, et numérotées des lettres ख - खू; cinq lignes sur la page. Elles renferment le fragment d'une grammaire pali, intitulée Mûlasûtrasamâsaparipuṇṇâ (मूलसूत्रसमासपरिपुण्णा), dont un exemplaire complet est conservé à la bibliothèque royale de Copenhague (Codd. Pal. no. XLV). L'exposition en langue siamoise, placée après chaque soutra, est d'une belle écriture cursive, dont les lettres sont une imitation exacte de celles de l'original, mais de moindre dimension et fort différentes des lettres de l'écriture cursive siamoise ordinaire. Notre fragment, qui ne présente qu'environ la septième partie de l'ouvrage entier, renferme la seconde moitié du quatrième chapitre du second livre (नामकप्पो, règles de la declinaison) en commençant du soutra भ्यमीतोपसञ्ञातो, (f. खा r. 1. 2 इति नामकप्पे चतुत्थो काण्डो), et le chapitre cinq (f. खि v. 1. 2. इति नामकप्पे पञ्चमो काण्डो et six (f. खू v. 1. 5. इति कारककप्पे छट्ठो काण्डो). Ce qui se trouve sur la dernière page (खू v.) n'est qu'une répétition littérale de f. खी v. Le nombre des soutras est de quatre-vingt quatorze dont quarante quatre appartiennent au sixième chapitre. Pour prouver que notre grammairien suit généralement les règles de Pâṇini, nous reproduisons le sixième chapitre, qui traite de l'emploi des cas, en y ajoutant les passages parallèles du grammairien indien. Voyez aussi le chapitre sur ce même sujet dans le Bâlâvatâro chez Clough, *Pali grammar*, p. 123-147 et Fr.

Spiegel, dans l'ouvrage intitulé: *Höfer's Zeitschrift für die Wissenschaft der Sprache I*, p. 229 et suiv.

यस्मादपेति भयमादत्तेवा तदपादानं [1]। धातुनामाननुपसग्गयोगादिस्वपि च [2]। रक्खनत्थानमिच्छितं [3]। येन वा दस्सनं [4]। दूरन्तिकद्धकालनिम्माणबालोपदिसायोगविभत्तारूप्पयोगसुद्दप्पमोचनहेतुविविक्तप्पमाणपुब्बयोगबन्धनगुणवचनपञ्हाकथनथोकाकत्तुसूच यस्स वा दातुकामो रोचते [5] धारयते तं सम्पदानं। सिलाघहनुट्ठासपधारपिहकुधदुह्निसासुय्यराधिकप्पच्चातुण्हनुपतिगिणापुब्बकत्तारोचनत्यकम्मणिआसिंसत्थसम्मुतिभिय्यसत्तम्यत्येसु च [6]। योधारो तमोकासं [7]। येन वा कयिरते तं करणं [8]। यं करोति तं कम्मं [9]। यो करोति स कत्ता [10]। यो कारेति स हेतु [11]। यस्स वा परिगग्हो तं सामि। तेसं परमुभयप्पत्तिम्हिलिङ्गत्थे पठमा [12]। आलपने च [13]। करणे ततिया [14]। सहादियोगे च [15]। कत्तरि च [16]। हेत्वत्थे च [17]। सत्तम्यत्थे च। येनङ्गविकारो [18]। विसेसने च [19]। सम्पदाने चतुत्थी [20]। नमोयोगादिस्वपि च [21]। अपादाने पञ्चमी [22]। कारणत्थे च [23]। कम्मत्थे दुतिया [24]। कालद्धानमच्चन्तसंयोगे [25]। कम्मप्पवचनिययुत्ते [26]। गतिबुद्धिभुत्तपथहरकरसयादीनं कारितं वा [27]। सामिस्मिं छट्ठी [28]। ओकासे सत्तमी [29]। सामिस्सराधिपतिदायादसक्खिपतिभूसुतकुसलेहि च [30]। निद्धारणे च [31]। अनादरे च [32]। क्वचि दुतियाछट्ठीनमत्थे। ततियासत्तमीनं च [33]। छट्ठी च [34]। दुतियापञ्चमीनं च। कम्मकरणनिमित्तत्थेसु सत्तमी। सम्पदाने च। पञ्चम्यत्थे। कालभावेसु च [35]। उपाध्यधिकिस्सरवचनेसु च [36]। मणिडतुस्सुकेसु च ततिया [37] ॥

1) Pâṇ. I, 4, 24. 25. — 2) II, 3, 10. — 3) I, 4, 27. — 4) I, 4, 28. — 5) I, 4, 32. 33. — 6) I, 4, 34-41. II, 3, 12-

17. 73. — 7) I, 4, 45. — 8) I, 4, 42. — 9) I, 4, 49. — 10) I, 4, 54. — 11) I, 4, 55. — 12) II, 3, 46. — 13) II, 3, 47. — 14) II, 3, 18. — 15) II, 3, 19. — 16) II, 3, 18. — 17) II, 3, 23. — 18) II, 3, 20. — 19) II, 3, 21. — 20) II, 3, 13. — 21) II, 3, 16. — 22) II, 3, 28. — 23) I, 4, 30. — 24) II, 3, 2. — 25) II, 3, 5. — 26) II, 3, 8. — 27) I, 4, 52. 53. — 28) II, 3, 50. — 29) II, 3, 36. — 30) II, 3, 39. 40. — 31) II, 3, 41. — 32) II, 3, 38. — 33) II, 3, 45. — 34) II, 3, 40. — 35) II, 3, 37. — 36) II, 3, 9. — 37) II, 3, 44.

Un commentaire détaillé sur le premier livre (सन्धिकप्पो) de cette grammaire, avec la traduction barmane, composé par Nâtivittâranaya et intitulé: *Sandhinissaya*, se trouve dans le manuscrit no. 12242 du Musée britannique.

2) Trois feuilles, dont deux marquées: क et का, contenant le commencement d'un ouvrage grammatical sur les verbes. Une courte introduction est suivie de huit soutras, auxquels sont ajoutées les terminaisons verbales tant du Parasmaipadam que de l'Atmanepadam, de même que la forme siamoise qui y répond. Ces soutras sont: वत्तमाना पच्चुप्पन्ने । आणत्यासिंसट्ठेनुतकाले पञ्चमी । अपत्तिपरिकप्पत्थेसु सत्तमी । अपच्चक्खे परोक्खातीते । ह्यीयोप्पभूतिपच्चक्खे ह्यीयत्तनी । समीपेज्जतनी । अनागते भविस्सन्ति । क्रियातिपन्नेतीते कालातिपत्ति ॥ **La troisième feuille, qui n'est pas numérotée,**

contient une explication du premier soutra, dans lequel, comme dans f. r., chaque mot est accompagné d'une traduction siamoise. Le texte et la traduction sont en caractères pali.

3) Deux feuilles fort endommagées de deux côtés, d'un manuscrit appartenant à la Dhammasangani, du même genre de caractères, que celles qui viennent d'être mentionnées.

4) Deux feuilles marquées क et को, où se trouve le commencement et la fin d'un Soutta avec la traduction siamoise, et encore une feuille marquée khăă, appartenant, comme le font le présumer des mots palis qui se rencontrent dans le texte siamois, à une traduction du Pâtimokkha.

DCCCLXXXIII.

Neuf feuilles de palmier, longues de 10 pouces environ, dont la première et la dernière sont vides. Le manuscrit est un peu endommagé sur les côtés et on n'y trouve pas la formule ordinaire de commencement, ni aucune note finale.

F. 2-4 contiennent le rituel de réadmission dans le couvent d'un prêtre, qui s'était rendu coupable d'un pêché du second ordre. Commencement: ।; le rituel est écrit dans le style du Kammavâcà, dont le quatrième chapitre se trouve sur la cinquième feuille. On y a parfois ajouté de courtes explications en langue siamoise.

Les autres deux feuilles, écrites d'une autre main peu exercée, contiennent une section aussi mal qu'incorrectement copiée du Pâtimokkha, et le commencement de la Dhammasangani. (Doubr.)

DCCCLXXXIV.

Manuscrit de quinze feuilles de palmier, longues de $22^1/_2$ pouces, écrit en jolis caractères singalais et marqué des lettres खि—गा (खो manque). Chaque page a six lignes.

A en juger par la signature des feuilles, ce manuscrit appartient à un ouvrage plus étendu, probablement à une anthologie des principaux Souttas, on discours religieux de Çâkya, qui, comme on le sait, se sont transmis dans plusieurs grands recueils (Dîghanikâyo, Majjhimanikâyo, Samyuttanikâyo, Anguttaranikâyo, Khuddanikâyo). Il contient deux discours:

1) f. खि r. — खो r. le Âtânâṭiya-soutta (आटानाटियसुत्तं), discours, tenu par Çâkya sur la montagne de Gijjhakûṭa (गृध्रकूटपर्वत) près de la ville de Râjagriha. Chaque soutta est, comme de coutume, précédé d'une exposition des circonstances qui lui ont donné lieu. L'exposition commence de la manière suivante: एवं मे सुतं । एकं समयं भगवा राजगहे बिहरति गिज्फकूटे पब्बते । अथ खो चत्तारो महाराजा महतिया च यक्खसेनाय महतिया च गन्धब्बसेनाय महतिया च कुम्भण्डसेनाय महतियाच नागसेनाय चतुद्दिसं रक्खं ठपेत्वा चतुद्दिसं गुम्बं ठपेत्वा चतुद्दिसमाव-

रषां ठपेवा अभिक्कताय रत्तिया अभिक्कंतवंसा केवलकप्पं गिज्झकूटं ओभासेवा येन भगवा तेनुपसंकमिंसु । उपसंकमिवा भगवंतमभिवादेवा एकमंतं निसीदिंसु । तेपि खो यक्खा अप्पेकच्चे भगवंतमभिवादेवा एकमंतं निसीदिंसु । अप्पेकच्चे भगवता संविं सम्मोदिंसु । सम्मोदनीयं कथं सारणीयं वीतिसारेवा एकमंतं निसीदिंसु । अप्पेकच्चे येन भगवा तेनञ्जलिं पणामेवा एकमंतं निसीदिंसु । अप्पेकच्चे नामगोत्तं सावेवा एकमंतं निसीदिंसु । अप्पेकच्चे तुण्हीभूता एकमंतं निसीदिंसु । एकमंतं निसिंनो खो वेस्सवणो महाराजा भगवंतमेतदवोच ॥ — Ce discours constitue le neuvième chapitre du second livre du Dîghanikâyo; il se trouve, en deux exemplaires, à la bibliothèque de Copenhague, (Codd. Pal. no. IV. f. पौ v. l. 9. — त v. l. 9 et no. XXVII. f. टि r. l. 6. — टू v. l. 3, ce dernier en traduction singalaise) et en un exemplaire, au Musée britannique (no. 11550 f. पू v. l. 5. — पू v. l. 8).

2) f. खं r. — गा v. l. 4. Dhammacakkappavattana-soutta (धम्मचक्कप्पवत्तनसुत्तं), discours célèbre, tenu par Çâkya lors de sa première apparition à Benarès; on lit dans Mahâvanso I, 14: ततो वाराणसिं गंवा धम्मचक्कप्पवत्तयी, cf. XII, 41. XV, 218 et l'introduction de Turnour, p. LVI, et au contraire, Lalitavistara ch. XXVI. Le commencement est: एवं मे सुतं । एकं समयं भगवा बाराणसियं विहरति इसिपतने मिगदाये । तत्र खो भगवा पञ्चवग्गिये भिक्खू आमन्तेसि ॥ Selon Turnour (l. c.), ce Soutta appartiendrait au Samyuttanikâyo; mais il ne se trouve pas mentionné parmi les noms des Souttas qui y sont contenus (Codd. orr. bibl. reg.

Havn. p. 26-28). On le rencontre cependant parfois séparément: deux fois à Copenhague avec un commentaire singalais (Codd. Pal. no. XXIV, et no. XXVII, f. कै-खी) et une fois au Musée britannique (no. 764 Egert.), exemplaire de luxe sur des tablettes d'argent.

XVIII. Manuscrit Gouzerate.

DCCCLXXXV.

Un registre de 84 mondes, en forme de tableau, sur une feuille de papier longue de 21 et large de 16 pouces, l'écriture et la langue sont gouzerate, mais chaque nom est écrit en doubles caractères, c.-à-d. en bengali ordinaire et en caractères nommés Balbodh. En haut se lit: श्री सुन्यमाह्रा; dans les trois compartiments au dessous viennent les mondes des trois dieux supérieurs, ब्रमलोकि, विज्रलोकि et शिवलोकि, suivent les autres quatrevingt et un monde occupant des espaces égaux. Huit serpents rouges et onze noirs s'enroulent dans le tableau; les têtes des premiers se trouvent dans les mondes des trois dieux supérieurs, et dans संतोपलोकि, ब्रानन्दुलोकि, वैराज°, प्रमर्षिष° et सत°; celles des derniers dans: तमोगुणा°, रजोगुणा°, ब्रंकार°, तामस्य°, कुबुधि°, कुसंग°, ह्रासा°, ब्रधर्म°, ब्रज्ञा°, लोभ° et सपरस°.

XIX. Manuscrit Hindoui.

DCCCLXXXVI.

Deux feuilles in-4°, papier indien très fort, écriture devanâgarî. La description de certains usages obscènes relatifs au culte de Çiva, écrite dans un dialecte un peu différent du Hindoui.

XX. Lettre Bengale.

DCCCLXXXVII.

Une seule feuille, longue de 11 et large de $6\frac{1}{2}$ pouces, contenant, à ce qu'il paraît, une lettre, écrite très rapidement en langue et caractères bengalis.

XXI. Manuscrit Malayâlma.

DCCCLXXXVIII.

Deux manuscrits qui ensemble se composent de dix-sept doubles feuilles de palmier; le premier en contient quatre (2. 4. 11. 13.) le second treize (marqué des chiffres 1. 3. 5 - 10. 12. 14. 16 - 18.); longeur 14 pouces; quatre lignes sur la page. Ils forment ensemble un ouvrage complet, dont il ne manque que la quinzième feuille. C'est un traité catholique-romain sur l'origine du mal par la faute de nos premiers parents (Âdamhauvvâyum narâpitâkkäḷ) et sur les conséquences attachées au bien et au mal dans l'autre monde.

L'orthographe s'écarte souvent de l'usage établi; on a nommément remplacé la voyelle *a*, dans les cas où elle se prononce comme *ä*, par *e*. *(Doubr.)*

XXII. Manuscrits Tamouls.

DCCCLXXXIX.

Manuscrit composé de 105 feuilles de palmier, longues de 18 pouces; il en contenait originairement 120, mais quinze (51-55. 58. 75-78. 96. 100. 101. 103. 111.) n'y sont plus. C'est un poème assez étendu, en langage haut-tamoul, dont le titre n'est pas mentionné, mais qui traite probablement l'histoire de l'origine du fameux temple de Çiva à Sutambaram (appelé ordinairement Chillumbrum, près du fleuve Coleroon), car presque chaque temple de quelque importance, nommément au Dekkhan, peut produire un recueil des légendes relatives à son origine. Voy. Wilson, *Mackenzie Collection*, I, p. 61, et particulièrement p. 171, no. XXI. *(Doubr.)*

DCCCXC.

Quarante-une feuilles de palmier, longues de $7^1/_2$ pouces; 7 lignes sur la page. Le manuscrit contient l'abrégé d'une histoire du Dekkhan, avec le titre circonstancié: Indurâdsiyam engüra vadadesangâḷukku ttedsanâdikkam engüra ttörgussîrmaiyai ânḍappûruva râsärkkälin sarittira ozhungu», et dont le contenu, en général, s'accorde avec celui de la «Cholamandala-Tondamandala-Pândyamandala Râjâkal.»

Le manuscrit commence par tracer les frontières des trois royaumes, dans lesquels le Dekkhan était anciennement divisé de la manière suivante: le royaume de Pandya (Panḍiya-manḍalam) s'étendait de Ramisseram (Râmêsurän) jusqu'à Palamkotta (Paḍḍukkoṭṭai); celui de Cola (Sôzhänmanḍalam), de Palamcotta jusqu'à à Porto novo (Parangippêṭṭai), et le royaume de Tonda (Toṇḍamanḍalam), de Porto novo jusqu'à Madras (Sennappaṭṭanam). Après l'énumération des divers noms de la forêt de Dandaka (Tenḍaâraniyam, Târakavanam, Sadâyuvanam, Miruganḍuvanam, Parattuvâsavanam, Podigaivanam, Vedavanam) qui anciennement s'étendait à travers les trois royaumes, suit un abrégé concis de leur histoire (mythique), depuis Râma (f. 3) et Madura Nâyaka Pânḍiyän (f. 16) jusqu'à la domination des Anglais (Ingiresärgäl). *(Noroff.)*

DCCCXCI.

Trente neuf feuilles de palmier, dépassant en longueur 9 pouces; 7 lignes sur la page. Le manuscrit est incomplet et sans titre, l'orthographe extrémement inégal et arbitraire. Il contient la majeure partie d'un ouvrage moral en prose, précédée d'une notice sur ce qu'il y a de plus remarquable dans les 27 mansions de la lune (nadsettiram), dans les douze signes du zodiac, etc. *(Doubr.)*

DCCCXCII.

Deux feuilles de palmier, longues de 12 pouces, et marquées des chiffres 5 et 6 ; fragments d'un ouvrage astronomique, dans lequel on traite des noms des douze mois. *(Rafaïl.)*

DCCCXCIII.

Soixante et onze feuills de palmier, longues de 14 pouces, pour la plupart 6 lignes sur la page ; la troisième partie d'un commentaire (ou d'une paraphrase en prose) d'un poème moral, dès la strophe 331 - 482. Cf. no. DCCCLXXIX. *(Doubr.)*

DCCCXCIV.

Trente neuf feuilles de palmier, longues de neuf pouces et demi; écriture épaisse et negligée; 8 lignes sur la page. Livre de prières de la religion catholique-romaine usitée en public ou en particulier, en langue vulgaire tamoule, où on n'a point observé d'orthographe constant. Le titre Adsâlagundsappüragâsa a probablement la même signification que नालकुञ्जप्रकाशं *l'image réflechie du bouquet de boutons.* *(Doubr.)*

DCCCXCV.

Manuscrit de 41 feuilles de palmier, numérotées de chiffres tamouls, 5 lignes sur la page. Il contient un ouvrage moral écrit en langue tamoule vulgaire, intitulé : Nûrunânavâkkiyangäḷ adangiyirukküra suvadi, «*Livre d'école, contenant les cent apophtegmes de la sagesse.*» Ce titre est répété à la fin, avec l'addition de mugindudumutrum «*ici finit.*» Le livre a pour auteur, ou traducteur un chrétien, et probablement, à en juger par certaines expressions, un missionnaire catholique; le style, quoique souple, ne manque pas de provincialismes incorrects. Pour en donner quelques échantillons, nous reproduisons ici quelqu'unes des règles de morale:

Nî uyirôdêyirukküra sagalanâlkkäḷilê saruvêsaränai unnudaiya kangäḷukku munbâga isttâbikkakkondu avärudaiya tirussannadiyilê tanadu tagappänudaiya kangäḷukku munbâgakküzhppadinsirukküra orubüḷḷaiyaippolê nadakkagadavâi. «*Tous le jours de ta vie aie Dieu devant les yeux, et marche en sa présence comme un enfant obéissant sous les yeux de son père.*»

Unnudaiya sansârattilê unnaittânê ovvorudänukkuppüriyamuḷḷavänâga isttâbikkagadavâi orudärukkânâlum manasariyappâramâyirukkavonnâdu. «*Dans ta conduite mon-*

tre-toi aimable envers chacun, mais il n'est pas convenable d'aimer à contracter des obligations envers les autres.»

Nî oruttäraiyânâlum pagaikkavoṇṇdâu adedendrâl ppagaiyaivaittukkoṇdirukkûravän tanuḍaiya ürudayattilê vâsamâ irukkattakkadâga pisâsukku vüḍudiguḍukkürâu. «*Tu ne dois pas haïr même de simples individus, car celui qui nourrit de la haine, donne entrée au démon pour qu'il s'établisse dans son coeur.»*

Manasariya nallamanasôdê ürudayattilê küḷambugüra pollâdaninavugâḷukku üdamguḍukkûravän tannuḍaiya âttumattilê vâsamâ irukkattakkadâga pisâsukku vazhigâttivâsäl türakkûravänâyirukkürân. «*Celui qui aime à donner place aux mauvaises pensées qui naissent dans son coeur, laisse ouvert au démon la porte et les deux battants, pour qu'il se loge dans son ame*».

DCCCXCVI.

Quarante une feuilles de palmier, longues de 15 pouces environ, six lignes sur la page. Le manuscrit porte pour titre: Periyaguripadam, c.-à-d. *le grand manuel*. Il contient un catéchisme catholique-romain, en forme de questions et de réponses. Sur la marge de la premiere feuille sont tracés les mots † Ésumariyeduṇai † «*Assistance de Jésus et de Marie.*» Le commencement est: Ellârukkum âtrumamun sarîramum uṇḍo?

Uṇḍu. Sarîram azhiñsubomo âtrumam azhiñsubomo? Sarîram azhiñsubom. Âtrumamo? Azhiyâdu. *Tous les hommes, ont-ils ame et corps? Oui. Qui périra, le corps au l'ame? Le corps. Et l'ame? Elle est impérissable.* On traite ensuite des fonctions de l'ame, de la foi, de la trinité, des propriétés de la divinité, de J. Christ, de sa vie sur la terre et de son ascension, de l'antichrist, de la resurrection des morts, de la fin du monde et de la vie future.

L'orthographe n'est pas constant, mais le style est coulant et souple. *(Doubr.)*

DCCCXCVII.

Cinq feuilles de palmier roulées, contenant une lettre, adressée, selon la suscription (Inda nirupam sîrmaiyilê pariyengûra baṭṭaṇattilê seminîrgôvil urippôradu), du séminaire de Paris, par un certain Sûsênallappän, à quelque protecteur de haute distinction.

DCCCXCVIII.

Deux feuilles de palmier roulées et fort endommagées, renfermant des fragments d'une autre lettre tamoule.

XXIII. Manuscrit Siamois.

DCCCXCIX.

Lettre *siamoise*, dans une capsule ronde de bambou, longue de 9 et large de 18 pouces, sur un papier de soie très fin, écrite avec une espèce de craie noire, et pourvue, à l'extrémité inférieure du côté droit, d'armes impériales. L'écriture à l'ordinaire des manuscrits siamois, est belle, mais très blanchie par le temps. La lettre, prétend-t-on, contient une patente autographe de l'empereur de Camboja, accordée au missionaire français Boiret. *(Doubr.)*

XXIV. Manuscrit Javanais.

DCCCC.

Manuscrit composé originairement de 118 feuilles de palmier, mais dont deux (numérotées 9 et 28) manquent. Longueur dépassant 14 pouces; quatre lignes sur la page. L'écriture est javanaise, d'un genre cursif et élégant, plus simple que les caractères d'impression et que ceux usités dans les manucrits sur papier; on peut en voir des échantillons chez Raffles (*History of Java I, p.* 360. 370) et de Wilde (*Nederdeuitsch-Maleischen Soendasch Woordenbock. Amsterdam* 1841). Le manuscrit étant un peu endommagé et illisible à la fin, nous pouvons seulement dire qu'il contient un poème héroïque, en dialecte haut-javanais, fortement entremêlé de Kawi, en 700 strophes environ, composées dans des mètres alternants, pour la plupart Palugangsa et Megatruh (Raffles, l. c. I, p. 401). Une comparaison des strophes initiales avec celles du Brata Youddha prouve, qu'ils ne sont pas identiques. Il faudrait des recherches plus approfondies pour déterminer quel autre ouvrage poétique javanais (Kanda, Vivâha, Manek Maya, Rama etc.) est contenu dans ce manuscrit.

(XIV). Manuscrit Tibétain.

DCCCCI. (DCCCLVIII^a).

Fragment de deux pièces d'écorce de bouleau très fine, pourvû, sur les deux côtés, de caractères qui paraissent appartenir à un alphabet de l'archipel indien, et qui ont quelque ressemblance avec ceux donnés par Raffles, *Java II*, App. p. CLXXXVIII), comme «an alphabet formerly adopted in Bima».

C'est ce qu'écrit au sujet de ces deux petites feuilles, du reste fort endommagées, M. Rost, auquel elles avaient été remises selon les indications constantes des anciens registres, comme écrites en langue et caractères indiens. A l'avis de Mr. Schiefner, un de nos savants indigènes, qui a fait une étude spéciale du tibétain, ces deux pièces d'écorce de bouleau sont écrites en cette langue, et paraissent être des fragments d'une grande feuille. On y trouve, en petits caractères cursifs, diverses formules magiques en sanscrit, suivies, en caractères plus grands, de vers tibétains de sept syllabes. L'état où se trouvent ces fragments, ne permet pas du reste d'énoncer une opinion décisive quant à leur contenu; le plus grand renferme entre autres, les deux vers suivants:

མ་ལུས་སེམས་ཅན་ཐམས་ཅད་ལ །

བྱང་ཆུབ་སྙིང་པོ་རང་བཞིན་གནས །

Dans tous les êtres animés sans exception réside spontanément l'essence de l'intelligence suprême.

Titres des ouvrages chinois et japonais.

DCXCV. 新遺詔書

DCXCVI. 聖經直解

DCXCVII. 天神

DCXCVIII. 會課聖教要理國語

DCXCIX. 天主教要序論

DCC. 天神會

DCCI. 課目錄

DCCII. 總牘

DCCIII. 撮要

DCCIV. 聖教日課景教流行中

DCCV. 國碑頌

DCCVI. 聖母聖衣會恩諭

DCCVII. 聖

DCCVIII. 年廣益萬物真原

DCCIX. 輕世金書

DCCX. 超性俚鑒

DCCXI. 拯世略說自叙

DCCXII.

660.

DCCXIII 聖思語錄	DCCXV 編哀矜行 DCCXVI 詮夢響集	DCCXIX 廣圓覺修多羅了義經略䟽	嚴經集註	DCCXXI 太上感應篇 妙法蓮華經	DCCXXIII 考八旗 中樞政考錄營 DCCXXIV 中樞政	DCCXXV 則例 吏部新增則例 DCCXXVI 熙朝定
DCCXIV 真道自證	DCCXVII 醒世迷	DCCXVIII 楞	DCCXX 妙解		禮部	

DCCXXVIII. 索	DCCXXXI. 學	四 DCCXL.	言 DCCXLIV.
四	DCCXXXIV. 四	書	雜 歷
易	書	全	字 朝
經	正	解	DCCXLII. 捷
DCCXXIX.	文	義	錄
		訓	金
易	DCCXXXII.	蒙	水 DCCXLV.
經	中	雜	通 羅
直	庸	字	書 西
解	四	DCCXXXVI. 經	DCCXLI. 亞
	書	DCCXXXIX.	萬 國
DCCXXX.	狐	孟	事 DCCXLIII. 史
道	白	子	通 通
德	解	二	考 鑑
經	DCCXXXIII. 日 講 大	十 四 孝	七 直 解 DCCXLVI. 東

DCCXLVII. 華錄

DCCXLVIII. 平定準噶爾方略前編

DCCXLIX. 平定準噶爾方略正編

平定準噶爾方略續編

DCCL. 書經旁訓

DCCLI. 歷代帝王姓氏年號全圖

DCCLII-IV. 歷代帝王世次紀異域瑣談

DCCLV. 異域瑣談

DCCLVI. 熙朝新語

DCCLVII. 西域聞見錄

DCCLVIII. DCCLXI. 皇清職貢圖

DCCLX. 大清中樞備覽

大清搢紳全

DCCLXII. 書	DCCLXVI. 行	DCCLXX. 説	一統天下全圖	全圖	善全圖	圖爾雅	
DCCLXIII. 萬年書	廣輿記	坤輿萬國		DCCLXXVI. 直隸各省輿地全圖	DCCLXXXV. 性理精義	DCCLXXXVII. 本草綱目	
DCCLXV. 時憲書	DCCLVIII. 皇輿表	DCCLXXII. 全圖	DCCLXXIV.V. 大清一統天下	DCCLXXVII. 全圖	DCCLXXXVI. 影宋鈔首繪	DCCLXXXVIII. 起鳳對類	
示我周	坤輿圖	大清萬年		首			

（DCCLXII.書　DCCLXIII.萬年書　DCCLXV.時憲書　示我周
DCCLXVI.行　廣輿記　DCCLVIII.皇輿表　坤輿圖
DCCLXX.説　坤輿萬國全圖　大清萬年
一統天下全圖　DCCLXXII.全圖　DCCLXXIV.V.大清一統天下
DCCLXXVI.直隸各省輿地全圖　DCCLXXVII.全圖首
善全圖　DCCLXXXV.性理精義　DCCLXXXVI.影宋鈔繪
圖爾雅　DCCLXXXVII.本草綱目　DCCLXXXVIII.起鳳對類）

664

DCCXCII 考欽定四庫全書農書
DCCXCIII 授時通
DCCXCV 萬壽崇義應記
DCCXCVII.DCCX. 七巧圖合璧 DCCCV
四言雜字盛典初集
DCCXCI.DCCXIV. 送郎校歌
DCCCXII.DCCXV. 使用雜
DCCCXIII 選新集
DCCXVI 採茶歌
採茶
DCCCXVII 大倫對聯
DCCCXVIII 箋熙朝特典
卅訣百韻歌
DCCCXXI 好述傳
DCCCXXII 毛詩鄭北宋

新出對像蒙古雜字 DCCCXXIII.
字 DCCCXXV.
增補世事元龍通考雜字 DCCCXXXIV.
典 DCCCXXXVIII.
正字通 DCCCXXXV.
三字經 DCCCXXXII.
對相雜 DCCCXXXVII.
天主聖教諸書經典名 DCCCXXVI.
天學集解 DCCCXXXI.
康熙字
貫圖 DCCCXXVIII.
明心寶鑑 DCCCXXIX.
圖式
三才一
雜字傳 DCCCXXIII.
皇朝禮器 DCCCXXIV.
新增萬寶元龍
志金蘭筏
方言雜字 DCCCXXXIX.
DCCCXL.

DCCCXLV. 繪初學指南

DCCCLX. 新道中鑑

DCCCLXIV. 圖日用記

DCCCLXXI. 文林節用筆海

DCCCLXIII. 京大

綱目

DCCCLXXII. 百萬節用寶來藏

Échantillons des écritures indiennes

DCCCLXXIV

DCCCLXXV

DCCCLXXVI

DCCCLXXVII

DCCCLXXVIII

DCCCLXXIX

DCCCLXXX

DCCCLXXXI

DCCCLXXXII

DCCCLXXXIII

DCCCLXXXIV

DCCCLXXXV

DCCCLXXXVI

DCCCLXXXVII

DCCCLXXXVIII

DCCCLXXXIX

DCCCXC

DCCCXCI

DCCCXCII

DCCCXCIII

DCCCXCIV

DCCCXCV

DCCCXCVI

DCCCXCVII

DCCCXCVIII

DCCCXCIX

DCCCC

DCCCCI

I.

A. Registre des ouvrages en langue arabe.

I.

آداب البحث للسمرقندى CI, 1).

الْمَآب ,et .cf .(1 ,CCXLI شرح ——
p. 82.

رسالة فى علم آداب البحث ;v. كتاب ابراز المعانى من حرز الامانى
عجالة et الحسينية XLVII.

أدب القاضى LXXXI, 6), p. 47. كتاب الابنية والعلامات CCXII, 1).

اربعين حديثا CCXXXIII, 3-4), p. 213. رسالة الاثيرية فى الميزان XCVIII, 2).

ارجوزة للجزّار CLXXIX, 2), p. 129. شرح —— CCXLI, 5), p. 228.

رسالة فى باب الاذان LXXXI, 25), p. 53. كتاب الاجارات LXXIX.

ارشاد الاذهان الى احكام الايمان LXXVI. الاجرومّية CLXXIX, 1).

حاشية لشرح رسالة الاستعارة للسمرقندى CXLV, 2). cf. المقيد. شرح —— للازهرى CLXXX.-I. كتاب اخترى كبير CCXIX. DXCVIII, 7), p. 535.

شرح —— لعصام الدين CCXXXIV, 2). CCXXXIX, 8), p. 225. p. 217. CCXLIV, 3), p. 232. شرح رسالة فى آداب البحث لطاش كبرى CII, 2). CCXLIII, 3), p. 234.

—— حاشية لشرح CII, 1).

84

670

رسالة الاغرب من العجالة الاعجب L, 1).	cf. حاشية ـــــــ المفيد للكوراني ـــــــ CXLV, 3), p. 141. للشيخ ياسين
رسالة فى اقرب الطرق الى الله CCXXXIII, 20), p. 216.	LVI. اسماء الحسنى مع ترجمة CCXXXIII, 14), p. 215. اسناد الابات السبعة
CXLII. الف ليلة وليلة	
الالفية CLXXXIII. CLXXXIV, 1), p. 174. CCXXIX, 2). cf. CLXXXVI.	LX. اسناد مناجات خمس
شرح ـــــــ لابن عقيل cf. CLXXXV. النهجة	LXXXVII. كتاب الاشارات والتنبيهات رسالة فى الاشارة الى غزوة روافض الاعجام LXXXI, 24), p. 51.
عقود الجمان v. الفية للسيوطى	
الفية للاثيرى CCXXIX, 3).	LXVIII. كتاب الاشباه والنظاير LXXXIV, 1). رسالة فى باب الاشربة
حاشية على شرح القراباغى على (بدء) الامالى LVII.	رسالة الاسطرلاب ليها الدين العاملى CXXX, 3).
امتحان الاذكيا CCII.	اشكال التاسيس CXXXIII, 3). CCXLI, 2).
ـــــــ حاشية CCIII.	
كتاب الامثال III, 2).	CLXXXIV, اظهار الاسرار فى النحو 2), p. 174. CXCVII, 3), p. 184. cf. CCIV.
امثال واقوال CX.	
امثال لقمان LXXXV, p. 58.	اظهار العجايب من الاسطرلاب الغايب CXXVIII, 4), p. 114.
امثلة CLIII, 5) p. 148. CXCIX, 2), p. 185.	
كتاب الاعيل I. II.	رسالة الاعراب CLXXIX, 2), p. 170. CCXXXVII, 2), p. 220.
انشاء ومراسلات CXLVI.	ـــــــ شرح ـــــــ CLXXIX, 3), p. 170.
انموذج CXCVI, 1).	

بنا CLIII, 4), p. 147. — شرح CXCVI, 2). cf. CXCVII, 1):
— شرح CLVI, 2), p. 150. . حدايق الدقايق
ت — ابيات — CXCVIII.
رسالة فى تاخير العشاء LXXXI, 2). XLV. انوار التنزيل واسرار التأويل
تاريخ المكين CXII. الانوار الجلالية للفصول النصيرية
تجريد العقايد CCXLII, 1). LIV, 2), p. 26.
رسالة التهجى فى حروف التهجى CVII. CCXXXVIII, 11), ايساغوجى
LVIII, 1), p. 31. p. 223.
رسالة فى تحريم ذبايح اهل الكتاب — شرح CVI, 11), p. 89.
CCXLVII, 1). — حاشية XCVI, 1). v. حاشية الفنارية
تحفة الاخوان CLXXXII. شرح — XCV, 1). لسامكانى
تحفة الرئيس CXXXIII, 3), p. 120. CCXLV, 6), p. 236.
تحفة السامع فيما يتعلق بالبروج حاشية — XCVI, 1). لمحيى الدين
والطوالع CXXIX, 2), p. 115. حواشى — CV, 6), p. 84. للبردعى
تسبحة III, no. 3). CCXXXVII, 1), p. 220.
تصديقات XCI, 4), p. 65. هداية الحكمة v. الفوائد الفنارية
الشمسية v. XCI, 1). شرح — ب
تصريف العزى CLIII, 2). CCXI, 4). امالى v. بدء الامالى.
cf. no. 5). البدء والتاريخ CXIV, p. 97, no. 3).
تصورات v. الشمسية الكواكب v. البردة
CCXXXVIII, 1) كتاب التعريفات الخ كتاب البستان وروضة الندمان
تعليم المتعلم الخ CCXLV, 4), p. 235. LXXXV, p. 58.
بضاعة المكتفى فى شرح كفاية المبتدى CCI.

LXXXI, رسالة فى الجهاد لمحمد جلبى
سير v. p. 48. (7.
LV. جواهر القرآن

ح
CCXXVIII, 3) p. 206. كتاب الحروف
CCXXXIX, 5), p. 224. الرسالة الحسينية
CV, 1-2). XCVIII, 3), الحاشية الفردية
p. 75.) CCXXXIX, 5), p. 224.
الحاشية الفنارية
حاشية —— لمولانا عبد الرحيم
CV, 4), p. 84.
—— للبيتكارى ibid. 5).
حدائق الدقايق فى شرح علامة الحقايق CCXL,
CXCVII, 1).
LXXXV. كتاب حكم ووصايا
III, 1). كتاب الحكمة
IC. شرح حكمة العين
الفية .cf حل الالفية
LXXXIX,1). حل مشكلات الاشارات
حل مشكلات الاشارات والتنبيهات
ibid. 2).
CXCI. حل معاقد القواعد
حنفية CCXXXV, 3), CCXXXIX, 3),
p. 224.
—— حاشية ibid. 4), p. 219). CCXLI,
4), p. 228.

et مفتاح الحساب .cf تلخيص المفتاح
مختصر.
CCXXXIV, 1). تلخيص المفتاح
CCXXXV, 1). cf. عقود الجمان؛
المطول et مختصر
التلويح LXXXI, 18), p. 50.
تنقيح الاصول ibid
التوضيح فى حل غوامض التنقيح
LXXXIII.
CVI, 10), p. 89. تهذيب المنطق
—— شرح XCIV, 1) et 3), p. 69.
—— للدوانى CV, 3), p. 83. CCXL,
2), p. 226.
—— حاشية XCIV, 2), p. 69. CCXL,
3), p. 226.
شرح —— لنجم ابن شهاب اليزدى
XCIV, 3), p. 226.
XLVII. كتاب التيسير

ج
CXXIII كتاب جالينوس فى الدرياق
CXXI. الجامع الكبير المعروف بالحاوى
CXXV. جامع مفردات الادوية
III, no. 3). كتاب الجامعة
LIV, 3), p. 26. الرسالة الجر

673

ر

رسالة الاغرب v. الاغرب etc.

رسالة فى ربع الجيوب CXXIX, 1).

رسالة متهية للمنطق CVIII.

فصل فى الرشوة LXXXI, 6), p. 47.

روح الشروح CLX.

روض الانف CCXXXI, 5), p. 210.

ز

زبدة الامثال CCXXXVI, 1).

رسالة زوراء LXXXVI, 2), p. 60.

زين الواو والرا والكا (والكاف) CXCIII, 2), p. 181.

س

سبع التسابيح III, 4.

كتاب السبع المنجيات LXXIII.

تعليق على باب السلم LXXXIV, 2).

كتاب السياسة فى تدبير المملكة الخ CIII.

كتاب سيبويه CLXI.

رسائل فى السير (الجهاد) LXXXI, 7-8 p. 48. 17-21), p. 50-51.

خ

خريدة العجايب وفريدة الغرايب CXIV.

كتاب خطب جامع الحكمة III, no. 3).

خلاصة الحساب CCXLIII, 1).

رسالة فى الخلوة LXXXI, 26), p. 53.

رسالة فى الخمر LXXXI, 11), p. 48.

د

رسالة فى الدائرة الهندية CXXVIII, 3) p. 113.

الدراية فى منتخب احاديث الهداية LXXX, 4), p. 46.

الدسقلية III, 8), p. 3.

دلائل الخيرات الخ LXI.

دور اعلى LXIV.

الدياتيقى III. 7), p. 3.

ديوان ابراهيم المعمار CXXXIX, 1), p. 126.

— ابو الحسن الششترى CXX VII.

— جبريل IV.

— المتنبى CXXXV.

ذ

ذكر طبقات هذه الامة IL, 2), p. 23.

الذهب المسبوك فى سير الملوك CXIV, p. 97.

ش

الشاطبية XLVII.
الشافية CLXII. 2).
— شرح — للجاربردي CLXXIII.
— — لركن الدين CLXXIV, 1).
مفاتيح الجنان v. شرعة الاسلام
كتاب شروط الصلوة CCXKV, 5), p. 235.
الرسالة الشريفة CVI, 7) p. 88.
شقايق النعمانية الخ CXVII-III.
شمس المعارف ولطائف العوارف CIX.
الشمسية XCV, 2), p. 71. XCVI, 2), p. 72. CVI, 2), p. 86.
تصورات (1. partie.) XCI, 5), p. 66. cf. XCIII.
— حاشية لشرح — XCIII.
تصديقات (2. partie.) XCI, 4), p. 65.
— شرح — XCI, 1).
حاشية شاعر اوغلي XCII, 3).
شرح الشمسية XC, 2), p. 64. XCI, 3), p. 65. XCV, 1). CIV.
— حاشية — لقره داود XCII, 1).

شرح ديباجة رازي XC, 1). CVI, 9), p. 89. id. anon. no. 8), p. 88.
رسالة في الشهادة LXXXI, 15), p. 49.
شواكل الحور LXXXVI, 1).

ص

الصحف الاربعين CCXXXIII, 7), p. 214.
صحيفةً كاملة LXII.

ض

شرح كتاب الضوء CXCIII, 1) et CXCIV.

ط

كتاب الطهارة LXXIX. CCLIII.
طوالع الانوار ومطالع الانظار LXII, 2), p. 34. CVI, 1).

ع

عجالة كافية لوسائل السائلين XCVIII, 3), p. 74. CV, 1·2).
رسالة في عدم العوض LXXXI, 22), p. 51.
مختصر v. العزي

العضدية CCXXXV, 2). CCXLI, 3), p. 228.	العناية فى شرح الهداية LXXVII.
	عناية المبتغى CC.
شرح لابى القاسم السمرقندى — CCXXXVIII, 7), p. 222.	عنقاء المغرب وشمس المغرب L.
— للجامى ibid. 8).	مائة v. العوامل
— للحسينى XCVIII, 3). CV, 2). CCXXXIX, 1).	شرح عوامل جديد CLXXVIII. v.
	تحفة الاخوان
— حاشية — CCXXXIX, 5), p. 224.	**غ**
	الغرة الغراء والدرة البيضاء CVI, 5), p. 86.
شرح — لعلى قوشجى CCXXXIV, 3), p. 218. CCXXXVIII, 2), p. 221. CCXXXIX, 6), p. 224.	شرح — ibid. 3).
	رسالة فى الغصب LXXXI, 9), p. 48.
عقايد النسفية CCXLIV, 4).	[غيث الادب] الغيث الذى انسجم فى شرح لاميّة العجم CXXXVI.
شرح — للخيالى XLVIII.	
— حاشية XLIX, 1).	**ف**
حاشية لشرح — للسينابى XLIX, 2).	فرائد عوائد CCXXXIX, 8), p. 225).
حاشية لشرح العقايد العضدية للمخنخالى CCXL, 1).	شرح كتاب فرائض CCXLV, 2), p. 234.
	الحسينية v. الحاشية الفردية
العقد الحسينى LII.	شرح فصوص الحكم LVIII, 2). cf. LIII.
عقود الجمان CCXXIX, 1).	الفصول فى الاصول LIV, 1).
حل — CLXXXVII.	رسائل فى الفقه LXXXI, p. 45-53.
العمدة لمن طلب من الله قرية CLII.	الفوايد الضيائية للجامى CLXIV.
رسالة فى العمل بالربع المجيب CXXX.	حاشية — لمحمد عصمة الدين CLXVII.
4), p. 117.	— للاسفراينى CLXVI.

XCVIII, 1). كتاب قول احمد XCVIII, 2), p. 74. الفوايد الغنارية
CCXXXVIII, 10), p. 223. cf. فوايد CVI, 13), p. 90. CCXXXVIII, 10),
فنارية p 223. CCXLI, 5), p. 228.
II, قوهلت ــــــــ حاشية CV, 4). CVI, 12), p. 90.
CVI, 5). cf. كتاب قول احمد
ك
CCV. كتاب الكافي في شرح الهادي CVI, 13), p. 90, cf. كتاب فناري
الكافية CLXII, 1). CLXIII, 1). الفوايد
CLXXXIV, 3), p. 174. CCXI, 1). CCXXVI. الفوائد الخاقانية
v. CLXVIII. شرح ــــــــ لنجم الدين فوايد وافية بحل مشكلات الكافية
et no. CLXXII. معرب الكافية فوايد الضيائية .v CLXIV.
CCXLIV, 2). حاشية ــــــــ لعبد الغفور
ق
ــــــــ ــــــــ للزوالي CLXX. Cf.
CCXVII-III. القاموس المحيط
CLXXII. cf. CXCIII, 2), p. 181.
VI-XLIII. القرآن
CXCVII, 2), p. 184.
XLVI. شرح ــــــــ لسعدي افندي
CCLIII. كتاب من لا يحضره الفقيه
LXXXI. 18), p. 50. فصل في قصر العام
الكشاف عن حقايق التنزيل للزمخشري
CCXXXIX, 2). قصيدة نونية
XLIV.
v. امالي شرح قصيدة يقول العبد
CXCIX, 1). CCI. cf. CC-I. كفاية المبتدي
CXIV, p. 98. قلادة الدر المنثور
CCXXII. الكليات لابي البقا الكفوي
CLIX. كتاب القبرية
CXXIV. كليات ابن رشد
CCXXVIII, 4), p. 206. القنبر العارس
CXX. كتاب الكناش للرازي
CVI, رسالة شرح ديباجة قطب الدين
CCXXIII-IV. كنز اللغات
8), p. 88. cf. شمسية
III, 6). كتاب الكنوز
v. CXCI. حل شرح قواعد الاعراب

الكواكب الدرية الخ CCXLV, 1).	— لميرجان — CLXXVI, 2).
رسالة فى الكيمياء CXI.	— ليحيى بن نصوح — CLXXVII, 1).
ل	مباحث الالفاظ XCII, 2).
لامية العجم CXXXVI.	كتاب المبارك III.
لب لباب المختصر فى اخبار البشر CXV.	رسالة لمبحث الشعيرة من شرح الجغمينى CXXVI, 3), p. 111.
لب الالباب فى علم الاعراب CCII.	كتاب مجربات الخواص CXXII.
امتحان v.	مجموع مبارك CXXXIX.
لزوم ما لا يلزم CCXXXI, 6), p. 200.	مجموعة قدرى افندى LXXXII.
لطائف (anecdotes facétieuses) CCXXXI, 4), p. 210.	مختار الصحاح CCXVI, p. 196.
	v. كتاب مختصر التقنيد للمجمع العنيد
لطائف آثار LXXXI, 1), p. 46.	شرح مختصر فى علم العروض CXXXIV.
لغت مرصاد CCXXV-I.	مختصر التصريف للعزى CLIII, 2), p. 147.
اللمع فى علم الحساب CLXVI, 1).	— شرح CLVI, 1).
الليث العابس فى صدمات [الخالق ؟] الجالس CCXXVIII, 4), p. 206.	التمرية — للتفتازانى CLVII-III. cf.
	مختصر تلخيص المفتاح CCVII.
م	— شرح CCX.
شرح اللباب فى شرح الآداب CI, 2).	رسالة مختصرة فى الربع المشهور بالمقنطرات CXXXII.
ماية عوامل CLXXV. CLXXVI, 2). CCXI, 3).	مختصر الهادى لذوى الآداب الى علم الاعراب CCV, p. 188.
— شرح CLXXIV, 2), p. 165. CLXXVII, 3), p. 168. CCXXXVII, 3), p. 220.	مراح الارواح CLIII, 1).

LXXX. مفاتيح الجنان ومصايح الجنان | شرح —— CLIV. cf. CLV et CCXI, 5).
CXC, p. 179. | مرقعات CXLVII – CLI.
CXXXI. مفتاح الحساب | رسالة فى المسح LXXXI, 5), p. 47.
CCXXXVIII, 9), p. 222. مفتاح السعادة | —— شرح LXXXI, 3), p. 46.
CLV. المفراج | مشارع CXIV, 4), p. 97.
CXLVI. المفيد | CCXXVII. كتاب المصادر
حل v. مقاعد القواعد | المصباح CLXIII, 2). cf. CXCIII, 1).
CXLI. شرح مقامات الحريرى للشريشى | —— شرح ديباجه CLXIII, 3), p. 157.
CCXXXII, 1). مقامات السيوطى | CXCV.
CCXIII. مقدمة الأدب فى اللغة | رسالة المضارب LXXXI, 12-14), p. 49.
LIV, 3), p. 26. جزرية v. مقدمة الجزرية | مطالع المسرّات بجلاء دلائل الخيرات
CCX, 2), p. 192. مقدمة فى علم العروض | LXI, p. 33.
مقدمة مختصرة فى معرفة استخراج | CCXI, 5), p. 193. مصنّف التصريف
CXXX, 2). اعمال الليل والنهار الخ | XCVII. شرح مطالع الانوار
CXXVI, 2), p. 111. مقدمة النونية | LIII, 1). مطلع خصوص الكلم الخ
روح الشروح CLIII, 3), p. 147. cf. المقصود | CCVIII المطوّل على التلخيص
CCXLIII, 2). رسالة فى القنطرات | CCIX. حاشية —— للقاسم ليثى
CLXXXVIII. شرح ملحة الاعراب | CCXXXI, 2), p. 210. كتاب المعارف
CXXVII. شرح الملخص فى الهيئة | CXXIII. شرح الكتاب فى علم المعانى
CXXXIII, 1). | CCXLII, 2), p. 230.
CXXVI, 2), p. 10. حاشية لشرح —— | CCLXIX, 1). معرب الكافية
CXXXIII, 2). ديباجةً شرح —— | CXC, p. 179. شرح مغنى اللبيب للميلاني
CCXXXI, 7), p. 210. ملقى السبيل | منتهى امل cf.

CXVI. وفيات الاعيان | XXXI, 17), حاشية لشرح منار الانوار p. 50.
CCXXXVIII, 1). cf. رسالة الوضعية | CCXXXIII, p. 213. كتاب المنبهات
XCI, 2). | منتهى امل الاريب من الكلام على
— شرح XCI, 2), p. 65. | CLXXXIX. مغنى اللبيب
— شرح للجامى XCI, 2). | منهاج الدكان ودستور الاعيان
CCXXXVIII, 2). | CCXXXII, 2).
— لخواجه على CLXIX, 3). cf. | موصل الطلاب الى قواعد الاعراب
CCXXXVIII, 3—6), p. 224. | CXCII.
CCXXXIX, 6), p. 224.
— — حاشية CCXXXVIII, 3). cf. | ن
no. 5-6).
CCIV. نتائج الافكار
— لابى البقا ib. 6), p. 222. | CCXX. نصاب الصبيان
رسالة فى الوقف LXXXI, 23) p. 51. | LXXXI, 16), p. 49. رسالة فى النكاح
تعليق على باب الوكالة LXXXIV, 2). | cf. ibid. 27), p. 53.
رسالة الولدية CCXXXIX, 7), p. 225. | النهجة المرضية فى شرح الالفية
— شرح ib. 4), p. 224. | CLXXXVI.
| CCXXXIX, 2). v. قصيدة النونية
CCXXX. هداية الحكمة
هداية العامل CXXX, 2), p. 117. | و
هياكل النور LXXXVI, 1). | CLXXI. الوافية
| LXXXII. واقعات المفتين
ى
كتاب يشوع بن شيراخ III, 5). | LXXXI, 1), p. 45. رسالة فى الوطى

A.

Abécédaire arabe CCXIV-V.
Amulette contre la fièvre LXXV.
Traité sur les signes caractéristiques dans l'*Analyse grammaticale* CCXXXVI, 2).
Les *cent Apophthègmes* de Aly DLXXVI, 2), p. 520.
Poème sur l'*Arithmétique* CCXLIII, 5), p. 231.
Traité — CXXX, 2).
Réflexions sur *la présente Ascension* معراج de Mahomet LI, 3), p. 23.
Chiffres sur *l'Astrolabe du Nord* CXXX, 6), p. 117.
Traité sur l'usage de *l'Astrolabe* par Abou'l-Ssalt CXXVIII, 2), p. 113.
— Beha-eddin Amily CXXX, 3).

C.

Le Cantique des Cantiques III, 4).
Traité sur les *Cercles parallèles à l'horizon* CCCXVII, 6), p. 307.
— sur le cercle indien CXXVIII, 3), p. 113.
Constitutions des Apôtres (Didascalia) III, 8), p. 3.
Conte de Mamoun DCI, 6), p. 539.
Coran VI-XLIII, p. 6-15.

Remarques sur le coran 4, 24. LXXXI, 27). p. 53.
— — — 15, 29. CCXLVII, 3). p. 259.

D.

Didascalia vid. Constitutions.
Remarques sur le *Discours* et la conjugaison du verbe نَصَرَ CCXII, 2) cf. p. 540.
Discussion sur les mots de Mahomet امرتُ ان اقاتل الخ LXXXI, 10), p. 48.
L'Art de disputer CCXLI, p. 229. v. آداب البحث
Traité contre les dogmes du christianisme CCXLIV, 1).

E.

Ecclésiaste III, 3).
Ecclésiastique III, 5).
Commentaire sur un traité d'*Élocution oratoire* par Hasan Tchelebi CXLIV.
Epistolaire CXLVI.
Évangéliaire I.
Évangiles (les quatre) II.

G.

Commentaire sur un traité de *grammaire* CLXIX, 2).

Traité sur la *Géomancie* DXLVII, 5), p. 501.
Traité sur la *Guerre sainte* LXXXI, 7), p. 48. v. جهاد

H.
Hidayé (la) LXXVII, p. 41.

I.
Commentaire sur un traité de *l'Invention et de la disposition oratoires*, par Khithaiy CXLIII. CCXLII, 2), p. 230.

L.
Lettre de Germanos Adam CXIII.
— de l'empereur de Maroc, Sidi Mouhammed CXIX.
— du moulla Sirhan à M. Otter CXL.
Commentaire de Senousy sur son traité abrégé de *Logique* C.
Discours sur la *Logique* etc. CVI, 4), p. 86.

M.
Remarques *métaphysiques* CCXLVII, 2), p. 239.
Traité de *Métaphysique* LXII, p. 34.
Traité de *Métrique* XLVIII, 5), p. 457.
Petit traité *mystique* L, 2), p. 22.
Moucantharat v. *Cercles*.

P.
Paradigmes des verbes persans. XDVIII, 6), p. 437.

Traité sur *les particules et les noms*, par Izzy CCXI, 2).
Poésies arabes DC, p. 537. DCI, p. 539.
Les poésies de Ibrahim el-Mimar CXXIX, 1), p. 126.
Prière CCXXXIII, 6) et 12), p. 214. 15), p. 215). DCVI.
Prières éjaculatoires DXCVI, 3), p. 534.
Livre de prières LXIII-LXXIV, pp. 34-38.
Traité de *Prosodie* CCXXX, 1).
Les Proverbes III, 2).
Pseudo-Psaumes LI, 1).

Q.
Traité sur le *Quart de cercle* nommé *Secteur* CXXIX. CCXLIII, 6), p. 231. cf. CXXX, 4), p. 117.

S.
Le livre de la *Sagesse* III, 1).
Commentaire sur un traité de *Syntaxe* par Djamy CCVI.

T.
Talisman LXXV
Le Testament de Jésus Christ III, 7), p. 3.
Traité de *Théologie* et métaphysique LIII, 2), p. 25.
Livre de *Tradition* (fragment) LIX.
Le livre des *Trésors* III, 6).

B. Registre des noms propres pour les manuscrits arabes.

Abahry (Abhery) v. Moufaddhal ben Omar.
Abd Allah ben Abd el-Rahman *Ibn Aqil* CLXXXV.
Abd Allah ben Abi'l-Yâsir *el-Makin* CXII.
Abd Allah ben Ahmed *Ibn Beïthar* CXXV.
Abou'l-Berekat Abd Allah ben Ahmed *el-Nesefy* LXXXI, 17), p. 50.
Abd Allah ben Aly *el-Hily* CLII.
Abd Allah de Hérat (calligraphe) *) CXXVII, p. 142-3.
Abd Allah ben Omar *el-Beïdhavy* XLV. LXII. CVI, 1). CCII.
Abd Allah el-Samarcandy CCXLIII, 6), p. 241.
Abd Allah Thabbakh (calligr.) CXXVIII, p. 144.
Abd Allah el-Yezdy CCXLII, 2), p. 280.
Abd Allah ben Thalib CXI.
Abd Allah ben Yousouf *Ibn Hicham* CLXXXIX. CXCI.

Abd el-Aly *el-Berdjendy* CXXVI, 2), p. 111.
Abd el-Baqi ibn Thoursoun LXXXI, 25), p. 53.
Abou Mouh. Abd el-Cadir ben Mousa el-Ghilany CCXXXI, 1).
Abd el-Cadir ben Yousouf LXXXII, p. 54.
Abd el-Cahir *el-Djourdjany* CLXXIV, 2). CLXXIV, 2), p. 165. CLXXV. CLXXVI, 1-2). CLXXVII-III. CCXI, 8). CCXXXVII, 3), p. 220.
Abd el-Ghafour CCXLIV, 2).
Abd el-Halim ben Louthf Allah CVI, 3), p. 86.
Abd el-Halim el-Mouskiry CCXLV.
Abd el-Kerim *Caffabzadéh* LXXXI, 14), p. 49.
Abd el-Kerim Kharezmy (calligr.) CXLVIII, p. 144.
Maoulana Abd el-Rahim CV, 4), p. 84.
Dervich Abd el-Rahman DCI, p. 539.
Abd el-Rahman ben el-Houseïn el-Athiry CCXXIX, p. 208.

---

*) Quant aux calligraphes, il ne sera pas inutile de comparer aussi les registres aux ouvrages persans et turcs.

Djemal-eddin Abou'l-Faradj Abd el-Rahman (*Ibn*) *el-Djouzy* CXIV, 2). CCXXXI, 4), p. 210.
Abou'l-Casim Abd el-Rahman ben Abd Allah ben Ahmed el-Souheïly CCXXXI, 5), p. 210.
Abou Abd Allah el-Mardiny CXXX, 1).
Adhoud-eddin Abd el-Rahman ben Ahmed *el-Idjy* XCI, 2). CCXL, 1). CCXLI, 3), p. 228.
Abd el-Rahman ben Ismaïl surnommé *Abou Chamah* XLVII.
Abd el-Rahman ben Abou Bekr Mouhammed *el-Soyouthy* CLXXXVI. CLXXXVII. CCXXIX, 1). CCXXXII, 1). cf. p. 31.
Abd el-Raouf Efendi *Arabzadéh* LXXXI, 13), p. 49.
Abdy (calligr.) CXLVII, p. 143. CXLVIII, p. 144.
Aben Zohar — Abou'l-Ala ben Zohir CXXII.
Abou'l-Ala Maarry CCXXXI, 6), p. 210.
Mir Abou'l-Beca CCXXXVIII, 6), p. 222.
Abou'l-Beca el-Houseïny CCXXII.
Abou'l-Casim ben Abou Bekr el-Leïthy el-Samarcandy CXLV, 1). CCIX. CCXXXIV, 2), p. 217. CCXXXVIII, 7), p. 222. CCXXXIX, 8), p. 225. CCXLIV, 3).
Abou Chamah v. Abd el-Rahman ben Ismaïl.
Abou'l-Djeïch v. Abou Abd Allah Mouhammed.

Abou'l-Fath ben Makhdoum el-Houseïny CCXXXV, 4), p. 219. CCXLI, 4), p. 228.
Mir Abou'l-Fath el-Saaïdy XCIV, 2), p. 97.
Abou'l-Feda CXV.
Abou Firas DCI, p. 539.
Abou Hanifa CLIII, 3), p. 147.
Abou'l-Hasan el-Toustery CXXXVII.
Abou'l-Houseïn el-Djezzar, v. Yahya.
Abou'l-Meni ben Abou Nafr, surnommé Kohen el-Atthar el-Israïly CCXXXII, 2).
Abou Nouvas DCI, p. 539.
Abou Oubeïd CX.
Abou'l-Sououd v. Mouhammed.
Abou'l-Ssalt Omaiya CXXVIII, 2), p. 113.
Abou'l-Thena v. Ahmed ben Mouh.
Adam v. Germanos.
Ahmed (calligr.) CXLVII, p. 143.
Ahmed ben Abd el-Moumin *el-Cherichy* CXLI.
Ibn Aziz Dervich Ahmed CVI, 6), p. 88.
Ahmed ibn Séyid Ahmed el-Behdinany CXXVI, 3), p. 111.
Ahmed ben Aly el-Askelany LXXXI, 4), p. 46.
Ahmed ben Aly ben Masoud CLIII, 1).
Cheïkh Ahmed de Couch Athahsi CLXXVIII. CC.
Chems-eddin Ahmed surnommé *Doncouz* CLV.

Ahmed Efendi el-Anſary LXXXI, 16), p. 49.

Ahmed ben (*Ibn*) *el-Haïm* CXXI, 1), p. 109.

Ahmed ben el-Hasan *el-Bouny* CIX.

Ahmed ben el-Hasan *Tcharbirdy* CLXXIII. cf. CXC.

Ahmed ben el-Houseïn *el-Moutenabbi* CXXXV. DCI, p. 538.

Ahmed Houseïny (calligr.) CXLVII, p. 142. CXLVIII, p. 143.

Abou Bekr Ahmed ben Amr *el-Khaſſaf* LXXXI, 6), p. 47.

Abou'l-Thena Ahmed ben Mouhammed CXCI.

Ahmed ben Mouhammed el-Houdjry CCXXXIII, 5), p. 213.

Ahmed ben Mouhammed *ibn Molla* CLXXXIX.

Ahmed ben Mouhammed v. Coul Ahmed.

Ahmed ben Mousa *Khialy* XLVIII, p. 20. XLIX. CCXLIV, 5), p. 233.

Ahmed ben Mouſlih-eddin *Thachkeuprizadéh* CXVII-VIII.

Ahmed ben Omar *el-Zevvaly* CLXX.

Ahmed ben Sahl el-Balkhy CXIV, 3), p. 97.

Chems-eddin Ahmed *Samsounyzadéh* LXXXI, 19), p. 50.

Ahmed ben Souleïman *Kemalpachazadéh* LXXXI, 11), p. 48.

Aïany de Hérat (calligr.) CXLVII, p. 143.

Aïchy (calligr.) CXLVII, p. 143. CXLVIII, p. 144.

Aly (calligr.) CIL.

Mir Aly (calligr.) CXLVIII, p. 144.

Aly Begh, de Tebriz (calligr). CXLVIII.

Aly ben Abi Thalib LX. DLXXVI 2), p. 520.

Aly *Couchdjy* CCXXXVIII, 5), p. 218. CCXXXIV, 3). CCXXXVIII, 2-6). CCXXXIX, 6), p. 225. CCXLII, 1). cf. CCXLIII, 4).

Aly Djébraïl (calligr.) CXLVII, p. 143.

Aly *el-Fardy* CV. CCXXXIV, 5), p. 224.

Bourhan-eddin Aly ben Abou Bekr el-*Marghinany* LXXVII.

Aly ben Houseïn LXIII, p. 34.

Aly ben Ibrahim b. Mouh. b. Houmam el-Anſary CXXIX, 2), p. 115.

Aly ben Mouhammed *Séyid Cherif Djourdjany* XCI, 2). CVI, 7), p. 88. CCXXVIII, 1). CCXXXVIII, 3).

Nedjm-eddin Aly ben Omar *el-Cazviny* el-Katiby XC, 1). XCII, 1). XCV, 2), p. 71. IC. CIV.

Siradj-eddin Aly ben Othman el-Ouchy LVII.

Khodja Aly Samarcandy CLXIX. v. Aly Couchdjy.

Aly ben Ssadr-eddin ben Iſam-eddin CXLV, 1).

Aly Tchelebi *Djinalizadéh* LXXXI, 9), p. 48.

Beha-eddinzadéh Aly Tchelebi LXXXI, 22), p. 51.

Amr ben Othman *Sibaveïh* CLXI.
Arabzadéh v. Abd el-Raouf Efendi.
Aristote LXXXV, p. 58.
Asvad v. Hasan Pacha.
Athir-eddin *el-Abahry* v. Moufaddhal b. Omar.
Averroes v. Mouhammed b. Ahmed.
Avicenne v. Houseïn ibn Abd Allah.
el-Azhery v. Khalid b. Abd Allah.

B.

Hadji Baba ben Ibrahim el-Thousevy CXCIII, 2), p. 181.
Baqi Mouhammed (calligr.) CXLVII, p. 142.
Beha-eddin el-Amily v. Mouhammed, et Mouh. ben el-Houseïn.
Beïdhavy v. Abd Allah ben Omar.
Abou Othman Bekr ben Mouhammed el-Maziny CCXI, 5), p. 193.
Ben-Zohr v. Abou'l-Ala.
Berday v. Mouhy-eddin Mouhammed ben Mouhammed.
Berdjendy v. Abd el-Aly.
Berghevy, Birghevy, Birghely v. Mouhammed Pir Aly.
Bourhan-eddin ben Kemal-eddin ben Hamid XC, 1). CVI, 9), p. 89.
Bourhan-eddin el-Zernoudjy CCXLV, 4), p. 235.
Bouny v. Ahmed ben el-Hasan.
el-Boufiry v. Mouhammed ben Saaïd.

C.

Cadhi Mir CCXXX, 2). cf. Houseïn Mouïn-eddin.
Cadhizadéh Roumy v. Mousa ben Mouhammed.
Cadry Efendi v. Abd el-Cadir.

el-Carabaghy (LVII) v. Mouhy-eddin Mouhammed.
Cara Davoud XCII, 1).
Cara Khalil Efendi CII, 1). cf. p. 84.
Abou Mouhammed el-Casim ben Aly *el-Hariry* CXLI. CLXXXVIII.
el-Casim ben Ferro XLVII.
Casim Leïthy v. Abou'l-Casim.
Cazviny v. Mouhammed ben Abd el-Rahman.
Chah Efendi *el-Fenary* LXXXI, 20), p. 50.
Chah Houseïn CV, p. 82.
Chah Mahmoud de Nichapour (calligr.) CXLVII, p. 142.
Chah Mouhammed de Mechhed (calligr.) CXLVIII, p. 143. CIL, p. 145.
Chaïr-oglu XCII, 3).
el-Chathiby v. el-Casim.
Le cheïkh ben Katib (calligr.) CXLVIII, p. 144.
Mir Cheïkh Pourvany (calligr.) CXLVII, p. 143.
Mir Cheïkh Thany Kermany (calligr). CXLVIII, p. 144. CIL, p. 145.
Cheïkhzadéh (calligr.) CXLVIII, p. 144.
Chems-eddin Madhi (Mazi) (calligr.) CXLVIII, p. 144.
el-Cherichy v. Ahmed ben Abd el-Moumin.
Chihab-eddin v. Mouhammed ben Mahmoud.
Chihab-eddin ben Chems-eddin *el-Zevvaly* v. Ahmed ben Omar.

Coul Ahmed XCVIII, 1). CCXXXVIII, 10), p. 223. CCXLI, 5), p. 228. CCXLIV, 5), p. 233.
Couthb-eddin el-Razy XCVII, p. 73. CVI, 8), p. 89.
Couthb-eddin el-Chirazy IC.
Cyrille d'Alexandrie III, 6.

D.

Le roi David LI, 1).
Cheïkh David DCI, p. 539.
Davoud ben Mahmoud el-Qeïfary LIII.
Devvany v. Mouhammed ben Ahmed.
Dhehir-eddin ben Maoulla Mourad el-Tefrichy CCXLIV, 1).
Dincouz v. Ahmed.
Diogène p. 58.
Chihab-eddin Djaafar DCI, p. 539.
Djaafar Ssadic p. 34.
Djaafary (calligr.) CXLVIII, p. 144.
Djamy XCI, 2). CLXIV. CLXVII. CLXXI. CCVI. CCXXXVIII, 8).
Djaouhary v. Mouhammed b. Abou Bekr.
Djarbirdy v. Tcharbirdy.
Djelal-eddin Abou'l-Meali Aly, et Abou'l-Fadhl Mouthedha Aly LIV, 2), p. 26.
Djemchid ben Masoud el-Thebib el-Kachy CXXXI.
Djerdjis Abidah CXLVI.
el-Djezery v. Chems-eddin Mouhammed ben Mouhammed.
Djezouly v. Mouhammed ben Souleïman.
el-Djezzar v. Yahya ben Abd el-Adhim.
Djinalizadéh v. Aly Tchelebi.
Djourdjany v. Abd el-Cahir.
el-Djouzy v. Abou'l-Faradj Abd el-Rahman.
Dost Mouhammed ben Souleïman (calligr.) CXLVII, p. 143.
Doncouz (Dincouz) v. Ahmed.

E.

Elmakin v. Ibn el-Amid.
Enisy (calligr.) CXLVIII, p. 144.

F.

Fakhr (Fakher) (Nicola et Constantin) CXLVI.
Fakhr-eddin ibn Mékaris DCI, p. 539.
Fakr-eddin Razy p. 61.
el-Fardy v. Aly.
Feïrouzabady v. Mouhammed ben Yacoub.
Fenary v. Chah Efendi, Mouhy-eddin et Mouhammed ben Hamza.
Ferahy v. Masoud ben el-Houseïn.

G.

Gabriel Ferhat IV.
Le père Gabriel CCXLIV, 1).
Galien CXXIII. cf. p. 58.
Germanos Adam CXIII.
Ghazzaly v. Mouhammed b. Mahmoud.

H.

Hafiz-eddin, v. Abd Allah ben Ahmed el-Nesefy.
Harimy (calligr.) CXLVII, p. 142.
Hariry v. el-Casim b. Aly.
Mir Hasan el-Houseïny (calligr.) CXLVII, p. 143.

Hasan Tchelebi ben Mouhammed (el-Fenary) CXLIV. cf. CV, 2), p. 83.
Roukn-eddin Hasan ibn Cherefchah Asterabady CLXXI. CLXXIV, 1). CXCIII, 2), p. 181.
Hasan ben Mouhammed d'Asterabad XCVII, p. 73.
Hasan Pacha el-Asvad CCXI, 5), p. 193. CCXII.
Hilmy XLIX.
Housam kati c.-à-d. Housam-eddin ben el-Hasan XCV, 1), p. 70. XCVI, 1). CV, 6), p. 84. CCXXXVII, 1). CCXLV, 6), p. 236.
Houseïn ben Abd Allah *ibn Sina* (Avicenne) LXXXVII. LXXXVIII. LXXXIX, 1).
Vely-eddin Abd el-Vahhab el-Houseïn el-Amidy CCXXX-IX, 4), p. 224.
Houseïn ben Abd el-Ssamed el-Djoubbay LII.
Houseïn ben Ahmed *el-Zaouzeny* CCXXVII.
Chah Houseïn p. 82.
Abou Ismaïl el-Houseïn ben Aly *el-Thoughraiy* CXXXVI.
Houseïn el-Houseïny el-Khalkhaly CXXVIII, 3), p. 113. CCXL, 1) et 3).
Housein Katiby de Hérat (calligr.) CXLVIII, p. 144.
Houseïn b. Mouhammed CCXXXIX, 6), p. 224.
Houseïn ben Mouïn-eddin *el-Meïbady* CCXXX, 2).
Djemal-eddin Houseïn ben Yousouf ben Mouthahher el-Hilly LXXVI.

Houseïn el-Yezdy CCXXX, 2).
Houseïny CCXXXIX, 1).

H.

Ibn el-Adjourroum, v. Mouhammed ben Mouhammed.
Ibn el-Amid *el-Makin* CXII.
Ibn Aqil v. Abd Allah ben Abd el-Rahman.
Ibn el-Araby v. Mouhy-eddin Abou Abd Allah.
Ibn Babaveïh (Babouyeh) v. Mouh. ben Aly.
Ibn Beïthar v. Abd Allah ben Ahmed.
Ibn el-Chaïr v. Yousouf el-Roumy.
Ibn Coutheïba CCXXXI, 2), p. 210.
Ibn Djinny v. Othman.
Ibn el Djouzy v. Abou'l-Faradj.
Ibn el-Fathimy el-Mifry CCXXVIII, 4), p. 207.
Ibn el-Hadjib v. Othman ben Omar.
Ibn Hicham v. Abd Allah b. Yousouf.
Ibn Houddjeh el-Hamevy DCI, p. 539.
Ibn Ibrahim ibn Occachah v. Ibrahim.
Ibn Khallikan CXVI.
Ibn Makhlouf CXXXVIII.
Ibn Malik v. Mouh. b. Abd Allah.
Ibn Mocla (calligr.) CXLVIII, p. 144.
Ibn Monla (Moulla) v. Ahmed ben Mouhammed.
Ibn el-Mourtefi etc. v. Mouhy-eddin ben Hasan.
Ibn Mouthir DCI, p. 529.
Ibn Nedjim v. Zeïn el-Abidin.

Mouflih-eddin nommé *Ibn Nour-eddin* LI, 3).
Ibn Richah CXXXIX, 2), p. 131.
Ibn Rochd v. Mouhammed b. Ahmed.
Ibn Sina v. Houseïn ibn Abd Allah.
Ibn el-Vardy v. Zeïn-eddin Omar.
Ibn Zohir v. Abou'l-Ala.
Ibrahim ben Ahmed *Ibn el-Molla* CLXXXIX, p. 178.
Ibrahim *el-Mimar* CXXXIX, 1), p. 226.
Ibrahim ben Mouhammed *Ifam-eddin el-Isferaïny* CXLV, 1). CLXVI.
Ibrahim ben Occachah CLIX.
el-Idjy v. Adhoud-eddin Abd el-Rahman ben Ahmed.
Ilias el-Irany CCXXXVIII, 5).
Ilias ben Cheïkh Ibrahim el-Kourany CXLV, 2).
Imad XCIII.
Imamzadéh, v Mouhammed ben Abou Bekr.
Ifam-eddin Ibrahim ben Mouh. ben Arabchah *el-Isferaïny* CI,2).CXLV, 1 . CLXVI. CCXXXIV, 2), p. 217. CCXXXIX,8), p.225. CCXLIV. 3).
Isferaïny cf. Mouhammed ben Ahmed et Ibrahim ben Mouhammed.
Ishac ben Honeïn CXXIII, p. 106.
Medjd-eddin Ismaïl ben Aly ben Hasan CCXXVIII, 4), p. 206.
Ismaïl Hacqy LVIII, 1). LXIV.
Izz-eddin Zendjany nommé *Izzy* CLIII, 2), p. 147. CLVI, 1). CLVII. CLVIII-CLIX. CCXI, 4). CCV, p. 188.

J.

Jésus Christ III, 7), p. 3. LXXXV, p. 59.
Jésus fils de Sirakh III, 5).

K.

Housam-eddin ben el-Haṣan *Kafi* p. 70. v. Housam-eddin.
(ben) Katib v. Cheïkh.
Katiby v. Aly ben Omar.
Kemal-eddin (calligr.) CXLVII, p. 143.
Kema'-eddin Masoud CCXLI, 1).
Kemalpachazadéh v. Ahmed ben Souleïman.
Cadhizadéh Keupri p. 83.
Kemal Pacha CCXLV, 5), p. 235.
Khafy Carabaghy CCXXXV, 3). CCXLI, 4), p. 228.
Khalid ben Abd Allah *el-Azhery* CLXXX. CXCII. CCXVI.
Khalil ben Eïbek el-Ssafady CXXXVI.
Khialy v. Ahmed ben Mousa.
Khithaiy CXLIII. CCX, 1). CCXLII, 2), p. 230.
Khizr Beg CCXXXIX, 2).
Khodja Aly de Samarcand CLXIX, 3). CCXXXIX, 6), p. 224. v. Aly Couchdjy.
Kohen el-Atthar v. Abou'l-Nafr.

L.

Locman LXXXV.

M.

Abou'l-Ala Maarry CCXXXI, 6-7), p. 210.
Macfoud (calligr.) CIL, p. 143.
el-Mahdh el-Qeïfarieh'vy CXXXIV.

Mahmoud ben Chems-eddin (calligr.) CXLVII, p. 143.
Mahmoud ben Mouhammed (Ahmed) el-Tchagminy CXXVI, 2), p. 110. CXXVII. CXXXIII, 1).
Mahmoud ben Nizam (calligr.) LX.
Mahmoud ben Omar el-Zamakhchary XLIV. CXCVI, 1). CXCVII, 1). CXCVIII. CCXIII. CCXXXVI.
Mahmoud ben Soulthan Aly (calligr.) CXLVII, p. 152.
el-Makin v. Ibn el-Amid.
Malik (calligr.) CXLVIII, p. 143.
Malik Deïlemy ib. p. 144.
Masoud ben el-Houseïn Ferahy CCXX-I.
Saad-eddin Masoud ben Omar el-Teftazany LXXXI, 18), p. 50. XCIV, 1). cf. p. 69, 3). CVI, 10), p. 89. CLVII. CCVII. CCVIII. CCIX. CCX. CCXL, 2).
Kemal-eddin Masoud el-Roumy CCXLI, 1).
Masoudy v. Kemal-eddin Masoud.
Meïdany CLXXXVI, 1).
Mervarid v. Mouhammed Moumin.
el-Milany v. Mouhammed b. Abd el-Rahman.
Mir Cheïkh v. Cheïkh.
Mirek IC, 1).
Mirem Keusehsi v. Mouhammed Tchelebi.
Moubarekchah (calligr.) CXLVIII, p. 144.
Athir-eddin Moufaddhal ben Omar el-Abahry XCV, 1). XCVI, 1). XCVII,

p. 73. XCVIII, 2), p. 74. CVI, 11), p. 89. CVII. CCXXX, 2). CCXXXVIII, 11), p. 227. CCXLI, 5), p. 228 CCXLV, 6), p. 236.
Sidi Mouhammed, empereur de Maroc CXIX.
Dervich Mouhammed (calligr.) CXLVII, p. 142.
Abd el-Hacc Mouhammed (calligr.) ibid. p. 142.
Abou Abd Allah Mouhammed Abou'l-Djeïch CXXXIV. CCXXXVIII, 9), p. 222. XDVIII, 5), p. 437.
Mouhammed ben Abou Bekr el-Djaouhary CCXVI.
Abou Abd Allah Mouhammed ben Abd Allah el-Ibady CCXXXI, 3), p. 210.
Mouhammed ben Abd Allah Ibn Malik el-Djayany CLXXXIII. CLXXXV-I.
Djelal-eddin Mouhammed ben Abd el-Ghany CXCVI, 2).
Mouhammed ben Abd el-Khalic ben Maarouf CLXXIII-IV.
Mouhammed ben Abd el-Rahim el-Milany CXC.
Mouhammed ben Abd el-Rahman el-Cazviny CCVII. CCVIII. CCXXIX, 1). CCXXXIV, 1). CCXXXV, 1).
Mouhammed ben Abou Bekr Imamzadéh LXXX.
Mouhammed ben Abi Bekr CCXXXVIII, 3), p. 213.
Chems-eddin Mouhammed ben Achraf el-Houseïny el-Samarcandy

CI, 1). CXXXIII, 3). CCXLI, 1). cf. p. 82.
Ala-eddin Abou'l-Ala Mouhammed b. Ahmed el-Bihichty *el-Isferaïny* CI, 2). CXCII, 1), p. 181.
Mouhammed ben Ahmed *Ibn Rochd* (Averroes) CXXIV.
el-Berday v. Mouh. ben Mouh.
Mouhammed el-Mehdy ben Ahmed *el-Fasy* LXI, p. 33.
el-Berday CCXXXVII, 1).
Mouhammed ben Aly el-Djourdjany LIV.
Mouhammed ben Aly *Ibn Babaveih* (*Babouyeh*) CCLIII.
Beha-eddin Mouh. el-Amily CCXLVII. v. Mouh. ben el-Houseïn.
Djelal-eddin Mouhammed ben Ahmed *el-Devvany* LXXXVI, 1). XCIV, 1). CV, 3), p. 83. CCXL, 2-3).
Mouhy-eddin Mouhammed *el-Carabaghy* LVII, p. 29. CCXXXV, 3).
Mouhammed Casim ben Chadichah (calligr.) CXLVII et CXLVIII.
Mouhammed ben Cherif el-Houseïny CVI, 5).
Mouhammed Coudsy LXXVIII, p. 43.
Pir Mouhammed Djamy (calligr.) CXLIX, p. 144.
Abou'l-Kheïr Chems-eddin Mouhammed *el-Djezery* LIV, 3).
Mouhammed Ebrichimy (calligr.) CXLX, p. 144.
Mouhammed Emin ben Ssadr el-Milla CCXLVI.
Mouhammed Emin (calligr.) CXLVIII, p. 142.
Mouhammed ben el-Haleby CLXXI.

Chems-eddin Mouhammed ben Hamza *Fenary* XCVIII, 1-2), p. 74. CV, 4-5), p. 84. CVI, 12-13), p. 90. CCXXXVIII, 10). CCXLI, 5), p. 228.
Zeïn-eddin Mouhammed ben el-Hasan el-Tebrizy CLIII, 3), p. 147.
Nedjm-eddin Mouhammed ben el-Hasan el-Radhy CLXVIII.
Beha-eddin Mouhammed ben el-Houseïn *el-Amily* CXXX, 3). CCXLIII, 1).
Mouhammed b. Ibrahim b. Mouh. b. Aly b. Abou'l-Ridha CXV.
Mouhammed Imamy (calligr.) CXLVIII, p. 144.
Mouhammed Ifmet-eddin CLXVII.
Abou Abd Allah Mouhammed ben Khafif de Chiraz LIV, 1), p. 26.
Khodja Chems-eddin Mouhammed Kurt XC, 1).
Mouhammed ben Khalil *el-Moustary* CCXXXVIII, 9), p. 222.
Mouhammad ben Mahmoud *Chihabeddin* CCXLV, 2), p. 234.
Akmal-eddin Mouhammed ben Mahmoud *el-Baberty* LXXVII, p. 41.
Mouhammed Mafoum (calligr.) CXLVIII, p. 143.
Dervich Mouhammed Mehallaty (calligr.) CXXVIII, p. 144.
Chems-eddin Mouhammed ben Moubarekchah el-Bouchary IC.
Mouhammed ben Mouhammed (Ahmed) *el-Berday* CV, 6), p. 84. CCXXXVII, 2).
Chems-eddin Mouhammed ben Mouhammed *el-Djezery* LIV, 3), p. 26.

Abou Hamid Mouhammed ben Mouh. el-*Ghazzaly* LV. CCXLVII, 3), p. 239.

Mouhammed ben Mouh. (all. Davoud) el-Ssounhadjy *Ibn el-Adjourroum* CLXXIX.

Mouhammed ben Mouh. b. Ahmed *Sibth el-Mardiny* CXXVI, 1).

Djelal-eddin Mouhammed ben Mouh. Chirazy (calligr.) CIL.

Mouhammed *Abou'l-Sououd* ben Mouh. LXXXI, 4), p. 46. 5), p. 47. 7), p. 48. 17-18), p. 50.

Mouhammed Moumin *Mervarid* (calligr.) CXXII, p. 142.

Mouhammed ben Mouftafa el-Thaouskary CCI, p. 186.

Khodja Mouhammed Parsa v. Mouh. ibn el-Séyid.

Mouhammed (ben) Pir Aly (Berghevy, *Birghily*) CLXXVIII. CLXXXII. CLXXXIV, 2), p. 174. CXCVII, 2), p. 184. CXCIX, 1). CC. CCI-CCIV.

Khodja Chems-eddin Mouhammed Serbedar XC, 1).

Nour-eddin Mouhammed ibn el-Séyid el-Cherif: *Khodja Mouhammed Parsa* CVI, 3) et 5), p. 86 cf. CCXXXIII, 19).

Mouhammed ben Souleïman etc. el-*Djezouly* LXI.

Mouhammed ben Saaïd *el-Boufiry* CCXLV, 1).

Mouhammed ben Yacoub *el-Feïrouzabady* CCXVII-III.

Abou Abd Allah Mouhammed ben Yousouf *el-Senousy* C.

Pir Mouhammed Ssoufy (calligr.) CXLVIII, p. 144.

Mouhammed ben Zakariya *el-Razy* CXX-I.

Mouhammed Tchelebi *Mirem Keusehsi* LXXXI, 8), p. 48.

Mouhy (calligr.) CXLVII, p. 142. CXLVIII, p. 144.

Mouhy-eddin Abou Abd Allah *Ibn-el-Araby* L, 1-2). LIII, 1). LVIII, 2), p. 31.

Mouhy-eddin *el-Fenary* LXXXI, 21), p. 51.

Mouhy-eddin ben Hasan el-Sââty CXXVIII, 4), p. 114.

Mouhy-eddin v. Mouhammed ben Mouhammed el-Berday.

Mouhy-eddin Talichy XCVI, 1), p. 72.

Mouïz-eddin Mouhammed (calligr.) CXLVIII, p. 144.

Mourtedha el-Yemany LXIV.

Mousa ben Mahmoud *Cadhizadéh Roumy* CXXVI, 2). CXXXIII, 3). CCXLI, 2).

Mouflih-eddin v. Ibn Nour-eddin.

Mouftafa ben Chems-eddin *Akhtery* CCXIX.

Mouftafa ben Hamza CC. CCIII-IV.

Mouftafa ben Ibrahim (de Galipoli) CLXXXII. CCXXXVI, 1).

Mouftafa ben Mouhy-eddin Mouhammed *Ibn el-Caffa* CCXXVIII, p. 205.

Mouflih-eddin Mouftafa ben Mouhy eddin Mouh. el-Tourevy CCXXVIII, 1).

Mouſtafa ben Yousouf el-Moustary LVII, p. 29.
Moutenabbi v. Ahmed b. el-Houseïn.
Moutharrizy v. Naſir b. Abi'l-Mekarim.
Maoulla el-Nahrir LXXXI, 27), p. 53.

N.

Nahriry v. Ssafy-eddin.
Naſir ben Abi'l-Mekarim el-Moutharrizy CLXIII, 2). CXCIII, 1), p. 181. CXCV.
Nâſir el-Mounchi (calligr.) CXLVII, p. 143.
aſir-eddin Thousy Mouhammed LIV, 1). LXXXVII, p. 61. LXXXIX, 2). CCXLII, 1). DXLVII.
Nedjm el-Milla veddin el-Kabary CCXXXIII, 20), p. 216.
Nedjm ibn Chihab Abd Allah el-Yezdy XCIV, 3), p. 69. CXLIII.
Nesefy v. Abou'l-Berekat Abd Allah ben Ahmed et Nedjm-eddin Abou Haff Omar.

O.

Nedjm-eddin Abou Haff Omar ben Mouh. el-Nesefy XLVIII. XLIX. CCXLIV, 4).
Zeïn-eddin Omar ibn el-Vardy CXIV.
Omar Efendi CV, 2), p. 83.
Omar ben Mouhammed el-Vekil CXXIX, 1).
Abou'l-Fath Othman ibn Djinny CCXI, 5).

Abou Amr Othman el-Dany XLVII.
Othman ben Omar Ibn el-Hadjib CLXII, 1-2). CLXIII, 1). CLXVIII. CLXXI. CLXXIII - CLXXIV, 1). CLXXXIV, 3), p. 174. CXCIII, 2), p. 181. CXCVII, 2), p. 184. CCII. CCV. CCXI, 1).
Mr. d'Otter CXL.
Ssadr el-Cheriat Oubeïd Allah ben Masoud LXXXI, 18), p. 50. LXXXIII.

P.

Perghevy v. Mouhammed Pir Aly.
Platon p. 58.
Porphyrius Tyrius p. 70.
el-Poutkary CV, 5), p. 84.
Pythagore p. 58.

R.

Radhy-eddin el-Coudsy CXLI, p. 138.
el-Rakky, CXIV, p. 97.
Rhazis v. Mouhammed ben Zakariya.
Roukn-eddin v. Hasan ibn Cherefchah.

S.

Saad-eddin el-Berday CXCVII, 1).
Saady Tchelebi (Efendi) XLVI.
Salomon p. 59.
Samsounyzadéh v. Chems-eddin Ahmed.
Satchiclizadéh CCXXXIX, 4), p. 224.
Sekkaky v. Yousouf ben Abi Bekr.
el-Senousy v. Abou Abd Allah Mouhammed ben Yousouf.
Séyid Djourdjany v. Aly ben Mouhammed.

Sibaveïh v. Amr ben Othman.
Sinaby XLIX, 2).
Siradj-eddin el-Ourmavy XCVII, p. 73.
Sirhan (moulla) CXL.
Socrate p. 58.
Souhraverdy v. Yahya.
Soulthan Aly de Mechhed (calligr.) CXLVII, p. 142. CXLVIII, p. 144. cf. LVI, p. 28.
Soulthan Mouhammed Khendan (calligr.) CXLVII, p 142. CXLVIII, p. 143.
Soulthan Mouhammed Nour (calligr.) CXLVII, p. 143. CXLVIII, p. 144.
Souroury CCCLXXII.
Soyouthy v. Abd el-Rahman ben Abou Bekr Mouhammed.
Ssadr-el-Cheriat v. Oubeïd Allah.
el-Ssafady v. Khalil b. Eïbek.
Ssafy-eddin el-Hilly CXXXIX, 3), p. 133.
Ssafy-eddin el-Nahriry CXXVI, 2), p 110.

T.

Tchaghminy v. Mahmoud ben Mouhammed.
Tcharbirdy v. Ahmed ben el-Hasan.
Teftazany v. Masoud ben Omar.
Abou Man*f*our *Thaaleby* CXIV, 1).
Thach Keupri CII, 1-2). CCXXIII, 3), p. 231.
Thachkeuprizadéh v. Ahmed ben Mouflih-eddin.

Thahir el-Haddad DCI, p. 539.
Thoughraiy v. el-Houseïn b. Aly.

Y.

Yacoub ben Séyid Aly LXXX.
Yahya, le grammairien d'Alexandrie CXXIII.
Yahya ben Abd el-Adhim etc. *el-Djezzar* CXXXIX, 2), p. 129.
Abou Zakariya Yahya ben Aly' el-Khatib el-Tebrizy CCXXXI, 8).
Yahya ibn Bathric CXXIII.
Yahya ben Nafouh CLXXVII, 1).
Chihab-eddin Abou'l-Fath Yahya el-*Souhraverdy* LXXXVI, 1).
Yary (calligr.) CXLVII, p. 143.
Cheïkh Yasin CXLV, 3), p. 141.
Yousouf ben Abi Bekr *el-Sekkaky* CCXXIX, 1). CCXXXIV, 1).
Yousouf ben Aly *el-Yeghany* LXXXI, 24), p. 52.
Sinan-eddin Yousouf el-Roumy XCII, 3), p. 67.

Z.

Zakariya Efendi LXXXI, 12), p. 49.
Zamakhchary v. Mahmoud ben Omar.
Zaouzeny v. Abou Abd Allah Houseïn ben Ahmed.
el-Zendjany v. Izz-eddin.
Zeïn el-Abidin *Ibn Nedjim* LXXVIII.
el-Zevvaly v. Ahmed b. Omar.

II.

A. Registre des ouvrages en langue persane.

ا

آثار الظفر CDLVI.

احسن التواريخ CCLXXXVII.

احسن الكبار فى معرفة ائمة الاطهار CCCXII.

كتاب علم v. احياء علوم الدين

اخلاق محسنى CCLXII.

ادب نامه CDXV, 6).

ازهر ومزهر CDXV, 10).

اسرار نامهٔ عطّار CCLIV.

اسكندرنامهٔ خسرو دهلوى CCCLXXXVI, 4), p. 351.

— نظامى CCCXXXVII, 5). CCCXXXIX, p. 323. CCCXLIV. CCCXLVII.

اسماء الحسنى } LVI.
ترجمة }
اسناد مناجات مخمس } LX.

اشعة اللمعات CDXXII, 8), p. 371.

اقبالنامهٔ اسكندرى CCCXLII. CCCXLVII, 2) etc.

الغاز CDIII, p. 359.

كتاب الاجيل CCXLVIII.

انشاء CDLXXXV-VII.

انوار سهيلى CDLXXXI, 1).

انيس العارفين CDLVIII.

(آينه هاى) آئينهٔ اسكندرى CCCLXXXVI, p. 351. CCCLXXXVIII.

ب

بدايع سعدى CCCLXI, 10), p. 339. CCCLXII, 10).

بدايع الصنائع CCCXIX.

برهان قاطع XDVII.

كتاب بقيّه ونقّه CCCLXXXVI, p. 351.

بوستان سعدى CCCLXI, 3), p. 338. CCCLXV. CCCLXXV-CCCLXXXIV.

695

تحفةٌ شاهديه (شاهدى) XDIII.
شرح — XDIV-V.
تحفهٔ شاهى CCLVII.
تحفة العراقين CCCLII.
تحفة الملوك XDIV.
تحفة نصائح D, 5), p. 440.
تذكرة الشعراء CCCXX.
ترجمة الفرج بعد الشدة CDLXXX.
ترجيع بند جامى CCCXCIX, p. 355.
ترجيعات سعدى CCCLXI, 8), p. 338. CCCLXII, 8).
— نزارى CDXV, 3).
تركيب بند فتح على شاه CDLXXVI, 3).
تركيبات نزارى CDXV, 3).
ترنامةٔ هاتفى CDXLIV-VII.

ج
جامع التواريخ CCLXXXIX. CCXC.
كتاب جامع الحكايات CDLXXXII.
جلد اول اختيارات CCCXVII 7), p. 307.
جزيرةٔ مثنوى CCXXXIII, 10), p. 214.
شرح — DXCVI, 1).

بهارستان جامى CDXXII, 12), p. 372.
بياض مكالمة شاه طهماسب با ايلچيان CCCII.
رسالةٔ بيست باب فى معرفة الاسطرلاب CXXVIII, 1). CXXX, 8), p. 117. CCCXVII, 2), p. 306. cf. CCCXV, 2), p. 305.

پ
پندنامةٔ عطّار CCXLV, 3), p. 235. CCCLIV-VIII, p. 332-334.
شرح — تا شمعى CCCLVIII.

ت
تاج المآثر الخ CCCVII.
تاريخ تا اهلى (chronogrammes) CDLXII, 4), p. 392.
تاريخ شاه عباس ثانى CCCIII, 2), p. 292.
تاريخ طبرى CCLXIV-VI.
تاريخ عالم آراى عباسى CCCIII, 1).
تاريخ نادرى CCCIV.
تاريخ وصّاف CCXCI.
تجنيسات CDXVI.
تحفة الاحرار تا جامى CCCXLIX. CDXXI, 1). CDXXII, 13), p. 372. CDXXII-VII.

كتاب خضر خان ودولرانى CCCLXXXVI, 3), p. 351. CCCLXXXVII. CCCXCIII. CCCXCVII-VIII.

خلاصة الاخبار CCLXXXII-III.

خلاصة الاشعار وزبدة الافكار CCCXXI.

خلاصة السير CCCIII, 1).

خلاصة كتاب كرامى آئينة حق نما CCXLIX.

خمسة خسرو دهلوى CCCLXXXVI, p. 351 — CCCXC.

— نظامى CCCXXXVII-XLIII.

Extraits des خمسة de Nizamy et de Djamy CCCXXIII.

خواتيم سعدى CCCLXI, 11), p. 339. CCCLXII, 11).

د

دربندنامه CCCVIII.

درر نظام CDLXIV.

دستورنامه CDXV, 9).

ده نامه CDVI, 2). v. CDLXVI.

ديباجة بايسنغرى CCCXXXIII-IV.

ديوان ابن يمين CDIII.

ديوان آذرى CDLXXII.

ديوان آصفى CDLIII.

جمع مختصر XDVIII, 2).

جواهر الاخبار CCLXXXVIII.

جواهر التفسير CCLI.

ج

چهل حديث تا جامى CDXXXVI-II.

— شرح CDXXII, 24), p. 373.

ح

حبيب السير CCLXXXIV.

الحجة كافى CCLVII.

حديقة حكيم سنائى CCCL.

— انتخاب CCCLI.

حسن ودل CDLXXVII.

حسن وعشق CDXVI.

حلية حلل } CDXXII, 19), et 33), pp. 372-373.
حلية الحلل }

خ

خردنامة اسكندرى CDXXI, 7), p. 369. CDXXII, 26), p. 373.

خسرو وشيرين تا خسرو دهلوى CCCLXXXVI, 2), p. 351. CCCLXXXVII. CCCXCVI.

— تا نظامى CCCXXXVII, 2). CCCXXXVIII-XLIII. CCCXLV, 1). CCCXLVI. CCCXLVIII.

697

CCCXXXV-I. ديوان انورى   CDLXXV, 1). ديوان نامى

CDLI. ديوان بابا فغانى   CDLXXV, 2). ديوان قاضى نورى

CDXXII, 3), p. 371. ديوان جامى   ر

18) p. 372. CDXXXVIII-IX.   CDLXII, 9), p. 392. رسالةً رباعيات

CDVIII. ديوان حافظ   CDLXII, 6), رباعيات ساقى نامه

CDXIV. شرح ـ تا سودى   p. 392. cf. CDLXIII, 3).

CD. ديوان امير حسن دهلوى   CDLXII, 5), p. 392. ـ گنجفه

CDII. ديوان خاجو كرمانى   CDLXIII, 4).

CDLXXVI. ديوان خاقان   CDLXXIII. ـ مرخيا

CCCLII. ديوان خاقانى   رسالةً بيست باب فى معرفة

CCCXCI. ديوان خسرو دهلوى   بيست v. الاسطرلاب

CCCXCII. ـ انتخاب   CCCX. رشحات عين الحياة

CDXX. ديوان درويش دهكى   CCCXVIII. روزنامه

CDLXVIII, 1). ديوان رياضى   CCCIX. روضة الاحباب

CDLXXIV, 1). ديوان سليم   CCLII. روضه (زبده)

CDLII. ديوان سهيلى   CDII, 1). روضة الانوار

CCCLIII. ديوان سيفى اسفرنكى   CCLXIX-CCLXXXI. روضة الصفا

CDLXX. ديوان صايب   CDLXXXV. رياض الانشاء

CDLXVIII, 2). ديوان فرشته   ز

CDLXIX. ديوان فيض   CDI. XDIX, 2), p. 438. زاد المسافرين

CDLVIII. ديوان قاسمى   زبده v. روضه

CCCLIX-LX. ديوان كمال الدين اصفهانى   CDLXII, 7), p. 392. زبدة الاخلاق

    CDLXIII, 5).

CDLXVII. ديوان مانى   CDLVI, p. 388. زبدة الاشعار

    CCLXVIII. زبدة التواريخ

شرف نامهٔ اسكندرى CCCXXXVII, 5).
etc. CCCXLI-V. CCCXLVII.
كتاب شمع وپروانه CDLXII, 2).
شواهد النبوة تا جامى CDXXII, 1), p. 370.
شيراز نامه CCCV.

ص

صاحبيه تا سعدى CCCLXI, 13), p. 339.
CCCLXII, 14), p. 341.
صحبت نامه CDVI, 1). CDXII, 3).
صفا نامه / صفت } CDVI, 3). CDVII, 2).
صفات العاشقين CDXI.
صفوة الصفى CCC.

ط

طريقت نامه CDVI, 6). CDVII, 4).
كتاب طيبات CCCLXII, 9).

ظ

ظفرنامهٔ تيمورى CCXCII-VI.

ع

عجايب المخلوقات وغرايب الموجودات
CCLXIII. CDLXXXI, 2). p. 410.
عقايد شاهى CDLXIV.
كتاب علم CCLV.

غ

غرائب الدنيا وعجائب الاعلى
CDLXXI.

س

ساقى نامه CDLXXVI, 9).
سبعة الابرار تا جامى CDXXI, 2).
CDXXII, 14), p. 372. CDXXVIII-IX.
سبعهٔ سياره CDLVI, p. 388.
كتب سبعهٔ جامى CDXXI.
كتاب سحرحلال CDLXXII, 1).
سرّ الحقيقة CDLXII, p. 392.
سعادت نامه CCCLVIII.
سفرنامه CDXV, 8).
سلامان وابسال CDXXI, 6). CDXXII,
5), p. 371.
سلسلة الزهب CDXXI, 5), p. 369.
CDXXII, 6 et 9), p. 371 et 23), p. 373.
CDXXXIV-V.

ش

كتاب شاه ودرويش CDLIX-CDLX.
شاهنامهٔ فردوسى CCCXXIX-
CCCXXXIV.
شاهنامهٔ قاسمى CDLVI. CDLVII.
شاهنامهٔ هاتفى CDXLVIII.
شاهنشاه نامهٔ بنائى CCCI.
شرح بيت خسرو دهلوى تا جامى
CDXXII, 30), p. 373.
تاريخ شرف نامه CCCVI.

— عربى CCCLXII, 4).
— فارسى ibid. 5).
CDLXIII. قصايد مصنوعهٔ اهلى
CDLXXXIII. قصهٔ خاورشاه
CDLV. قصيدهٔ ملا مالك
XD. قواعد الفرس
CXLVII. رسالهٔ قيافه

ك

CDXL. كارنامه
CCCLXXII. كتاب خاقانى
CCCXIV, 2), p. 303. كتاب ناصر شاهى
D, 3), p. 439. كشف الدقايق
CDLXII. cf. CDLXIII. كلّيات اهلى شيرازى
CDXXII. كلّيات ملا جامى
CCCLXXXVI-VII. كلّيات ميرخسرو دهلوى
CCCLXI-III. كلّيات سعدى
CDVI-VII. كلّيات عباد الملّة والدين
CDXVI. كلّيات كاتبى
CDXV. كلّيات حكيم نزارى
D, 1). كليد انشاء ابو الفضل
D, 3). كليد اسكندرنامهٔ نظامى

CCCLXXXVI, p. 351. غرة الكمال
CDXVII-IX. غزليات شاهى

ف

CDVI, 5). كتاب فاتحة الاخلاص
CDVII, 1). CCCXV, 1). فتحيه
CCCLXXXVI, p. 352. كتاب فتح الفتوح
CCLXVII. فردوس التواريخ
CCCLXII, 19), p. 341. فرديات تا سعدى
CCCXXV, 41), p. 314. فرهاد وشيرين تا وحشى
CCXXXIII, 19), p. 215. فصل الخطاب
CCXXXIII, 16), p. 215. رسالهٔ فقرّيه
CDLXII, 8), p. 392. CDLXIII, 6). فوايد العقايد

ق

CDXXII, 21 et 31), p. 373. رسالهٔ قافيه (القوافى)
CCCLXXXVI, p. 351. CCCLXXXVIII. CCCXCIII. قران السعدين تا خسرو دهلوى
CCCLXI, 5), p. 338. قصايد سعدى

700

کمال نامه CDII, 2).
کیمیای سعادت CCLXI.

گ

گل و نوروز CDII, 4).
گلستان سعدی CCCLXI, 2), p. 337. CCCLXII, 2). CCCLXIII-LXXIV.
شرح گلستان CCCLXXII-IV.
— تا سروری CCCLXXII.
— تا سودی CCCLXXIII.
— تا شمعی CCCLXXIV.
گلشن راز CCXXXIII, 1). CCCXXXV.
گوهرنامه CDII, p. 358.
گوی و چوگان CDXL-III.

ل

لغت حلیمی XDVI.
لغة نعمة الله XDI.
رسالهٔ لغز و معمات CDXLII, 10), p. 392. CDLXIII, 7).
شرح لمعات CDXXII, 8), p. 371.
اشعة v.
لوامع صاحبقرانی CCLIII.
لوایح تا جامی CCLVI. CDXXII, 27), p. 373.

لیلی و مجنون تا جامی CDXXI, 4), p. 369. CDXXII, 16), p. 372.
لیلی و مجنون تا خسرو دهلوی CCCLXXXVI, 3), p. 351. CCCXCIV-VI.
— تا کاتبی CDXVI.
لیلی و مجنون تا نظامی CCCXXXVII, 3). CCCXLIII. CCCXLV, 2).

م

مثلثات تا سعدی CCCLXI, 7), p. 338.
مثنوی تا جلال الدین رومی CCXXXIII; 2 et 10), p. 213 et 214. cf. CDXXII, 22), p. 373.
— سعدی CCCLXII, 14), p. 341.
مجلس ou مجالس پنجگانه CCCLXI, 1).
مجمع الانساب CCCXI.
مجمع البحرین CDXVI.
مجموعه شعر آ CCCXXII.
مجنون و لیلی تا خسرو دهلوی
لیلی v. CCCXCIV.
— انتخاب CCCXCV.
محبت نامه CDVI, 4). CDVII, 3).
مخزن الاسرار تا نظامی CCCXXXVII, 1) — CCCXLIII. CCCXLIX.

مقتل نامهٔ محتشم CCCXXVI, 2), p. 315.
ملتعات سعدی CCCLXII, 7). CCCLXIII.
كتاب المناظرات فى التصوف CCLIV. CDLXXXIV.
كتاب منشآت CDXXII, 7), p. 371.
منظومهٔ آداب CCXLI, p. 229.
مونس الالباب XDVIII, 3).
مهر و مشتری CDIV-V.
كتاب مهر و وفا CDLXI.

ن

نزهة الارواح XDIX, 1).
ــــــ العاشقين CDLXXVIII.
نفحات الانس CDXXII, 2), p. 370.
نگارستان CCLXXXV. cf. CCLXXXVI.
كتاب نه سپهر CCCLXXXVI, p. 351.

و

وسط الحياة CCCLXXXVI, 2), p. 351.

ه

هشت بهشت تأ خسرو دهلوى CCLXXXVI, p. 351. CCCXCIII.
هفت اورنگ CDXXI.

مخزن المعانى CDLXII, p. 392.
مراثى تأ سعدى CCCXLII, 6), p. 338.
مراثى فتح على شاه CDLXXV, 7).
مرثيه CCCL.
مرزبان نامه CDLXXIX.
مرقّعات CDLXXXVIII-IX.
كتاب مضحكات CCCLXI, 15), p. 339. CCCLXII, 17), p. 341.
مطايبات CCCLXII, 16), p. 341.
مطلع الانوار تأ خسرو دهلوى CCCLXXXVI, p. 361.
مطلع السعدين CCCXCVII-IX.
المعمّا CXXX, 7), p. 117.
رسالهٔ اوّل از معمّا تأ جامى CDXXII, 32), p. 373.
ــــــ ــــــ صغير CDXXII, 11), p. 372.
ــــــ معمّاء منظوم CDXXII, 20), p. 372.
معمّات تأ جامى CCXXXIII, 21), p. 216.
مفاتيح الدريّة CDXC.
مفتاح البدايع XDVIII, 1).
مقالات خواجه عبد الله انصارى CCLX.

CCCXXXVII, هفت پیکر تا نظامی
4) — CCCXLV, 3), p. 325.
CDII, 3). همای و همیون

ى

CDXXI, 3). یوسف و زلیخا تا جامی
CDXXII, 15), p. 372.

A.
Anthologie persane CCCXXIII.
Abrégé d'un traité sur la connaissance de *l'Astrolabe* CCCXVII, 1).
Traité sur *l'Astrolabe* par Khizrchah. *ibid*. 3), p. 306.
Traité d'*Astronomie* CCXLIII, 4), p. 231.
Les 105 *Avis* de Locman D, 9), p. 441.

C.
Traité de Calligraphie CDLIV.
Calligraphes persans CDLXXXVIII-IX. Voy. aussi les registres pour les ouvrages arabes et turcs.
Cercles alchymiques et mystiques etc. D, 8), p. 441.
Tables chronologiques D, 7), p. 441.
Les noms *des surates du Coran* D, 6), p. 440.
Commentaire du Coran CCL.
Traité indiquant les occasions, quand il faut lire de certaines *surates du Coran* CCXXXIII, 11), p. 214.

G.
Grammaire persane XD.
Traité sur la *Grammaire arabe* CCXI, 6), p. 193.

H.
Traité sur *les connaissances préliminaires des Horoscopes* etc. CCCXVII, 4), p. 306.

L.
Legendes sur les médailles de Mîr Veïs et Achrefkhan DC, p. 536.
Lettre de Mouhammed Couli DI, 1).
— de Mouhammed ... *ib.* 2).
Lettres DII.
Logogriphes CXXX, 7), p. 117. cf. معمّا

Remarques sur le moyen d'apprendre dans quel signe du zodiaque la *Lune* se trouve D, 4), p. 440.

M.
Odes mystiques de Chems-eddin Tebrizy CCXXXIII, 8), p. 214.

P.
Poème moral CCXXXIII, 17), p. 215.
Poésies persanes LXX CCCXXIV-VIII. CCCXXVI, 4), p. 315.
Prière de Abd Allah Anfary CCLVIII-IX.
Prières DXVI.
Traité sur la *Prosodie persane* CCCLX.
Traité sur la *Prosodie* par Djamy CDXXII, 29), p. 373.

T.
Opuscule sur la *connaissance des Temps* CCCXVIII, 5).
Terminologie des Ssoufys XDVIII, 4).
Remarques sur une *Tradition* d'Abou Zerin el-Oqeïly CDXXII, 25), p. 373.

V.
Vers détachés D, 1).

B. Registre des noms propres pour les manuscrits persans.

A.

Abd Allah XDVIII, 3).
Abd Allah Anfary CCLVIII-CCLX.
Abd Allah ben Mouhammed el-Mervarid CDLXXXVI.
Abd Allah Thousy CCCXXI, 25), p. 311.
Abd el-Aziz Tchelebi *Chahidy* CCCXXV, 6). XDIII.
Abd el-Ghaffar CDLXIV.
Abd el-Rachid (calligr.) CDLXXXIX, pp. 419. 423.
Abd el-Rahman ben Abd Allah el-Caddousy XDIV.
Abd el-Rezzac Samarcandy CCXCVII-IX.
Abou'l-Fazl ben Moubarek D, 2).
Aca Melik v. Emirchahy.
Achref (poète) CCCXXV, 5).
Histoire d'Achref Khan CDLXXXII.
Adjizy CCCXXVIII, 18).
Afzal el-Houseïny (peintre) CCCXXXIII, p. 319.
Ahmed el-Houseïny (calligr.) CCCXLIV.
Ahmed ben Mouhammed v. Ghaffary.
Aïn el-Couzat el-Hamadany CCLII.

Akbar p. 422.
Bedr-eddin Aly du Chirvan CCCXXI, 17).
Aly Begh CCCXXV, 39).
Aly Chir (l'émir-Nevaiy) CCLI.
Alycouli Begh (peintre) p. 424.
Aly ben Houseïn el-Kachify CCCX.
Aly ben Mahmoud el-Hadj CDLXXVIII.
Cheref-eddin Aly Makhdoum CCCXXI, 18).
Aly ben Mouhammed el-*Couchdjy* CCXLIII, 4), p. 231. CCCXV, 1).
Aly Riza Abbasy (calligr.) CCCII, p. 291.
Cheref-eddin Aly Yezdy CCXCII-VI.
Mir Aly Katib CDLXXXIX, p. 424.
Fakhr-eddin Aouhad Moustaoufy CCCXXI, 26), p. 311.
Aouhady CCCXXVIII, 4).
Aourenghzib pp. 420. 422.
Arify CDXL, p. 380.
Afefy CCCXXV, 31). CCCXXVIII, 14). CDLIII.
Affar CDIV-V.
Atha Allah ben Fazl Allah CCCIX.
Atthar CCXLV, 3). CCCLIV-VIII.
Azery CCCXXIV. CCCXXVIII, 1).
Azery Thousy CDLXXI-II. (Isferaïny) CDLXXI. CCCXXI, 12), p. 310.

B.

Babachah (calligr.) CCCLXXV. CCCLXXX. CCCXCII. CCCXCVIII.
Baba Fighany CCCXV, 45). CDLI.
Baba Nefiby CCCXXV, 3).
Baqiry de Hérat CDLXV.
Behzad (peintre) pp. 423. 424.
Berdjendy CCCXV, 2). CCCXVII, 2). cf. CXXVI, 2).
Binaiy CCCI. CCCXXIV. CCCXXV, 27), p. 314. CCCXXVIII, 12).
Bisathy CCCXXI, 10), p. 310. CCCXXV, 24), p. 314.
Boudac Cazviny CCLXXXVIII.

C.

Casim CCCXXV, 15), p. 314. CDXL. CDLXXXVIII.
Séyid Casim CCCXXVI, 4), p. 315.
Câsimy CDLVI-VII.
Chahdjehan p. 422.
Chah Mahmoud (calligr.) CCLX CCCXXIV. CCCLI. CDVIII. CDXXXIV. CDXL. CDXLIV. CDLXXXVIII.
Chah Mouhammed el-Katib (calligr.) CCCLXXX. CDLXXXVIII.
Chahidy v. Abd el-Aziz.
Aca Chahpour CCCXXVIII, 22).
Chahy CCCXXIV. CCCXXV, 47), p. 314. CCCXXVIII, 9). CDXVII-IX.
Chakiry CCCXXVIII, 21).
Chefaiy CCCXXVIII, 26).
Chefi' Abbasy (peintre) pp. 319. 424.
Chehid CCCXXVIII, 6).
Cheïkh (poète) CCCXXV, 9).
Chems-eddin Tebrizy CCXXX., 8), p. 214.
Chems-eddin v. Esiry.
Cheref-eddin ben Chems-eddin de Bedlis CCCVI.
Cherify CCCXXI, 23), p. 311.
Chouddja Kachy CCCXXV, 21), p. 314.
Couchdjy v. Aly.

D.

Daouletchah CCCXX.
Dervich CCCXXV, 25), p. 314.
Dervich Diheky CDL.
Dervich Khaky CCCXXI, 38), p. 311.
Djamy CCXXXIII, 21), p. 216. CCLVI. CCCXXIII. CCCXXV, 19), p. 314. CCCXLIX. CCCXCIX. CDXXI-IX. DLVI.
Djehanghir pp. 420. 422.
Djelal (poète) CCCXXV, 4).
Djelal-eddin Roumy CCXXXIII, 2) et 10), pp. 213 et 214.
Djoudy Tcheleby v. Abd el-Aziz Chahidy.

E.

Ehly CDLXII-III.
Emirchahy CCCXXI, 21), p. 311.
Enisy CCCXXV, 18), p. 314.
Envery CCCXXXV-VI. DLVI, p. 508. cf. p. 423.
Esiry CCCXXI, 39), p. 311.

F.

Fany CCCXXVIII, 13).
Fath Aly Chah CDLXXVI.
Fathy CCCXXV, 23), p. 314.
Feïz CDLXIX.
Fenaiy Mechhedy CCCXXI, 41), p. 312.
Fered-eddin v. Atthar.
Ferid (calligr.) CCCLXVI CDXXX. CDLXIV.

Feridoun CCCXXVIII, 10).
Fettahy CCCXXI, 16), p. 310. CDLXXVII.
Fighany v. Baba.
Firdaousy CCCXXIX-CCCXXXIV. cf. p. 423.
Firichteh CDLXVIII, 2).
Fouzouly CCCXXVIII, 15).

G.

Ghaffary (Ahmed ben Mouhammed) CCLXXXV.
Ghazzaly CCLV. CCLXI cf. msc arab.

H.

Hafiz CCCXXI, 1). CCCXXVII. CCCXXVIII, 11). CDVIII-CDXIV. CDLXXXVIII. DLVI. DCI.
Hafizi Saad CCCXXV, 17), p. 314. CCCXXVI, 4), p. 315.
Hafiz Abrou CCLXVIII.
Hakimy CCCXXI, 24), p. 311. etc. v. Hekimy.
Hâlim CCCXXV, 11), p. 314.
Halimy v. Louthf Allah.
Hâmid Djounpoury D, 3), p. 439.
Hamy (?) CCCXXIV.
Hasan (poète) CCCXXIV. CCCXXV, 13), p. 314.
Hasan Begh CCLXXXVII.
Hasan el-Cacahtany CDLXXXIV.
Hasan Dehlevy CD.
Hasan Nizamy CCCVII.
Hatify CDXLIV-IX.
Heïder CCCXXIV.
Heïrety CCCXXV, 26), p. 314.
Hekimy CCCXXI, 24), p. 311. CCCXXV, 34), p. 314. v. Hakimy

Hilaly CCCXXIV-CCCXXV, 44), p. 314. CDLIX-LXI.
Houmaiy CCCXXV, 30), p. 314.
Houmayoun (poète) CCCXXV, 20), p. 314.
Houseïn ben Aly el-Vaïz el-Kachify CCLI. CCLXII. CDLXXXI, 1).
Houseïn ben Asaad el-Dehistany CDLXXX.
Houseïn ibn Khalef. XDVII.
Mir Houseïn el-Houseïny (calligr.) CDXXV.
Séyid Houseïny ben Hasan CDI. XDIX, 1).

I.

Ibn Babaveïh (Babouyeh) v. le registre pour les ouvr. arab.
Ibn Housam (Chems-eddin Mouhammed) CCCXXI, 20), p. 311.
Ibn Imad CDLXVI.
Ibn Mouïn CCLXVII.
Ibn Yemin CDIII.
Imad CCCXXV, 52), p. 314. CDLXVI.
Imad el-Hasany (calligr.) CDLXXXIX, p. 424.
Imad el-Millet veddin CCCVI-VII.
Iskender Mounchi CCCIII, 1).
Kemal-eddin Ismaïl Iffahany CCCLIX.
Ifmet Allah Boukhary CCCXXI, 9), p. 310.
Ifmet CCCXXV, 16), p. 314. CCCXXVI, 4).

K.

el-Kachify v. Houseïn ben Aly.
Kaoukeby CCCXXV, 37), p. 314.
Kaousery Boukhary CCCXXI, 33), p. 311.

Katiby CCCXXI, 15), p. 310. CCCXXV, 7). p. 314. CCCXXVIII, 5).CDXVI
Keliny CCLVII.
Kemal CCCXXIV. CCCXXV, 14), p. 314.
Kemal-eddin Ghias CCCXXI, 13., p. 310.
Kemal-eddin Khodjendy CCCXXI, 2).
Khacan v. Fath Aly Chah.
Khacany CCCLII.
Khadjou Kermany CDII. DLVI.
Khaky v. Dervich.
Khialy Boukhary CCCXXI, 14), p. 310. CCCXXXVI, 4), p. 314.
Khizrchah Efendi CCCXVII, 3).
Khodjaï Djehan CDLXXXV.
Khondemir CCLXXXII-IV.
Khosraou Dehlevy CCCXXIII. CCCXXIV. CCCXXV, 1). CCCXXVIII, 2). CCCLXXXVI-CCCXCIX.
Khosrevy de Hérat CCCXXI, 31), p. 311.

L.
Lamiy CDXL.
Lisany CCCXXV, 2).
Louthf Allah Halimy CDVI.

M.
Macboul CCCXXV, 40), p. 314.
Mahmoud (poète) CCCXXIV.
Mahmoud Casim (calligr.) CCCLXXXVI. CDLXXXVIII. v. Chah Mahmoud.
Mahmoud Chebistery CCXXXIII, 1). CCCLXXXV.
Mahmoud mouchky CCCXXI, 34), p. 311.

Mahmoud ben Mouhammed el-Ghilany v. Khodjaï Djehan.
Atha Allah Mahmoud el-Houseïny CCCXIX.
Nedjm-eddin Mahmoud de Poursa CCCXXI, 29).
Mahmoud-i-Ishac el-Chihaby (calligr.) CDXLII. CDXLVI. CDLXXXVIII.
Mahomet (historiette de) CCCXXVI, 3), p. 315.
Maoulla Mâlik CDLV.
Malik el-Deïlemy (calligr.) CDL. CDLXXVII
Many CCCXXIV. CDLXVII.
Maoulana Cherif CCCXXV, 50), p.314.
Masoud (poète) CCCXXV, 33), p. 314.
Masoud-i-Turk CCCXXI, 31), p. 311.
Meïly CCCXXV, 43), p. 314.
Merakhiya CDLXXIII.
Mir Aly Katib (calligr.) CDLXXXIX.
Miren } (peintre(CDLXXXIX,
Mir Kelan } p. 421.
Mirkhond CCLXIX et suiv.
Mirza Câsim CDXL v. Câsim.
Moudjiby CCCXXV, 35), p. 314.
Mouhammed ben Eyoub el-Hachib CCCXVII, 4, p 306.
Mouhammed (le medecin) CCCXIV.
Mouhammed Aly (calligr.) CDLXXXVIII.
Abou Aly Mouhammed el-Belaamy CCLXIV.
Mouhammed Houseïn (calligr.) CCLVIII. CDLXXXVIII. v. Houseïn.
Chems-eddin Mouhammed v. Ibn Housam.

Mouhammed ben Abi Zeïd el-Veraminy CCCXII.
Mouflih-eddin Mouhammed el-Anfary CCCXV.
Mirza Mouhammed Mehdy CCCIV.
Nour-eddin Mouhammed ben Abi'l-Câsim Habib Allah CCCXI.
Mouhammed ben Aly *el-Raffa* CCCL, p. 328.
Chems-eddin Mouhammed *Maghriby* CCCXXI, 3), p. 310.
Khodja Mouhammed Parsa CCXXXIII, 18). p. 215.
Mouhammed Riza (calligr.) CDLXXXVIII.
Mouhammed Riza Aly (peintre) CDLXXXIX, p. 425.
Mouhammed Taqy ben el-Aly el-Medjlisy CCLIII.
Mouhammed v. Chah Mouhammed.
Mouïn Chirazy CCCV.
Mouhtachem CCCXXV, 48), p. 314. CCCXXVI, 2), p. 315.
Mouhy-eddin Rafiy CCCXXI, 6), p. 310.
Mourteza (poète) CCCXXVIII, 24).
Mousaiyib CCCXXV, 32), p. 314.
Mouzaffer Mimar CCCXXV, 29), p. 314.

N.

Namy CDLXXV, 1).
Nafir-eddin Thousy CXXVIII, 1). CCCXVII, 2), p. 306.
Nefiby v. Baba.
Imad-eddin *Nesimy* CCCXXI, 4), p. 310.

Neziry CCCXXVIII, 17).
Nimet Allah CDLXCI.
Nimet Allah (poète) CCCXXV, 12), p. 314.
Nimet Allah Vely CCXXXIII, 16), p. 215. CCCXXI, 5), p. 310.
Nizam-eddin Abou Ishac Halladj CCCXXI, 7), p. 310.
Nizam-eddin Asterabady CDLVI.
Nizamy CCCXXIII. CCCXXXVII-CCCXLVIII. CCCXLIX. D, 3), p. 439. v. DLVI. cf. p. 423.
Nizary CDXV.
Noury CDLXXV, 2).

O.

Ourfy CCCXXVIII, 1).

R.

Rafiy v. Mouhy-eddin.
Rechid-eddin CCLXXXIX.
Riazy CCCXXI, 36), p. 311. CCCXXIV. CCCXXV, 8), p. 314. CCCXXVIII. CDLXVIII, 1).
Rouhy Pazery CCCXXI, 30, p. 311.

S.

Saad-gul CCCXXI, 11).
Saady CCCXXIV, CCCXXV, 42), p. 314. CCCXXVII. CCCXXVIII, 7). CCCLXI-LXXXIV. DLVI.
Salimy CCCXXV, 10), p. 314.
Mirza Sandjar (poète) CCCXXVIII, 20).
Seïfy CCCXXI, 28), p. 311. CCCXXIV. CCCLIII.
Selamy CCCXXV, 36), p. 314.
Selim CDLXXIV, 1).

Selimy CCCXXI, 19).
Selman Savedjy DLVI.
Senaiy CCCXXVIII, 19). CCCL.
Soudy CCCLXXIII. CDXIV.
Souheïly CDLII.
Souleïman el-Behbehany (calligr.) CCCLXXXVIII. CDXLI.
Soulthan Aly Mechhedy (calligr.) CDXIX. CDXXXVI. CDLV. CDLXXXVIII.
Soulthan Mouhammed Khendan (calligr.) CDXVIII.
Soulthan Mouhammed Nour (calligr.) CCCXLVI. CDXXXVII. CDLXVI. CDLXXXVIII.
Souroury CCCLXXII. CCCLXXXIII-IV.
Ssabith CCCXXVIII, 25).
Ssadiqy CCCXXV, 28), p. 314.
Ssahib Balkhy v. Cherify.
Ssaïb CCCXXVIII, 16). CDLXX. DC, p. 537.
Ssalahy CDLXC.
Ssalih CCCXXIV.
Ssalihy CCCXXV, 46), p. 314.
Ssaniy CCCXXI, 40), p. 312.
Ssefaiy CCCXXI, 37), p. 311.

T.

Tevekkouly CCC.
Thabary CCLXIV-VI.

Thahir Boukhary CCCXXI, 27), p. 311.
Thalib Amoly CCCXXVIII, 23).
Thaliy CCCXXI, 22), p. 311.
Chah Thahmasp CCCII.
Thousy (poète) CCCXXV, 51.

V.

Vahchy CCCXXV, 41).
Mouhammed Thahir Vahid CCCIII, 2), p. 292.
Vahid-eddin XDVIII, 1) et 2).
Vaffaf CCLXCI.
Vehy CCCXXV, 38), p. 314.
Vely decht-i-Beyaz CCCXXV, 49), p. 314.
Ste-Vierge (la) p. 424.

X.

Jér. Xavier p. 243-4.

Y.

Yahya ibn Mouïn (calligr.) CDVII.
Yary (calligr.) CDXLVIII.
Yousouf Gheda D, 5), p. 440.

Z.

Zakariya el-Cazviny CCLXIII.
Zaty CCCXXV, 22), p. 314.
Zeïny CCCXXI, 32), p. 311.

III.

A. Registre des ouvrages en langue turque et tatare.

ا

احوال جنكزخان الخ DXXVII.
كتاب اخلاق علائى DXVII-III.
اسكندر نامهٔ احمدى DLXV-VI.
نوائى — DLX, 5).
اقراباذين DXLV.
انشاء مرغوب DLXXXV-III.
اوقچى زاده — DXC. DC, p. 537. DCII, p. 540.
انوار العاشقين DVIII.
ابجاد الحكمة CVI, 6), p. 87.

ب

بدايع الوسط DLVIII, c), p. 510.

ت

تاريخ ابراهيم پچوى DXXX.
راشد — DXXXI.
صبحى — DXXXII.
طبرى — DXIX.
عزى — DXXXIII.
تنقيح v. الملوك
كتاب تاريخ لنوائى DLVIII, 10), p. 510.
شرح تحفة شاهى XDV.
تقويم DLV.
تنقيح تواريخ الملوك DXX.
تواريخ آل عثمان DXCVIII.
رسالة تواريخ آل عثمان DXXVIII.
تواريخ ملوك لنوائى ترجمة فنائى DXXVI. cf. DLVIII, 10), p. 510.

ح

شرح جزيرهٔ مثنوى DXCVI, 1).

DLXX. ديوان فضولى	چ
CDLXXIV, 2), p. 401. ديوان كاشف	DLVIII, 1). چهل حديث لنوائى
DLXI-IV. ديوان نوائى	DLIX, 1).
ر	**ح**
DXXVIII. رسالةُ تواريخ آل عثمان	DLXXXIV. حسن ودل لآهى
cf. تواريخ.	DLV, p. 508. حكايت قاضى بااوغرى
CCXXVIII, 2), رسالة صفات ايمانده	DLXXVI, 1). حليةً شريف
p. 206.	DLIX, 3), p. 511. حيرت الابرار
DXXXIV. رسالةً قوجى بيك	**خ**
DLXVII. cf. DVIII. الرسالة المحيديّة	DLX, 2). خسرو وشيرين
DXLVIII-DLII. روزنامه	DLCVIII, 6), خطبةً لطيفه فى حق ورد
س	p. 535.
DXXII-III. cf. DXXIV. سبحة الاخيار	DLVIII, 13), p. 510. خمسةً المتحيرين
DLVIII, 5). سدّ اسكندرى	DLX. خمسةً نوائى
DXLVII, 2). سى فصل	**د**
ش	DXLI-II. دربند نامه
DXIII. شروط الصلوة	DXLVII, 3). درجات فلك
ص	DXXXVII. دفتر
صورت اجمال لواء صولنق الخ	DC, p. 536. ديباجةً نرکسى چلبى
DXXXVI.	DLXXI-II. ديوان باقى
DXCVIII, 8), p. 535. صورت فتح نامه	DLXXV. ديوان ثابت
ط	DLXIX. ديوان خفى افندى
DXLVII, 4), p. 501. طالع سال عالم	DLXXIV. ديوان راغب

ع

عقايد منظومه DXCVI, 2), p. 534.

عمدة الحرفا وقدوة الظرفا DCI, p. 539.

غ

غاية البيان فى تدبير بدن الانسان DXLIV.

غرايب الصغر DLVIII, a), p. 510.

ف

فرهاد وشيرين DLVIII, 3). DLIX, 4), p. 571.

فوايد الكبر DLVIII, d), p. 510.

ق

قانون نامه DXXXV. cf. DXXXVIII.

كتاب قرق سوال فراتى DIX.

قرق وزير DLXXIX–XXXII.

قصص ربّغوزى DVII.

قصهٔ ملك دانشمند DLXXVII.

قصيدةً تركى (à la louange de Djourdjany) CLXXIV, 2), p. 168.

قصيدةً ويسى افندى DLXXIII.

ك

شرح كافية لسودى CLXXII.

كلّيات نوايى DLVIII.

گ

شرح گلستان لسودى CCCLXXIII.

— — — لشمعى CCCLXXIV.

ل

لغت جغتاى DXCIV.

لهجة اللغات DXCIII.

ليلى ومجنون DLVIII, 4). DLIX, 5), p. 511. DLX, 3).

م

شرح مثنوى DCXVI, 1).

مجالس النفايس DLIII. DLVIII, 9), p. 510.

رسالةً مجمع الطب DXLVI.

مجموع DCI.

مجموعه DLVII.

محبّت نامهٔ قرنغل DXCIX.

محبوب القلوب DLVIII, 12), p. 510.

الرسالة v. محمدية

مختصر العلم النحو الروس (gram. russe) DXCV.

مخزن الاسرار DLX, 1).

رسالةً معمّا DLVIII, 14), p. 510.

كتاب منشّآت DLVIII, 11), ibid.

منطق الطير DLVIII, 6).

ن

نشر اللآلى DLVIII, 2). DLIX, 2), p. 511.

نخبة التواريخ والاخبار DXXI.

نوادر الشباب DLVIII, p. 510.

نوادر النهاية DLVIII.

و

وصية محمد بن پیرعلی DX-DXII.

كتاب وقفيات DLVIII. 15), p. 510.

ه

هفت پیکر DLIX, b), p. 511. DLX. 4).

همایون نامه DLXXXIII.

ى

یوسف وزلیخا لحمدی DLXVIII.

A.

Les cent *Apophthègmes* de Aly DLXXVII, 2), p. 520.
Arithmétique (les quatre species) DXCIX.
Opuscule sur *l'Astrolabe* DXLVII, 1).

C.

Calendrier DXLVIII-DLII.
Remarques sur la composition de quelques substances chimiques CXI.
Conjugaison du verbe DXCVIII, 1).

Conquête de la Syrie et de l'Irac par Vaqidy DXXV.
Livre sur la *Conversion* des Tatars à la religion chrétienne DIV.

G.

Tables *généalogiques* DXXIV.
Abrégé de la *Grammaire russe* DXCV.

H.

Histoire de *Izzy* DXXXIII.
— Tchinghizkhan et de Timour DXXVII.

I.

Les dernières *Instructions* données par Abd el-Khalic à son fils CCXXXIII, 33), p. 214.

L.

Livre *polono-turc* (Théologie) DVI.
Traité de *Logogriphes* XDVIII, 8), p. 437.

M.

Modèles d'écriture DXCII. cf CDLXXXIX.
Messe (la sainte) DVI, a).

P.

Poème ascétique DLXXVI 4), p. 520.
Poème sur les devoirs religieux DLXXVI, 3), p 520.
Recueil de différentes *Poésies* DLIV-VII. cf. CCCXXVIII.
Poésies détachées CCXXXIII, 9), p. 214. CCCXXVI, 1 . 5), p. 315. DXCIX. DC. DCI, 2). DCII, p. 541.
Traité sur la *Prééminence de l'Eglise orientale sur l'islam*. DIII.

Prière de Salomon DVI, f), p. 458.
— de Tobie DVI, c-d), p. 457.
— de Judith *ib.* e).
Conditions de la prière DXIII.
cf. LXVI et LXIX
Livres de prières DXIV-V. cf.
LXVII. LXXI.
Proverbes de Salomon DVI, b),
p. 457.

R.

Recueil de firmans, de lettres, et
pièces diplomatiques DXLIII.
1) concernant la Turquie 1-15),
p. 480.
2) — la Russie 16-18), p. 485-6.
3) — la Pologne 19-40),
p. 486-493.
4) — la Géorgie 41), p. 493-4.
5) — la France 42-44), p. 494-5.
6) — l'Angleterre 45), p. 495.
7) — la Suède 46-50), p. 495-6.

Exposé de la *Religion chrétienne* DV.
Roman de Sidi Batthal. DLXXVII.

S.

Sommaire des finances de l'éyalet
de Roumilie DXXXVII.

T.

Table de la durée des règnes des
sultans othomans DXXIX.
Talisman DXVI.
Testament de Séyid Mouftafa Selamy
DXCVII.
Traité d'amitié entre la Porte et la
France DXXXX.
Traité de Yassy DXXXIX.

V.

Voyage de Mouhammed Efendi en
France DCI.

B. Registre des noms propres pour les manuscrits turcs et tatars.

A.

Khodja Abd el-Khalic Ghadjdevany
CCXXXIII, 13), p. 214
Abd el-Vasi DLVI.
Abdy DLV, 42). DXCIX.
Abou'l-Mikhnaf DLXXVI.
Abou'l-Sououd DLIV, 61), p. 506.

Achic DLV, 58). DLVI. DXCIV. DC,
p. 537.
Achiqy DLV, 26).
Adly DLV, 69), p. 507.
Afevy DLV, 127), p. 508.
Yazidji-oghli Ahmed Bidjan DVIII.
Ahmed DLV, 96), p. 507.

Ibn Aziz Dervich Ahmed CVI, 6), p. 88.
Ahmed de Bagdad DLV, 104), p. 507.
Ahmed Heïderany CVI, 6), p. 88.
Sultan Ahmed Khan DLV, 37).
Ahmed-Pacha (poète) DLIV, 55). DLVI.
Ahmedy DXLV-I.
Ahy DLXXXIV-DCI.
Akhtery DXCVIII, 7). cf. CCXIX.
Alevy DLIV, 8). DLV, 13).
Aly ben Abou Thalib DLIX. 2),, p. 511. DLXXVI, 2).
Mir Aly Chir DLIII. DLVIII-DLXIV.
Aly Efendi DLV, 3).
Ala-eddin Aly ben Ssalib DLXXXIII.
Aly Tchelebi ben Amr Allah Qina-lizadéh DXVII.
Archy DC, p. 536.
Ari DLIV, 33), p. 505.
Asaad Efendi DLV, 59), p. 507. DC, p. 537.
Azery DLV, 76), p. 507.

B.
Bakhty DLV, 14).
Baqi DLIV, 7). DLV, 17). (Tchelebi) DLV, 77). DLVI. DLVII. DLXXI-II. DC, pp. 536. 537. DCI.
Bedry DLV, 113), p. 507.
Behary DLV, 111), p. 507.
Belighy DLV, 27).
Beyany Tchelebi DLIV, 52).
Bihichty DLIV, 57), p. 505. DLV, 56), p. 507.

C.
Cabouly DLV, 45). DC, p. 537.
Candy de Brousa DLIV, 42),
Candy Sirouzy DLIV, 41).
Chahidy DLV, 92). DC, p. 537.
Chany DLIV, 32), p. 505.
Chariy DXCIX.
Charqy Achic DC, p. 537.
Charqy Beyaty DC, p. 537.
Cheïkh Mifry DLV, 131), p. 508.
Chemiy DLV, 2). DXCIX. DCI. cf. CCCLXXIV.
Chems-eddin DLV, 83), p. 507.
Chems Efendi DLV, 67), *ibid*.
Chems-Pacha DLIV, 62), p. 506.
Cherbety DLIV, 21).
Chouhoudy DLVI.
Choukry Efendi DLIV, 25).
Cotchibegh DXXXIV.
Coudsy DLV, 93), p. 507.
Coul Oghli DLV, 123), p. 508.

D.
Melik Danichmend DLXXVIII.
Derdy DLV, 105), p. 507.
Derouny DLIV, 11).
Le dervich d'Iconium DLV, 51).
Dervich Omar DLV, 125), p. 508.
Dervichpacha DLV, 71), p. 507.
Djaafar DLVI.
Chihab-eddin Djaafar DCI.
Djamy DC, p. 537.
Djelily DLIV, 44).
Djemaly DLIV, 2).
Djemaly de Caraman DLIV, 53).
Djemil DLVI.
Djenany DLV, 33).
Djevry DLV, 115).
Durry DC, p. 536-7.

E.

Ehly DLV, 100), p. 507.
Emir Tchelebi DLIV, 58).
Emry DLIV, 6). DLV, 10).
Envery DLV, 40).
Esiry DLV, 25).

F.

Faïc Efendi DC, p. 537.
Fakhry DLV, 120), p. 508.
Fazly DLV, 48).
Fedaiy DLV, 44).
Fehim DLV, 118). DC, pp. 536. 538.
Fehimy DLV, 121).
Feïzy DLV, 26). DC, p. 536-7.
Fenaiy DXXVI. DXCIX.
Feraty DIX.
Feridy DLIV, 35), p. 505.
Fevry DLIV, 17). DLV, 63).
Fighany DLIV, 19). DLV, 72), p. 507. DLVI. DCI.
Firaqy DLV, 99).
Fithnet DXCIX.
Fouzouly DLV, 29). DLVI. DLXX. DC, p. 537.

G.

Ghafoury DLV, 60).
Ghamy DLV, 39).
Gharamy DLV, 32).
Ghariby DLIV, 40).
Ghazaiy DLV, 130), p. 508.
Ghedaiy DLV, 87), p. 507.
Ghevhery DLVI. DXCIX. DC, p. 537.
Ghoubary DLIV, 14).
Gulcheny DLV, 109), p. 507.
Guhnehkar DLV, 114), p. 507.

H.

Habib DLV, 18).
Habiby DC, 537.
Hachimy DLV, 53).
Halety DLV, 73.
Halim DC, p. 538.
Hamdy DLIV, 59). DLV, 112). DLVI. DLXVIII.
Hasan DLV, 78).
Hazariy DLIV, 49).
Heïrety DLVI. DCI.
Helaky DLIV, 37). DCI.
Hevaiy DC, p. 537.
Hezarfenn (Houseïn Khodja) DXX.
Hidjaby DLIV, 31).
Hilaly DLIV, 38). DC, p. 537.
Houdaiy DLV, 19).
Housam DLVI.
Houseïn Kechefy XDC.
Houseïn Khodja v. Hezarfenn.
Houseïn-Pacha DLV, 55).
Houseïny DLV, 15). DXCIX.

I.

Ibn Kemal-Pacha DLIV, 12).
Ibn Kemaly DLV, 128), p. 508.
Ibrahim Petchevy DXXX.
Ichqy DLV, 122). DXCIX.
Ichrety DLV, 64).
Ilmy DLV, 6). DXCV, 1).
Ishac Efendi DLV, 101). (Zendjany) DXVI, 2).
Cazi Ishac Tchelebi DLIV, 13).
Izzety DC, p. 537.
Izzy (Souleïman) DXXXIII.

J.

Judith DVI, e), p. 457.

K.

Kachif CDLXXIV, 2).
Kachif Calendery DC, p. 537.
Kami DLV, 68). DC, p. 537.
Kami d'Andrinople DLIV, 36).
Katiby DLIV, 5).
Kelim DC, p. 538.
Kemal Oummy DLV, 8).
Kemal-Pacha DLV, 5).
Kemalpachazadéh DLV, 28). DLVI.
Khacany DLXXVI, 1).
Khalil Zerd DLIV, 46).
Khalily DLV, 88). 91). DLVI.
Khavery DLIV, 45).
Khialy Tchelebi DLIV, 50).
Khialy DLIV, 16). DLV, 11). DLVI. DCI.
Khifaly DLV, 79).
Khoudaï Efendi DC, p. 537.
Khouffy Efendi DLXIX.

L.

Laaly DLIV, 48). DCV, 94).
Laïhy DLIV, 9).
Lamiy DLIV, 47). DLC, 81).
Lathify DLIV, 54). DLV, 43).
Louthf-Allah ben Mouhammed Reusi Reurzadéh DLXXXVI.
Lubomirsky DCII.

M.

Macaly DLIV. 3).
— Siahy DLV, 97).
Macamy DLV, 80).
Madhy DLV, 115), p. 508.
Medjnouny DC, p. 537.
Merdy DLIV, 23).
Mesihy DCI.
Mifry DXCIX.

Dervich Mouhammed ben Ramazan DXXII-III.
Mouhammed ben Pir Aly v. Pirghely.
Mouhammed ben Mouhammed d'Andrinople DXXI.
Mouhammed Ahmed Efendi DXCIII.
Séyid Mouhammed Saad-eddin v. Kachif.
Mouhammed Yazidji Oghlou DLXVII.
Mouhibby DLIV, 1). DLVI. DLVII. DC, p. 537.
Mouniry DLIV, 39).
Mourad DLV, 12).
Mourady DLV, 52), p. 507.
Sultan Mouftafa (poète) DLIV, 56).
Mouftafa DLV, 110), p. 507.
Séyid Mouftafa ben Séyid Abbas DXCII.
Mouftafa ben Aly DXLVII.
Séyid Mouftafa Selamy DXCVII.

N.

Nabi DC, p. 537.
Naccach Esrary DLIV, 50).
Nadiry DC, p. 537.
Nafiy DLV, 24). DC, p. 537.
Nahify DC, p. 537.
Namy DC. *ibid.*
Nafir-eddin fils de Bourhan-eddin DVII.
Nafir-eddin Thousy DXLVII, 2).
Nazmy DCI.
Nedjaty DLIV, 1). DLVI. DCI.
Neïly Efendi DC.
Nerkesy Tchelebi DC.

Nesimy DLIV, 15), DLV, 54).
Nevaiy v. Aly Chir.
Nev'y DLIV, 64). DLV, 21).
Nezir-i-Baqi DC, p. 537.
Nichany DLV, 82), p. 507.
Nihaly DLVI. DCI.
Nihany DLV, 90). 129), p. 508.
Nimety DLV, 85), p. 507.
Nouh ben Abd el-Mennan DXLV.
Noury DLV, 4). DC, p. 537.

O.

Obeïdy DLV, 35). DLVI. DCI.
Ocdji (Octchi) zadéh DXC. DC, p. 536. DCII, p. 540.
Omar Efendi DXLV.
Omry Dervich DLV, 75), p. 507.
Oumidy DLV, 9), 119), p. 508.
Oufouly DLV, 34).

P.

Petchevy v. Ibrahim.
Pir Aly, Pirghely DX-XII.

Q.

Qiasy Kelematy DLV, 89), p. 507.
Qinalizadéh v. Aly Tchelebi.

R.

Rachid DXXXI.
Raghib DLXXIV.
Raghibpacha DXCIX.
Rahmy DLIV, 18). DLV, 61), p. 507.
Raiy DLIV, 28), p. 505.
Refaaty Begh DLIV, 24).
Revany DLIV, 65), p. 506. DLV, 66), p. 507. DLVI
Rizaiy DC, p. 537.
Rouhy DLIV, 26). DXCIX.
Rouhy de Bagdad DLV, 36). DC, p. 537.

Rouhy Meskin DLV, 74).
Roumouzy DCI.

S.

Saady DLV, 41). DLXXVI, 3), p. 520.
Sabit DC, p. 537. DLXXV.
Salomon DVI, 6), p. 457. f), p. 458.
Sami Efendi DXXXII, p. 476.
Sany DLIV, 60). DLV, 20).
Seïdy DLVII.
Seïfy DLV, 126), p. 508. DLVI.
Selimy DLV, 82).
Simaiy DLV, 108), p. 507. cf. p. 540.
Sipahy DLV, 106), p. 507.
Sirry DLV, 46).
Sivasy DLV, 117), p. 508.
Soudy CLXXII. CCCLXXIII. CDXIV
Souheïly DLV, 98), p. 507.
Sultan Souleïman DLV, 7).
Souleïman v. Izzy.
Souroury v. le reg. arab.
Ssadaiy DLV, 107), p. 507.
Ssadr-eddin DLXXVI.
Ssadry Efendi DLV, 70), p. 507.
Ssalahy XD.
Ssalih ben Nafr DXLIV.
Katib Ssaniy DLIV, 10).
Ssaniy DLV, 50). DCI.
Sseïfy DLIV, 29).
Ssidqy DLV, 30).
Ssoubhy DXXXII. (poète) DLIV, 34), p. 475.
Ssoufyzadéh DLV, 103), p. 507.
Stakhovsky (Antoine) DIV, p. 456.

T.

Thabary DXIX.
Thahir el-Haddad DCI.

Thalib DLV, 31).
Tobie DVI, c), p. 457.

V.

Vahdety DLV, 8).
Vahidy de Balkh DXIX.
Vaqidy DXXV.
Vafly DLV, 124), p. 508.
Veïsy DLV, 23). DLXXIII.
Vidjdy DLVI. DLVII.
Voufouly DLV, 62), p. 507.

Y.

Yahya Efendi CCCXXVI, 1).
Yahya DLV, 57), p. 507. DLVII.

Yaqiny DLV, 95).
Yousouf ben Abd el-Lathif DXXII.
Yousouf Begh DLIV, 27).
Yousouf Nabi Efendi DC, p. 538).

Z.

Zahiry DLV, 65). DC, p. 537.
Zaïfy DLV, 49).
Zakiry DLV, 102), p. 507.
Zaty DLIV, 4), DLV, 22). DCI.
Zeïn el-Abidin DLV, 16).
Zemiry DLIV, 51), p. 505.
Zouboury DLVII.

Additions et rectifications.

P. XIV: 440; p. 10: Tchaouch. p. 18: (ط) = th) Chathibiyé; p. 139: Khithaiy etc. p. 24: LIII; p. 36: 123. p. 43: الطهارة. p. 56: تعليق. p. 59: Souhraverdy. p. 60: Mouh. b. Ahmed b. Asaad. p. 81: Fatahiyé. p. 83: Cadhizadeh (ق = c et q). p. 103: 396; p. 104: 368. p. 111: Berdjendy. p. 112: رسالة. p. 115: والطوالع. p. 116: معرفة. p. 119: 5 f. l. 10 f. p. 124, no. CXXXVII: voy. Dozy, Catal. Cod. Orr. Bibl. Ac. Lugd. Bat. II, p. 99 no. DCXVIII. p. 129, 2): voy. ibid. p. 184 no. DCCCXXXV. p. 133: البدبعية. p. 146, l. 18: المفتقر. p. 161: l'ouvrage cité no. CLXIX. 2) est le même avec no CXCV. p. 180, no. CXCI ajoutez: (Akh.). p. 185: Idhhar. p. 205: ابن القطاع. p. 210, 4): Ibn el-Djouzy. p. 291: Abbasy. p. 295: تاريخ. p. 298: CCI l. CCLI. p. 381-3, nos. CDXLII et CDXLVI: Chehany l. Chihaby; cf. no. CDLXXXVIII. p. 335: (Erz) l. (Rzew). p. 400: no. CDLXXIII, l. Khéyam au lieu de Merakhiya, à qui tous les anciens registres et les inscriptions sur les premières feuilles du manuscrit avaient attribué ces poésies. Mais les noms d'Omar et de Khéyam, qu'on rencontre dans divers endroits du poème, de même que des vers détachés qui s'en trouvent extraits dans l'Atechkedeh pp. ۱۴۵ — ۱۳۴, prouvent incontestablement, que notre ouvrage contient les fameux quatrains du poète Omari-Khéyam ou Omar ibn Khéyam عمر ابن خيام († 517 = 1123), voy. Hammer, Gesch. d. sch. Red. Pers. p. 80. Il parait que différentes rédactions existaient de ce recueil, la copie déposée à la bibliothèque d'Upsal commençant d'une tout autre manière que la notre, v. Tornberg, p. 324 no. DX, 2). Cf. Ouseley, A Catalogue etc. p. 3, no. 89. p. 493: جزيرة. p. 495: Boïtti = Bujatti? p. 498: غاية. p. 500: كفاية. p. 510: النغايس. p. 511: LDXI l. DLXI. p. 540: Octchizadéh. p. 711, l. 10: DXCVI, 1).

www.ingramcontent.com/pod-product-compliance
Lightning Source LLC
Chambersburg PA
CBHW060859300426
44112CB00011B/1263